KB054750

중국경제법의 이해

중국경제법의 이해

초판 발행일 2018년 6월 29일

지은이 김종우
펴낸이 강수걸
편집장 권경옥
편 집 정선재 윤은미 김향남 이송이 이은주
디자인 권문경 조은비
펴낸곳 산지니
등 록 2005년 2월 7일 제333-3370002510020050000001호
주 소 48058 부산광역시 해운대구 수영강변대로 140 부산문화콘텐츠콤플렉스 613호
홈페이지 www.sanzinibook.com
전자우편 sanzini@sanzinibook.com
블로그 http://sanzinibook.tistory.com

ISBN 978-89-6545-535-6 94360
       978-89-92235-87-7 (세트)

* 책값은 뒤표지에 있습니다.
* 이 도서의 국립중앙도서관 출판예정도서목록(CIP)은 서지정보유통지원시스템
  홈페이지(http://seoji.nl.go.kr)와 국가자료공동목록시스템(http://www.nl.go.kr/
  kolisnet)에서 이용하실 수 있습니다.(CIP제어번호: CIP2018019183)
* 이 저서는 2013년 정부(교육과학기술부)의 재원으로 한국연구재단의 저술출판지원사업
  지원을 받아 수행된 연구임(2013S1A6A4016628)

아시아총서 27

중국경제법의 이해

| 김종우 지음 |

산지니

머리말

중국에서 2007년 정식으로 한국의 독점규제 및 공정거래에 관한 법률에 해당하는 중국 반독점법이 제정된 이래, 중국경제법은 법제도적 개선에 있어서 장족의 발전을 거듭하여왔다. 한국이나 다른 국가에서도 마찬가지였으나 중국 또한 경제발전을 위해 기업에 대한 규제를 최대한 늦춘 끝에 뒤늦게 정식으로 반독점법이 제정된 것이다.

중국경제법의 이해라고 하는 본 저서의 집필방향은 사회주의체제를 고수하면서도 시장경제를 받아들임으로써 사실상 국가자본주의의 길을 걸어가고 있는 중국경제법의 현단계 발전 현황을 알아보고 어떠한 법리적인 쟁점이 존재하는지 파악하는 것을 일차적인 목표로 잡아보았다.

기존에 출판되었던 다수의 중국경제법 내지 중국비즈니스법률 관련 서적이 주로 한국의 독점규제 및 공정거래에 관한 법률분야에 한정되었던 점을 고려하여 본 저서는 아래와 같은 점에 주안점을 두었다.

첫째, 한국의 독자들에게 익숙한 경제법편제의 틀 안에서 중국경제법을 설명하기 위해 노력하였다. 단순히 독점규제 및 공정거래에 관한 법률에 한정되지 않고, 한국 및 다른 국가들의 경제법체제에 포함되어 있는 소비자법률이나 전자상거래 관련 소비자법률보호제도, 사업자단체, 약관규제법, 유통영역에 해당하는 가맹사업법률문제 및 광고법률문제 또한 거론해보았다. 또한 경제법개념의 학설에 해당하는 중국경제법의 기초이론이 과거 수십 년 동안 어떠한 변천과정을 거쳐왔는가에 대해서도 언급해보았다. 그리고 영토가 넓은 개발도상국에 주로 나타나는 현상이기는 하나, 관료들의 행정권 행사로 인하여 인위적으로 형성될 수 있는 중국의 행정독점에 대해서도 고찰을 시도하였다.

중국은 한국과는 달리 경제법편제가 훨씬 더 넓고 다양한 특징을 보인다. 사회주의시장경제체제가 실행되기 직전까지의 중국식 경제법 체제를 논한다면 어음수표법과 노동법, 사회보장법과 중재, 민법과 채권법까지도 포함해야 하는 광범위한 스펙트럼에 적응을 해야 한다. 그러나 본 저서는 우선 한국의 독자들에게 익숙한 경제법 테두리 내에서 중국경제법을 소개하는 것에 역점을 두었다는 것을 밝힌다.

둘째, 기존에 출판된 수많은 경제법 저서와는 달리 법학논문에서 볼 수 있는 다양한 쟁점을 수록하려고 노력하였다. 원래 본 저서의 집필의도는 중국경제법의 현황소개와 현존하는 법적 쟁점 제시, 또 앞으로 필요시되는 법제도적 개선방안을 한꺼번에 담는 것을 목표로 하였다. 그러나 시간문제 등으로 위 세 가지 사항 중에서 중국경제법의 현황소개는 상대적으로 부족했음을 밝힌다. 나중에 기회가 된다면 개설서에서 많이 다루는 중국경제법의 전반적인 현황소개를 같이 추가해서 집필할 것을 약속드린다. 법학서적에서 전통적으로 다루었어야 하는 심결례와 각종 중국판례, 영미법판례 내지 한국법률의 인용 등은 다음 기회를 기약하기로 한다.

중국 베이징대학교 법과대학원 유학시절 내가 이러한 저서를 출판할 것으로는 미처 생각지 못하고 지냈었던 기억이 있다. 당시 중국과의 수교 초창기였기 때문에 법대를 선택한 다수의 한국유학생들이 거의 열에 아홉은 중국경제법전공을 선택하였었다. 다행히 필자가 중국 베이징대학에서 한국인으로는 처음으로 법과대학원 석박사 동시 이수 학위 과정을 마치고 귀국한 이래, 중국에서 보다 다양한 전공분야에서 한국의 법학도들이 공부할 수 있는 길이 열림으로써, 한국유학생들이 중국경제법뿐만 아니라 중국지재권법, 중국민법, 중국과학기술법 및 중국상법 등 선택할 수 있는 루트가 넓어졌다는 이야기도 들려왔다. 다행스러운 일이 아닐 수 없다. 그렇게 여러 분야에서 독자적인 길을 하나하나 쌓아가면 궁극적으로 중국법제도와 한국법제도 간의 간격을 한층 더 좁히고 공통분모를 더 넓힐 수 있을 것으로 믿어 의심치 않는다.

본 저서 출판과 관련하여 먼저 항상 학문적으로 격려를 해주시는 고대 이기수 전 총장님에게 감사드린다. 권오승 교수님, 박길준 교수님에게도 감사드린다. 이 지면을 빌어서 중국과 관련하여 지속적으로 좋은 명저를 출판하기 위해 애써주시는 산지니출판사의 도움이 컸다는 점을 알려드린다. 산지니출판사 강수걸 대표님, 또 실무를 도맡아서 처리해주신 권경옥 편집장님, 김향남 편집자님에게도 감사의 말씀을 드린다. 졸저에도 불구하고 본 저서가 출판되는 만큼, 앞으로 더 열심히 노력해야겠다는 다짐과 함께 중압감이 다가옴을 느낀다. 4차 산업혁명이 진행되면서 변화를 알기 힘든 발전을 거듭하고 있는 중국의 발전상을 법학 분야에서 글로써 알리기 위해 앞으로 계속 노력해야겠다는 다짐을 하면서, 마지막으로 본 저서를 출판하는 데에 묵묵히 내조 및 격려를 아끼지 않았던 배우자와 두 어린 자녀에게 고맙다는 말을 전한다.

2018년 5월
강남대학교 연구실에서
김종우

차례

제3장 중국 소비자보호법

제1장
중국경제법 총론

제1절 중국경제법 개념에 대한 학설

I. 중국경제법학설의 시대별 발전동향 평가: 중국경제법학설 태동기

중국에서 개혁개방이 진행된 이래「중화인민공화국 민법통칙」제정 이전에 중국경제법학의 이론을 확립한 학설로는 종합경제법학설, 종횡경제법학설, 경제행정법학설, 종적 경제법학설, 학과경제법학설 등 다섯 가지 학설이 존재한다.[1]

첫째, 종합경제법학설은 경제법을 종합적인 법률부문으로 하여 차지하는 지위가 중요한 것으로 인식한다. 그러나 이것은 하나의 독립적인 법률부문이 아닌 것으로 간주하는데 자신의 특정한 조정대상과 독특한 조정방법이 없기 때문이다.[2] 종합경제법학설은 경제법을 평등한 사회경제관계, 행정관리적 성격의 사회경제관계 및 인사노무에 대한 사회경제관계를 조정하는 법률이 종합적으로 구성된 것으로 인식한다. 이렇게 경제법을 일체의 경제관계를 조정하는 법률로 전환된 것으로 보는 것은 타당하지 않은 것으로 간주한다. 평등한 사회경제관계, 행정관리적 성격의 경제관계 및 인사노무관리의 사회경제관계라는 세 가지 구체적인 사회경제관계는 이미 각각 민법, 행정법 및 노동법으로 조정되었으며, 실무적으로 성문법전화되었다.[3] 종합경제법학설은 중국경제법학의 이론정립 초창기에 민법, 행정, 노동법 및 경제법이 존재하지 않던 시기에

제기된 학설의 하나로 중국경제법률 체계의 기본적인 틀을 확립하게
된다. 종합경제법학설은 과거에 피상적이고 틀이 잡혀 있지 않았던
경제관계에 대해 분석을 진행하여 구체적으로 평등한 경제관계, 행정관
리적 성격의 사회경제관계 및 인사노무관리 성격의 사회경제관계로
분류하였으며, 이 세 가지 구체적인 사회경제관계가 각기 상이한 법률방
법을 채택하여 조정하도록 하였다.4) 종합경제법학설은 상술한 구체적
분석의 기초 위에서 한 단계 향상되어 과학적이고 분명하게 행정관리를
조정하는 사회경제관계의 법률이 경제법이라는 것을 지적하였다. 그러
나 또한 경제관계를 조정하는 법률은 평등한 사회경제관계를 조정하는
민법과 노무관계를 조정하는 사회경제관계의 노동법 외에 일종의 행정
관리를 조정하는 사회경제관계의 법률이라는 점을 분명히 하였다.

둘째, 종횡경제법학설은 과거 구소련에서 도입된 것으로 중국에서
이론이 발전된 케이스에 속한다. 종횡경제학설은 경제관계를 종적 경제
관계와 횡적 경제관계로 분류하였다. 그러나 지나치게 과장된 측면이
있고 양자 간에 존재하는 관계를 통일해야 한다는 것을 강조하였으며,
또한 횡적 경제관계를 종적 경제관계 안으로 통일해야 한다고 보았고,
최종적으로는 종적 경제관계에서 소멸되는 것으로 판단하였다. 종횡경
제법학설의 실체는 종적 경제관계를 횡적 경제관계 안으로 끌어들여
양자를 혼합한 측면이 있다. 즉 국가가 경제를 관리하는 행정적인 간여를
기타 모든 방법 위에 두고 이것을 혼용한 것이다. 이러한 관점은 과거
고도로 중앙집권화된 사회주의 계획경제를 반영한 산물로서 사회주의
시장경제체제와는 맞지 않는 학설이라고 하겠다.5) 중국경제체제 개혁
의 과정은 상품경제 발전에 있는 것이지 상품경제를 부정하는 것이
아니다. 이것은 기업으로 하여금 정부로부터 독립하는 것이며 정부에
종속되어야 한다는 의미는 아니다. 즉 행정간여를 최소화하고 시장조정
능력을 확대해야 한다는 의미이다. 중국사회주의경제관계의 본질은
시장지향적인 것으로, 계획경제가 목적이 아니다. 따라서 횡적 경제관계
는 반드시 종적 경제관계에서 독립되어야 한다. 종횡경제법학설은 서로

상이한 경제관계 특히 횡적 경제관계의 관련성에 주목하였으나, 지나친 강조의 결과 본말이 전도되는 결론을 초래했다는 비판을 받고 있다.

경제행정법학설은 행정권력이 경제영역에서 집중적으로 행정 및 행정법 조정대상으로 표현되는데 이것이 바로 국민경제행정관리에서 발생하는 각종 관계라는 것이다. 즉 국가행정기관이 국민경제에서 기획, 조직, 관리, 감독, 조정 및 간여 중에서 형성된 각종관계라는 점이다.[6] 이런 학설은 국가의 간여가 행정간여와 동등하다는 것을 의미하며 행정간여를 경제법의 핵심으로 간주한다는 것이고, 나아가 경제법을 행정법에 귀속함으로써 최종적으로 경제법이 하나의 독립적인 법률부문이라는 것을 부정한다는 것이다. 경제행정법학설은 지나치게 정부간여를 강조함으로써 시장경제의 성질과 요구와는 상충된다. 그러나 다른 학설로 말하면 경제행정법학설은 기타 여러 경제법학설보다는 더욱 체계적이다. 즉 동 학설은 경제법의 가장 핵심적인 내용인 경제법과 정부간여를 결합함으로써, 경제법의 본질이 경제법률을 운용하여 경제문제를 해결하는 데에 있다고 인식하였다. 해결해야 하는 문제로는 정부간여가 얼마나 합리적인지에 대해 과학적이고 타당한 기준을 적용해야 한다는 것이다.

종적 경제법학설은 경제법이 오로지 종적 경제관계만을 조정하거나 국가가 경제활동 관리과정에서 발생한 경제관계만을 조정한다고 보는 것이다.[7] 즉 일관되게 경제법은 종적 경제관계만을 조정한다는 원칙을 유지하며, 횡적 경제관계를 조정하는 민법과는 분리하여 간주한다는 입장이다. 동 학설은 종적 경제관계를 행정권력이 경제관계를 관리하는 것으로 이해하지 않고, 또 의식적으로 행정법과 관련되는 것을 회피한다는 것이다. 경제법이 종적 경계관계만을 조정한다는 주장을 하는 이 관점은 종적 경제법학설이 그 어떠한 기타경제법학설보다 더 순수하고 철저하다는 입장을 취한다. 다만 문제는 어떻게 과학적으로 이러한 종적 경제관계를 체계적으로 설명하는가에 있다.

학과 경제법학설이 인식하기에 경제법은 두 가지 함의가 있다. 하나

는 국가가 제정하고 반포한 경제법규범이고, 다른 하나는 이론적으로
형성된 경제법학과라는 것이다. 즉 역사적으로 경제법의 영향을 많이
받았다는 것이다. 그러나 역사적으로 존재하는 통제경제법은 경제법의
하나의 병적 현상으로 진정한 경제법은 아니다. 시장경제의 독점단계에
서 시장경제의 자유로운 경쟁 기초 위에서 형성된 맹목적인 무질서와
독점, 불공정경쟁 등 경쟁제한적 성격의 사회관계는 사회경제에 대해
거시적인 조정과 경쟁을 보호하는 보편적인 요구를 제기하고, 이러한
보편적인 요구를 만족하기 위해서는 단지 과거의 임시적이고 개별적이
며 행정적인 관리에 의지해서는 목적달성이 요원하기 때문에 반드시
일상적이면서도 보편적인 법률의 조정이 진행되어야 한다는 것이다.
이러한 상황 하에서 하나의 새로운 법률부문이 행정법에서 분리되어
나오게 되는데 이 법률부문이 바로 경제법이라는 것이다. 학과 경제법학
설이 인식하는 자신의 임무는 경제법연구에 의한 각 기본법 운용과
경제현상에 대해 원칙적으로 종합적인 조정을 진행하는 규율이라는
것이다. 국민경제는 확실히 하나의 광범위한 영역이나 그러나 이러한
영역 중의 경제관계의 복잡성과 다양성은 법률의 종합적인 조정작용으
로 하여금 특별히 중요하게 만든다. 어떠한 영역에 대해 종합적으로
조정한 것은 하나의 부문법이 부담할 수 있는 것이 아니다. 경제법은
행정법, 민법 및 노동법 등의 기본법이 구체화한 것이 아니라 하나의
독립적인 법률부문으로 단지 국민경제의 어느 하나의 경제관계를 조정
하는 것으로, 경제법은 행정법, 민법 및 노동법 등 이러한 기본법에
대한 인수작용을 할 수 없으며, 경제법의 조정 또한 행정법, 민법 및
노동법 등 각 부문법의 종합적인 조정을 모두 부담할 수는 없다.8)
　　상술한 다섯 가지의 중국경제법학설을 종합해보면 모두 종합적인
경제법학의 행정관리형 경제관계라는 것이 확인된다. 종횡경제법학설
내의 종적 경제관계, 경제행정법학설 내의 경제 행정관리관계, 종적
경제법학설 내의 종적 경제관계 및 학과 경제법학설의 견해에 의한
'국가의 강력한 행정권력을 이용하여 경제에 대해 간여하는 법규의

총칭'이 그것이다. 이러한 학설들이 경제법학계가 공통으로 주목하는 이론으로 「민법통칙」의 제정을 통해 이러한 인식이 더 정설로 자리 잡게 된다. 다섯 가지의 중국 경제법학설은 개혁개방 초기 경제법학계에 경제법의 이론적 틀을 제공하여 법리적 발전의 기초를 형성하게 된다.

Ⅱ. 중국경제법 조정대상의 범위와 평가: 2000년대 이후 현재

중국경제법학설의 발전은 크게 세 단계로 구분된다. 첫 번째 단계는 1979~1984년 개혁 초기의 춘추전국시기이다. 이 시기의 학설은 주로 유물경제법론, 유물민법론 및 특정관계론이 있다. 이 가운데 중요한 지위를 차지하는 것이 관리 및 협력 경제법론, 종횡경제관계론이다.[9] 두 번째 단계는 1984~1992년 시장경제로의 전환이 진행된 과도기이다. 이 시기에 영향력있는 경제법학설은 주로 경제관리관계 및 경제협력관계론, 경제관리관계론, 경제관계와 경제활동론이 있다.[10] 세 번째 시기는 1992년 중국지도자 덩샤오핑의 남순강화 이후 시장경제체제 목표가 확립된 이후 본격적인 발전기이다. 이 시기의 경제법학설은 주로 국가통제설, 종횡통일설 및 국가조정설이 있다.[11] 현재 중국경제법 발전에 영향을 준 것은 6대 학설로 귀결된다.

첫째, 국가조정설이다.[12] 베이징대 양쯔쉔(杨紫煊) 교수가 주장한 것으로 경제법 조정대상은 특정화한 경제관계라는 것이다. 즉 국가가 경제운영 조정과정에서 발생한 경제관계이며 구체적으로 기업조직관리관계, 시장관리관계, 거시경제조정관계 및 사회경제보장관계를 포함한다. 이 학설은 기업조직관리를 모두 경제법에 포함하는 것은 불공정하다는 입장을 취한다.[13] 그 이유는 국가의 기업에 대한 관리방식은 두 가지가 있기 때문인데 하나는 국가가 회사법 등 각종조직법에 해당하는 일반적인 법률법규를 제정하여 기업에 대해 관리를 하고 있고, 다른 하나는 국가가 직접 기업에 대해 경제관리관계를 발생시키거나 입법으로 조정을 하기 때문이다.14) 전자는 일반적으로 상법으로 조정을 하며, 후자가 비로소 경제법의 범주에 속하여 조정이 되는 경우에 속한다.

둘째, 국가간여설이다.15) 이 학설은 리창치(李昌麒)가 주장한 것으로 경제법이라 함은 국가간여가 필요한 전국적이면서 사회공공적인 경제관계의 특징을 구비한 법률규범의 총칭이라 한다.16) 국가간여가 필요한 경제관계는 주로 시장주체조정관계, 시장질서조정관계, 거시경제조정관계 및 지속가능발전보장관계, 사회분배관계가 있다.17) 여기에서 '필요한'이라는 문구에는 일정한 모호성이 있다. 간여라는 어휘 또한 국가가 경제에 영향을 주는 모든 형식을 포괄할 수는 없다고 보아야 한다.

셋째, 사회공공경제관리설이다.18) 칭화대 왕바오수(王保樹) 교수가 주장한 이론으로 경제법은 정부, 정부경제관리기관 및 경제조직, 공민간에 사회공공성격을 근본특징으로 하는 경제관리규범을 조정하는 총칭이라고 정의하였다. 이러한 경제관리는 시장관리, 거시경제관리를 포함한다. 이 학설은 경제법의 사회공공성을 강조하며, 경제법의 근본목적과 가치를 제시하고 있다. 그러나 사회공공성이란 매우 모호한 개념으로 정부간여설과 마찬가지로 학설이 제기된 당시에는 정부간여의 경계를 확정할 수 없는 특징이 존재하였다. 한편 이 학설이 포괄하는 경제법 영역 또한 상당히 협소하다.

넷째, 국가조제설이다.19) 이 학설은 베이징대 장쇼우원(張守文) 교수가 주장하였다. 즉 경제법은 국가가 시장경제에서 거시조정 및 시장규제과정 중에 발생하는 경제관계를 조정하는 법률규범의 총칭이라는 것이다. 정부의 조제는 주로 경제운행에 대한 거시조정과 시장규제 두 가지 방식으로 실현된다. 이것은 사회공공경제관리설과 유사한 것으로 경제법이 작용하는 영역에 있어서 그 외연이 매우 협소하다.

다섯째, 종횡통일설이다.20) 이 학설의 주창자는 리우원화(刘文华) 및 스지춘(史际春) 교수이다. 동 학설에서 조명하는 경제법은 국가기관,

사회조직, 기타경제실체가 경제관리과정에서 경영조정활동 중에 발생하는 경제관리를 조정하는 법률규범의 총칭이다.21) 이 학설은 경제법 조정대상을 더 분명하게 규정하였으나 한 가지 소홀히 한 문제가 있었는데 바로 경제협력과정에서 시장주체의 경쟁관계는 국가가 간여해야 한다는 것이다. 그러나 이 가운데 더 많은 것이 평등한 민사주체간의 관계로서 경제법이 조정하는 범주에 속할 필요는 없으며, 반대로 민상법이 조정하는 범주에 속한다.

여섯째, 국가조정설이다.22) 치둬쥔(漆多俊) 교수가 주장한 것으로 경제법은 국가가 사회경제과정에서 발생하는 각종 사회관계를 조정함으로써 국가를 보장하고 사회경제, 안정 및 발전을 촉진하는 법률규범의 총칭을 말한다. 이 학설은 국가가 사회경제를 조정하는 세 가지 방식을 제기한다. 먼저 국가는 강행방식으로 독점을 규제하고 공정한 경쟁이 되도록 하며, 경쟁제한을 반대함으로써 시장시스템의 작용으로 인한 문제를 배제한다. 다음으로 국가는 참여방식으로 직접 경영에 투자하고, 사회경제에 대해 유도 내지 장려방식으로 거시조정을 실행한다는 것이다.23) 이 학설은 시장체제에 대한 경쟁제한 및 불공정경쟁, 시장체제가 낙후된 시장조정기능의 세 가지 문제에 포함되지 않았을 경우 제기되는 것이다.

이에 상반되는 것으로 경제법은 세 가지 체제로 편제되는데 우선 반독점법, 불공정경쟁방지법이 있고 다음으로 국가투자경영법이 있고, 셋째 국가거시조정법이 있다. 이 학설 자체는 비교적 완벽하지만 국가가 간여방식으로 직접 경영에 투자하는 것을 모두 경제법으로 조정하겠다는 점에서 전적으로 시장친화적이라고 보기는 어렵다. 이 가운데 국유자산 감독관리문제는 경제법 영역에 포함되어야 한다. 그 이유는 국유기업이 시장경제운영규칙에 따라 거래가 진행되는 행위로 발생하는 경제관계이기 때문에 기타 시장주체와 동등하게 간주되어야 하며 결과적으로 민상법으로 조정되어야 하기 때문이다.

상술한 경제법학설은 각각 서로 상이한 특징이 있다. 그러나 경제법의 본질을 제시하는 데에 있어서 기본적인 함의는 대체로 일치한다. 첫째, 정의방식에 있어서 각 학설은 경제법에 대한 정의를 기본적으로 '사회관계 및 법률규범'모델에 따라 진행하는데 구체적으로는 경제법이라 함은 특정한 경제관계를 조정대상으로 하는 전체법률규범의 총칭이라 한다고 규정한다. 둘째, 주체인식상의 인식공조이다. 상술한 학설은 예외없이 경제법이 조정하는 경제관계에서 국가 혹은 정부를 항상 또는 종종 주체의 일방당사자로 규정한다. 셋째, 경제법 영역에 대한 공동인식에 있어서 각 학설은 경제법이 조정하는 경제관계는 국가가 행사하는 영향력이 경제운영과정에서 발생하는 것으로, 단지 국가가 영향력을 행사하는 방식에 대해 서로 상이한 문구로 표현하는 것에 불과하다는 특징이 있다. 예로 간여, 조정, 관리, 규제, 조정, 조제 등이 그것이다. 넷째, 조정목표에 대한 공동인식이다. 각 학설은 모두 직간접적으로 이러한 관점을 드러내고 있는데 경제법으로 특정한 경제관계를 조정할 때 강력한 목적성을 지녀야 한다는 것이다. 즉 사회전체이익 및 사회공공이익의 실현과 보장이 목적이 되어야 한다는 점이다.

Ⅲ. 중국경제법의 가치 고찰

경제법의 가치와 경제법의 이념은 경제법이론체계 중의 기본문제이다. 일부학자의 경우 경제법 가치와 경제법 이념을 구분하지 않거나 구분할 필요가 없다고 보고 있으며, 서로 상이한 별개의 개념으로 간주하기도 한다. 경제법의 이념과 가치를 해석하는 것은 우선 그 함의를 분명히 하는 것이 경제법이론 연구의 발전에 유익하다. 경제법 가치와 경제법 이념의 서로 상이한 학설을 비교분석한 결과 경제법 가치와 경제법 이념은 서로 상이한 성질의 개념이라고 인식하고 각기 다른 구성체계가 있다는 것이 확인된다.

1. 법의 이념과 법적 가치의 관계

법의 이념과 법적 가치문제는 법학계에서 현재까지 논쟁이 되고 있는 분야이다. 현재 주로 아래 몇 가지 상이한 학설이 존재한다.

첫째, 법적 가치이념 동질설이다.[24] 경제법학계에서 아주 오랜 기간 경제법의 가치와 경제법의 이념을 구분하지 않고 혼용하여 왔다. 법적 가치이념 동질설의 이론 중에서 리장지엔(李長健) 교수는 그 어떠한 현대제도의 배후는 그에 상응하는 가치이념의 지지가 있다고 언급한 바 있다. 이러한 견해를 갖고 있는 법학자는 상당히 많다. 그들의 관점에서는 법의 이념과 법적 가치는 실질적인 구별이 없으며 서로 호환될 수 있다고 본다.[25]

둘째, 법적 가치이념 상이설이다.[26] 쟝판(江帆) 교수가 주장한 것으로 국민들은 항상 유사하거나 그에 상응하는 문제에 있어서 법적 이념과 가치이념, 가치를 채택하는데 가치와 이념의 함의는 확실히 근접해 있으나, 여전히 양자를 구분하여 논의해야 하며, 법률의 이념은 가치보다 높은 상위개념으로 인식하고 '특정가치의 궁극적인 지향'으로 경계를 지을 수 있다고 하였다. 리창치(李昌麒) 교수는 경제법 이념은 하나의 더 높은 차원의 범주이어야 하며, 본체론, 인식론, 방법론 및 가치론 차원의 함의를 지닌다고 주장하였다. 반면 경제법 가치는 가치론 중의 기본개념에 속하는 것에 지나지 않는다고 보았다.[27]

서로 상이한 학설 중에서도 또다시 두 가지 관점이 존재한다. 하나는 주·객관설이다. 그러나 가치는 결코 순수한 객관적인 개념이 아니며, 가치에 대한 판단 자체는 주관적으로 이념을 인식하는 것을 포함하고 있다. 이 때문에 가치는 더더욱 주·객관설의 통일이 되어야만 한다.[28] 또 다른 학설은 서로 상이한 차원의 관련설이다. 가치는 비록 객관적 속성을 지녔으나 가치의 실현과 실현 정도는 사람의 주관적·객관적인 판단과 인식을 떠날 수가 없다. 이념은 자체적으로 일종의 주관적인 관념으로 사물에 대해 의연한 모습과 이상적인 법적 영역에 대한 추구이다. 따라서 양자 간에는 주관적인 속성이 존재한다. 그러나 가치는 일정한 객관성이 존재하는데 결코 단순한 주관적인 존재가 아니다. 법적 이념은 법적 가치보다 높아야만 하며, 법적 가치는 정확한 법적 이념지도 하에 실현된다.29)

2. 경제법의 가치

경제법의 가치에 대해서 중국학계에서는 주관설과 객관설의 상이한 학설상의 대립이 있다.30) 일부학자가 인식하기에 가치는 사물이 객관적으로 구비한 속성으로 국민이 이용할 수 있는 기능과 성능을 제공할 수 있다는 객관적인 존재이자, 이에 근거하여 법의 이념과 구분을 하게 된다. 반면 또 다른 학자는 경제법의 가치라 함은 사회전체구성원이 수요를 만족시키기 위해 경제법이 구비해야만 하는 기본적인 형상과 속성을 희망하는 것이라고 정의한다. 이외에 경제법의 가치를 주관성과 객관성의 통일이라고 간주하기도 하는데 경제법의 가치는 두 부분, 즉 목적성 가치와 도구적 가치로 분류하며, 목적성 가치는 주도적 지위를 차지하며 도구성 가치는 목적성 가치를 실현하기 위해 구비해야만 하는 기본적인 속성으로 간주하여 종속적인 지위로 분류하고 있다.31)

경제법의 가치를 연구하기 전에 우선 법적 가치에 대해 논의가 되어야 한다. 즉 공정, 질서, 자유, 효율 등이 그것이다. 치뒈쥔(漆多俊) 교수는 경제법은 법률 중의 하나의 부문으로 기타법률과 마찬가지로 질서, 효율, 공정, 정의 등의 가치를 구비하고 있으며, 단지 사회성 및 경제적 역량을 더 많이 포함한 것이라고 인식하였다. 경제법 자체의 가치는 실질적인 정의 및 사회본질에 입각한 지도하의 사회적 효율성과 사회질서, 사회공정, 사회정의의 4위일체 및 통일에 있다고 보아야 한다. 경제법의 가치와 경제법의 이념은 주관적 성격이 아주 강한 개념으로 학자 간에 사고하는 문제의 각도가 상이하기 때문에 결론 또한 자연적으로 상이하다. 가치이념의 연구는 여전히 완성되지 않은 영역으로 새로운 패러다임을 지속적으로 제시하여야 한다.

Ⅳ. 중국경제법학설의 발전방향

중국의 경제법학설은 이론정립에 있어서 특별법 차원에서 독일이나 미국 등에서 확립된 것과 동등한 입장을 취하면서 발전해온 것과는 달리, 기초이론정립에 있어서는 서구 국가와는 다른 양상으로 전개되어 왔다.

서구경제법에서는 독일과 일본경제법이 전형적인 예로, 발전과정은 세 단계로 진행되어왔다. 구체적으로 경제법 탄생 초기에서부터 2차대 전 종료 전까지의 경제법이론학설시기(1890~1945년), 2차대전 이후 1980년대까지의 경제법이론학설시기, 1990년대 이후의 경제법이론학 설시기로 분류된다.[32] 최초의 시기에서 독일은 세계관설, 집성설, 조직 경제설, 기업법설, 방법론설, 기능설, 공법사법충돌조정설 등의 학설이 제기된다.[33] 이 시기에 일본은 기본적으로 독일 학설을 답습하여 자신만 의 독창적인 이론정립이 다수 출현하지는 않았다. 두 번째 시기에서 독일은 주로 충돌법설, 기능설, 경제의 총체적 관계설, 경제협조법설, 경제지도관리법설, 경제정책도구설 등의 학설이 등장하였다.[34] 이 시 기에 일본에서는 시민법과 대립되는 각도에서 이해되는 경제법의 견해 가 출현하여 구속과 통제를 경제법 중심개념으로 하는 견해가 등장하였 으며, 독점단계 내에서 자본주의경제체제를 유지로 하는 경제정책입법 에 대한 견해가 있고, 경제법을 경제적 종속관계의 전제로 하는 견해가 있으며, 국가간여 및 조정의 견해 등 다수의 학설이 등장하였다. 세 번째 단계에서는 경제법이론연구가 확실히 과거보다 감소하였으나 더 많은 경제법실무 및 경제법부문법의 각론연구가 이를 대체하였다. 일본 의 경제법이론연구는 주로 반독점을 핵심으로 경제법의 범위를 논증하 는 데에 집중되었다.[35] 중국 경제법학설과 비교하면 서구 경제법기본이 론은 상당히 다양하고 실용적이었다. 가장 중요한 것은 서구 경제법학설 은 경제법이 민상법, 노동법에서 독립되었음을 입증한 이후 경쟁법이 경제법 내에서 핵심적 지위를 차지한다는 것을 확인하였다.[36] 그 결과

경제법과 민상법 사이에 적절한 관련성이 생겼으며, 경제법과 경제체제, 경제법과 정치가 밀접한 관련이 있다는 점 또한 입증되었다. 이로 인해 중국 내에서 정책설, 경제지도관리설 등의 학설이 대두되기도 하였다.[37] 동시에 서방경제법학설은 경제법실무 연구를 더욱 중시하게 되어 경제법을 광범위한 법률체계 및 사법체제 속에 포함하게 되었다. 이로써 경제헌법과 경제행정법 또는 경제정책 각도에서 경제법문제를 연구하는 풍토가 자리 잡게 되었다.

경제법실무와 경제법 각 부문법의 각론연구가 아닌, 중국의 경제법학설이 발전한 기초와 경로는 비록 서구 경제법학설과는 상이하지만 서구의 사례가 중국에 일정한 시사를 해줄 수 있을 것이다. 예로 경제법연구가 경제헌법 및 경제행정법에 인용되는 과정에서 중국 정부의 간여가 지나친 현실적인 문제의 경우 서구의 사례가 상당히 큰 의의가 있다. 이것은 경제법이 국가경제간여의 법으로서 우선 국가가 헌법을 통해 국가 혹은 정부의 경제간여 권한을 확립하도록 반드시 요구하기 때문이고, 국가와 정부의 간여 여부 또 간여의 정도를 확립해야 하기 때문이다.

헌법에서 규정하고 있는 공민의 기본 경제권리인 재산권, 영업자유권 등은 경제헌법의 기본내용을 형성하는데, 국가와 정부는 반드시 이러한 공민의 가장 기본적인 권리를 존중해야만 한다. 국가와 정부가 공민의 가장 기본적인 권리를 존중해야 하는데 이러한 기본권은 국가가 간여하는 경계선이 된다. 동시에 경제법은 국가경제가 간여하는 법으로 반드시 국가와 정부의 역량이 경제와 시장주체에 대해 관리를 해야 한다는 것을 의미하며, 이것은 확실히 경제법이 반드시 행정법의 기본원칙과 요구를 준수해야 함을 의미한다.[38] 현대행정법이 확립한 행정원칙은 경제법의 기본적인 원칙과 원리여야만 한다. 만약 경제법을 토론하는 경우 비로소 효과적으로 국가가 간여할 수 있는지 또 간여하는 정도와 범위를 어떻게 설정할 것인지를 효과적으로 해결할 수 있을 것이며, 이 문제를 해결한 이후에야 비로소 자유로운 경쟁과 국가조정의 관계를 제대로 정립할 수 있을 것이다.

경제법학설의 연구가 경제헌법과 경제행정법을 지향한다는 것이 결코 경제법 기본이론의 소멸을 의미하지는 않는다. 단지 경제법 기본이론의 자연적인 승화인 것이다. 또한 서구 경제법학설을 사례로 들면 민상법의 기초작용과 경제법의 보완작용을 분명히 하는 것이 중국 경제법이 자신의 조정범위와 진정한 가치평가를 새로이 인식하는 데에 유리하다. 결국 입법과 사법 실천과정에서 민상법과 협조를 진행하고 보완작용을 발휘하도록 해야 한다.

이외에 서구 경제법 실무와 경제법 부문법의 연구는 경제법학설의 이론과 실무를 다양하게 해주는 것으로, 경제법학설의 이론적인 보장을 완벽하게 하는 것이며, 이 또한 중국이 새로이 형성한 경제법학설이 반드시 구비해야 하는 전제조건이자 당연한 발전방향이라고 하겠다.

제2장
중국 반독점법

제1절 중국 시장지배적 지위의 남용금지

I. 중국 시장지배적 지위의 남용에 관한 반독점법 규제

1. 시장지배적 지위 남용금지

중국 「반독점법」 제17조는 시장지배적 지위를 구비한 경영자[1])가 시장지배적 지위를 남용하는 행위[2])에 종사하는 것을 금지하고 있다. 구체적으로 다음과 같다. 첫째, 불공평하게 높은 가격으로 제품을 판매하거나 불공평하게 낮은 가격으로 제품을 구매하는 행위, 정당한 이유 없이 자본비용보다 낮은 가격으로 제품을 판매하는 행위, 정당한 이유 없이 거래상대방과 거래하는 것을 거절하는 행위, 정당한 이유 없이 거래상대방이 거래를 진행하고 있는 경영자 혹은 지정한 경영자와 거래를 하도록 제한하는 행위, 정당한 이유 없이 끼워팔기를 하거나 혹은 거래 시 기타 불합리한 거래조건을 추가하는 행위, 정당한 이유 없이 조건이 동등한 거래상대방에 대하여 거래가격 등 거래조건에 있어서 차별대우를 하는 경우, 국무원 반독점집행기구가 인정한 기타 시장지배적 지위 남용행위 등이 그것이다.[3])

2. 행정권력 남용에 의한 경쟁배제 및 제한금지

2010년 12월 31일 국가공상행정관리총국령 제55호에 따르면 제3

조에서 행정기관과 법률, 법규가 권한을 부여한 공공사무관리직능을 구비한 조직은 행정권력을 남용하여 아래 행위를 하면 아니 된다고 규정하였다. 구체적으로 다음과 같다.

첫째, 행정인가를 분명하게 요구하거나 암시 혹은 거절, 연기 및 중복검사 등의 방식으로 단위나 개인이 지정한 경영자가 제공한 제품 경영과 구매, 사용을 제한하거나 변칙적으로 제한 혹은 타인의 정상적인 경영활동을 제한하는 행위이다. 둘째, 타지역 제품에 대하여 현지 동종제품과 상이한 기술적 요구 및 검역기준을 집행하거나 혹은 이중검사 내지 이중인정 등의 차별적 기술조치를 채택함으로써 타지역 제품이 현지시장에 진입하는 것을 제한하는 행위가 있다. 셋째, 타지역 제품을 겨냥한 행정인가를 채택하거나 타지역 제품에 대한 행정인가 시에 서로 상이한 인가요건과 절차, 기한을 채택하여 타지역 제품이 현지시장에 진입하는 것을 제한하는 행위이다. 넷째, 해관이나 기타 수단을 채택하여 타지역 제품이 현지시장에 진입하는 것을 제한하거나 혹은 현지제품이 타지역 시장으로 진출하는 것을 제한하는 행위가 있다. 다섯째, 차별적 성격의 자질요구나 기준평가를 설정하거나 법적 조치를 따르지 않고 정보를 반포하는 방식으로 타지역 경영자가 현지입찰 참가를 배척하거나 제한하는 행위이다. 여섯째, 불평등대우 등의 방식을 채택하여 타지역 경영자의 현지 투자 및 사무소 설립을 배척 혹은 제한하거나, 타지역 경영자가 현지에서 정상적인 경영활동에 종사하는 것을 방해하는 행위가 있다. 일곱째, 경영자 간에 경쟁배제·제한하는 독점협의 달성 및 실시를 강제하고, 시장지배적 지위를 구비한 경영자가 시장지배적 지위 남용행위에 종사하도록 강제하는 행위가 있다.[4] 그런데 상기 조문에 의한 법률효과로서 남용행위의 책임귀속과 관련하여 하나의 사업자로 간주되는 특정 계열회사의 행위에 대하여 다른 계열회사도 시정조치나 과징금을 비롯하여 민사적, 형사적 책임을 부담하는지 여부는 확실치 않다. 다만 입법론으로 보다 엄격한 요건 하에 경제적 동일체에 속하는 계열회사에 대하여 법위반행위에 대한 공동책임을 인정하는 방안을

검토할 필요가 있을 것이다.5)

3. 국가발전개혁위원회가 반포한 反가격독점규정

상기규장은 「중화인민공화국 반독점법」에 근거하여 「반(反)가격독점규정」6)을 제정하였으며 중국 국가발전개혁위원회 주임 판공실의 토론을 거쳐 공포된 것으로 2011년 2월 1일자로 시행되었다. 동법 제3조에서 가격독점행위를 규정하고 있는데 여기에는 경영자가 달성한 가격독점협의, 시장지배적 지위를 구비한 경영자가 가격수단을 사용하여 경쟁을 배제하고 제한하는 것을 말한다. 행정기관과 법률, 법규가 권한을 위임한 공공사무관리직능을 구비한 조직이 행정권력을 남용하여 가격에 있어서 경쟁을 배제하고 제한하는 행위는 본 규정을 적용한다. 기타 협정행위의 인정은 아래 요건을 근거로 하여야만 한다. 경영자의 가격행위가 일치할 것, 경영자가 의사소통을 행하였음이 확인될 것, 시장구조와 시장변화 등의 상황을 고려해야만 한다. 또한 제7조에서는 경쟁관계에 있는 경영자가 아래 가격독점협의7)를 달성하는 것을 금지하고 있다. 상품과 서비스가격수준의 고정 혹은 변경, 가격변동폭의 고정 혹은 변경, 가격에 대해 영향이 있는 수속비와 할인 혹은 기타비용의 고정이나 변경, 약정한 가격이 제3자와 거래하는 기초로 사용되는 경우, 가격산정에 기초가 되는 기준을 채택하기로 약정한 경우, 협의에 동참하기로 약정하지 않은 기타 경영자가 가격변경을 하지 않는 것에 동의한 경우, 기타 방식으로 가격을 고정하거나 변경하는 경우, 국무원 가격주관부문이 인정한 기타가격독점협의가 그것이다. 제8조는 경영자와 거래상대방이 이하 가격독점협의의 달성을 금지하고 있다. 제3자에게 상품을 매매하는 가격의 고정, 제3자에게 상품을 매매하는 최저가격의 한정, 국무원 가격주관부문이 인정하는 기타가격독점협의가 그것이다. 제9조는 사업자협회가 아래 행위에 종사하는 것을 금지하고 있는데 가격경쟁의 규칙 · 결정 · 통지 배제 및 제한을 규정하는 행위, 경영자가 본 규정이 금지하는 가격독점협의8)를 달성하기 위한 행위를 하는 경우, 경영자가 가격독점협의를 달성하거나 실시하는 기타행위를 장려하는 경우가 그 것이다. 불공정한 고가와 불공정한 저가를 인정하는 것은 아래 요건을 고려하여야만 한다.9) 판매가격이나 매매가격이 기타 경영자가 동종제품을 판매하거나 구매하는 가격보다 명백히 높거나 낮은 경우, 자본이 기본적으로 안정적인 상황 하에서 정상적인 폭을 초월하여 판매가격을 상승시키거나 구매가격을 하락시키는 경우, 제품판매가격 상승폭이 명백히 자본증가율을 초과하거나, 제품구매의 하락폭이 명백히 거래상 대방의 비용하락폭보다 높은 경우 등이 포함된다. 시장지배적 지위를 구비한 경영자가 정당한 이유 없이 자본비용보다 낮은 가격으로 제품을 판매하면 안 된다.10) 정당한 이유는 신선한 제품, 계절상품, 유효기한이 곧 도래하는 제품 및 압축상품을 할인가격으로 처리하는 경우, 채무상환, 자산전환, 휴업으로 인하여 할인가격으로 제품을 판매하는 경우, 신제품 판촉활동을 확대하는 경우, 정당성을 구비한 기타 이유를 충분히 증명할 수 있는 경우를 말한다. 또한 시장지배적 지위를 구비한 경영자는 정당한 이유 없이 지나치게 높은 판매가격이나 지나치게 낮은 구매가격으로 거래상대방과 거래하는 것을 거절하면 안 된다.11) 여기에서의 정당한 이유에는 거래상대방이 엄중하게 불량한 신용기록이 있거나 경영이 지속적으로 악화되는 상황이 출현하여 거래안전에 지극히 큰 위험을 조성하는 경우가 포함된다. 또 거래상대방이 합리적인 가격으로 기타 경영자에게 동종제품 또는 대체재를 구매할 수 있거나, 합리적인 가격으로 기타 경영자에게 제품을 판매할 수 있는 경우를 말한다.

동 규정 제14조는 시장지배적 지위를 구비한 경영자가 정당한 이유 없이 가격할인 등의 수단으로 거래상대방을 제한하여 거래하거나 혹은 지정한 경영자와 거래하도록 제한하면 안 된다는 것이다. 여기에서 정당한 이유라 함은 제품품질과 안전을 보증하기 위한 것, 브랜드보호 또는 서비스수준을 향상시키기 위한 것, 생산비용을 현저하게 낮출 수 있거나 효율을 현저하게 높일 수 있고, 소비자로 하여금 이로부터 탄생한 이익을 공동으로 누릴 수 있는 경우 등이 해당된다. 경영자의 시장지배적 지위를 인정하기 위해서는 관련시장의 설정에 있어서 아래 요건에 근거를 두어야 한다. 동 경영자의 관련시장점유율 및 관련시장의 경쟁상황, 동 경영자의 판매시장 혹은 원자재 구매시장 통제능력, 동 경영자의 재력 및 기술여건, 동 경영자에 대한 기타 경영자의 거래 의존도, 기타 경영자의 관련시장 진입 난이도 수준, 동 경영자 시장지배적 지위 인정과 관련 있는 기타 요건 등이 그것이다. 경영자의 시장지배적 지위 추정은 한 경영자의 관련시장점유율이 2분의 1에 도달하는 경우, 둘 이상의 경영자가 관련시장에서 시장점유율 합계가 3분의 2에 도달하는 경우, 셋 이상의 경영자의 관련시장점유율 합계가 4분의 3에 도달하는 경우가 그것이다.[12] 경영자가 본 규정에서 열거한 가격독점행위가 있는 경우 국무원 가격주관부문과 권한위임을 받은 성, 자치구, 직할시 인민정부 가격주관부문은 반독점법 제46조, 제47조 및 제49조 규정에 따라 처벌한다. 사업자단체가 본 규정을 위반하여 본 업종의 경영자가 가격독점협의를 달성한 경우 반독점법 제46조 및 제49조 규정에 따라 처벌을 받는다.[13] 행정기관과 법률법규의 위임을 받은 공공사무직을 관리하는 조직이 본 규정에서 열거한 행정권력을 남용하여 경쟁을 배제 및 제한하는 행위를 하는 경우 반독점법 제51조 규정에 따라 처리한다. 또한 정부가격주관부문이 법에 따라 실시한 조사에 대해 관련자료와 정보제공을 거절하거나 허위자료와 정보를 제공한다거나 증거은닉, 증거말소, 빼돌리는 행위를 하거나 조사를 거절하거나 방해하는 행위가 있는 경우 반독점법 제52조 규정에 따라 처벌을 받는다.[14] 그러나 각국에서 실제로는 그 비교의 기준이 되는 유효경쟁이 이루어지고 있는 시장을 찾기가 쉽지 않기 때문에 부당성을 판단하기가 매우 어렵다.[15]

II. 다국적기업의 지재권 남용행위에 대한
반독점법 규제16)

반독점법 각도에서 보면 다국적기업의 지재권 남용행위는 시장지배적 지위의 남용, 경쟁제한협의의 인가17), 기업합병을 통한 경쟁제한 및 제소권 남용18) 등으로 구체화된다.

먼저 시장지배적 지위의 남용과 관련하여 시장지배적 지위라 함은 경영자가 관련시장에서 제품가격과 수량 혹은 기타 거래조건을 통제할 수 있고, 혹은 기타 경영자가 관련시장에 진입하는 것을 막거나 영향을 줄 수 있는 능력이 있는 시장지위를 말한다.19) 여기에서의 기타 거래조건은 가격과 품질 외에 시장의 유통에 실질적인 영향을 줄 수 있는 요건으로 가격지불방식, 제품등급, 거래조건 등을 포함한다. 시장지배적 지위를 어떻게 인정하고 추정하느냐는 관련시장의 확정으로부터 출발해야 하며 구체적인 인정기준은 경영자의 관련시장에서의 지분, 관련시장의 경영상황, 해당경영자의 판매시장이나 원자재구매시장 통제능력, 경영자의 재력 및 기술조건, 기타 경영자의 이 경영자에 대한 거래상의 의존도, 기타 경영자의 관련시장 진입의 난이도 등을 포함하여야만 한다.20) 지적재산권 영역의 시장지배적 지위는 인가거절, 끼워팔기, 가격차별, 현저히 높은 정가 등이 있다.

다음으로 다국적기업의 지재권권리남용은 권리남용에 의한 계약인가에서도 찾아볼 수 있다. 일반적으로 지재권인가계약은 기술이전과 시장경쟁에 유리한 측면이 있으나 만약 타인의 경쟁을 제한하거나 배제하는 현상이 발생하면 반독점법의 규제를 받아야만 한다. 이런 조항은 보통 경쟁제한조항 및 회수조항 등을 포함한다. 경쟁제한조항은 권한위임을 받은 사용자의 기술혁신을 제한하고 각 당사자의 경쟁관련 기술개발 참여를 막음으로써 기술혁신을 저해하게 된다. 이러한 조항은 시장경제의 경쟁을 위반하기 때문에 중소기업의 기술혁신에 지극히 불리하게 된다. 반면 회수조항은 당사자가 기술이전계약 유효기간에 어떠한 일방

당사자가 인가 혹은 양도한 기술에 개선이 있는 경우 또 다른 당사자에게 관련정보와 기술내용을 전달하거나 혹은 해당기술에 관련된 기술을 양도하는 계약의무형 조항이다. 회수조항은 독점적 회수와 비독점적 회수를 포함하는데 전자는 피허가인이 인가된 기술을 향상시키고 해당 기술은 원래의 인가인이 사용하도록 인가하고 타인이 사용하지 못하도록 하는 것을 말한다. 이러한 독점적 회수조항은 피인가인의 기술혁신에는 불리하다.

다국적기업이 경쟁기업의 이익에 손해를 주기 위해 확실한 증거가 없는 상황 하에서 상대방에게 권리침해 서한을 발송하거나 법원에 지재권침해소송을 제기할 수 있다. 이것이 전형적인 지재권 남용사례로 경쟁자를 배제하고 시장경쟁을 제한하게 된다. LG가 TCL그룹을 제소하여 4건의 특허침해소송을 제기한 것이 하나의 예이다.

1. 다국적기업의 지재권남용에 대한 중국「반독점법」규제의 쟁점

중국「반독점법」제55조를 통해 지재권남용행위가 반독점법 규제범위에 포함되었다. 중국「반독점법」의 다국적기업 지재권남용 규제를 개선하기 위한 역외적용제도는 이해당사자들의 이익이 감소되고 각국 법률이 충돌하기 때문에 주요국가의 사례를 참고할 필요가 있다. 미국 셔면법(Sherman Act)은 1911년까지 줄곧 속지관할주의원칙을 고수한다. 1911년 미 법원의 담배판례에서 목적지관할주의를 채택하여 셔면법을 적용하였다. 그러나 1945년의 알루미늄회사 소송에서 미 법원은 반독점법의 관할범위를 역외로 확장하였다. 법원은 그 어떠한 국가가 지정한 역외에서 실시된 행위에 대해 설령 행위인이 관할범위에 속하지 않는 사람이라고 하더라도 책임을 부과할 수 있다고 판단하였다.[21] 1982년 미국은 셔면법 7조를 개정한「국제무역 반독점법 개정법」을 통과시킴으로써 미국 반독점법의 역외적용기준을 높였다. 이것은 궁극적으로는 미국 국내산업의 건전한 발전에 상당히 중요한 공헌을 하게 된다. 중국의 경우 반독점법 역외적용법률은 「반독점법」 외에 대외무역법의 역외적용 관련규정이 있다.

2010년 1월에서 12월까지 중국에서 신규 설립된 외상투자기업은 27,406개로 전년도 같은 기간 대비 16.94%의 성장을 보였다. 실제로 사용한 외자금액은 1057.35억불로 전년도 동기 대비 17.44% 증가하였다.[22] 중국최고인민법원의 2008년 조사에 따르면 2008년 중국 각지의 법원이 수리한 지재권분쟁사례 가운데 다국적기업이 제소한 지재권안건이 80%를 차지하였고 상당수 안건에서 다국적기업의 지재권남용문제가 언급된 것으로 확인되었다.[23]

반독점법 각도에서 보는 다국적회사의 지재권남용행위는 시장지배적 지위의 남용, 인가협의를 통한 경쟁제한, 기업결합을 통한 경쟁제한 및 제소권남용 등으로 구체화된다.[24]

(1) 시장지배적 지위 남용

시장지배적 지위라 함은 경영자가 관련시장에서 제품가격 및 수량 혹은 기타거래조건을 통제할 수 있거나 기타 경영자가 관련시장에 진입할 능력을 저해하거나 영향을 줄 수 있는 시장지위를 말한다.[25] 이 가운데 기타거래조건은 가격요소와 제품품질 외에 시장유통에 실질적인 영향을 줄 수 있는 각종 요소로서 지불방식, 제품등급, 지불조건 등을 포함한다. 시장지배적 지위의 인정기준은 경영자의 관련시장의 지분율을 포함하며, 관련시장의 경영상황, 경영자의 판매시장 통제, 원자재구매시장의 능력, 해당경영자의 재력과 기술조건, 기타 경영자의 관련시장 진입 수준 등도 포함된다. 지적재산권 영역에서의 시장지배적 지위는 인가거절, 끼워팔기[26], 가격차별, 지나치게 높은 가격 채택 등이 있다.

(2) 권리남용을 통한 인가계약

지적재산권 위임인가협의에 타인의 경쟁을 제한하거나 배제하는 조항이 있다면 반독점법의 규제를 받아야만 한다. 이런 조항은 보통 경쟁제한조항, 회수조항 등을 포함한다. 경쟁제한조항은 권한위임을 받은 사용자 측의 기술개혁을 막고, 각 참여자가 경쟁기술관련 연구개발에 참여하는 것을 저지함으로써 기술혁신을 막는다. 이 조항은 기술혁신을 저해함과 동시에 시장경쟁 및 지재권제도 구축에 반함으로써 중소기업의 기술혁신에 지극히 불리하게 된다. 회수조항은 당사자가 기술이전 계약 유효기간에 어떠한 일방당사자가 원래의 인가 혹은 이전한 기술을 향상시켰을 때, 다른 당사자에게 관련정보와 기술내용을 전달하거나 해당기술개선 관련권리를 양도하는 계약의 의무조항이다.[27] 회수조항에는 독점적 회수와 비독점적 회수를 포함하는데 전자는 피인가인이 인가된 기술에 대한 개선을 실시하는 것으로 동 기술은 원래의 인가인이 사용하도록 인가할 수 있고 타인이 사용하도록 다시 위임하지 않는 것을 말한다. 확실히 이러한 독점적 회수조항은 피인가인의 기술혁신에 불리한 점이 있다.

(3) 기업합병을 통한 지재권 남용

기업합병이라 함은 어느 기업이 현금, 증권 혹은 기타형식으로 기타 기업의 일부 혹은 전부 자산이나 주식을 구매하여 해당기업에 대한 통제권을 취득하는 경제행위이다.[28] 기업이 합병을 통해 실현하는 경제력집중은 시장점유율의 변화 때문에 시장경쟁질서에 영향을 형성해왔다. 이 때문에 각국은 대부분 이에 대해 규제를 하고 있다. 지재권을 보유한 기업 간의 합병은 그 자체로는 독점의 발생을 초래하지 않으나 만약 기업 간에 합병을 통해 시장에서 절대적인 지재권의 우세를 획득하게 된다면 기타기업의 시장진입에 지재권장벽이 형성될 것이다.

(4) 지재권 소송권리의 남용

다국적기업의 경우 경쟁상대방을 견제하기 위해 확실한 증거가 없는 상황 하에서 상대방에게 권리침해서신을 발송하거나 법원에 지재권침해소송을 제기할 수 있다. 이것은 전형적인 지재권남용 케이스로 경쟁상 대방을 배제하여 시장경쟁을 제한하게 된다. 미국 퀄컴(Qualcomm)사가 충분한 증거 없이 중국 CDMA 제조기업에 경고장을 보내어 기업의 신용도와 명예를 훼손한 것이 전형적인 사례이다.[29] 동시에 다국적회사가 지재권을 남용하는 현상 또한 날로 증가하고 있는데 LG그룹이 4건의 지재권 침해를 이유로 TCL그룹을 제소한 것 또한 그 예이다.

2. 다국적기업의 지재권남용에 대한 중국 「반독점법」 규제의 주요쟁점과 개선과제

(1) 주요쟁점

우선 중국 「반독점법」 제55조에서 지재권남용에 대해 규제를 하고 있다. 동조가 지재권남용행위에 대해 채택한 것은 제외규정인 반면해석 방법이다. 그 이유는 지적재산권은 특수성을 갖고 있고 지재권남용행위 또한 구체적 정형의 상이함으로 인하여 각기 다르게 나타나기 때문에 법률로 무한정 열거만 할 수는 없다. 따라서 이러한 제외규정의 반면해석 방법이 적절할 것이다. 그러나 법의 실효성이 떨어질 수 있는 부분은 좀 더 보완이 되어야 한다. 실무적으로는 지재권남용에 대한 인정기준이 각기 차이가 있어 법의 적용이 통일되지 않고 있다. 다음으로 반독점 관련기관의 문제가 있다. 중국의 반독점 관련기관은 「반독점법」에서 규정한 반독점 협력기관인 국무원 반독점위원회 외에 국가발전개혁위 원회, 공상행정총국, 상무부가 반독점법 집행을 담당하고 있으며 전적으로 반독점기관에서 지적재산권을 다루고 있는 기관은 없는 상태이다. 국가발전개혁위원회는 가격독점행위를 조사하며 공상행정총국은 독점 협의, 시장지배적 지위의 남용, 행정권력 남용에 의한 경쟁제한 배제를 조사하고 있다. 상무부는 경제력집중의 심사를 책임진다.[30] 이 세 기구에 조사권한이 분산되어 있기 때문에 업무상의 중복현상이 발생할 가능성도 높다. 또 지적재산권과 반독점은 각기 상이한 법률영역에 속하여 지적재산권 남용행위에 대한 심사와 인정은 대단히 전문적인 일로서 전문가그룹의 기술적 지원을 받아야 하는 경우도 존재한다. 더욱이 다국적기업의 지적재산권 남용행위는 국제적 성격 때문에 그 특수성이 더 크다고 하겠다. 또한 중국 「반독점법」의 지적재산권 남용행위에 대한 역외적용이 지나치게 원칙적인 문제가 있다. 중국 「반독점법」 제2조는 중화인민공화국 영내 경제활동에서 발생한 독점행위는 본법을 적용한다. 중화인민공화국 역외에서의 독점행위는 중국 내 시장경쟁에 대해 영향을 배제 및 제한하는 경우 본법을 적용한다고 규정하고 있다. 이 조항은 반독점법의 적용범위에 대해 규정을 한 것으로 반독점법의 역외적용문제를 포함하였다. 중국 「반독점법」이 역외적용효력을 구비하기 때문에 이것은 주로 다국적기업의 시장독점행위를 규제하기 위한 것이다. 자국시장의 경쟁을 보호하기 위해 세계 각국에서는 반독점법을 자국시장의 외국기업과 다국적기업에 적용하고 있고, 또한 외국에서 발생하였으나 본국 국내시장의 정상적인 경쟁행위를 배제 및 제한을 하는 독점행위에 대해 적용한다. 이것이 바로 반독점법의 역외적용이다. 국제적으로 반독점법에 대한 관할원칙은 대부분 합리성원칙, 효과원칙, 속지주의원칙을 채택한다.[31] 중국이 중시한 것은 효과원칙으로 완벽한 법률규정에 의한 투명한 규제가 목표가 된다. 이 점을 감안하면 중국 「반독점법」 제2조는 다국적기업이 해외에서 실시한 중국 내 시장에 경쟁배제 및 제한을 초래할 수 있는 지적재산권 남용행위에 대하여 이에 상응하는 인정기준이 부족하고 역외적용의 효력 또한 크지 않은 문제가 존재한다.

(2) 개선과제

다국적기업의 지적재산권 남용행위에 대한 개선과제는 중국 「반독점법」으로 하여금 다국적회사의 지적재산권 남용행위 규제 시 얼마만큼의 효력을 발휘할 수 있도록 하는가와 관련이 있다. 이것은 법률의 완벽성, 중국정부가 얼마나 제대로 법 집행을 하는가 및 중국 본토기업이 어떻게 「반독점법」을 운용하여 다국적기업의 지재권남용행위를 규제하는가 등의 문제로 귀결된다. 따라서 「반독점법」의 효과적인 실시에는 구체적인 시행령이 필요하며 동시에 보다 상세한 규정을 두어야 한다. 관련 시행령의 제정과 실시에 따라 「반독점법」은 다국적기업의 지적재산권 남용행위 규제에서 상당히 효과를 거두고 있다. 미국의 연방무역위원회와 일본, 대만의 공평거래위원회는 모두 반독점법 전문기관이다. 지적재산권 남용행위 규제와 관련한 중국의 반독점법 집행기관으로는 상표관리체제의 필요에 의하여 국가공상행정관리총국이 반독점법 집행국을 설치하여 이 기관으로 하여금 독립적인 행정주체자격으로 반독점법 집행을 주관하게 하고, 지적재산권 남용행위를 규제범위에 포함하였다. 반독점법 집행국은 자유재량권을 합리적으로 신중히 사용하여야 하며 이러한 집행행위는 사법당국의 심사를 받도록 하고 있다.32)

글로벌경제행위 과정에서 다국적회사의 지적재산권 독점행위는 각국에 불리한 영향을 끼칠 수 있다. 이로 인하여 발생하는 각국 국내법으로 규정하는 반독점법과 국제법규의 충돌이 반독점법의 역외적용 문제를 발생시키게 되었다. 미국의 사례를 보면 셔먼법이 여러 차례 개정이 되고 1945년의 알루미늄회사 소송 중에 미 법원은 반독점법의 관할범위를 역외로 확장하기 시작한다. 국제사회의 강력한 요구에 의해 1982년 미국은 「대외무역 반트러스트개선법」을 통과시켜 셔먼법 제7조를 개정함으로써 미국 반독점법의 역외적용기준을 제고하였다.

종합해보면 미국 반독점법의 역외적용규정은 미국 국내산업의 건전한 발전에 상당히 중요한 작용을 하게 된다. 중국은 「반독점법」외에 「대외무역법」에서 역외적용 관련규정이 있고 이것이 중국 반독점법 역외적용의 기본골격을 형성하게 되었다. 그러나 법규정이 모호한 면이 적지 않아 시급히 개정이 요구된다. 최종적으로는 통일된 반독점법의 제정으로 다국적기업의 지적재산권 남용행위를 보다 효율적으로 규제할 수 있어야 한다.

Ⅲ. 시장지배적 지위 남용에 관한 법적 규제 개선방안

1. 시장지배적 지위 남용에 관한 개념 정의

반독점법 집행기구는 기업이 시장지배적 지위의 남용행위[33]를 판정하기 전에 먼저 관련시장 안에서 시장지배적 지위와 남용에 대하여 경계를 확정해야 한다. 본문에서는 이러한 몇 가지 개념에 대해 분명하게 하고자 한다.

(1) 관련시장

중국「반독점법」제12조는 '본법에서 말하는 관련시장[34]이라 함은 경영자가 일정한 시기 내에 특정상품 혹은 서비스에 대해 경쟁을 진행하는 상품범위와 지역범위를 말한다.'고 규정하였다. 즉 중국은 세 가지 요건을 채택하여 관련시장을 판정하여 왔다. 여기에는 시간시장, 제품시장 및 지역시장이 포함된다. 이 기준에 따르면 시간시장의 인정은 매우 간단하다. 지역시장은 중국영내이며 여기에서의 중점적인 고찰대상은 제품시장이다. 제품시장에서 제품 간의 수요는 대체성 정도가 높을수록 경쟁관계가 더 치열하다는 것을 추론할 수 있다. 수많은 이용자가 소프트웨어를 이용하여 컴퓨터를 조작하는 상황 하에서 만약 기타 브랜드를 사용하여 호환이 되지 않는 상황이 출현하면 소프트웨어제품의 대체가능성은 상당히 낮아질 것이다.

(2) 시장지배적 지위

시장지배적 지위라 함은 하나 혹은 여러 명의 경영자가 전체가 되어 관련시장 내에서 제품가격과 수량 혹은 기타거래조건을 통제할 수 있고, 혹은 기타 경영자가 관련시장에 진입할 수 있는 능력에 영향을 주거나 방해할 수 있는 시장지위를 말한다.[35] 중국 반독점법의 시장지배적 지위에 대한 인정은 시장지분기준을 채택하고 있으며, 이외에 관련시장의 경쟁상황, 판매시장 혹은 원자재 구매시장의 능력, 재력 및 기술조건,

거래상의 의존도 통제 등을 고려해야 한다.36)

　시장지분의 인정에 대해서 마이크로소프트 중국지역 책임자였던 장야친(張亞勤)은 '마이크로소프트 프로그램 대부분이 불법복제판 형식으로 존재하기 때문에 정식제품의 시장지분율은 매우 낮으며, 이 때문에 마이크로소프트가 중국에서 독점을 구성하는 전제는 존재하지 않는다.'고 언급한 바 있다. 이와 관련하여 단지 상기 규정을 통해 해적판을 이용한 이용자가 마이크로소프트 관련 소프트웨어 시장가치에 대한 공헌을 이야기하는 것은 당장 채택해야 할 입장은 아닌 것으로 판단한다. 그 이유는 모든 이용자 숫자가 영업액으로 100% 전환되는 것은 아니기 때문이다. 야후나 구글에서 수십 명의 심지어 수백 명의 Pets.com, EToy 및 Excite@Home 등의 IT회사가 출현하였는데 그들은 이용자 수를 늘리는 데에 주력을 하였지 이윤획득에만 매달리지는 않았다. 줄곧 수입이 없는 상황 하에서도 지갑을 열었다. 이 때문에 불법복제판을 이용하는 이용자는 관련시장 밖으로 배제되어야만 했다. IDC는 사전에 일찍이 조사를 하여 중국에서 정품 소프트웨어의 보급률은 14%에 불과하며, 윈도우나 오피스 등 사무관련용품의 정품비율은 더 낮다고 발표하였다.37) 따라서 마이크로소프트가 중국에서 시장지배적 지위를 구비하는가의 여부는 더 지켜보아야 한다.

(3) 남용의 경계확정

　일반적으로 말해서 기업이 보유한 시장지배력은 결코 법률에 의해 금지되지 않는다. 그러나 이러한 지배적 지위를 남용하는 행위는 규제를 받아야 한다. 소위 남용이라 함은 독일 디트리히 호프만(Dietrich Hofmann)이 인식하기로는 남용 자체는 도덕적이거나, 형법적으로 문제의 소지가 없다. 다만 어느 행위가 만약 기타기업이 실시하면 정상적인 경쟁이 되겠지만 시장지배적 지위가 있는 기업이 실시하면 남용을 구성하여 금지가 될 것이고, 두 번째 상황 때문에 해당행위는 시장구조에 대해 충분한 영향이 발생하며, 효과적인 경쟁을 위협하게 된다.38) 대부분의 선진국 법률은 시장지배적 지위 남용 규정이 있으며, 남용이라는 문구에 대해서는 구체적인 해석을 하지 않고 있다. 판례 중에서도 관련규정이 없기 때문에 중국 반독점법에서도 구체적인 경계에 대해 규정된 바가 없다. 서로 상이한 국가와 서로 상이한 상행위 때문에 국정이나 구체적인 정황이 차이가 있고, 어느 행위에 대해서 남용에 속하는 경계라는 것은 서로 다른 것이다.

세계적으로 거의 모든 반독점법에서 시장지배적 지위의 남용에 대한 법률규범이 존재한다. 그러나 도리어 '남용' 개념에 대한 해석이나 함의의 경계설정은 찾아보기 어렵다. '남용'은 부적절한 사용행위로 이해되는데, 시장지배적 지위에 처한 기업이 실시하는 것으로, 시장구조에 영향을 줄 수 있고 시장경쟁질서를 파괴하는 행위와 조치를 말한다.[39] 독일의 입법 및 사법실무에서는 '남용'에 대한 정의가 규정되어 있다.

각국의 입법례 및 판례를 보면 해당지역의 반독점입법은 일반적으로 자국의 상황에 근거하여 시장지배적 지위를 남용하는 몇몇 전형적인 행위를 열거하는 것에 한정되어 있다. 반면 '남용'에 대한 정의는 없으며 사법판례에서도 이에 대해서 분명하거나 개괄적으로 표현된 것은 매우 적다. 그러나 우리는 여전히 남용행위의 몇 가지 특징을 귀납해볼 수 있다. 첫째, 남용행위는 기업이 실시하는 것이며 특히 시장지배적 지위를 구비한 기업이 실시하는 것이다. 둘째, 남용행위는 반경쟁적 효과를 발생시키며 위법성을 구비한다. 셋째, 남용의 표현형식은 다양한데 약탈성 가격산정, 거래거절, 끼워팔기 등을 포함한다.[40]

이와 관련하여 우선 마이크로소프트가 불법복제판의 혐의를 종용했는가의 문제가 있다.[41] 중국에서 해적판을 판매하거나 사용하는 주체는 대기업회사가 아니라 대부분 종소기업이다. 마이크로소프트가 만약 제소를 한다면 입증책임의 어려움 등 당사자를 둘러싼 여러 현안이 있고, 설령 승소를 하더라도 중국의 해적판 제작에 소요되는 불법비용이 상당히 낮기 때문에 단속의 효과가 크지 않을 것이다. 즉 마이크로소프트는 불법복제를 종용하지 않았으며 정품을 고수하는 어려움을 유지하고

자 한 것이다.

또한 화면보호행위가 강행성을 구비하는가의 문제가 있다.[42] 화면보호행위는 소비자로 하여금 정품 마이크로소프트제품을 구매하도록 하는 독점행위로서, 지나치게 한쪽으로 치우친 측면이 없지 않지만 소비자는 누워서 떡 먹기 식의 투표를 하는 것이고 진산(金山)소프트웨어회사 등 다른 소프트웨어를 구매하면 된다는 사실이 증명하는 것은 소비자가 기타 국산제품을 사용하는 것은 가능하다는 것이다. 어떤 이는 마이크로소프트의 제품가격이 지나치게 높아서 일반 개인소비자는 받아들이기 어려운 점이 있다고 한다. 그런데 우선 개인소비자는 가격이 아주 높은 전문 소프트웨어는 사용하기가 어렵다. 다음으로 필자는 수십만 원의 비용을 들여 컴퓨터 등 하드웨어를 구매한 소비자가 수만 원의 소프트웨어 구매 시에 높은 가격을 부담스러워하는 현실을 이해하기 어렵다. 또한 마이크로소프트의 학생 Office 가격은 200위안이며 XP 홈 버전 가격은 단 350위안이면 된다.

그리고 마이크로소프트가 선의의 이용자 권익을 침범했는가라는 문제가 있다.[43] 그런데 해적판을 사용하는 이용자는 선의취득을 인정하기가 매우 어렵다. 현실적으로 불법복제판을 사용하는 이용자 대부분은 아주 적은 돈으로 제품을 구매하고 있으며, 이러한 명백히 불합리한 가격은 정확히 가짜상품임을 알고 가짜를 소비하는 것으로 추정할 수 있다. 마이크로소프트는 이에 대해 주의를 환기시키고자 한 것이며, 실질적인 징벌을 추진하지 않았기 때문에 권리침해라고 말하기는 상당히 어렵다.[44] 다음으로 정품을 소비한 이후 나중에 불법복제판을 구매한 이용자인 경우는 사실 대단히 희소한 케이스에 속한다고 보아야 한다. 통계에 의하면 20%의 이용자가 정품을 사용하는 데에 돈을 소비하지만 자신이 불법복제판을 사용했는지에 대해서는 모르는 경우가 많다고 한다. 종합해보면 필자는 마이크로소프트의 화면보호기 설치는 시장지배적 지위의 남용에 속한다고 보기 어렵다고 생각한다. 왜냐하면 화면보호행위 자체는 소비자의 건강을 보호하는 합법적인 행위에 속하기 때문이다.

중국의 경우 반독점법기구에 권한 이상의 사법권을 부여하는 것은 적절치 않다. 왜냐하면 사법권은 사법기관이 행사해야 하며 기타 어떠한 행정집행기관도 이 권한을 보유할 수 없기 때문이다. 반독점집행기구의 직능이 상당히 거시적이기 때문에 「불공정경쟁법」에서 확정한 미시적 시장집행기능을 포함할 필요는 없으며, 공상행정관리총국이 불공정경쟁행위의 집행을 책임지면 될 것이다.

시장지배적 지위 남용행위에 대한 법적 책임은 행정제재, 민사제재, 형사제재로 분류된다. 중국의 경우 행정제재는 있으나 형사제재는 없다. 구체적으로는 불법행위의 정지명령, 영업허가증 말소와 행정벌금 등이다. 또한 행정제재를 보류하는 대신 보다 강력한 행정권고를 시행하는 것도 고려할 필요가 있다.[45] 민사제재의 경우 중소기업의 소비자이익 보호를 위해 시장지배적 지위남용의 경우 미국처럼 3배 손해배상제도의 도입을 검토하는 것이 바람직하다. 형사제재조치는 미국 셔먼법에서 회사피고에 대해 최고 1천만 달러의 벌금을 부과할 수 있고 기타피고에는 최고 35만 달러의 벌금을, 개인에게는 최고 3년의 구금이 가능하다고 규정하고 있다. 이 규정을 참고하여 시장지배적 지위남용에 대한 형사책임규정을 강화할 필요가 있다.

(4) 시장지배적 지위 남용의 법적 특징

각국 혹은 세계 여러 지역 및 국제조직의 법률문서와 판례에서 보면 시장지배적 지위의 남용은 아래의 법적 특징을 구비하는 것으로 귀결된다.

첫째, 시장지배적 지위를 남용하는 행위주체는 특정화된 것이다.[46] 남용행위는 시장지배적 지위를 구비한 기업이 실시하는 것으로 남용행위주체는 시장지배적 지위를 구비한 기업이다. 이 주체는 특정화한 것으로 그 절대적인 지위에 처해 있건 아니면 상대적인 우월적 지위에 있건 간에 관계가 없이 적용된다. 반면 그 외의 기타기업은 남용자격이 없다.

둘째, 시장지배적 지위를 구비한 기업은 남용행위를 실시한다.[47] 반독점법은 기업이 시장지배적 지위를 갖는 것에 반대하지 않으며, 기업이 시장지배적 지위를 남용하여 경쟁을 배제하고 경쟁을 제한하는 행위에 반대하는 것이다. 만약 시장지배적 지위를 구비한 기업의 행위가 독점을 구비하거나 혹은 독점을 기도하려고 했다면 그 행위는 위법성을 구비한 것 때문에 제한되거나 제재를 받아야만 한다.

셋째, 남용행위는 시장경쟁에 손해를 조성하게 되고, 법률로 금지하는 손해결과를 발생시키게 되었다.[48] 공정한 경쟁질서 유지보호 차원에서 보면 시장지배적 지위를 남용하는 기업의 행위는 경쟁에 손해를 끼친다. 기업이 시장지배적 지위를 남용하는 행위는 그의 지배적 지위를 유지하거나 강화하고, 경쟁을 배제하거나 제한함으로써 지배적인 지위가 더욱 공고해지고 더욱 확대되는 것에 있다.

(5) 중국 「반독점법」이 규정하고 있는 시장지배적 지위 남용 유형

중국의 경제수준이 향상되면서 시장지배질서를 어지럽히는 각종 남용행위가 출현하고 있다. 그 결과 이러한 시장지배적 지위의 남용행위는 소비자와 다수의 기업에 서로 상이한 차원의 손해를 조성하게 된다. 이것은 중국이 확립한 경쟁적인 시장체제를 엄중히 파괴하게 되어 중국경제발전에 대한 전 세계의 신뢰에 영향을 주게 되고 중국경제의 발전에도 좋지 않은 영향을 끼치게 된다. 현재 중국시장은 최소한 아래 시장지배적 지위의 남용현상이 존재한다.

첫째, 지나치게 높은 독점가격이다. 이것은 주로 일련의 자연독점산업에서 나타나는데 중국의 공기업, 즉 수력기업, 전기기업, 우체국, 통신업체, 교통운수기업 등의 산업에서 시장지배적 지위를 남용하여 독점을 형성한 이후 높은 가격을 수입하는 현상을 포함한다.[49]

둘째, 독점거래이다. 이것은 주로 일부 기술적으로 매우 우월한 첨단산업에서 나타나는데 독점적으로 우월한 기술을 보유한 기업이 종종 자신의 우월적 지위를 이용하여 독점거래를 함으로써 경쟁을 배제하고

제한하는 것을 말한다.[50]

셋째, 끼워팔기이다. 끼워팔기는 중국 국유기업이나 기타 독점적 지위를 구비한 기업에서 보편적으로 존재한다. 천연가스회사가 연료기 기장비를 끼워팔거나, 전력회사나 물 회사가 특정브랜드를 끼워파는 행위가 존재한다. 중국소비자협회는 일찍이 난징(南京), 우한(武漢), 광저우(廣州), 란저우(蘭州), 정저우(鄭州), 시안(西安) 6대 도시의 끼워팔기에 대하여 조사를 진행하여 끼워팔기 사실이 존재하였음을 확인하였다.

상술한 세 가지 끼워팔기 유형 외에 거래거절, 강제거래, 약탈성 가격산정 또한 광범위하게 존재한다. 이러한 행위의 일치된 특징은 시장지배적 지위를 점유한 기업이 자신의 지위를 남용하여 경쟁을 배제 하고 제한하는 행위를 실시함으로써, 경쟁을 저해하고 소비자에게도 피해를 주게 되어 시장지배적 지위의 남용행위에 대한 법적 규제가 반드시 진행되는 상황을 초래하였다는 점이다.

2. 시장지배적 지위 남용의 법적 요건

중국 반독점법이 시장지배적 지위 남용에 대한 기업의 행위에 대해 채택하는 것은 행위주의의 독점규제모델이다. 이것은 중국의 현재 국정 에 부합하는 것으로서 글로벌 랭킹 톱을 차지하는 기업이 아주 많지는 않은 현실과 자유경쟁체제의 파괴 정도가 아직은 심각한 상태라는 것을 감안해야 한다. 각국의 관련법률을 참조하면 시장지배적 지위 남용에 대한 요건은 대동소이하다. 기본적인 패턴은 주체, 행위 및 결과 이 세 가지 형태로 구체화된다.[51]

(1) 주체요건

중국 「반독점법」 제12조는 '본법에서 말하는 경영자라 함은 상품생 산과 경영에 종사하거나 혹은 서비스를 제공하는 자연인과 법인, 기타조 직이다.'라고 규정하고 있다. 즉 시장지배적 지위를 남용하는 주체는 두 가지 요건에 부합하여야 하는데, 우선은 경영자여야 한다는 것이다. 즉 단일기업이나 실질적인 경쟁관계를 구비하지 않은 둘 혹은 둘 이상의 기업을 말한다. 다음으로 시장지배적 지위를 구비한 경영자이다. 이 또한 경제법의 가치목적에 부합하는 것으로 그가 추구하는 공평이라 함은 일종의 실질적인 공평으로, 그 가치목표는 표면적인 형식을 통과하여 공평함이 본질에 도달한 것으로, 법률은 시장지배적 지위를 구비한 경영자에 대해 더 높은 요구를 하게 되는 것이다. 즉 시장지배적 지위를 남용하지 않음으로써 기타 중소경영자의 공평함을 보증하게 된다. 마이크로소프트는 경영자로서 확실히 주체자격이 있다.

(2) 행위요건

행위는 시장지배적 지위 남용의 핵심요건으로 대다수 국가의 반독점법은 이미 시장지배적 지위라는 독점을 인정하고 있으며, 단지 불법남용 행위가 엄중할 경우에 비로소 규제를 하게 되는 합리성의 원칙이 보편화되어 있다. 중국 또한 마찬가지이며, 미국의 개괄적인 방법과는 상이하게 중국 반독점법은 구체적인 행위를 열거하는 열거주의방식을 채택하고 있다. 중국 반독점법 제17조는 여섯 가지의 구체적인 시장지배적 지위를 남용하는 행위를 규정하고 있다.

(3) 결과요건

법을 위반한 불법행위자가 시장지배적 지위를 남용한 행위는 반드시 상당히 큰 손해를 조성하게 된다. 즉 남용행위가 야기하는 손해는 반드시 일정한 정도에 도달해야만 한다. 각국의 입법을 종합해보면 기본적으로 이러한 입장을 취하고 있다. 여기에서의 손해라는 결과가 채택하는 것은 형법에서의 위험범리론이다. 즉 실제적인 혹은 가시적인 위해결과를 포함하며 또한 아직 출현하지 않았으나 확실한 증거와 합리적인 추론이 있기 때문에 앞으로 기대될 수 있는 일련의 시기 내에 발생할 수 있는 예상기간의 손해결과를 증명할 수 있다. 그리고 주관적인 관측으

로 인한 손해결과를 배제한다. 중국 반독점법 또한 기타 경쟁기업의
경쟁배제 및 제한의 손해결과요건을 규정하였다.

3. 중국 시장지배적 지위남용 관련법률의 주요쟁점

중국 「반독점법」은 2008년 8월 1일 실시되어 많은 발전을 이루었으
나 시장지배적 지위의 남용문제와 관련하여 아직 쟁점이 존재한다.

첫째, 상세하지 못한 입법이다. 중국 「반독점법」의 제정은 중국 반독
점 관련입법에 있어서 상당히 큰 진전이다. 그러나 구체적인 실시에
있어서 여러 가지 쟁점이 남아 있다. 반독점법 집행기관에 대한 규정은
단지 반독점법 집행기관의 직책과 권한 및 업무절차만을 규정하였다.
그러나 구체적인 업무에 대한 반독점법 집행기관에 대해서 중국 「반독점
법」은 권한위임으로 국무원이 별도로 규정하도록 하고 있다. 동시에
일부 법률용어 또한 분명하지가 않다. 예로 동법 제50조는 '경영자가
독점행위를 실시하여 타인에게 손실을 조성하는 경우 법에 따라 민사책
임을 부담한다.'고 규정하고 있다. 여기에서 타인이 경쟁자와 소비자를
포함하는지, 또는 그에 관련된 경쟁자만을 의미하는지 규정이 상세하지
않아 입법으로 개정이 되어야 한다.

둘째, 시장지배적 지위 남용행위의 규정이 부족하다. 전형적인 시장
지배적 지위의 남용행위는 중국 「반독점법」에서 이미 여섯 가지 유형으
로 구체화되었다. 그러나 독점거래행위는 아직 규정범위에 포함되지
않았다. 중국 「반독점법」은 비록 시장지배적 지위 남용행위에 대해
폭로조항이 있지만, 전형적인 남용행위에 포함되지 않은 것이 이러한
행위에 대해 효과적인 규제를 진행하는 데에 불리하게 작용하게 되었
다.52)

셋째, 관련 법적 책임규정이 개정되어야 한다. 입법이 규정하는 법적
책임유형은 대단히 적고 또한 처벌도 상당히 가벼운 편이다. 중국 「반독
점법」 제50조는 독점행위에 대한 민사책임만을 규정하였을 뿐 행정책임
과 형사책임에 대해서는 규정된 바가 없어 향후 법개정이 요구된다.

처벌규정에 대해서도 논의가 진행되어야 한다. 중국「반독점법」규정에 의하면 경영자가 본법 규정을 위반하고 시장지배적 지위를 남용하는 경우 불법소득을 몰수하고 1년 판매액의 100분의 1 이상 100분의 10 이하의 벌금에 처한다. 이외에 현재 반독점법은 간과할 수 없는 문제점이 존재한다. 법인형의, 기타조직형의 경영자가 시장지배적 지위 등 독점행위를 남용하는 경우 이사와 총경리 등 고위직 임원이나 직접책임자가 부담해야 하는 법적 책임이 규정되어 있지 않다.

넷째, 독점산업부문이 면제되어야 한다. 전신, 전력, 담배, 석유 등 독점산업은 줄곧 반독점법이 주목하는 대상이었다. 그러나 중국「반독점법」제1장 제7조는 오히려 아래와 같이 '국유경제가 통제적 지위에서 차지하고 있는, 국민경제의 중요산업과 국가안전산업 및 법에 따라 전매제도를 실시하고 있는 산업은 국가가 경영자의 합법적인 경영활동에 대해 보호를 하고, 경영자의 경영행위 및 해당제품과 서비스의 가격에 대해서는 법에 따라 감독과 조정을 실시한다.'라고 더욱 분명하게 규정하고 있다. 다시 이를 보완하였는데 '전조문에서 규정한 산업의 경영자는 법에 따라 경영해야 하고, 신의성실해야 하며, 엄격하게 자율적으로 법을 지키고, 사회 일반국민의 감독을 받으며, 자신의 통제적 지위를 이용하거나 혹은 전매권을 행사하는 지위를 이용하여 소비자이익에 손해를 끼치면 안 된다.'고 규정하였다. 현재 중앙기업과 대형 구조조정 작업이 진행되는 배경 하에서 중앙기업이 더욱 강력한 파트너십을 형성하는 과정에서 시장지배적 지위의 남용행위는 감독하기가 매우 어렵다.

4. IT 법에서 관련시장 및 시장지배적 지위의 경계 확정

(1) IT 법과 중국 반독점법의 관계

IT 법에 대한 정의는 아주 많다. 여러 정의를 분석한 함의 또 경계를 확정하고자 하는 대상이 많다. 개념적으로 보면 인터넷비즈니스와 경제주체 간에 서로를 연결해주는 접합점 및 알고리즘으로 구성된 체제가 주요 작용방식이 되는 경제현상이라고 하겠다. 경제학적인 관점에서 보면 IT 경제는 IT 경제효과 등 IT 경제학 특징을 구비하고 있는 인터넷비즈니스이다. 시간적으로 보면 인터넷비즈니스는 1990년대에 발생한 새로운 경제현상이다. 구체적인 산업을 보면 인터넷비즈니스는 주로 정보와 통신기술산업, 전자상거래 및 인터넷기술을 활용한 금융업 등 관련산업을 포함한다.53)

　　IT 비즈니스는 두 가지 특징이 있다. 하나는 경제주체 간에 작용하는 방식이 인터넷이라는 점이고, 다른 하나는 인터넷 외부성, 또는 네트워크 효과인데 이 두 개의 전통경제와는 상이한 특징이 반독점법에 도전이 되고 있다.

　　연결고리에 따른 형태를 구분해보면 네트워크는 실제네트워크(Actral network)와 가상네트워크(Virtual network)로 구분된다. 전자의 연결고리는 진실함에 기초를 두며 그 형태는 인터넷과 같이 물리적일수도 있고 각각의 경제주체 간에 언어와 같은 진실한 정보교류일 수도 있다.54) 가상네트워크라 함은 네트워크제품의 가치가 기타소비자 혹은 제품의 관련으로 인해 실현되는 것이 아니라는 것이다. 즉 겸용할 수 있는 제품의 하나의 조합이다. 예로 윈도우 조작시스템의 모든 이용자는 전형적인 가상네트워크를 구성하는데 동일기준의 제품을 사용하는 이용자는 마찬가지로 하나의 가상네트워크를 구성하게 된다. 상술한 분류는 각종 유형의 네트워크를 포함할 수 있다. 당연히 진실한 네트워크이건 가상네트워크이건 간에 현실생활에서는 구체적인 네트워크형태가 존재한다. 예로 인터넷, 정보네트워크, 컴퓨터통신, 무선통신망, 소프트웨어 이용자가 구성한 네트워크 등이 그것이다.55)

　　인터넷경제에서 인터넷통제나 인터넷에서의 핵심시설을 통제했다는 점은 시장지배적 지위를 차지하였음을 의미하며, 이로 인하여 반독점 문제가 초래된다. 구체적으로 아래와 같이 나타난다. 첫째, 직접 네트워크를 이용하여 경쟁을 제한한다. 현실생활에서 네트워킹은 네트워킹 내에 존재하는 기업을 통제하게 되고, 이러한 우월성을 이용하여 기타기업과 경쟁을 전개하게 된다. 반면 가상 네트워킹 내에서도 마찬가지로 이러한 상황이 존재하는데 예로 모종의 상황에서 소프트웨어업계를 가상네트워킹 내의 핵심시설로 간주하고 기업 또한 소프트웨어업계에 대한 통제를 이용하여 경쟁을 제한하게 된다. 그러나 소프트웨어업계는 또 지적재산권의 보호를 받고 있기 때문에 반독점문제로 하여금 전통경제보다도 더 복잡한 양상을 만들게 된다. 상술한 네트워크에 기반을 둔 시장지배적 지위의 남용행위를 제외하고, 경쟁자는 또 공동으로 하나의 네트워킹이나 그 안의 핵심기간시설을 통제하여 경쟁제한을 형성할 수도 있다. 둘째, 간접적으로 인터넷을 이용하여 경쟁을 제한하는 것이다. 우선 네트워크의 존재 또한 기업 간의 정보교류로 하여금 더욱 가까워지도록 하며, 기업이 경쟁제한협의의 가능성을 확립하는 데에 도움을 많이 준다. 셋째, 인터넷의 존재는 기업으로 하여금 충분히 소비자의 정보를 획득할 수 있게 해준다. 이것은 기업이 가격차별에 종사하거나 약탈적 금액 징수 등의 경쟁제한행위의 가능성을 제한하게 된다.56)

인터넷은 결코 IT 비즈니스로 특화되지 않는다. 전통적인 경제에서도 네트워킹은 존재한다. 따라서 단지 인터넷에 의존하는 것만으로는 IT 비즈니스와 전통경제를 구분하기가 더욱 어려워졌다. IT 비즈니스와 전통경제와의 본질적인 차이점은 인터넷 외부성에 있다. IT 비즈니스가 전통경제와 상이한 시장균형점 및 상이한 전통경제의 시장구조 등의 특징은 모두 인터넷의 외부성에 기인한다. 인터넷 외부성은 협의의 개념과 광의의 개념으로 구분된다. 협의의 의미에서의 인터넷 외부성은 단지 어떤 제품을 기타인이 사용 시 소비자가 그에 대해 가치를 평가하는 경제현상을 말한다. 어떤 학자는 협의의 네트워크 외부성을 '그룹제품의 가격이 제품 판매수량에 따라 증가하는 것'이라고 정의하였고, 또 다른 학자의 경우 '그룹제품의 가치는 해당제품의 미래 예상대기 판매수량에 따라 증가한다.'고 평가하였다.57) 필자의 견해로는 마지막 정의가 비교적 타당하다고 본다. 그 이유는 네트워크 외부성의 탄생 원인은 소비자가 획득한 가치에 있는 것이 아니며, 현재 이미 판매한 여러 기관의 제품에 있는 것도 아니다. 관건은 소비자의 해당유형 제품 예상대기판매량 평가와 해당제품의 가치에 대한 평가가 정비례한다는 사실이다.[58]

협의의 의미의 네트워크 외부성은 인터넷 비즈니스에서 정반합 (positive feedback), 모순(tipping), 잠금(lock-in), 이전자본 (switching cost) 등 일련의 관련현상을 야기시킨다. 인터넷 외부성과 그가 야기하는 일련의 현상은 IT 비즈니스 효과로 말할 수 있다. 정반합이라 함은, 네트워크의 현재 이용자 수가 많으면 많을수록 이러한 네트워크는 기타 이용자에 대해 더욱 매력이 있고, 그가 하나의 이용자를 끌어들인 이후 더욱 용이하게 또 다른 이용자를 끌어들일 수 있다는 점에서 정반합 체제를 형성한다는 것이다. 이런 체제가 시장으로 하여금 하나 혹은 소수가 존재하여야만 몇몇 인터넷이 존재할 수 있다. 예로 팩스, 인터넷 등은 하나의 기준이 있어야만 존재한다. 정반합은 이에 반대하는 움직임이 생기면서 양쪽 당사자가 첨예하게 대결하는 양상을 초래하였다. 즉 소비자가 판단하기에 몇몇 경쟁적인 네트워크에서 모종의 좋은 소식이 있거나 혹은 더 많은 이용자를 보유하는 경우, 전체소비자는 이 네트워킹에 치우치게 되며, 기타 네트워크는 경쟁과정에서 자연스럽게 소멸될 것이다. 간단히 언급하면 승자가 모두 다 획득하게 되면 승자가 기준이 될 수 있다. 모순은 네트워크 경제로 하여금 전통경제 중에 자주 볼 수 없는 미래 신기술을 획득하도록 한다. 인터넷경제의 시장에서 두 가지 기술이 있다고 가정해보면 소비자가 어느 기술이 우위에 있는지 모른다고 하였을 때, 우연한 요인들로 인하여 더 많은 소비자가 미래신기술을 선택하는 것을 초래하게 된다. 이렇게 될 경우 더 많은 소비자가 해당기술에 적응하게 되고 산업의 기준으로 삼아 최적의 기술로 시장퇴출이 가능해진다. 소비자가 최적의 기술을 발견했을 때 그들은 이미 우월적인 기술을 다수 판매하게 될 것이다. 잠금이라 함은 소비자가 설령 최적의 기술이 존재한다는 것을 알더라도 그 어떠한 소비자가 이를 취하려고 나서지 않는 것을 말한다. 가장 최적화한 기술이 존재하는 시기의 가치라는 것은 소비자로 말하자면 미래기술보다는 의미가 크지 않다. 소비자는 미래기술을 활용하여 이전비용을 지불하려고 할 것이다. 즉 소비자가 현재의 네트워크를 방치해서 새로운 네트워크로 전환할 때 지불하는 비용이다. 예로 새로운 작동방법을 학습하고 새로운 설비를 구매하는 것 등이다. 오로지 새로운 네트워크여야만 소비자에게 주는 가치가 소비자가 비로소 새로운 네트워킹으로 전이되는 비용보다 크게 된다.59)

네트워킹 외부성이 네트워크경제에서 초래하는 시장의 균형과 전통경제는 양자가 완전히 다르다. 네트워킹 경제효과의 존재가 시장균형에서 불완전하기 때문에 가격이 결정하는 것이고, 또한 네트워킹 규모와는 아주 밀접한 관계가 있는데, 그 이유는 네트워킹 규모가 소비자의 지불의사에 영향을 끼치게 되고, 그럼으로써 수요에 영향을 주게 되기 때문이다. 예로 인터넷이 규모의 한계에 도달하기 전에 오너들은 각종 정책을 채택하여 이용자를 회원으로 가입시키려는 노력을 함으로써 도태를 피하게 된다. 반면 확장과 관련하여 시장에서 규정한 균형점에 도달한 이후, 오너들은 가격을 올림으로써 더 많은 이익을 획득하게 될 것이다. 네트워크 외부성의 네트워크 경제시장구조와 기업경쟁정책의 영향에 대해서는 여러 가지 새로운 반독점문제를 가져오게 된다.

우선, 비대칭적인 시장구조와 속도의 기술적 향상의 특징, 인터넷 외부성의 영향은 반독점법의 중요한 개념이나 요건의 확정에 있어서 전통적인 방법을 그대로 답습하지 않도록 하였다. 예로 네트워크 외부성 및 기타 인터넷 경제효과의 작용 하에서 어떻게 관련시장의 영역을 확정하는가의 문제가 있고, 또 어떻게 시장집중도를 확정하는지 또 어떻게 시장지배적 지위를 인정하는지, 또한 기업합병 이후 경쟁에 대한 영향을 어떻게 평가하는가에 대해 공동의 합의를 하는 것이 적절하다.

다음으로 네트워크 외부성 영향 하에서 기업 경쟁전략에 변화가 발생하게 되는데 그로 인해서 새로운 반독점문제가 출현하게 된다. 예로 반독점법이 어떻게 기업의 간여를 통해 회사가 표준을 제정하게 되었나 하는 문제도 있다. 또는 기업이 네트워크 경제 이용에 어떻게 간여하여 경쟁상대방을 막거나 박탈시키게 되었나 하는 문제도 출현하게 된다.

또한 네트워크 경제에서 모종의 경쟁제한행위는 효율적인 행위이다. 그러나 이러한 행위는 도리어 반독점법에 방해가 되고, 새로운 반독점문제도 야기시키게 된다. 예로 가격산정 시 반독점법 각도를 고려하는 것은 일종의 약탈형 가격산정문제로서 법률로 금지되어야만 한다. 그러나 네트워크경제 내에서 중소기업이 흔히 사용하는 경쟁전략은 모종의 상황 하에서 충분히 경쟁을 촉진할 수 있다.

중국 반독점법 내에서 이미 전자상거래법 및 IT 내지 지재권법률문제를 포함하는 전면적인 법개정 필요성이 제기되었으며, 필자가 여기기에 전자상거래를 포함하는 관련시장의 경계확정 및 시장지배적 지위가 확정되어야 하고, 그 내용에 대한 분석 또한 필요하다.

(2) IT 법에서 관련시장의 경계 확정

관련시장이라 함은 경쟁관계의 주체가 소재한 시장범위로서 관련시장을 확정하는 것은 기업의 시장지배적 지위를 확정하는 전제이자 합병으로 인한 통제 중에서 시장역량의 집중도를 평가분석하는 하나의 중요한 전제가 된다. 다수설은 관련시장을 관련 제품시장과 관련 지리시장으로 분류한다. 전자는 하나의 제품 혹은 하나의 상품세트를 가리키며, 후자는 생산 혹은 제품판매의 지리적 구역을 말한다. 중국「반독점법」은 '본법에서 말하는 관련시장이라 함은 경영자가 일정시기 내에 특정상품 혹은 특정서비스로 경쟁을 진행하는 상품범위와 지역범위를 말한다.'라고 규정하였다. 그러나 중국「반독점법」은 관련시장의 경계확정방법을 규정하지 않았기 때문에 필연적으로 관련규정 내지 행정규장이나 사법해석이 제정되어야 한다.

미국이건 유럽이건 관련 제품시장이나 관련 지리시장의 기준을 측정하는 것은 모두 SSNIP(Small but Significant Not-transitory Increase in Price) 방법을 채택하고 있다. 즉 관련시장 경계확정 시 금액이 크지는 않지만 아주 중요하고 임시적 성격으로 금액을 상승시키지 않는 방법을 고려해야만 한다는 것이다. SSNIP는 하나의 제품의 교차탄력성을 분석하는 방법으로서 주로 일정한 제품이나 일정한 지역 내에서 가정한 수치는 크지 않지만 임시적이지 않은 고정적 성격의 가격이 상승하는 반응을 측정하는 것이다. 당사자의 고객이 재판매할 수 있는 대체재를 원하는지 혹은 기타지역의 공급상에게 재판매할 수 있는지를 측정하는 것이다.[60] 그 이유는 가격폭등이 판매수량을 감소시킬 수 있기 때문인데 대체정도가 커서 가격폭등행위가 불리한 상황으로 전개되는 상황 하에서는 이러한 대체제품이나 지역확대가 관련시장 안으로 포함되어야만 한다. 측정에서 사용한 가격상승폭에 대한 기준과 관련하여 미국에서는 「1992년 횡적 합병지침」으로 5%로 규정한 바 있다. 그러나 이 기준보다 크거나 작아서 유럽에서는 1997년 12월에 반포한 관련시장 경계확정에 관한 통지 중에서 관련규정을 5%에서 10%로 확대하였다.[61] 동시에 미국과 유럽은 가격분쟁이 존재하는 시장과 가격분쟁이 존재하지 않는 시장을 구분해야만 하는가에 대해, 어느 것이 관련시장의 경계를 확정하는 증거로 고려할 수 있는가에 대해서도 상당히 큰 이견을 보였다.[62] 따라서 미국과 유럽의 관련시장 경계확정의 차이와 구체적인 조작을 보면 관련시장 경계확정은 비록 하나의 주류의 기준방법인 SSNIP측정법이 있으나, 고려해야 하는 요건이 상당히 많기 때문에 서로 상이한 제품이나 서로 상이한 지역시장을 겨냥해서 중점적으로 고려해야만 하는 요건은 서로 상이한 점이 존재한다.

　　인터넷비즈니스의 정태적인 시장의 특징, 동태적인 시장의 특징, 또 거래형태는 모두 전통적인 경제와는 차이가 있다. 인터넷비즈니스의 정태적 시장의 특징, 동태적 시장의 특징 및 거래형태는 모두 전통경제와는 상이한 점이 있는데, 필자의 견해로는 이러한 세 가지 분야로부터 인터넷비즈니스의 특징을 고찰하여 관련시장의 구체적인 영향의 경계를 확정해야만 한다.

1) 인터넷비즈니스의 정태적 시장의 특징이 관련시장 경계확정에 대해 끼치는 영향

인터넷비즈니스의 정태적 시장의 특징은 주로 인터넷비즈니스의 효과가 결정한다. 인터넷비즈니스의 효과는 전통적인 관련시장 경계확정의 방법의 실패를 초래하게 되었는데, 결국 가능한 한 이른 시일 내에 개정이 진행되어야 한다. 구체적인 실패의 원인은 아래와 같다.[63]

첫째, 네트워크 외부성이 가격체제의 실효를 초래하였다. 네트워크 외부성이 정반합을 형성할 때, 이용자는 이용자의 수가 많아서 기준으로 세워질 수 있는 제품을 선택할 수 있으며 가격이 저렴하거나 성능만 우월한 제품은 고려대상에서 제외된다. 이러한 상황 하에서 SSNIP측정 방법은 확실히 효과적인 것은 아니다. 그 이유는 주력제품 가격의 상승이 이용자로 하여금 기타제품으로 전환되도록 할 수 없기 때문이다.[64]

둘째, 이용자의 기초시설 장착이 동일제품으로 하여금 서로 상이한 시장을 탄생시켰다. 인터넷제품이 시장에서 생존해나가기 위해서는 반드시 하나의 이용자가 기초시설을 장착해야 한다. 즉 이른 시기에 일련의 안정적인 이용자가 정반합의 형성을 촉진해야 한다. 제조업체가 신제품을 출시할 때 반드시 기존에 이미 획득한 기초장비를 가동하여 경쟁을 전개해야 한다. 즉 구버전을 사용한 이용자로 하여금 새 버전으로 이동하도록 하는 것이다. 이러한 상황 하에서 신제품시장과 원래의 기초시설 장착은 서로 상이한 시장으로 경계를 구분해야 한다.[65]

셋째, 이전자본이다. 이전자본의 존재는 소비자로 하여금 결정하도록 하는 것으로, 가격적인 요소로 하여금 시장에 대한 영향이 제한되거나 반대로 확대되는 결과가 초래될 수 있다.

넷째, 인터넷제품의 겸용성 및 차이성의 영향이 있다. 엄격히 말하면 겸용성과 차이성은 결코 인터넷경제의 효과가 아니다. 다만 확실한 것은 상당히 많은 인터넷제품의 전형적인 특징으로 인해 인터넷비즈니스의 관련시장에 대해서도 양자는 중요한 영향력을 행사한다. 예로 소프트웨어 제품의 고도의 차이성 때문에 소프트웨어시장은 단지 같은

절차만을 포함할 수 있으며 기능적으로 중첩되기만 하는 일부 절차는 포함할 수 없다.66)

2) 인터넷비즈니스의 동태적시장의 특징이 관련시장 경계확정에 대해 끼치는 영향

인터넷비즈니스의 혁신속도는 대단히 빠르며 기술경쟁 또한 격렬하다. 인터넷산업은 첨단기술산업으로 인터넷비즈니스의 동태적 시장의 특징은 기술향상의 특징이 그 안의 관련시장 경계확정에 일정한 어려움을 가져오게 된다는 것이다. 그 예가 어떻게 제품의 공급자 및 대체품을 확정하는가이다. 인터넷비즈니스시장의 동태적 특징은 시장경계가 단순히 현재의 상황만을 바라볼 수 없다는 것을 의미한다. 미래도 내다보아야 하며 기술향상이 빠르기 때문에 시장의 범위도 변화의 소용돌이에 존재한다. 전통적인 관련시장의 경계확정방법은 주로 가격이론에 근거를 둔다. 그러나 인터넷비즈니스에서 기술혁신이 더 빠른 속도로 이루어지는 관련산업으로, 말하자면 제품의 품질은 더욱 중요하다.

이에 대해 어떤 학자는 품질을 가격으로 대체하는 측정을 통해 인터넷비즈니스에서의 관련시장의 경계를 확정하자는 주장을 한다. 즉 '만약 어느 하나의 제품성능의 향상이 또 다른 제품의 대체를 초래할 수 있는지 아닌지에 대해 만약 답이 긍정적이라면 설령 해당제품이 두 개의 상호배척되는 기술 위에 기반을 두고 있더라도 하나의 관련제품시장으로 경계가 설정되어야 하는 것이다.'라는 주장이 제기되었다. 이러한 주장을 하는 학자들은 제품관련성능 특징의 25%를 기준으로 삼는데, 해당제품 성능이 25%까지 하락할 때 소비자가 기타제품을 선택할 수 있는지에 대해서, 혹은 신제품 성능이 25%까지 향상되었을 때 소비자가 충분한 대량의 소비자를 흡수할 수 있느냐에 대해, 만약 상술한 요건이 성립되면 대체품은 관련제품시장에 포함되어야만 한다고 주장하였다.

반면 이 학설에 반대하는 학자들은 성능을 기준으로 삼는 것은 응용하기가 어려운데 그 이유는 핵심적인 성능의 특징이라는 것은 고도의

신축성을 구비하고 있고, 대부분 핵심적인 특징의 성능변화는 계량화를 할 수 없기 때문이다.[67]

상술한 내용을 종합해보면 제품성능 측정방법으로 가격측정방법을 대체하는 것은 아직 광범위하게 수용되지 못하는 것으로 판단된다. 그러나 관련시장의 경계확정 시 기술 또한 하나의 중요한 고려요소가 되어야만 한다.[68] 기술혁신속도가 아주 빠른 인터넷비즈니스에서는 더욱더 기술을 관련시장 경계를 확정하는 하나의 중요한 요소로 삼아야만 한다.

3) 인터넷거래가 관련시장 경계확정에 대해 끼치는 영향

인터넷거래를 통한 관련시장의 경계확정 시 제품범위와 지역범위를 확정하는 것은 어렵다. 그 이유는 인터넷거래가 지역 및 시간제한을 받지 않기 때문이다. 어떻게 인터넷공간에서의 관련시장 경계를 확정짓는가에 대해서는 현재 그 어떠한 상황에서도 적용할 수 있는 통일된 기준이 없다. 반면 구체적인 상황을 감안하여 분석이 진행된다. 전자상거래가 전통경제와는 독립되어 있으며, 또한 전통적인 경제와 밀접하게 관련되어 있기 때문에, 수많은 전통경제부문 또한 전자상거래를 이용하여 업무에 종사한다. OECD의 관련보고에 근거하면 우리는 전자상거래와 전통경제가 동일한 관련시장에 속하는 가장 기본적인 방법일지 모른다는 판단을 할 수 있다. 즉 수요자의 입장에서 제품의 수요교차탄력성을 관찰하는 것으로, SSNIP방법으로 제품의 대체성을 측정해야 한다. 설령 판매한 것이 동등한 제품이라고 하더라도 만약 평가에서 나타난 것처럼 전자상거래시장에서 판매한 제품이 불가대체적 성격이라면 인터넷공간은 전통시장과 분리되어야만 하며, 반독점법 집행 시에는 선별하여 양자를 평가해야 한다. 관련시장의 경계확정 시 제품은 현실세계에서의 운수비용, 소비자의 전자상거래에 대한 선호도, 전자상거래에서의 가격차별, 서로 상이한 유형의 제품이 전자상거래에서 판매되는 방식 등에 의해 관련시장의 증거로 간주되거나 고려되어야만 한다.[69]

(3) IT 비즈니스 내 시장지배적 지위의 경계설정

시장지배적 지위를 인정하는 중요한 전제는 관련시장의 경계선정이다. 그 이유는 관련시장의 경계선정이 상이하고 시장점유율 등 구체적으로 기업이 지배적 지위를 구비하는가의 여부를 판단하는 기준은 서로 상이하기 때문이다.

시장지배적 지위의 정의와 명칭에 대해서는 각국 반독점법에 서로 상이한 점이 있으나, 시장지배적 지위의 핵심은 대등하다. 즉 시장지배적 지위는 기업이 경쟁제한적인 능력이나 지위를 갖추어야만 한다는 것으로, 만약 기업이 기술이나 자금 등 어떠한 우월적인 우세를 보이면 이러한 우세는 기업으로 하여금 경쟁을 제한하는 능력을 구비하도록 하기에는 모자라며, 시장지배적 지위를 구비하였다고 인식하기가 어렵다. 중국 「반독점법」 제17조는 '본법에서 말하는 시장지배적 지위라 함은 경영자가 관련시장 내에서 제품가격, 수량 혹은 기타 거래조건을 통제할 수 있거나 혹은 기타 경영자가 관련시장에 진입하는 능력을 막거나 영향을 줄 수 있는 시장지위를 말한다.'고 규정하였다. 중국 「반독점법」 또한 각국의 입법경험을 참조하고 있고, 시장지배적 지위의 핵심적인 특징에 부합한다고 하겠다.

시장지배적 지위에 근거한 정의는 사법실무에서 직접 응용되기는 어렵기 때문에 각국은 입법으로 분명히 시장지배적 지위 남용에 대한 기준 확정을 분명히 하고 있으며, 사법실무에서도 분명히 하고 있다. 시장지배적 지위 남용에 대해 분명한 기준을 정한 국가로는 독일, 일본, 대만 등이 있으며, 사법실무인 판례의 경우 미국과 유럽이 대표적이다. 시장지배적 지위를 확정하는 기준은 다양하다. 그러나 두 가지 빼놓을 수 없는 기준이 있다.[70] 하나는 시장구조이다. 이것은 정태적인 시장구조와 동태적 시장구조로 분류되며, 전자는 주로 시장점유율을 고려하고, 후자는 주로 진입장벽의 크기를 고려한다. 즉 기타기업의 시장진입이 어려운가 용이한가에 대한 문제이다. 진입장벽은 다양한 요건으로 구성되는데 시장원인일 수도 있고 기술이나 법률원인일 수도 있다. 다른 하나는 시장행위이다.[71] 행위기준은 주로 두 가지 함의가 있다. 우선 기업이 시장에 영향을 주거나 혹은 경쟁을 제한하는 행위능력이다. 또 기업이 실시하는 반경쟁행위가 그것인데 가격차별과 끼워팔기 등이 있다.[72]

이 두 가지 기준은 국제 반독점법 실무과정에서 아직 엄격하게 구분되지는 않았다. 예로 진입장벽이 아주 높은 시장에서 시장지배적 지위를 갖춘 기업이 시장경쟁에 영향을 주는 능력은 필연적으로 아주 강해야 한다. 반경쟁행위 또한 더욱더 분명해야 하는 것이 논리적으로 타당하다. 이와 관련하여 각국의 반독점법의 입법 및 법집행상황을 보면 시장지배적 지위를 판단하는 것은 주로 시장지분율과 진입장벽 두 가지 요소가 포함되어 있으며, 행위기준에 대한 것은 종종 구체적인 남용행위에 대한 분석과정에 응용된다. 이 때문에 인터넷 비즈니스에서의 지배지위의 경계선정 또한 이 두 가지 요소로부터 착수되어야 하며, 주로 인터넷 비즈니스의 특징을 시장지분율에 계산하여 합산한 결과 및 그로 인하여 발생한 진입장벽을 분석해야만 한다.[73]

시장지분율은 또한 시장점유율로 불릴 수 있으며, 각국이 반독점법으로 시장지배적 지위를 계산하는 하나의 중요한 지표이다. 인터넷경제 중에서 시장지분율의 계산은 시장우세에 대해 일정한 의의의 존재여부를 판단한다. 그러나 인터넷 비즈니스에서 시장지분율의 계산은 전통적인 방법을 똑같이 반복할 수는 없다. 그 이유는 다음과 같다.

첫째, 단지 판매액을 기준으로 시장지분율을 계산할 수는 없다는 것이다.[74] 전통적으로 시장지분을 계산하는 방법은 적절한 관련시장의 경계를 선정한 이후, 한 기업의 연도별 판매액을 응용하여 관련시장에서의 연간 총매출액을 감해야 한다. 인터넷 비즈니스에서는 인터넷 비즈니스 효과의 존재 때문에 판매되는 수량이 판매금액보다 더 큰 의의가 있다. 그 이유는 이용자는 판매량이 많은 제품을 선호하는 경향이 있지 매출액이 높은 제품을 선호하는 것이 아니기 때문이다.[75] 인터넷의 존재 때문에 진짜 네트워크이건 가상네트워크이건 간에 컴퓨터판매량은 대단히 편리하게 집계가 된다. 상당수의 인터넷 비즈니스제품, 즉 통신, 컴퓨터 소프트웨어 등 이용자 한 사람이 한 세트의 제품만을 구매할 수 있기 때문에 판매량을 통해서 이용자 수를 분명하게 파악할 수 있다. 판매량 집계를 통해 시장지분을 계산하며, 실제로는 이용자 수를 통해 계산을 하게 되고, 더욱더 과학적으로 인터넷 비즈니스에서 기업이 차지하는 시장지분을 계산할 수 있게 된다.

둘째, 단지 소프트웨어 장착에 근거하여 시장지분을 계산해낼 수 없기 때문이다.[76] 앞에서 관련시장의 경계를 분석할 때, 이미 프로그램 장착 기초와 새 이용자는 컴퓨터를 분리사용한다는 것을 지적하였으며, 시장지분을 계산할 때에도 이 점을 주의해야만 한다.

시장지분을 계산할 때 소프트웨어가 장착된 누계판매량으로 계산할 것인지 아니면 예전 판매한 수량으로 계산할 것인지에 대해서 전통경제 각도와 인터넷 비즈니스 두 당사자는 확실히 다르다. 전통경제각도에서 말하면 누적판매액을 채택하여 계산하는 것에 반하여, 인터넷 비즈니스 입장에서는 기술혁신속도가 아주 빠르기 때문에 그런 방법을 채택할 수는 없다는 입장을 보이고 있다. 컴퓨터이용자가 소프트웨어를 장착한다는 기초 위에서 오로지 종이인쇄본을 사용하기 원하는 입장을 보이는 이용자, 또 제조업체가 조기에 이용자 발전을 위해 공짜로 제품을 송달해주었으나 원래 해당제품을 사용한 적이 없는 이용자는 시장지분율을 계산할 때 수량계산을 배제하여야 한다. 예전까지의 판매량에 근거해야 하며, 소프트웨어장착으로 시장지분율을 계산하면 안 된다. 소프트웨어 장착을 기초로 하여 수량을 계산하는 것은 큰 차이가 있고, 구체적인 판례에 직접적인 영향을 주게 된다.

예로 어떤 학자가 마이크로소프트 사례를 분석할 때 지적하였는데 1998년 미국 사법부가 마이크로소프트가 컴퓨터시장에서 차지하는 시장지분율이 95%를 차지하였으며, 실제로는 단지 16%의 이용자만 윈도우 95 혹은 그 이전의 버전을 윈도우 98로 업그레이드하였다는

것이다. 반면 1999년에 미국에서 1130만 개의 화면보호기시스템이
존재하였는데 마이크로소프트는 단지 110만 개의 윈도우 98을 판매하
였고, 나머지 107만 명의 윈도우 이용자가 윈도우 98로 업그레이드가
되었다. 그럼 그 나머지 컴퓨터 이용자가 인식하기에 어떠한 대가도
치르지 않고 최초로 출시된 윈도우프로그램을 구매하든지 아니면 기타
컴퓨터운영체제로 전환하든지 둘 중 하나를 선택해야만 하였다. 이와
같은 윈도우 98이 시장지분율에서 차지하는 비율은 10% 정도로 윈도우
95와는 양상이 달랐다.

　이용자가 소프트웨어를 컴퓨터에 장착하는 것의 시장지분율을 고려
하지 않는 방법은 비록 산출된 수량이 매우 작았으나, 결코 시장에
대한 제조업자의 영향력이 약화된 것을 말하지 않는다. 예로 마이크로소
프트로 말하면 회사에서 개발한 검색도구, 오락프로그램, MSN 등 응용
소프트웨어가 다른 운영체제와 호환이 되지 않아 이용자인 소비자로서
는 오로지 업그레이드를 하거나 돈을 주고 더 높은 버전을 다시 사용해야
하는 불편함이 있었다. 이러한 이유 때문에 인터넷 비즈니스에서의
시장지분율의 의의는 전통적인 경제에서만큼 중요한 것이 아니다.

　그 이유는 우선 인터넷 비즈니스에서 시장은 부단히 변화하는 가운데
있으며, 기술혁신속도가 매우 빠르기 때문에 모종의 상황에서는 현재
하나의 매우 커다란 시장지분율이 장래 지속될 시장의 영향력을 충분히
대표한다고 볼 수는 없다.[77] 더 많은 학자들이 지적하는 것은 설령
상당히 큰 시장지분율을 점하고 있더라도 시장지배적 지위를 갖추지
않은 기업은 위협을 받지 않는데, 그 이유는 기술혁신이 순식간에 도태되
기 때문이라는 것이었다.

　두 번째 이유로는 인터넷 비즈니스 효과의 영향이 시장지분율보다
더 크다는 것이다. 예로 한 기업이 상당히 큰 시장점유율을 차지하고
있으나 해당시장 내에서 소비자의 인터넷활용도가 낮아 효과가 크지
않고, 다른 기업이 마찬가지의 시장점유율을 차지하고 있으나 시장에서
인터넷활용도가 크다면 후자의 시장에 대한 영향력은 당연히 전자보다

더 크다. 이 때문에 인터넷 비즈니스에서 시장지배적 지위를 정확히 경계짓는 것은 시장지분율을 고찰하는 것 외에도 인터넷경제효과 등의 요인이 가져오는 진입장벽을 고려해야만 한다. 전통적인 경제에서 시장지배적 지위를 판단하고, 기업이 경제효율에 손해를 가져오는 반경쟁행위를 실시하는 능력은 하나의 중요한 지표가 된다. 인터넷 비즈니스에서 이것은 기업이 가격을 경쟁수준 이상으로 끌어올리는 능력으로 보아야 하는 것인지, 아니면 기업이 배타적 행위를 실시함으로써 시장진입장벽을 높이는 능력으로 보아야 하는 것인지에 대해, 인터넷 비즈니스에서 기업은 주로 인터넷 비즈니스효용을 이용하고 있고, 가격수단을 활용하여 이러한 행위를 실시하는 것은 아니다.

아래 몇 가지 요건이 인터넷 비즈니스에서 기업의 시장지배적 지위를 판단하는 중요한 지표가 될 것으로 사료된다.

첫째, 인터넷 비즈니스의 효과 측정을 통한 기업의 시장지배적 지위 판정이다. 인터넷 비즈니스의 효과는 일종의 현상인데, 그 가운데 모든 현상은 아마 지배적 지위의 기업에 의해 경제효율에 손해를 끼치는 남용행위가 실시된다. 인터넷 비즈니스 중에서 하나의 신규진입한 기업이 생존하려면 우선 이용자가 소프트웨어를 장착해야 한다. 이것은 기타기업의 이용자가 소프트웨어를 장착하는 것을 극복해야 한다는 것을 의미하며, 지배적 지위를 차지하고 있는 기업은 자신의 소프트웨어를 장착한 이용자를 이용하여 시장지배적 지위의 남용행위를 실시할 것이다. 예로 가격 혹은 비가격적 수단으로 진입을 저지하거나 현재 이용자의 전이비용보다 더 높은 가격으로 소비자에 대해 이용자가 가벼이 진입자의 네트워크에 진입하지 않도록 하는 것 등이 그것이다.[78] 설령 지배적 지위의 기업이 인위적으로 전이비용을 설치하지 않더라도 인터넷효과의 존재가 초래하는 선호도 때문에 진입자의 인터넷은 절대적인 기술적 우위가 없는 상황 하에서 소비자 또한 진입자의 네트워크에 유도될 일이 없다. 따라서 진입장벽은 여전히 상당히 높다. 인터넷 비즈니스 효과가 초래하는 진입장벽은 동시에 또 다른 현상을 조성하였는데 인터넷경제에서 시장지배적 지위를 갖고 있는 기업이 종종 상당히 높은 시장점유율을 차지한다는 것이다. 예로 마이크로소프트가 있으며 새로운 계산방법으로 시장지분율의 수치를 계산하는 것 자체는 아주 작다. 그러나 마이크로소프트가 컴퓨터운영체제 및 일부 응용 소프트웨어에서 차지하는 영향력은 독보적이다.

둘째, 가장 핵심적인 지적재산권을 통한 기업의 시장지배적 지위 판정이다. 핵심시설 보유에 관한 지적재산권은 인터넷 비즈니스에서 흔히 볼 수 있는 현상이다. 그 이유는 인터넷경제에서 가장 앞선 기술을 획득하기 위해서는 기술에 근거하여 선도가 되어야 하며, 기업은 연구개발을 진행함과 동시에 자연적으로 지적재산권을 신청해야 하기 때문이다. 핵심적인 지적재산권 또한 인터넷 비즈니스에서 기업이 시장지배적 지위를 구비할지 모르는 하나의 중요한 지표가 된다. OECD의 관련학자가 지적한 바에 의하면 지적재산권 자산을 기초로 하여 시장역량을 평가해야 한다는 것이다. 그 이유는 지적재산권을 얼마나 보유했느냐라는 것이 기업의 시장에서의 성공과 정비례하기 때문이다. 기업이 핵심시설에 대해 지적재산권을 보유하였을 때 반대로 혁신을 억제할 가능성이 크게 증가하기 때문이다. 또 다른 관점은 소프트웨어업계 또한 핵심시설을 경계로 삼지 않아야 하며 지적재산권의 보호를 받을 이유는 없다고 본다.

셋째, 표준에 의한 기업의 시장지배적 지위 판정이다. 표준은 제정한 주체의 상이함에 근거하여 세 가지로 분류된다. 하나는 법정표준이다.[79] 이것은 국가법률로 규정하는 표준으로, 안전, 의료, 위생 등에 관련되고, 기업에 대해 제공하는 상품이나 서비스에 대하여 제한을 가하게 된다. 다음으로 정식표준이 있다.[80] 이것은 표준을 제정하는 전문조직이 설정한 표준으로 국내조직과 국제조직을 포함한다. 또한 사실표준이 있다.[81] 이것은 제품이 시장경쟁에서 지배적 지위를 확립하게 되고, 동 제품이 사용하는 기술적 데이터, 호환성 등의 지표가 광범위하게 응용되어 산업 내의 표준이 되는 것을 말한다. 인터넷 비즈니스에서는 기업에 시장지배적 지위를 가져올 수 있는 것은 주로 세 가지 중에서 첫째를 제외한 나머지 두 개의 표준이다. 그중에서도 세 번째 사실표준이 가장 중요한데 그 이유는 기업이 표준경쟁에서 진행하는 경쟁의 주요대상이기 때문이다. 일단 기업의 기술이나 제품이 사실표준으로 되면 기업의 지상지배적 지위는 이와 같이 확립될 것이고, 기업은 표준을 이용하여 시장지배적 지위의 남용행위를 실시하게 될 것이다. 저명한 경제학자 다이애나 파렐(Diana Farrell)은 '만약 경쟁적 성격의 표준이 기업에 의해 보유된다면 보유자인 기업은 해당표준이 사실표준으로 되도록 하기 위해 치열한 경쟁을 전개할 것이다. 이른 시기에 경쟁은 구매자에 대해 대단히 유리하다. 일단 어떤 표준이 확립되면 사실표준의 보유가 독점력의 원천이 될 것이다.'라고 언급한 바 있다.82)

표준에 대한 보유와 상술한 핵심시설에 대한 지적재산권은 일정한 연관성이 있다. 그 이유는 어떤 때에는 일부 핵심시설 자체가 표준이 되고 반면 양자는 상이하기 때문이다.83) 우선 표준은 일종의 공적 영역의 기술이며, 지적재산권은 독점성을 구비하여 양자가 추구하는 목표는 서로 상이하다. 표준에 대해 말하자면 정보공개성과 보편성을 추구해야 하며, 지적재산권은 사유성과 배타성을 추구한다. 표준이 일단 형성되면 기업에 독점적 지위를 가져오게 되며, 표준은 일반국민들을 상대로 공개할 수 있고 그 어떠한 기업에 의해 보유되지 않을 수 있다.84) 이것은 표준에 대한 기업인에게 있어서 상당히 유리한 결과로 작용한다. 반면 핵심시설을 보유한 지적재산권에 대해서는 종종 기업의 비밀이 필요시 되며, 일단 공개가 되면 기업의 지배적 지위는 소멸된다. 두 번째, 보유주체가 서로 상이하다. 표준의 보유자는 다수의 기업일 수도 있으나 지적재산권의 주체는 종종 하나의 기업이다.85) 셋째, 양자의 사용방식은 서로 상이하다. 공개한 표준은 일반적인 상황 하에서 권한위임이 필요하지 않는데 자유로이 사용할 수 있으며, 일부 지적재산권을 보유한 표준에 대해서는 기업인이 자신의 네트워크 확대를 위해 공짜로 확대를 추진할 수 있다.86) 반면 지적재산권은 권한위임이 필요하며, 그 어떠한 사람도 지적재산권을 사용해야 한다. 법률이 별도로 규정하는 것 외에는 반드시 소유권자의 인가를 획득해야만 하며, 쌍방협의에 따라 사용료를 지불하여야 한다. 그렇지 않으면 권리침해를 구성한다. 넷째, 양자의 내용이 서로 상이하다. 표준은 지적재산권을 포함하지 않을 수도 있다.[87] 그러나 또한 수천 가지의 무수한 지적재산권을 포함할 수도 있다. 하나의 표준이 포함하는 내용은 단순한 지적재산권보다는 훨씬 더 넓을 것이다. 다섯째, 인터넷경제효과와의 관계가 서로 상이하다. 표준과 인터넷경제 효과의 관계는 대단히 밀접하며, 표준은 아마 인터넷 비즈니스효과로 인하여 형성될 수 있다. 인터넷 비즈니스의 효과 또한 어떠한 기술로 인하여 장래의 표준으로 탄생될 수 있다. 반면 핵심시설을 보유한 지적재산권은 반드시 인터넷 비즈니스의 효과를 가져오지는 않는다. 그것은 표준이 지적재산권과 상이한 점이 존재하기 때문이며, 표준과 지적재산권이 기업에 가져오는 지적 지위는 서로 상이하다. 표준은 기업에 더 강하고 범위가 더 광범위한 시장역량을 충분히 가져올 수 있다.

5. 중국 반독점법 입법의 과제

기업의 시장지배적 지위의 남용을 방지하기 위해, 또 공정경쟁을 보호하고 경쟁자 및 소비자의 합법적인 권익을 보호하며 시장경제의 건전한 발전을 촉진하기 위해 중국의 실정에서 출발하여 외국사례를 참조하여 중국의 반독점법을 더 효율적으로 개정해야 한다. 구체적으로 아래와 같다.

(1) 시장지배적 지위 남용행위의 구체화

반독점법이 남용행위의 유형을 구체적으로 규정하는 경우, 기존에 열거한 여섯 가지의 시장지배적 지위 남용행위 외에 기타 새로운 남용행위가 발견되는 대로 적시에 추가가 되어야 한다. 독점거래가 그 예이다. 두 번째로 필요시되는 것은 반독점 주관기관에 권한을 위임하여 남용행위의 구체적인 인정기준을 제정해야 한다는 것이다. 이렇게 되면 중국 반독점법은 원칙적인 규정과 구체적인 행위가 하나로 통합되어, 반독점법의 원칙성, 규범성, 융통성을 동시에 구현할 수 있어 실제업무의 인정에도 유리하게 작용된다.[88]

(2) 시장지배적 지위 남용행위의 법적 책임 개선

반독점법의 시장지배적 지위 남용행위에 대한 법적 책임규정은 민형사상의 책임 또 행정책임을 포함해야 한다. 이렇게 되어야만 비로소 하나의 완전한 반독점법률책임체제가 완성된다. 민사책임에서 반독점법은 당사자에게 손해배상청구권을 부여해야 하는 것 외에 또 당사자에게 침해정지 혹은 위험을 제거할 권리를 부여해야 한다. 과실책임을 위주로 하는 귀책원칙을 채택해서 특정한 행위에 있어서 남용행위를 실시하는 경영자에 대해서는 처벌강도를 확대해야만 한다. 한편 관련 형사처벌조항을 증가시켜 시장지배적 지위를 남용한 심각한 독점행위는 법에 따라 범죄를 구성하여 형사책임을 추궁해야 한다. 동시에 관련책임자에 대해서는 적절한 형사처벌을 부과해야 한다.

(3) 독점산업에 대한 관리 강화

위에 언급한 중국의 국가안보와 관련한 산업 및 법에 따라 전매를 하는 산업에 대해서 관리감독을 더 강화하여야 한다. 전력, 석유, 전신 등 산업은 확실히 독점적 지위에 있다. 기간 또한 많건 적건 간에 시장지배적 지위를 남용하는 행위이고, 이러한 산업에 대해서는 반드시 관리를 강화하여야 한다. 그럼으로써 시장지배적 지위 남용을 방지하고 시장경쟁과 소비자이익의 손해가 발생하는 것을 막아야 한다. 현재 이러한 산업은 일반적으로 정부의 통제를 받게 되어 있다. 이러한 산업 또한 중국「반독점법」의 조정범위에 포함되어야만 한다.

Ⅳ. 미국 마이크로소프트 사례에서 본 시장지배적 지위 남용의 인정 및 규제의 시사점

1. MS의 Antitrust 위반 사례

미국 연방무역위원회는 1994년 지방법원에 마이크로소프트가 불합리하게 무역을 제한하는 불법계약을 체결하고 개인PC시장을 독점하는 행위를 하여 셔먼법 제1조와 제2조를 위반했는지에 대한 조사를 지휘하였다. EU 또한 지배주주 신분으로 이 사례에 참여하였다. 본 사례에서 검토하고자 하는 미국 MS사례는 미국사법부, 19개 주(州) 및 콜롬비아정부가 1998년에 콜롬비아지방법원에 제기한, 최초에 잭슨판사가 심리한 세기의 판결에서 시작된 것이다. 미 정부는 마이크로소프트가 불법계약 및 소프트웨어가 호환되지 않는 점을 이용하여 넷스케이프(Netscape)가 채택하던 네비게이터(Navigator)와 선마이크로시스템의 자바(Java)와의 경쟁을 배척함으로써 개인PC시장에서의 독점지위를 불법으로 유지하여 셔먼법 제1조를 위반하고 있다고 판단하였다.89) 이 사례는 지방법원의 심사를 거쳐 마이크로소프트가 상소를 하고 재심 끝에 매사추세츠주에서 항소하였는데 최종적으로는 2004년 여름 매사추세츠주의 상소를 기각함으로써 지방법원 재심 중의 화해령을 유지하였다.90) MS 상소심에서 상소법원은 MS의 불법행위를 대부분 인정하였다. 사법구제에서 상소법원은 잭슨판사가 내린 판결을 각하하였으며 지방법원이 다시 새로이 심리한 구제조치를 채택하였다. EU위원회가 「유럽공동체조약」 제82조를 적용한 것과 유사하게 미국 독점금지(Anti-trust)기구도 셔먼법 2조를 두 단계로 나누어 적용하였는데 우선은 어느 하나의 기업이 관련시장에서 시장지배적 지위를 유지할 수 있는지를 확정하는 것이고, 그 이후 해당기업의 행위가 시장지배적 지위를 남용하거나 박탈하는지를 밝히도록 한 것이다.

시장지배적 지위 남용의 인정과 관련하여 미국 독점금지(Anti-Trust)법은 시장지배력 자체는 위법이 아니며 지배력에 대한 기업의 남용이 불법을 형성한다는 합리성의 원칙을 유지하고 있다. MS 사례는 마이크로소프트가 계약과 제품설계를 통해 전방위 포위전략을 구사하여 인터넷기업의 운영체제와 선마이크로시스템의 자바(Java)기술을 배제한 것에 있다. 이와 관련하여 불법 끼워팔기의 인정에 있어서 미법원은 전통적으로 당연위법원칙을 적용해왔다. 일찍이 미 대법원이 아래 기준에 부합하는 끼워팔기는 불법이라고 판시한 바 있다. 구체적으로 끼워팔기 된 제품은 단독제품일 것, 피고는 끼워팔기를 한 시장에서 시장지배력을 구비할 것, 피고가 소비자로 하여금 끼워팔기 한 제품 구매 이외에 다른 선택이 없는 경우, 끼워팔기가 실제 거래에 영향을 주는 경우가 그것이다.91) 잭슨 판사의 견해는 상술한 기준에 의하면 마이크로소프트가 주도하여 인터넷 운영체제에 대하여 공격적으로 경영하는 것은 셔먼법을 위반한 것이라고 보았다. 그 이유는 윈도우에 같이 탑재된 익스플로러는 단독제품으로서 소비자가 윈도우와 익스플로러를 각기 상이한 제품으로 간주하고 있고, 또 양자의 코드가 무궁무진한 방법으로 결합되고 분리될 수 있기 때문이었다. 두 번째로 MS는 윈도우운영시장에서 전 세계적인 지배력을 보유하고 있었다. 세 번째, MS의 경쟁사의 시장점유율과 수입하락이 대량의 인터넷시장거래가 영향을 받는다는 것을 증명했기 때문이다. 네 번째, 마이크로소프트가 소비자로 하여금 윈도우운영시스템을 구매할 때 반드시 익스플로러를 사용하도록 하여 다른 인터넷운영체제는 선택할 방법이 없었다.92) 이러한 판단으로 MS가 인터넷과 컴퓨터운영체제를 같이 묶는 것은 당연위법이며, 불법으로 인터넷운영체제와 자바 기술의 경쟁을 배척함으로써 인터넷시장을 불법독점할 기도가 있는 것으로 판단하였다.93)

그러나 상소법원은 잭슨판사의 당연위법원칙을 뒤집고 합리성원칙에 근거하여 마이크로소프트의 윈도우와 인터넷 결합행위를 판단해야 한다고 보았다. 합리성원칙에 의하여 설령 마이크로소프트의 결합행위가 대법원의 상술한 기준에 부합하더라도 경쟁에 미치는 긍정적인 효과와 경쟁에 부정적인 영향 사이의 균형을 유지하여 불법성을 판단해야 한다고 판단하였다. 미국정부로서는 반드시 MS의 행위로 인하여 반경쟁적 효과가 발생했는지를 증명해야만 하며, 그 이후에 입증책임을 MS에게 전가함으로써 정부행위에 정당성이 있음을 증명하도록 하였다. 피고의 입증 이후에도 미 정부가 피고의 행위가 위법이라고 주장한다면 피고의 정당성이 하나의 구실임을 입증하거나 혹은 일정한 경쟁을 구비하고 있으나 근본적으로 해당행위의 반경쟁효과와 같이 논할 수 없음을 입증하도록 하였다. 비록 마이크로소프트가 윈도우와 익스플로러를 묶어서 판매하는 행위가 일정한 효율이 있음을 증명하기는 하였으나 상소법원은 최종적으로 이러한 행위의 반경쟁효과는 긍정적인 효과를 초월하여 시장지배력 남용을 구성한다고 인식하였다. 이것은 MS의 행위가 동일한 목적에서 나온 것이기 때문인데 개인 PC 제조상과 컴퓨터이용자가 다른 인터넷검색프로그램을 사용하는 것을 억제함으로써 경쟁상대방을 배제하려는 목적에 도달하였기 때문이다.[94]

비록 상소법원은 잭슨판사의 당연위법원칙 적용은 적절치 않다고 보았으나 MS의 끼워팔기의 부정적 영향 또한 상당히 크다고 보았다. 따라서 해당법원은 MS가 불법 배타적 행위를 통해 시장지배적 지위를 조작한 대부분의 사실을 인정하였는데 크게 네 가지로 분류하였다. 구체적으로 우선 윈도우 인가협의를 통해 개인 PC제조상이 컴퓨터 바탕화면이나 메뉴에서 익스플로러를 제거하지 못하도록 하고, 개인 PC제조상의 컴퓨터 초기 시동 프로그램 순서 변경 및 경쟁상대방을 위한 제품에 배경화면이나 문서함을 추가하지 못하도록 한 행위가 포함되었다. 두 번째는 제품설계를 통해 익스플로러와 윈도우가 서로 결합된 문서함을 통해 둘을 하나로 묶는 데 성공함으로써 최종소비자와 개인 PC제조상이 익스플로러를 프로그램 추가 · 삭제를 통해 삭제하지 못하도록 한 행위이다. 세 번째는 통신사와 협의를 체결하여 오로지 익스플로러만 판매하도록 요구하고 왕징(网景)사의 인터넷검색프로그램 사용을 제한했으며, 또 미국 애플사와 협의를 체결하여 익스플로러를 우선 사용하도록 요구한 점이 그것이다. 네 번째, 백신프로그램과 선마이크로

사 자바 기술의 마이크로소프트에 대한 위협을 제거하여 소비자이익과
공정경쟁에 손해를 끼친 혐의이다. 그러나 상소법원은 미 정부가 독립된
인터넷 검색시장의 존재를 증명하지 못한 것을 이유로 하여 마이크로소
프트가 인터넷검색시장을 독점하여 셔먼법 2조를 위반했다는 혐의를
기각하였다.

2. 거래거절에 대한 구제조치

  미국 MS 소송에서 MS는 거래거절을 한 불법행위가 있다는 것을
인정하지 않았다. 그러나 상소법원이 최종 인가한 화해령은 MS가 경쟁
사에게 공유할 정보를 제공하도록 요구하였다. 구제조치의 경우 MS가
향후 불법으로 거래거절을 하여 셔먼법을 위반하는 것을 방지하도록
하였다. 미 법원은 MS가 합리적이며 공정한 요건으로 어떠한 제3자에
대해서도 윈도우시스템으로부터 기타 소프트웨어 제조사 회사제품과
윈도우시스템 혹은 인터넷 관련협의를 실현하도록 명령하였다. 즉 정보
공유를 요구한 것이다. 이 구제조치의 목적은 MS가 경쟁자 및 윈도우를
사용하는 개인 PC와 공용성을 취하기 위한 것에 있었다. 그러나 법원은
MS에게 공용을 위한 제공에 필수적인 정보인 소스코드 등을 요구하지
않았다. 이것에 항의하여 매사추세츠주와 두 개의 비즈니스 기관이
상소를 하였는데 기각당하였다.

  EU와 미국은 시장지배적 지위 남용 규율에 대해 시장지배력의 평가
부분에서 서로 다른 접근을 하고 있다. EU는 시장지배력 평가에 있어서
관련시장을 좁게 확정하고 낮은 시장점유율을 가진 업체도 시장지배력
을 보유하고 있다고 본다. 반면 미국은 매우 높은 시장점유율을 보유해야
만 시장지배력이 있다고 인정함으로써 시장지배력 평가에 매우 엄격한
기준을 적용하고 있다.[95)]

  EU위원회는 MS가 경쟁자에게 정보공개를 하고 그들이 정보공유에
필요한 완전하고 정확한 통신협의규범을 사용하도록 요구하였다. 시장
지배적 지위 남용에 대한 EU 독점금지법 제86조는 2인 이상의 시장지배

적 지위에서 경제력을 행사하는 상품 공급업자에 대해 적용된다. 동조에서 규정하는 "하나 또는 둘 이상의 기업에 의한 어떠한 남용(any abuse by one or more undertakings)"의 의미는 연합 또는 집단적으로 시장지배적 지위를 차지하는 것에도 적용될 수 있다는 것을 의미한다고 판결된 바 있다.[96] 단순히 시장지배적 지위를 차지하는 것만은 금지되지 아니하며, 그 지위를 남용하는 경우에만 금지된다고 할 수 있다.[97] 즉 EU 법원에 의하면 EU위원회가 스스로 제기하는 문제점은 시장지배적 지위를 차지하는 기업이 정상적이고 충분히 유효한 경쟁이 있었더라면 얻지 못하였을 거래상의 이익을 얻는 방법으로 자신의 시장지배적 지위로부터 발생하는 기회를 이용하였는지의 여부에 관한 것이다.[98] 이와 관련하여 이탈리아 판유리(Flat Glass) 사례에서 EU 제1심 법원은 EU 독점금지법 제86조를 위반하였다는 것을 입증하기 위하여 동법 제85조 위반을 구성하는 사실을 재생 이용하는 것으로는 충분하지 않고, 그 사실로부터 어떤 계약이나 위법한 관행의 당사자들이 연합하여 실질적인 시장점유율을 차지하고 있고, 그 사실만으로 그 당사자들은 집합적으로 시장지배적 지위에 있으며, 그들의 행동이 집합적인 시장지배적 지위의 남용을 구성한다는 것을 추론해야 한다고 언급하였다.[99] 그러나 EU 또한 MS에게 해당규범을 실현하기 위한 소스코드 제공을 요구하지는 않았다. 결국 MS가 제공하는 공유정보의 범위와 정도 요구에 있어서 EU와 미국의 구제는 실질적인 차이가 없다는 것을 증명해준다.

반면 구글의 경우 EU에서 구글회사에 막대한 금액의 과징금을 부과함으로써 마이크로소프트와는 달리 견제를 하려는 움직임을 전개한 바 있다. 구글은 일반적인 검색엔진에 자사의 추가적인 서비스를 결합시키는 전략을 구사하여왔다. 그런데 이는 구글이 새로운 시장에 진입하면서 당해 상품의 장점으로 경쟁하는 것이 아니라, 검색엔진시장에서의 시장지배적 지위를 이용하여 새로운 상품시장에서 그 영향력을 발휘한 것으로 끼워팔기에 해당하여 반독점법을 위반한 것으로 인정되었다.[100] 즉 구글은 시스템적으로 자사 비교검색서비스인 구글 쇼핑(Google

Shopping)에 유리한 입지를 주었는데, 구글의 비교쇼핑 검색결과는 포맷이 풍부하여, 검색결과의 꼭대기에 때로는 오른쪽에 마련된 공간에 나타난다. 반면 경쟁사의 비교쇼핑서비스는 강등되어 구글 검색결과에서 낮은 검색순위로 나타난다.101) 그 결과 구글의 비교쇼핑서비스는 트래픽에서 상당한 성취를 이루었고, 반면 경쟁사의 비교쇼핑서비스는 구글의 검색결과 페이지로부터 트래픽이 감소하였다. 트래픽이 이렇게 갑자기 떨어지는 것은 다른 요소로는 설명할 수 없는 것이었다. 즉 경쟁저해성을 상쇄할 만한 효율성을 갖고 있지 않다는 것을 보여주고 있기 때문에, 구글의 끼워팔기는 EU 반독점법상 배제되는 시장지배적 지위의 남용행위로 간주해야 한다. 이러한 사례들은 중국 국내 포털에도 적용될 수 있을 것이다.102) 정보통신분야에서 시장지배적 사업자의 판단기준은 다른 시각에서 접근할 필요가 있다. 왜냐하면 정보통신서비스산업은 광역통신망체제를 구축하는 데에 따르는 막대한 초고도투자비용이 소요되기 때문에 이러한 자본력을 감당할 수 있는 사업자는 당초부터 정부부처이거나 소수 대기업에 한정될 수밖에 없다. 따라서 시장점유율, 진입장벽의 존재 및 정도, 경쟁사업자의 상대적 규모 등 독점규제법상 원칙적인 판단기준 외에도 검색엔진 유입률, 접속수, 유입경로, 마케팅효과, 이동경호, 페이지, 방문자, 시스템환경 등 개별지수를 포함하여 종합적으로 분석되어야 한다.103)

V. 디지털시대의 시장지배적 지위 남용사례
  - 텐센트(Tencent)와 치후(奇虎) 360 사례

통신법상 공익은 기업결합의 합리성 여부에 있어서 중요한 판단기준임에는 틀림없다. 그리고 공익의 하부개념으로는 경쟁(competition), 다양성(diversity) 그리고 지역성(localism)이 언급되고 있다.104) 이에 중국의 사례를 검토해보기로 한다.

텐센트(Tencent)의 시장점유율은 2007년 말 중국 내 통신시장에서 77.9%를 차지하였으며[105], 아이리서치(iResearch global, 중국대표 IT시장정보업체)사의 2010년 제2분기 시장분석에 의하면 텐센트의 시장점유율은 이미 79.1%에 도달하였다.[106] 중국 인터넷정보센터가 2010년 7월 공포한 2010년 상반기 중국인터넷조사보고에 의하면 중국 포털사이트 가운데 텐센트의 지위는 4위였고 전자음원서비스, 인터넷뉴스, 검색엔진의 사용률은 72.4%로 2008년과 비교하여 11.7% 증가하였다. 즉 텐센트 이용자 수가 3.04억 명으로 증가한다. 전체통신시장에서 텐센트는 1위를 고수하며 이동통신회사 페이신(Feixin), 마이크로소프트 MSN와 초고속통신영역을 삼분하며 시장점유율이 80%에 이르게 된다. 페이신이 16%, MSN이 4%의 점유율을 기록한다.[107]

중국 「반독점법」 제17조에서는 시장지배적 지위를 구비한 경영자가 시장지배적 지위를 남용해서는 안될 행위를 일곱 가지로 규정하고 있다.[108] 텐센트와 360 간의 충돌을 보면 텐센트는 소프트웨어 이용자가 360제품과 QQ 간에 선택을 하도록 강제로 요구한 바 있다.[109] 이것은 어떠한 목적이건 간에 행위 자체가 이용자의 거래행위를 제한하는 법적 성질을 지닌 것이다. 이 때문에 텐센트의 이런 행위는 이미 「반독점법」 제17조 4항의 시장지배적 지위 남용규정을 위반한 것으로 관련부문의 조사를 거쳐 상응하는 법적 책임을 부담하여야 한다. 이러한 시장지배적 지위의 남용행위는 당연히 규제되어야 하는데 중국 「반독점법」에는 기업이 행정처벌의 법 집행을 거절하는 규정이 없다. 동법 제47에는 경영자가 본법 규정을 위반하여 시장지배적 지위를 남용하면 반독점법 집행기구는 불법행위의 정지를 명령하고 불법소득을 몰수하며, 1년 판매액의 100분의 1 이상 10분의 1 이하 벌금에 처한다고 규정하고 있다. 그러나 중국 「반독점법」은 반독점 행정기관의 행정처벌 집행거절 혹은 집행연기 행위에 대해 분명하게 규정된 것이 없다.[110] 경영자가 기타 법적 책임을 부담해야 할지도 모른다면 어떻게 행정처벌이라는 법적 책임을 부담해야 하는가에 대해서도 규정된 바가 없다. 집행효율 또한 높지 않기 때문에「유럽공동체이사회 제1/2003호 조례」제24조 규정을 참고하여 불법당사자가 최대한 빨리 의무를 이행하도록 독촉하기 위하여 의무이행 연기에 대해 벌금을 부과할 수 있다. 불법자가 매일 전년도 연평균 일일판매액의 5%를 초과하지 않는 벌금을 납부하도록 규정하는 것이 그 예이다. 즉 중국「반독점법」또한 기업의 의무이행 거절에 대해 상응하는 규정을 함으로써 행정처벌이 보다 효과를 거둘 수 있도록 해야 한다.

두 번째, 중국「반독점법」은 비록 법적 책임부분에서 시장지배적 지위남용 등 독점기업의 민사책임과 행정책임은 비교적 상세히 규정하고 있다. 그러나 시장지배적 지위남용 등 기업독점행위의 형사책임에 대해서는 분명하게 규정된 것이 없다. 또한 죄형법정주의원칙에 의해 중국형법에는 각각 상응하는 죄명이 규정되어 있지 않기 때문에 반독점법에서 시장지배적 지위 남용 등 기업독점행위의 형사책임을 규정할 수도 없는 것이 현실이다. 그러나 중국의 시장지배적 지위남용 등 기업독점행위가 매우 심각하여 중국소비자의 피해 또한 날로 증가하고 있어 최대한 빨리 기업독점행위에 대한 형사책임을 규정해야만 한다. 형사죄명에 시장지배적 지위남용 등 기업독점행위의 관련내용을 삽입해야 한다.

텐센트의 행위가 시장지배적 지위의 남용을 구성하느냐의 문제에서는 두 가지 쟁점이 있다. 첫째, 통신업무를 경영하는 회사로서 안전한 소프트웨어 개발이 이용자의 인가를 거치지 않은 상황 하에서 묵시적으로 텐센트를 사용하고 있는 고객컴퓨터에 다운로드된 것이 시장지배적 지위의 남용을 구성하는가의 문제가 있다. 둘째, 텐센트가 이용자 인가를 거치지 않은 상황 하에서 직접 치후 360 소프트웨어를 다운로드하려던 이용자를 저지하여 다운로드가 정지된다면 해당 통신업무가 시장지배적 지위의 남용을 구성하는가의 문제이다.[111]

텐센트는 고객계좌정보 유출방지를 위해 QQ의료시스템이 바이러스 백신으로 치료하는 것을 개발했는데 소비자에게도 좋은 반응을 얻었다. 2010년 5월 30일 QQ 바이러스 백신 4.0판을 QQ 컴퓨터판으로 명명하여 QQ 백신과 QQ 소프트웨어관리를 하나로 통합하여 바이러스 퇴치기능을 강화하였다. 그러나 2010년 추석을 전후로 텐센트는 다시 기존 다운로드방식을 채택하여 이용자 인가없이 강제로 QQ 컴퓨터판을 모든 텐센트 이용자 컴퓨터에 설치되도록 하였는데 일종의 끼워팔기였다. 중국의 IT기업에게 흔히 볼 수 있는 판매행위였다. 텐센트 보도에 따르면 중국의 텐센트, 알리바바, 바이두, 소호의 경우 공격적인 경영이 전개되고 있었다. 이러한 배경 하에서 텐센트가 QQ백신을 개발한 것은 합리적인 결정으로 끼워팔기에 대해 조사하지 않았다.

또한 텐센트가 자사 백신프로그램을 강제로 다운로드받도록 한 것이 백신프로그램 시장경쟁을 저해하는지에 대하여 중국의 백신프로그램이 지나치게 과열되어 있었는데 QQ 컴퓨터판은 컴퓨터에서 타사 백신프로그램을 동시에 사용하도록 하여 치후360, 루이싱(瑞星)백신, 진산(金山)소프트웨어, 커니우(可牛) 등이 QQ 컴퓨터판과 치열한 경쟁을 하고 있었고, 인터넷차단정책으로 인해 QQ 컴퓨터판이 다른 백신프로그램을 대체하여 독점을 형성했다는 분명한 증거가 없었다. 반면 텐센트의 시장진입으로 인해 QQ 컴퓨터판 출시 이후 유료사용을 해야만 했던 진산소프트웨어, 카스퍼스키(卡巴斯基)가 모두 무료로 2011년판 바이러스백신을 공급하기 시작했다. 이러한 각도에서 보면 QQ 컴퓨터판은 바이러스백신시장에 경쟁을 저해하지 않았으며 불법 끼워팔기도 존재하지 않는다고 하겠다. 그러나 자동 다운로드 방식은 소비자의 선택권을 침해할 수는 있으나 이것은 반독점법이 해결해야 할 문제는 아니며 소비자권익보호법으로 해결해야 할 사안이라고 하겠다.

두 번째 쟁점은 텐센트가 자신의 상업적 이익을 보호하기 위해 360 프로그램 다운을 중지한 이용자가 텐센트서비스를 이용하도록 한 것이 거래거절을 구성하는가의 문제이다. 중국 반독점법 규정에 의하면 우월한 지위를 보유한 경영자가 정당한 이유 없이 거래상대방과의 거래를 거절하는 행위가 시장지배적 지위 남용에 속한다. 무엇이 정당한 이유인지에 대해 중국 반독점법에서는 구체적인 규정이 없다. 그러나 중국 국가공상행정총국이 2010년 12월 31일 반포 및 실시한 「공상행정관리기관의 시장지배적 지위 남용행위 금지에 관한 규정」 제8조는 정당한 이유에 대해 규정을 하여 공상행정관리기관이 인정한 본 규정 제4조에서 제7조까지의 정당한 이유는 다음의 두 가지 요건을 고려해야만 한다. 하나는 관련행위는 경영자가 자신의 정당한 경영활동 및 정당한 효과를 위해 채택된 것인가이고 또 다른 것은 관련행위의 경제운영효율, 사회공공이익 및 경제발전에 대한 영향 여부이다. 즉 만약 경영자가 자신의 행위가 자신의 경영활동 및 정상적인 이익에 기반을 두고 채택한 것이라고 증명할 수 있고, 동시에 해당행위가 경제운영의 효율, 사회공공이익 및 경제발전에 대한 영향을 고려한다면 해당행위는 정당한 이유를 구비한 것으로 판정하여야 한다. 360의 할인보증은 일종의 소프트웨어 수정 프로그램으로 이용자의 프라이버시와 텐센트의 상업적 신용도를 침범하기 때문에 텐센트에 대해 불공정경쟁을 구성하게 된다. 이용자와 텐센트의 이익을 보호하기 위하여 치후 360은 QQ에 대해 컴퓨터 보안침해와 악의적인 훼손을 가하기 전에 치후 360 프로그램을 깔아놓은 컴퓨터에서 QQ 프로그램 가동을 중지하기로 결정하였다. 360의 할인보증은 치후 360이 텐센트를 겨냥하여 개발한 소프트웨어로 소비자이익 보호를 명분으로 내세워 텐센트의 제품과 광고에 대해 바이러스검사를 진행하고 다운로드 속도를 빠르게 하여 72시간 내에 다운로드 횟수가 2천만을 돌파하게 되었다. 만약 텐센트가 제때 조치를 취하고 제지하지 않았다면 이것은 상당히 위험한 상황을 초래할 수 있는 것으로, 제때 광고를 내보내지 않았다면 대량의 소비자를 잃을 수도 있는 상황이었다. 광고수입이 없다면 텐센트는 통신업무가 심각한 영향을 받게 되며 심지어는 영업정지까지 초래될 수 있고 그럴 경우 최종피해자는 불특정다수의 고객이 된다. 이 때문에 360의 할인보증을 제때 중지할 방법이 없다면 텐센트가 360 소프트웨어를 컴퓨터에 깔아 QQ 프로그램의 가동을 중지하는 것 또한 부득이한 선택이라고 하겠다. 이 점에서 보면 텐센트는 정당한 이유를 구비하여 시장지배적 지위의 남용을 구성하지 않는다. 그러나 텐센트의 소비자 입장에서는 침해가 분명하다. 치후 360이 불공정한 수단으로 텐센트의 이익에 손해를 끼치고 텐센트가 자신의 이익을 보호하기 위해 소비자에게 책임을 전가하는 방식으로 공격한다면 소비자권익보호법의 제재를 받아야만 한다.

중국의 포털 역시 마찬가지로 상품의 가격이나 용역의 대가를 부당하게 결정 유지 또는 변경하는 행위, 상품의 판매 또는 용역의 제공을 부당하게 조절하는 행위, 다른 사업자의 사업활동을 부당하게 방해하는 행위, 새로운 경쟁사업자의 참가를 부당하게 방해하는 행위, 부당하게 경쟁사업자를 배제하기 위하여 거래하거나 소비자의 이익을 현저히 저해할 우려가 있는 행위는 시장지배적 지위와 그 남용행위의 판단에 대한 세부규정이 미비한 상태이다.112) 관련 법규정이 있다고 하더라도 그 판단기준이 불명확하여 구체적인 사안에 적용하기 어렵다. 특히 세 번째와 다섯 번째의 타사업자 활동을 부당하게 방해하는 행위와 진입장벽의 문제, 또 부당한 배제행위 및 소비자이익을 저해하는 행위 등은 독점규제법 시행령이 포섭하지 못하는 포털산업과 같은 시장구조가 생겨남으로 인하여 개별시장에서 경제행위주체의 지배적 지위는 존재하되 인터넷 포털산업의 공정거래를 유도하는 세부지침의 부재로 독점규제법의 실효성이 삭감되고 있는 현실이다.113)

제2절 중국 기업결합의 규제

I. 중국 기업결합제도의 발전과 법적 과제

1. 중국기업 M&A에 대한 반독점법상의 규제현황

중국 상장회사에 대한 합병이 독점을 구성하느냐에 대한 문제를 어떻게 분석하는가에 있어서 각국 반독점법의 규정은 각기 상이하다. 장기적으로는 시장지배적 지위의 존재로 인한 합병이 초래한 과도한 집중을 어떻게 인정해야 하는지, 또 시장점유율과 자금력, 가격정찰제의 실시 및 시장진입장벽 등을 어떻게 판단하여야 하는가에 대하여 중국 국정에 부합하는 기준을 만들어야 한다. 이 때문에 합병이 독점으로 인해 금지되어야만 할 때에는 아래 몇 가지 기준이 관련된다. 구체적으로 다음과 같다.

(1) 기업합병에 대한 법적 제재

일반적으로 외국 반독점법의 경쟁제한에 대한 기업합병은 세 가지 규제조치를 채택하고 있다. 첫째는 경쟁을 제한하는 기업합병에 대해 반독점법 집행기구에서 인가를 내주지 않는 것이다. 두 번째는 현재 경쟁제한이 진행되고 있는 기업합병에 대해 합병을 금지하는 것이다. 이미 진행된 기업합병에 대해서는 반독점집행기구가 배제조치를 주요 내용으로 하는 금지령을 내리게 된다. 구체적인 배제조치는 주로 아래와 같다. 주식의 일부 또는 전부의 처분을 명령할 것, 영업의 부분양도를 명령할 것, 기업의 지사 설치를 명령할 것, 기타 배제조치 등이 있다. 세 번째는 만약 기업합병의 당사자가 여전히 상술한 금지령을 집행하지 않는다면 반독점집행기구는 아래 처벌조치를 채택할 수 있다. 벌금의 일회성 또는 분납으로 금지령 실시를 독촉한다. 지주회사의 자회사에 대한 통제권 실시를 금지한다. 이미 합병을 끝낸 기업을 해산한다. 영업 정지명령을 내린다. 반독점집행기구가 합병무효를 선포하거나 혹은 지주회사의 성립무효소송 또는 합병무효소송제기가 그것이다. 미국 셔먼법은 또한 그 어떠한 반트러스트법이 금지하는 사항을 위반하여 재산손실을 조성한 자에 대해 손실액의 3배에 달하는 손해배상을 청구할 수 있다고 규정하였다.

동시에 외국 반독점법은 기업합병을 규제하는 법률에 대해 배제와 처벌이라는 두 가지 조치를 실시하고 있다. 전자는 경쟁의 회복을 목적으로 하며 후자는 위법행위에 대한 제재에 착안하고 있다.[1] 이를 감안하여 중국의 「반독점법」은 아래 제재조치를 채택하여야만 한다. 첫째, 금지령 반포를 통해 반독점주관기구는 위법행위에 대해 가장 효력이 큰 제재를 행사할 수 있다. 둘째, 행정처벌이다. 주로 반독점법을 엄중히 위반하거나 반독점주관기구가 반포한 금지령을 위반하여 사회질서에 위해를 가한 불법행위를 대상으로 한다. 셋째, 행정조치로서 행정배제조치와 처벌 두 가지를 포함한다. 네 번째는 행정손해배상으로 행정권력남용으로 경쟁에 제한을 가한 행위에 대해 당사자가 행정소송 및 손해배상을 제기하는 것이다.[2] 이외에 민사손해배상과 형사책임이 있다.[3]

(2) 기업합병으로 인한 독점 면책요건

반독점기구가 합병을 심사하여 금지여부를 판단해야 할 때 시장점유율 및 시장집중도 등 일부 기술적 기준만으로는 기업합병의 전반적인 위법성을 판단하기 어려워 기타 관련요건 또한 고려하여야 하며 이로써 기업합병시 독점여부에서 벗어나는 면책에 근거를 제공하게 된다. 기타 관련요건으로는 첫째, 시장경쟁여건의 개선이 있다. 주로 아래 몇 가지로 분류된다. 시장지배적 지위를 점하고 있는 대기업이 기타시장의 중소기업을 대체하는 경우, 독점이나 과점을 형성하고 있는 시장에서 새로 시장에 진입하는 강력한 경쟁자는 경쟁을 촉진하는 동력으로 간주되어 시장의 경쟁상황을 보완하는 경우, 시장지배적 지위를 점하고 있는 대기업이 동종시장의 시장점유율이 현저히 낮은 경쟁자를 대체하는 경우이다. 둘째, 잠재적 시장진입이다. 만약 시장에 진입장벽이 없거나 현저히 낮은 장벽이 존재하여 외부의 기업이 용이하게 시장에 진입한다면 합병 이후의 기업이 설령 아주 큰 시장점유율을 점하거나 시장지배적 지위를 대체한다고 하더라도 공동이나 단독으로 제품가격을 임의로 올릴 수는 없다. 이럴 경우 기업합병이 허용될 수 있다. 셋째, 전체 경제사회의 공동이익이다. 기업합병이 일차적으로는 기업의 이익을 극대화하는 수단이나 전체사회경제에도 일정한 영향을 끼치는 것을 부인하면 안 된다. 합병으로 가격하락과 제품품질의 향상을 가져옴으로써 소비자이익이 증가하게 되며 이것은 반독점법의 목적에 부합하게 된다. 이러한 상황 하에서 기업합병은 반독점법의 면책을 받아야만 한다.

(3) 관련조항의 역외효력

중국은 WTO 가입 이후 시장개방을 가속화하였으며 국가 간의 경쟁이 중국시장과 소비자에 불리한 영향을 끼치는 것을 방지하기 위해 반독점법의 역외효력에 대해서도 규정을 하게 되었다. 이것은 특히 기업합병규제에 있어서 두드러진다. 그러나 이로 인한 부정적 효과 또한 고려하여야 하며 반독점법의 역외적용을 신중히 운용하여야만 한다.

2. 중국기업 M&A에 대한 반독점심사와 관련한 공고제도

(1) 공고형식의 변천과정

앤하이저부시 인베브(Anheuser-Busch InBev)[4]회사의 AB회사 인수사례[5]를 보면 공고는 심사단계, 심사결정, 추가제한적 요건의 세 가지로 구성된다. 이 가운데 심사단계는 신고내용에 대해 최초로 교부를 한 시간, 보완서류제출시간, 접수시간에 대한 서술이라고 하겠다. 심사결정은 상무부가 일찍이 본 사례를 관련정부부처, 사업자단체, 동종경쟁업계에 의견을 구한 것이자 해당합병을 금지 또는 인가할 것을 결정하는 것이다. 추가제한적 요건은 합병이 시장경쟁에 가져올 부정적인 영향을 감소하기 위해 합병거래 각 당사자의 행위에 대해 구속을 하는 것이다.

상술한 사례의 공고에서 가장 큰 문제는 기한의 정함이 없고 심지어 관련시장을 분명히 언급하지 않았으며, 해당합병이 왜 경쟁에 대해 불리한 영향을 끼치는가에 대해 해석이 없었다는 점이다.[6] 상무부 또한 추가설명을 하지 않았다. 상무부로서는 당연히 관련시장과 경쟁상황을 파악하고 기업합병에 대한 반독점심사가 불가한지 아닌지를 분석해야 한다. 만약 이것이 하나의 책임회피성 결정이 아니라면 최초의 공고는 이 두 문제에 대한 회피로서 상무부가 2008년 11월 당시 시장확정과 경쟁영향에 대해 분석을 할 능력이 부족했다는 것을 설명해준다.[7]

심사내용과 관련해서는 미(美) 코카콜라그룹의 중국 후이위안(滙源)그룹 인수사례 공고가 있다. 그러나 해당공고에 어떠한 기술적인 기준도 없으며 중국「반독점법」제27조의 경제력집중심사 시 고려해야 할 요소에 대한 내용만 포함하고 있다. 그러나 이후 여러 차례 공고를 한 필수격식조항이 되었다.

일본 미쓰비시그룹의 영국 화학기업 루사이트(Lucite) 인터내셔널그룹 합병안[8]의 공고에서 비로소 이전과는 차별화한 내용이 제정되었는데 관련시장 항목이 추가되었다. 이때에는 이미 중국상무부의 반독점심사 공고격식이 확정되었으며 이후의 공고서류는 상술한 것을 기본으로 하거나 부분적으로 개선을 이루게 된다.

글로벌적 관점에서는 반독점 심사 공고의 체제와 격식, 반포시간과 관련하여 공인된 기준이 있는 것은 아니다. 예로 기업합병에 대한 미국의 반독점 심사 공고형식은 Decision and Order, Order to Maintain Assets, Complaint, News Release, Agreement Containing Consent Orders 등이 있다.[9] EU의 반독점 심사 공고에는 심지어 정형화한 격식이 존재하지 않는 경우도 있다.[10] 각기 상이한 심사단계에서 상술한 기관은 여러 차례 공고를 하게 된다. 심사가 다 끝난 이후 일회성에 그치는 공고가 아니다. 중국의 현재 반독점 심사 공고시스템은 내용과 형식이 비교적 통일되어 있다. 그러나 외국의 사례, 특히 반독점 심사 공고의 본래 목적을 고려하면 고찰이 필요한 부분이 존재한다.

(2) 공고의 주요내용

반독점 심사의 핵심내용은 각 공고문서 내 문자로써 개별안건의 상황과 표현방식 차이 때문에 균등하지는 않으나 만약 공고 전문의 숫자를 기수로 하여 비율로 표시한다면 핵심내용이 공고에서 중요한 지위를 차지하는지 수치화로 평가가 가능하며 비교가능한 판단기준을 제시할 수 있을 것이다.

앤하이저부시 인베브사의 사례 공고에서는 관련시장과 경쟁질서에 대한 영향의 분석이 없기 때문에 해당내용이 전문에서 차지하는 비율은 0이라고 하겠다. 그러나 그중 제한적 요건에 관련된 내용의 규정이 200자이고 해당 공고 전문은 600자로 0.33의 비율을 보인다고 하겠다. 코카콜라사의 중국회사 합병 사례는 합병이 금지되었기 때문에 추가제한적 요건의 필요가 없으며 이 특례를 제외하고 기타 네 가지 항목의 공고는 제한적 요건이 부여되어 수치화할 경우 대략 20~30%의 비율을 차지하며, 각각의 공고는 관련시장분석의 비율을 초과하는데 관련시장의 확정과 비교하면 중국상무부가 반(反)경쟁효과의 배제를 더 중시한다는 결론이 나온다. 관련시장, 경쟁영향의 분석 및 제한적 요건은 반독점 심사 결정의 핵심내용으로, 공고 전문에서 상술한 세 가지 내용이 차지하는 비율의 고저는 공고가 얼마만큼의 핵심내용으로 규정되어 있는가를 나타내준다.

3. 반(反)경쟁여부의 판단: 인가 및 배제기준

한국의 경우 기업결합의 경쟁제한성 판단에 관한 추정규정을 두고 있다. 즉 수평형 기업결합, 수직형 기업결합, 혼합형 기업결합 등으로 경쟁제한성에 대한 판단을 하게 된다. 그러나 중국의 경우 시장지배적 지위 사업자에 대하여는 추정규정을 두고 있으나, 기업결합에 대한 경쟁제한성 추정규정은 두고 있지 않다.[11]

상술한 세 가지 사례 공고에서 중국상무부는 합병이 반경쟁적 영향을 발생시키는 것을 인정해야 하는 이유를 설명하였다. 또 만약 합병에 대해 제한성 요건을 적용하지 않는다면 장차 출현할 반경쟁행위의 구체적 유형 또한 유권해석을 내렸다.[12] 반경쟁적 영향의 인정이유 및 표현형식에 대해서는 다음과 같이 정리할 수 있다.

〈표 1〉 반경쟁적 영향의 인정이유 및 표현형식[13]

	인정이유	표현형식
앤하이저부시 인베브사(社)의 AB회사 인수 사례	시장점유율이 상당히 큼	없음
미국 코카콜라그룹의 중국 후이위안그룹 인수사례	시장지배력이 강함 / 시장지배적 지위의 우월적 효과	시장진입장벽을 높임 / 중소경쟁자의 생존 공간 축소 / 중국기업의 경쟁 및 혁신능력 억제
일본 미쓰비시그룹의 루사이트(Lucite) 인터내셔널그룹 합병안	시장점유율 증가에 따른 시장지배적 지위 구비	없음

표1에서 상술한 세 유형의 합병은 경쟁배제 혹은 억제이유가 완전히 일치되고 있다는 것이 인정되고 있다. 즉 합병 이후의 새 기업이 더 큰 시장점유율을 차지하고 있는 것이다. 반경쟁행위의 표현형식에 대해서 각각의 공고는 서로 상이한 내용을 보이는데 기타경쟁자에 대해 시장진입장벽을 실시하고, 기술혁신을 억제하고 거래상의 차별 등이 그것이다. 그러나 이러한 행위는 시장지배적 지위 남용의 범주에 속한다. 이런 이유로 인하여 중국 상무부가 인식하기에 합병이 반경쟁적 영향을 발생시키느냐의 문제는 별개에 속한다고 하겠다. 합병 이후 기업의 시장점유율이 시장지배적 지위를 상승시키느냐에 있어서 만약 긍정적 평가가 나올 경우 합병이 반경쟁적 영향을 구비하고 있다는 결론이 도출된다.

〈표 2〉 관련시장의 분석상황[14]

	앤하이저부시 인베브사(社)의 AB회사 인수 사례	미국 코카콜라그룹의 중국 후이위안그룹 인수 시도 사례	일본 미쓰비시그룹의 루사이트 인터내셔널그룹 합병안
관련제품 시장	규정 X	규정 X	규정 O
관련지역 시장	규정 X	규정 O	규정 O
합병 이후 시장 점유율	규정 X	규정 X	64%

기업합병에 대한 반독점심사는 세 가지 결론을 발생시키는 데 조건

없는 인가, 인가금지, 제한적 인가가 있다. 이 가운데 뒤의 두 가지 결론은 반경쟁적 영향을 지닌 합병사례에 적용된다. 상술한 세 가지 사례 가운데 두 번째 사례의 합병신청이 금지되는 것 이외에 나머지는 제한적 인가에 속한다. 제한적 인가의 목적은 합병이 시장경쟁에 가져오는 불리한 영향을 제거하기 위한 것이다. 이 때문에 국제적으로 이러한 요건을 구제라고 부른다. 이러한 제한적 요건은 합병 당사자가 합병에 대한 인가를 스스로 제기하고 이행을 승낙한 것으로, 이러한 유형의 구제를 승낙이라고 부른다. 구체적으로 구제방식은 기본적으로 구조적 구제와 행위적 구제 두 가지로 분류된다. 전자는 합병당사자가 시장경쟁 구조를 바꾸고 새로운 경쟁자의 진입 혹은 경쟁자의 경쟁력 강화에 핵심시설의 차별 없는 이용제공 등 요건을 제공한다. 후자는 우월적 지위의 남용 등 합병당사자가 경쟁을 저해하는 행위를 취하면 안 된다.15) 구조적 구제방식에는 세 번째 사례에 해당되는 자산분할이 있으며 행위적 구제방식으로는 사례1과 3의 경쟁자지분 인수의 제한, 모자회사 간의 정보교류 제한 및 독점협의행위제한(사례3) 등이 있다.16) 상술한 점을 감안하면 중국 상무부는 행위적 구제방식에 치우쳐 있거나 최소한 구조적 구제방식을 행위적 구제보다 우선순위에 두고 있지는 않아 보인다. 이것은 미국이나 유럽과는 상이한 부분인데 EU 공동체는 구제의 기본목표를 경쟁시장의 보장에 두고 있으며 구조적 구제방식이 EU공동체 합병규칙의 입법목적에 더 부합하는 경향을 지닌다. 행위적 구제방식은 개별상황 하에서만 비로소 수용이 된다. 미국사법부 반독점국 또한 합병사례에서 구조적 구제방식이 행위적 구제방식보다 더 빈번히 채택된다고 인식하고 있다. 행위적 구제방식의 전제는 반독점기구가 해당경제 이행상황에 대해 효과적인 감독을 진행할 수 있어야 한다는 점이다. 이 기준에 따르면 상무부가 규정한 행위적 구제방식 실시효과의 감독비용이 아주 높더라도 실제는 감독이 진행되지 못한다는 점이다. 예로 사례3에서는 합병 이후의 모자회사 간에 가격산정, 손님 및 기타 경쟁정보를 교환하면 안 된다고 하며 경쟁을 계속할 것을 요구하고 있다.17)

이러한 행위적 구제규정은 법규가 모호하고 상식에 반하여 감독이 진행
될 가능성은 없다.

구조적 구제방식 또한 마찬가지로 감독이 필요하다. 유럽 및 미국의
반독점심사지침에 의하면 집행기관은 1명의 경영감독위탁인(Monitoring
Trustee, 미국에서는 Operating Trustee라고 함)을 위임할 수 있으며
자산분할 이전의 경영관리활동을 책임진다.[18]

4. 외국자본 M&A의 실질적인 기준과 심사제도

(1) 관련시장의 경계확정으로 대표되는 독점적 인수합병의 실질적
기준

중국 내 상장회사 인수합병사례가 독점을 구성하는지에 대한 문제를
구체적으로 분석하는 데에 있어서 각국의 반독점법에서 규정하고 있는
규정은 서로 상이하다.[19] 장기적으로 보면 시장의 우월적 지위의 존재를
인정하고 인수합병으로 인하여 과다집중하게 된 정도를 어떻게 인정하
는가에 대한 문제가 있고, 또 어떻게 시장지분과 자금력, 가격산정능력
및 시장진입장벽 등을 판단하는가의 문제에 있어서 중국 국정에 부합하
는 요건의 기준을 도출해내야 한다.[20] 이 때문에 인수합병 결정이 독점
으로 인하여 금지되어야만 한다고 할 때, 필연적으로 아래 실질적인
기준문제와 연관될 수 있다.

관련시장은 행위인이 경쟁을 전개하는 구역이자 범위로서, 해당범위
혹은 구역에 대한 확정이 시장의 확정이라고 불리운다. 그 어떠한 유형의
경쟁을 분석하는 출발점이 바로 관련시장의 획정이다. 이 시장개념은
상품시장을 포함하며 또한 지역시장도 포함한다. 상품시장이라 함은
상품의 특징, 가격 및 용도에 있어서 소비자 또는 이용자들이 인식하기에
이러한 일련의 제품들은 서로 교환 또는 대체가능하다. 이 때문에 관련제
품시장의 경계를 확정할 때는 특히 '왜 모종의 제품 혹은 서비스가
포괄되어서 나오게 되고, 기타제품이나 서비스가 나올 수 없는가?'에

대한 질문에 대비를 해야만 한다. 본문에서는 주로 대체가능성, 경쟁요건, 수요의 교차가격탄력성 및 상품시장 경계확정[21])에 대한 중요한 요소에 대해 분석을 하기로 한다.[22])

(2) 반독점심사기준의 확정

1) 중국의 현행 반독점심사제도의 개선

2006년 이래 일련의 중요한 다국적기업의 M&A 사건은 업계의 광범위한 관심과 토론을 불러일으켰다. 그 가운데 가장 주목을 받았던 것은 칼라일(Carlyle)그룹의 쉬저우기계공업그룹(徐州工程机械集团有限公司) 인수합병안이었다.[23]) 이 판례의 판결이 진행된 과정은 중국이 다국적기업의 M&A에 의한 반독점심사제도가 끊임없이 확립되고 개선된 과정이라고 하겠다.

2006년 2월 23일 제정된 「제조업산업 진흥에 관한 국무원의 의견」에서는 '대형중점 제조업기업의 통제권이 외자를 향해 양도할 때, 국무원 관련부문의 의견을 구해야만 하는지의 여부'를 분명히 하였다.[24]) 지역시장은 실질적으로 동종 혹은 유사한 제품이 서로 경쟁하는 지역소재지, 운수조건, 업종별 성질, 판매루트, 소비자 간의 거리 등이 지역시장의 중요한 요소로 경계를 확정짓는다. 일반적으로 말해서 관련시장의 경계를 확정짓기 위해서는 반드시 세 가지 방면에서 고려를 해야 한다. 우선 관련상품을 확정한다. 즉 인수합병기업제품의 성능, 용도 및 가격에 근거하여 관련상품과 기타상품을 서로 구별해야 한다. 다음으로 소비자가 사용한 목적, 구매동기 및 제품가치 등의 요건에 근거하여 모든 대체가능한 제품을 이 제품시장 범위 내로 확대해야 한다. 마지막으로 제품의 판매지역에 근거하여 그들의 지역시장을 명확히 구분해야 한다. 확실한 것은 이것이 시장화수준이 최고라고 할 수는 없는 중국에서 상당히 중요한 요소로 평가받는다는 점이다.

중국으로 말하면 신규병합이건 아니면 「반독점법」이건 간에 관련시장에 대한 기준 확정 및 절차에 대해 명확한 기준을 두지는 않고 있다. 신규병합 제51조 3항 및 4항은 선별적으로 규정하고 있는 것이 '인수합병 당사자 일방이 중국시장에서 차지하는 점유율은 이미 20%에 도달했다.'는 것과 '인수합병 당사자 일방의 인수 초래는 중국 내 시장점유율이 25%에 도달해야 한다.'고 규정하고 있다. 여기에서 관련시장의 인정과 시장점유율을 누가 통계 내는가라는 문제와 통계기준 등의 문제는 보다 분명히 규정해야 한다. 중국 「반독점법」 제4조 또한 단지 '본법에서 말하는 관련시장이라 함은 경영자가 일정시기 내에 관련상품 혹은 서비스에 대하여 진행하는 경쟁적인 범위 혹은 지역을 말한다.'고 규정하고 있다. 이 규정은 실무에서는 분쟁이 용이하게 발생하게 되고, 법집행부문에 너무 많은 자유재량권이 부여되는 단점을 초래하게 되나 이것을 규제할 만한 뚜렷한 규정이 없다는 문제가 제기되고 있다.

이외에 관련시장 경계확정문제와 관련하여 우리는 또 주체를 분명히 규정하여 주체 간의 영역을 분명히 하여야 한다.25) 즉 누가 관련시장을 확정짓느냐라는 문제로서, 반독점 집행기관을 분명히 해야 한다. 중국 「반독점법」은 비록 국무원이 반독점위원회를 설립한다고 분명히 규정하고 있고, 조직과 협조, 반독점업무 지도를 책임지고 있으나 이러한 위원회는 단지 반독점업무직능을 이행하는 의사협조기구에 불과하다. 중국의 관련법률, 행정법규 규정에 의하면 독점문제를 조사처리하는 관련부문이나 감독관리기관은 주로 상무부 반독점조사사무실, 국가공상행정총국 교역국의 반독점처 및 국가발전개혁위원회가 있다. 그러나 실제로는 법집행 권한이 있는 부문이나 기관이 10개 기관에 미치지 못하고 있다. 이 점을 보면 법집행기관이 통일되지 않은 것은 기관 간에 업무가 서로 중복되거나 교차되는 상황이 발생할 수 있다. 법집행권은 확실히 지나치게 분산되어 있고 다수가 교차되어 있기 때문에 필연적으로 반독점의 권위와 실질적인 법률효력에 영향을 끼치게 된다. 이 때문에 중국의 반독점법 집행기관의 규정은 지나치게 단순하여 법집행의 통일성과 권위성이 부족하다고 평가해야 한다. 보다 분명하게 하나의 권위적이고 독립적이며 통일된 법집행기관을 설립함으로써 반독점법 및 국가경제안전의 필요에 부응하여야 한다.

  2) 관련제도의 문제점[26] 평가
  첫째, 시장지분율에 대한 경계확정이 있다. 유럽이나 미국 등 서구국가의 반독점실무 각도에서 보면 다국적기업의 인수합병 심사 시 반독점기관은 기본적으로 인수기업이 차지하는 시장점유율에 근거하여 해당 인수가 시장지배적 지위를 발생시키는지 혹은 시장지배적 지위를 강화하는지를 판단하게 된다. 실무에서 이미 증명된 바로는 기업이 시장에서 차지하는 지분이 크면 클수록, 그 시장지분은 자신의 시장에서의 거래행위를 자유로이 결정할 수 있는 능력을 갖게 된다. 따라서 각국 반독점기관은 거의 모두 시장지분율을 판단기준으로 채택하여 인수합병기업이 시장지배적 지위에서 차지하는 주요지표로 판단하고 있다. 중국의 신규인수라는 반독점조항으로부터 보면 인수합병 당사자 일방이 해당년도에 중국시장에서의 영업액, 혹은 1년 내 국내 관련산업의 기업을 인수한 누계금액, 혹은 인수합병 당사자 일방의 중국 내 시장점유율, 혹은 인수가 초래한 당사자 일방의 중국 내에서의 시장점유율을 신고기준으로 삼아 판단한다. 그러나 마지막으로 도출한 규제의 실질적 기준은 금액에 관계없이 시장집중도를 기준으로 삼아야 한다. 중국 「반독점법」 제19조는 분명히 규정하고 있는바, "아래 정형 가운데 하나인 경우 경영자가 시장지배적 지위를 갖고 있는 것으로 추정한다. 하나의 경영자가 관련시장에서의 시장지분이 2분의 1에 도달한 경우, 둘 이상의 경영자가 관련시장에서의 시장점유율 합계가 3분의 2에 도달한 경우, 셋 이상의 경영자가 관련시장에서의 시장지분 합계가 4분의 3에 도달한 경우가 그것이다. 그러나 상술한 제19조 제2항과 제3항이 규정한 정형은 일부 경영자의 시장지분이 10분의 1에 미치지 못하는 경우 해당경영자가 시장지배적 지위를 갖고 있다고 추정할 필요는 없다. 시장지배적 지위를 구비한다고 추정된 경영자는 시장지배적 지위를 구비하고 있지 않다는 것을 증명할 증거가 있는 경우, 시장지배적 지위를 갖고 있다는 것을 인정하지 않아도 된다."

둘째, 시장집중도에 대한 예측이다. 시장지분의 경제적 지표를 계산하는 것이 시장집중도가 된다.[27] 시장집중도는 시장에서의 기업의 수와 그들의 각자 시장지분의 함수로 귀결된다. 현재 국제적으로 통용되는 두 가지 방법으로 시장집중도를 확정한다. 하나는 독일식 모델이다. 독일「경쟁제한반대법」규정에 의하면 '만약 인수기업이 특정제품의 생산이나 판매영역에서 최소한 3분의 1 이상의 시장점유율을 갖고 있고, 전년도 영업액이 2.5억 마르크를 초과하였다면 해당기업이 시장지배적 지위를 구비하였다고 판정할 수 있다. 만약 시장에서 가장 큰 세 곳 혹은 세 곳 이하의 기업이 공동으로 2분의 1의 시장점유율에 도달했다고 한다면, 또는 가장 큰 5대 혹은 5대 이하의 기업이 공동으로 3분의 2 이상의 시장지분에 도달하는 경우, 또 이러한 기업 간에 실질적인 경쟁이 존재하지 않는 경우, 해당기업은 공동으로 시장지배적 지위를 점하고 있다고 추정할 수 있다.'고 규정한다. 1997년 2월 28일 독일 연방카르텔국은 캐나다 PCS(Potash Corporation of Saskatchewan Inc. Saskatoon, Canada)가 독일 KS(Kali and Salz Beteiligungs AG, Kassel)사의 51%의 지분을 인수할 준비를 하는 다국적인수합병신청을 부결시켰다. 부결한 이유가 바로 시장지분율로서 독일 KS회사는 독일 내 유일한 Kali and Salz Beteiligungs AG로서 독일 내 비교시장에서의 지분율이 80% 이상의 시장지분율을 점하고 있는 회사였다. 1995년 판매액이 17억 마르크에 달한 상태였다. 반면 캐나다 PCS회사는 해당분야 세계 최대 제조업자로서 같은 해 판매액이 13억 마르크에 달하였다.[28] 독일 연방카르텔국이 인식하기에 만약 이러한 병합이 진행되도록 허락된다면 캐나다 PCS회사는 세계시장 동종제품의 3분의 1을 통제하게 될 것이고, 동시에 독일 KS회사는 장기적으로 독일시장 내에서 지배적 지위를 차지하게 될 것으로 판단하였다. PCS회사는 독일시장에서 고가에 제품을 판매하게 될 것이고, 글로벌시장 관점에서 보면 몇몇 기업이 세계시장을 독점하는 결과가 빚어지게 되어 시장가격을 통제하게 된다. 미국사법부의 1992년 「기업합병지침」 규정에 의하면 1982년 「합병지침」에서 사용한 허핀달지수가 반독점의 판단기준이 되었다. 허핀달지수에 근거하여 시장을 세 가지 상황으로 분류하였다.[29) 첫째, 만약 합병 이후 시장의 허핀달지수가 1000포인트에 미달된다면 고도로 집중된 시장이라고 하기는 어렵다. 이 시장 내에서 진행하는 인수합병은 간여를 주지 않는다. 둘째, 만약 인수합병 이후 시장의 허핀달지수가 1000에서 1800 사이에 위치한다면 시장에 중간 정도로 집중이 되었다고 해야 한다. 만약 인수합병으로 인하여 허핀달지수가 100포인트 이상 높아졌다면 반독점당국은 해당 인수합병이 경쟁에 중대한 영향을 발생시킬 수 있다고 인식할 수 있고, 그럼으로써 이 합병을 금지하게 된다. 셋째, 만약 인수합병 이후 허핀달지수가 1800포인트 이상을 기록한다면 고도로 집중된 시장이 된다. 만약 인수합병으로 인하여 허핀달지수가 50포인트 이상 높아진다면 당국은 해당합병이 시장을 발생시켰거나 혹은 시장을 강화하였거나 시장을 태동시킨 것으로 인식하여 합병을 중지하게 된다.

중국의 '신규합병'을 보면 인수합병 당사자 일방이 중국시장에서 차지하는 비율이 이미 20%에 도달하였다. 혹은 인수합병으로 인하여 당사자 일방의 인수가 중국시장에서 차지하는 비율이 25%에 도달하면 가장 주요한 신고기준이 된다. 심사기관 또한 시장점유율을 정부가 거래결정에 간여해야 하는가의 기준으로 삼아야 하는가를 결정해야만 하는데 이것은 독일모델과 유사하다.[30) 주의해야 할 것은 이러한 기준은 중국경제발전의 구체적인 상황에 따라서 조정되고 개선된다는 것이다. 중국은 미국의 사례를 참조하여 「외국자본 인수에 대한 반독점법 지침」을 반독점 심사기관의 법적 근거로 할 수 있다. 이 지침은 중국경제발전의 서로 상이한 단계에 근거하여 끊임없이 조정할 수 있다. 신규인수 제52조는 '상무부와 국가공상행정관리총국이 인식하기에 지나치게 과도한 집중이 형성되어 경쟁을 방해하고 소비자이익에 손해를 입히게 되면 규정을 송달한 전체문서를 수령한 날로부터 90일 내에 공동으로 혹은 협상을 거쳐 단독으로 총회를 소집하여 관련부문과 기구, 기업 및 기타이 해관계자들이 공청회를 거행하도록 하고, 법에 따라 인가 혹은 불인가를 결정한다.'고 규정하였다. 상술한 조문에서 법에 따른다고 했는데 구체적으로 특별법인지 일반법인지 확실하지 않다. 이것은 법률이 좀더 세분화되어 다루어져야 한다는 점을 알려준다. 최종심사기관 또한 구체적인 기준에 근거하여 함부로 결정권을 남용하면 안 되며, 동시에 심사기관이 자유재량권을 지나치게 느슨하게 적용했다는 것이 판명되었다. 세입자로부터 세를 수령하는 것 또한 중국정부에서 중요한 세수의 하나로 간주되었다.

한편 이종기업 간의 결합인 혼합결합은 결합되는 기업이 속한 시장 또는 상품 사이의 관련성 여부에 따라서 다양한 경우를 예상할 수 있다.31)

5. 후이위안그룹 사례를 계기로 한 다국적기업의 중국 국유기업 M&A에 대한 중국 반독점법 규제의 보완

중국경제의 괄목할 만한 발전에 따라 중국기업 또한 전세계 글로벌 Top 기업으로 성장하기 위한 방편의 일환으로 최근 몇 년 동안 M&A를 적극적으로 활용하는 추세가 지속되고 있다. 단순히 양적인 팽창을 위한 수평적 M&A가 주류를 형성하는 것 보다는 빠른 시일 내로 한 단계 더 성장하기 위해 중국이 소유하지 못한 부분을 갖고 있는, 기술적인 우위 내지 전략적인 우위에 있는 외국 첨단기업을 막강한 자금력을 활용하여 인수함으로써 신속한 도약을 목적으로 중국기업이 M&A를 주도하고 있고 그러한 활동을 중국이 국가전략 차원에서 중국은행을 앞세워 보조하는 전략을 취한다.

후이위안 사례의 경우 저우추취(走出去) 전략과는 반대로 중국이 자국의 국내산업을 보호하기 위해 코카콜라사의 인수합병을 거부한 경우인데 외국자본에 의한 국내기업 인수합병 시 중국 반독점법 규제와 관련하여 어떠한 쟁점이 존재하였는지를 고찰해볼 필요가 있다.

상기사례를 단적으로 말하면 음료시장의 범위를 어떻게 확정할 것인가라는 관련시장 확정문제로 귀결될 수 있다.

(1) 외국자본의 M&A현황 및 중국 반독점법규제

외국자본의 국내기업 인수합병은 경제력집중을 초래할 수 있고 동종업계 경영자의 공정한 경쟁참여를 제한하며, 시장진입을 어렵게 하기 때문에 시장의 안정과 경제안전에 위협이 될 수 있다. 이 때문에 외국자본의 의한 M&A에 대해서는 규제를 실시하는 것이 필요시된다. 2008년 8월 1일 「중화인민공화국 반독점법」의 효력이 발생하기 전에 중국은 외국자본에 의한 인수합병을 중국 상무부 제7부처 위원회가 공동반포한 「외국투자자의 중국 영내기업 인수합병 임시규정(2003년 4월 12일 시행)」에 따라 실시하였으며, 2006년도 9월 8일자로 동 규정을 「외국투자자의 중국 영내기업 인수합병에 관한 규정」으로 개정하였다. 중국 「반독점법」 실시와 관련하여 동 「규정」은 제5장에서 반독점심사를 통해 인수합병으로 초래되는 독점을 방지하도록 규정하였다.32)

후이위안그룹 사례의 법적 성질을 고찰하면 다음과 같다.

상술한 「규정」 제2조에서 외국투자자의 중국 국내기업 인수라 함은 외국투자자가 영내 비(非)외상투자기업 주주의 주식이나 영내기업의 증자를 인수하여 영내 회사로 하여금 외상투자기업으로 변경 설립하도록 하는 것이다. 혹은 외국투자자가 외상투자기업을 설립하고, 또한 동 기업협의를 통해 영내기업의 자산을 구매하고 동 자산을 운영하고, 외국투자자가 영내기업자산 구매를 협의하며, 해당 자산투자로 외국투자기업이 해당자산을 운영하도록 하는 것을 말한다. 후이위안사는 당시 중국 최대 과즙음료제조기업으로 본 안건은 외국자본의 중국 국내기업 인수에 속해야만 하였다. 그러나 후이위안사는 카이만(開曼)군도에 설립등록을 하고 홍콩증권거래소에 상장한 회사로서, 「규정」 제39조에서 규정하는 특수목적회사인 SPV에 속하는 것이지 일반적인 중국국내

기업이 아니었다. 따라서 본 안건은 소위 「규정」에서 말하는 외국투자자의 중국영내기업 인수가 아니다.[33] 상술한 후이위안사 인수건은 상무부의 심사를 거쳐야 했는데 후이위안사는 중국 최대 음료제조기업으로 중국 국내시장점유율이 10.4%에 달하였다. 전체 과즙음료시장 기준으로는 업계 1위였다. 상무부는 이 두 기업에 대해 중국 영내 관련산업의 시장통제력과 인수합병 이후 판매제품의 경제력 집중도에 대해 심사를 진행하였다.[34] 결과적으로 음료시장을 생과즙음료시장으로만 한정할 경우 시장점유율이 동종업계의 50%에 가까운 수치를 나타내었기 때문에 중국 국내산업의 외국자본에 의한 지배를 우려한 중국 상무부의 결정으로 코카콜라사의 후이위안사 인수합병은 부결되었다. 다만 음료시장에 대한 범위를 생과즙음료에만 한정하지 않고 생과즙음료시장을 포함한 탄산음료시장으로 확대하였을 경우, 후이위안사의 시장점유율은 10.3%에 지나지 않아 코카콜라사가 인수합병을 추진할 당위성이 충분히 설득력이 있었던 것으로 판단된다. 즉 애매모호한 법률규정으로 인하여 중국 반독점법 내 음료시장의 범위가 생과즙음료시장과 탄산음료시장 가운데 어느 것을 포함하고 제외해야 하는지에 대해 충분한 정의가 되지 않았고, 외국자본에 의한 중국기업 인수를 우려한 중국 상무부의 결정으로 애매모호한 해석에 의해 해당 음료시장의 범위가 너무 좁게 해석되었고[35], 결과적으로 코카콜라사의 중국음료회사 인수합병이 부결된 것이다. 해당 음료시장의 범위를 더 넓게 정의하였다면 코카콜라사가 중국음료회사를 인수할 수 있었을 것이며, 중국 반독점법 제정 초기 기업결합 즉 M&A 사례와 관련하여 시사하는 바가 크다. 이것은 중국 반독점법 내 관련시장의 경계확정이 지금보다 더 분명하고 상세하게 규정되어야 한다는 것을 의미하는 것으로 시사하는 바가 크다. 경제력집중은 반독점규제기관이 외국자본에 의한 인수합병 시 가장 주목을 하는 요소로서 본 안건은 중국 「반독점법」 효력 발생 이후 인수합병이 부결된 최초의 사례로서, 인수합병 추진과정에서의 장단점을 고찰할 필요가 있다.

(2) 다국적기업 M&A 시 중국 반독점법상 규제의 문제점

중국상무부가 후이위안사 인수합병건을 부결한 이유는 세 가지이다. 첫째, 만약 인수합병이 성공할 경우 코카콜라사가 탄산음료시장의 시장지배적 지위를 과즙음료시장으로까지 이전 및 확대할 능력이 있는가라는 점이었다.[36] 즉 과즙음료시장에서 46%의 시장점유율을 차지하고 있는 후이위안사의 영업력을 코카콜라사가 인수할 경우, 인수 이후에 과즙음료시장과 탄산음료시장을 포함한, 중국 국내 전체 음료시장에서 46%에 해당하는 시장점유율 달성이 가능한가를 평가한 것이다. 둘째, 만약 M&A가 성공적으로 진행될 경우 코카콜라사의 과즙음료시장에 대한 통제력은 중국 내에서 절대적으로 강화되는데 이것이 기타기업으로 하여금 중국 국내음료시장에 두 번 다시 진입할 수 없는 상황을 초래하는 것이 아니냐라는 점을 판단한 것이다.[37] 셋째, 만약 M&A가 성공적으로 끝났다면 상술한 것처럼 중국 국내 음료시장에서 중소기업이 생존할 공간이 절대적으로 위축될 것이고, 중국 내 음료 관련 토종브랜드들이 과즙음료시장에 참여하는 경쟁을 제약하게 될 것이라고 판단하였다.[38] 이 세 가지 이유는 중국 「반독점법」 제27조 규정을 근거로 하였다. 즉 '경제력집중의 심사는 아래 요건을 고려해야만 한다. 집중에 참여하는 경영자의 관련시장 내 시장점유율 및 시장에 대한 통제력, 관련시장의 시장집중도, 경제력집중의 시장에 대한 진입, 기술진보에 대한 영향, 소비자 및 기타 경영자에 대한 경제력집중의 영향, 경제력집중의 국민경제에 대한 영향, 국무원 반독점집행기구가 판단하는 고려해야만 하는 시장경쟁에 영향을 주는 기타요소'가 그것이다. 그러나 이러한 규정은 지나치게 추상적이고 포괄적이어서 입법에 있어서 아래와 같은 문제점이 나타나고 있다.

첫째, 시장집중도의 판단기준이 문제가 되고 있다.[39] 독점형성의 전제는 시장지배적 지위이며 시장지배적 지위는 시장집중도와 밀접한 관련이 있다. 시장지배적 지위의 탄생 및 강화 가능성이 크면 클수록 경쟁을 배제하거나 제한하는 가능성 또한 커지게 된다. 반독점법은 그러나 시장집중도에 대해 정의를 한 것이 없고, 또한 시장집중도의 판단기준을 분명하게 규정하지 않았다. 현재 국외의 아주 간이한 평가방법에 의한 시장집중도 평가방법으로는 HIHI지수가 있는데, 관련시장의 모든 참여자 각자의 시장점유율을 평방미터화한 이후 계산한 것이다. 유사한 기준은 현재 「반독점법」 내에서 구현된 것이 없다. 현재 입법은 아직 시장집중도의 판단기준을 규정할 수 있는 것이 없으며, 이것이 반독점관리기관으로 하여금 업무수행과정에서의 자유재량권을 지나치게 확대하게 되는 결과를 초래할 수 있어 법률의 확정성과 안정성이 훼손될 수 있다. 또한 구매자들은 심사결과에 대해 합리적인 기대를 도출하기가 어려워진다.

둘째, 시장지배적 지위의 판단기준이 문제가 된다.[40] 시장지배적 지위의 개념과 관련하여 중국 「반독점법」 제17조의 정의는 '본법에서 말하는 시장지배적 지위라 함은 경영자가 관련시장에서 제품가격과 수량 혹은 기타거래를 통제할 만한 요건을 구비하거나, 혹은 기타 경영자가 관련시장에 진입하는 것을 방해 및 영향을 주는 시장지위이다.'라고 규정하고 있다. 이러한 정의는 지나치게 광범위하고 모호하여 개념의 의미와 외연의 확대에 제한을 할 필요가 있다. 코카콜라사는 전 지구적 차원의 음료수기업으로 2008년 중국시장의 판매량은 19%가 상승하였다. 중국 내에서는 탄산음료시장의 15.5%의 시장점유율을 차지하였는데 전 세계 주요경쟁자인 펩시콜라 시장지분율의 두 배였다. 더 중요한 것은 코카콜라의 경쟁사인 펩시가 심지어 고도의 기밀을 유지하고 있고, 123년의 영업력이 더해진 제품브랜드파워가 합쳐지면서 중국에서 새로운 경쟁자가 되었다는 것이다. 그러나 후이위안사와 코카콜라 두 회사가 하나가 된 이후 이러한 지배력이 과즙음료시장 전체로 확대될 수 있느냐라는 문제에 대해 법률상의 판단기준인지 아닌지 확인해야 한다. 이와 관련하여 중국상무부의 보고서는 명쾌한 결론을 내리지 않았는데 마찬가지로 중국 「반독점법」에 근거하여 판단을 할 수가 없다. 사실상 후이위안사의 과즙음료시장의 지분율은 43.8%에 해당하였다. 중국 내 과즙음료시장을 형성하고 있는 기업은 대략 20개가 있으며 코카콜라사가 기타 경영자의 경쟁가입을 제한하는 것은 역부족이다. 설령 코카콜라사가 후이위안사를 합병한다고 하더라도 두 회사가 중국 과즙음료시장에서 차지하는 지분율은 탄산음료시장까지 포함할 경우 20%이기 때문에 시장지배적 지위를 구성하는가의 여부에 대해서는 현재의 반독점법에 근거하면 법적 근거가 없는 주장이다.

셋째, 경제력집중신고 입증제도의 문제가 있다.[41] 중국「반독점법」제27조는 경제력집중 심사에서 시장지분율 고려 및 시장집중도의 상황을 고려해야 한다고 규정하고 있고, 제23조는 경제력집중신고가 제출해야 하는 문서와 자료는 제2항의 '관련시장 경쟁상황에 대한 집중의 영향 설명'을 포함한다고 규정하였다. 이러한 규정의 문제점은 기업이 근본적으로 단독으로는 관련데이터의 능력을 수집하기가 어렵다는 것이다. 시장점유율을 예로 들면, 기업은 독립적으로 통계를 진행할 수 없으며, 종종 사업자단체나 관련 통계부문에 의존하거나 시장조사기관에 요청을 해야 한다. 그러나 인수합병은 경쟁구도의 변화를 초래하며 이 과정에서 기업 특히 외자기업은 사업자단체나 정부기관의 지지를 획득하는 것이 절대적으로 쉬운 일은 아니다. 반면 독립적인 제3자시장 조사기관과 기업 간에는 유상의 위임관계가 존재한다. 즉 조사결과 대부분의 경우 경제력집중을 판단하는 근거가 될 수 있느냐에 대해 중국「반독점법」에는 시행령이 부족하다. 중국「반독점법」은 기업이 인수합병에서 경제력집중에 대해 입증을 진행하는 조문은 제24조와 제28조를 포함할 것을 요구한다. 그러나 기업이 어떠한 증빙자료를 제출해야 하는가에 대해서는 분명하게 규정된 조문이 없어 문제가 되고 있다. 비록 동「규정」의 제3장 '인가와 등기' 부분이 중국 반독점법 내에서 상세하게 규정이 되어 있지만, 동「규정」은 결국 단지 국무원 위원회가 반포한 행정규장문서에 지나지 않으며, 입증제도는 반독점 심사규칙의 기초를 구성하기 때문에, 법률형식으로 명확하게 규율하는 것이 필요하다.

넷째, 공청회제도에 문제가 있다.[42] 중국 「반독점법」은 반독점심사 과정 중의 청취 내지 공청회제도를 두지 않고 있다. 이것은 입법에 있어서 하나의 문제가 되는 것으로, 주의해야 할 것은 중국상무부가 공고한 제3부분인 심사업무에서 규정한 바에 의하면 '공청회 등의 방식을 통해 관련 정부부문과 관련 사업자단체, 과즙음료기업에 의견을 구한다.'는 내용이 있다는 점이다. 이것은 중국 반독점심사기관이 실무과정에서 이미 공청회 내지 의견청취형식을 채택하고 있다는 것을 나타낸다. 그러나 중국 「반독점법」의 입법취지에서 출발하면 의견청취의 선택권은 단지 반독점 심사기관에만 부여될 수 없으며, 동시에 기업, 관련 사업자단체 및 소비자협회에 부여가 되어야만 한다. 공청회와 상업용 기밀보호와의 평등문제까지 공청회참여자격의 제한 및 비밀협의 체결 등을 통해 협조를 해야 한다. 이익당사자에게 의견청취 내지 공청회를 제기하는 것을 허용해야 하느냐의 문제는 허용여부에 따라 각각 차이가 있다. 공청회는 대부분 심사결과가 중국 「반독점법」 취지에 부합해야 한다. 기왕에 중국 「반독점법」이 입법목적을 분명하게 설명하였다면 구체적인 제도의 설계는 끝까지 관철하여야만 한다.

다섯째, 반독점법기구 심사의 공정성이 문제가 된다.[43] 상술한 것처럼 「반독점법」은 인수합병 중의 관련개념인 시장집중도와 시장지배적 지위의 과학적인 판단기준이 부족하기 때문에 반독점기구의 심사에서 자유재량권이 지나치게 크게 확대된다. 본질적으로 이것은 매수자 이익에 부합하지 않고 반독점기구의 이익에도 부합하지 않는다. 한편으로 일부 학자의 경우 외자기업의 인수합병은 국가경제에 위협이 될 것으로 우려하나 외자의 인수합병은 새로운 자금원을 제공하게 되고 과거와는 비교할 수 없는 첨단기술과 새로운 조직문화, 선진경영방식을 제공하여 산업의 혁신에 유리하며 기업 구조조정을 촉진할 수 있어서 더 효과적으로 국제협업에 참여할 수 있다. 다른 한편으로 반독점기구는 사회공공이익을 대표하고 있는데 시장경쟁질서의 유지보호가 최우선 과제가 된다. 심사의 공정성이라 함은 원래 합법적인 인수합병이 부결되거나 원래 불법이었던 M&A가 통과되는 경우를 말한다.

여섯째, 외자에 의한 M&A가 적용할 곳이 없다는 것이 문제가 된다.[44] 중국「반독점법」의 공청회 신고 심사에 있어서의 문제점, 특히 기업의 입증내용이 분명하지 않고, 증거수집에 있어서도 어떻게 개입할 것인가의 여부 등의 문제가 있는데 이것이 기업으로 하여금 경영활동에 지장을 주는 요인 중의 하나가 된다. 이로 인해 야기된 심각한 결과는 우선 인수합병의 촉진을 위해 기업은 모든 인수합병과 관련한 자료를 전부 심사기관에 교부해야만 한다. 이것은 합병비용을 향상시킬 뿐만 아니라, 심사기구의 업무부담을 가중시킨다. 다음으로 심사기준이 모호해서 관리감독의 어려움을 초래할 수 있는데 일단 합병관련요소가 법률에 저촉되면 인수합병당사자 측은 법에 따라 합리적인 기대를 할 수 없다. 마지막으로 법제도가 완벽하지 않은 시장환경에서 단기간 내 기업은 아마 법률의 허점을 이용하여 풍부한 이윤을 획득하려고 할 것이다. 그러나 장기적으로 보면 이러한 시장은 필연적으로 활력과 전망이 부족하다. 법률로 경영자의 행위를 효과적으로 규제할 수 없다면 외자유입을 막게 되고 외자도입을 통한 발전을 효율적으로 활용할 수 없게 된다.

종합해보면 상술한 후이위안사 사례는 외자의 중국국내기업 인수에 대해 일정한 시사를 해준다. 인정해야 할 점은 중국「반독점법」의 제정 및 운용이 아직 오래되지 않아 운영과정에서 크고 작은 문제가 발생할 수 있다는 점이다. 중국은 자국기업 및 외자기업의 중국 내 투자에 의존한 경제발전방식에서 중국국민들의 소비촉진을 통한 내수부양이라는 산업구조개편을 위해 체제전환이 진행되고 있으며, 외자의 M&A가 중국시장에서 날로 다양하게 출현하고 있고 관련된 산업도 부단히 증가하고 있어서 관리가 날로 복잡해지고 있다. 후이위안사 사례의 문제점을 파악하고, 외국의 관련법제도를 참고하여 중국「반독점법」을 보다 높은 수준으로 개선해야만 외국자본이 주도하는 M&A에 대비한 중국「반독점법」차원의 규제가 현실적인 수요를 만족시킬 수 있을 것이다.

또한 합병인수를 통해 발생하는 시장효과를 분석할 때 시장점유율과 자산총액의 변화 등과 같은 객관적인 자료 외에도 해당 산업이 중국 국민들에게 문화적으로 역사적으로 어떠한 의미가 있는지, 해당 산업을 보호하기 위한 특별한 단체들이 존재하는지도 검토하여 이러한 점들이 당국의 기업심사결정에 어떠한 영향을 미칠지 가늠해 볼 필요가 있다.[45]

제3절 중국 경제력집중의 규제

Ⅰ. 중국의 경제력집중 금지에 관한 법적 기준

1. 경제력집중

(1) 경제력집중의 개념

경제력집중이란 경제력, 즉 경제적 자원과 활동을 지배할 수 있는 힘이 소수의 경제주체에게 집중되는 현상을 말한다.[1] 경제력집중[2]은 경영자가 인수·합병을 통하여 경쟁상대방의 주식이나 자산 등을 구매하는 기업경영행위로서 경제적인 효과로는 동일한 경쟁영역에 종사하는 경영자 수를 감소시키고 경제력집중 이후의 기업은 규모가 커지는 특징이 있다.

중국「반독점법」제20조에서는 비록 경제력집중개념에 대하여 분명한 규정을 두지는 않고 있다.[3] 반면 경제력집중과 관련하여 상호출자[4] 등 연관성 있는 열거규정을 두었다.[5] 상호출자규정은 한국과 비교하여 까다롭게 규정되어 있지 않다. 경제력집중의 유형에 대해서는 중국에서도 대기업이 경제력집중에 참가하는 경우 종종 횡적 집중, 종적 집중, 혼합형 집중의 특징이 동시에 나타나는 경향을 보인다. 세계 각국은 경제력집중의 법률기준을 연구하면서 예외없이 횡적 집중을 반독점법의 핵심으로 하고 있다.

(2) 경제력집중을 금지하는 법률기준 및 중국의 연혁

중국의 경제력집중 규제에 관한 법률제정의 연혁을 보면 중국의 경제발전을 육성하기 위하여 중국정부는 종종 자국기업의 합병을 적극 장려하였는데 전형적인 사례는 행정규장 및 법률제정을 통하여 국제경쟁력을 갖춘 대형기업을 적극 육성했다는 점이다.[6)

2001년에 국가경무위 등 6개 부처는 공동으로「국제경쟁력을 갖춘 대형기업그룹에 관한 지도의견」을 제정하여 10.5 계획에 의한 분명한 산업발전방향에 따라 자금력과 기술력을 갖춘 기업그룹을 중점육성할 것을 요구하여 기업조직구조를 개선하여 산업발전의 주도적 역량을 추진하도록 하였다. 또한 10.5 계획을 통하여 유명브랜드와 자체적인 지적재산권을 갖춘 핵심역량을 보유한 대기업과 기업그룹을 육성하기로 결정하였다. 2004년에 중국상무부 등 8개 부처에서는「유통영역의 대기업그룹집단 육성에 관한 의견」을 제정하여 5년에서 8년의 시간 동안 15개에서 20개 정도의 국제경쟁력을 갖춘 대형유통기업을 육성하기로 하였다. 2002년의「강소성정부의 국제경쟁력을 갖춘 대기업그룹 발전에 관한 의견」이 하나의 예로, '장점을 상호보완하고 기업 구조조정을 추진한다. 적극적으로 탈지역, 탈업종, 탈소유제의 리스트럭처링을 추진함으로써 시너지효과를 창출한다. 구조조정으로 인하여 일시적으로 구조조정의 요건을 갖추지 못하는 경우에는 협의 또는 계약을 통해 전략적인 연대를 구축할 수 있다. 여건이 성숙한 이후 구조조정을 완료한 기업그룹으로 성장한다.'는 내용을 포함하고 있다. 상술한 규정은 중국정부의 중국 내 경제력집중에 대한 지지와 장려를 포함한다. 중국정부가 주도하는 국유기업 합병 시 경제력집중에 대한 반독점여부의 심사는 필연적으로 정책상의 장벽에 직면하게 되어 반독점규제의 효과가 일시적으로 절감될 수 있다.[7)

경제력집중에 대한 세계 각국의 법률은 대동소이하나 중국의 경우 국가안전에 관한 규정을 제정하여 사회주의시장경제체제를 강조하고 있다. 중국의 2006년에 개정된 「외국투자자의 중국 영내 기업 인수합병에 관한 규정」을 보면 외국자본의 중국 영내 기업 인수합병 시 중국 「반독점법」보다도 더 엄격하고 구체적인 규정을 두고 있다. 경제학 각도에서 보면 정부가 경제에 대해 간여를 하지 않고 자본에 대해 제한을 두지 않는 것이 최적의 선택이 된다. 그러나 일국의 경제주권, 정치 및 산업발전 등의 요인을 고려하면 외국자본의 인수합병에 대한 적절한 통제는 회피할 수 있는 것이 아니다. 다른 한편으로 외자도입은 중국의 현실을 감안하면 필요한 조치이다. 통계에 의하면 중국이 매년 유치하는 300억 내지 400억 달러에 달하는 외국인직접투자 가운데 단지 5%만이 다국적기업의 인수합병이고 나머지 대다수는 신규투자로 판명되었다. 이 때문에 다국적기업의 인수합병은 중국에서 성장가능성이 무궁무진 하다고 하겠다. 또한 중국 국유기업의 수가 상당히 많아 단지 중국 국내자본만으로 개혁을 완성하는 것은 현실적이라고 보기 어렵다. 2002년 말 기준으로 중국 국유자산 총액은 11.83조 위안에 달했는데 이 가운데 상업용 국유자산은 7.69조 위안으로 65%를 차지하였으며, 비상업용 국유자산은 4.14조 위안으로 35%를 차지하였다. 이러한 국유경제에 대해 구조조정을 취할 경우 최소한 4조 위안의 자금이 소요될 것으로 추정된다. 이러한 막대한 자금은 중국정부 단독으로 부담하기에는 적지 않은 부담이 되어 외자도입을 통한 부담경감이 필수로 인식되고 있다.[8]

경제력집중 규제에 대한 법률기준과 관련하여 시장에 대한 경제력집중의 장단점으로부터 알 수 있는 것은 정부의 규제가 지나치면 경제주체의 자유로운 경쟁을 억제하게 되고, 정부규제가 충분하지 않으면 경제력집중이 너무 높아지게 되어 시장의 우월적인 지위가 남용됨으로써 시장질서가 혼란스럽게 된다는 점이다. 이 때문에 반독점법은 규모의 경제를 장려함과 동시에 최대한 독점의 발생을 방지하고자 한다. 그렇다면 경제력집중이 경쟁의 제한 및 배제 여부를 어떻게 판단하는지, 또 어느 면에서 경제력집중이 시장경제 체제하의 자유경쟁질서에 대하여 잠재적인 위협이 되는지를 판단하는가에 대해서는 경제력집중을 금지하는 법률기준에 대해서 정확한 경계를 설정하는 것이 필요하다고 하겠다. 현재 시장경제국가가 경제력집중을 금지하는 실질기준에 대해서는 대다수가 시장지배적 지위기준과 효과적인 경쟁을 엄중히 손해를 가하는 기준으로 분류하고 있다.

경제력집중의 실질심사기준9)과 관련하여 중국 「반독점법」 제28조는 '경제력집중이 경쟁을 배제 또는 제한하는 효과를 구비 혹은 구비할 가능성이 있는 경우, 국무원 반독점집행기구는 경제력집중 금지결정을 내려야 한다. 그러나 경영자가 해당 집중이 경쟁에 대해 발생하는 유리한 영향이 불리한 영향보다 분명히 크다는 것을 충분히 증명할 수 있거나, 혹은 사회공공이익에 부합하는 경우 국무원 반독점집행기구는 경제력집중에 대해 금지결정을 내리지 않는다.'고 규정하고 있다. 만약 경제력집중이 경제력의 과도한 집중을 가져오거나 잠재적인 경쟁을 소멸시키거나 혹은 시장진입장벽을 증가하는 결과를 초래한다면 규제대상이 되어야만 한다. 효과적인 경쟁을 엄중히 손상시키는 기준을 적용할 때 일반적으로는 관련시장을 확정하고 시장지분율과 시장집중도의 인정을 통해 효과적인 경쟁에 대해 엄중한 손해를 구성하였는지의 여부를 판단하게 된다. 이와 관련하여 주요국가의 기업인수합병에 관한 실질심사기준은 아래와 같다.10)

국가	기업인수합병의 실질심사기준
알바니아, 오스트리아, 독일, 코스타리카, 아르메니아	시장지배적 지위
아일랜드, 호주, 브라질, 캐나다, 인도	실질적인 경쟁감소여부
불가리아, 네덜란드, 폴란드, 러시아, 핀란드, 헝가리, 이탈리아, 영국	시장지배적 지위를 주요골자로 하며 실질적인 경쟁감소여부로 보완함

덴마크, 미국, EU, 그리스	실질적인 경쟁감소여부를 주요골자로 하며 시장지배적 지위로 보완함
그린란드, 체코, 슬로바니아, 칠레	시장지배적 지위와 실질적인 경쟁감소여부를 병용함
파키스탄, 필리핀, 이스라엘	실질적인 경쟁감소여부와 공공이익의 결합

1) 관련시장의 확정

외국과 달리 중국경제법학계에서는 아직 관련시장에 대해 분명한 규정을 두지는 않고 있다. 관련시장은 주로 제품시장, 지역시장, 시간시장으로 구분된다.

첫째, 관련제품시장이라 함은 모종의 제품과 경쟁관계를 야기할 수 있는 동종제품 혹은 대체제품의 범위를 말하며, 제품 간의 대체정도가 높으면 높을수록 경쟁관계는 더 강해져서 동일한 제품시장에 속하게 될 가능성이 높아진다는 것을 의미한다. 관련제품시장 확정시에는 두 가지 요소를 강조하게 되는데 하나가 합리적인 대체가능성이고 다른 것이 수요의 교차탄력성이다. 전자는 형식이고 후자는 내용에 속한다. 대체성을 판단하는 기준은 소비자에 있다. 그 이유는 모든 제품이나 서비스는 소비를 통해 가치가 구현되고, 소비자에 대해 말하자면 제품이나 서비스의 필요는 다른 제품이나 서비스에 의해 만족될 수 있기 때문이다. 즉 두 제품 간에는 대체가능성을 구비하게 되는 것이다.

둘째, 지역시장이라 함은 밀접한 대체성을 구비한 제품이 상호경쟁을 하는 지역을 말한다. 연관성이 있는 지역시장범위 내의 경쟁은 동질성을 구비하고 있으며, 다른 지역에서의 경쟁과 분명히 차별화를 이룸으로써 반독점법 집행에 있어서 경영자가 경쟁활동을 하는 지역범위가 될 수 있다. 지역시장의 고려요소는 몇 가지가 있는데 우선 운송비용이 있다. 운송비용이 제품총액에서 차지하는 비율이 높으면 높을수록 지역

시장의 범위는 작아지게 된다. 다음으로 제품의 물리적 특성이 있다. 세 번째는 소비자의 기호이다. 제품수요량은 소비자 선호도 변화가 상당히 크다면 지역범위는 상대적으로 제한된다. 마지막 요소로는 시장 진입에 대한 법률의 제한이다. 글로벌화한 세계경제를 감안하면 지역시장 범위를 고려할 때 경영자의 해외판매범위를 당연히 포함하여야 한다.

셋째, 시간성이다. 이것은 시장의 시간성을 말하며 생산주기, 사용기한, 계절성, 유행 등의 요소를 말한다. 동종제품과 서비스에 특정한 경쟁관계가 발생한 특정시기를 일컫는다. 즉 시간성이라 함은 시간의 각도에서 관련시장에 대해 고찰을 한 것이라고 하겠다.

2) 시장점유율과 시장집중도의 관계

우선 시장점유율이라 함은 일정한 시기에 기업의 판매액이 관련시장의 총판매액에서 차지하는 비율을 말한다. 시장점유율은 한 기업의 생산능력과 경제력을 직접 측정할 수 있는 척도가 된다. 일개 경영자 혹은 경제력집중 이후의 여러 경영자가 관련시장에서 차지하는 시장점유율이 크면 클수록, 그들이 시장을 통제하는 능력이 강하면 강할수록 시장지배적 지위를 남용할 가능성은 커지게 되고 공정한 경쟁을 막거나 제한하게 된다. 이 때문에 대다수 국가에서는 시장점유율을 경제력집중 이후의 기업이 시장지배적 지위를 획득했는지의 기준으로 삼고 있다.

시장집중도라 함은 특정시장 혹은 업종에서의 경제력집중의 수위를 말한다. 관련시장의 시장집중도가 높을수록 시장점유율은 커지게 되며 독점비율 또한 상승하게 된다. 미국은 시장을 고도집중, 집중, 집중현상 존재의 세 가지로 분류하였다. 중국의 경우 지역이 광범위하고 일부 대형 국유기업을 제외한 다수의 기업경쟁력이 아주 강하지는 않다는 특성을 감안하면 시장집중도에 대한 기준을 적절히 낮출 필요가 있으며, 각기 상이한 집중도를 가진 시장에서는 경제력집중을 금지하는 기준을 활용할 필요가 있다.

일반적으로 시장지배적 지위의 심사와 실질적인 경쟁감소의 심사는 현재 각국이 기업합병의 실질심사 시 적용하는 2대 기준이다. 전통적인 의미상의 구조주의 규제방식은 지나치게 경직되어 있고 시장구조에 대한 평가에 집중하여 동태적인 경쟁환경 및 경쟁에 대한 영향을 소홀히 대한다는 비판을 받았다. 시장지배적 지위의 심사와는 상대적으로 일부 법에서는 인수합병이 아마도 혹은 이미 실질적으로 관련시장의 경쟁을 감소, 제한 혹은 방해하였는지를 고찰하거나 경쟁에 대해 명백히 불리한 영향을 고찰한다. 이러한 실질적인 경쟁감소기준은 비교적 다양하게 운용되고 있으나 수치화가 어렵고 확정하기가 힘든 단점이 개선되어야 할 항목으로 지적되고 있다.

상술한 두 기준 모두 각자 결함이 존재하기 때문에 대다수 국가에서 는 두 기준을 결합한 심사기준을 채택하거나 어느 하나를 주로 하며 다른 기준으로 보완하는 방식을 취하고 있다. 당연히 또 다른 제3의 기준과 결합할 가능성 또한 배제하지 않는다. 개발도상국국가 혹은 경제발전수준이 중국과 유사하거나 중국보다 경제발전수준이 낮은 국 가가 채택하는 공공이익기준[11]이 그 예이다. 동시에 기업인수합병의 실질심사기준 또한 현재 EU를 대표로 하는 시장지배성 여부의 심사에서 미국을 대표로 하는 실질적인 경쟁감소여부의 심사로 전환되고 있는 추세이다.[12] 실질적인 경쟁감소여부의 기준은 기업합병이 이미 발생하 였거나 혹은 실질적인 경쟁제한의 발생을 합리적으로 예견가능한지의 여부를 해당 합병의 허용여부로 하는 기준이다. 이 기준을 최초로 제시한 국가는 미국으로 이후 영국, 뉴질랜드, 호주, 캐나다 등에 시사를 주었다. 동 기준이 고찰하는 경쟁요소는 상당히 광범위하며 다루고 있는 요소 또한 분명히 차이가 있다.

(3) 중국 경제력집중 실질심사기준의 개선방안

1) 경영자범위의 확대
「반독점법」의 경영자범위에 대한 규정은 그 범위가 광범위하지 않

다. 경영자의 경우 기업의 범주에만 한정될 필요는 없으며 비영리법인이
나 개인, 예를 들어 의원, 학교, 사업자단체 심지어 정부기관 등에도
독점행위가 존재하고 있다. 기존에 기업에만 한정되어 있는 경영자의
범위를 확대하여 행위인이 영업자격을 갖추고 있건 아니건 혹은 관련된
등기수속을 밟건 아니건 간에 오로지 독점을 제한하거나 금지하는 행위
를 실시하면「반독점법」을 적용하여 규제를 가할 수 있어야 한다.

2) 관련시장 규정의 명문화
「반독점법」제12조는 '본법에서 말하는 관련시장이라 함은 경영자
가 일정시기 내에 특정제품과 서비스에 대하여 경쟁을 진행하는 제품의
범위와 지역범위라 한다.'고 규정하고 있다. 관련시장에 대한 규정으로
는 너무 짧아 동 규정을 세분화할 필요가 있다.

3) 시장지분율에 대한 수치화
현재 중국에서 경제력집중이 시장지배적 지위를 탄생시키거나 강화
하는 것에 대해 수치화한 데이터로 나타내고자 할 때, 시장점유율 기준을
채택하는 것에 대해서 여러 학설이 대립하고 있다. 또한 경제력집중으로
시장지배적 지위를 구비할 때의 시장점유율 확정에 있어서도 여러 학설
이 존재한다. 미국, 독일, 유럽 등지에서는 1개 기업이 차지하는 시장점
유율이 3분의 1 혹은 35%이면 시장지배적 지위를 점하고 있다고 인정하
고 있다. 중국은 중국의 시장 특성을 충분히 고려하여 적절한 시장점유율
을 확정하여야 하며13), 시장점유율의 수치화는 경영자의 시장에서의
지배적 지위 판단에도 도움이 될 것이다.

4) 실질심사기준에 관한 개선방안
중국「반독점법」제27조는 경제력집중 심사 시에 고려해야 할 요건
을 분명히 규정하였다. 구체적으로 아래와 같다. 집중에 참여하게 되는
경영자의 관련시장에서의 시장점유율 및 시장에 대한 지배력, 관련시장

의 시장집중도, 경제력집중의 시장진입과 기술향상에 대한 영향, 경제력 집중의 소비자와 기타 관련경영자에 대한 영향, 경제력집중의 국민경제 발전에 대한 영향, 국무원 반독점집행기구의 판단으로 마땅히 고려해야 하는 시장경쟁에 영향을 주는 기타요소가 그것이다. 상무부의 「독점심 사기준에 도달하지 못하는 경제력집중의 증거수집에 관한 임시방법(초 안)」제4조는 '상무부가 초보심사를 진행할 때 아래 요건을 고려할 수 있다. 집중에 참여하는 경영자의 시장점유율, 경제력집중이 미치는 지역범위, 동종업계경쟁자, 소비자 및 사회여론이 반향을 일으키는 강렬 함의 정도 등이 있다.'라고 규정하고 있다. 제8조에서는 '증거수집단계 에서 상무부는 신고기준에 미치지 못하는 경제력집중이 경쟁을 배제 또는 제한하는 효과가 있는지 판단하여야 하며 아래의 증거를 수집할 수 있다. 집중에 참여하는 경영자의 관련시장에서의 시장점유율, 관련시 장의 규모와 시장집중도 및 시장경쟁상황, 관련시장의 진입난이도 정도, 소비자 및 기타 경영자의 경제력집중에 대한 반응, 관련 사업자단체, 업종주관부문 및 지방정부부문의 의견, 집중에 참여하는 경영자의 집중 이전 독점행위 실시에 대한 기록, 경제력집중의 목적, 상무부의 판단으로 수집이 필요한 기타증거' 등이 있다.

경제력집중과 관련한 실질심사기준의 적용 시에는 경제력집중이 초래할 반경쟁효과를 고려하여야 한다. 중국 「반독점법」제28조와 상무 부가 제정한 규장에는 여러 쟁점이 존재한다. 경제력집중이 경쟁배제 및 제한효과를 구비하거나 장차 구비하게 된다면 금지하여야 한다. 즉 완전부정을 해야 한다. 상무부 또한 금지결정을 내려야 한다. 이것은 면제요건을 제외하고 모든 경제력집중의 거래에 통일적으로 적용되어 야 한다. 그러나 중국 「반독점법」실시 이래 경제력집중에 관한 상무부의 절대다수 실질심사는 금지결정을 내리지 않았으며 극소수의 경제력집 중에 대해서만 금지결정을 하였다.[14] 이러한 사실을 감안하면 중국상무 부 또한 심사를 한 모든 그 어떠한 반경쟁효과를 지닌 경제력집중에 대해서도 금지를 하지 않은 것으로 입증이 된다. 이 때문에 중국 「반독점법」제28조를 다음과 같이 개정할 필요가 있다. 즉 '경제력집중이 실질적으로 경쟁을 배제 및 제한하는 효과를 구비하거나 아마도 구비하게 되면, 국무원 반독점집행기구는 경제력집중의 금지결정을 내려야만 한다.'고 개정되는 것이 더 타당하다. 즉 시정조치의 기준과 유형을 지금보다 더 구체화하는 것이다.15) 상무부의 「독점심사기준에 미달하는 경제력집중 증거수집에 관한 임시방법(초안)」과 「독점심사기준에 미달하는 경제력집중 조사처리에 관한 임시방법(초안)」16) 또한 상무부가 심사기준에 미달한다고 하더라도 실질적으로 경쟁을 배제 및 제한하는 효과를 구비하거나 아마도 구비하게 되면 조사할 권리가 있다고 개정되어야 한다. 이렇게 되면 금지되는 경제력집중거래는 실질적인 반경쟁효과를 지닌 것이 되며, 국제적으로 실질적인 경쟁감소기준으로 인정될 수 있고 또한 경제력집중이 통제하는 입법목적에도 부합하게 된다.

2. 경제력집중에 대한 반독점심사

(1) 경제력집중에 대한 반독점심사규정

경제력집중에 대한 독점여부에의 심사는 사전심사신고제도, 신고내용, 심사기한 및 경제력집중 심사의 고려요소 등의 내용을 포함하게 된다.17) 중국 경제력집중의 사전심사신고제도의 실시는 부정적인 영향을 지닌 경제력집중이 발생하는 것을 제 때 회피할 수 있다. 신고내용에 대해 보면 동법 제23조에서 '경영자가 국무원 반독점집행기구에 경제력집중 신고를 할 때 아래 문서를 제출하여야 한다. 신고서, 경제력집중이 관련시장 경쟁에 영향을 끼치는 것에 대한 설명, 경제력집중 협의 등이 그것이다.'고 규정하였다. 심사기한에 대해서는 최초의 심사기한에 대해 규정하였고 법으로 규정된 심사기한 연장에 대해서도 규정을 두었다. 국무원 반독점집행기구는 경영자가 제출한 관련문서를 교부받은 날로부터 30일 내에 신청한 경제력집중에 대해 심사를 하고 서면으로 경영자에게 통지하여야 한다.

중국 「반독점법」은 비록 사전심사제도, 신고내용 및 신고기한 등에 대해 규정하고 있으나 구체적인 신고기준과 신고의무인, 신고문서와 자료의 요구, 관련정보의 기밀유지 등에 대해서는 구체적인 규정을 두지 않고 있다.[18]

(2) 경제력집중에 관한 반독점심사규정의 개선방안

1) 일부규정의 개선

경제력집중 유형 가운데 '기타 경영자의 통제권 취득' 및 '기타 경영자에 대해 결정적인 영향을 행사할 수 있는'이라는 함의에 대해 중국 「반독점법」은 규정하고 있는 바가 없다. 관련규정을 원활히 운용하기 위해서라도 '기타 경영자의 통제권 취득'의 구체적인 유형에 대해 구체적으로 규정을 하여야 하며, '기타 경영자에 대해 결정적인 영향을 행사할 수 있는'이라 함은 기타 경영자의 생산과 경영결정에 대하여 결정적인 영향을 행사할 수 있다는 점이라는 것을 분명히 하여야 한다.

2) 경제력집중 신고에 관한 기타문제에 대한 규정

첫째, 경제력집중의 신고의무인을 분명히 하여야 한다. 중국 「반독점법」은 신고의무인을 규정하지 않고 있는데 경제력집중의 각기 상이한 유형에 근거하여 신고의무인을 규정하여야 한다. 즉 경영자합병인 경우 합병에 참여하는 경영자가 공동신고를 하도록 한다. 경영자가 주식, 자산 및 계약 등의 방식으로 기타 경영자의 통제권을 취득하는 경우에는 통제권을 취득한 경영자가 신고하는 것 등이 그것이다.

둘째, 경영자의 사전자문시스템을 확립해야 한다. 경영자로 하여금 적시에 관련상황을 이해하도록 하기 위해서 경영자의 신고가 필요하다. 이에 중국 「반독점법」 실시 시에 사전자문시스템을 확립하는 것이 필요시된다. 즉 경영자가 경제력집중신고를 하기 전에 관련문제를 국무원 반독점집행기구가 자문을 하고, 국무원 반독점집행기구가 경영자에게 필요한 지침과 감독을 제공하도록 하는 것이 핵심이라고 하겠다.

세 번째, 경제력집중 신고문서와 자료의 요구를 보다 분명히 하여야 한다. 즉 국무원이 관련규정을 제정할 때에 문서와 자료의 실체 및 격식에 대해 규정을 하도록 하는 것이다. 예로 경영자가 제출한 문서와 자료는 진실하여야 하며, 완벽해야 하고, 허위정보 혹은 중요한 정보를 은닉하면 아니 된다. 문서 및 자료는 중문을 사용한다 등의 내용을 규정하여야 한다.

3) 분명한 과징금 및 과태료 부과기준 확립

한국 공정거래법의 과징금이라는 금전적 제재는 부당이득을 전제로 하는 것이 원칙이다. 물량 몰아주기식의 부당지원행위는 부당이득이 지원객체에 귀속될 가능성이 있기 때문에 지원객체에 과징금을 부과하는 방식을 비롯하여 현재와는 다른 과징금기준이 마련되어야 한다는 견해가 있다. 부당지원행위와 특수관계인에 대한 부당이익제공 금지의 경우 과징금이 지원객체에도 부과될 수 있게 되었다.[19] 이와 관련된 내용은 중국 반독점법의 법 개정에도 일정한 시사가 될 수 있다.

이때 양자에 대한 과징금 부과기준은 달라야 한다. 왜냐하면 비록 동일한 행위더라도 지원주체에는 그다지 이득이 발생하지 않고, 지원객체 내지 특수관계인에게 법 위반행위로 인한 부당이득이 귀속되기 때문이다. 따라서 위반행위액이 아닌 각자의 '매출액'을 기준으로 한 과징금 상한 규정은 이 규제의 목적과 과징금의 부과목적에 비추어 볼 때 체계적으로 개선될 필요가 있다. 즉 지원객체 내지 이익제공 객체가 부당하게 차지하는 이익을 정확히 환수할 수 있는 과징금 부과기준이 잘 마련되어야 할 것이다.

특히 특수관계인에 대한 이익제공행위의 경우에는 특수관계인이기 때문에 정상적인 거래에서 상대방이 속한 시장 상황이나 경제적 능력에 비추어 기대할 수 있는 수준 이상의 이익을 받고 있기 때문에 '특수관계인'이라는 경제적 지위에 의한 차별을 다시 하지 못하게 하여 경제력 집중을 억제하는 것이 중요하다.[20] 이와 함께 지원객체의 유력한 사업자로서의 지위 획득 및 제고, 이익제공 객체의 소유 지분관계 및 규모, 지원을 받은 회사의 매출 내지 순이익 증가율, 특수관계인 상황 등이 종합적으로 고려되어야 한다.[21] 중국 반독점법 내 과징금 및 과태료를 부과하는 법적 책임부분이 하나의 독립된 장으로 구성되어 있으나, 상기사항들과 같은 상세한 부분에 대해서도 앞으로 지속적인 논의가 있어야 한다.

3. 중국 경제력집중 반독점 면제제도

(1) 심사요소

경제력집중에 대한 반독점심사는 주로 두 가지가 관련된다. 하나는 규제기준에 도달한 요건을 심사하는 것이고 두 번째는 면제요건을 심사하는 것이다. 「반독점법」 제27조는 첫 번째 심사요건에 대하여 비교적 분명한 열거규정을 두고 있다. 구체적 요건으로는 집중에 참여하는 경영자의 관련시장에서의 시장점유율 및 시장에 대한 통제력, 관련시장의 시장집중도, 경제력집중의 시장진입 및 기술향상에 대한 영향, 경제력집중의 소비자와 기타 관련경영자에 대한 영향, 경제력집중의 국민경제 발전에 대한 영향, 국무원 반독점집행기구의 판단으로 고려를 해야 하는 사항으로서 시장경쟁에 영향을 주는 기타요소 등이 있다. 두 번째 심사요건에 대해서는 동법 제28조에서 규정을 두고 있으나 세부적으로 규정을 보완하여야 한다. '경영자가 해당집중이 경쟁에 끼친 유리한 영향이 불리한 영향보다 분명히 클 때, 혹은 사회공공이익에 부합할 때, 국무원 반독점집행기구는 경제력집중에 대해 금지하지 않는 결정을 내릴 수 있다.'는 규정을 보면 경쟁에 끼친 유리한 영향이 구체적으로 무엇인지 또 사회공공이익에 부합하는 규정이 무엇인지 언급된 바가 없다.

경제력집중의 반독점면제요건은 주로 아래 몇 가지로 분류된다.

1) 사회공공이익

독일의 「경쟁제한반대법」 제42조 1항은 '개별적인 상황 하에서 합병이 전체경제에 끼치는 이익이 경쟁에 대한 제한을 보완할 수 있거나 합병이 중대한 공공이익에 부합한다면 반독점면제를 신청하여야 하며, 연방경제부장관은 연방카르텔국이 금지하는 합병을 인가할 수 있다.'고 규정하고 있다. 그러나 전체경제 및 사회공공이익은 확정하기가 비교적 어려운 개념에 속한다. 일반적으로 아래 세 가지 요건을 국가전체경제이익 및 사회공공이익으로 간주하게 된다. 기업의 생산효율 향상에 유리할 것, 기술향상 촉진에 유리할 것, 기업의 국제경쟁력 향상에 유리할 것 그것이다.22) 그러나 기업의 규모와 경제효율, 기술향상과 국제경쟁력은 필연적인 관계는 존재하지 않는다. 합병으로 인한 기업의 규모확대에 따른 시너지효과를 맹목적으로 지지할 필요는 없다. 이외에 직원의 취업과 자원절약, 환경보호에 유리한 것이 사회공공이익에 부합하는 것이 아니냐는 견해도 있다. 예로 1977년 독일 티센(Thyssen) 지역 휠러(Hueller) 인수사례에서는 비록 해당 인수합병이 티센의 시장지배적 지위를 현저히 강화하게 되는 계기가 되었으나 연방경제부장관은 휠러 유한회사의 45%의 표결권 있는 주식취득을 다시 인가하였다. 이 사례로부터 직원의 취업보장은 전체경제 및 사회공공이익을 유지하는 중요한 요소로 간주된다고 하겠다.23)

2) 시장경쟁요건의 개선

독일의 「경쟁제한반대법」 제36조 1항은 '합병이 시장지배적 지위를 탄생 혹은 강화하는 것이 예견되면 연방카르텔국은 합병을 금지하여야만 하며, 합병에 참여하는 기업이 합병 또한 경쟁요건을 개선할 수 있다는 것을 증명하고, 또 이러한 개선이 시장지배의 부정적 영향을 초과한다면 제한을 두지 않는다.'고 규정하고 있다. 시장경쟁요건의 개선은 주로 아래 두 가지가 있다. 하나는 대기업이 기타시장에서의 중소기업을 합병하는 것이다. 양자가 동일한 경쟁시장에 있지 않기 때문에 대기업은 시장이 처한 경쟁의 피해가 상당히 작으며, 중소기업의 경쟁력을 강화할 수도 있다. 다른 하나는 관련시장에서 대기업과 수많은 중소기업이 존재하는데 그 가운데 몇몇 중소기업의 합병은 경쟁을 저해시킬 뿐만 아니라, 경쟁을 촉진하기도 한다. 그러나 이러한 시장에 오로지 하나의 대기업과 중소기업만이 존재한다면 중소기업 간의 경쟁은 경쟁에 불리한 영향을 초래하게 될 것이다. 왜냐하면 시장의 기업이 적으면 적을수록 자본 또한 감소하기 때문이다.

3) 소규모시장

독일의 「경쟁제한반대법」 제35조 2항은 합병의 감독은 아래 정형하에서는 실시하지 않는다고 규정하였다. 구체적으로 하나의 독립된 기업이 전년도 판매실적이 2천만 마르크보다 낮으며, 다른 기업과의 합병을 하는 경우가 첫째이다. 두 번째는 시장에서 최소한 5년 이래 제품과 서비스공급이 있고, 전년도 판매액이 3천만 마르크보다 낮은 경우를 말한다. 소규모시장에 대한 경영자면제규정은 주로 경쟁에 대한 영향력이 매우 작고 자본을 절약할 수 있기 때문으로 풀이된다.

4) 파산기업 합병의 면제

미국 1992년의 「횡적합병지침」은 파산기업의 합병면제를 규정하였는데 네 가지 요건을 반드시 만족하여야 한다고 하였다. 파산기업이 예견되는 시기 내에 채무를 상환하지 못하는 경우, 해당기업이 파산법에 따라 기업구조조정을 진행할 능력이 없는 경우, 시장에 시장지배적지위를 취득한 기업보다 더 적절한 인수자가 존재하지 않는 경우, 만약 해당 인수가 없으면 파산기업의 자산이 관련시장에서 유실되는 경우 파산기업의 합병이 면제된다. 이것을 감안하면 기업의 파산은 분명 손실이며 합병은 이러한 손실을 회피할 수 있고 합병의 효율이 경쟁이 초래한 손해를 충분히 보상한다면 반경쟁적 효과는 크지 않을 것이다.

5) 잠재적 시장진입

만약 시장진입자본이 매우 낮고 설령 하나의 기업이 집중을 통해 독점적 지위를 획득한다고 하더라도 임의로 가격을 상승시킬 수는 없는데 그 이유는 잠재적 시장진입자가 진입하여 독점적 이익을 공유하기 때문이다. 잠재적인 진입에 대한 고려는 일반적으로 진입가능성, 적시성, 충분성의 세 가지 요건을 고려할 필요가 있다.24)

(2) 중국 『반독점법』면제제도의 주요쟁점

1) 적용대상의 모호성

중국 「반독점법」 제46조25)가 규정하는 적용대상은 경영자로서 이 가운데에는 회사와 개인을 포함해야 한다. 그러면 회사에 대한 면제규정 적용 완화와 개인에 대한 면제규정 적용 완화는 동등해야만 하는가의 문제가 제기된다. 또 자연인경영자와 경영자가 고용한 직원인 이사, 감사 및 고위관리직인사의 면제적용요건이 동등하여야만 하는가의 문제도 있다.26) 일반적으로는 개인이 회사에 비해서 면제를 받기가 더 용이하다. 미국이나 유럽의 사례를 보면 양자를 구별하여 취급하고 있으며 개인과 회사라는 서로 상이한 주체에 대해서는 서로 다른 장려정책을 제정하고 있다.

2) 적용요건의 불확정성

경영자의 독점협의 신고는 어떠한 요건에 도달하여야만 하는지, 또 경영자가 독점협의를 보고한 이후에 일정기한 내에 해당 참여행위를 종지하여야만 하는지, 집행기관과 조사과정에서 협력을 해야만 하는지 등의 문제와 관련하여 중국 「반독점법」에서는 명확하게 규정된 바가 없다.

이와 관련하여 미국의 면제제도가 일정한 시사를 제공해 줄 수 있다. 미국에서는 일찍이 1978년에 면제제도가 제정되었으며 1978년부터 1993년까지 면제신청제도가 운영된 바 있다. 1993년 8월 독점금지기구에서 1978년의 면제규정을 개정하여 회사의 더 많은 정보공개 및 독점금지기구와의 더 많은 협력을 장려하게 된다. 개정 이후에 면제규정은 더 분명해지고 예측가능성이 높아졌다. 이로 인하여 면제 신청인의 수가 현저히 증가하게 되었으며, 평균 매월 기준 2인으로 증가하게 된다. 신청율 또한 20배에 달하는 증가세를 보이게 된다.

상술한 내용을 감안하면 중국 또한 「반독점법」 시행령을 제정하여 면제요건을 보다 분명히 규정할 필요가 있다. 구체적으로 신청인이 공동으로 면제를 신청할 수 있는지, 집행기관이 조사개시한 이후 독점행위를 실시하지 않았는지, 면제신청보고서의 내용이 진실한지의 여부, 수시로 집행기관에 요구한 자료를 제출했는지의 여부, 면제를 누리는 신청자의 수 등의 내용을 시행령에 규정할 필요가 있다.

3) 주체 상호간 협조의 어려움

중국 「반독점법」은 반독점 집행기관이 면제정책을 집행하도록 규정하고 있다. 구체적으로는 국무원이 설립한 반독점위원회로서 법적 성격은 행정집행기관으로 되어야 한다. 국무원이 인가한 '삼정(三定)' 방안에 따라 국가공상행정총국이 반독점 및 불공정경쟁집행국을 성립하는 것을 인가하여 독점협의, 시장지배적 지위의 남용, 행정권력 남용에 의한 경쟁제한 배제를 위한 반독점집행작업을 책임지도록 한 바 있다.[27] 상술한 기관은 법에 따라 불공정경쟁, 상업수뢰, 밀수 등 불법행위를 조사하게 된다. 중국의 국가발전개혁위원회는 「반독점법」이 규정한 가격독점의 심사를 책임지며 상무부는 경제력집중의 조사를 담당한다.

상술한 내용과 관련하여 왕샤오화(王曉曄)는 동일기능을 가진 여러 기관을 단일기관과 비교해보면 집행자본이 많이 들고 효율이 낮으며, 설령 두 부문 간에 관할권이 충돌하지 않더라도 두 기관에서 어느 한 기업의 위법행위를 처리하는 데에도 집행상의 차이가 존재한다고 지적한 바 있다.[28] 예로 공상행정총국의 독점협의 책임업무와 국무원 발전개혁위원회의 가격독점협의 책임기능은 구분하기가 상당히 어렵다. 이러한 상황 하에서 어느 부문이 집행을 하는 것인지, 여러 부처 간에 협조가 필요한 것인지의 여부에 대해 분명하게 규정된 바가 없다. 이 때문에 국무원 반독점위원회의 감독과 업무협조가 더욱 중요하다고 하겠다.

4) 면제 폭 규정의 미비

각기 상이한 신청자에 대해 동등한 면제요건을 적용해야 하는가의 문제와 관련하여 중국 「반독점법」은 분명하게 규정된 바가 없다. 대신 자유재량권을 집행기관에 부여하고 있다. 반면 미국, 유럽 및 일본에서는 면제의 폭에 대해 분명하게 규정을 하고 있다. 각기 다른 면제신청자에게 서로 상이한 면제대우를 부여하고 있는 것이다. 오로지 반독점국에 불법행위를 보고한 회사만이 제소면제대우를 받을 수 있을 것이다. 다른 국가의 반독점집행기구에 대한 자유재량권의 규정과 비교하면 중국 반독점집행기관의 자유재량권은 그 폭이 훨씬 광범위하다. 예로 미국, 유럽, 일본의 집행기관이 보유하고 있는 자유재량권은 모두 일정범위 내에 한정되어 있다. 우선 완전면제와 처벌감면의 적용은 엄격한 구분이 있어서 각기 상이한 요건에 부합하는 기업만이 완전면제와 처벌감면을 선별적으로 적용하고 있다. 이 때문에 집행기관의 자유재량권은 대단히 한정적이다. 다음으로 감면요건에 부합하는 기업에 대하여 자유재량권은 주로 벌금감면에 한정되어 있고 벌금감면의 범위는 각국의 감면정책에서 확정되어 있는 것이 일반적이다. 또 요건에 부합하는 경영자에 대하여 각국은 일반적으로 감면확대를 실시해야 한다고 규정하고 있다. 미국의 독점금지기구에서는 조사개시 전에 스스로 통보한 기업에 대해서는 감면확대를 자동적으로 부여하고 있다. 이를 감안하면 시행령에서 반독점집행기관에 대한 자유재량권 및 감면확대요건에 부합하는 기업에 대해서는 그 감면 폭에 대해 보다 상세한 규정을 할 필요가 있다.

제4절 중국 국가지주회사 및 금융지주회사에 대한 규제

Ⅰ. 중국 지주회사법제도 발전의 현황

중국은 현재 15만개에 달하는 국유기업 및 국가지주회사가 있다. 이 가운데 113개의 중앙기업 및 각 성과 시에 유형별로 전문형, 산업형 및 종합형에 속하는 국유기업그룹이 일반적으로 국가지주회사그룹이다.[1] 중신(中信)그룹의 홍콩증시상장사례를 보자. 중신그룹 사이트에 의하면, 2012년 말 기준으로 중신그룹의 총자산은 35,657억 위안이고 순자산은 2,355억 위안이며 연간 영업수익은 3,498억 위안으로 순이익이 301.6억 위안에 달한다.[2] 중국에서 국가지주회사의 장점으로는 첫째, 정부의 산업혁신 및 구조조정의 당사자역할을 담당한다는 것으로, 자원의 배치와 시장경쟁에서 유리한 지위를 차지한다. 둘째, 국가지주회사그룹의 장점은 공기업과 사기업이 공동참여하는 경영을 형성함으로써 탈산업, 탈정부조정주기, 탈국경, 탈시장의 산업조합을 완성하고, 위험관리와 인재관리, 이윤조정 등에서 산업적인 우위를 점하는 것이다. 여기에는 양호한 현금유량표 작성, 산업변혁의 구도, 위험관리 및 효율적인 인재배치, 이윤분배의 조정 등 국가지주회사를 통해 산업조직의 우월성을 향상시킬 수 있다. 셋째, 공기업과 사영기업의 지분참여를 통한 회사의 공동경영으로 업무 및 생산효율성을 제고할 수 있다. 우선 전략적 목표를 확립하고 핵심경영분야를 정하여 이윤발생 시 이익배분

문제를 분명히 해야 한다. 자본기구, 의사결정기구, 투자기구, 운영부처 등 각각의 체계를 분명히 함으로써 그룹전체의 사업구도에 전략적인 효율성을 높이는 데에 지주회사가 법제도적인 역할을 충실히 하여야 한다. 이러한 중국 국가지주회사는 중국경제의 고도성장에 가장 중요한 역할 가운데 하나를 담당하여 왔는데 지속가능한 발전을 위한 개혁에 있어서 몇 가지 문제가 출현하고 있다. 자본조달의 어려움, 자본유동성 부족, 산업구조 승급시의 압력 등이 그것이다.3)

먼저 자본조달의 어려움에 대해 논의하기로 한다. 사실 전략적인 육성분야에 포함되면 중국정부가 결정하고 중국 국책은행이 나서서 막대한 물량을 지원해주는 상황을 고려하면 자본조달의 어려움이라는 쟁점이 선뜻 이해되기는 어렵다. 특정한 소수항목이 아닌 전반적인 지원을 고려하였을 때 일일이 지원해주기 어려운 점을 이야기한 것으로 보아야 한다.

현재 중국 국가지주회사그룹은 새로운 영역 및 신성장동력에 대한 투자가 부단히 진행되고 있다. 주식을 통한 자본조달에 있어서 일반적으로 계열사는 증권거래소에 상장을 추진한다. 국가지주회사의 경우 일반적으로 국유독자형식의 자본조달구조를 지니고 있으며, 계열사가 개별적으로 상장을 하는 방식이 결합된다. 실제 기업운영에 있어서는 일련의 문제가 출현하고 있는데, 이미 시장경쟁의 요구에 적응하기가 어렵다는 것이 그것이다. 가장 주요한 것으로는 그룹에서 가장 높은 모회사에 속하는 것은 국유독자기업이기 때문에 순수형 지주회사일 경우 자본조달에 있어서 충분한 재원이 확보되지 않을 수 있는 어려움이 있고, 반면 산하 계열사의 경우 상장회사의 지위를 이용하여 부단히 자본조달을 추구하기 때문에 상하지배구조 간에 충돌이 발생할 가능성이 존재한다고 보아야 한다. 즉 자본조달에 있어서 안정적인 재원확보를 둘러싸고 모회사와 자회사인 계열사 간에 불협화음이 발생할 가능성이 존재한다. 즉 부족한 자원조달 때문에 국가지주회사의 재정상황이 악화되고 있는데 3중전회에서 제기된 개혁방안에 의하면 국유기업에게 매년 30%의 이윤을 납부하도록 요구하고 있고, 이것은 초대형 국가지주회사그룹의 현금유동관리가 더욱더 어려움에 처한다는 것을 의미한다. 이러한 자본 조달의 어려움을 타파하기 위해서는 중국의 국가지주회사가 중국 증권 거래소에 일률적으로 모두 상장하는 것이 적절한 선택의 하나가 될 수 있다.

다음으로 자본유동성 부족이 국가지주회사 발전에 또 하나의 장애가 되고 있다. 시장경쟁이 날로 치열해지고 산업의 융화가 심화되면서 산업간의 경계도 날로 허물어지고 있다. 그러나 역사적인 원인과 정부 행정정책의 배경으로 인하여 국가지주회사는 소유제에 있어서 아직까지 민간업체의 참여 내지 지분 허용이 융통성 있게 적용되지 않고 있다. 이것이 중국 국가지주회사에 우량자산의 유입을 최대한도로 막고 있어 자원의 합리적 배치가 실현되는 데에 장애가 되고 있다.

또한 산업구조 승급 시의 압력문제가 있다. 제18차 3중전회 이후 중국정부와 중국법에서는 줄곧 국유자본투자 및 회사운영을 어떤 방향 으로 전개해야 하는가에 대한 논의가 지속되어 왔다. 현재 국가 차원에서 는 113개의 중앙기업이 있고, 성급 및 시급에서는 무수히 많은 각종 산업형, 전문형 및 종합형 국가지주회사그룹이 있다. 순수형 국가지주회 사의 경우 스스로 이윤을 창출할 수 없는 구조이기 때문에[4] 현재까지는 중국의 산업구조 변혁이라는 목표를 실현하기가 어려워 국유경제의 영향력과 통제력을 발휘하지 못하는 경우가 많다. 상술한 국유자본투자 회사나 사업형회사가 마지막까지 피할 수 없는 것은 조직기구 관리층이 너무 많아 의사결정에 소요되는 시간이 지나치게 길기 때문에 업무효율 의 저하를 초래한다는 점이다. 이상적인 방안은 현재 국가지주회사에 대해 구조조정을 하여 민간 사업형회사 내지 국유자본투자회사로 바꾸 어야 한다는 점이다. 전체적인 표준이나 요건을 어떻게 설정하는가에 대해, 또 구조조정 단행 이후에 대해서는 지속적으로 연구를 해야 한다.[5]

Ⅱ. 중국 국가지주회사의 법적 쟁점

1. 중신그룹의 홍콩증시 상장사례

(1) 주식구조

중신그룹의 모회사격인 지주회사에는 국유독자회사로 등록한 중신그룹유한회사가 있고, 전반적인 상장의 주체는 중신주식회사가 있다. 중신주식회사는 중신그룹의 주요활동무대로서 그룹의 90% 이상의 자산을 보유하고 있다. 상장방식은 홍콩에서 상장한 중신태부(中信泰富)유한공사가 중신그룹이 보유한 중신주식회사의 전체주식을 매각하고, 중신그룹은 중신주식회사에 중신태부를 넣어 상장을 실현한다.

이러한 중신그룹의 출자구조는 최종적으로 자회사가 모회사에 투자하는 방식을 완성하였으며, 자회사인 중신태부에 주식투자를 하는 방식으로 홍콩상장을 추진하였으며, 해외상장전략을 실현하였다. 엄격한 의미에서는 중신그룹의 상장이라고 할 수는 없으며, 중신주식회사가 상장되었다고 보는 것이 더 적절하다. 기존에 발행된 연감에 근거하면 2010년 중신그룹이 주식회사제도로 회사구조조정을 할 때 미래를 위해 상장을 준비하고, 그룹 90% 이상의 순자산을 중신주식회사에게 집중하였으며, 나머지 10%의 순자산만 납입되지 않은 상태이다. 홍콩에 상장한 중신주식회사는 여전히 중신그룹의 자회사이다.[6]

중신주식회사의 전체상장을 선택하고 중신그룹의 전체상장을 선택하지 않은 이유는 중국 재정부나 국유자산감독관리위원회가 상장회사에 주식을 보유하는 것을 회피하기 위해서이다.[7] 만약 중신그룹 전체가 상장을 하면 국유주 보유부문은 회사경영의 주요사안에 대해 거부권을 행사할 수 있는 황금주를 보유할 수 있고, 상장회사의 주주가 될 수 있으며, 회사지배구조와 인사임면에 대해 예측하기 어려운 영향을 가져오게 된다.

(2) 거래구조

중신그룹은 중신태부의 지원을 받아 상장의 구체적인 방안과 절차를 공고하고 있다. 2014년 3월 26일 홍콩의 중신태부그룹은 모회사인 중국 중신그룹유한회사와 양해각서를 체결하고, 중신태부가 중신주식회사의 이미 발행한 주식 전부를 인수하였는데 투자 및 지불방식으로 현금 및 주식을 결합한 방식이 채택되었으며, 인수합병과정에서 중신그룹은 중신주식회사의 주식 100%를 보유하였다. 중신주식은 그룹 전체의 90%에 해당하는 자산을 보유하고 있다.

거래가격은 대략 인민폐 2269억 위안(2865억 홍콩달러)으로 이러한 거래지불방식은 두 가지가 있다. 하나는 중신그룹이 발행하는 대가에 대한 주식으로 1770억 위안이고, 다른 것은 중신그룹이 지불하는 현금가격이 인민폐 499억 위안에 해당한다. 발행가격은 1주당 13.48홍콩달러이다. 국유주와 회사주는 거래가 진행된 이후 주식시장에서의 점유율이 5%에서 15%로 증가하였다.

이러한 중신그룹의 홍콩상장이 주는 시사점은 다음과 같다.

첫째, 충분한 준비와 전략이 요구된다. 2008년 당시 중신그룹 이사장이었던 쿵단(孔丹)은 중신그룹 전체가 상장해야 한다는 의견을 제기하였는데, 100억 달러를 조달하여 자본시장에 투입하겠다는 방침을 밝혔다. 2008년 12월 중신그룹은 15억 달러를 투입하여 그룹통제권 확보를 시도하였으며, 그 결과 사내점유율이 29%에서 57.9%로 상승되었다. 6년 이후 중신태부그룹은 중신그룹 전체상장 및 국유기업 개혁을 평가하는 잣대로 인식이 된다.[8] 관련 연감에 의하면 2010년 중신그룹은 주식회사로 전환하였으며, 90%의 순자산을 중신그룹 내에서 재투자하도록 하였다. 2014년 3월 26일 중신그룹 내부 고위임원이 기자들에게 이야기한 바에 의하면 홍콩 상장이 필요하다는 입장이었다. 둘째, 다양한 상장모델과 지분구조를 제시했다는 점이다. 중신주식회사는 홍콩상장주체로서 중신그룹 내부에서 다양한 상장구조를 형성하였다. 위로는 중신주식회사가 있고, 아래로는 중신은행과 중신증권 등 상장회사가 있다.

중신주식회사가 홍콩에서 상장하는 것은 한편으로는 베이징의 중신그룹이 형식상 마지막 지주회사로서의 지위를 유지하는 것이고, 다른 한편으로는 중신주식회사의 본부를 홍콩으로 이전하여 진정한 시장주도적인 결정기구로 육성한다는 방침이다. 이것은 모회사로서 자본조달의 어려움을 해소하는 계기가 된다. 그룹 컨트롤타워 설계에서 모회사가 국유독자회사가 되고 자회사 및 손자회사는 상장회사가 되는 구조를 채택하고 있는데 현재 중앙기업과 지방의 대형 국가지주회사그룹이 주식회사제로의 전환을 시도하는 것이 최근 변화양상이다. 셋째, 국유기업 개혁을 통한 민간지분 참여를 대폭 확대해야 한다는 점이다. 중신그룹의 홍콩상장은 이미 국무원의 인가를 획득하였다. 중신그룹의 영역 확장을 어떻게 더 확대할 수 있는가에 대해 제18기 3중전회에서는 혼합소유제, 즉 민간기업의 공기업 참여를 통해 민간지분을 확보함으로써 투자원천을 폭넓게 가져가고자 하였다. 국가지주회사그룹이 어떻게 민간지분의 참여를 확대발전시키면서 어떻게 경영시스템과 성과를 촉진하기 위한 장려시스템을 육성할 것인지, 또 어떻게 그에 상응하는 지분비율을 유지할 것인지, 또 지주회사 비용절감과 지주회사 효율의 향상을 어떻게 할 것인지에 대해서는 홍콩에 상장한 중신그룹이 시사해 주는 바가 크다.

「재경(財經)」 보도에 의하면 재정부는 과거 중신그룹에 대해 100%의 지분보유를 유지하였으며, 이번 상장 이후에는 그 비율이 70%까지 감소하였다. 미래에는 재정부가 중신그룹 주식비율을 30%까지 감소시키게 되는데 만약 홍콩 상장이 성공적으로 진행된 이후 중신그룹이 국가지주회사 지배구조와 성과급제도 도입에서 전형적인 모범사례를 보여준다면 중신그룹 또한 국유기업 개혁을 선도하는 역할을 담당하게 될 것이다.

2. 광다지주회사의 민영화 확대

(1) 현황

중국 광다(光大)그룹은 1983년 국무원 인가를 거쳐 설립된 대형 국유기업이다. 동 회사는 성립 이래 두 곳의 본부를 두고 각각 광다그룹 본사(베이징 본사) 및 광다그룹 유한회사(홍콩본부)를 두었는데 재정부가 출자하였으나 양자 간에는 지분관계가 없다. 이러한 원인 때문에 광다그룹 내부관리가 규범화되지 않아 지속적인 조직개혁에 매진하여왔다.

2012년에 광다그룹이 구조조정을 한 지 이미 10년이 경과하였으며, 새로운 구조조정방안 또한 국무원의 인가를 획득하였다. 새로운 구조조정방안 중에서 재정부는 두 곳의 본부에 대한 주식, 재정부의 지원금 및 이자를 출자로 하여 재정부 자신이 광다그룹의 주주가 되고, 후이진(汇金) 회사는 광다은행에 200억 위안의 주식 가운데 90억 위안을 투자한 것, 또 광다실업주식을 광다그룹에 투자한 것, 또 홍콩에서 광다그룹이 등기등록을 진행한 것을 앞세워 두 본부를 하나로 통일하였다.

후이진사의 경우 광다은행에 대한 일부지분을 투자로 전환하여 광다그룹에 투자를 함으로써 광다그룹으로 하여금 광다은행의 지배주주가 되도록 하였다. 개혁 이전에 광다그룹은 국가주만 존재한 독자기업이었으나, 구조조정 이후 재정부와 후이진사 등 주주가 있는 주식회사로 전환된다. 이 의의는 동 그룹이 수년간에 걸친 두 개의 본부로 인해 초래된 관리에서의 어려움을 끝냈다는 것이며, 동시에 광다그룹 본사와 자회사인 광다은행의 지분관계를 분명히 하게 되었다는 점이다. 광다그룹은 은행업, 증권업, 보험기금관리업, 신탁투자업 등 주력산업이 있다. 동시에 광다그룹은 비금융권기업이 있는데 주력분야는 금융이기 때문에 현재 이미 금융지주회사그룹이 되었다. 구체적인 계열사로는 중국광다은행주식회사, 중국광다증권주식회사, 중국광다 영명 인수보험회사, 중국광다지주회사, 중국광다투자자산관리유한회사, 중국광다자본투자유한회사, 중국광다금융대부유한회사, 중국광다, 푸르덴셜(保德信)

기금관리유한회사, 중국광다선물유한회사, 중국광다실업그룹유한책임회사, 중국광다국제유한회사, 중국광다투자관리회사, 상하이광다전시관센터, 중국광다직업유한회사 등이 있다. 이 가운데 중국광다은행주식회사와 중국광다증권주식회사는 이미 상하이증권거래소에 상장한 상태이며, 중국광다지주회사 및 중국광다국제유한회사는 홍콩거래소에 상장되었다. 2005년 말 광다은행의 자본은 30.42억 위안의 부채가 있었으며 보전이 안 된 손실은 139.11억 위안에 달하여 재정손실이 아주 심각한 상태였다. 2007년 말 광다은행에 대한 후이진사의 200억 달러 투자로 광다은행 내 지분이 70.88%에 도달하여 지배주주가 된다. 후이진사의 투자 이후 광다그룹의 광다은행에 대한 지분비율은 종전의 45.55%에서 13.25%로 감소하였고 광다그룹에서 제2대주주의 지위를 차지하게 된다. 2009년 말 중국 내에서 발생한 대출위기 이후 광다은행의 자본금은 심각하게 감소하였으며 이 과정에서 광다그룹은 일찍이 후이진사가 광다은행에 대한 지분을 자신에게 무상양도하기를 희망했으나 개혁과정에서 후이진사가 400억 위안이 넘는 자본을 지불하였고 후이진사가 광다은행을 퇴출하기를 원하지 않았는데 이러한 광다그룹의 구상은 현실화되지 못하였다. 2010년 광다은행의 신속한 상장 이후 광다은행의 유통주 가운데 후이진사의 보유지분은 48.37%이고 광다그룹의 지분 5.18%는 광다은행 제2주주 소유로 귀속되었다. 따라서 아주 긴 시간 이래 광다은행은 광다그룹의 핵심자회사로서 광다그룹은 결코 광다은행에 대한 지분보유가 없었다.

2012년 12월 새로운 구조조정 방안이 인가를 획득한 이후 후이진사가 광다은행의 지분을 광다그룹에 투입하였기 때문에 광다그룹의 광다은행에 대한 지분비율은 1위로 향상되었으며, 광다그룹은 광다은행의 제1주주가 되었고 광다그룹은 광다은행에 대한 통제권을 확보하게 된다.

(2) 중국 광다그룹 지배구조 개선에 대한 건의

첫째, 광다그룹 모회사지분의 다원화를 통한 민영화가 실행되어야 한다. 일반적으로 민영화가 진행되면 국유주 비율이 제한적으로 감소하지는 않는 것으로 되어 있는데 광다그룹은 국가지주의 하나의 일환으로 상대적인 지배주주의 지위에 처해야 한다. 민영화를 통해 다원화한 투자주체 구조를 수립하며 회사주식을 적절하게 분산시켜야 한다. 지배주주의 지위 보증 이후에는 다시 점차적으로 광다그룹 국가주의 지분비율을 감소시키고 비국유주의 비율을 높여야 한다. 이러한 지분구조에서는 몇몇 안정적인 대주주들이 상호제약과 상호경쟁을 통해 감독을 하며, 동시에 대주주의 전횡을 공동으로 견제할 수 있다.

3. 이사회 전문위원회 설립

광다그룹 이사회는 상설기구가 없는데 이것은 이사회에 불리하게 작용하게 된다. 이 모자회사체계 내에서는 그룹 자회사가 중국대륙에도 있고 홍콩에도 있으며, 회사업무는 금융업 및 비금융업도 포함한다. 모회사는 자회사의 일상경영에 간섭할 수는 없으며 단지 자회사에 파견된 모회사 주주회의 및 이사회 중에서 중대결정의 집행을 통해 자회사에 대해 감독 및 지도를 진행해야 한다. 이러한 지도와 감독은 모회사로 하여금 상당히 높은 정책결정능력을 요구한다. 이러한 정책결정능력과 정책결정능력은 회사의 전문위원회에게 의존한다. 따라서 모회사 이사회는 자신에게 필요한 전문위원회를 설립하고, 모회사 정책결정수준과 정책결정능력의 핵심을 제공해야 한다. 광다그룹 모회사는 최소한 3개의 위원회를 설립해야 한다. 각각 전략결정위원회, 감사위원회, 제명·보수 및 고시위원회가 그것이다.

전략위원회의 업무내용은 그룹 전체의 전략기획방안을 제정하고, 중대한 경영투자항목의 연구분석 및 건의제출이며, 회사를 위해 건설적인 전략방안과 중대건의를 제출하게 된다.

감사위원회의 업무내용은 회사 내부감사제도를 제정하고, 감사제도 실시를 감독하며, 내외부 감사기관 간의 연계를 책임지며, 회사재무상황을 감사하며 초빙 및 외부감사기구의 변경 등의 사항을 제의하게 된다.[9]

제명, 보수 및 고시위원회의 업무내용은 그룹모회사와 자회사 이사, 경리인원의 선택기준 연구, 그룹 및 자회사이사 후보자와 CEO에 대한 고시 및 건의제기, 그룹 및 자회사이사와 CEO 보수산정의 계획 및 방안 제정, 이사와 CEO의 선발기준 등에 대한 감독 등도 진행된다.[10)]

셋째, 광다그룹 모회사 이사 및 총경리그룹 간의 직능분리가 요구된다. 광다그룹의 이사는 두 가지 직책을 겸직한다. 즉 이사를 담당하고 경리층을 담당한다. 예로 광다그룹의 집행이사와 총경리를 담당하기도 하고, 광다그룹의 집행이사와 부총경리를 담당하기도 하고, 광다그룹의 이사와 부총경리를 담당하기도 한다. 그러나 이 7명의 이사 가운데 네 명은 본 회사의 사장을 겸직하고 있기 때문에 이사와 CEO가 겸임하는 비율은 57%에 달하여 인사 수의 과반수를 초과한다. 즉 회사 사장단이 이사회에 책임을 지고 이사회가 사장단에 대해 감독을 실시하고, 사장단이 일정 수준에서 이사회의 통제를 받게 된다. 만약 회사의 일부이사가 동시에 회사이사를 겸직한다면 사장단으로 하여금 더 활력 있는 경영을 할 수 있도록 해주며, 이사회에 대한 정책결정효율이 더 높을 수 있다. 그러나 동시에 이로 인한 단점 또한 주목해야 한다. 이사와 사장단의 직위가 하나가 되어야 하며, 이사가 결정 및 집행을 하게 되면 이사와 사장단의 위탁대리관계는 형성될 수가 없다. 사내이사는 객관적으로 사장단을 통제하기 어렵기 때문에 이사회의 감사 및 사장단의 장점 및 유효성이 하락하게 되어 광다그룹 모회사에 내부인통제현상이 출현하는 결론을 초래한다. 이로 인하여 사장단의 권한이 지나치게 집중되고 팽창되며 만약 권력이 감독을 상실하면 사장단 권한이 한정적인 원인 때문에 사장단의 법률위반과 부도덕함이 주주와 기타 이해관계가 있는 주체 이익을 훼손하게 된다.

따라서 광다그룹 모회사 이사직과 사장단이라는 두 가지 직능을 두고 이사와 사장단을 동시에 1인이 겸직하지 못하도록 함으로써 겸직 상황에서 출현할 수 있는 권력의 지나친 집중과 과도한 집중을 피해야 한다. 이것이 회사의 결정권과 감독권, 경영권을 효과적으로 제어하는 방법이다.

4. 사외이사제도개선을 통한 자회사 이사회 감독기능 강화

광다그룹 자회사 이사 수는 법률규정에 부합하지만 인원수의 설치에 있어서는 부적절한 면이 있다. 이사회는 1인1투표제이기 때문에 5대5가 출현하면 표결결과를 바꿀 방법이 없다. 광다그룹 자회사는 광다은행, 광다증권, 광다지주회사 및 광다국제이사회 가운데 종업원이사가 없기 때문에 만약 이러한 자회사에 단수의 종업원이사를 포함한다면 원래의 비종업원이사에 더하여 회사이사회의 총인원수가 단수가 되고, 이렇게 될 경우 표결 시 투표인원과 대립되는 상황은 발생하지 않는다. 따라서 종업원이사제도 도입이 회사지배구조와 관련한 불합리한 문제를 해결하는 방법 가운데 하나라고 하겠다. 그러나 광다그룹 자회사인 광다은행, 광다증권, 광다국제주식회사, 광다지주이사회 내에는 모두 종업원이사가 없다. 종업원이사는 회사노조가 투표를 진행하는 것으로 이사회 내에 종업원이사가 없으면 회사노조는 종업원이사를 통해 회사에 대해 민주적인 감독관리를 진행하기가 매우 어려워진다. 또한 중국기업의 실무과정에서는 다수의 주주와 경영자가 인식하기에 이사회 내의 종업원이사의 역할이 크지 않은 것으로 인식하고 있고, 종업원이사를 이사회에 포함하는 것에 대해서도 중시하지 않고 있는데 그들을 이사회에 포함한다고 해도 그들이 차지하는 비율은 매우 낮다.

종업원이사는 회사내부의 임직원으로서 회사경영발전에 대해 상세히 알고 있기 때문에 종업원이사가 이사회에 포함되면 회사경영에 유리하게 된다. 즉 종업원이사의 영입은 이사회를 일정부분 견제하는 역할을 하게 된다. 종업원이사는 회사직원에서 출발한 것으로 사내 일반평사원과 소수주주 이익의 대표자로서 전체이사회 결정에 대해 일정한 감독작용을 하게 된다. 따라서 광다그룹은 자회사이사회 구성원 중에 종업원이사의 비율을 더 늘려야 한다. 광다그룹의 자회사 종업원이사가 종업원대표대회, 종업원대회 혹은 기타형식의 민주선거로 탄생하였고, 선출된

종업원이사가 법률규정에 부합해야 하며, 동시에 권리와 의무의 부담 또한 기타이사와 동등해야만 하고, 평사원과 소수주주 이익을 대표하여 그들의 결정권과 감독권을 행사하는 것이 종업원이사직능을 진정으로 발휘하는 것이다.

다섯째, 자회사감사회 내에 사외감사 및 종업원감사 비율을 높여 효과적이고 독립적인 감독을 실현한다. 광다그룹 자회사감사회 구조에서 가장 큰 쟁점의 하나가 바로 감사회 구조가 불합리하다는 것이다. 광다은행감사회 내에서 종업원감사는 단지 27.27%만을 차지하고 있어서 명백히 법률이 규정한 비율에 도달하지 않고 있다. 광다증권감사회에서 종업원감사비율은 법률이 규정한 비율을 겨우 맞추었을 뿐이다. 광다은행과 광다증권감사회에서 종업원감사는 평균적으로 3인만 두고 있다. 이것을 감안하면 종업원감사의 비율이 너무 낮기 때문에 광다그룹은 더 과학적으로 외부감사와 종업원감사를 영입해야만 한다.

외부감사 영입은 광다그룹 자회사 지배구조 개선에 긍정적으로 작용하게 된다. 현재 대다수 학자들은 감사회에서 외부감사의 비율을 확대해야 한다는 것에 의견이 일치하고 있다. 이 비율은 3분의 1 이상을 유지해야만 하는데 이 비율이 유지되어야만 외부감사의 독립성을 확보할 수 있다. 일부 학자들은 외부감사 인원수가 3분의 1이라는 정족수는 부족하다고 인식하여 내부이사를 견제하기에는 역량이 미치지 못한다고 보고 있다. 따라서 더 많은 외부감사를 영입하여 이사회 내의 외부감사수를 절반으로 증가해야 한다고 주장한다. 외부감사는 회사 외부에서 영입하기 때문에 회사정보를 충분히 획득하기 어렵고 만약 외부감사가 지나치게 많아 회사정보를 충분히 이해하는 내부감사가 감사된다면 이 또한 이사의 경영업무 감독에 불리하게 작용한다. 따라서 외부감사수가 지나치게 많은 것 또한 충실한 감독에 좋지 않다.

광다은행과 광다증권의 감사회구조를 보면 광다은행의 외부감사와 종업원감사 인원수는 법률규정의 기준에 도달하지 못하고 있다. 즉 종업원감사와 외부감사 비율은 3분의 1보다 낮으면 안 된다. 광다증권감사회에는 외부감사가 없으며 종업원감사 비율 또한 법률이 규정한 기준에 도달하고 있다. 이런 정황을 보면 외부감사와 종업원감사의 적은 인원수는 감사회로 하여금 효과적으로 감독을 할 수 없게 한다. 광다그룹 자회사감사회는 더 많은 외부감사와 종업원감사를 영입해야만 하는데 감사회 내에서 자회사 직원수를 증가해야 하며, 그들로 하여금 회사 평사원의 이익을 대표하여 감독을 행사함으로써 감사회의 내부견제를 극대화해야 한다. 동시에 종업원감사에 대해서도 중국회사법에서는 이사, 사장단, 재무책임자는 회사의 감사를 겸임하지 못하도록 하여 감독자와 피감독자 간에 이해관계가 형성되는 것을 피해야 한다. 그러나 광다증권감사회 종업원감사는 회사의 중간관리층에서 비롯된다. 종업원감사는 회사 이사와 사장단에서 선출될 수 없기 때문에 감독권을 공정하게 행사하는 것을 기대하기는 어렵다. 광다그룹 자회사에서는 외부감사와 종업원감사의 영입을 통해 소수주주와 회사직원 이익을 대표할 수 있는 감사 비율을 확대해야 한다. 이러한 감사는 자신의 감독직능을 충분히 행사할 수 있으며 이사회와 경영진의 행위를 감독하고 대주주의 전횡에 의한 소수주주의 합법적 이익의 손해를 방지하게 된다.

Ⅲ. 중국 금융지주회사의 법적 쟁점

금융지주회사 설립문제는 필연적으로 금산분리와 관련이 된다. 이에 대한 논의는 국가마다 다르게 접근하고 있다. 그러나 기본원칙으로는 특정 산업자본에 의한 소유 집중을 피하기 위해 상호견제가 가능한 복수의 과점적 대주주군이 형성되도록 소유구조를 설계할 수 있을 것이다. 대주주의 위법행위 시 의결권 제한을 포함한 제재조치를 강화하여 위법행위의 비용이 편익보다 크게 하는 것도 필요하다.[11] 또한 사외이사 제도를 강화하고 대주주와의 거래시 이사회 의결 요건을 강화하는 방향의 내부통제기능 강화[12]도 고려해야 한다. 의무 사외이사 비율을 높임과 동시에 사외이사후보 추천위원회의 위원 중 사외이사 비율도 상향조정하여 대주주를 견제할 수 있을 것이다. 한국 은행법으로 자산운용규제한도 이상 대주주에게 신용공여를 하거나 대주주가 발행한 주식을 취득할 때 이사회의 의결을 거치도록 하고 있지만 이를 강화하여 대주주와의 모든 거래에 대해 이사회의 의결을 거치도록 하는 것도 방안이 된다.[13]

중국 금융지주회사와 관련한 법적 문제를 고찰하기로 한다.

1. 중국 금융지주회사 가중책임제도의 개선

금융지주회사의 가중책임제도는 미국을 대표로 하는 분산입법모델과 대만을 대표로 하는 집중입법모델 두 가지 유형으로 분류된다.[14] 미국의 경우 행정부 정책에서 입법이 추진되는 과정에서 미국연방예금보험회사, 연방저축기구 및 미국 의회 등 그에 상응하는 정책제정권이나 입법권이 부여되었다.[15] 이 과정에서 발생한 문제점은 법률과 하위법인 법규, 규장 간에 효력이 상이하여 법제도의 위상정립이나 실무적인 활용이 여의치 않았다는 점이다. 예로 자본유지의 승낙에서 동 제도는 최초에 인수자가 감독기관이 요구한 범위 내에서 무제한적으로 피인수 저축기관의 자본수준에 의해 유지가 되었다. 그러나 도리어 나중에 적용과정에서 분쟁이 발생하였다. 1980년대 이후에는 그 요건이 점차 완화되었으나 법원의 안건심리 시에 절대적인 지지를 얻을 수 없었다. 상대적으로 후자인 대만의 집중모델은 미국모델을 채택할 경우 초래되는 제도적 분쟁을 배제할 수 있었다.

상술한 내용을 고려하면 중국 금융지주회사의 가중책임제도 설계는 미국보다는 대만모델을 선택하는 것이 유리하지만, 동시에 고려해야 할 것은 가중책임제도의 확립은 그 적용절차와 요건, 감독주체 및 감독의 객체와 구제조치 등의 내용을 분명히 규정해야 한다. 이를 위해서는 첫째, 금융지주회사 관련 단행법률의 제정이 있어야 한다. 미국은 1999년 「금융서비스현대화법」이 통과되었으며, 영국은 2000년 「금융서비스 및 시장법」, 2004년 대만에서 통과된 「금융지주회사법」이 있으며 이러한 법률은 모두 금융기구의 감독제도 및 경영실무에 대해 규정을 하였다. 대만의 경우 「금융지주회사법」 제정 이후 「금융지주회사 및 자회사 자율규범」 등 하위법규들이 제정되어 안정적인 제도운영이 가능하였다.

중국이 금융지주회사 관련 단행법 제정이 필요한 이유는 기존의 금융법제도와 통합을 목적으로 한 것이 아니기 때문이다. 그 이유는 첫째, 금융분야의 통합화 추세가 전세계적으로 진행되고 있다는 점이다. 중국은 정부가 금융의 흐름을 통제하고 있기 때문에 외국과 같은 종합적인 성격의 금융법에 대한 감독은 당장 출현하기는 어렵다. 둘째, 단행법 제정이 필요한 이유는 현행법률법규에 대한 전체적인 개정이 아니라는 점이다. 한편으로 외국의 사례를 보면 단행법률 제정은 경영을 규범하는 것이고, 금융환경의 안정에 있어서 양호한 효과를 거두게 될 것이다. 다른 한편으로 금융지주회사 경영방식의 다양성은 은행과 보험, 증권에 관련되는데 이에 대한 감독 또한 주로 「상업은행법」, 「보험법」, 「증권법」에 분산되어 있다. 실무적으로는 상술한 법조문의 적용에 대해 어려움이 매우 크기 때문에 감독에 여러 가지 어려움이 있다. 셋째, 만약 직접 현행 금융법률법규에 대해 개정이나 보완적 성격의 규정을 진행하게 되면 비용이 많이 소요될 뿐만 아니라 현실적이지도 않다. 결국 중국 「금융지주회사법」의 제정은 금융지주회사의 법적 지위, 설립절차, 감독책임, 경영범위, 금융지주회사와 자회사 및 자회사와 자회사간의 책임에 대해 법적 책임이 분명하게 규정되어야 한다. 금융지주회사의 가중책임제도 규정은 투자자와 일반예금자의 이익을 충분히 보장할 수 있으며, 다른 한편으로 금융지주회사에 대한 철저한 감독관리는 금융위험을 방지하고 금융시장을 안정시키는 작용을 하게 될 것이다.

상술한 점들을 고려하면 결국 금융지주회사법과 관련한 법률 개정 방향은 우선 겸업화에 다른 이해상충16), 도덕적 해이의 가능성을 방지하기 위해서 준법감시인 등 내부통제장치와 차단벽을 엄격히 운영하여야 한다. 금융소비자 보호를 위한 다양한 감독장치도 마련할 필요가 있다.

또한 은행과 금융투자, 보험 등 금융권역의 특성을 반영하여 규제를 차등화할 필요가 있다. 향후 은행의 민영화에 있어서도 산업자본에 의한 은행 소유를 가능한 한 억제할 것이며, 부득이 산업자본의 참여를 허용하는 경우에도 경영에 대한 부당한 영향력 행사를 방지하기 위한 장치를 구축할 필요가 있다. 그리고 회사법 등 관련법령에 지주회사의 책임을 반영할 수 있는 법적 근거를 마련할 필요가 있다.[17]

(1) 적용범위

가중책임제도의 적용범위는 금융지주회사의 은행, 증권, 보험업계 자회사 혹은 기타 유형의 금융자회사이다. 일단 상술한 자회사가 금융감독기관이 규정한 자본충족율 요구에 도달하지 않거나 상환능력을 상실하여 도산, 파산 혹은 재무상황 악화 등의 상황 초래 시, 금융지주회사 혹은 기타자회사는 투자한 자본의 가중책임을 부담한다.

우선 자본충족율 부족은 「상업은행 자본충족율 관리방법」, 「보험법」, 「증권법」 등이 규정한 관련기준에 근거하여 판단하여야 한다. 다음으로 도산, 파산의 상황은 「상업은행법」, 「보험법」, 「증권법」 등의 규정에 근거하여 인정하고 파산절차가 개시되어 가중책임제도를 적용해야 한다. 마지막으로 재정상황의 악화는 「금융기업 회계제도」, 「회계법」 등이 규정한 기준에 따라 금융회사 재무지표를 판단해야 하고, 만약 재무악화 요건에 부합한다면 가중책임제도를 적용해야 한다.

지주회사가 주주 유한책임 및 회사법인격부인제도를 남용하는 것에 대해서는 파산시 채무변제를 하지 않아 채권인 이익에 손해를 주는 경우, 회사법인격부인제도를 적용해야 하는가에 대해서는 가중책임제도를 적용하는 것이 법리적으로 타당하다. 즉 감독관리기관이 선택하는 것이다. 법인격부인제도의 적용절차가 비교적 복잡하기 때문에 반드시 법원판결로 회사패소가 집행될 수 없을 경우 적용하도록 해야 한다. 그 결과 금융감독관리기관은 가중책임제도 적용을 선택하게 될 것이다.

(2) 감독관리주체

가중책임제도 적용시에는 각 금융지주회사의 속성에 근거하여 대응하는 감독관리주체를 확정해야 한다. 주로 은행감독관리위원회, 보험관리위원회 및 증권감독관리위원회가 있으며 필요한 경우 중국인민은행을 포함한다. 만약 감독기관을 통일한다면 가중책임제도는 통일된 기관에서 실시해야만 한다.

이러한 가중책임제도의 적용은 금융지주회사 및 자회사에 막대한 재산상의 손실을 가져오게 되고, 심지어는 중요한 법적 권리를 제한하거나 박탈하게 되어 감독관리주체는 신중하게 선택을 적용해야 한다. 이 때문에 동 제도의 감독관리주체 적용은 상술한 은행감독관리위원회, 보험감독관리위원회, 증권감독관리위원회 및 중국인민은행에 한정해야만 하며, 그들이 파견한 기관은 포함하지 않아야 한다. 채권자와 예금자가 직접 금융지주회사에 대해 상술한 감독관리기관이 가중책임제도를 실시했는가를 요구할 수 있는가에 대해서는 건의할 권리만 존재하는 것으로 한정하는 것이 타당할 것으로 보인다. 만약 금융관리기관에서 금융지주회사에 대해 가중책임제도를 실행하여 처벌한다면 이러한 예금자나 채권자는 회사의 법인격부인 소송을 다시 제기할 수는 없으며 금융지주회사에 대해 손해를 초래되어 금융업의 건전한 발전을 방해하는 것을 방지하여야 한다.

(3) 적용가능한 지배구조

금융감독관리기구는 행정직권에 의하여 금융지주회사가 가중책임을 부담하도록 요구할 수 있으며 소송절차가 필요하지는 않는다. 미국에서는 연방저축위원회, 연방저축관리기관 및 신 연방예금보험회사가 행정절차를 통해 금융지주회사에게 가중책임을 부여하고 있다. 금융지주회사의 주주 유한책임 남용에 대해 회사법인격부인제도 남용으로 예금자 혹은 채권자이익 보호 시에는 중국회사법 제20조가 규정한 회사법인격부인제도에 근거하여 해결해야 하며, 이때 반드시 소송절차를 거쳐야 한다.

(4) 집행조치

일반적으로 말해서 가중책임제도는 금융지주회사가 자체적으로 부담하도록 해야 한다. 즉 금융지주회사가 담보를 하고 자회사가 철저하게 실행가능한 자본회복제도를 제정함으로써 이 계획의 실시를 보증해야 한다. 금융지주회사가 주도적으로 의무를 이행하지 않는 상황 하에서는 감독기관이 고정자산배치의 제한이나 자산규모 위험의 감소 등 자회사의 행위를 제한할 수 있고, 새로운 기관으로의 신규투자 인가를 엄격히 하여 새로운 업무개척을 제한할 수 있다. 또한「은행업감독관리법」제37조 규정에 근거하여 그에 대해 처벌할 수 있다. 만약 필요하다면 국무원 자산감독관리위원회와 합작을 하여 강제로 금융지주회사가 소지한 주식이나 재산에 대해 처분을 하고, 소득금액을 재무구조 개선이나 자회사 상환능력을 향상시키는 데에 사용할 수 있다. 금융자회사에서 파산이나 도산출현시, 정부는 그가 부담한 손실 및 금융지주회사의 기타자회사에 적절한 분할을 진행할 수 있다. 혹은 정부가 일정한 투자를 부담한 이후에는 금융지주회사에 대해 부분적인 손실을 부담하여 상환하도록 할 수 있다.

(5) 구제절차

가중책임은 금융감독관리기관에게 일정한 행정권을 부여하는데 또한 쌍방의 정보, 신분의 비대칭성이 추가되어 행정권남용을 초래하게 된다. 따라서 그에 상응하는 구제조치를 확립하여 금융감독관리기관의 권리를 제한하고, 금융지주회사 및 자회사의 합법적인 권리를 보장해야 한다. 만약 금융지주회사나 자회사가 인식하기에 감독관리기관이 실시한 가중책임이 권익을 침해하였다고 할 때,「행정복의법」(한국의 행정재심의에 해당) 제14조 규정에 따라 복의를 신청하고 복의결정에 불복할 경우 법정기한 내에「행정소송법」에 근거하여 행정소송을 제기하여 자신의 합법적인 권익을 보호할 수 있다.

2. 예금보험제도 및 불량자산처리제도의 확립

2008년 미국발 금융위기로 인해 은행은 거대한 충격을 받게 되었고 중국 금융체계의 위험에 대한 개혁방안을 어떻게 갖추어야 하는가가 관건이 되었다. 다수의 학계종사자들은 중국의 실정에 맞는 예금보험제도를 적절히 갖추어야 한다고 인식하였다. 동 제도는 예금자 권익보호에 유리하며, 은행업에 대한 국민들의 관심을 제고할 수 있고, 금융기구 퇴출시스템을 규범하는 것으로 금융기구에 대한 정상적인 관리와 육성체제에 유리하며, 미풍양속을 적절히 통제할 수 있으며 금융을 안정적으로 보호할 수 있다.

이를 위해서는 첫째, 예금보험제도에 대한 현실적이고 타당한 분석이 수립되어야 한다.[18] 중국경제는 신성장동력산업을 육성하기 위한 시장과 산업구조조정을 통한 경제기반의 전환이라는 이중적인 특징을 지니고 있다. 금융기구의 처리문제에 대해 과거 수많은 상황 하에서 구제방식을 채택하였고 부채가 많았음에도 상환이 되지 않았거나 지불위기에 빠지거나 구제가 어려운 상황 하에서 행정절차에 의한 법정정리 내지 파산방식으로 시장에서 퇴출시키는 방법을 취하였다. 구제방식은 한편으로는 심각한 도덕적 비난에 직면할 수 있다는 점을 각인시킨 계기가 되었다. 또한 주로 중앙은행 자금에 의존하여 금융위기를 처리하는 방식을 취함으로써 중앙은행의 금융조정능력 약화를 초래하였으며 직간접적인 인플레이션의 원인으로 작용하게 되었다. 이 때문에 중국 실정에 적합한 예금보험체제를 최대한 빨리 확립하여야만 한다.

현재 중국의 예금보험제도 확립에 대한 내부적인 조건과 외부적 환경은 이미 성숙되어 있다. 중국 국유은행을 중심으로 회사지배구조체제를 갖추고 금융개혁을 지속적으로 추진해왔으며, 「상업은행법」, 「인민은행법」, 「증권법」, 「회계법」, 「담보법」, 「회사법」 등 금융관련법률의 법개정을 통해 제도적인 지원을 강력히 추진하고 있고, 1997년 아시아 금융위기 발생 이후 중국은 근래 지속적으로 은행업계 회계준칙을 글로벌 스탠다드에 맞추어 개정하여 왔으며, 상업은행이 내부통제를 강화하

고 위험관리를 효율적으로 개선하여 신용등급 강등의 위험을 극복하여
왔다. 상업은행의 위험관리능력과 금융파생상품의 가격산정능력을 극
대화해야 한다.

둘째, 예금보험제도 및 부실채권처리제도의 효율성을 향상시켜야
한다.[19] 미국 FDIC가 설립된 목적은 미국국민 보호와 금융시스템의
안정유지를 위한 것에서 비롯되었다. 미국의 파산은행과 대부업체에
대한 처리방식은 주로 세 가지로 분류된다. 하나는 구매 및 승계방식
(P&A)으로, 건실하고 재정적으로 튼튼한 기관이 파산은행이나 대부기
관의 일부 또는 전부를 인수하면서 최소한 예금보험범위에 속했던 금액
의 전체 또는 모든 저축성 부채를 떠맡아야 하는 것을 의미한다. 다른
하나는 저축에 대한 현금지불방식으로 인수자를 찾지 못하거나 또는
인수인계방식에 의한 거래비용이 상대적으로 높을 경우 은행예치금에
대해 직접적으로 현금지불을 진행하는 것이 그것이다. 세 번째는 은행에
서 필요한 원조방식인 OBA를 공급하는 것으로 기관에 대해 대부업,
증여, 예금, 자산구매 또는 부채탕감 등 실질적인 재무원조를 포함하며,
해당기구로 하여금 최대한 빨리 생존능력을 회복하게 하거나 또는 해당
기구의 자산으로 하여금 최대한 빨리 효과적으로 개인부문이 접수처리
를 하는 것을 말한다.[20]

예금보험제도와 부실채권정리의 성공적인 사례는 위기 동안에 일반
국민들의 은행시스템에 대한 신뢰를 유지시켰을 뿐만 아니라, 위험처리
에 대한 경제적인 또 사회적인 비용을 감소시켰으며 은행시스템의 안정
을 유지 보호하였다.

은행보험시스템의 확립에 있어서 비교적 현실적인 선택은 중국정부
와 금융기구가 공동출자를 하여 예금보험회사를 설립하는 것으로, 중국
인민은행이 직접 지도를 하면 정부와 투자보험금융기구가 금융체제 안전
에 대한 책임감으로 예금보험회사의 능력과 신용을 향상시킬 수 있게
되고, 나아가 중앙은행의 금융감독관리 수단을 공고히 하여 현금 융자
조정능력을 강화할 수 있게 된다.[21] 따라서 국가예금보험회사를 설립하

여 전적으로 예금보험과 은행청산을 담당하도록 해야 한다. 또한 원래 금융자산관리회사인 AMC를 기반으로 하여 새로운 자산관리회사를 설립하여 은행청산 이후 부실채권정리작업을 담당하는 작업이 필요하다.

3. 금융지주회사의 발전 및 관리체제 개선

중국은 「국민경제 및 사회발전 제11.5 기획 강요」에서 금융체제개혁 가속화 및 신성장동력과 관련하여 금융업의 새로운 영역을 개척하여 왔다. 그러나 경제발전과정에서 준(准)금융지주회사와 관리체제가 완벽하다고 할 수는 없으며 몇몇 쟁점이 존재한다.

첫째, 중국의 준금융지주회사의 현황을 분석해야 한다.22) 현재 중국에서 실시되는 금융개혁은 오히려 한국보다 더 개방에 적극적인 입장을 보이고 있는 분야가 많다. 금융기구는 민영화 등 이윤극대화요구에 따라야 하지만, 중국정부의 전폭적인 지원을 제외하면 중국 금융기구의 자체적인 자본충족율은 보편적으로 상당히 낮고, 일정한 자본충족능력 또한 부족하다는 평가를 받는다. 현행 상업은행법은 은행의 비은행금융 기관에 대한 투자를 허용하지 않고 있고, 민간회사의 참여 등 금융지주회사에 기회를 제공하고 있다. 역사적인 또 행정적인 원인으로 인하여 중국에서는 서구의 금융지주회사와 유사한 형태의 준금융지주회사가 존재한다. 평안(平安)그룹 및 광다그룹이 그 예이다. 지분을 보유하고 있는 모회사는 대체로 세 가지 유형으로 분류되는데 하나가 금융기구를 주체로 하여 형성된 지주회사이다.23) 지주회사 중에서 모회사는 주로 모 금융업무에 종사하는 은행이나 신탁, 증권, 보험회사를 경영하며, 자회사를 통하거나 모회사가 직접 다른 여러 루트를 통해 금융업무에 직접 참여하는 형태를 취한다. 예로 1995년 중국건설은행과 모건스탠리가 합자로 건설한 중국국제금융회사가 있으며, 중국은행이 런던에서 등록설립한, 투자은행에 종사하거나 혹은 상업은행업무를 담당하는 중국국제은행이 있으며, 중국공상은행이 홍콩에서 등록설립한 공상동아유한회사는 모두 상업은행을 모회사로 하여 설립된 다원화한 그룹이다. 반면 평안보험주식회사는 보험업을 주체로 형성된 그룹의 전형적인 대표이다. 또 다른 형태는 기업그룹을 주체로 형성된 금융지주회사이다.[24] 국무원 직속의 중국 중신그룹과 중국 광다그룹이 바로 기업을 주체로 하여 형성된 대형 금융지주회사그룹으로, 100% 전액 출자 혹은 지주회사 은행, 신탁, 증권, 보험 및 각종 회사가 모두 금융지주회사 내에 속하는 항공모함격에 해당한다.

　금융자산 및 비금융자산의 분리를 위해 중국 중신그룹은 금융자산에 대해 정리를 하여 중신지주회사를 신설해서 관리를 하였는데, 이러한 금융회사는 중신은행, 중신증권, 신청(信誠)보험, 중신신탁, 중신자본 등의 회사가 있다. 그리고 지주회사 내에 다수의 금융기업이 포함된다.[25] 중국 기업투자체제가 점차적으로 시장화되면서 더 많은 기업이 금융회사에 투자하고 있는데 이러한 기업 투자가 은행, 신탁, 증권 등 여러 분야에 진행되는 것은 매우 보편적인 현상으로 산둥전력그룹이 있다. 현재 이미 산둥잉다(山東英大)신탁 및 선물에 투자한 상태이며, 동시에 샹차이(湘財)증권, 화샤(華夏)은행의 제1주주 및 제2주주이다.[26]

　둘째, 금융지주회사의 발전 및 관리체제에 대한 문제이다. 금융지주회사의 경우 중국에서는 단지 다원화한 금융그룹 내 하나의 조직형식으로서 정치적 역사적 원인으로 인하여 미국 및 유럽에서는 서로 상이한 금융지주회사로 발전하여 왔다. 미국은 「금융서비스현대화법」에서 금융지주회사를 정의한 것은 없으며 단지 어떠한 기구가 금융지주회사가 되는지에 대해 일반적인 금지성 요구를 하였다. 일반 자회사의 자산이 기업합병 총자산의 5%를 초과하지 않아야만 한다는 규정, 또 이러한 회사와 그룹 내의 예금을 투자한 기관이 교차성 주식투자를 하면 안 된다는 입장이 그 예이다. 자회사의 경우 전통적인 은행상품에서 증권, 보험 등 금융업무에 종사할 수 있도록 하였으며, 반드시 두 개 이상의 금융업무에 종사해야만 금융지주회사가 성립된다는 사실은 요구하지 않았다. 바르샤바 위원회가 반포한 「금융그룹에 대한 감독관리」에서는 금융지주회사를 다음과 같이 묘사하고 있다. 즉 주로 금융업무에 종사하며 최소한 분명하게 은행과 증권, 보험 가운데 둘 혹은 둘 이상의 경영활동에 종사하며, 둘 혹은 둘 이상의 산업감독관리기관의 감독을 받는 하나의 기업그룹이라는 점이다.

순수형 지주회사와 일반 사업형 지주회사라는 두 가지 전형적인 모델 가운데 중국은 현재 법조계나 재계에서는 사업형 지주회사를 더 선호한다. 중국공상은행과 공상동아회사(증권회사 계열)가 그 예이며, 최근 화롱(華融)자산관리회사와의 합작에 대해 논의가 진행된 바 있으며, 비은행권업무를 화롱자산관리회사에 넘겨준다는 의사를 표방한 바 있다. 이것은 모두 사업형 지주회사 구조전환의 전형적인 예이다. 그러나 중국공상은행, 중국은행, 중국건설은행, 중국농업은행, 중국교통은행이 중국 금융체제 내에서 차지하는 비중은 막대하다. 만약 상술한 은행들이 모두 금융지주회사로 전환된다면 잠재적인 금융위험이 발생할 수 있다. 따라서 순수형 금융지주회사를 설립하여 은행, 증권, 보험 등 금융서비스를 제공함으로써 중국 금융업의 전반적인 경쟁력을 향상시키도록 해야만 한다. 이를 위해서 필요한 것은 아래 두 가지이다.

Ⅳ. 입법과제

1. 금융자산관리감독체계 수립

우선 중국정부가 금융과 비금융국유기업에 대해 선별적으로 소유권을 행사함으로써 양자가 서로 관련되는 일을 최대한 피해야 한다. 예로 스위스 34개 민간 금융기업의 소유권은 공업부 산하 국유기업국이 행사하며, 국영 금융기업의 소유권은 재정부가 행사한다.

다음으로 소유권기능과 공공관리기능 사이에 효과적인 방화벽을 세움으로써 시장을 고려한 주권관리가 최근의 트렌드라고 하겠다. 구체적으로는 시장원칙에 따라 위탁대리체제를 수립함으로써 적절한 회사지배구조를 형성하는 것으로 주주총회와 이사회의 임면을 통해 국유주주의 권리를 추구함을 목적으로 한다. 이런 기업의 경영실적과 국유자본의 이용상황에 대해서는 공개평가 및 효과적인 감독이 진행되어야 한다. 또한 외국의 일반적인 국영 금융회사를 주식회사 또는 유한책임회사로 전환해야 한다. 중국정부로서는 지주회사를 통해 금융기업에 대한 비즈니스관리를 실행해야 하며, 분명한 경영목표를 설정해야 한다.[27] 국유자본관리제도는 일반적으로 두 가지로 분류된다. 하나는 이원화한 위탁관리제도로서 중국정부가 금융기업에 대해 감독을 하는 것으로서 재정부, 중앙은행을 포함한다. 또 다른 하나는 삼원화한 관리모델로 국가가 먼저 정부부문이 금융지주회사를 설립하고, 다시 금융기업에 대해 감독을 진행하며, 재정부와 중앙은행을 포함하여 전문위원회 또는 금융지주회사가 특수위원회를 설립하는 것이다.

2. 금융감독기구의 확립 및 관리구조의 개선

중국의 정황에 비추어 보면 금융 관련 국유자본관리기구를 설립하여 국가소유권을 행사하는 것이 필요시되는데, 이 기구가 바로 일찍이 중국정부에서 논의된 바 있는 국무원 금융 국유자산감독관리위원회이다. 금융지주회사는 금융에 관한 종합적인 경영을 실현하는 형식일 뿐만 아니라, 동시에 금융 관련기업이 국유자본을 집중적으로 관리하는 데에 있어서 매우 효과적인 모델이다. 현재 중국으로서는 해결해야 할 당면과제가 두 가지가 있다. 첫째, 중국정부 관리대상인 회사가 이미 재산권상으로 대부분의 국영 금융회사에 지분투자가 진행된 상태이지만, 설립 초기에는 특수목적회사에 더 가까웠기 때문에, 만약 이것을 기초로 하여 금융 국가자본감독관리기구를 설립한다면 구체적인 직능 내지 부처 간 조직체계를 더 완벽하게 개선해야 한다.[28] 둘째, 금융 관련 국유자본감독관리기구의 직능은 반드시 금융업계 감독관리기구의 직능과 분명하게 경계선을 구분해야 한다.[29]

중국의 금융기구 관련 자산감독관리체계는 대략적으로 아래와 같이 종합적인 편제가 형성되어야 한다. 첫째, 상업은행을 기반으로 하여 공상은행, 농업은행, 중국은행, 건설은행, 교통은행, 국가개발은행, 농업개발은행을 대표로 해야 한다. 둘째, 증권업 및 투자은행과 관련하여 인허(銀河)증권주식회사, 선인완궈(申銀万國)증권주식회사 및 궈타이쥔안(國泰君安)주식회사를 대표로 하여야 한다. 셋째, 보험업 관련으로 중궈런쇼우(中國人壽)보험주식회사, 중국인민보험그룹, 중국재보험그룹, 중국수출입신용보험회사를 주체로 한다. 넷째, 금융지주회사로서 중신그룹과 광다그룹 및 기타 신진 금융지주회사를 대표로 한다. 다섯째, 예금보험 및 부실채권처리문제에 관한 것으로 예금보험회사와 부실채권처리회사를 대표로 하는 금융회사이다.30)

중국의 금융체제에서 금융기업의 국영자본 감독 및 관리기구, 금융지주회사, 예금보험회사는 금융체제 개혁의 발전방향 및 개선이 진행되어야 할 부분이다. 이에 대해서는 아래와 같은 정책이 추진되어야 한다. 첫째, 금융지주회사가 금융체제개혁의 발전방향에 부합해야 한다. 한편으로 국제금융그룹과 경쟁할 능력을 제고하고, 다른 한편으로는 비금융영역 발전에 도움이 되는 법제도적 개선방안을 제공해야 한다는 것이다. 금융지주회사는 반드시 금융을 주력으로 해야 하며, 이의 전제는 적절히 기타 금융영역에 지분투자를 하는 것이다. 그러나 반드시 각 업무 간에는 효과적인 방어기제를 두어 자신의 영역 가운데 일정부분을 지켜야 한다.31) 둘째, 예금보험제도는 상업은행 시장화 이후의 필연적인 선택이다. 한편으로는 상업은행의 금융위험을 방지할 수 있고, 다른 한편으로는 상업은행 금융위험 방지수단을 증가함과 동시에 중앙은행의 재대출 투입을 감소할 수 있어서 국유자산의 합리적사용원칙에 부합한다. 셋째, 금융자산감독관리체제의 건립은 시장화원칙의 보증하에 금융영역의 확대 강화로 자산 증가를 실현해야 한다.

또한 중국 금융지주회사법 관련 장기적 입법과제로서 상호보증의 도입32), 힘의 원천이론33) 도입, 회사 기회유용이론34) 도입, 연결납세 내지는 부가가치세 관련 규정의 개정35), 수수료 배분의 적법성 등에 대해 충분한 논의를 거쳐 합리적인 법 개정이 뒤따라야 한다.36)

제5절 중국 카르텔 규제법

Ⅰ. 중국 가격카르텔의 현황과 입법과제

1. 중국기업의 가격카르텔 방지연구

(1) 카르텔에 대한 이해

카르텔이라 함은 독점의 중요한 형식의 하나로서 동종제품을 생산하는 기업이 더 높은 이윤을 획득하기 위해 판매시장, 구분, 제품품질의 규정, 제품가격의 확정 등으로 협의를 달성한 일종의 독점연합이다. 소위 가격카르텔은 횡적 가격독점협의로 불리며, 상호경쟁을 하는 경영자 간에 달성하는 고정 혹은 가격변경협의를 말한다.[1]

중국에서 반독점정책결정과 반독점법 집행과 관련된 기관은 반독점위원회, 공상총국, 상무부 및 국가발전개혁위원회이다. 이 가운데 특히 카르텔을 규제대상으로 삼는 집행기관은 공상행정관리총국과 국가발전개혁위원회가 책임을 담당한다.[2]

가격카르텔의 주요형식은 경쟁자 간에 달성한 협의, 동등한 가격채택의 약정, 공동 가격인상 혹은 공동 가격하락, 가격고정 및 고정가격의 할인 등이 있다.[3] 기업이 가격카르텔을 단행하는 주된 동기는 기업 상호 간의 가격경쟁을 회피하고 더 높은 독점이윤을 추구하기 위한 것에 있다. 가격카르텔은 일반적으로 대기업이 주도하며 중소기업이 가격카르텔에 참여하는 것은 기업보호라는 생존 차원의 고려[4])에서 비롯된 것이 대부분이다. 가격카르텔은 시장에 심각한 위해를 초래하는데 그 부작용으로는 우선 시장의 기본적인 경쟁체제를 파괴하여 가격으로 하여금 시장상황을 반영하지 못하도록 한다. 다음으로 소비자와 거래상대방의 이익이 파괴된다. 가격카르텔을 통하여 경영자는 종종 가격을 정상적인 경쟁수준 이상으로 상승시키게 된다. 소비자나 고객이 모종제품에 대하여 선택의 여지가 부족하거나 기본적으로 다른 선택이 불가능할 때, 경쟁자는 일반적인 정상가격보다 훨씬 더 많은 고정가격협정을 실시하고, 소비자와 고객은 정상적인 경쟁조건과 비교하여 더 많은 비용을 지불하고 제품을 구매해야 한다. 마지막으로 가격카르텔구성원은 가격고정 및 가격협상의 형식을 통해 경쟁상대배제 및 가격무시 등의 목적을 달성하게 된다. 이러한 가격카르텔과 관련하여 본문에서 LED 판례를 통한 중국기업의 가격카르텔 방지연구를 고찰하고, 국제항공운수가격카르텔의 주요쟁점을 알아보기로 한다. 사회주의시스템을 유지하고 있어 행정력이 강한 중국의 특성상 행정지도카르텔에 대한 중국정부의 규제를 숙지해야 할 필요가 있다. 이와 함께 유럽의 카르텔제도운영과 중국법제도의 비교고찰 또한 일정한 의의가 있을 것이다.

(2) LED 판례로부터 본 기업의 가격카르텔 대응전략

TFT-LCD, 트랜지스터 액정 표시장치는 초박막 액정TV와 노트북에 광범위하게 응용되고 있으며, 핸드폰 액정화면에도 적극적으로 응용되고 있다. LCD판례는 일본 히타치(HITACHI), LG Display, 샤프(SHARP), CPT, 치메이(CHIMEI), 앱손(EPSON) 등 전 세계 7대 가전업체가 피고가 되었다. 1996년부터 2006년 사이에 7대 가전업체는 지구촌 트랜지스터 초박막액정 표시장치시장의 82~95%의 시장점유율을 차지하였으며, 트랜지스터 액정 표시장치는 최종제품의 자본구성에서 10~80%의 비율을 차지하였다.[5])

원고는 1996년에서 2006년까지 피고가 TFT-LCD 제품의 카르텔을 형성하였다고 주장하였는데 TFT-LCD 제품의 시장가격을 올려서 안정성을 확보하기 위한 목적에서 비롯되었다. 원고는 피고가 아래와 같은 불공정경쟁행위를 하였다고 지적하였는데 첫째, 각종회의, 담화 및 협회와 위원회형식으로 TFT-LCD 제품의 미국 내 시장가격을 협상해왔으며, 둘째, 상술한 회의 중에서 TFT-LCD 제품의 미국 내 가격을 높이거나 안정시키는 회의를 달성하였고, 셋째, 회의결의에 근거하여 지도가격목록을 반포했으며, 넷째, 일종의 비경쟁적인 가격으로 TFT-LCD 제품을 미국의 서로 상이한 소비자에게 판매한 것이 그것이다.[6]

미국사법부의 개입하에 7개 전자회사는 개별적으로 집행기관과 협의를 진행하였다. 이 가격카르텔에 참여한 회사 또한 큰 댓가를 지불하였다. 몇몇 가전회사는 자사의 범죄행위를 인정하였으며, 8.62억 달러에 달하는 벌금지불에 동의하고 미국 내 수감생활에 동의하였다. 그중 LG는 4억 달러의 벌금을 납부하여 마이크로소프트 이후 미국 사법부에 의한 두 번째로 큰 납부대상자가 되었다. 대만의 CMO사는 2.2억 달러를 납부하고 대표이사는 별도로 5만 달러 납부와 함께 미국에서 14개월을 복역하게 되었다.[7] 그러나 사람들로 하여금 더 놀라게 한 것은 가격카르텔에 참여한 대만의 CMO사가 미국 독점금지국의 조사를 받기 전에 자신이 각국 경쟁법이 보편적으로 금지하고 있는 카르텔행위에 참여한 것을 알지 못했다는 사실이다. 또한 자신의 행위가 불법이라고 여기지 않았다는 점이다. 이 때문에 기업으로서는 가격카르텔에 대한 인식을 강화하는 것과 관련 법률규제를 이해하는 것은 매우 중요하다.

(3) 시사점

각국의 실무상의 운영 및 상이한 정형을 구분해보면 기업이 경쟁상대방과 어떻게 연계를 해야할 것인가에 대해 다음과 같은 개선과제가 요구된다.

우선 경쟁상대방이 주도적으로 가격산정에 간여하는 것을 어떻게 대응할 것인가 하는 것이다.[8] 이것과 관련해서는 과거, 현재 혹은 미래의 가격정보를 논의하지 말고, 이러한 가격이 구체적이건 아니면 일반적이건, 실질적이건 아니면 예측가능하건, 다른 가격에 영향을 주는 정보를 논의하지 않아야 한다. 경쟁상대방의 대화시간은 최대한 줄이고 접촉시간을 늘리면 안 되며 신속하게 결론내는 것이 가장 좋다. 회의내용에 대해서는 서면기록으로 남겨야 하며, 누가 언제 어떻게 연락을 취하고 문의 혹은 그가 제공한 정보 등을 포함해야 한다. 만약 경쟁상대방이 부적절한 거래가격 혹은 유사한 정보를 시도한다면 즉각 상사 및 법무부에 보고해야만 한다.

다음으로 고객의 경쟁상대방에게 어떻게 연락할 것인가 하는 문제이다. 이것은 서로 상이한 정형 하에서 해당기업의 신분을 상세하게 판별하여야 하며, 고객의 원인으로 인하여 경쟁자 간에 노출되면 안 될 정보가 노출될 수는 없다. 먼저 연락의 성질에 대해 평가를 해야 하며, 현실적이거나 잠재적인 거래와 관련 있는 것을 제외하면 최대한 경쟁상대방과의 연계를 회피하여야만 한다. 그 이후 거래진행과정에서 기타 고객 혹은 경쟁자를 언급하지 말아야 한다. 특히 가격정보를 언급하는 것은 하지 말아야 한다. 또한 고객이 제품구매 이외의 제품가격정보를 언급하는 것도 피해야 한다. 이와 함께 고객과 대화를 한 서면기록을 남기는 것을 유의하여야 한다. 그 내용은 참여자, 의제 및 최종적으로 달성한 협의를 포함한다.

또 어떻게 사업자단체의 회의와 활동에 참여하느냐 하는 문제가 있다. 기업은 사업자단체를 매개로 한 가격카르텔을 회피하도록 해야 한다. 기업이 사업자단체 회의에 참가하기 이전에 본 회사 법무팀의 인가를 얻어야 하며, 회의를 위해 준비한 자료와 원고 등을 서면으로 법무부에 송달해야 한다. 그리하여 어떤 것이 논의할 수 있고, 어떤 것이 논의할 수 없는 것인지 결정해야 한다. 동시에 기업이 사업자단체 회의에 참여한 이후에는 회의기록을 법무부에 교부하고 열람과 필요한 서류를 교부해야 한다. 사업자단체는 가격의 민감한 정보 토론을 당연히 회피해야 하는데, 이러한 정보에는 현재 혹은 미래의 가격, 공정한 이익을 구성한 것, 가격의 표준화 및 안정화, 예측가능한 가격, 공정한 이윤형성, 가격의 표준화 및 안정화, 물가폭등 및 물가하락, 가격산정시스템과 절차, 할인, 대출 등 기타판매정책, 생산배당금액 혹은 에너지 확대, 고객의 분배 등이 있다. 기타 경쟁상대방이 앞서 전술한 민감 가격정보 시에 결사적으로 반대하고 지속적으로 토론해야만 하며, 만약 무효반대 시 일어나서 좌석을 떠나야만 하면, 토론을 끝내고 회의기록 및 개인 임원기록을 제시하여야 한다.

2. 국제항공운수가격카르텔에 대한 규제현황 및 개선방안

(1) 규제현황

중국은 국제항공운수 가격카르텔에 대한 반독점법판례가 아직 출현하지 않았다. 지적해야 할 것은 중국의 관련 반독점집행기구는 이 영역에 있어서 법집행상의 문제가 존재한다는 것이다.[9] 가격카르텔과 관련하여 중국은 1997년에 통과한 「가격법」 제14조 1항에서 '경영자는 서로 내통하고 시장가격을 조종하여 기타 경영자 혹은 소비자의 합법적인 권익에 피해를 주면 안 된다.'고 규정하였다. 그러나 국제항공운수업 가격카르텔에 대해서는 중국 「가격법」에 법 적용 시의 장애가 존재한다. 「가격법」 제2조는 '중화인민공화국 영내에 발생하는 가격행위는 본법을 적용한다.'고 규정하고 있다. 중국의 국제항공운수는 기본적으로 두 가지로 분류되는데 하나는 중국에서 해외로 출발하는 것이고, 다른 하나는 해외에서 중국으로 오는 것이다. 만약 카르텔구성원이 외국회사라면 중국출발 시 중국영내주체를 향해 비용을 수취하게 된다. 즉 중국 국경 내에서 발생한 가격행위로 인정하게 되기 때문에 「가격법」을 적용해야 한다는 것이다. 만약 기타국가 혹은 기타지역에서 출발하여 역외주체에게 비용을 수취한다면 비록 최종적으로 발생한 영향은 중국 내이지만, 이러한 상황은 중국 국경 내에서 발생한 가격행위로 인정할 수가 없기 때문에 「가격법」을 적용할 수 없다.

2008년 8월 1일, 중국은 「반독점법」을 반포실시하면서 동법 제3조에 카르텔행위에 대해 실체법적으로 체계적인 규정을 하였으며, 동법 제2조에 '중화인민공화국 영내 경제활동 중의 독점행위는 본법을 적용한다. 중화인민공화국 역외의 독점행위가 역내 시장경쟁에 대해 영향력을 배제 및 제한하는 경우 본법을 적용한다.'고 규정하였다. 즉 카르텔구성원이 중국항공회사이건 가격행위가 중국 국경 내에서 발생했건 간에 오로지 중국의 관련시장에 대해 영향을 배제 및 제한하는 경우에는 중국 「반독점법」에 근거하여 규제를 할 수 있다.

2011년 1월 4일 중국 국가발전개혁위원회는 「반독점법」에 대해 「반가격독점규정」을 반포하였는데 제3조 1항에 '경영자의 가격독점협의 달성'은 가격독점행위에 속하며, 각각 제5조, 제6조, 제7조, 제8조에서 가격독점협의의 개념에 대해, 또 '기타협동행위'의 인정근거와 가격독점협의의 구체적인 표현형식 등에 대해 규정을 하였다. 동시에 중국 국가발전개혁위원회는 같은 시기에 「반가격독점 행정법 집행절차규정」을 반포하였는데 절차법적으로 반가격독점 법집행에 대해 상세한 규정 및 법개정이 진행되었다.[10)]

종합해보면 중국 국가발전개혁위원회가 반포한 두 개의 규정은 해외 반독점법을 참고하였을 뿐만 아니라, 중국의 특수한 정황을 결합한 것으로 현재 중국의 국제항공운수업 가격카르텔 반독점규제의 중요한 법적 근거가 된다. 그러나 지적해야 할 것은 중국 「반독점법」 반포 이후 여러 관련법률법규가 제정되어 국제항공운수업과 관련한 법개정이 있었음에도 불구하고 입법적인 면에서 여러 가지 쟁점이 존재한다는 점이다. 구체적인 쟁점들은 아래 본문에서 고찰하기로 한다.

(2) 카르텔 관련 중국반독점법의 규제의 개선

먼저 '기타협동행위'의 인정기준이 쟁점이 되고 있다.[11)] 「반독점법」과 「반가격독점규정」에 근거해서 가격카르텔은 주로 협의, 결정 및 기타협동행위의 세 가지로 표현된다. 현재 각국은 카르텔에 대해 엄격한 규제라는 입장을 고수하고 있는데 실무과정에서 협의 및 결정형태의 카르텔행위는 날로 감소하고 있고, 대부분의 카르텔은 협의와 결정 이외의 '기타협동행위'에 속하며, 국제항공운수업의 가격카르텔 또한 이와 마찬가지이다.

현재 중국 국가발전개혁위원회의 「반가격독점규정」과 중국 국가공상총국이 반포한 「공상행정관리기관의 독점협의행위 금지규정」의 '기타협동행위'에 대한 인정기준은 결코 일치하지 않는다. 「반가격독점규정」 제6조에 근거하여 '기타협동행위'를 인정하는 주요근거는 두 가지이다. 즉 경영자의 행위가 일치하는지, 또 경영자가 의사소통을 진행한적이 있는지가 그것이다. 반면 「공상행정관리기관의 독점협의 금지규정」 제3조는 상술한 두 가지 요소 외에 경영자가 일치된 행위에 대해 합리적인 해석을 진행하는가를 고려한다.[12]

중국의 현재 반독점집행기관의 직권구분을 보면 가격카르텔이 중국 국가발전개혁위원회의 권한범위에 속한다는 것을 타파하기 위해서는 「반가격독점규정」에 근거해야만 하며, 기타유형의 카르텔행위, 즉 시장구분, 생산량제한 등 공상행정부문에 속하는 직권 등은 「공상행정관리기관의 독점협의 금지규정」에 근거를 두어야만 한다.[13] 그러나 실무적으로 국제항공운수업의 가격카르텔은 단순한 가격고정 혹은 가격변경행위가 아니며, 통상적으로 시장획정, 운수제한 등을 수반하는 것으로 가격, 시장, 운수 등 여러 종합적인 조종행위로서 이러한 행위들을 서로 결합하여 하나로 구성하고 실행주체와 시간, 지역 등은 사로 상이한 인정기준을 채택할 필요는 없다. 동시에 세계 각국의 반독점입법과 법집행경험을 참고하여 가격협동행위와 비가격협동행위를 서로 상이한 인정기준에 적용하는 정황 또한 극소수이나 발견되고 있다.

다음으로 가격카르텔에 대한 벌금면제라는 쟁점이 있다.[14] 반독점 법집행기구로 말하면 제때 카르텔을 발견하고 그것에 대해 효과적인 조사를 진행하여 증거를 확보하는 것은 어려운 작업에 속한다. 이 때문에 상당히 많은 국가가 반독점법제도 내에 벌금면제제도를 도입하여 적용하고 있다. 즉 주도적으로 반독점법집행기구에 대해 불법행위를 보고하는 카르텔구성원은 관련조건을 만족하는 상황 하에서 처벌이 감면될 수 있다. 근래 미국이나 유럽에서 심리한 국제항공운수업 가격카르텔사례에서 대부분의 판례는 규제확대를 통해 효과적으로 증거를 확보하고 카르텔구성원에 대해 죄를 확정하여 처벌을 하고 있다.[15] 예로 2010년 11월 9일 EU위원회가 처벌을 결정한 국제항공화물운수 가격카르텔사건에서 독일 루프트한자(Lufthansa) 항공사는 유럽의 규제확대제도에 근거하여 EU위원회로 하여금 제때 중요한 증거를 획득할 수 있도록 하고, 또한 효과적으로 사건조사를 전개하도록 함으로써 루프트한자 항공사는 모든 벌금을 면제받게 되었다. 반면 캐나다항공사, 네덜란드항공사 등 9개 항공사는 벌금면제제도에 근거하여 EU위원회에 관련증거와 정보를 제공하게 되었으며, 최종적으로 벌금납부와 관련하여 10%에서 50%에 이르는 감면을 획득하게 되었다.[16] 국제항공운수업 가격카르텔 구성원은 종종 각기 다른 국가에서 참여하게 되고 공모행위는 대부분 해외에서 진행되어 일관된 은닉성을 갖는다. 중국 반독점집행기관 내 가격주관부문의 입장에서는 벌금가격면제제도에 의존하지 않은 효과적인 증거수집은 대단히 어렵다. 이 때문에 중국의 국제항공운수업 가격카르텔에 대한 반독점규제제도에서 벌금가격면제제도가 핵심이 된다.

「반독점법」 제46조는 벌금가격면제제도에 대해 원칙적인 규정을 두었다. 이후 중국 국가발전개혁위원회가 반포한 「반가격독점 행정집행 절차규정」 제14조는 가격카르텔에 대해 상세한 규정을 두었다. 동 「규정」에 의하면 가격카르텔 구성원이 주도적으로 카르텔 관련상황을 보고하고 중요한 증거를 제공하는 경우 처벌감면을 획득할 수 있다. 이 가운데 최초보고자의 처벌은 완전면제가 되며, 두 번째 보고자의 처벌은 50% 이상 감면되고, 세 번째 보고자의 경우 처벌수준은 50% 이내에서 결정된다. 동 「규정」이 처벌감면 폭에서 규정한 것이 상당히 구체적이기 때문에, 반독점법집행기구로 말하면 실무적으로 효과가 크다. 그러나 동 「규정」이 확립한 가격카르텔 감면제도는 그 요건과 감면 폭에 있어서 다음과 같은 문제가 있다.

첫째, 「규정」은 벌금가격면제를 획득할 수 있는 가격카르텔구성원의 주체자격에 대해 특별한 제한을 두지 않고 있다. 카르텔조직의 발기자와 카르텔조직원은 반드시 벌금가격면제를 획득해야만 하는 것은 아니며, 만약 발기자나 조직자가 우선 반독점법 집행기구에게 중요한 정보 및 증거를 제공하여 처벌이 면제되고, 강압적인 방법으로 카르텔에 참여하는 구성원이 도리어 처벌이 된다면 이러한 불공정성은 시정이 되어야 할 것이다.

둘째, 동 「규정」에 의하면 최초의 카르텔구성원의 경우 벌금가격면제 획득여부의 가장 주된 요건은 중요한 증거를 제공하는가에 달려 있다. 소위 중요한 증거라 함은 '정부 가격주관부문이 가격독점협의를 인정하는 데에 있어서 핵심적인 작용을 한 증거'라 한다. 개인적인 판단으로 이 규정은 벌금가격면제를 획득하기 위한 요건으로서는 지나치게 낮다고 본다. 벌금가격면제를 획득하기 위한 카르텔구성원은 중요한 증거를 제공하는 것이 필요할 뿐만 아니라, 반독점법기구와 전면적이고 지속적으로 성실한 합작을 유지하여야 하며, 카르텔불법행위와 관련된 모든 정보는 그 어떠한 유보도 하지 말아야 한다. 또한 자신의 능력범위 내에서 반독점법 집행기구 관련조사의 필요성과 요구를 완전하게 만족시켜야만 한다.[17) 만약 벌금가격면제신청당사자가 일련의 중요한 증거들을 제공하였으나, 안건조사심리과정에서 해당정보와 증거에 대해 유보를 내리거나 일부에 한하여 반독점집행기구에게 합작을 제공하지 않는다면 벌금가격면제를 부여할 필요가 없다. 유럽 이탈리아 담배원료 사례[18)에서 카르텔구성원인 데 이타피나(De Itafina) 회사는 위원회에 대해 벌금가격면제신청을 제출하고 중요한 증거와 자료를 제공하였으나, 곧 기타 주요 카르텔구성원에게 벌금가격면제신청정보를 노출하게 되어, 기타 카르텔구성원으로 하여금 사후 위원회에 대해 조사를 진행하여 위원회가 이 회사의 조사에 대해 응당 있어야 할 효과를 거두지 못하였다. 이 때문에 최종적으로 데 이타피나 회사는 벌금가격면제혜택을 얻지 못하였다.

셋째, 「규정」은 가격카르텔구성원이 벌금가격면제신청 시 반드시 가격카르텔행위를 종지해야만 한다는 점을 요구하지 않았다. 이 또한 법률운용에 있어서 하나의 문제가 아닐 수 없다. 실무적으로 일부 카르텔 구성원은 종종 한편으로는 벌금가격면제를 신청하고, 다른 한편으로는 도리어 불법행위를 지속하고 있어서 이러한 신청자는 벌금가격면제혜택을 주지 말아야 한다. 한편 벌금가격면제신청자의 불법행위 중지에 관한 구체적인 시간 또한 관련입법과 실무에서 토론이 되지 못하였다.

넷째, 동「규정」은 두 번째 보고자의 처벌을 50% 이상 감면조치를 취하고 있는데 이러한 감면폭이 적절한 것인지에 대한 논의가 있다. 벌금가격면제제도의 핵심은 카르텔구성원 간에 처음에 세워진 경쟁인데, 오로지 최초의 신청자만이 비로소 모든 처벌을 면제받을 수 있고 만약 최초신청자가 아니면 벌금가격면제에 근거하여 그 어떠한 처벌감면도 받지 못하게 된다. 미국, 캐나다, 호주 등이 그 예이다. 만약 50% 이하의 감면[19]만을 획득하게 되면 카르텔구성원으로 하여금 오로지 최초신청자가 되어야만 비로소 가장 큰 벌금가격면제혜택이 부여될 수 있기 때문에 카르텔구성원이 느끼는 시간적 긴박감은 상당히 클 것이다. 현재 상술한 「규정」에서 첫 번째 보고자와 두 번째 보고자의 처벌감면 폭의 차이는 크지 않다. 따라서 보고순서에 의한 효과는 크지 않기 때문에 가격감면제도의 유효성에 크게 영향을 끼치게 된다.

중국 카르텔규제와 관련한 향후 법개정은 아래 몇 가지 방면에서 논의가 되어야 한다.

첫째, '협동행위' 인정기준의 통일이 요구된다.[20] 현재 중국 국가발전개혁위원회의 「반가격독점규정」과 국가공상행정총국의 「공상행정 관리기관의 독점협의행위금지규정」은 이에 대해 서로 이견이 존재한다. 행위의 일치성 및 의사소통의 존재라는 두 가지 요소 외에 '경영자가 일치된 행위에 대해 합리적인 해석을 도출하는가'라는 점 또한 주요 인정기준이 된다.[21] 상술한 두 가지 요소는 협동행위 인정의 불가분의 고려요소이다. 만약 분명한 증거가 있어서 시장주체에 이 두 가지 사실이 존재한다는 것을 증명한다면, 반독점집행기구로 말하자면 협동행위의 존재를 인정하는 것이 된다. '경영자가 일치된 행위에 대해 합리적인 해석을 도출할 수 있는가'라는 문제에 이르러서는 종종 반독점집행기구가 정확한 증거를 획득하지 못해서 의사소통의 존재를 증명하지 못하는 상황에서는 추정을 채택하여 이 요소를 고려할 수 있다.[22] 즉 반독점집행기구는 직접적으로 시장주체의 일치된 행위가 의사소통을 거쳐 형성된 것을 증명하지 못했다는 점이다. 그러나 관련된 간접적인 증거에 근거하여 해당행위에 의사소통이 존재한다고 추정할 때, 만약 통제된 주체가 일치행위에 합리적인 해석이 존재한다고 증명할 수 있고, 의사소통을 거친 자동적인 일치행위가 없다면 협동행위라고 인정될 수 없다. 유럽의 CRAM 판례에서 두 독일회사인 CRAM 및 라인징크(Rheinzink)는 네덜란드 회사인 슐리츠(Schlitz)에 제품공급을 거절하였는데, 슐리츠사는 상기 두 독일회사가 공모한 것이 있다고 판단하였으나 두 독일회사에 의사소통이 존재했다는 증거가 없었기 때문에, 비록 EU위원회가 간접증거에 의해 공모존재를 추정하였지만, 두 독일회사는 거래 중에 슐리츠사의 사기가 존재하여 자동적으로 거래를 중지하였다고 주장하였다. EU법원은 이 해석에 근거하여 최종적으로 협동행위가 존재하지 않았다고 인정하였다.[23]

즉 '경영자가 일치행위에 대해 합리적인 해석을 도출할 수 있는가의 여부'는 상술한 두 기준과 병렬관계가 아니다. 협동행위에 필수불가결한 고려요소를 인정하지 않는다면 행위의 일치성 및 의사소통의 존재는 반드시 고려해야 할 요소가 되는 것은 아니다. 따라서 협동행위의 필요인정기준에 대해 행위의 일치성 및 의사소통의 존재라는 요건을 유보하는 것이 타당할 것이다.

둘째, 벌금가격면제제도 중의 일부규칙 개정이 필요하다. 벌금가격면제제도의 합리성은 관련된 법집행의 유효성에 직접 관련된다. 현재 「반가격독점행정집행절차규정」에 존재하는 일부쟁점을 감안하면 다음과 같은 개선방안이 진행되어야 한다.

먼저 가격독점협의의 발기자가 벌금가격면제를 획득할 수 없도록 분명히 규정하여야 한다. 그리고 두 번째 신청자가 제공한 정보와 증거에 대해 중요한 증거가 아니라면 해당증거가 반독점집행기관의 조사에 대해 반드시 새로운 가치를 지녀야만 한다는 것을 분명히 하여야 한다. 그렇지 않는다면 최초의 신청자 외에 만약 신청자 측이 제공한 증거가 비록 중요한 증거라고 하더라도, 이전 신청자가 제공한 정보와 유사하다면 반독점집행기관이 조사하는 의의는 크지 않을 것이다. 또한 모든 벌금가격면제신청자와 반독점집행기관이 전면적이고 지속적이고 완전한 합작을 유지하도록 요구해야만 한다. 카르텔불법행위와 관련 있는 모든 정보와는 그 어떠한 보류도 없어야 한다. 자신의 능력범위 내에서는 완전히 반독점법집행기구가 자신에게 제기한 요구를 만족시켜야만 한다. 반독점법집행기구의 인가를 제외하면 모든 벌금가격면제신청자는 최소한 반독점집행기구에 벌금가격면제신청 제기 시에 일체의 불법행위를 중지해야만 한다. 실무과정에서 증거조사의 필요에서 어떤 때에 반독점법 집행기구는 벌금가격면제신청자가 카르텔활동에 계속 참여할 것을 요구하는데 그럼으로써 더 많은 증거를 획득하고 이러한 상황 하에서 벌금가격면제신청자는 반독점집행기관이 불법행위 중지 요구 시 카르텔활동을 정지해야 한다. 최초의 벌금가격면제신청자가 처벌을 면제받는 것을 제외하고 나머지 신청자는 50% 이하의 벌금감면을 받게 된다. 벌금가격면제의 두 번째 신청자는 벌금감면의 양형을 획득하는 과정에서 주로 신청절차와 정보제공의 새로운 가치에 근거하여 확정하게 된다. 일반적으로 말하면 순서가 앞에 위치할수록 후자보다 감면폭이 더 많다. 후순위의 경우 새롭고 더 좋은 가치가 있는 정보를 신청자에게 제공하지 못하기 때문에 벌금가격면제를 항상 획득할 수는 없다.

셋째, 적극적인 국제협력이 진행되어야 한다. 중국 반독점집행기구가 기타국가 반독점집행기구와 적극적으로 국제협력을 전개해야 하고, 공동으로 국제항공운수업의 가격카르텔에 대응해야 하는데, 그 이유는 다음과 같다. 먼저 중국 반독점집행기관과 비교하여 미국이나 유럽 등 선진국 반독점집행기관의 법집행경험이 상당히 풍부하다. 특히 국제 항공운수업의 가격카르텔에 대해서는 이해가 더 좋기 때문에 만약 중국 과 기타국가가 우호적인 협력관계를 수립한다면 일단 기타국가가 동종 불법행위에 대하여 제때 관련정보를 중국과 소통할 수 있다는 점을 발견한다면 중국이 관련 카르텔행위를 조사하고 공개하는 데에 더 중요 한 의의를 갖게 될 것이다. 그리고 중국 국제항공운수시장은 주로 외국항 공사가 차지하고 있다. 이것은 카르텔행위의 행위주체와 관련증거가 통상적으로 국외에 위치한다는 것을 의미하며, 중국 반독점집행기관의 증거수집에는 기타국가 관련기구의 협력이 필요하다. 또한 국제항공운 수서비스는 전 지구적 차원의 네트워크를 형성하는 특징이 있기 때문에 카르텔에 참여하는 항공회사는 통상적으로 서로 상이한 국가이며, 일단 일부국가가 반독점조사를 시작하면 카르텔조직의 불법증거는 대단히 용이하게 이전되거나 훼손될 것이다. 이 때문에 만약 중국 반독점집행기 구와 기타국가 반독점집행기구가 구류, 조사 등 공동조사를 채택하면 증거의 이전이나 훼손을 충분히 방지할 수 있다. 마지막으로 국제항공운 수업 가격카르텔안건은 반드시 시장주체영업액의 계산 및 확인문제와 필연적으로 관련되어 있는데, 이 또한 기타국가 관련기구의 협력이 필요하다.

현재 반독점영역의 국제합작에는 주로 두 가지 형식이 있다. 하나는 국가 간에 정식 반독점 쌍무협정을 체결하는 것으로, 여기에는 통고, 정보교환, 법집행활동 중의 합작과 협조, 협상, 정보기밀유지 등의 내용 이 포함된다. 즉 국가 간 쌍무협약체제하의 국제법구속력을 지닌 합작이 라는 점이다. 현재 중국은 기타국가와 정식으로 조인한 반독점 쌍무협의 가 없다. 다른 하나는 각기 다른 국가의 반독점법집행기구가 자국 내 국내법에 근거하여 일상업무과정에서 진행하는 일상적인 교류협력이 있는데 이런 기구 간에는 종종 반독점 협력에 관한 양해각서 등 MOU 형식의 협정을 체결하게 된다. 관련입법 및 법집행정보 교류를 약정하고 쌍방의 중대한 또 주요쟁점에 대해 토론 및 교류를 하는 것은 중국의 현재 및 기타국가가 주로 채택하는 협력방식이다. 2011년 1월 10일 당시 리커창 부총리의 영국방문 시 중국 국가발전개혁위원회와 영국의 공정거래사무실이 반독점 협력양해각서를 체결하고, 각자 자국법률이 허용하는 범위 내에서 경쟁 관련정책, 법률법규정보, 입법과 법집행상황을 교류하기로 약정한 바 있다. 자국의 경쟁법 관련정보 교류로 시장에서의 문제와 기업의 법집행에서의 지식과 기교를 공유하기로 한 바 있다.

중국의 반독점법 실시시간이 매우 짧고, 반독점법집행이 오랜 시간이 경과한 것이 아니기 때문에 중국 반독점법 집행기구는 현행 국내법체제 내에서 기타국가 반독점집행기구와의 합작을 발전시켜야 하며, 국제항공운수업 가격카르텔을 방지하는 데에 있어서 적극적으로 기타국가 반독점집행기구와 국제항공운수업 및 항공시장의 공개정보를 교류하고, 관련안건의 조사전략을 토론하며, 관련증거에 대해 평가를 진행하고, 조사 및 증거수집의 선진기술 등을 교류함으로써 중국 반독점집행기구가 신속하게 국제항공운수업의 경쟁상황을 이해하는 데에 유리하도록 해야 한다. 중국 또한 미래에 기타국가와 국제법체제 내에서 더 깊은 합작체제를 고려할 수 있어야 하며 그럼으로써 국제항공운수업 가격카르텔 방지에 더 큰 촉진을 할 수 있도록 해야 한다. 중국에서 항공운수업 가격카르텔과 관련한 산업감독관리부문은 민항총국, 교통운수부, 국가우정국 등이 있다.

Ⅱ. 중국정부의 행정지도 카르텔행위에 대한 규제와 시사점

1. 행정지도카르텔에 대한 법률규제

(1) 노다간장 사례

1993년에 제정된 「일본행정절차법」 제2조 6항 규정에 의하면 행정

지도라 함은 행정기관이 직책이나 관할하는 범위 내에서 일정한 행정목적을 실현하기 위해 특정한 자에게 발송하는 일정한 작위 혹은 부작위의 지도, 권고, 건의 등의 청구로서 행정처벌을 적용하지 않는다고 규정한 바 있다.

행정지도카르텔의 불법성과 관련한 사례로는 노다간장 사례[24]가 있다. 노다간장 사례가 발생한 배경은 2차대전 이후 일본이 전쟁 당시에 채택했던 물자, 물가통제정책의 폐지라는 소위 특수시기에 당시 물가관리부문인 물가청(物價廳)이 자유정가제를 채택하여 간장가격에 대해 부적절한 행정간여를 함으로써 가격카르텔사건을 야기한 것이다. 사례의 구체적인 정황은 아래와 같다.

노다간장주식회사 및 기타 세 회사는 제조업, 간장판매에 종사하는 기업이자 일본 국내 동종업계에서의 대기업으로 생산량 총액은 일본 전체 총생산량의 20% 이상을 차지하였다. 일본간장협회는 일본 전국 간장제조업자들로 구성된 기업그룹이다. 1950년 일본 간장가격이 아직 국가통치가격을 실행하고 있을 때, 당시 가격에 만족하지 않았던 간장제조기업은 물가청 등 정부부문에 개정 및 가격인상을 요구하였다. 이후 기업이 일본 농림성(農林省)으로부터 당해연도 된장 및 간장의 공급조정규칙이 폐지된다는 소식을 이해한 이후, 당시의 각종 상황을 고려하고 간장업계의 가격통제정책 또한 폐지될 것이라는 전망을 하였다. 이런 상황 하에서 1950년 6월 협회회장 및 노다간장 등 네 회사가 간장가격에 대한 의견을 교환하였으며, 간장통제가격이 만약 계속 하락한다면 최종적으로 소매가격은 1리터당 80엔에서 90엔으로 개정해야만 하며, 만약 통제가격정책이 폐지되어 자유정가가 실행되면 특수품질 이외의 최우수품종가격은 1리터당 90엔 정도로 되어야 한다는 것이다.

이후 물가청이 아래 행정지도행위를 실시하였다.

첫째, 노다간장 등 네 회사를 소집하여 현재 간장 통제가격정책을 중지해야 한다고 주장하였으며, 향후 간장가격을 제시하여 각 기업이 1리터당 70엔의 소매가격을 지불할 것을 기준으로 하였다. 둘째, 회의석상에서 노다간장 등 네 회사에 대해 1리터 가격을 80엔으로 하는 의견을 요구하였는데 물가청이 최종적으로 중간가격을 수취하였고 최우수품종의 가격은 최고 1리터당 75엔으로 하고, 전체품종의 평균가격은 70엔으로 고정하도록 하였다. 이 가격이 준수되도록 하기 위해 노다간장주식회사 등 네 회사는 판매가격 확정 시 생산, 소매업자 및 도매업자의 이익을 고려하도록 하였다. 노다간장주식회사 등 네 회사는 이를 보증하였다. 셋째, 물가청은 협회가 간장의 정부 정가정책 폐지에 관한 진정서를 제정하여 물가청 관료에게 교부하도록 권고하였다. 이후 협회는 물가청 뜻에 따라 진정서를 제작하였으며 협회회원에게 복사를 해주고 직원을 파견하여 각 지역에서 정황을 설명하였다. 피고입장에서의 네 기업은 1950년 6월 29일 논의한 이후 가격통제 정지 이후의 판매가격에 대해 협상을 진행하였다. 상술한 행위에 대해 일본 반독점법 실시기관인 공정거래위원회는 노다간장 등 네 회사가 일본 독점금지법의 카르텔금지행위에 관한 규정을 위반했다고 판정하고 협회도 사업자단체법의 관련규정을 위반했다고 판정하였다.

노다간장 사례의 불법성 인정과 관련하여 기업 및 사업자단체는 간장판매가격에 대한 조사를 진행하여 가격정책 폐지 이후에 시장에서 자유로이 가격이 정해지는 간장가격을 통일하였다. 그로 인하여 시장가격이 조종되고 경쟁에 반하는 행위가 발생하게 된 것이다. 그러나 본 사례의 특수성은 정부부문인 물가청이 개입했다는 것에 있다. 카르텔행위에 대해 독점금지법을 적용해야만 하는가의 문제에 대해 기업행위의 불법성은 당시 일본사회, 특히 일본기업계의 비판이 있었다. 하나는 행정권의 부당한 개입, 다른 하나는 반독점법의 엄격한 규제로 기업으로 하여금 어려운 입장에 처하게 한다는 것이 그것이었다.

본 사례에서 사업자단체와 노다간장 등 네 회사는 공정거래위원회의 판정결과에 대해 다음과 같은 의견을 제출하였다. 첫째, 본 안건 중의 행위는 행정부문이 반강제적으로 요구한 소위 특수한 상황 하에서 발생한 것으로, 피고들은 사실상 거절할 자유가 존재하지 않았고, 특수한 상황이 없었다면 본 사례의 행위는 발생할 수가 없다는 것이다. 둘째, 사업자단체의 일련의 행위는 일본정부의 의지로 가격통제정책을 폐지한 것으로 이 점에서 사업자단체의 행위는 불법으로 간주할 수 없다는 것이다.

피고 측의 이러한 항변에 대하여 일본 공정거래위원회는 법률원칙과 반독점법의 이념에 근거하여 피고 측 의견을 거부하고 심리재결서에 아래와 같은 서술을 하였다.

첫째, 사업자단체가 서술한 것처럼, 사업자단체의 행위는 정부기관의 정책실시와 결합된 것이자 진정서의 제출 또한 물가청이 주도한 결과이다. 그러나 설령 정부정책과의 결합이라고 하더라도 반드시 합법적인 범위 내에서 진행되어야 하며, 이 때문에 비록 상술한 이유가 있지만 사업자단체의 행위를 인정할 수 없는 것은 법률이 허용하는 범위 내로서, 불법성의 성립에 방해를 주지 않는다. 둘째, 설령 정부기관이라고 하더라도 기타기관의 요구에 따라 임의적으로 독점금지법을 해석할 수 없다. 따라서 비록 수많은 행정기관의 책임자가 어떤 때에 독점금지법의 정신을 이해하지 않고 행정지도를 잘못 진행하게 되는데 기업 혹은 기업그룹은 여전히 법률이 규정한 내용이 무엇인지 자신이 판단할 책임이 있고 법에 따라 종사해야 한다. 아마 정부부문의 지도가 처벌적용 시에 정상참작이 고려되는지의 문제가 있지만 이런 원인으로 인하여 불법을 배제하고 필요한 조치를 채택하는 것이 영향을 받으면 안 된다. 결국 기업이나 기업그룹의 책임을 경감할 수는 없다. 셋째, 비록 피고인 측이 언급한 것으로, 자신의 행위가 일본정부의 의지에 의한 가격통제정책 폐지 차원에서 실시되었다고 할 수 있지만 설령 물가청 책임자라고 하더라도 경영자의 불법행위를 전제로 하여 가격통제를 폐지하여 국가의 통일의지를 실현할 수는 없다. 만약 이런 행위가 허용된다면 서로 상이한 행정기관은 자의적으로 법률을 해석하고 적용하게 되고 그 결과 법의 통일성을 기대할 수 없어 엄격한 집행이 되지 않을 것이다.

종합해보면 일본 공정거래위원회는 설령 행정지도적인 요인이 존재하더라도 만약 기업 측의 행위가 일본 독점금지법 및 관련법률규정을 위반하였다면 법률적용에 영향을 주지 않는다는 입장을 취하였다.

(2) 행정지도카르텔에 대한 법률규제

1) 행정지도 카르텔사건에 대한 중국기업 측의 규제

이론적으로 정부권력과 상이하게 행정지도는 직접적으로 법률로서 강제구속력을 갖는 적절한 행정방식이 되지 않았다. 반면 기업이 정부의 지도의견을 수용해야 하는가는 스스로 선택가능한 것이다. 이 점에서 보면 기업이 설령 카르텔의 행정지도를 실시하였다고 하더라도 행정지도가 법적 강제력을 구비하지 않고 있기 때문에 카르텔을 실시하는 기업은 여전히 법적 책임을 부담해야 한다. 카르텔과 관련하여 중국정부 지도의견이 행정명령으로 변경되면 기업이 수용하도록 정부가 강제하는 경우가 있으며, 기업 또한 피동적으로 행정명령을 집행하게 된다. 정부차원에서 간장가격의 행정지도가 실시되지만 기업은 결코 각자 완전하게 피동적으로 정부의견을 집행하지는 않는다. 즉 기업은 정부의견에 따라 간장 1리터에 70엔이라는 가격규정을 집행하지 않고, 기업의 공동이익에 근거하여 간장 1리터에 80엔이라는 가격을 주장하였다. 또한 최종적으로 행정부문과 서로 양보를 하여 간장 1리터에 75엔이라는 가격을 협의하게 된다. 이 때문에 비록 당시 일본사회가 정부의 시장개입이 빈번하여 잠재적인 행정영향력이 존재하였음에도 불구하고, 본 안건 중의 기업행위는 이미 기업이 단순하게 정부정책범위를 결합하는 차원을 초과하였기 때문에, 일정 부분에서 정부의 행정지도를 이용하여 이윤창출을 실현한 것이다.

기업으로 말하면 정부의 행정지도를 받는 장점의 하나는 최대한도로 정부의 중재자적 지위를 이용할 수 있다는 것이다.25) 그 이유는 비록 기업의 연쇄도산을 방지한다고 하여 기업 간 상호경쟁을 억제하고 산업의 전체적인 공동발전을 추구한다고 하지만 실질적으로는 각 산업계 내부의 이해관계가 대단히 복잡하기 때문이다. 기업이 설령 생산수량 제한협정 및 가격협정을 실행한다고 하더라도 이것이 결코 협상을 통해 간단하게 결정될 문제는 아니다. 이때 행정기관으로부터의 생산수량, 가격 등의 권고 및 건의는 핵심적인 작용을 하게 된다. 이것이 기업의 기대가 권위적인 제3자인 행정기관 지도의 원인소재가 되는 것이라고 하겠다. 다른 한편으로 행정지도는 가격체계의 교란 및 생산수량의 카르텔작용을 갖는다. 즉 기업이 관료체제의 낙후성을 이용하여 카르텔을 실현하는 것으로, 기업은 행정지도를 신뢰하고 수행하는 동시에 예측불가능한 시점에 책임을 행정부에 전가할 수 있는데 이 또한 행정지도가 기업에 유리한 점이라고 하겠다.

종합해보면 행정지도가 야기하는 기업의 카르텔행위는 행정부가 기업의 의지를 위반하는 것을 제외하면 강행수단을 추가하여 기업으로 하여금 카르텔행위를 수용하도록 해야 한다.[26] 그렇지 않은 경우 비록 행정개입요소가 존재하더라도 일정정도에서 기업은 행정지도를 통해 자신의 이익을 실현하기 때문에 만약 해당기업행위가 카르텔의 규제요건에 부합한다면 독점금지법 규정을 적용해야만 한다.

2) 행정지도 카르텔사건에 대한 중국정부 측의 규제

상술한 것처럼 카르텔의 행정지도의 실질은 행정부문과 기업이 하나로 결합한 카르텔행위이며, 이 때문에 카르텔에 대한 행정지도 차원의 규제에 대해 기업에만 한정할 것이 아니라 행정지도에 대한 합법성 심사 또한 꼭 필요하다.

행정지도는 대부분 법률의 위임을 얻지 못하고 있다. 혹은 행정부의 재량권이 지나치게 크기 때문에 이것이 행정지도의 실시에 상당히 큰 위험성을 초래한다. 경쟁법 각도에서 말하면 법적 근거가 없거나 매우 약한 행정지도행위는 종종 경쟁제한이라는 결과를 초래하게 된다. 이러한 행정지도는 법적으로 직접적인 강제력을 구비하지는 않지만, 특정산업의 주관부문은 도리어 아주 다양한 방면에서 기업의 이익을 결정하게 된다. 비록 실무적으로 기업이 행정부문의 지도를 적극 추구하는 상황이 많지만 행정부가 잠재적인 영향력을 고려해서 행정지도를 실시하려고 하지 않는 상황도 존재한다. 이 또한 행정지도행위에 규범이 필요한 이유이다.

카르텔을 야기하는 행정지도행위에 대해서는 행정법 차원뿐만 아니라 반독점법 차원에서도 법개정이 진행되어야 한다. 일본의 경험을 참고하여 구체적으로 카르텔에 대한 행정부의 규제방법을 토론해볼 필요가 있다.

우선, 행정법 차원의 규제이다.[27] 행정지도의 행사에 대해서 아래 몇 가지 법제도적 개선이 필요하다. 우선 철저한 법치주의의 실현을 위해 법률상의 위임이 필요하다. 모든 행정활동이 법률과 저촉되면 안 되며, 법률원칙을 준수해야 한다. 행정기관의 자의적인 행정활동을 피하기 위해 행정지도의 요건과 내용은 최대한 자세하게 실체법상에 규정되어야 한다. 동시에 행정지도의 신속성을 유지하기 위해 행정재량의 보증, 판단과정의 공개 및 절차의 공정성이 요구된다. 상기이론에 근거를 두고 일본은 1993년「행정절차법」을 제정하여 행정지도의 정의와 성질, 일반원칙에 분명한 규정을 두었다.

다음으로 반독점법 차원의 규제이다. 일본 독점금지법의 적용대상은 단지 기업과 기업그룹의 행위로 한정되었기 때문에 행정부의 행위에 대해서 독점금지법은 효력이 없다. 그러나 카르텔에 대한 행정지도를 야기하는 행정부의 행위에 대해서는 행정부가 자신의 행위와 독점금지법간의 관계를 고려하였을 때 책임이 있기 때문에 기업의 불법행위를 초래하는 현상 출현을 회피하게 된다. 독점금지법이라는 이러한 결함을 보완하기 위해 일본 공정거래위원회는 1979년「기업그룹활동에 관한 독점금지법상의 지침」을 제정하여 기업그룹의 행위가 설령 행정지도와 관련되는 부적절한 정황이 있더라도 만약 동 행위가 독점금지법 규정을 위반한다면 독점금지법의 적용에 영향을 주지 않는다는 점을 분명히 하였다. 동시에 행정부문은 독점금지법상의 문제를 야기할 행정지침 하달 시 사전에 공정거래위원회와 협상내용을 조정해야 한다.

이후 공정거래위원회는 행정부문과 조정을 한 사례 및 불법사건 조사경험을 종결하는 기초 위에 1981년 3월 「독점금지법 및 행정지도관계에 관한 의견」을 반포하였다. 그중 공정거래위원회는 행정부와 독점금지법상의 문제가 발생할 가능성이 있는 행정지도에 대한 협조진행 표명 외에 행정지도를 구체적인 법률근거가 있는지의 여부에 따라 구체적인 법률근거가 있는 행정지도와 구체적인 법률근거가 없는 행정지도로 분류하여, 서로 상이한 행정지도에 초래될 가능성이 있는 반경쟁효과를 분명히 하였다.

「기업그룹활동에 관한 독점금지법상의 지침」은 행정부가 각 행정부처가 제정한 법규채택 외에 다른 구체적인 법률근거방식이 없다고 지적하였는데, 기업그룹과 개별기업에 대해 행정지도를 하는 것이 카르텔행위를 유도할 것이며, 그중 기업단체에 적용 시에 가장 용이하게 카르텔행위가 유도된다고 지적하였다. 법적으로 명령, 인가, 권고, 지시를 규정하고 있고, 법률운용의 일환으로 동 규정의 실체적 요건 실시가 존재하는 상황 하에서 실체적 요건 실시 전단계 혹은 대체수단으로 채택하는 행정지도행위는 독점금지법상에서는 존재하지 않는다. 이외에 가격, 수량 등 시장요건에 영향을 주는 행정지도는 카르텔행위를 발생시킨다.

이러한 기초 위에서 일본 공정거래위원회는 1994년에 「행정지도에 관한 독점금지법상의 의견」을 반포하였다. 새 지침은 공정거래위원회의 카르텔에 대한 행정지도를 하는 견해 위에 구(舊)지침에 대해 더욱 상세하게 규정을 하였다. 예로 구체적인 법적 근거가 있는 행정지침을 겨냥하여 해당지도의 목적과 내용, 방법 등을 분명하게 규정함으로써 법령규정과 일치하도록 하였다. 비록 법에 분명한 규정이 있지만 행정지도의 목적과 내용, 방법이 법규와 일치하지 않거나, 각 성(省) 인민정부의 규정 혹은 기업법상의 감독권이 규정하는 행정지침은 구체적인 법적 근거가 있는 행정지침에 속하지 않는다.[28] 한편 구체적인 법적 근거가 없는 행정지침에 대해서는 행정지침의 목적과 내용, 방법으로부터 독점금지법과의 관계를 도출하여야 한다. 또한 구체적인 법적 근거가 없는 행정지침에 대해 새 지침은 최초로 세분화를 시장진입 및 퇴출의 행정지도로 삼아야 하며, 일부가격의 행정지침과 관련하여, 또 일부 행정지침과 관련하여, 영업방법과 품질, 가격과 광고, 표지 등 행정지침 관련하여 구체적으로 각종 유형 가운데 경쟁제한행위의 지도방식이 반영되어 있어야 한다. 마지막으로 새 지침은 행정인가, 행정인가 가운데 기업활동이 부당한 제한을 지적하고, 공정경쟁에 위해를 주는 행정지도행위, 또 그에 대해 발생되는 독점금지법상의 문제에 대해 분명하게 규정을 하였다.

이상의 연구에서 볼 수 있는 것처럼 카르텔에 대한 행정지도는 경쟁법 및 행정법 위반이라는 이중 위법성을 구비하고 있기 때문에, 규제방법 또한 기업과 행정이라는 두 방면으로부터 선별적으로 규제를 해야 한다. 일본의 카르텔 규제경험은 기업행위에 대해 독점금지법을 적용하는 것이고, 행정행위에 대해서는 독점금지법 내에 비록 구체적인 규정이 없으나 일본이 「행정절차법」 등 행정입법을 제정하고, 독점금지법을 위반하는 행정지도의 지침방식을 채택하여 지속적으로 행정행위를 규범하고 개선함으로써 경쟁행위 제한의 발생을 방지하고 있다.

또한 건축재료 및 건축기계 가격협정에 대한 사례가 있다. 2009년 중국 강소성 연운항시 건축재료 및 건축기구업협회가 공동설립한 콘크리트위원회와 해당지구의 콘크리트사업자들이 생콘크리트시장의 분할 및 가격에 관한 협정을 체결하였다. 이에 강소성 공상국은 강소성협회의 콘크리트위원회에 대해 반독점법 제16조 위반으로 20만 위안의 과징금을 부과하였다. 이와 함께 동 카르텔에 가담한 5개 사업자들에 대해서도 소득 몰수 및 과징금을 부과하였다.[29]

2. 중국반독점법의 행정지도카르텔규제에 대한 개선방안

카르텔에 대한 행정지도 가운데 기업 및 행정행위에는 불법성이 존재하기 때문에 법에 따라 규제를 해야 한다. 기업규제에 대해서는 외국사례를 참고하여 반독점법의 기업행위에 대한 규제를 직접 적용해야 한다. 중국정부의 규제에 대해서는 각국의 입법에 따라 서로 상이한 처리가 가능하다.

중국 반독점법과 기타국가가 제정한 전통의 반독점법 간의 차이점 중의 하나는 정부기관과 공공사무 관리기능을 갖고 있는 조직이 행정권력을 남용하고, 경쟁을 배제 및 제한하는 행위에 대해서는 제1장에서 규제를 하고 있다는 점이다. 즉 통상적으로 말하는 행정독점에 대한 규제는 제1장에 근거를 두며 중국 국가공상행정관리국은 별도로「행정권력남용으로 경쟁을 배제 및 제한하는 행위제한의 규정」을 두었다. 이 규정은 일본의 전통적인 반독점법 규제범위의 결함을 보완한 것이며, 중국의 행정독점규정에 대해 카르텔 관련 행정지도를 하는 중국정부가 규제하도록 부여한 것이다.

그러나 현재 중국의 반독점입법에는 일부 쟁점이 존재하여 카르텔 관련 행정지도에 법적 장애가 되고 있다.

첫째, '남용'의 해석문제가 있다. 중국 반독점법 가운데 행정독점에 관한 규정[30] 및 중국 국가공상행정관리총국이 제정한 행정규장은 행정권 남용이라는 전제를 채택하였다. 행정권남용에 부합하는 조건에 대해 관련법조문 가운데에서는 구체적인 규정이 없다. 비록 전인대에서 출간한 서적에서 행정권남용 판단 시 구비하여야 할 두 가지 요건, 경쟁배제·경쟁제한효과 및 법 또는 정책상의 근거여부를 해석하였는데, 어떠한 법적 근거가 있어야 권력남용에 속하지 않는 것인지에 대해서 분명하게 규정된 것이 없다. 행정지도처럼 구체적인 법적 근거는 없지만 일반적인 행정권한이라는 추상적인 근거를 구비한 것이 권리남용에 속하는지의 여부이다. 실제생활에서는 구체적인 법적 근거가 부족한 행정지도행위가 야기하는 경쟁제한행위 및 법적 근거가 부족한 행정독점행위는 더욱 빈번하게 출현할 것이다. 이러한 행위가 행정독점에 속하는 규제대상인지의 여부는 현행법률 및 전인대가 제시한 해석 가운데에서는 나타나지 않고 있어 향후 법개정 시 해석 및 보완이 되어야 한다.

둘째, '강제'에 대한 해석문제이다. 중국 반독점법 제36조는 행정기관 및 법률법규가 위임한 공공사무관리기능을 구비한 조직은 행정권력을 남용하면 안 되며, 경영자가 본법이 규정한 독점행위에 종사하도록 강제하면 안 된다고 규정하였다. 이 규정은 기타 행정독점 관련규정과 상이한 규정으로, 기타 행정독점규정은 단지 법조문 내에 정부 일방 당사자가 불법적으로 시장개입을 하는 방법을 열거한 것에 불과하다. 본 조문에서는 이에 대해 명시된 바가 없고, 행정부의 행위가 강제행위라고 분명히 규정하였다.

전인대의 해석에 근거하면 강제에는 행정규장을 반포하는 방식을 포함하며, 또한 직접 행정명령을 반포하는 방식도 포함한다. 경영자가 본법이 규정하는 독점행위에 종사하도록 강제하는 것이다. 행정규장 및 행정명령의 반포방식은 강제력을 지닌 방법이지만 법규 자체로 보면 강제라는 단어 자체는 행정명령 및 행정규장 반포 외에 행정기관의 행정영향력이라는 명확하지 않은 강제수단을 이용해서도 마찬가지의 강제적 효과를 가져올 수 있다. 이러한 상황은 시장경제국가에서도 용이하게 발견된다. 이러한 국가 중에서는 과거 직접적인 행정명령이라는 시장개입방식이 점차 도태되고, 이를 대신한 것이 행정지도, 행정영향력 이용 등 간접적인 명령방식으로 경제생활에 개입한 것으로, 그 의도와 효과는 종종 직접적으로 분명한 강제수단이 된다. 즉 모두 경영자로 하여금 경쟁제한에 종사하도록 하는 행위가 된다. 예로 정부가 명령 및 규장을 반포하고 기업으로 하여금 가격담합을 진행하도록 하지 않았지만 경쟁관계에 있는 기업이 참가하는 가격조정위원회 및 가격조정체제수립 등의 방식을 통해 가격동맹의 형성을 독촉할 수 있다. 이런 정부행위는 비록 분명한 강제성이 없지만 기업의 산업주관부문으로서의 행위는 잠재된 강제력이 무시할 수 없는 것이다. 여기에서 관련된 행위는 행정지도가 야기한 카르텔행위이다.

이러한 행위가 현행 반독점법에 근거하여 규제를 진행할 수 있는가의 여부는 동법이 제정되어 더 상세한 해석이 있기 전에는 어렵다. 그러나 중국의 실정 및 일본의 법률규제경험을 보면 이러한 행정지도행위가 야기하는 경쟁제한행위의 규제는 행정독점규제에 부합하고 실무적으로도 필요한 것이다.

종합해보면 카르텔 관련 행정지도행위는 기업과 정부차원에서 진행이 되어야 하며, 반독점법과 행정법 운용으로 규제되어야 한다. 그중 정부의 행정지도를 이용하여 기업의 경쟁제한목적을 실현하는 기업의 행위는 반독점법의 규정을 직접 적용하여 규제할 수 있다. 정부의 행위에 대해서는 중국 반독점법 가운데 현행 행정독점규정을 이용하여 중국 전국인민대표대회의 법해석보다 더 광범위한 해석을 제시하거나, 혹은 중국 반독점법 제8조를 적극 활용하여 행정독점의 원칙적인 규정에 대해 규제를 하여야 한다. 이 기초 이에 일본의 규제경험을 참조하여 행정입법을 강화할 필요가 있다. 행정입법 강화는 최대한 빨리 행정소송법을 제정하여 행정지도행위로 하여금 법적 근거를 갖도록 하거나, 카르텔 관련 행정지도를 야기하는 행위의 지침을 반포하는 것 등이 있다. 이러한 입법활동을 통해 정부의 행정행위를 규범함으로써 불법행위를 사전에 예방하는 것이 요구된다.

Ⅲ. 유럽의 카르텔 범칙금 가격면제제도가 중국에 주는 시사점

1. 유럽카르텔 벌금가격면제제도의 개념과 특징

(1) 벌금가격면제제도의 개념

카르텔사건은 가격담합 등에 의하여 시장을 통제하려고 하는 고의범인 점에 특징이 있다. 카르텔은 불공정한 판매활동을 당사자가 당초부터 기도한다는 점에서 범죄성이 강하다. 물론 EU법상 카르텔사건은 행정사건이며, 과징금이 기업에만 부과되고 개인에게는 아무런 제재도 부과되지 않고 규칙 23조 5항에서는 과징금은 형사적 성격을 갖지 않는다고 규정하지만, 과징금이 거액인 점에서 일종의 형사처벌이라는 일부 견해도 있다.[31] 유럽의 카르텔 관련 벌금가격면제제도는 사법부 및 행정부의 적발이 어렵고 집행이 어려운 점을 감안하여 1996년의 카르텔판례에서 벌금가격면제제도가 도입되었다.[32] 이 제도는 주도적으로 증거를 제시하는 카르텔판례참가자에게 법률책임을 감경 혹은 면제하는 제도로, 카르텔참가자의 주도적인 불법행위 적발행위를 적극 장려함으로써 내부자거래정보 획득으로 불법행위 처벌을 주도한다. 또 공모자 사이에 불신임을 초래케 하여 카르텔 유지가 더 어려워지도록 할 수 있다. 유럽위원회가 지적한 바로는 만약 불법행위에 참가하는 기업이 카르텔 퇴출을 원하고 EU위원회가 조사에 착수하면 EU위원회는 해당기업에 일정한 벌금감면을 부여함으로써 카르텔이 규제하는 전체이익에 부합하도록 해야 한다. 그 이유는, 카르텔에 대한 벌금가격면제제도는 소비자와 유럽국민의 이익이 EU위원회가 발견 및 처벌하는 카르텔행위참가자가 벌금징수를 위해 지불하는 이익보다 효과적으로 커야 한다고 규정하였기 때문이다.[33]

(2) 벌금가격면제제도의 연혁

EU는 1996년 카르텔판례에서 벌금가격면제제도를 확립하였는데 2002년과 2006년 두 차례에 걸쳐서 개정이 되었다. 1996년 7월 18일 EU위원회는 「카르텔판례 벌금면제 또는 경감 공고(Commission notice on the nonimposion or reduction of fines in the cartel cses)」를 반포하여 반독점법에 카르텔 관련 벌금가격면제제도를 포함하였다. 1996년 벌금감면공고는 벌금감면유형을 네 가지로 분류하였다. 전액면제, 75% 이상의 실질감면[34], 50~75%의 실질감면[35] 등이 그것이다. 상술한 세 가지 감면에 적용되는 신청자는 반드시 가장 먼저 관련정보를 제공해야 하며 카르텔사건의 공모자가 되면 안 된다. 상술한 정형에 속하지 않는 신청자는 10~50%에 해당하는 감면을 제공받을

수 있다.36) 그러나 카르텔을 제보한 신청자가 상당히 적어 실질적인
효과를 거두지 못하였는데 그 이유는 다음과 같다. 첫째, 해당 감면공고
가 EU위원회에 상당히 큰 자유재량권을 부여하였으며, 벌금가격면제제
도의 운용은 일정한 확정성과 예측가능성이 부족하였다. 즉 실질적인
감면을 얻지 못하여 최종적으로 규제기관이 자유재량으로 확정하는
경우가 많았다. 둘째, 벌금 전액면제의 적용범위가 지나치게 협소하였
다. 조사절차가 일단 개시되면 설령 기업이 검사를 하더라도 벌금의
전액면제가 되지 않았으며, 단지 부분면제에 그쳤다.

2002년 2월 14일 EU위원회는 벌금면제제도를 강화하여 카르텔안
건 참가자를 더 용이하게 적발하도록 하였다. 구체적으로 벌금면제를
전액면제와 부분면제 두 가지 유형으로 분류한다. 또 카르텔조사 이전에
요건에 부합하는 최초의 고발자는 벌금의 전액면제를 받을 수 있도록
하였다. 기업의 주도적인 신청을 장려하기 위해 설령 EU가 조사를 발동
하는 충분한 정보를 획득하더라도 기업이 제공한 정보가 EU가 인정한
불법행위에 유리하다면 신청자는 일정한 금액의 벌금면제를 획득한다
는 내용이다.

2006년 12월 8일 EU위원회는 벌금감면 적용조건 및 내용을 더
분명하게 규정하여 벌금감면공고제도를 개정하게 된다. 이때에는 임의
표기제도(Discretionary) 및 기업의 합작성명 보호절차(procedure
to protect corporate statements)가 새로 추가되었으며, 절차적으로
카르텔사건의 벌금감면을 위해 신청인에게 더 충분한 제도적 보장을
제공하였다.

(3) 벌금가격면제제도의 특징

중국과 비교하여 EU의 카르텔 관련 벌금가격면제제도는 아래와
같은 특징을 갖는다.

첫째, 적용하는 법률책임을 보면 EU는 미국과 달리 벌금가격면제제
도는 행정벌금 면제에만 적용하고 있고 형사책임의 면제에는 적용하지

않고 있다. 한편 EU 벌금가격면제제도의 효과적인 시행은 주로 매우 높은 고액벌금제도의 부담감과 밀접하게 결합되어 있다.[37] EU에서 카르텔을 실시하는 단일기업에 부과하는 최고벌금액이 이미 8만 9천6백만 유로를 초과하였으며 카르텔 전체구성원에 대한 최고벌금액이 이미 13억 유로를 초과하였다.[38] 이렇게 높은 고액벌금은 효과적으로 불법행위자를 제재할 뿐만 아니라 카르텔참가자인 기업에게는 아주 큰 부담이 되어 카르텔참가자의 벌금가격면제제도 이용이 장려되고 주도적으로 카르텔에서 퇴출하는 원인이 된다.

둘째, 적용조건을 보면 EU의 벌금가격면제제도는 행위인의 자수행위에 적용되며 또 행위인의 신고행위에도 적용된다. 경영자가 설령 기타 경영자의 불법행위를 적발했다고 하더라도 일정한 벌금감면을 얻을 수 있다.[39] 동시에 기업이 벌금의 전액면제를 획득하고자 한다면 반드시 가장 먼저 EU위원회에 동 위원회로 하여금 조사절차를 착수하도록 하거나 불법행위를 발견한 자료나 증거를 충분히 제공해야만 한다. 기업이 만약 벌금의 부분적인 감면을 얻고자 한다면 이 또한 반드시 EU위원회에 현(現) 증거에 부가가치를 지니고 있는 자료와 증거를 제공해야만 한다.

셋째, EU위원회는 벌금에 대해 일정한 자유재량권을 갖는다. 벌금의 전액감면에서 조사절차 이후 제보를 하는 벌금가격면제제도신청자는 EU위원회가 제공된 증거에 대해 정상참작을 진행한 이후 감면을 인정하게 된다. 벌금의 부분감면에서는 EU위원회가 법정한도 내에서 신청자에게 벌금가면을 부과한다. 조사 이전에 두 번째 신청자는 EU위원회가 벌금의 30% 내지 50%의 감면을 부과하고, 세 번째 신청자는 20% 내지 30%의 감면을 부과하며, 네 번째 신청자는 20% 이하의 벌금을 부과한다.[40]

반면 미국 독점금지국 및 일본 공정거래위원회는 카르텔 벌금가격면제제도 중에서 그 어떠한 자유재량권을 갖지 않는다. 오로지 법정조건에 부합하면 규제기관은 반드시 법정 확정금액의 감면을 실시해야 한다.

예로 일본 공정거래위원회가 조사 전에 두 번째 신청자에게 벌금액의 50%를 감면하고 세 번째 신청자는 30%의 감면을 부여하였다.

넷째, EU의 경우 신청자의 벌금감면 획득여부를 판단하는 기준은 주로 신청자가 카르텔사건성질의 인정 및 시간에서 EU위원회에 대한 실질적인 공헌을 했느냐에 달려 있다. 오로지 해당기업이 EU위원회에 제공한 증거가 EU위원회가 이미 보유한 증거에 중요한 가치가 더해지는 경우에만 기업은 벌금감면을 획득할 수 있다.

(4) 카르텔 관련 벌금감면의 요건

EU 카르텔사건 벌금감면 공고규정에 근거하여 카르텔사건의 벌금 감면은 전액면제와 부분감면 두 가지로 분류되며, 전액벌금면제는 아래 조건을 반드시 만족해야 한다.

우선 주체는 최초로 EU위원회에 제보를 한 신청자로 한정된다. 이 주체는 조사개시 이전에 가장 먼저 EU위원회로 하여금 조사개시를 결정할 정보를 갖고 있는 기업을 포함하며, 또 조사개시 이후 EU위원회가 아직 충분한 증거를 확보하여 위법행위를 인정하지 않았을 때 아직 기업이 조사 이전에 적발을 진행하지 않은 상황 하에서 가장 먼저 EU위원회로 하여금 불법행위의 증거를 발견하도록 하는 기업을 포함한다. 동시에 상술한 주체가 기타 경영자를 강제로 압력을 가하여 불법행위에 참여하도록 하거나 혹은 기타기업의 카르텔 퇴출을 방해하지 말아야 하며 그렇지 않을 경우 전액면제를 획득할 수 없다.

다음으로 행위요건은 반드시 동시에 아래 몇 가지 분야를 만족시켜야 한다. 카르텔사례참가자는 반드시 최초로 EU위원회에 감면공고 제8조가 규정하고 있는 관련자료나 증거를 제공해야 한다. 기업이 EU위원회 조사 이전에 가장 먼저 신청하는 경우 규제기관으로 하여금 핵심적인 조사를 전개할 자료나 증거를 제출해야 한다. EU위원회의 조사개시 이후 아직 카르텔에 참여하지 않은 기업이 첫 번째 유형에 근거하여 벌금감면을 획득한 상황 하에서, 가장 먼저 신청한 기업은 반드시 EU위원회로 하여금 동 불법행위를 발견한 자료나 증거를 교부해야만 한다. 상술한 정형 가운데 기업이 만약 조사 전에 적발을 하면 벌금의 전액면제를 획득할 수 있고, 만약 조사개시 이후 일정한 불확실성을 적발하면 전액감면여부는 규제기관의 자유재량으로 확정하도록 하였다.[41]

카르텔 관련 벌금의 부분면제요건 및 금액을 보면 우선 기업은 EU위원회가 이미 확보한 증거에 현저한 부가가치가 있는 증거나 자료를 제공해야만 한다. 여기에서 부가가치라 함은 증거의 성질, 상세한 정도, EU위원회의 불법행위증명력 인정을 강화한 가치라고 한다. 증거심사에서 EU위원회는 통상 사실기간 내에 작성한 서면증거를 사후에 작성한 서면증거보다 더 가치 있는 것으로 인정하였다.[42] 기업이 EU위원회에 증거를 제공할 때에는 EU위원회 조사개시 이전에 교부를 하고, 또한 조사절차 개시 이후 교부를 할 수도 있다. 설령 이미 기타기업이 EU위원회에 제보를 하더라도, 제공한 증거가 현저한 부가가치를 지니기만 하면 벌금의 부분감면을 획득할 수 있었다. 이외에 기업행위는 또 벌금 전액면제 행위요건 가운데 두 번째에서 네 번째 요건을 만족시켜야 한다.

주체와 관련하여 벌금의 부분감면은 상술한 세 개의 EU위원회의 불법사실 보고 및 자료를 교부한 기업에 적용되며, 이 주체는 기타기업의 불법행위 참여 혹은 기타기업의 카르텔 퇴출 저지를 강제하면 안 된다. 기업이 교부한 증거자료가 법정조건에 부합한다는 것을 인정한 뒤에는 EU위원회는 경영자의 신청절차에 근거하여 벌금감면의 구체적인 금액을 확정한다. 제1순위로 요건에 부합하는 경영자는 벌금을 30%에서 50% 감소한다. 제2순위로 요건에 부합하는 경영자는 벌금을 20%에서 30% 감소한다. 제3순위로 요건에 부합하는 경영자는 벌금을 20%로 낮출 수 있다. EU위원회는 상술한 규정의 감면범위 내에서는 일정한 자유재량권을 갖는데 주로 기업의 증거로 제출한 시간, 부가가치의 절차, 협력정도, 지속성 등의 요소에 근거하여 벌금감면의 구체적인 금액을 확정한다.

이러한 카르텔 벌금감면의 절차는 크게 벌금감면의 신청과 수리, 벌금감면의 수리와 재판의 두 단계로 분류된다. 기업은 벌금감면을 획득하기 위해 EU위원회 경쟁부처에 불법행위고지서를 작성해야 하며, 그렇지 않은 경우 기각이 된다. EU위원회가 신청을 처리하기 전에 해당 불법행위 혐의와 관련 있는 벌금감면의 기타신청을 다시 수리하면 안된다. 기업이 만약 벌금의 부분감면을 신청하면 직접 EU위원회에 정식신청을 교부해야 한다. 만약 벌금 전액면제를 신청하면 EU위원회는 먼저 벌금면제 등기신청을 허용할 수 있다. 실무적으로 매우 많은 카르텔 사례의 참가자는 벌금감면 신청 준비 시 법정조건에 부합하는 모든 증거를 장악할 수가 없다. EU는 기업제보를 등기신청제도에 포함하였다.43) 이 제도는 기업이 벌금의 전액면제를 신청할 때 가장 먼저 등기신청을 진행하도록 하였다. 이 등기는 개별안건에 필요한 기한 내에 신청자의 우선신청순위를 면제함으로써 기업이 충분한 시간을 갖고 필요한 자료와 증거를 확보하도록 보증하였다. 등기신청이 일단 위임되면 기업은 반드시 규정한 기한 내에 면제조건에 부합하는 자료와 증거를 교부하여 등기를 하여야 한다. 기업이 만약 기한 내에 해당등기를 완비하면 그가 교부한 정보는 등기수여일에 교부하는 것으로 간주되고 그럼으로써 우선순위의 책임경감이 이루어진다.

한편 기업이 법정조건을 구비한 상황 하에서 EU위원회에 직접 정식 벌금면제신청을 교부할 수는 있으나, 정식신청 교부는 반드시 아래 요건을 만족해야 한다. EU위원회에 감면공고 제8조 및 제9조 규정에 부합하는, 카르텔에 관한 EU위원회에 도움이 되는 자료와 증거를 교부해야 한다.44) 만약 기업이 최초에 EU위원회에 가설적인 조건을 포함하는 자료와 증거를 교부하였다면, 반드시 증거와 내용이 분명한 증거목록을 제출함으로써 서류의 정확성을 보증해야 한다.

2. 중국에 주는 시사점

감면제도는 카르텔사건당사자의 제보를 장려하고 카르텔 퇴출 및 법집행의 어려움을 해결하는 감면제도로서 카르텔규제에 있어서 아주 중요한 의의가 있다. 유럽 카르텔사례 내 벌금감면제도의 발전이 제시하는 규율과 시사점은 중국 반독점법의 벌금감면제도개선에 일정한 의의가 있다.

첫째, 카르텔 벌금감면제도의 구성은 반드시 본국 혹은 해당지역 카르텔안건 법률제도 제재체제의 특징 안에서 수립되어야 한다. EU카르텔제도는 단지 행정벌금책임의 감면에만 적용되었는데, 주요 원인은 EU카르텔사건의 공법책임이 단지 행정책임에 한정되는 경우가 많기 때문이다.[45] 중국에서 현행 반독점법은 독점협의에 대해 단지 행정제재만을 규정하였으며, 개별적으로 심각한 독점협의인 내통 등은 형사책임에 처한다.

그러나 중국「형사소송법」은 무역거래 관련 제소제도가 명확하지 않기 때문에 중국의 카르텔 벌금감면제도가 적용되는 면책범위는 행정 벌금 감면에 한정되어야 한다. 한편 카르텔 벌금감면제도의 효과적인 실시를 보장하기 위해 중국은 상당히 높은 고액의 벌금을 부과하여 법질서의식을 확립할 필요도 있다.[46]

한국에서는 공정거래법상 카르텔 피해자에 대하여 3배 배상제를 도입하려는 법안이 논의되고 있다. 한국의 경우 공적 집행에 의하여 카르텔이 적발되면 원칙적으로 관련매출액의 10%를 상한으로 하는 과징금이 부과될 수 있고, 기소되면 형사적 제재로서 벌금이 부과될 수 있다. 이것들이 카르텔에 대한 억제, 징벌, 불법수익의 박탈 기능을 하고 있다. 그러나 카르텔에 대한 이러한 공적 제재들은 피해자에 대한 배상기능은 갖고 있지 않기 때문에 이것들만으로 충분하지는 않다. 따라서 카르텔로 인한 과다가격을 지급한 피해자인 원고의 제소유인을 높이기 위하여 3배 배상제를 도입하는 것이 필요하다.[47]

둘째, 규제기관의 자유재량권을 엄격히 통제하고, 벌금감면제도를 보다 확실히 하며, 그럼으로써 기업행위법률효과의 예측가능성을 증가하여야 한다.[48] 유럽이 1996년 벌금감면제도를 도입할 때, 규제기관이 매우 큰 자유재량권을 부여하여, 벌금면제제도의 정확성과 예측가능성이 상당히 약해졌으며 동 제도의 운용에도 일정한 제한을 초래하였다. 법개정 이후 벌금감면제도의 증가를 통해 카르텔사례 발생율이 급격히 증가하였다. 그 이유는 벌금가격면제제도에 있어서 만약 벌금감면신청을 한 기업이 자신의 행위경과를 정확하게 예측할 수 없다면 기업은 적극적으로 상기 펀드상품 가입이 있어야 한다. 만약 실무적으로 벌금이 감면되는 기업은 자신의 행위결과를 정확하게 예측할 수 없으며, 기업은 이 제도를 적극 활용하지 말아야 한다. 이 때문에 카르텔 벌금가격면제제도의 효과적인 운용을 보장하기 위해서는 중국의 경우 행정기관의 자유재량권을 엄격하게 통제해야 하며, 기업이 만약 전액감면조건에 부합하면 즉각 일률적으로 면책을 해야 한다.49) 만약 부분감면요건에 부합한다면 벌금감면의 구체적인 폭을 분명히 하여야 한다.

셋째, 카르텔 벌금부과의 목적과 적용요건을 명확히 함으로써 기업의 적발기능50)에 보다 분명한 행위지침을 주어야 한다. 기업의 카르텔고발을 장려하기 위하여 벌금 전액면제의 요건을 조사절차 개시 이후 가장 먼저 규제기관에 불법행위를 인정하는 데에 협력한 신청자로 확대하여야 한다.51) 그럼으로써 불법 카르텔에 대한 효과적인 제재를 실현하도록 해야 한다. 구체적으로 보면 중국은 「반독점법」에 카르텔 벌금가격 전액면제의 아래와 같은 적용요건을 분명하게 규정을 하여야만 한다. 첫째, 불법행위자는 카르텔조사 이전에 가장 먼저 규제기관으로 하여금 조사를 전개하도록 하거나 혹은 조사개시 이후 가장 먼저 규제기관이 불법행위임을 인정하는 데에 도움이 되는 자료 혹은 증거를 제공해야 한다. 둘째, 기업은 신청에서부터 행정절차완료까지 규제기관과 전면적이고 진실하며 지속적으로 신속하게 협력을 하여야만 한다. 셋째, 이미 불법행위를 정지한 경우이다. 넷째, 불법행위와 관련한 증거를 은닉, 파괴, 위조하면 안 된다. 다섯째, 불법행위 주동자 혹은 기획자는 카르텔 벌금가격 전액면제에 해당되지 않으며, 상술한 두 번째에서 다섯 번째 요건을 만족해야만 하는 것 외에 제공한 증거는 규제기관이 불법행위를 인정하는 데에 현저하게 높은 가치가 있어야만 한다.

또 기업의 카르텔 고발을 적극적으로 장려하기 위해, 또 기업에 대한 정당한 이익의 신청을 보장하기 위해 절차적으로 등기신청제도를 수립하여야 한다. 그 이유는 실무적으로 다수의 카르텔안건 참가자들이 신청준비를 할 때, 모든 정보를 아직 장악하지 못했거나 장악할 수 없기 때문으로, 기업에 대한 정당한 권익보장 및 제보의 적극성을 보장하기 위하여 중국은 반드시 등기신청제도를 도입해야만 한다. 기업이 카르텔 벌금가격 감면을 신청할 때 먼저 등기신청을 교부할 수 있고, 해당등기는 상당히 일찍 사전신청의 순위를 보류한 것으로 신청자가 만약 규정된 기한 내에 등기를 완료하면 해당 등기시간은 정식으로 신청한 시간으로 간주될 수 있고, 신청자는 우선순위의 벌금감면을 획득할 수 있게 된다. 이 제도는 신청자가 기업에 대해 충분한 시간을 두고 필요한 자료와 증거를 수집할 수 있도록 보장할 뿐만 아니라, 정당한 이익을 보장하고, 또 규제기관으로 하여금 조기적발 및 불법행위를 방지하는 데에도 유리하다.

이러한 자진신고자 감면제도가 법경제학적 관점에서 효율적이기 위해서는 판단과정에서 재량의 여지는 가급적 배제해야 한다는 것은 분명하다.[52] 또한 제도개선을 위한 방법론으로 상호협약과 비공식적 국제공조가 필요하며 이것이 자진신고 감면 결정에 대한 상호 인정으로 이어져야 한다는 견해도 있다.[53]

마지막으로 외국정부 자신의 행위로 간주될 수 있는 국외 민간 수출 카르텔의 경우 주권면제 법리가 확대 적용될 수 있는지 여부는 명확하지 않다. 다만 국내 피해자가 외국정부를 직접 상대로 하여 손해배상청구의 소를 국내법원에 제기할 경우 수출 및 가격 담합행위는 사법적 행위로 볼 여지가 크다는 점에서 민사 차원에서 독점규제법의 적용이 인정될 수 있는 여지가 전혀 없는 것은 아니다.[54]

제6절 중국 사업자단체의 규제

I. 중국 사업자단체의 현황

사업자단체는 어느 국가를 막론하고 자국 재계의 입장을 대변하는 단체로서 기관 자체의 성격은 자연스럽게 반경쟁적 성격을 지니게 된다. 2007년 8월 30일 통과된 「중화인민공화국 반독점법」 제11조에 이와 관련하여 '사업자단체는 업종자율을 강화해야만 하며, 본 산업의 경영자를 법에 따른 경쟁으로 유도하고, 시장경쟁질서를 보호해야 한다.'고 규정하였다. 그러나 총체적으로 보면 중국 반독점법 내 관련규정은 지나치게 추상적이며 실무적으로 법률적용이 큰 의의를 지니고 있지 않아 이에 대한 고찰이 요구된다.

2007년 7월 중국 「반독점법」이 통과되기 한 달 전에 사업자단체의 고정가격사건이 중국에 보도된 바 있었다. 이에 중국 반독점법 입법 태스크포스와 전인대 상무위는 전문적으로 이 사건에 대해 토론을 진행하였다. 마지막으로 사업자단체가 독점행위의 조직자가 되는 것을 방지하기 위하여 중국 「반독점법」은 제11조, 제16조, 제46조 3항 조항을 근거로 하여 사업자단체의 독점행위문제를 규정하게 된다.[1] 이 가운데 제11조가 사업자단체의 경쟁촉진기능에 대해 기타조문보다 비교적 상세하게 규정을 하였고, 제16조 또한 사업자단체의 구체적인 독점행위를 규정하였다. 동법 제46조 3항은 중국 사업자단체의 경쟁제한행위와 관련한 법적 책임을 규정하였다. 중국「반독점법」은 사업자단체의 규제 대상으로서의 주체지위를 분명히 규정하였으며, 이를 위해 법적 책임 또한 상세하게 규정하였다. 그러나 이러한 규제방법에는 여전히 여러 문제가 존재하였다.

첫째, 사업자단체에 대한 반경쟁성 인식이 충분하지 않았다는 점이다. 사업자단체의 조직이 통일되지 않았기 때문에, 상대적으로 일반경영자의 경쟁제한행위와 비교해보면 그 결의의 집행가능성은 더욱더 효율이 높았으며 경쟁에 대한 손해 또한 더 클 수밖에 없었다. 중국「반독점법」은 단지 3개의 조항으로 이러한 행위를 규제하였기 때문에 법적 실무차원에서 법률적용 시 여러 문제가 종합적으로 제기되는 상황이 발생하게 된다.

둘째, 사업자단체에 대하여 분명한 경계를 두지 않았다는 점이다. 사업자단체라 함은 대단히 모호한 개념이다. 이러한 불분명한 함의 내에 중국의 현실 중에서 존재하는 모든 사업자단체의 유형이 포함된다.

셋째, 사업자단체 독점행위의 다양성에 대해 효과적인 대응이 부족하다는 점이다. 중국「반독점법」제16조는 사업자단체의 독점행위를 독점협의의 범위에 한정하였다. 이것은 사업자단체 독점행위를 아주 단순하게 만드는 결과를 초래하였다. 사실상 사업자단체는 완전히 그 안의 대기업에 의해 조종되며, 사업자단체가 시장지배적 지위를 남용하는 도구가 된다. 독립된 주체자격으로서의 사업자단체는 이때에도 그에 상응하는 책임을 부담해야만 한다.[2] 한편 사업자단체는 또 행정독점에 관련될 수도 있는데,「반독점법」중의 관련규정 또한 추상적이기 때문에 더 상세한 규정이 요구된다.

넷째, 법적 책임이 지나치게 모호하여 상세한 법개정이 진행되어야 한다. 중국「반독점법」제46조 3항은 두 가지 책임형식을 규정하였다. 즉 행정벌금과 사업자단체의 사단자격 취소가 그것이다. 이러한 책임형식은 합리적이라고 하기는 어려운데 그 이유는 사업자단체가 실시하는 독점행위가 필연적으로 관련경영자나 소비자의 합법적인 권익에 손해를 줄 수 있기 때문이다. 그러나 중국 「반독점법」은 사업자단체의 민사배상책임에 대해서는 구체적으로 규정한 것이 없는데 이것은 공정한 정의 추구라는 법률의 보편적인 이념에 부합하지 않는다.

한국의 경우 사업자단체의 역할과 관련해서는 전시회를 개최하는 업종별 사업자단체의 경우 서비스업종보다는 제조업 중심의 기관이 많다.3) 이는 우리나라 1960~1970년대 1차 및 2차 산업의 제조업 중심 발전을 위한 경제개발시기에 정부가 업종별 사업자단체를 중점 육성한 결과이다.4)

중국이 시장경제체제를 도입하여 괄목할 만한 경제성장을 구가하고 있으나 한편으로 사회주의시스템을 유지하고 있기 때문에 사업자단체 운영과정에서 자칫 간과하여 함정에 빠질 수 있는 문제 또한 존재한다. 즉 기업이익대표체제에 대한 국가주의적 시각과 관련하여 두 가지 문제를 제기하고 있다. 우선 사업자단체와 국가 사이의 힘의 관계에 대한 문제이다. 국가조합주의적 시각은 기본적으로 사업자단체가 기업의 이익을 도모하기 위한 집단이기보다는 국가관료에 의해 결정된 정책을 기업에게 전달하고 그 정책의 실행을 돕는 종속적 존재에 불과하다는 입장이다. 여기서 문제는 양자 간 힘의 관계를 일방적이고 고정된 것으로 본다는 것이다. 국가주의적 시각은 국가와 사업자단체의 관계가 동태적으로 변할 수 있다는 점을 간과하고 있다.5) 국가자본주의를 추구하는 중국의 가치관념상 국가와 사업자단체의 역학관계는 탄력적으로 또는 역동적인 역학관계를 맺는다기보다는, 자칫 잘못하면 고정된 틀에 얽매일 수 있는 단점이 존재한다. 이러한 한계를 타파할 수 있는 것은 태생적으로 이재에 밝은 중국인의 습성상 영리활동을 통해 정부와 사업자단체가 서로 윈윈할 수 있는 관계를 확립하는 것이 하나의 돌파구가 될 수 있다.

Ⅱ. 경쟁제한행위에 대한
중국 사업자단체의 법적 책임제도

1. 중국 「반독점법」 내 사업자단체의 독점행위 규제

(1) 적절한 심사원칙 확립

사업자단체의 경쟁에 대한 작용은 다방면에서 진행된다. 이것은 경쟁질서의 유지 중에서 대체불가의 역할을 하게 된다. 이 때문에 사업자단체의 독점행위에 대한 판단은 아주 복잡한 작업이며, 구체적인 개별안건에 대해 분석을 필요로 한다.

반독점법의 일반이론에 따라 고정가격, 시장확정, 공동규제 등 엄중한 독점행위에 대해서는 본법의 당연위법원칙을 적용할 수 있으며, 다른 기타행위에 대해서는 일반적으로 합리적인 원칙을 적용하여 심사를 진행하여야 한다. 그러나 사업자단체가 일반기업과 상이하다는 점을 고려하면 상술한 표준 또한 절대적인 것은 아니다. 일반기업은 이윤극대화원칙을 추구하며, 사업자단체는 일정한 공공기능을 부담한다. 이것은 공공경쟁질서 등의 공적 요소를 보호하고 있어서, 일반기업보다 경쟁에 긍정적인 효과가 많다. 예로 상술한 National Society of Professional Engineers v. United States에서 엔지니어협회가 건축물 안전의 공공기능을 구비하고 있기 때문에, 안전을 고려한 판결은 상대적으로 경쟁질서에서 중요한 의의를 지니게 되고, 합리적인 원칙을 적용하여 동 사업자단체의 고정가격행위를 판결하는 것은 셔먼법에 위반하지 않는다고 하였다. 만약 사업자단체가 종사하는 독점행위가 공공기능에 관련되지 않는다면 그 행위의 판단은 일반기업과 동등하게 간주하는 방법을 채택할 수 있을 것이다.

(2) 사업자단체의 주체범위 확정

사실상 사업자단체는 중국의 기업활동영역에서 대단히 추상적이고 모호한 개념이다. 1999년 11월 심천시 전인대 상무위에서 통과한 「심천 경제특구 사업자단체조례」의 사업자단체에 대한 정의는 '동종산업의 경제조직 및 자영엽자가 스스로 결성한 비영리성 자율적 성격의 산업성 질을 구비한 경제사단법인이다.'라고 규정하였다. 여기에서의 사업자단 체는 비영리성 및 자원적 성격을 구비한 사회단체법인이 되었다. 그러나 중국의 사업자단체는 여전히 정부가 시장을 형성하거나 시장을 확대하 는 과정에서의 산물이며, 정부가 전면적으로 사업자단체의 관리에 책임 을 지고 정부통제하의 업종자치발전과정을 겪어왔으며, 지금까지 발전 에 있어서 구조조정에 의한 전환기에 처해 있다고 할 수 있다. 지위, 조직, 지도, 경비, 권력 등 다방면에서 정부 측과 서로 상이한 관련성을 구비하여왔다. 중국의 사업자단체는 순수한 자치성조직이 아니다. 동종 업계의 기업이 강압적인 원칙에 따라 위로부터 아래로 조직된 민간조직 이다. 만약 사업자협회가 완전히 자발적이고 자체규율에 따라 운영되는 민간조직이라면 확실히 중국의 실제정황에 부합하지는 않을 것이다.

　　한국에서의 사업자단체의 설립목적과 역할은 다음과 같다. 우선 해당산업 회원사들의 친목과 공동의 이익을 증진한다. 다음으로 해당산 업의 발전을 도모한다. 또한 궁극적으로 국민경제 발전에 기여한다는 큰 틀에서 공통된 인식을 함께 한다.6) 설립목적뿐만 아니라 업종별 단체들의 사업영역에서도 몇 가지 공통된 특성을 발견할 수 있다. 첫째, 회원사의 목소리를 정부에 대변하는 이익단체로서 공동의 권익을 보호 하는 해당산업의 대변인 역할을 한다. 둘째, 회원사 지원사업으로 각종 기술교육정보를 제공하고 회원사들이 직면하는 애로사항을 해결해준 다. 셋째, 수출 진흥 및 해외마케팅 활동의 일환으로 해외 유관단체와의 협력 및 국제통상사업을 실시한다. 넷째, 해당산업의 조사 및 연구를 통해 통계자료 및 정기적인 간행물을 발간한다. 마지막으로 관(官) 주도의 육성정책의 산물인 정부의 주무부서 및 장관이 위탁한 사업을 수행한다.7)

　　사업자단체의 수익구조는 크게 회원사의 회비, 정부위탁사업, 기타 자체사업으로 발생하는 수익 등으로 구성된다. 기본적으로 사업자단체는 비영리법인이 대부분이며, 단체 고유의 목적사업 수행을 위하여 존재한다. 하지만 오늘날 비영리기관으로 고유목적사업을 수행하기 위한 재원마련이 사실상 어려워 대부분 사업자단체는 자체사업을 통해 수익을 창출하고 있다.[8]

업종별 사업자단체의 조직구성에 대해 획일적으로 이야기할 수는 없지만, 대개 해당산업의 대표기업이 회장직을 수행한다. 회장을 대행하여 상근하는 부회장이 실질적으로 대부분의 사안에 대해 최종의사결정을 하는 경향이 크다. 문제로 제기되는 것은 이런 부회장 자리에 해당 업종별 사업자단체를 담당하는 정부 주무기관의 공무원이 임명된다는 것이다. 따라서 사업자단체는 정부기관의 영향력을 배제하기 힘들며, 민간기업과 같은 과감한 투자보다는 현상유지라는 보수적인 성향이 강할 수밖에 없다. 전시회를 사업 일환으로 생각하기보다는 정부 정책적인 관점에서 해당산업의 발전을 위한 부차적인 서비스로 간주하기 때문에 전시회에 대한 투자 또한 쉽사리 이루어지지 못하는 한계가 존재한다.[9]

(3) 사업자단체 반독점행위의 범위확대

「반독점법」 제16조는 사업자단체의 독점행위를 독점협의의 범위 내로 한정하였는데 상당한 합리성을 지닌 것으로 평가되고 있다. 그 이유는 사업자단체가 경쟁을 제한하는 주요 루트가 내부협의를 통하기 때문이다. 자신의 구성원기업에게 직접 일련의 경쟁요소, 즉 가격, 수량, 기술 등으로 의견일치를 달성하도록 요구하고, 그럼으로써 경쟁을 배제하거나 제한하게 된다. 그러나 무시할 수 없는 것은 사업자단체가 일률적인 방식으로 반독점행위 행사를 채택하는 것을 제외하면 대기업이 시장지배력 지위를 남용하는 하나의 도구가 될 수 있다는 것이다. 이때의 사업자단체는 독립주체로서 만약 그에 상응하는 법적 책임을 부담하지 못한다면 효과적으로 독점행위를 제재한다는 목적을 달성할 수는 없다.

일반적으로 말해서 이런 상황 하에서 중국「반독점법」제46조 3항이 규정하는 두 번째 책임방식을 선택할 수 있다. 즉 해당 사업자단체를 취소함으로써 대기업이 사업자단체를 이용하여 시장지배적 지위를 남용하는 행위를 방지하여야 한다.

한편 상술한 중국의 사업자단체는 한 가지 중요한 특징이 있다. 그것은 중국정부와 아주 광범위하고도 밀접한 관계를 형성하고 있다는 것이다. 만약 사업자단체의 독점행위의 작용이 정부가 수여한 권력이나 정부지지를 획득하는 것에 기반을 둔다면, 해당행위는 독점협의를 구성하는 것뿐만이 아니라 행정독점의 규제에도 영향력이 미치게 될 것이다.

(4) 과학적인 법적 책임 확립

책임유형으로부터 보면 중국「반독점법」제46조 3항은 사업자단체 반독점행위의 법적 책임을 행정책임의 하나로 한정하였다. 반면 기타국가가 광범위하게 채택하고 있는 민사책임은 중국에서 아직까지 효력이 실질적으로 발휘된 바가 없다. 이것은 중국 반독점법 규정 및 운영의 효율성에 있어서 상당한 법적 문제가 될 소지가 많다. 중국 사업자단체의 발전에 이어서 사업자단체 수량의 급격한 증가로 사업자단체의 독점행위는 점점 더 증가하게 된다. 반면 중국 반독점법 집행기구의 인원과 비용은 한정적이기 때문에 사업자단체의 불법행위를 처리할 뿐만 아니라, 수량이 더 방대한 기업의 독점 관련 불법행위를 처리해야 한다. 이 때문에 일부 사업자단체의 독점행위는 제때 조사하는 것이 불가능하다. 한편 중국 사업자단체는 대부분 정부와 아주 밀접한 관계를 맺고 있다. 이들 간에는 종종 공모가 용이하게 진행되며, 그 결과 정부권력의 침해가 초래되고 사업자단체의 독점행위를 조사하지 않는 현상도 발생하게 되었다. 이때, 피해자권리보호의 유일한 경로인 행정책임의 추궁여부는 그 의미가 퇴색될 수 있다. 반면 만약 민사책임제도가 법으로 규정되어 있다면 피해자는 법원에 제소할 수 있고 사업자단체의 독점행위가 지속되기는 어려울 것이다. 한편 사업자단체의 독점행위는 또 사회에 심각한 폐해를 조성하는 결과를 초래한다. 따라서 반드시 형사책임 또한 제정 및 실무적인 운용을 통해 효과적으로 제재를 가하여야 한다. 반면 중국「반독점법」은 관련주체의 독점행위 실시를 죄목에 포함하지 않고 있는데 적지 않은 국가의 반독점법의 형사책임과는 일치하지 않는 부분이라고 하겠다. 따라서 향후 법개정 시 전문적으로 중국 사업자단체의 경쟁제한행위와 관련하여 형사책임규정 및 민사책임규정을 반드시 제정하여야 한다.

책임을 부담하는 주체입장에서 보면 중국「반독점법」은 사업자단체 독점행위 관련책임의 부담에 대해 분명하게 규정하지 않고 있다. 동법 제46조 3항은 단지 사업자단체가 책임을 부담해야만 한다고 규정하였을 뿐이다. 당연히 사업자단체의 독점행위 간여는 종종 이중성을 갖는다. 이 때문에 책임을 부담하는 주체는 세 가지 방식이 출현하게 되는데 사업자단체, 특정산업협회 및 구성원 및 구성원 단독으로 부담하는 것이 그것이다. 전인대 상무위 법제작업위원회 경제법팀은 이중처벌제도를 채택하는 것이 타당하다는 의견을 제시하였다. 즉 사업자단체 및 구성원이 그에 상응하는 책임을 부담해야 한다는 것으로, 이런 해석은 단지 이론적인 것이기 때문에 반드시 입법 혹은 사법으로 확인되어야만 한다.

책임감면부분에 있어서는 중국「반독점법」제15조가 규정한 감면제도와 동법 제46조 2항이 규정한 감면제도가 사업자단체에 그대로 적용할 수 있는지는 의문이 제기된다. 법조계의 한 전문가는 사업자단체를 통해 더 용이하게 반독점협의를 달성할 수 있으나 그 결과는 더 심각하다고 언급하고, 그런 이유 때문에 일본, 유럽, 미국에서는 모두 전문적으로 사업자단체에 대해 매우 엄격한 규정을 두고 있다고 지적하였다. 그러나 중국 사업자단체의 적극적인 기능이 개정이 필요시될 때, 사업자단체의 행위에 대해 적절한 감면을 부여해야 한다고 덧붙였다.

2. 가격경쟁제한에 대한 중국 사업자단체의 법적 책임

(1) 사업자단체의 주체범위와 가격감독에서의 지위

2012년 1월 1일부터 시행된 「강소성 사업자단체조례」 제3조는 '사업자단체라 함은 동종분야 경제조직 및 개인이 자원하여 결정한 것으로 산업서비스와 자율관리를 실행하고, 현급 이상 지방인민정부 등기관리기관이 법에 따라 등기한 비영리성 사단법인으로 상술한 규정에 부합하는 산업분야 상공회, 동종업계 친목단체를 포함한다.'고 규정하였다. 일부학자들은 사업자단체의 범위에 대해 본 산업 내로 엄격하게 제한해야 한다고 규정하고 상회는 경쟁법으로 규제하는 대상이 될 필요는 없다고 보았다.[10] 즉 업종을 구분하지 않는 종합적 성격의 중개조직이라면 상당히 강력한 지역성을 구비한다고 인식하였다. 그러나 이러한 인식은 잘못된 것이다. 상회와 기타산업협회는 경쟁질서유지 및 독점행위 진행의 정반합작용에 있어서 결코 상이하지 않기 때문에 양자를 분류하여 규제를 진행할 필요는 없다. 상회는 경쟁법 규제대상의 범위 안으로 포함될 자격이 있다. 현재 사업자단체가 시장경제에서 차지하는 작용은 날로 중요해진다. 사업자단체의 주요특징은 자율관리를 실시하며, 경쟁체재에 대한 추진은 상당히 긍정적인 역할을 담당한다. 자율관리기능의 발휘를 통해 사업자단체는 적극적으로 사회관리에 참여하며, 정부와 기업의 건전한 발전을 촉진하는 기능을 담당한다. 사업자단체 등 중개기구를 통한 자율이 있고, 또한 반독점법에 대한 효과적인 실시가 직접적인 추진작용이 될 수 있으며, 사전교육, 기업의 경쟁행위를 규범하고, 사후의 시정, 통보를 채택하여, 제때 기업의 불법행위를 제지한다. 사업자단체는 이로써 경쟁질서의 중요한 역량을 보호하게 되며 그럼으로써 국가 반독점집행기구의 압력을 완화하게 된다.

비록 사업자단체가 기업의 자율을 규범할 수 있고, 동종업계 경영자 관계를 협조할 수 있으며, 산업경제이익의 안정적인 성장을 촉진할 수 있지만 최종적인 산업의 이익은 여전히 사회적 이익과 충돌이 발생하게 된다. 사업자단체는 이러한 상황 하에서 본 산업각도에서 해당산업 이익에 유리한 방향을 선택하는 것을 고려하며, 이때 경쟁법과 배치되는 각종 방법을 채택할 수 있다. 법률로 경쟁금지 및 제한행위를 실시하기 때문에 회원이 불법행위에 종사하는 조직이 될 수 있다. 조직범위가 상당히 크고 해당산업의 이익이 상대적으로 일치하면 사업자단체가 도출한 경쟁제한행위의 결의는 더 높은 집행효율을 보유하기 때문에 상대적으로 일반경영자가 단독행동으로 조성한 손해 또한 더 크게 된다.

사업자단체의 이중기능을 감안하여 어떻게 사업자단체의 자치권을 제한하는지, 또 경영자가 반경쟁행위를 실시하는 중개기구 성격을 방지할 것인지는 법률로써 사업자단체가 적극적인 역할을 수행하도록 요구함과 동시에, 자신의 행위에 대한 관리를 강화하고, 관련제도를 규범하여 여러 각도에서 사업자단체에 대한 행동에 대해 감독 및 관리를 해야한다.

사업자단체는 일반경영자와 비교하여 반경쟁적 성격이 매우 강하다. 입법기관 또한 이 점에 대한 인식이 아직까지 일반국민들이 생각하는 수준 이상으로 미치지는 못하고 있다. 즉 사업자단체에 대한 법률규범이 매우 모호하여 더 분명하게 규정이 되어야 한다. 또한 사업자단체가 통일적으로 조직이 되고, 협회가 내린 결정에 대한 영향력이 상당히 크며, 집행이 더 통일적이기 때문에 시장경쟁에 대한 위해가 때로는 매우 크다.

다음으로 사업자단체의 독점행위는 아주 다양하여, 반독점법의 불법 행위범위에 대해서는 단지 독점협의로만 한정하고 사업자단체 독점행위의 다양성을 무시하고 있다. 이로 인하여 기타독점행위에 대한 유형도 제시되지 않고 있는 것이 문제가 된다.

(3) 사업자단체 가격경쟁제한행위의 책임추궁제도의 개선

반독점법의 사업자단체와 관련하여 제정한 수많은 조항 가운데 단지 하나의 조항만이 사업자단체는 본 산업 경영자가 종사하지 못하는 독점행위인 제16조와 관련한 행위를 조직하면 안 된다고 규정하고 있다.
비록 입법 이전과 비교하여 사업자단체와 관련한 법적 환경이 진전이
있었다고 하나 사업자단체의 불법행위에 대한 책임인정과 관련해서는
아직 여러 학설 및 쟁점이 존재한다.

　사업자단체의 반독점법 위반에 대한 법적 책임에 대해서는 동법
제46조 제3항에 두 가지 처벌형식을 규정하였다. 하나가 행정처벌로서
사업자단체가 본 산업의 경영자가 독점협의를 달성한 경우 50만 위안
이하의 벌금에 처할 수 있다고 규정하였다. 다른 하나는 사업자단체의
사회단체자격을 취소하는 것으로 범죄의 정황이 엄중한 경우 사회단체
등기관리기관이 법에 따라 등기를 취소할 수 있다. 만약 사업자단체가
본 산업경영자가 독점협의를 달성한 적용범위가 매우 광범위하다면,
또 획득한 판매량이 아주 크다면, 다수의 국민들에게 심각한 영향을
미치는 경우 50만 위안의 벌금에 처한다. 현실적으로 일부 대기업이
사업자단체에 영향력을 행사하고 책임자가 사업자단체의 고위임원을
담당하게 되는 경우가 발생한다. 그때 사업자단체가 시장을 통제하는
역할을 수행하면서 협회에 대해서만 처벌을 할 수 있고, 협회책임자의
법적 책임을 추구할 수 없다면 사업자단체의 준법정신 및 기강확립에
있어서 문제가 발생하게 된다. 사업자단체의 불법행위가 심각하다면
해당 사업자단체의 등기취소라는 처벌방식11) 또한 그 의의가 높을
것이다.

3. 경쟁제한행위에 대한 중국 사업자단체의 형사책임제도

(1) 사업자단체의 경쟁제한행위가 야기하는 부작용

　사업자단체의 경쟁제한행위는 재계의 입장을 대변하는 단체로서
당연히 발생할 수 있는 가능성이 존재하나, 그 정황이 엄중할 경우
사회공공이익에 피해를 끼칠 수 있다.

　첫째, 자유경쟁체제가 침해된다는 점이다. 사업자단체의 경쟁제한

행위가 경쟁체제에 끼치는 단점은 가격시스템을 심각하게 왜곡한다는 점이다.12) 가격이 객관적이고 진실하게 상품 혹은 자원의 희소성 및 시장공급수요상황을 반영할 수 없도록 한다는 것이다. 이것은 제품생산자, 경영자에게 허위의 시장정보를 전달하게 되어 생산 및 소비를 오도하는 작용을 발생하게 하고, 그럼으로써 사회자원분배의 불합리성 및 낭비를 조성하게 된다. 다음으로 사업자단체의 공동행위를 통해 비회원이 자유로이 특정시장영역에 진입하는 것을 막거나, 혹은 인위적으로 비회원이 특정시장영역에 진입하는 비용을 높임으로써 시장주체로 하여금 시장진출의 자유가 제한을 받는 결과가 발생하게 된다.

둘째, 경제의 효율성이 저해된다. 사업자단체는 자신의 조직과 표결을 이용하여 회원을 결집시켜 각종 경쟁제한결의를 용이하게 달성하며, 또한 회원들로 하여금 경쟁제한결의를 실시한다. 일찍이 아담 스미스는 사업자단체의 독점적인 특권이 특정산업의 경쟁을 제한하였고, 그럼으로써 종사자 수에 제한을 두지 않을 때, 이러한 산업에 진입하는 인원이 감소된다고 인식하였다. 시장의 경쟁주체를 감소하면 경쟁주체 다원화라는 제소목적에 위배되는 결과를 초래하게 된다. 사업자단체가 경쟁행위를 제한하는 경쟁제한성이 경제효율에 대해 일정부분 부정적인 효과를 결정하게 된다. 우선, 사업자단체가 경쟁을 제한하는 것이 협회회원과 산업 전체경쟁력의 향상에 불리하다. 회원이 사업자단체의 경쟁제한행위로 초래하는 고정이윤을 충분히 감수할 수 있기 때문에, 신기술을 개발하거나 관리수준을 높이거나 서비스품질의 충분한 동력 개선이 부족해지는 결과도 발생하게 된다. 그 결과는 제품품질의 단조로움, 서비스품질의 정체, 하락하지 않고 정체를 보이는 폭등한 물가, 최종적인 생산효율의 저하, 사업자단체회원기업의 경쟁력 하락이 필연적으로 발생하게 된다. 미국학자 유리크 스카에다(Ulrike Schaede) 교수가 지적한 바와 같이 만약 사업자단체가 시장진입 및 고정가격을 제한한다면 장기적으로 동종산업에서 경쟁력 결핍 때문에 비효율성을 초래하게 된다. 다음으로, 사업자단체의 비회원기업에 대한 경쟁제한행위 또한 비회원기업의 거래기회 감소, 효율저하로 인해 직접 비회원을 시장 밖으로 퇴출시키는 결과를 초래하게 될 것이다. 상술한 회원기업과 산업경쟁력의 하락, 또 비회원기업 경제효율의 하락은 필연적으로 전체 산업경제효율의 하락을 가져오게 된다.

셋째, 사회공공이익의 폐해가 발생한다. 한편으로 사업자단체의 경쟁제한행위는 사업자단체기업으로 하여금 시장경쟁을 회피하게 하거나 경쟁을 약화시킴으로써, 경쟁의 원동력을 형성하지 못하고 객관적으로 경쟁력 저하를 용인함으로써 사업자단체의 종합적인 품위향상에 불리하게 되고, 산업의 전체적인 발전에도 마찬가지의 결과를 가져오게 된다. 그 결과 생산력의 순조로운 발전을 저해하게 된다. 그리고 이러한 생산력이 받게 되는 장애는 직접 사회공공이익에 전달될 수 있고, 그로 하여금 효과적인 보호를 얻기 힘들게 만들 수 있다. 다른 한편으로 사업자단체는 일종의 이익단체이기 때문에 조직 차원에서 보호하는 것은 전체 사업자단체인 기업의 공공이익이지 결코 모든 사회 전체의 공공이익이 아니다. 이 때문에 경쟁제한행위가 회원의 공동이익에 부합할 때, 사업자단체는 경쟁제한행위를 실시하는 원동력이 생기게 된다. 예로 사업자단체가 일련의 품질이 양호하고 경쟁력이 더 강한 제품에 대해 인증하는 것을 거절할 수 있고, 그럼으로써 이런 제품을 생산하는 기업의 경쟁력을 약화시키게 되는데 이런 행위는 제품품질경쟁을 약화시키기 때문에, 해당산업으로 하여금 전 사회의 제품품질 개선을 얻지 못하게 함으로써 사회공공이익을 저해하게 된다.

넷째, 소비자이익의 손해이다. 사업자단체의 경쟁제한행위는 대부분 소비자이익에 대해 직접적인 혹은 간접적인 피해를 조성하게 된다. 소비자가 받게 되는 직접적인 피해는 다음과 같다. 사업자단체 고정가격행위와 물량구분행위, 소비자의 공정거래권의 제한 및 박탈, 소비자로 하여금 부득이 독점가격을 인정하도록 하는 것 등이 그것이다. 사업자단체가 시장을 구분하는 행위 또한 소비자의 제품 및 서비스에 대한 자유선택권을 제한하거나 박탈하게 된다. 사업자단체가 표준을 이용하여 실시하는 제지제품의 행위 또한 사실상 소비자의 신제품에 대한 권리획득을 제한 혹은 박탈하게 된다. 소비자가 받게 되는 간접적인 침해는 기타 사업자단체의 경쟁제한행위의 배척을 받는 경영자가 더 높은 경쟁비용을 지불하게 된다. 그러나 이 경영자는 최종적으로 지불된 경쟁비용을 소비자에게 전가할 수 있기 때문에 소비자가 실질적인 피해자가 될 가능성이 크다. 사업자단체의 경쟁제한행위가 구비하는 상술한 사회위해성이 상당히 심각한 단계에 도달했기 때문에 기타 법적 수단으로 효과적인 제재를 취할 수 없을 때, 형사책임을 추궁하는 것이 필요하다.

사업자단체 경쟁제한행위는 개인이익을 침해할 뿐만 아니라, 더 많은 것이 사회공공이익을 침해하게 된다. 피해자의 사업자단체 경쟁제한행위가 분명하지 않은 것에 대해 각 개인은 자신과 직접적인 이해관계가 없는 불법행위에 대해 제소할 수 없다는 오랜 원칙의 제한 때문에, 사법주체는 일반적으로 민사소송을 제기할 수 없고, 따라서 민사제재방식으로는 구제를 할 수 없다. 설령 공익소송의 법리를 적용한다고 하더라도 사업자단체의 경쟁제한행위와 직접적인 이해관계가 없는 회사, 법인 및 기타사회조직의 사업자단체의 경쟁제한행위에 대해 제소할 권리는 여전히 입증이 어려운 제한을 받는다. 이 때문에 민사제재조치로 사업자단체의 경쟁제한행위를 규제하는 것을 말하자면 결코 이상적이라고 할 수는 없다. 또한 중국의 사업자단체의 경쟁제한행위의 민사책임규정은 규정상의 모호함이 있기 때문에 사업자단체의 경쟁제한행위의 민사책임을 충분히 규정하지 않았을 뿐만 아니라, 외국에서 보편적으로 채택하고 있는 징벌적 손해배상제도 또한 법개정이 요구된다. 반독점소송이 관련되는 지식은 부족하고, 증거가 상당히 복잡하며, 소송비용이 아주 높아서 만약 관련된 동기가 부족하면 일반국민들이 제소를 손쉽게 결정하기는 매우 어렵다.

중국「반독점법」민사책임 관련규정은 반독점법 내 사법실천기능을 발휘하는 데에 불리하며, 사업자단체의 경쟁제한행위를 효과적으로 규제하는 데에도 불리하다. 비록 행정제재가 사업자단체의 경쟁제한행위 규제에 소송상의 유효성과 제재방식의 다양성 등 우월성을 갖고 있지만, 중국의 정경관계를 보면 중국정부의 중국 본토기업에 대한 보호 내지 배타적인 관리, 또 일부부처의 사적인 동기 내지 기타 원인에서 오로지 경제적 이득만을 중시하고 사회적 효익을 중시하지 않아 경영자에 대한 독점행위에 대해 상당히 관용적이며, 사업자단체가 실시하는 경쟁제한행위에 대해서는 효과적으로 대응을 하지 못하여 법 적용상의 실익이 없는 상태이다.

또한 중국법률의 사업자단체 경쟁제한행위가 규정하고 있는 행정책임 또한 규정이 상세하지 않아 효과적으로 경쟁제한행위를 규제하지 못하고 있다. 벌금을 예로 들면 중국「반독점법」은 사업자단체의 경쟁제한행위에 대해 직접 벌금의 최고한도를 규정하였으며, 기타 관련기준이 없었다. 불법금액 혹은 영업액 등 벌금기준의 확정이 지나치게 단일하면 벌금액이 상당히 낮은 문제가 발생하게 된다. 이러한 벌금은 아주 용이하게 사업자단체로 하여금 불법자본에 대해 확정적인 기한을 발생시키게 되며, 비용수익의 계산에 근거한 결정이 불법행위를 채택 혹은 조직하는가의 여부가 있는데, 이 점은 경쟁제한행위를 효과적으로 방지하는데에 불리한 결과를 초래하게 된다.

따라서 단지 사업자단체의 경쟁제한행위를 추궁하는 민사책임과 행정책임은 이런 행위의 발생을 효과적으로 억제할 수가 없을 뿐만 아니라, 사법기관을 통해 공법상의 형사책임을 실시할 필요가 있다. 이렇게 되어야만 비로소 사업자단체의 경쟁제한행위에 대해 효과적인 규제가 진행될 수 있다.

(2) 국제관례에 부합하는 사업자단체의 경쟁제한행위의 형사책임

예로 일본에서 사업자단체는 경쟁제한행위로 인하여 받게 되는 처벌이 형사책임 중의 벌금형에 근거하여 처리되며, 또한 관련책임자는 일본「독점금지법」제95조 규정에 근거하여 그에 상응하는 형사책임을 부담한다. 미국 셔먼법 제1조는 '그 어떠한 계약이라도 트러스트형식이건 혹은 기타형식의 연합이건 공모이건 간에 각각의 주(州) 간의 혹은 국가 간의 무역이나 상업을 제한하는 것은 불법이다. 그 어떠한 사람이라도 상술한 계약을 체결하거나 혹은 상술한 연합이나 공모에 종사한다면 심각한 범죄가 된다. 만약 참여자가 회사라면 100만 달러를 초과하지 않는 벌금에 처한다. 만약 참여자가 개인이라면 10만 위안 이하 벌금에 처하거나 혹은 3년 이하 구금에 처하거나 혹은 법원이 정상을 참작하여 두 가지 처벌을 병용한다.'고 규정하고 있다. 이외에 캐나다, 한국, 영국, 러시아, 아일랜드, 오스트레일리아, 이스라엘, 노르웨이, 프랑스, 그리스, 스위스 등 유럽 반독점법의 경쟁제한행위에 대해서도 형사책임을 규정하고 있고, 이러한 국가와 지역에서 형사책임의 경쟁제한행위를 추궁하는 과정에서 사업자단체의 경쟁제한행위가 다수 관련되어 있다.

종합해보면 이론이건 아니면 외국의 실무를 고려하건 간에 중국 반독점법은 모두 사업자단체의 경쟁제한행위라는 형사책임을 추궁할 필요성이 제기된다. 중국은 근래 사업자단체의 경쟁제한행위가 지속적으로 증가하고 있고, 이러한 배경 하에서 사업자단체의 경쟁제한행위를 염두에 둔 형사책임제도의 수립은 일정 부분에 있어서 효과적으로 사업자단체의 경쟁제한행위를 제약하게 되고, 나아가 시장경쟁질서를 보호하게 될 것이다.

4. 사업자단체가 주관하는 처벌에 대한 사법구제제도

중국에서 사업자단체는 공적 사무관리기능을 구비한 조직으로서 법률법규의 위임이나 행정기관의 행정관리질서를 위반한 행정상대방에 대한 위탁에 대해 처벌을 진행할 수 있으며, 또한 사업자단체 규정의 위임에 근거하여 산업의 자율적인 관리질서를 위반한 회원에 대해서도 처벌을 진행할 수 있다. 전자의 처벌은 일반적인 통치관계에 기초한 것으로 중국국민을 대상으로 하며, 일반적인 행정질서를 보호하는 것으로 행정처벌에 속한다.13) 후자의 처벌은 사업자단체가 구성원에게 실시하는 것으로 사업자단체와 구성원 간의 규율을 유지하는 것이며 사업자단체 처벌에 속한다.14) 이 두 종류의 처벌은 비록 성질상 상이한 점이 있지만 의심의 여지 없이 처벌자의 권익에 불리한 영향을 발생시킨다. 사업자단체의 행정처벌에 불복하는 경우 처벌을 받는 자는 법에 따라 인민법원에 행정소송을 제기할 수 있다. 그러나 사업자단체의 사단법인 차원의 처벌에 불복하는 경우 처벌을 받는 자가 제소할 수 있는지에 대해서 현행법률은 분명하게 규정된 바가 없다. 법원의 이런 사례에 대한 태도는 아래 두 가지 사례에서 결론이 도출된다.

첫째, 광저우 지리(吉利)축구팀의 중국축구협회 제소를 위한 민사소송사건이 있다. 2010년 10월 중국축구협회는 「광저우 지리축구팀 규율위반 처벌결정」을 제정하였다. 2001년 12월에 광저우 지리축구팀은 이 처벌결정이 본 축구팀의 명예를 훼손했다는 것을 이유로 광저우시 티엔허(天河)구 인민법원에 민사소송을 제소했다. 소장을 받은 법원은 심사를 거친 뒤 중국축구협회는 전국축구 전문 체육 사회단체법인으로서 법에 따라 전국축구시합활동을 책임지는 전국적 단위의 스포츠협회라고 인식하였다. 광저우 지리축구팀은 중국축구협회가 관리하는 프로축구클럽팀으로 중국축구협회에 대해 「중국축구협회약관」 및 「중국축구협회 규율위반처벌방법」이 규정한 처벌에 근거하여 제소를 결정한 소송에 대해, 「최고인민법원의 명예훼손사건심리에 관한 해석」 제4조의 '국가기관, 사회단체, 사업단위 등의 부문이 관리인원에 대해 도출한 결론 혹은 처리결정은 당사자가 명예훼손권으로 인민법원에 제소하는 경우 인민법원은 수리를 하지 않는다.'는 결정에 근거하여 해당분쟁은 민사소송의 안건수리범위에 속하지 않는다고 판단하고, 원고제소 기각 결정을 내렸다.

둘째, 장춘 야타이(長春亞泰)축구팀의 중국축구협회 제소를 위한 행정소송사례가 있다. 2001년 10월 중국축구협회는 『축기자』(2001) 14호 「쓰촨성 시엔양(綿陽), 청두 우뉴(五牛), 장춘 야타이(亞泰), 장쑤성 순티엔(舜天), 저장성 뤼청(綠城) 동호회축구팀 처리에 관한 결정」

제1항에서 동 결정 제1항의 처벌은 장춘 야타이프로축구팀의 갑 A 자격 승급을 취소하고, 제4항 처벌로 동 축구팀의 2002년, 2003년 갑을 축구리그에 중국 국내축구팀 자격으로서의 진입을 취소하였다. 장춘 야타이프로축구팀은 상술한 처벌결정에 불복하여 같은 해 10월과 11월 두 차례에 걸쳐 중국축구협회에 상소신청서를 제출하였으나 중국 축구협회가 규정된 시간 내에 답변을 해주지 않았다. 2002년 1월 장춘 야타이프로축구팀은 감독, 코치 및 선수와 함께 상술한 처리에 대한 결정을 위해 베이징 시 제2중급인민법원에 행정소송을 제기하였다. 2002년 1월 23일 소장을 접수한 법원은 장춘 야타이프로축구팀 및 고치, 선수의 중국축구협회에 대한 행정소송은 법률이 규정한 안건수리 요건에 부합하지 않는다는 것을 이유로 하여 원고의 기소를 수리하지 않기로 결정하였다.

법원의 상술한 두 사례의 입장을 보면 사업자단체가 내린 사단차원의 처벌에 불복하여 기소한 것은 민사소송이건 아니면 행정소송이건 간에 법원은 수리를 하지 않는다. 첫 번째 안건에 대해 중국법학계의 전반적인 반응은 이를 인정하고 있다. 두 번째 사례에 대해서는 행정법학계에서 격렬한 논쟁이 오가고 있다. 대다수 행정법학자들은 법원이 해당 행정안 건을 수리해야만 한다고 주장한다.15) 사업자단체가 내린 사당처벌에 대해 불복을 하는 경우 처벌을 받는 당사자는 사법구제를 청구할 수 있는가라는 쟁점이 제기되는데 만약 가능하다면 어떠한 구제방식을 써야만 하는가의 문제도 있다. 이에 대해 중국은 이미 적지 않은 행정법학 자가 연구를 전개한 바 있으나, 대부분은 이러한 처벌의 성질을 분석하 고, 또한 이에 근거하여 이러한 사례의 구제방식을 확정하게 된다. 아래 본문에서는 새로운 관점에서 이 문제에 대해 고찰을 하기로 한다. 우선 이 사례의 사법구제의 가능성을 고찰하기로 한다. 즉 이 사례가 법원의 안건수리범위에 속하는 것인지 아닌지를 판단하고, 이것을 기본으로 이 사건 구제방식의 전제와 기초를 분석하기로 한다. 이러한 사건 확정은 법원의 안건수리범위의 기초 위에 속하는 것으로, 해당사건의 구제방식,

즉 이 사건이 행정소송에 속하는 안건수리범위인지 아니면 민사소송에 속하는 안건수리범위인지, 혹은 이 사건이 행정소송절차를 거쳐야만 하는지 아니면 민사소송절차를 거쳐 처리해야 하는 것인지에 대해서도 논의가 필요하다.

중국의 사업자단체 사단처벌의 사법구제와 관련하여 중국 국내의 관련소송법률을 참고하면 아래 몇 가지 분야에 대해 고찰이 요구된다.

(1) 사업자단체 사단 처벌의 사법구제

사업자단체 처벌의 사법구제 가능성과 관련하여 중국법률의 관련규정 및 소송법원리에 의하면 아래 몇 가지 쟁점에 대해 고찰을 진행할 수 있다.

1) 사업자단체 처벌안건과 관련한 법원심사의 배제 여부

법원의 안건수리범위 확정 시에 '심사가능한 가정원칙'을 유지해야만 한다.[16] 즉 일체의 법률분쟁원칙에 있어서 법원의 심사를 받을 수 있고, 법률로 이것을 명문화하여 규정할 필요는 없다. 반대로 법원심사를 배제하려고 한다면 반드시 법률로 성문화한 규정이 있으면 될 것이다. 실질적인 의미의 법치국가에서 법원심사를 배제하는 법률은 반드시 성문화하여 확정함으로써 타인의 신뢰를 얻어야 한다. 중국에서는 인권존중 및 인권보장에 근거하여 오로지 최고국가권력기관인 전국인민대표대회가 제정한 법률만이 법원이 심사하는 사항을 배제할 수 있도록 규정하고 있고, 또한 이러한 규정은 성문화하여 확정함으로써 타인의 신뢰를 얻도록 해야 한다. 중국 법치발전의 현황으로 말하면 법원심사의 배제를 요구하는 법률이 신뢰할 만한 기준에 도달하는 것 또한 일정한 어려움이 존재한다. 그러나 최소한 '명백히 확정적인' 정도에 도달해야만 한다. 즉 '명백히 확정적인' 기준에 따르면 법원의 사업자단체 처벌안건 심사를 배제하는 법률은 중국에서는 현재까지 법률로 규정된 것은 없다.[17] 중국 현행법률은 법원의 사업자단체 처벌안건에 대해 심사를 배제하지 않고 있다. 법조계 실무적으로 일부 사업자단체는 약관에서 회원이 사법구제를 청구할 권리를 배제하고 있다. 그러나 각종협회의 약관은 단지 협회의 권력기구에 지나지 않으며, 회원대회나 회원대표대회가 제정한 자치규범은 법원심사를 배제한 사항에 대해 규정을 할 권리가 없다. 이 때문에 회원의 사법구제권리를 배제한 규정은 결코 법률효력을 구비하지 못한다.

2) 사업자단체 처벌안건이 법원심사에 적합한지의 여부

법원의 임무는 법률을 적용하여 분쟁을 해결하는 것이다. 이 때문에 법원안건수리범위에 속하는 것은 반드시 적절히 법원이 법률로 평가를 거친 분쟁으로 법적 분쟁에 속하게 된다. 사업자단체와 회원 간에 사업자단체 처벌로 인하여 발생한 분쟁이 법적 분쟁에 속하는지의 쟁점이 존재한다. 이 문제에 대하여 우리는 아래 두 가지 차원에서 분석을 진행해야 한다.[18] 하나는 사업자단체 회원은 사업자단체로부터 독립된 법률주체지위를 갖는다. 공민이 국가로부터 독립된 법률주체지위를 갖는 것과 마찬가지로 사업자단체와 회원 간에는 사업자단체에 기반을 둔 처벌로 발생하는 분쟁이 있으며, 두 가지 서로 상이한 법률주체 간에 발생하는 분쟁은 순수하게 사업자단체 내부에 속하는 것은 아니며[19], 근본적으로 법률관계가 존재할 가능성이 없다는 것을 이유로 법률분쟁에 속하는 것이 아니라 오히려 시종일관 사법권이 미치지 못하는 것으로 인식된다.[20] 다른 하나는 사업자단체로서 처벌권 행사의 직접적인 근거가 되는 사업자단체 약관은 법적 성질상 '법률이 규정하는 범위 내에서 그 구성원에 대해 구속력이 있는 내부규범'이라는 것이다.[21] 오로지 국가법률과 법규, 행정규장에 위반하지 않아야만 규범효력이 법률의 승인을 얻을 수 있다. 이 때문에 사업자단체와 회원 간에는 처벌로 인하여 발생한 분쟁에 법률로 평가를 하기가 적절하지 않은 문제가 결코 존재하지 않으며, 단지 법원이 이러한 분쟁사건을 심리하기 전에 반드시 부수적으로 협회 약관 자체적으로 법률, 법규 및 약관에 부합하는지를 심사함으로써, 피소처벌결정의 합법성을 평가할 수 있는지의 근거를 확정해야 한다. 종합해보면 사업자단체와 회원 간에는 처벌에 기반을 두고 탄생한 분쟁은 법적 분쟁에 속하여 법원이 심사를 진행하는 것이 적절하다고 하겠다.

  3) 사업자단체 처벌사례법률에 적절한 비(非)소송해결체재가 존재하지 않는가의 여부

  법률분쟁을 해결하는 방법으로 소송이 유일한 수단은 아니며 각종 소송제도의 설립은 당사자의 합법적인 권익을 충분히 보장하기 위한 것이다. 모종의 안건으로 말하면 만약 법률이 분명한 비소송해결체재가 없고, 또한 이 체재가 충분히 당사자의 합법적인 권익을 보장할 수 있다면 국가소송자원을 낭비하지 않고 당사자의 사법구제 신청을 허용해주면 될 것이다. 만약 법률로 비소송해결체재를 신설하지 않거나 혹은 비록 이러한 제도가 없지만 당사자가 효과적인 법률구제방식을 지니지 않고 있다면, 당사자의 사법구제를 배제하지 못한다. 대만에서는 변호사들이 변호사의 징계위반에 대해 위원회에 심의를 요청하는 결의를 제소하지 못한다. 반면 회계사의 경우 회계직무상의 처벌에 대해 위원회심의를 요청하는 결의는 제소가 가능하다.[22] 그 원인은 대만의 경우 변호사징벌심의위원회가 법적 성질상 행정기관에 해당하기 때문이며, 그 결의의 절차는 소송절차에 해당하여 당사자를 위해 사법구제에 해당하는 보장을 제공할 수 있을 뿐만 아니라, 대만회계사징벌심의위원회가 법적 성질상 행정기관에 해당하여 결의의 절차는 행정절차상의 소(訴) 청원절차에 해당한다. 따라서 당사자를 위해 사법구제의 보장을 제공할 수는 없다.[23] 현재 사업자단체의 처벌사례에 대해 중국법에서는 아직 법원의 비소송해결체재 및 소송절차에 해당하는 비소송분쟁해결절차를 규정하지 않았다. 당사자는 비소송해결체재가 충분히 구제권리를 보장한다는 가능성을 거치지 않았기 때문에 당사자인 해당사건 제소자의 사법구제권리는 반드시 승인과 보장을 획득해야만 한다.

종합해보면 중국법률의 관련규정과 소송법 관련원리에 근거하여 사업자단체가 주도하는 처벌사례는 사법구제의 범위에 포함되어야 한다.

(2) 사업자단체 처벌사례의 사법구제루트

중국에서 각급 인민법원 내부에서는 행정심판청과 민사심판청이 각각 구분되어 설치되어 있다. 전자는 행정소송절차에 따라 행정안건을 심리하고, 후자는 민사소송절차에 따라 민사사건심리를 책임진다. 중국 행정소송법과 민사소송법의 관련규정에 의하면 정확한 사법구제루트를 선택하는 것은 법원이 제소를 수리하는 요건 가운데 하나이다. 사업자단체 주도의 처벌안건으로 말하면 정확한 구제방식선택을 위해 민사소송이 적합한지 아니면 행정소송이 적합한지의 문제가 있다. 재판실무각도에서는 이러한 안건에 대해 법원은 일률적으로 수리하지 않는다. 이론적으로는 대다수학자들이 주장하는바, 사업자단체와 회원 간에는 사업자단체 처벌로 발생한 분쟁은 행정분쟁에 속한다고 주장하고 있다. 행정소송을 통해 해결되어야 하며, 이에 반대하여 소수설을 주장하는 학자들은 서로 상이한 유형의 사업자단체와 회원 간에는 사업자단체 처벌로 발생한 분쟁의 성질은 서로 상이하지 않다고 판단한다. 당연히 서로 상이한 상황을 구분하여 선별적으로 상이한 소송절차를 적용하여 해결해야 한다.24) 사업자단체가 주도적으로 처벌을 제소하는 사건에 대한 사법구제루트문제에 대해서는 반드시 현행법률규정으로 평가를 부여해야 한다. 현행법률에 분명한 답이 규정되지 않은 경우 반드시 법률규정에 따라 타당한 해결방법을 모색해야 한다. 이와 관련하여 본문에서 이 해결방법에 따라 적절한 분석과 논의를 진행해야 한다.

1) 현행법률에 기반을 둔 평가

첫째, 행정소송법에 기반을 둔 평가가 있다. 중국「행정소송법」제25조 규정에 근거하여 행정소송 피고주체자격을 구비한 자는 행정기관과 법률법규로 위임한 조직으로 한정된다. 오로지 행정기관과 법률법규로 위임한 조직과 상대방과의 법률분쟁은 행정소송의 안건수리범위에 속한다. 확실히 사업자단체는 행정기관에 속하지 않는다. 그러면 사업자단체가 법률법규가 위임한 조직에 속해야 하는가라는 문제가 발생한다. 소위 법률법규가 위임한 조직이라 함은 구체적인 법률법규의 위임에 근거하여 특정 행정기능을 행사하는 비국가행정기관의 조직이다.[25] 사업자단체가 구체적인 법률법규가 분명한 위임을 취득하고 또 법률법규 규정에 의하여 특정행정직능을 행사할 때, 의심의 여지 없이 법률법규가 위임한 조직의 지위를 구비하여야 한다. 그러나 사업자단체가 처벌직능을 행사할 때에는 사업자단체 약관의 분명한 위임 및 사업자단체의 위임에 근거하여 진행하여야 한다. 사업자단체의 약관이 산업자치규범에 불과하기 때문에 정식 법원(法源) 지위를 갖는 법률법규와는 상이해서, 사업자단체가 단체명의의 처벌기능을 행사할 때 법률법규가 위임한 조직의 지위를 구비하지 않아야 하며, 사업자단체의 처벌은 당연히 행정소송의 안건수리범위에 속하지 않는다.

둘째, 민사소송법에 기반을 둔 평가이다. 민사소송법 제3조는 '인민법원은 공민 간의, 법인 간의, 기타조직 간의 또 그들 상호 간에 재산관계와 인신관계로 야기된 민사소송을 수리하며, 본법 규정을 적용한다.'고 규정하였다. 법규정으로부터 보면 입법자의 민사소송안건수리범위에 대한 경계선정은 상당히 모호하다. 중국에서 통상적으로 민사소송이 해결하는 것은 평등주체 간에 발생하는 민사권리의무분쟁이라고 하겠다. 복종 및 예속관계를 갖고 있는 주체 간의 분쟁은 민사소송 안건수리범위에 속하지 않는다.[26] 통설적인 견해에 따르면 사업자단체와 구성원 간에는 예속관계가 있는데 쌍방이 법률지위에서 불평등하면 그들 간의 분쟁은 당연히 민사소송의 안건수리범위에 속하지 않는다. 통설적으로 「민법통칙」제2조의 민법조정범위의 규정에 대해서는 오해가 발생할 소지가 상당히 있다. 「민법통칙」이 규범하는 평등주체 간에 발생하는 민사권리의무분쟁은 확실히 민사소송의 안건수리범위에 속하게 된다. 그러나 민사소송의 안건수리범위는 결코 단순히 「민법통칙」이 규범하는 평등주체 간에 발생하는 민사권리의무분쟁에만 한정되지 않는다. 예로 예속관계를 갖고 있는 고용단위와 근로자 간에 발생하는 노동분쟁은 노동법에서 명문으로 민사소송에 속하는 안건수리범위라고 규정하고 있다. 역외상황에서 보면 법원 또한 민사소송의 안건수리범위를 평등주체 간에 발생하는 민사권리의무분쟁으로 한정하는 것은 거의 요구하지 않았다.[27] 민사소송법에서 법원이 평등한 주체 간에 제기한 민사소송을 수리하지 않았고, 또 법원이 구체적인 예속관계에 있는 주체 간에 제기된 민사소송을 수리하지 않은 것을 규정하지 않았다. 이 때문에 사업자단체가 주도하는 처벌안건이 구체적인 예속관계에 속하는 주체간의 분쟁이라는 점을 이유로 하여 장차 이것을 민사소송의 안건수리범위 밖으로 배제하게 되는데 그 타당성은 의문이다.

종합해보면 행정소송법은 사업자단체 처벌안건을 행정소송의 안건수리범위 밖으로 배제하였다. 그러나 「민사소송법」은 결코 이런 사건을 민사소송의 안건수리범위 밖으로 배제한 적이 없다.

2) 개선방안 평가

사업자단체 주도의 처벌안건의 사법구제루트를 모색할 때, 중국법학자들은 대부분 이 안건이 관련되는 분쟁의 성격을 분석하게 되고 이를 근거로 하여 구제방식을 확정하게 된다. 이러한 안건이 미치는 분쟁은 민사분쟁인지 아니면 행정분쟁인지 복잡하면서도 논쟁이 치열한 문제이다. 따라서 이 안건이 관련된 분쟁의 성질에 따라 사법구제루트를 확정하는 방법은 실질적으로 채택하기가 적절하지 않다. 사실 어떤 안건의 사법구제를 모색할 때, 해당안건이 관련된 분쟁의 법적 성질에 대해서 판단을 내리는 것은 반드시 필요한 것은 아니다. 사업자단체가 주도하는 처벌안건이 관련된 분쟁의 인정은 대단히 복잡하고 분쟁이 충만한 분야이다. 해당사건의 사법구제루트를 토론할 때, 우리는 다른 각도에서 해당문제에 대해 사고를 해보아야 한다. 이런 점에서 대륙법계와 영미법계의 소송법률제도는 중국에 시사하는 바가 크다.

대륙법계 국가에서 일반적으로 행정분쟁과 민사분쟁은 각각 일반법원과 행정법원이 행정소송과 민사소송절차를 적용하여 심리를 한다. 따라서 안건관할법원과 구제방식의 확정은 당사자 간의 분쟁의 성질이 결정하게 된다. 일단 두 법원 간에 특정분쟁에 대한 성질이 각기 상이하다고 판단되면, 이에 대해 판결을 내릴 필요가 있다. 프랑스에서는 법률로 권한분쟁 전문법정을 신설함으로써 두 법원 간의 관할충돌문제를 해결하였다.28) 독일에서는 법률로 일반법원이나 행정법원이 사법구제문제에 대해 내린 판결이 기타법원에 대해 구속력을 갖도록 함으로써 두 법원간의 관할충돌문제를 해결하였다.29)

프랑스모델하에서 우선적으로 고려할 점은 해당분쟁이 어떠한 법적 성격을 가진 것인가 하는 것이다.30) 최대한 빨리 당사자 간의 분쟁의 요구를 해결한다는 점은 후순위로 밀려 2등을 차지하였다. 독일모델에서는 우선적으로 고려되는 것이 최대한 빨리 당사자 간의 분쟁을 해결하는 것으로, 이 분쟁이 어떤 법적 성격을 가졌느냐 하는 것은 그다음 순위로 배정된다.31) 이것을 비교해보면 프랑스모델은 상당히 많은 소송자원을 낭비할 가능성이 크고, 동시에 구제가 아주 완만한 문제를 조성하게 된다. 반면 독일은 상당히 큰 정도에 있어서 각기 다른 유형의 법원과 구제방식을 채택하여 당사자에게 어려움을 초래하는 것은 감소하였다고 믿는다. 즉 당사자를 위해 상당히 시의적절하고 효과적인 구제가 될 수 있다.

반면 영미법계 국가에서는 민사분쟁과 행정분쟁은 법원에서 수리하며, 원칙상 같은 법률원칙과 구제절차를 적용한다. 이러한 국가에서 법원은 안건수리 시 당사자 간의 분쟁이 공법 차원의 분쟁인지 아니면 사법분쟁인지 고려해야만 한다는 것이다.32) 중요한 것은 동 분쟁이 법원의 안건수리범위에 포함되느냐 하는 것이다. 동 분쟁제도가 공법분쟁인지 아니면 사법분쟁인지에 이르게 되면 법원이 안전수리를 하기 전에 고려할 시간이 요구된다. 법원이 안건수리 이후 안건분쟁문제가 공법적 성격을 지닌 것으로 판단한다면, 분쟁문제가 관련 공법원칙의 구속을 받아야 하는지를 고려해야 하며, 또한 대부분의 경우 이러한 공법원칙의 제약을 받아야만 하는 것을 고려해야 하는데 이것이 법원의 지속적인 민사소송절차 적용으로 안건을 심리한 것에 영향을 주지는 않는지의 문제가 있다.[33]

대륙법계 국가가 서로 상이한 유형의 법원과 구제방식을 구분함으로써 초래되는 어려움이 존재하지 않기 때문에 영미법계 국가 당사자가 누리는 사법구제권리는 더욱더 확실하고 효과적인 보장을 얻는다.[34] 이외에 영미법계 국가의 판결 실천으로부터 보면 법원은 민사소송절차를 통해 행정분쟁을 심리하는데, 마찬가지로 당사자를 위해 효과적인 법적 구제를 제공한다.

양대법계 국가의 사례를 보면 당사자가 사법구제를 획득할 수 있느냐에 대해 관건은 당사자 간의 분쟁이 법원의 안건수리범위에 속하느냐 하는 것이다. 당사자 간의 분쟁이 어떠한 성격에 속하건 간에 법원이 해당분쟁을 수리하는 전제가 되는 것은 적절하지 않다.

만약 강압적으로 당사자로 하여금 안건이 관련되는 분쟁성질에 대해 정확한 판단을 내려 법원이 안건을 수리하는 전제로 한다면, 당사자가 사법구제를 획득한 권리가 어떤 경우는 확실한 보장을 얻기가 상당히 어려울 것이다. 사실 분쟁 자체성질의 차이는 결코 소송절차를 적용하는 차이를 반드시 초래하지는 않는다.[35]

법리해석에 있어서 중요한 것은 논리가 아니라 규범의 목적이다.[36] 중국에서 법률로 서로 상이한 소송절차를 창설하고, 인민법원 내부에 서로 상이한 재판정을 설정하는 목적은 중국국민과 법인 또는 기타조직의 합법적인 권익을 더욱더 잘 보호하기 위한 것에 있다. 사업자단체가 주도하는 처벌사건의 사법구제루트 탐색과정에서 만약 이러한 안건이 관련되는 분쟁의 법적 성질에 대해 정확한 판단을 내리는 것이 전제가 되어야 하고 또 이를 유지해야 한다면, 아마 법률의 목적을 심각하게 훼손하게 될 것이다. 행정소송법이 이미 사업자단체 주도의 처벌안건을 행정소송의 안건수리범위 밖으로 배제한다는 점을 분명히 한 만큼,

민사소송절차를 통해 해결하는 것은 가능한 것일 뿐만 아니라 정말 필요한 것이다. 법원이 사업자단체 주도의 처벌안건 심리 시 적용하는 법률에 대해서는 법원이 수리하는 안건의 법적 성질과 유형 등 고려요건에 근거하여 확정하면 사법원칙과 규범일 수 있고, 또한 공법원리와 규범일 수도 있다.

5. 기업의 사회적 책임과 관련한 사업자단체의 대(對) 기업 법적 지원 문제

기업의 사회적 책임이라는 문제는 일종의 기업윤리에 해당하는 것으로 기업이윤창출이라는 목적 외에 소외된 사회구성원과의 동반성장을 추구한다는 점에서 상생경영을 추구하는 기업이 관심을 갖는 법적 문제라고 하겠다. 1924년 미국의 셸던(Sheldon)이 기업의 사회적 책임과 기업경영자가 산업의 각 분야별종사자들이 필요로 한 책임을 연계하기 시작하였고, 기업의 사회적 책임에 도덕적 요소가 포함된 것으로 인식하였다.[37] 미국의 아키 캐럴(Archie B. Carrol)은 기업의 사회적 책임은 기업이 이행해야 할 의무를 사회가 요구하는 것이라고 지적하였다.[38] 따라서 완전한 기업의 사회적 책임은 기업의 경제적 책임, 법적 책임, 논리적 책임 및 공공책임과의 조화라고 하겠다. 소위 공공책임은 사회가 건실한 국민이 취해야 하는 행동을 기대하는 것으로 기업이 인류복지 혹은 선의에서 비롯되어 재정적 자원이나 인적 자원 등에 있어서 예술, 교육 및 사회에 대해 공헌을 하는 것을 촉진하는 내용을 포함하고 있다.

종합해보면 기업의 사회적 책임이라 함은 기업이 주주이익 극대화라는 목적을 추구하는 것 외에 주도적으로 책임을 부담하는 사람들이 기업의 사회복지 증진에 관한 도덕적 책임을 기대하는 것이다.[39] 기업은 주도적으로 사회공공책임을 부담해야 하며 푸지엔다리(福建達利)그룹이 쵄저우 후이안현(泉州 惠安縣)에서 1천만 위안을 기부하여 효도사랑 펀드를 설립한 것이 그 예이다.[40] 여러 정황을 고려해보면 총체적으로 사업자단체와 기업의 공공책임은 강하지 않다. 설령 일부기업이 주도적으로 사회공공책임을 부담한다고 하더라도 기업의 운영과 공공사무를 고려하는 것은 기업으로서는 어려움이 크다고 할 수 있다.

(1) 기업의 사회적 책임에 대한 사업자단체 법적 지원 문제의 정당성과 타당성 분석

첫째, 기업의 사회적 역량 남용 예방이 있다. CCTV 제작물인 〈회사의 역량〉에 의하면 2009년 기업이 전 지구의 81%에 달하는 인구를 위해 업무기회를 제공하였고, 전 지구촌 경제역량의 90%를 구성하였으며, 전 지구촌 생산총액의 94%를 창조하였다. 미국 워싱턴 정책연구소 연구원인 사라 앤더슨(Sarah Anderson)과 존 카바나흐(John Cavanagh)는 1996년 12월 25일 발표한 연구보고서에서 1982년 글로벌 200대 기업의 판매총액이 전 세계 GDP의 24.2%를 차지하였으며, 1995년에는 28.3%로 상승하였다.[41] 이것은 단지 경제적인 관점에서 기업의 사회에 대한 영향을 분석한 것이고, 정치적으로 미국이나 유럽에서 기업은 강력한 경제력을 활용하여 입법에 반영시키는 활동을 해오고 있으며, 기업에 대한 정부관리를 느슨하게 하거나 정부보조를 받으며 자신의 세부담을 감소시킨다. 현재 기업은 사회발전과정에서 과거보다 더 중요한 역할을 담당하고 있으며 만약 기업으로 하여금 사회적 책임을 부담하도록 하여 기업이 벌어들인 이윤을 사회에 환원하는 작업을 지속적으로 전개하지 못한다면 자신의 경제력을 남용하는 것이 되고, 그 결과 동반성장을 통한 사회적 약자로 대표되는 일반소비자와의 상생협력은 실현되지 못하는 어젠다로 그치게 될 것이다.

이익관련자의 개념을 최초로 언급한 사람은 전기회사 오너였던 오웬 영(Owen D. Young)이 1929년 연설 도중 인용한 것이다. 주주, 고용임원, 고객 및 불특정다수의 국민들이 회사에서 일정한 이익을 얻게 되며, 회사오너는 이러한 이익을 보호할 의무가 있다는 것이다. 미국학자 토마스 도널드슨(Thomas Donaldson) 및 리 프레스톤(Lee E. Preston)은 합법적인 기준을 이용하여 기업의 관련이해당사자를 '기업

의 절차와 실체활동 가운데 합법적인 이익을 누리는 자연인 혹은 사회단체라고 말한다'고 규정하였다. 또 다른 미국학자 클락슨(Clarkson)은 '기업에 대해, 또 과거와 현재 혹은 미래의 활동에 대해 권리나 이익을 누리거나 주장할 수 있는 자연인이나 사회단체를 말한다.'고 인식하였다.[42] 즉 기업의 이해당사자가 관련되는 범위는 대단히 광범위하다. 이러한 관련 이해당사자의 존재는 기업이 사회공공책임을 부담하는 것에 정당한 근거를 제공한다.

경제가 발전하면서 기업에 대한 사회의 평가는 단순히 기업이 창조한 경제적 가치에만 한정되지 않고 기업이 사회를 위해 헌신한 공헌을 포함한다. 민법각도에서 보면 1804년 프랑스민법전에서 계약자유의 원칙을 확립하였으며, 소유권절대원칙과 과실책임의 3대 원칙이 제정되었다. 이후 개인 권리본위가 사회본위로 전환되면서 이 세 가지 원칙이 지속적으로 개정되어 신의성실원칙으로 계약자유를 제한하고, 권리남용금지원칙으로 소유권절대주의를 제한하며, 사회적 책임으로 과실책임을 제한하게 되었다. 여기에서 볼 수 있는 것은 사회본위의 이념 하에서 사업자단체가 기업의 사회적 책임을 장려하는 것은 하나의 조화로운 사회 및 상생경영을 위한 과정이 되었다는 점이다.

상술한 것은 기업의 사회적 책임에 대한 사업자단체 차원의 지지가 정당성을 갖추었다는 점을 서술한 것이며, 이와 관련하여 구체적인 타당성이 있는지의 여부를 확인해보아야 한다.

먼저 사업자단체의 역할에 대해 논의해보기로 한다. 미국의 『경제학백과사전』에서는 사업자단체를 공동의 목적에 도달하기 위해 스스로 조직된 동료 혹은 상인의 단체라고 정의하고 있다.[43] 기업이 자발적으로 조직한 것으로 사회를 위한 봉사단체 성격을 지닌 사회단체는 아주 독특한 성질을 구비하였는데 아주 이성적이며, 중립적이고 자율적이라는 점이다. 사업자단체의 역할은 주로 두 가지로 구현된다.[44] 하나는 서비스제공으로 사업자단체가 소속기업을 위해 공공정보교류 등의 편의를 포함하는 정보를 제공함으로써 기업의 사회적 책임능력 향상을 촉진하는 것이다. 다른 하나는 타기관과의 협력으로 기관 내부 또는 외부활동의 일치를 위해 협력하자는 것이다. 예로 정책유세, 집단소송, 가격조정 등이 그것이다.[45] 이러한 기업의 사회적 책임 관련활동은 분쟁시 더 유연하게 분쟁이 해결되는 장점을 가져오게 되었다.

다음으로 기업의 사회적 책임은 기업 자체의 장기적인 발전의 필요에서 비롯된 점이라는 것이다. 기업은 사영기업으로서 이익극대화를 추구하는 집단으로 인식되며, 보통 기업은 기업활동에 있어서 세 가지 원칙을 유지한다. 첫째, 가장 효과적인 수단으로 목적에 도달하고자 하는 원칙이 있다. 둘째, 포용원칙이다. 셋째, 고도의 효율성추구원칙이다. 기업의 사회적 책임과 결합하여 기업이윤분배 관점에서 사회적 책임을 조망하게 된다. 성장단계에 있는 기업으로서는 소비자와 다양한 이해관계를 형상하게 된다. 만약 기업의 이윤 가운데 일부를 고객 내지 소비자에게 배당해주지 못한다면 설령 기업이 상당히 큰 소득을 올린다고 하더라도 사회적 책임의 당위성은 크게 저하될 것이다. 따라서 사회적 책임은 실현가능해야 한다.

(2) 기업의 사회적 책임에 대한 사업자단체 법적 지원 문제의 개선방안

첫째, 사업자단체가 기업의 사회적 책임 장려에 장애가 되는 것은 전통적인 이론, 즉 기업의 본질이 영리에 있다는 것 때문이다. 주주이익 극대화를 실현하는 것이 기업의 사회적 책임 수행에 법적 장애가 될 수 있다. 이 점에서 사업자단체가 기업의 관념을 전환하도록 해야 하며, 이윤추구라는 기업 본연의 가치와 공공이익의 공유라는 책임을 병행하는 새로운 형태의 기업모델을 정립해야 한다. 새로 개정된 중국「회사법」제5조는 회사의 사회적 책임을 분명히 규정하였으며, 이 또한 기업 경영마인드 전환에 도움이 된다.

둘째, 행정규장 내지 약관제정 시 사업자단체와 기업의 적극적인 협조가 요구된다. 만약 사업자단체나 기업 어느 일방당사자가 기업이 사회적 책임을 전적으로 부담해야 한다고 주장하면서 그에 상응하는 규범 내지 법률을 제정하지 않아 법제도적인 환경을 조성해주지 못한다면, 기업은 사회공공이익을 실현하는 과정에서 기업 단독으로 지나치게 많은 부담을 떠안아야 한다. 사업자단체와 기업은 제도발전 및 혁신과정에서 정부가 이미 제정한「기업소득세법」및「공공기부법」등 관련법률을 참조할 필요가 있다. 동시에 사업자단체 또한 내부적으로 관련된 장려정책을 제정해야만 하고, 기업이 주도적으로 사회공공책무를 다하도록 장려해야 한다. 오로지 효과적으로 규범해야만 사회적 책무와 관련된 각 당사자들이 유기적으로 활동할 수 있게 된다.

셋째, 기업운영의 핵심은 이윤극대화 추구이며, 기업이 만약 사업재투자에 활용해야 할 자금을 지나치게 많이 기업의 사회적 책무 수행을 위해 투입한다면, 이 또한 기업 재정운영에 있어서 일종의 부담을 조성하게 되고, 보상받을 기회도 적어질 것이다. 이 때문에 합리적인 관리와 기획이 아주 중요하다. 사업자단체가 사회와 기업의 유대를 담당한다는 점에서 당연히 주도적으로 이 책임을 부담해야만 한다. 전문적인 사회적 책무를 수행하기 위한 기관을 사내에 두고 기업의 사회적 책무 수행을 위한 자금을 모집하여 통일적으로 관리해야 하며, 그럼으로써 기업의 이윤극대화와 일반소비자들의 편의 및 복지증진이라는 가치를 실현해야 한다.

넷째, 기업의 사회적 책임 수행여부의 감독과 관련하여 기업 자체적인 감독, 중국정부의 감독 및 사회적 차원의 감독 공조가 진행되어야 한다. 사업자단체가 기업의 사회적 책임 수행을 위해 조성하는 펀드 운영실적이 저조하거나 법제도적인 장애로 인하여 실질적인 자금활용에 어려움이 발생할 때, 심지어 불법행위가 출현하면 사업자단체가 주관하는 펀드운용은 효과적인 또 엄격한 감독이 필요하게 된다. 기업의 사회적 책임 수행과정에서 사업자단체는 이해당사자에 대한 영향, 또 사업자단체 운영자금에 대한 감독은 아래 세 가지 차원에서 진행될 수 있다. 기업차원에서 사업자단체는 완벽한 재무제표자료를 제작해야만 하며, 자금사용 내역과 기부자의 자금사용 및 손실상황에 대해서는

상세한 설명이 있어야 한다. 정부차원에서는 중국 심계원46)의 감독을
받아야 하며, 법률이 허용되는 범위 내에서 사업자단체의 펀드운용에
대한 재정수지의 진실성, 합법성 및 효과성에 대해 객관적인 평가를
진행해야 한다. 마지막으로 사회적 차원에서는 사회여론의 중요한 작용
을 발휘해야 하며, 일반국민이 사업자단체의 관련업무를 적극적으로
감독하는 것을 장려함으로써 사업자단체의 업무로 하여금 순조로이
진행되도록 해야 한다.

사업자단체는 기업의 사회적 책임을 장려하는 과정에서 독특한 법적
지위를 누린다. 사업자단체에 내재된, 또 겉으로 드러나는 정당성을
구비하고 타당가능성과 유효성을 지녀야 한다. 관련법률법규 및 제도적
개선에 따라 사업자단체는 기업의 사회적 책임 수행에 있어서 날로
더 성숙해지고 더욱더 효과적인 역할을 담당하게 되어야 한다.

Ⅲ. 중국 사업자단체의 분쟁해결체재 개선 사례

1. 상하이시 사업자단체 및 통예노조(同業公會) 사례

(1) 개혁개방 이후 상하이시 사업자단체의 발전현황

수많은 사람들이 사업자단체와 동종업계 산별산별노조를 동등하게
취급할 수 있으나 양자는 상당히 큰 차이가 있다. 1978년에 시작된
개혁개방 초기에 국유기업경영권의 확대와 행정적 성격이 결합된 공기
업이 정리되고, 각 부처가 통폐합되어 강력하고 거대한 정부기구로의
전환이 공기업으로 하여금 국유은행을 통한 정부의 지원에 전적으로
의존한 기존의 관례를 탈피하여 독립채산제를 채택하게 되는 동기가
되었다. 계획경제체재하의 부문관리가 시장경제체재하의 산업관리로
전환될 필요성에 의해 정부는 부분적인 관리기능을 이전하고 일부 정부
부처 공무원의 부처 간 이동을 주도하면서 사업자단체를 건립하게 된

다.47) 이러한 체재 내에서 생성된 사업자단체는 대다수가 반(反)관영단체이고 다른 사업자단체 또한 중국정부가 주관하는 것으로 오랜 시기 동안 기본적으로 정부기관의 운영방식을 채택하는데 사업자단체장은 정부고위직 및 정부의 예산분배 등을 접수·집행하게 되었다.

상하이시 사업자단체가 성립된 시기는 상당히 이르며, 발전 또한 매우 성숙해있다. 절대다수 산업이 자신의 사업자단체를 세우고 있으며, 개혁개방 이후 상하이의 첫 번째 사업자단체는 1982년 2월 성립된 상하이시 식품공업협회였다. 스런(時任) 상하이 부시장의 선후배 지인 들이 상하이시 식품공업협회를 이끌고 조직하였다. 1982년 6월 7일 상하이시 식품공업협회의 첫 번째 이사회가 개최되었으며, 식품공업협회 약관의 시행령이 통과되었고, 회장선출 및 위원회지도부 등 10인을 부회장으로 임명하였다. 상하이시 편제위원회의 인가를 거쳐 협회는 위원회를 20인으로 구성하였다.48) 2001년 말 상하이시에서는 사업자 단체가 133개가 되었으며, 2007년말에는 231개까지 확대되었다. 연평균 16개의 사업자단체가 확대되었다.

또한 상하이시는 지방법규형식으로 사업자단체의 설립, 기능분배, 운행체재 등을 분명히 규정하였다. 2002년 1월 1일 상하이시정부는 정식으로 「상하이시 사업자단체 임시방법」을 정식으로 실시하였다. 같은 해 10월 31일 상하이시 제11차 전인대 상무위는 「상하이시 사업자 단체 발전 촉진 규정」을 통과시켰으며, 다음 해 2월 1일자로 시행하게 된다.49) 일년 동안 상하이시가 사업자단체 보호 내지 발전과 관련한 법규 등을 다수 제정함으로써 상하이시 경제발전의 육성에 긍정적인 작용을 하게 된다.

그러나 총론적으로 보면 상하이시 사업자단체의 발전은 상대적으로 완만하다고 할 수 있다. 1958년부터 200여 개의 상하이시 사업자단체가 차례대로 취소된 이후 개혁개방과정에서 새롭게 성립한 전국 최대 산별 노조는 상하이시 아교업계 산별노조였다.50) 1986년 10월에는 상하이 시 아교회사 또한 영업허가증이 말소되었다. 같은 해 12월 사업자단체 내 공산당지도부가 상하이시 공산연합회 및 일부 기업대표와 공동협상을 하여 상하이시 인가를 거쳐 새로운 사업자단체 성격의 상하이 아교산업산별노조를 정식으로 설립하였다. 이 산별노조는 상하이시 화공부처와 협력관계를 맺고 동시에 상하이시 공상연합회의 단체회원이 되었다. 1986년 12월 23일 오전 상하이 아교산업지부 산별노조는 상하이시위원회 통전부(統戰部) 해외지사 클럽부처에서 대회를 개최하였다. 당시 아교산업협회가 42개 아교회사를 대표하여 회의에 참석하였으며, 개혁개방 이후의 상하이시 아교협회 산별노조의 활동은 아래와 같다. 즉 1986년 12월 23일에는 회원자격으로 있는 산별노조단위가 101개였으나 2010년 12월 28일에는 법적 능력을 갖춘 회원수는 65개 사업자단체로 대폭 증가하였다.

(2) 상하이시 사업자단체 역량 강화에 대한 개선방안

상하이시 사업자단체는 중국정부의 육성정책과 자체적인 입지, 적극적인 법제도개선으로 인하여 상당한 발전을 이루었다. 그러나 앞으로 더 효율적으로 중국의 재계입장을 반영하기 위해서는 개선되어야 할 것이 있다.

첫째, 사업자단체 업무를 정확히 인식하고 관련 연구활동에 적극적이어야 한다는 점이다.

사업자단체는 우선 사업자단체 업무의 중요성에 대한 인식을 향상시키고 일상업무화해야 한다. 이것이 사업자단체 업무를 강화하는 전제조건이다. 사업자단체의 출현은 내부 구성과 부처 간 상호관계에 중대한 변화를 발생시키며, 사업자단체 연구 이론에도 새로운 과제를 제시하게 되었다. 따라서 사업자단체는 연구를 통해, 또 법률법규를 개정하여 반드시 사업자단체의 이론을 시대에 부응하도록 효율적으로 정립해야 한다. 한편 사업자단체는 적극적으로 관련 조사연구를 전개함으로써 합리적인 업무체재와 효과적인 업무방법을 구성해야 한다.

한편으로는 해당지역 사업자단체의 기본적인 상황을 이해하고 장악

하는데 사업자단체의 수량과 분포, 조직기구, 회원총인원 및 구성, 사업
자단체 구성 등을 포함한다. 한편으로는 조사를 거쳐 연구를 하고, 진지
하게 사업자단체 내 공산당 외부 영입인사의 의견을 경청하며, 사회
각 구성원의 요구를 깊이 이해함으로써 공산당과 정부의 각종 정책결정
이 더 효율적으로 중국인의 요구를 실현하도록 해야 한다. 이 때문에
관련 조사를 통해 사업자단체 업무의 주요기반을 강화해야 한다.

둘째, 사업자단체의 핵심인사를 포섭하여 업무의 추진력을 강화해야
한다. 사업자단체의 주요 구성인원은 공산당 당원뿐만 아니라 민주당의
원 또한 포함하는 것이 바람직하며, 중앙이 아닌 해당지역 내 공산당
외부의 명망 있는 저명인사나 일정한 영향력과 대표성이 있는 사업자단
체를 영입하여 인민대표대회, 정치협상회의 등에서 자신이 대표하는
특정이익단체의 현안을 제기하도록 해야 한다. 2007년 상하이시 공상연
합회가 표본추출로 조사한 바에 의하면 회원인 기업의 수는 261개에
이르렀다. 125개의 사영기업책임자는 각급 전인대대표 또는 정협위원
을 담당하는데 그 비율이 47.9%를 차지하였다. 이 가운데 각급 전인대
대표가 55인으로 21%를 차지하였고, 정협위원이 70명으로 26.8%를
차지하였다.51) 이 가운데 일부 사영기업주는 반드시 일부 사업자단체에
반드시 가입을 해야만 했기 때문에 사업자단체의 저변 확대에 긍정적인
작용을 하였다. 사업자단체의 역량이 제고되는 것은 중국정부가 기업발
전에서의 실질적인 문제를 해결하는 데에 도움이 되고, 중국 공산당과
중국정부가 사업자단체와 동종업계 산별산별노조와의 결집력과 영향력
을 확대시키는 데에 유리하다. 이렇게 될 경우 NGO에 종사하는 사람들
에게 영향을 줄 수 있을 것이다.

셋째, 사업자단체 법률개정으로 사업자단체업무의 제도화 및 상시화
를 확보해야 한다. 사업자단체는 각각 법제도화를 위해 사업자단체
내의 공산당 외부대표인사를 지도, 감독, 유대관계 형성 및 연락하는
직책을 수행해야 한다. 현재 각종 사업자단체의 조직은 날로 증가하고
있으나 통일적인 관리 면에서는 개선되어야 할 점이 많다. 따라서 하나의

전문적인 공산당위원회가 주관하는 민간조직의 연결성이 결속력이 강한 사회단체연합회를 별도로 설립하여야 한다. 해당지역에서 모든 사업자단체나 동종업계 산별산별노조는 가입할 수 있도록 했으며, 이 조직은 각급 사회 및 저명인사를 조직적으로 커다란 단체에 포함시키도록 하였다. 이것은 회원의 의견과 요구를 반영한 것으로 해당지역 사업자단체의 발전현황, 주요쟁점 및 시의적절한 사업자단체의 의견반영 등을 조사하였다. 당연히 각 행정단위별 공산당위원회는 사업자단체가 기구설립, 인원편제, 경비조달업무, 사무요건 등에 있어서 필요한 지원을 해주어야 한다.52) 한편 정기적으로 각 사업자단체 회의, 해당산업별산별노조위원장, 기업회장단과의 협의를 개최하고, 토론회를 주최하여 사업자단체가 직면한 주요쟁점을 이해하도록 해야 하며, 동시에 중국공산당의 노선과 정책을 전달함으로써 사업자단체 업무의 제도화와 상시화를 확보해야 한다.

넷째, 사업자단체 부처 간 상호협조를 통해 정보교류가 진행되어야 한다는 점이다. 사업자단체는 단지 자신의 조직에만 의존할 것이 아니라, 사업자단체가 사업자단체 등기관리부문과 사업자단체의 업무주관부문과 유기적으로 협조를 하여야 하며, 직책을 분명히 하여야 한다. 또한 정보교류센터를 수립하여 제때 사업자단체의 설립목적과 업무대상의 현황을 파악해야 하며 그럼으로써 보다 효과적으로 사업자단체 업무를 추진할 수 있다.

예로 상하이시 사업자단체는 적극적으로 민정부문과 협력을 강화하고 있는데 2008년 중앙정부가 상하이시 사업자단체 관리국 설립을 인가하여 상하이시 민정국이 관리를 담당하게 되었다. 상하이시 사업자단체 관리국은 주로 사회조직의 자금조달심사, 사업자단체의 성립과 변경, 등록등기심사 및 사업자단체의 연도별 감사 등의 업무를 담당하게 되었다. 상하이시 각 구(區) 및 현(縣) 또한 사업자단체 관리국을 설립하였다.53) 각 사업자단체관리국은 철저하게 본 지역 전체 사업자단체의 상세한 상황을 철저히 파악하여야 한다.

종합해보면 근래 상하이시 사업자단체와 동종업계산별노조 등 관련 시민단체의 수가 폭발적으로 증가하였는데 새로운 성장의 기회가 됨과 동시에 발전과제 또한 증가하였다. 이 때문에 상하이시 사업자단체 업무를 강화해야 하고 반드시 업무파악을 숙지함과 동시에 관련 연구를 적극적으로 전개해야 한다. 이와 동시에 사업자단체에 상응하는 조직을 확립하고 사업자단체 업무의 제도화를 확보하며, 관련부문과 협조를 통해 정보를 교류해야 한다. 그럼으로써 역량을 키우는 것이다. 만약 상기 네 분야를 발전시킬 수 있다면 상하이시 사업자단체 업무를 효과적으로 추진할 수 있을 것이다.

2. 중소기업법률서비스 제공사례 – 하이시(海西)지역을 중심으로

(1) 중소기업을 대상으로 하는 사업자단체 운영목적과 현황

1) 중소기업 발전상의 난제 해결

근래 푸젠성은 적지 않은 정부지원조치들을 제정하였는데 「푸젠성 과기형 중소기업 기술혁신자금 관리시행령(2001년)」, 「푸젠성 기업신용정보서비스 제공 관리 임시방법(2005)」, 「푸젠성 인민정부의 중소기업 융자 지지에 관한 의견(2007년)」, 「푸젠성 인민정부의 중소기업 경영 발전 지지에 관한 의견(2008년)」, 「푸젠성 중소기업 신용 담보기구 리스크 보상 전용 자금 관리 실시방법(2008년)」, 「푸젠성 경무위 · 인민은행 푸젠성지점 · 푸젠성 은행감독국의 중소기업 신용 담보산업 발전 촉진에 관한 의견(2008년)」, 「푸젠성 인민정부의 대만 자본기업 발전 지지에 관한 의견(2009년)」, 「푸젠성 인민정부의 친환경 조성을 통한 우수 서비스 제공으로 민간기업 발전 가속화를 지지하는 의견(2010년)」 등을 포함하였다.[54] 상술한 정책성 규정은 중소기업 발전 촉진에 중요한 작용을 하였으나 융자 획득에 치중하여 중소기업의 융자가 어려울 때 상당히 효과적으로 난제를 해결하는 긍정적인 역할을 하였다. 반대로 지나치게 중국정부의 역할에 의존하는 모습을 보인 것은 단점이다. 중소기업의 경우 융자문제 외에 또 내부 제도적 결함문제, 권한유지의 어려움, 법적 리스크 방지체재 부족 등의 문제가 있다. 근본적으로 중소기업의 발전을 보장하고 촉진하기 위해서는 공공법률서비스를 확립하는 것이 필요시된다.

2) 중소기업 공공서비스 개선의 필요성

2004년 11월 4일 푸젠성위원회와 푸젠성정부가 「신속한 산업결집에 의한 산업육성에 관한 의견」을 공동제정하여 「시안(西岸)해협경제구 건설요강」의 두 가지 문서 가운데 하나로 하였으며, 산업의 육성 및 발전을 요구하였고, 산업의 구조적인 성장 지도 및 지역산업공공서비스 건설을 기획하였다. 2010년 4월에는 신식산업부, 국가발전개혁위원회, 과학기술부, 재정부, 인력자원 및 사회보장부, 환경보호국, 국가품질감독검사검역총국이 공동으로 「중소기업 공공서비스 건설촉진에 관한 지도의견」을 반포하여 '3년 동안 중소기업이 밀집된 지역과 산업을 육성하고 서비스를 보완하여 중소기업의 발전요구를 만족시킨다.'고 하였다. 법률서비스의 성공적인 구성은 공공서비스의 의미를 충실히 하였으며, 금융 및 창업을 함께 공동으로 하이시경제권의 발전을 촉진케 함으로써 중소기업이 시장의 핵심경쟁력을 유지하도록 촉진하였다.

3) 정부 기능전환의 필요성

시장경제체제하에서 정부는 미시경제운행에 지나친 개입은 하지 않아야 한다. 정부는 기업의 수요를 파악하고 대화를 통한 소통을 진행해야 한다. 이것은 중소기업의 건전한 발전을 촉진할 수 있으며, 정부가 직책을 이행하는 효과적인 매체와 루트가 된다. 2010년 푸젠성 품질검사국이 기업의 제품품질 향상 및 제품품질 불합격문제를 해결하는 과정

에서 충분히 사업자단체의 기능을 발휘한 바 있어 제품품질감독업무의 새로운 영역을 완성한 바 있다.55)

4) 푸젠성 중소기업법률서비스 수요의 현황

중소기업 법률서비스 요구를 정확히 이해하기 위해 푸저우, 췐저우, 샤먼 등에서 설문조사와 좌담회방식으로 연구를 진행해야 한다. 중소기업으로서는 계약서초안과 심사, 근로자분쟁처리 및 법률자문, 기업부채 청산업무, 계약 분쟁처리 등 일상 법률실무와 분쟁방지를 위한 법률개정작업 등이 필요시되며, 비소송법률업무 또한 고객의 요구를 정확히 파악해야 한다.

상술한 점을 종합해보면 중소기업의 법률서비스체재는 아직 제대로 확립되지 않았다. 현재 중소기업법률서비스 수요를 만족하기 위한 방법과 모델에는 적지 않은 폐단이 존재한다.

첫째, 분쟁발생을 예방하기 위한 중소기업 내부법률체재와 관리감독 수준이 낮다. 중소기업이 생존하기 위해서는 제품생산과 판매, 시장지분율이 좋아야 하며, 정책결정과 재무, 계약관리 등에서 법제도적으로 규범이 낮고 임의적인 정책결정이 진행되는 경우가 많다. 대다수 중소기업의 경우 사내법무팀을 운영하지 않아 법적 분쟁을 사전이 미리 차단하기 위한 노력을 태만히 하는 경우가 많다. 푸젠성 경무위(經貿委)에서 일찍이 기업법률 자문제도실시를 추진한 바 있는데 추진과정에서 적지 않은 중소기업의 반발에 직면하게 되었다. 비록 일부 중소기업은 법적 분쟁을 방지하기 위해 조치를 취하였으나 일반적인 내부 차원의 주의 내지 단속에 그쳐 실효성이 거의 없다. 중소기업이 매년 지출한 법률서비스비용은 단지 기업 총소비에서 극히 작은 비율에 지나지 않는다. 현재 대다수 기업이 법률분쟁방지차원에서 지불하는 비용이 기업총수입의 0.02%에 지나지 않으며, 상대적으로 법률분쟁방지를 위해 예산을 많이 투입하는 경우에도 기업총수입의 0.82% 정도에 그치고 있다.56) 푸젠성 중소기업의 법률분쟁 예방차원으로 확정되는 예산 비율은 기업총수입

의 0.02% 미만으로 집계되고 있다.57)

둘째, 변호사가 제공하는 법률서비스가 주로 사후구제에 중점을 두고 있어서 법적 분쟁 내지 예방과 관련한 비용이 많이 소요되는 문제가 있다. 대다수 중소기업이 직면하는 법적 분쟁은 상당부분이 기업 내부에 효과적인 방지체재를 확립하지 않는 점에 기인한다. 변호사가 제공하는 법률서비스는 기본적으로 분쟁이 이미 발생했거나 혹은 소송에 진입한 이후에야 비로소 개입하는 경우로 명백히 사후보상적 성격을 지니고 있고 비용 또한 많이 소요된다. 이와 동시에 일부 중소기업은 영업기밀 보호 등의 원인으로 분쟁과 관련한 정보를 일시적으로 고용하는 변호사에게 제공하지 않는 경우도 있어, 일정부분 변호사서비스의 효율성에 영향을 끼치기도 한다.

셋째, 일부 법적 문제는 전체산업에 해당되는 문제로서 개별기업의 역량을 통해서는 그 효과가 크지 않다. 예로 반덤핑, 보조금 내지 세이프가드 등은 상당히 복잡한 문제로서 중소기업 개별적인 역량을 통해서는 해결이 어렵다. 2010년 쵄저우시 관련기업이 시 담당부처에 이 문제를 반영하고 구체화한 바 있는데, 외국 반덤핑, 반보조금, 기술장벽 등 비관세장벽이 푸젠성 방직업 관련 수출기업에 심각한 장애가 된 바 있어 사후대금결제 등이 방직업계 무역에 불확실성을 초래한 바 있다.58) 이러한 문제의 해결은 단지 기업 자체적인 역량에 의해서는 이상적인 효과를 달성하기가 어렵고, 정부가 관련보호조치를 채택하면 WTO 규칙에 위배될 가능성도 크다.

종합해보면 중소기업의 법률서비스 수요 활성화와 관련하여 최소한 아래 세 가지 쟁점이 존재한다. 하나는 중소기업 내부 법률 분쟁 방지제도의 확립과 실행타당성이 부족한 규칙을 개선해야 한다. 다음으로 외부법률서비스를 모색하는 경우 효과적이고 신속한 루트를 확보하기가 어렵다는 점이다. 그리고 법률서비스 수요와 비용지출은 정비례관계가 존재하지 않는다.

(2) 중소기업 대상 법률서비스를 위한 사업자단체의 역할과 개선방안

1) 중소기업 대상 법률서비스를 위한 사업자단체의 역할

중소기업 법률서비스체재 확립을 위한 목표는 우선 기업의 가치를 구현하는 건설적인 목표를 확립하고 이를 실행하기 위한 원칙으로 횡적 또 종적법률서비스의 결합이 요구되며, 공익성 법률서비스와 상업용 법률서비스가 상호 조화되어야 한다. 또 총론적인 법률서비스와 구체적인 각론에 입각한 영역별 법률서비스도 상호 결합이 되어야 한다.

중소기업 법률서비스체재 확립을 위한 사업자단체의 역할은 아래 다섯 가지의 의의가 논의될 수 있다.[59]

첫째, 중소기업 법률서비스와 관련한 불필요한 비용 방지 및 효과적인 참여체재 확립에 사업자단체가 기여할 수 있다. 사업자단체의 이러한 기능은 중소기업 정책의 신속성 및 보편성을 강화할 수 있다. 국외의 실천을 보면 산업중개조직이 국가 협상권이 대표하는 산업과 비록 강제집행을 실행할 수는 없지만, 산업중개조직이 이 권리를 통해 사회역량, 국가기관의 불공정함과 불합리한 행위에 대한 견제 및 균형을 실현함으로써 국가경제와 사회복지 및 기업이익 보호를 유리하게 전개할 수 있다는 것이다.[60]

둘째, 서비스제공자로서 정부자금이 지지하는 새로운 루트를 확립할 수 있다. 중국정부 관련부처는 사업자단체를 통해 중소기업에 대해 여러 가지 지원을 하게 된다. 국선변호업무는 사업자단체를 위임할 수 있고, 국가와 푸젠성 관련산업의 새로운 정책 및 새로운 실시의 제정과 결합하여 여러 가지 형식의 정책좌담회를 개최하고, 무상 법률상담서비스를 운영하며, 무상으로 중소기업법률에 관한 평가제도 확립, 또 법적 분쟁방지체재 확립에 대한 지원체재를 확립하여야 한다. 즉 법률지원서비스를 포함하여 공익적인 성격의 협력체재를 확립해야 한다는 것이다. 동시에 법무팀이 중소기업의 상업용 법률자문을 위해 전문가 추천제도를 확립해야 한다. 은행업은 사업자단체와 협력할 수 있고, 은행을 중소기업 대출의 법적 위험으로 삼는 것에 대해서 사업자단체가 법에 따라 평가하는 작업을 수행해야 한다.

셋째, 자율규제의 제정자로서 산업행위규범과 처벌규칙 제정, 경쟁행위 규범, 산업 내부의 분쟁해결체재 확립 및 경영자본 감소 등의 역할을 담당한다. 법률 외의 처벌체재가 부족할 때, 협력 내지 단체행동은 때로는 일부 구성원의 비신사적인 행동으로 인해 실해할 가능성이 존재한다.

넷째, 해당산업의 대표로서 중국과 대만, 홍콩 및 마카오의 교류와 협력체재 구축에 앞장서야 한다. 2011년 4월 국가발전개혁위원회가 보고한 「시안(西岸)해협 경제구역 발전계획」은 대만과 중국의 양안경협 정상화를 획득하게 하였으며 양안산업협력의 새로운 성장을 의미하였다. 근래 푸젠성은 각종루트를 통해 홍콩 마카오 대만지역 중소기업의 합작투자를 추진하고 있으며 이 지역의 서비스를 포함한 협력 관련 제도의 확립은 대단히 중요하다. 따라서 시안해협 경제협력의 전망과 대만정책을 적절히 확립해야만 한다. 그럼으로써 교류체재와 분쟁해결 체재가 서로 소통이 되어야 한다.

다섯째, 산업이익의 보호자로서 해당산업의 권력유지체재를 확립할 수 있다. 반덤핑제소자 대부분은 사업자단체이다.[61] 각국의 사례를 보면 사업자단체는 해당산업 내 조기경보체재를 운영할 수 있는데 중소기업을 대표하여 보장조치 채택 신청을 제출하고, 기업을 대표하여 반덤핑 응소(應訴)활동에 참여하며, 관련산업 피해의 증거를 수집하고, 중소기업을 대표하여 정부가 임시 제한조치를 채택하여 국내산업을 보호하도록 제청하는 업무를 담당한다.

2) 중소기업 대상 법률서비스를 위한 사업자단체의 개선방안

상술한 내용은 하이시중소기업법률서비스체재를 확립하기 위하여 사업자단체에게 요구되는 역할이라고 하겠다. 이러한 역할을 효과적으로 수행하기 위해서는 적절한 법제도적 확립이 뒷받침되어야 한다.

구체적으로 다섯 가지의 사업자단체 제도개선이 요구되는데 아래와 같다.

첫째, 법률서비스건설모델의 혁신이다. 정부주도의 사업자단체모델을 전환하여 사업자단체 주체를 다양화함으로써 사업자단체로 하여금 주요참여자 및 조직자가 되도록 해야 한다. 법률서비스 제공 시 '정부주도, 중소기업지향, 자원공유, 실질효력 중시' 원칙을 유지해야만 한다.62) 정부주도와 사회의 광범위한 참여가 상호 결합되고, 공공서비스와 상업서비스가 상호결합되며, 서비스자원의 개방공유와 중점적인 추진이 상호 결합되어야 한다. 특히 중요한 것은 공공서비스 건설을 통해 중소기업 내부제도의 건설 및 보완이 촉진되어야 하며63), 그럼으로써 근본적인 효과가 발생할 수 있다.

둘째, 고도의 효율적인 법률서비스운영체재를 수립해야 한다. 원칙이 있으나 구체적인 실행이 되지 않고 있는 것은 현재 이미 운영을 하고 있는 기존의 기타 공공법률서비스에 존재하는 주요쟁점이다. 법률서비스 건설은 반드시 책임주체가 분명해야 하며, 운영규칙을 세분화해야 하고, 보장조치를 설립하여 건전한 운영체재를 확립하여야 한다. 우선 법률서비스의 상호협력체재를 입법으로 보장해야 한다. 각 행정단위별 법률서비스센터와 법률서비스지점은 정기적으로 법률서비스센터 운영과정에서 출현하는 문제와 난제에 대해 상호협력을 하고, 해결방법을 연구하여 중소기업 발전에 유리한 환경을 조성해야 한다. 또한 합리적인 연동체제를 확립해야 한다. 법률서비스 운영과정에서 관련되는 탈부문, 탈업종항목의 경우, 관련부문 및 관련산업과의 연동체제를 확립하여야 한다. 그리고 운영체제를 보다 다양화하여야 한다. 여러 방식을 통해 법률지원기구, 변호사사무소, 고등학교, 과학연구소 등 법률서비스자원 참여가 구체적인 기관 참여로 확대되어야 한다.64) 이와 함께 참여주체의 평가제도와 퇴출체제를 확립해야 한다. 상업화한 변호사사무소 등 기관의 업무효율에 대해 정기적으로 평가를 진행하고, 서비스가 정립되지 않았거나 업무성과가 분명하지 않은 주체에 대해서는 다음 연도의 참여자격을 취소하고 이를 공고해야 한다. 이와 관련하여 「창사시(长沙市) 중소기업법률서비스 임시방법」의 운영모델이 좋은 시사가 될 것이다.65) 법률서비스의 제공체제를 분류하는 작업도 병행되어야 한다. 서로 상이한 산업 및 동일한 산업의 상이한 성장단계를 거친 중소기업에 대해 산업의 발달정도, 제품등급, 기술수준 및 브랜드효과에 근거하여 차별화한 법률서비스를 제공해야 한다. 이를 위해 모범기업을 지정하고 정책을 제정하여 대표적인 산업 중에서 전형적인 중소기업을 선택하고 전면개입식의 법률서비스를 제공해야 한다.66) '하나의 산업에 하나의 모범기업'이라는 구호에 따라 도시에서 시작한 것을 점차 지역으로 확대해야 한다. 사업자단체를 근거로 법률서비스 분류를 제공하는 것은 타당성 있는 것이면서 또한 필요한 것이기도 하다. 궁극적으로는 전문적인 하이시중소기업법률서비스 홈페이지를 운영하여 인터넷으로 하이시 지역의 활동을 전 세계에 홍보할 필요가 있다.67) 이것은 중소기업의 정보이해를 만족시키고 동종업계 교류증진 및 인터넷법률자문 등 생활의 편의를 도모하기 위한 것이다. 법률지원서비스가 활성화되기 위해서는 재정지원이 보다 완벽하게 운영되어야 한다.68) 사업자단체의 비영리성을 감안하면 무엇보다도 법제도를 보다 상세히 규정하여 사업자단체가 종사하는 산업에 단체행동권을 부여하고, 공익성과 상업성이 상호조화된 담보기구를 설립하여 홍콩 마카오 대만지역 중소기업의 교류와 협력을 전개해야 한다.69) 무상법률자문서비스와 관련지식 교육 및 연수에도 재정지원을 실시해야 하며, 이를 위한 예산확보 노력이 요구된다. 마지막으로 중소기업의 신용평가제도 및 채무상환 위험도 평가제도를 보다 공고히 하여야 한다.

중소기업이 불필요한 낭비가 많아 재정이 건전하지 못하고 임원 간의 불협화음으로 내부통제제도가 불완전하거나 회계장부 조작에 의한 분식회계로 인해 회계정보가 누락된다면 은행과 기업 간의 정보비대칭이 발생하게 된다. 이러한 문제들은 결국 중소기업의 전반적인 신용도를 하락시킬 것이며, 각국이 중소기업 융자의 어려움을 해결하기 위해 신용보증을 채택하게 하는 결과를 발생시킬 것이다. 중국의 현행 중소기업신용담보방식은 정책성 담보 위주이다.70) 법률서비스가 성공적으로 확립된 이후에는 사업자단체가 중소기업에 대해 신용등급을 진행할 수 있고, 사업자단체의 기업분류 평가, 효율성평가, 신용평가, 관리가 양호한 기업에 대해 은행업계를 향해 추천을 하게 되며, 또 중소기업의 상환능력에 대해 법적 위험 평가 및 동향 파악을 진행해야 한다.

3. 이익집단의 에너지 관련입법에서의 영향 및 그에 대한 규제대책

이익집단은 특정목표와 공동이익을 유지하고 실현하기 위해 정치과정 중에 집단행동을 채택하는 조직으로 그들은 자신의 역량을 최대한도로 정치과정에 투입을 하고, 정부공공정책에 영향력을 행사함으로써 집단그룹의 최대이익을 실현한다. 원자력산업의 국유기업과 사영기업은 유사한 이익을 추구해야 하지만, 법제도상 인위적인 분류, 자원산업의 불합리한 배치가 원자력산업으로 하여금 국유기업이 독점을 형성하도록 한 배경이 되었다. 특히 거대한 자본력과 중국정부의 지원을 받은 국유에너지기업이 각종자원의 장악에 근거하여 보이지 않는 장벽을 형성하고 독점이익을 보호하며, 공정한 시장환경에서 경쟁을 진행한다는 것이다. 이익을 추구하는 근본갈등이 에너지산업에 속하는 국유기업 및 민간기업을 서로 상이한 이익그룹으로 분류하였다. 그러나 정부정책과 입법에 대한 영향력 행사를 통해 자신의 이익추구를 실현해야 한다. 그러나 입법 결과 도리어 과거의 국유기업 이익보호를 위해 민간기업의 이익보호를 소홀히 한다면, 정부의 이익을 제외하면 국유기업과 민간사영기업이 영향력행사를 통해 입법에 영향력을 행사할 수 있는가는 고려를 해야만 하는 관건이 되었다.

사업자단체로서 중국의 이익집단은 법적 차원의 지원을 전폭적으로 받기가 어렵기 때문에 회원인 기업을 위해 효과적인 인센티브 제공으로 그룹행동을 달성하고 있어서, 중국이익집단의 집단행동은 자발적인 특징을 지니고 있다.71) 민간기업으로 말하면 거대한 이익을 창출해낼 수 있는 입법은 그룹 구성원이 제공하는 일종의 공공재로서, 그룹 내 일부기업이 입법에 반영하도록 노력을 한 이후 모든 기업이 이로부터 벌어들이는 이익을 공유할 수 있다는 것이다.

사영기업의 수가 국유기업의 수를 초월하였기 때문에 개별기업은 입법에 영향을 준 결과로 벌어들이는 평균수익만을 획득하게 되고, 오히려 전방위적인 비용을 부담하면서 경쟁상대방은 비용부담 없이 동등한 수익을 올리게 되는 결과도 발생하게 된다는 것이다. 이러한 부당한 현상의 발생으로 인하여 사영기업이 자발적으로 입법에 영향을 주는 활동에 종사할 수 있다.

한편 민간자본의 전부 또는 일부를 조직하여 그룹활동에 종사함에 있어서 반드시 추가로 자본을 증가시켜 일정한 협의를 달성하여 분업결정 및 비용분담을 결정해야 한다. 방대한 사영기업그룹으로 말하면 이러한 조직적인 자본은 막대한 비용이 소요된다.

이와 반대로 독점적 지위를 유지하고 있는 기업에 중소기업의 특징이 출현한다면 국유기업으로 하여금 입법에 영향을 끼치는 활동의 수익이 비용보다 더 높아질 수 있다. 한편으로 중국정부 국유기업 자체적인 규모는 거대하며, 그 어떠한 편의적인 입법으로 초래되는 한계수익체감이 현저하게 드러난다. 반면 구성원수량의 유한함은 공공재를 추가비용 없이 공유할 수 있는 기업그룹 임원으로 하여금 그 수를 유한하게 하며, 특혜를 통해 수익을 획득한 기타기업이 경쟁에 위협이 되는 행동을 하기는 어렵다. 이 때문에 설령 사업자단체 명의로 로비를 달성하지는 못했다고 하더라도 단일기업 또한 충분한 동기를 갖고 입법에 영향을 줄 수 있는 행동을 할 수 있게 될 것이다. 다른 한편으로 중국의 대형국유기업은 국자위(國資委) 투자로 설립되었기 때문에 상호협력이 용이하며, 구성원 숫자가 희소하여 비용을 절감시킴으로써 더 쉽게 그룹의 영향력행사를 위한 활동을 실시할 수 있다.

(1) 중국 국유기업의 에너지입법에 대한 영향력 평가

국유중앙기업은 입법에 영향력을 주는 로비활동 종사 시 에너지효율의 향상을 통하지 않으면 더 큰 산업의 총수익을 창출할 수 없다는 것을 유의해야 한다. 비록 공정한 재산분배가 시장시스템 운영과 에너지효율의 향상에 도움이 되고 있으나, 대형국유기업은 단지 이로 인하여 초래되는 부분적인 수익만을 획득할 수 있고, 전체자본을 부담하는 것은 입법에 영향을 주는 행동자본을 포함할 뿐만 아니라, 독점지위 상실로 초래되는 기회자본 또한 포함한다. 따라서 대형국유기업은 더욱 더 입법에 영향을 주는 로비활동을 통해 지속적으로 에너지자원의 불공정한 분배에 치중하는 경향이 발생하게 되는 것이다. 다른 한편으로 대형국유기업그룹이 신기술 채택에 소극적이고, 지속적인 변화와 혁신을 위한 움직임에 소극적인 반면 자원의 재분배에만 주목한다면 이로 인하여 경제성장이 하락하게 될 것이다. 기술혁신이 가져오는 신제품이나 새로운 생산방법은 대형국유기업이나 해당기업 임원 간의 실질적인 업무능력에 변화를 주게 되고, 적자생존의 법칙에 의해 그룹에 폐해가 발생하게 되며, 즉각 이러한 기술혁신을 모방하지 못하는 상황 하에서 대형국유기업은 기술혁신에 대해 통상적으로는 신중한 입장을 취하게 된다.

반면 에너지영역에서의 혁신은 반드시 생산요소의 파괴적 혁신을 새로이 구성하게 되며, 그럼으로써 신기술의 적응속도를 늦추게 되고 동시에 자원배분의 효율을 낮추기 때문에, 저효율의 생산활동이 장기간 유지되는 결과를 초래하게 된다. 이외에 대형국유기업은 제조업 시장공급을 통해 다차원적인 정부통제와 정부의 범위를 확대하게 되며[72], 그럼으로써 정부권력의 에너지시장의 진입에 정당성이 확보되고, 대형국유기업은 더 많은 물질적인 보상을 통해 정부의 정책제정과 입법에 영향을 주게 된다. 이것은 기업이 더 많은 자원을 자금모집에 활용하게 되어 생산활동에 종사하지 않는다는 것을 의미하는 것으로 기업으로 하여금 생산성을 감소시키는 결과를 초래하게 된다.

지적해야 할 것은 에너지산업이 과거 전통적인 유연연료로 대표되는 화석에너지에서 풍력, 태양열 등 신재생에너지산업으로 전환되는 단계에 처해 있으나, 유연에너지기업 대부분이 초대형 국유기업이고, 신재생에너지기업의 대부분은 신생 민간기업이어서 유연에너지가 신재생에너지로 체재전환되는 것은 기존의 대형국유기업이 민간기업으로 전환되는 것을 의미한다. 또 초대형 국유기업의 독점적 지위 상실은 기업 자체로서는 원하지 않는 일이다. 이 때문에 초대형 국유기업은 입법에 영향을 주는 로비활동을 통해 민간기업의 발전을 저해하게 되고, 기존의 유연연료에너지를 위주로 하는 에너지구조를 유지하는 현상유지전략을 채택함으로써 에너지구조의 전환을 퇴보시키는 정책결정을 하게 되는 것이다.

(2) 법제정 시 중국 국유기업의 영향력 행사에 대한 규제대책

중국 국유기업의 영향력 행사에 대한 규제대책으로는 크게 두 가지를 고려해야 한다. 첫째, 사업자단체를 통해 민간기업의 집단행동을 독촉해야 한다. 둘째, 사업자단체를 통한 민자유치를 전개하여 공정한 정치활동을 추진해야 한다.73)

전술한 것처럼 민간기업그룹이 비록 입법에 영향을 줌으로써 자가이익의 동기를 실현하는데 도리어 무임승차를 극복하는 것은 더 어려운 문제가 존재한다. 이 때문에 에너지자원의 공정한 분배라는 목표를 실현하는 것은 민간그룹임원을 위해 전략적인 동기를 부여하는 것이고, 그룹임원에 대한 격려 및 처벌을 통해 무임승차문제를 극복하게 된다. 이런 이유 때문에 그룹임원은 영향력행사를 통한 로비활동을 염두에 두는 현상이 발생하는 것이다.74) 이러한 전략적인 장려는 초대형 국유기업의 개인을 대상으로 하며 전체임원을 상대로 한 것은 아니다. 그 목적은 국유기업이 아닌 일반 사영기업의 신재생에너지분야로의 진출을 장려하기 위한 것에 있다. 따라서 보편적인 법률구속력을 지닌 법률로는 초대형국유기업 임원을 장려하는 임무를 담당하는 것이 어렵다.

반대로 사업자단체의 비(非)법적 처벌이 종종 더 큰 효과를 발휘하는 경우가 더 많다.

우선 업종자율조직으로서의 사업자단체는 회비징수 등의 방식으로 단체 차원의 비용을 전체구성원들로부터 징수하는 체계를 확립함으로써 일시적인 방식에 의한 조직발전을 지양하고, 보다 체계적으로 조직을 운영해야 한다. 회비를 납부하지 않는 회원에 대해서는 벌금징수, 임원선정 시 제외, 사업자단체 차원의 제재, 회원탈퇴처리 등의 방식으로 처벌을 진행하여야 한다. 다음으로, 사업자단체 본질은 협회회원이 운영한 일종의 네트워크조직으로서 타인과 적절한 교류를 활성화시키며 기업임원들의 비용지출을 간소화하게 한다. 이와 동시에 조직 차원의 체계적이고 복합적인 환경이 국가 강제력이 부족한 비(非)법적 처벌에 근거를 제공해준다. 또한, 공동의 잠재적인 이익을 구비하고 있는 기업협회, 또 사업자단체는 신재생에너지를 사업으로 하는 일반 사영기업의 발전현황 및 산업기준에 더 깊은 이해를 하게 되어, 효과적인 정보수집과 분쟁해결체재를 보다 용이하게 확립할 수 있으며, 더욱더 충분한 합리적인 그룹 분배활동이 가져오는 수익과 비용이 전략적인 동기부여를 통해 전문성을 지니게 되는 것이다.

중국 국유기업에 대한 영향력행사 규제와 관련하여 사업자단체를 통한 민자유치 전개로 공정한 정치활동을 추진해야 하는 입장에서는 사업자단체의 역할이 전략적인 동기를 제공함으로써 민간기업이 입법에 영향을 끼치는 단체활동에 종사하는 것을 독촉할 뿐만 아니라, 전체민간자본이 이러한 조직화를 통해 중국의 국민역량을 형성해나간다는 것이 더 큰 목적이라고 하겠다.

맨후이 에어로슨(Manhui Aoerson)은 충분한 행정역량 창조능력을 갖추고 개인재산권리를 보호하며, 각종계약을 강제집행하고 제약을 받아 개인권리를 임의적으로 박탈하거나 침범할 수 없는 약한 정부모델이 경제성장발전의 필요조건이라고 인식하였다. 약한 정부라 함은 정부의 시장에 대한 관리감독 내지 간여를 최대한 줄이는 것으로, 정부와 사회의 총체적인 복지가 공동이익을 구비하고, 한 국가 전체 GDP로부터 상당한 영향을 받으며, 사회 전체의 생산감소 때문에 막대한 손실을 볼 수 있기 때문에 더욱더 입법에 의존하여 재산권효율을 향상함으로써 사회 전체의 GDP를 증가시켜야 한다는 것이다. 이러한 공동이익의 약한 정부는 반드시 합리적인 정부를 기초로 해야 하며, 그 핵심은 정부정책과 입법이 자유로운 경쟁과정 및 다원화한 이익그룹의 정치에서 비롯되었음을 보증해야 한다는 것이다.[75]

행정기관의 행정집행권과 행정입법권이 분리되지 않았기 때문에 필수적으로 구비되어야 할 법적 구속이 부족해지고, 행정기관의 권위적인 행정을 조성함으로써 장기적으로 초대형 국유기업이 독점위주로 전개되는 경제체재를 형성하게 되었다. 이것은 신생 민간에너지기업으로 하여금 자원의 우월적 지위를 이용하여 국유기업과 마찬가지로 특정 산업의 독점지위를 확립하게 함으로써 에너지산업이 여전히 전체 국민경제의 지주가 될 수 있도록 하고, 동시에 국가 정치의 중요한 원동력이 되도록 해야 한다. 강력한 행정권위의 약화 및 초대형 국유에너지기업의 경제적 권위 확대는 행정기관과 국유기업 양자관계가 퇴보하는 관계를 형성하게 될 것이다. 국유기업이 주도하여 법을 제정하고, 행정기관과 공무원이 정책을 통해 국유기업의 독점적 지위를 보호하는 법을 제정하면서, 그와 동시에 자신의 정치적 이익을 보호하였기 때문에, 잠재적으로 공동이익을 구비하는 정부 및 기업관계가 밀접히 연결되지 않고, 경제독점이 행정독점으로 이어지며 자유로운 경쟁과정을 배척하게 됨으로써 정부와 국유기업, 사회 전체 복지와의 공동이익이 상실되는 결과를 초래할 수도 있다. 이 때문에 정부와 기업, 시민단체인 NGO와 공동이익 관계를 구성하는 약한 정부를 구현하기 위해서는 반드시 신재생에너지 분야에 속하는 민간기업의 발전을 통해 국유기업의 정치경제적 비중을 경감시켜야 하며, 국유기업이 중국의 통치체재가 경제적 영역으로 연장되고 재계에서 정부를 대표하는 역할을 담당한 만큼, 민간사영기업의 발전은 중국정부에 대한 제약과 구속을 의미한다고 하겠다.[76] 다시 말해서 민간기업과 국유기업의 경쟁은 사실상 이미 신재생에너지를 기본으로 하는 사영기업을 대표로 하는 시민역량과 국가의 경쟁을 의미한다.

계획경제에서 시장경제로 전환하는 과정에서 그 어떠한 민간 사영기업도 중국정부정책에 정면으로 도전하는 역할을 담당하는 것은 쉽지 않다. 그러나 사업자단체가 비(非)법적 처벌 등의 수단을 통해 분산된 사영기업을 조직화하여 강력한 이해관계를 갖는 거대한 그룹으로 육성하면 개별기업입장에서 정부와 협상할 때 을의 위치에 있는 기업의 지위를 변화시키게 되고, 협상과정에서 거래비용을 절약 및 분산하여 재정운용의 효율성을 추구할 수 있다. 동시에 일반 사영기업으로 말하면 협상단체형식으로 출현한 민간기업이 더 효과적으로 국가정책의 제정과 입법과정에 참여할 수 있고, 정부권위에 대응하는 사회제약을 형성하여 중국정부로 하여금 정부운영의 규범화를 추구하도록 해야 한다. 이 때문에 사업자단체를 통해 민간자본을 한 곳에 모으는 것은 민간기업의 자금력을 향상시킬 뿐만 아니라, 이러한 사업자단체의 주도적인 참여로 중국정부의 행정체재를 전환하는 과정에서 이전과는 다른 자유로운 정치경쟁구도를 형성할 수 있는 환경이 조성될 것이다.

4. 사업자단체의 국제 반덤핑제소사건에서의 기능 분석

(1) 중국 사업자단체의 국제 반덤핑제소사건 내 기능의 한계

사업자단체라 함은 공동의 목표를 달성하기 위해 스스로 자원하여 조직된 동료 혹은 상인의 단체라 한다.[77] 사업자단체가 각기 상이한 이해를 지니고 있지만 '사업자단체의 목적은 기업의 발전을 위한 서비스'라는 것이 각국에서 공인된 가치이다. 시장경제체재 하에서 정부는 기업운영의 구체적인 사무를 직접 참여하지 않고, 각 산업의 기업들이 앞다투어 자발적으로 민간기업 성격의 비영리성 사회단체인 사업자단체를 설립하여 기업과 정부 간에 협조를 진행하게 된다. 성숙한 사업자단체는 기업이 자신의 능력을 장려하고 격려하는 것, 또 외부경쟁환경에 협력하는 두 가지 차원에서 기업발전에 자신의 역할을 위임하게 된다.

국제관례에 따라 기업의 반덤핑 전개의 조직 및 감독은 사업자단체가 나서게 되는 중요한 원인으로 사업자단체의 중요한 기능 가운데 하나가 된다.

중국은 반덤핑체재에서 사업자단체의 협력 및 지원작용에 대해 법제도적인 지원체재를 구비하였는데, 주로 두 가지 행정규장 안에서 구현된다. 하나는 대외무역경제합작부가 1994년 반포 및 제정한 「중국 수출상품의 해외에서 발생한 반덤핑안건에 관한 맞소송규정」으로, 여기에서 분명히 수출입상회, 중국외상투자기업협회 등 위임을 받은 조직을 반덤핑맞소송의 협조기관으로 분명히 하였으며, 맞소송기업은 반드시 그들의 통일적인 조직의 협력하에 맞소송을 참가해야 하며, 규정에 따라 정해진 금액을 제때 변호사비용 및 관련 맞소송비용으로 납부하도록 하였다. 다른 하나는 국가경무위와 국가통계국이 2001년 4월에 반포 및 제정한 「관련 사업자단체 반덤핑, 반보조금, 보장조치 수여와 관련한 직능 및 위임 관련업무의 통지」가 그것이다.[78] 관련부처가 공포한 데이터에 의하면 2000년 말 중국은 이미 등록제를 거친 각종 사업자단체가 15만 개 가까이 되는 것으로 집계되었다.[79] 그중 공업산업협회와 공상산업협회가 75%를 차지하였다.[80] 그러나 중국사업자단체의 반덤핑사건에서의 작용은 완전히 발휘된 것은 아니다. 협회의 발전 또한 정부기능 전환으로 인한 제약을 받는다. 현재 중국 사업자단체 대부분 정부기능의 전환이 진행 중으로 정부의 부속물로서 행정화 경향이 상당히 크고 대(對) 국민 관리에 편중되어 있으며 서비스에 치중하지 않고 있어서 여러 면에서 중국의 WTO 가입 요구에 적응하지 못하고 있다.

현재 중국 사업자단체에 존재하는 문제는 주로 아래와 같다.

첫째, 사업자단체의 조직방식이 불합리하고 자발적 형식에 제한이 있어서 중국정부의 관영단체 성향이 강하다는 문제가 있다. 사업자단체 본질은 해당산업의 기업이 자체적인 필요에 의해서 자발적으로 조직한 민간조직으로, 그 목적은 해당산업의 이익을 보호하기 위한 것이다. 이 때문에 사업자단체는 비정부기구인 NGO에 속하는 것이다. 해외에서 NGO는 사회생활에 있어서 불가분의 역할을 담당하면서 정부기능을 보완하고 개선하는 작용을 담당하였다. 일반적으로 사업자단체는 기업이 자발적으로 조직된다. 그러나 중국에서는 역사적으로 줄곧 강한 정부와 약한 사회의 권리구도가 지속되어 왔고, 민간의 자발성과 자율, 자치는 아직 사회적으로 충분한 공감대를 형성하지는 못하였다. 현재 절대다수의 사업자단체가 '위에서 아래로' 모토를 참고하여 정부가 주도적으로 조직하였으며, 원래의 정부조직부문이 사업자단체에서 기능이 완전히 탈피되지는 못하였다. 그 이유로 진정한 민간조직이라고 할 수는 없으며, 또 완전한 정부조직도 아니다. 현재의 사업자단체는 기업에 대한 서비스가 제대로 정립되지 않아서 기업의 신뢰를 얻기가 매우 어렵다.

둘째, 사업자단체 구성인원의 전문성이 부족하다는 문제가 있다. 덤핑과 반덤핑에 대응하여 대량으로 국제무역, 국제법규 및 국제관례에 익숙하고, 유창한 외국어능력을 구비한 전문성을 갖춘 인재를 필요로 한다. 외국 사업자단체의 구성원은 회원투표를 통해 권위 있고 명망 있는 기업가가 사업자단체장을 겸직하도록 하거나 공개초빙을 하여 인재를 영입하기도 한다. 이 가운데에는 상당한 숫자의 변호사, 박사, 전문가 등 전문가 인재풀들이 넘친다. 이러한 인재들은 경영, 관리, 마케팅 및 생산 프로세스 등 여러 상황에 익숙하다. 반면 중국에서는 대부분의 사업자단체의 형성이 정부행위 성격을 구비하기 때문에 구성원 대다수가 퇴직임원들로 구성되며, 이러한 인원은 시장경제관념과 국제무역지식이 부족할 수도 있다. 조직구성원의 노화, 느슨하고 방만한 조직, 보직형식 등 겸직에 속하는 형태가 사업자단체 기능을 효율적으로 발휘하는 데에 심각한 영향을 끼치고 있고, 덤핑과 반덤핑업무전개에 효과적으로 대응하는 것을 방해하는 결과가 도출된다.

셋째, 사업자단체의 구조가 완전무결하게 합리적인 것은 아니라는 점이다. 국내협회조직은 수출입상회와 사업자단체로 구분되어 있고,

덤핑과 반덤핑에 대응하면서 수출입상회는 수출제품이 반덤핑조사를 받을 때의 맞소송을 담당하며, 사업자단체는 외국수입제품의 중국 국내 덤핑소송을 담당한다. 이러한 인위적인 분업은 수출입상회의 반덤핑 맞소송 중의 긍정적인 역할에 불리할 뿐만 아니라, 또한 사업자단체의 반덤핑소송 중의 긍정적인 역할에도 불리한 결과를 초래한다. 양자 간에는 업무상의 협력에 있어서 수많은 장애가 존재한다는 문제가 있다. 실제 덤핑에 대응하건 아니면 반덤핑에 대응하건 산업 전체의 수출입상 황과 정보에 대해 전반적인 조사 및 분석을 필요로 하며, 현재 이러한 두 기관 간의 분업은 기업의 협력에 불리하며 업무상의 효율을 향상시키 는 데에도 불리한 결과를 초래한다.

넷째, 사업자단체의 영역이 지나치게 협소하고 조정 또한 잘 되지 않는다. 중국의 산업 관련 사업자단체가 간여하는 범위는 전체산업 기업 총수의 40%를 초과하지 않는다.[81] 이러한 사업자단체 대부분은 원래의 정부부처가 전환된 것이며, 또한 이러한 사업자단체의 회원은 원래 국유 기업 출신들이 대부분이다. 규모가 큰 사업자단체 중에서 79%의 회원이 국유기업이며, 회원생산량은 중국 전역 총생산의 50%에 미치지 못한 다.[82] 사업자단체가 간여하는 범위가 지나치게 협소하기 때문에 대표성 과 권위성 또한 부족하며, 사업자단체가 장악하는 기업과 산업정보 또한 충분하지 않다. 따라서 중국 국내산업을 대표하여 직접적으로 반덤핑조 사를 조직할 수가 없고, 해당산업의 이익을 대표하여 공동으로 대외적으 로 교섭하거나 협상할 수가 없다. 즉 국제 반덤핑사건 중에서 정체성과 종합성의 조정기능을 발휘하기가 어렵다고 하겠다. 실무적으로 사업자 단체는 국제 반덤핑사건에서 거대한 역할을 하였다. 그러나 현재 상황을 보면 중국의 사업자단체는 자체적으로 존재하는 문제로 인하여 주도적인 역할을 수행하는 데에 제약을 받고 있다고 하겠다.

(2) 중국 사업자단체의 국제 반덤핑제소사건 내 기능의 개선

WTO체재 하에서 사업자단체는 수많은 국제무역활동 가운데 필수

적이지만 정부와 기업이 직접 부담하기 어려운 업무를 담당하며, 국가 간 무역분쟁에서 사업자단체는 일종의 완충역할을 수행하면서 기업과 국가의 이익을 유지하게 된다. 선진국의 발전 역사로부터 보면 시장경제가 날로 발전할수록 사업자단체가 국민경제에서 차지하는 지위도 날로 중요해지고 있다. 미국을 예로 들면 사업자단체 참여입법이 제정되어 무역보호와 시장의 피해 조사를 담당하며, 정부를 대표하여 담판을 하고 무역분쟁을 조정하며 심지어는 사업자단체 다수가 수출액의 분배에 책임을 지고 있다.[83]

중국 사업자단체 내부구성에 있어서 존재하는 상술한 쟁점들이 국제경쟁에 참여할 능력이 없는 기업에 강력한 지지를 보내는 계기가 되었다. 유럽에서 중국의 이산화에틸렌에 대한 반덤핑조사 중 리우저우신핀(柳州鋶品)그룹이 중국 내 관련제품에 대한 이해가 부족하여 상당히 정확하여 참고가 될 만한 국제가격을 제시하지 못하고, 단지 유럽에서의 미국제품가격을 참고로 작성한 가격을 제시하여 최종적으로 28%의 반덤핑세를 부과받았다. 인도의 경우 중국도자기 반덤핑조사에서 오로지 포산신중위안(佛山新中源)도자기그룹 일가가 맞소송하였으며 그 외에 다른 반덤핑제소는 없었다. 도자기협회는 반덤핑조사를 진행한지 한달 이후에도 여전히 아무것도 하지 않는 것을 주목하였으며, 회원자료는 수집할 수 없었다. 이 때문에 맞소송과정에서 아주 불리한 입장에 처하게 된다.

사업자단체의 반덤핑에서의 기능과 역할은 주로 아래와 같다.

첫째, 정부기능의 전환은 사업자단체가 자신의 기능을 발휘하는 전제이자 보장이라는 점이다. 수많은 산업의 실무에 직면하여 중국정부가 모든 기업의 반덤핑소송 및 반덤핑 맞소송을 직접 도울 수는 없다. 각국의 반덤핑실무를 보면 정부는 주로 반덤핑정책의 제정자 및 유력한 반덤핑환경의 창조자역할을 담당하였다. 한편으로는 정부끼리의 영향을 배가시키면서 수출기업을 위해 하나의 양호한 국제무역환경을 창조하는 데에 노력한다. 다른 한편으로는 관련 정책 및 법률을 제정하고 보완하는 것이다. 만약 정부기능을 근본적으로 개혁할 수 없다면 사업자

단체는 과거 정부산하기구로부터 대(對) 기업서비스를 주관하는 독립
기관으로 전환될 수 없다.

둘째, 반덤핑 조기경보체재 확립을 지원한다. 사업자단체는 반덤핑
발전추세를 주목하며, 각국의 반덤핑, 특히 대(對) 중국 반덤핑정보를
수집한다. 반덤핑 조기경보체재와 관련하여 사업자단체는 전체산업이
익을 대변하는 기관으로서 산업에 대한 이해 정도가 정부보다 더 높고,
또한 전체산업 내 개별적인 기업보다도 이해도가 더 높다. 사업자단체는
기업과 정부와의 교량역할을 수행하면서 그 우세를 이용하여 정부 및
기업과 함께 반덤핑 조기경보체재를 확립할 수 있으며, 그 안에서 주도적
인 역할을 발휘하게 된다. 이 조기경보체재는 주로 주요제품의 수입수량
및 가격에 대한 감독, 국내산업에 대해 수입제품이 발생하는 손해의
감독, 1급 기밀 수출제품에 대한 수출가격, 수출국 및 수출지역에 대한
조사, 수출제품이 수입국으로 하여금 반덤핑 등 제한조치를 채택하도록
하는 행위의 조사, 정기적인 조기경보정보 반포 등이 있다.

셋째, 산업 내부 자율 정화체재를 육성하고 본 산업 수출제품의
수량과 가격 및 지역분포를 조정한다. 중국 수출제품이 종종 외국 반덤핑
조사에 직면하는 주요원인 가운데 하나는 수출제품이 지나치게 집중되
어 있고, 중국기업이 국제시장에서 중국기업끼리 가격경쟁을 하는 것이
다. 사업자단체는 자율기능을 통해 본 산업제품의 생산과 수출구도를
조정하고, 수출제품의 가격수준을 지도해야 하며, 사업자단체가 동종제
품규정에 대해 최저수출가격을 규정할 수 있고, 그에 상응하는 처벌조치
도 채택함으로써 가격우세를 유지함과 동시에 덤핑형성을 회피함으로
써 전체산업의 이익을 확보하고 국제무역에서의 마찰을 감소해야 한다.

넷째, 사업자단체의 경우 기업의 반덤핑실시 협조, 기업의 반덤핑
맞소송 협력, 기업권익유지에서 중요한 작용을 담당하도록 한다. 외국의
사례를 보면 반덤핑 맞소송이건 반덤핑조사이건 간에 사업자단체는
일반적으로 구체적인 소송사건의 당사자로서 단일기업이나 정부기관이
고소인이 되는 상황은 거의 찾아볼 수 없다. 각국 반덤핑법에 의하면

반덤핑 소 제기 시에 반덤핑소송지지 신청자인 국내생산자의 제품생산이 국내 동종업계 제품 총생산량의 25%에 미치지 못하는 경우, 반덤핑조사를 전개하면 안 된다. 또한 반덤핑제소신청서 중에는 덤핑의 존재 및 이로 인하여 중국의 관련산업에 피해가 조성된 충분한 증거를 포함해야 하며, 상당히 구체적이고 복잡하게 작성하도록 하고, 일반적으로 사업자단체 관련기업이 공동으로 완성한다. 마찬가지로 반덤핑 맞소송을 진행할 때에도 만약 기업이 각자 개별적으로 대응을 하면 역량이 약해지고 심지어는 자기모순의 상황에 빠지기도 한다. 1990년대 초반 EU와 캐나다가 중국자동차의 덤핑을 제소한 사건에서 기업들이 각각 개별적으로 맞소송을 하게 되었고, 자료 및 증거제출 시 자기모순을 보이기도 하였는데 단독 세율을 쟁취하지 못했을 뿐만 아니라, 보편적으로 적용되던 혜택도 취소되었다. 대만에서는 사업자단체가 통일적으로 맞소송을 조직해서 제로세율을 판정받은 바 있다. 구체적으로 아래 내용을 포함한다.

우선 적시에 효과적으로 기업의 맞소송을 조직한다.[84] 반덤핑맞소송은 대량의 인력과 자금이 소요된다. 예로 맞소송 시 피고는 제한된 시간 내에 관련 질의응답을 완성해야 하며, 수출제품에 덤핑이 존재하는지의 여부와 수입국 동종제품에 대해 실질적인 피해가 조성되었는지에 대해 답변을 해야 하는가 등이 그것이다. 이 과정 중에서 외국수입상의 협력을 얻어야 하며, 그럼으로써 현지의 실제생활을 이해할 수 있다. 단일기업이 설령 맞소송을 고려한다고 해도 단기간 내에 이러한 업무를 완성하는 것은 매우 어렵다. 한편 일단 규정된 맞소송시간을 초과하면 자동방치로 간주되며, 조사기관은 당사자 일방이 반덤핑조치를 채택할 수 있다. 현재 더 많은 상황은 단일기업이 맞소송을 할 여력이 없다는 점이다. 그 이유는 외국의 반덤핑조사가 겨냥하는 것이 한 나라의 특정상품이지 어떤 특정기업의 제품을 의미하는 것은 아니다. 만약 승소한다면 해당산업 내에서 맞소송에 참여하지 않은 기업도 마찬가지로 이익을 획득하게 된다. 반면 일단 패소하면 이러한 비용은 맞소송기업 독자적으로 부담하게 된다. 사업자단체가 비록 민간조직이지만 전체산업 각도에서 보면 일정한 공공성을 지니고 있다. 사업자단체는 회비징수 등의 방식을 통해 자금모집을 하며, 반덤핑펀드상품을 개발함으로써 전적으로 정보루트에 사용하며, 반덤핑전문인사와 협조를 하고, 변호사를 초빙하며, 기업 맞소송을 조직한다. 전체산업의 자원을 이용하여 단일기업의 난제를 극복해 간다. 이것은 맞소송이 제대로 대응되지 않았을 때의 문제를 해결할 수 있다. 한편 수익이건 손실이건 간에 산업 내의 기업이 분담하도록 하는 것은 특정기업에 편의가 제공되는 문제를 해결할 수 있다.

다음으로 외국정부와 반덤핑조사에 협력하고 해당산업에 관한 모든 자료를 제공한다.[85) WTO 「반덤핑협의」는 '반덤핑제소 중에 만약 이해 관계가 있는 당사자가 합리적인 시간 내에 필요한 자료제공을 거절하거나 제공받지 않을 때, 혹은 조사를 아주 적극적으로 훼방을 놓을 때, 최초판결이건 최종판결이건 간에 긍정적이거나 부정적이어야 하며, 수입국 관련부처는 현재의 사실 위에서 판결을 도출해야 한다.'고 규정 하였다. 다시 말해서 만약 적극적으로 자료제공을 하지 않는다면 피조사 당사자는 자신을 변호할 기회를 잃게 될 것이다. 사업자단체는 기업을 대표하여 더 적절하게 조사당국과 조화를 이루어야 하며, 온전하게 그들이 필요로 하는 자료와 통계데이터를 제공해야 한다. 그럼으로써 반덤핑조사가 전방위로 진실해지고 본 산업의 상황을 이해할 수 있어야 한다. 예로 1996년 이래 상하이 바오강(寶鋼) 철강회사가 여섯 차례에 걸쳐 해외에 반덤핑 관련 맞소송을 하였는데 그중 세 번을 패소하였다. 나머지 3차례의 승소를 통해 획득한 교훈은 중국철강협회가 적극적으로 기업에 협조를 하고 외국의 조사에 협력하며, 필요한 정보와 데이터를 제공하였다는 사실이다. 실제 비용 등 구체적 정황을 이해한 이후에는 외국정부의 결정이 더욱 공정하고, 상하이 바오강 철강회사 또한 여러 차례에 걸쳐 맞소송을 성공시킴으로써 자신의 경제적 이익을 적절히 보호한 것으로 평가되었다.[86)

그리고 WTO를 이용한 일부 특수규정은 해당산업을 위해 서비스한다.[87) WTO의 「반덤핑협의」에 따라, 만약 덤핑 폭을 2% 이하로 낮춘 것을 증명할 수 있거나 혹은 손해가 아주 미미한 정도일 때, 또 특정국가가 수입하는 덤핑제품 수량이 수입국 동종제품 수입총량의 3%에 미치지 못하는 경우, 덤핑조사를 중지하고 해당제품에 대해서는 반덤핑세를 부과하지 않는다.

또한 산업발전을 면밀히 관찰하여 기업이 반덤핑조치를 채택함으로써 산업 안전을 보호하도록 한다.[88) WTO의 보호조항을 이용하여 사업자단체는 국내산업 피해의 증거를 수집하고 제공할 수 있으며, 기업 즉 재계를 대표하여 정부에 임시적인 제한조치 채택을 청구할 수도 있다. 만약 국외제품의 판매 발생으로 국내제품이 실질적인 손해를 입는다면 제때 관련기업을 조직하여 반덤핑조사를 제기하게 된다.

마지막으로 광범위한 정보수집으로 세계 각국의 산업기준을 이해시켜야 한다.[89) 이것은 회원인 소속기업으로 하여금 세계 각국의 산업기준을 제때 이해시키고, 동종업계의 발전상황, 제품과 관련 있는 법률법규 및 기술규정 등의 정보도 이해하여야 한다. 그러면 국제무역 진행 시 적시에 각종 비관세장벽을 회피할 수 있는지에 대해서는 반덤핑조사 접수 회피 시 성숙하지 않은 해외 동종업계의 상황으로 인하여 적절한 대체국을 찾지 못해 고액의 반덤핑관세를 부담하는 상황이 오게 된다.

제7절 중국 반독점법 집행기관과 규제

Ⅰ. 중국 반독점 관련
감독기관 상호 간 권한배분문제

　현재 중국의 반독점규제를 실제로 집행하는 집행기관은 국가공상행정관리총국, 상무부, 국가발전개혁위원회의 세 기관이 담당하고 있다.[1] 국가공상행정관리총국은 중국국무원에서 공상행정총국 내에 반독점 및 불공정경쟁방지 집행국을 설립하고 구체적으로 반독점, 불공정경쟁과 관련된 구체적인 조치와 방법을 제정하고 책임지도록 하였다. 또한 「반독점법」 관련 집행업무를 책임지도록 하였다.[2] 상무부의 경우 국무원이 규정한 반독점 관련직책은 경제력집중행위가 반독점법에 위반되는지 심사하고, 기업에 대하여 국외의 반독점 응소(應訴) 업무에 대한 지도 등이 포함된다. 상무부는 반독점국을 설립하여 상술한 업무를 담당하도록 하고 있다.[3] 국가발전개혁위원회 또한 중국 국무원에서 반독점 관련직책을 부여하였는데 법에 따라 가격독점행위를 조사하는 역할이 주요업무이다. 국가발전개혁위원회는 가격감독조사국을 설립하여 법에 따라 가격독점행위의 조사 등 구체적인 직책을 부담하도록 하였다.[4]

Ⅱ. 중국 반독점 감독기관의 구조적 결함문제

중국 반독점집행기관의 행정독점 규제가 직면한 어려움은 세 가지로 귀결된다.5)

1. 반독점집행기관의 독립성 및 권위성 부족

행정독점으로 하여금 강력한 규제를 행사할 수 있는가에 대한 것은 상당부분 하나의 통일적이고 권위적인 집행기관을 건립할 수 있는가에 달려 있다. 현재 중국 반독점법의 집행은 국가발전개혁위원회와 상무부, 국가공상행정총국의 세 기관이 역할을 분담하여 감독을 하고 있으며, 행정독점에 대한 규제는 주로 국가발전개혁위원회 가격감독 및 반독점국이, 또 공상행정총국 반독점 및 불공정경쟁방지법국의 두 기관이 전적으로 책임을 진다. 이 두 기관은 국별단위에 속하는데 그러나 다수의 상황 하에서 불법행위기관의 급별 및 그에 상응하거나 심지어 더 높은 행정기관도 강력한 행정력을 발휘하지 못하는 경우가 있다. 또한 주관부문 특히 국가발전개혁위원회는 중국 거시경제정책을 집행하는 중요기관으로 산하 가격감독 및 반독점국은 그 독립성을 유지하기가 매우 어렵다.

2. 반독점집행기관의 행정독점에 대한 관할권 확립의 결여

중국 「반독점법」은 행정독점행위에 대하여 불법기관의 상급기관이 개정을 명령하고 있기 때문에 반독점법 집행기관은 오로지 상급기관에 대해 법에 따라 처리한다는 건의만 할 수 있다.6) 이것이 채택될 수 있는지의 여부는 상급기관의 태도에 달려 있으며 불확실성이 매우 크다. 한편으로 상급기관이 결코 하나의 확정적인 기관이 아니며 더더욱이 전문적인 반독점기관이 아니기 때문에 강력한 반독점인식과 반독점 사명감을 요구하는 것은 매우 어려운 일이다. 다른 한편으로 행정독점 자체는 차별적인 행정행위로서 지방기업 보호 및 일부국유기업이나 특정산업 보호 목적에 도달하거나, 상급기관이 아래 불법기관을 처벌할 때에 자신의 이익과 해당지역의 이익을 고려하는 것에서 출발하여 중립과 공정을 유지하기란 상당히 어렵다. 반대로 외국 반독점집행기관의 절대다수는 행정독점에 대한 관할권을 보유하고 있는데 독일연방카르텔국이나 일본의 공정거래위원회가 그 예이다. 2014년 허베이성 교통운수청의 행정독점사례가 행정독점과는 정반대의 결과를 발생시켰으며, 강력하지 않은 관할권은 반독점집행기관으로 하여금 행정독점을 용인하도록 하였다.

3. 행정독점에 대한 법적 책임 추궁의 권위부족

설령 현행입법으로 법개정을 한다고 하더라도 행정독점에 대한 관할권이 반독점집행기관에 수여되면 만약 행정독점에 대해 추궁할 수 있는 행정책임이 여전히 반독점법에서 규정하고 있는 직접책임을 지는 주관인원 및 기타 직접책임인원이라면 행정처분을 주는 것이 더 바람직하고 불공정경쟁법으로 규정한 개정명령을 내린다고 하더라도 여전히 충분한 법적 효력을 발휘하기는 어렵다. 이외에 행정독점의 혜택을 받는 경영자에 대해서는 「불공정경쟁법」 제30조 규정으로 '지정된 경영자가 행정독점을 이유로 하여 품질이 떨어지고 가격이 높은 상품 혹은 비용을 함부로 징수한 것에 대해서 감독부문은 불법소득을 몰수해야만 하며, 정상참작을 하여 불법소득의 1배 이상 3배 이하 벌금에 처할 수 있다.'고 하였다. 그러나 입법 시에 정상참작을 한다고 하였는데 심각한 정황이 무엇인지에 대해 관련규정이나 해석이 존재하지 않아 집행기관 실무에서 통일된 기준을 적용하기가 어렵다.

또한 행정법규 제정 시 통지 내지 고시 등의 명칭을 사용하여 법규를 반포하는 경우가 아주 많은데 이에 대해서도 한번 진지한 검토가 진행되어야 한다. 반독점위원회 법령 보충적 행정규칙으로서 법규적 효력을 명시적으로 인정하는 경우는 시장지배적 지위 남용행위의 유형 및 기준[7])이 대표적이다. 다만 법령보충적 행정규칙이라도 그 자체로서 직접적으로 대외적인 구속력을 갖는 것은 아니다. 즉 상위법령과 결합하여 일체가 되는 한도 내에서 상위법령의 일부가 됨으로써 대외적 구속력이 발생되는 것일 뿐 그 행정규칙 자체는 대외적 구속력을 갖는 것은 아니라 할 것이다.[8] 또 불공정거래행위 심사지침에서 특히 논란이 되는 부분은 위법성 심사의 일반원칙 부분이다. 공정위의 심사지침은 공정거래저해성이 경쟁제한성, 경쟁수단의 불공정성을 포괄하는 복합적인 의미를 갖고 있다고 보아 다원적 접근방법을 취하면서도, 구체적 행위 유형에 이러한 판단기준이 모두 작용하는 것으로 보지 않고 행위유형별로 개별적으로 판단하는 입장을 취하고 있다. 즉 심사지침도 보다 구체화되고 예측 가능한 모습으로 변화될 필요가 절실하다.[9] 즉 중국의 경우도 불법행위에 관한 법규를 제정하는 데에 있어서는 법의 존엄성과 지위를 확보할 수 있는 다른 기관의 규정을 법조문 내에 반영함으로써 법규의 권위를 확보하는 방안을 더욱더 구체적으로 모색하여야 한다.

또한 행정독점으로 인하여 입찰담합의 가능성이 제기될 수 있기 때문에, 이와 관련하여 중국 또한 반독점법기관이 더욱더 적극적으로 역할을 수행하여야 한다. 반독점위원회 및 반독점기관의 규제 강화, 타 규제기관과의 협력 및 조달행정의 경쟁법적 수용 등이 제도적으로 확립되어야 한다.[10]

Ⅲ. 중국 반독점 감독기관의 개선방안 및 미국 · 일본 등 외국법제도로부터의 시사점

1. 중국 반독점 감독기관의 개선방안

(1) 반독점위원회 권한 강화

실무적으로 상술한 세 기관을 포함하여 중국에서 반독점 관련업무를 집행하는 기관은 상당히 많다. 이 때문에 반독점위원회를 주축으로 하는 감독관리를 더욱 강화해야만 한다. 반독점감독기관의 개선방안과 관련하여 중국은 중앙정부 내에 반독점위원회를 설립하는 것 외에 중국 전역을 몇 개의 큰 지역으로 분류한 이후 각각의 지역에 지점을 설립하여 독립채산제로 운영하되 현지 지역정부의 통제를 가능한 한 배제함으로써 구체적으로 각 지역범위 내의 반독점집행업무를 책임지도록 하였다. 이렇게 되면 반독점위원회는 안건수리 및 처리 시에 상당히 유리한 입장에 있게 되고 부처이익이나 지역적 이익으로 인하여 공공이익을 소홀히 할 가능성도 사라지게 되는 장점이 있다. 지방보호주의의 잘못된 풍토에서 벗어나서 중국 전체사회의 자유로운 경쟁이 진행되는 시장질서를 유지보호해야 한다. 기타 반독점업무 관련기관에 대해서도 반독점위원회는 더욱더 효과적인 조정작용을 해야 한다.

(2) 반독점법 및 산업감독관리법의 상호협력 및 권한조정 개선

중국 특유의 국정에 근거하여 중국 반독점법과 산업감독관리법의 상호협력 및 권한조정에 있어서 중국은 반독점집행기관과 산업감독관리기관이 권한을 서로 나눠 갖는 분권형모델 채택이 적절하다고 사료된다. 즉 반독점집행기관과 산업감독관리기관이 공공기업 독점에 관한 안건에 대해 관할권을 갖는 것이다. 구체적으로 말하면 산업감독관리기관은 시장의 효과적인 경쟁을 보호하는 사전감독관리권을 구비해야만 하는데, 여기에는 주로 두 가지를 포함한다. 첫째, 산업감독관리기관은 각 산업감독관리입법에 근거하여 독점산업의 시장진입 및 퇴출, 제품 또는 서비스가격, 일반서비스, 교차보조금, 인터넷 및 접속비용 등에서 사전감독을 진행할 권리가 있다. 둘째, 산업감독관리기관은 감독관리에 있어서 더 큰 역할을 발휘해야 하는데 새로 진입한 시장경영자를 위해 과도기적 우대혜택조치를 제공하고, 상대적으로 균형을 형성한 시장경쟁능력을 지지하면서 기존의 경영자가 경제적 우월성을 이용하여 새로운 경쟁적수를 제압하는 것을 회피하기 위함이다.

비록 상술한 문장은 반독점집행기관과 산업감독관리기관에 대해

권한에 있어서 일차적인 분배를 진행하였으나 공기업 독점집행과정 중의 복잡성과 전문성으로 인하여 두 기관이 서로 협력을 해야 한다. 우선 정보교환공유시스템을 수립하여야 한다. 일상생활업무 가운데 산업감독관리기관은 정기적으로 반독점집행기관에 대해 보고를 함으로써 본 산업의 기업생산경영행위, 시장경쟁상태, 사전감독관리조치 등을 주요내용으로 하는 산업시장경쟁평가보고가 반독점집행기관에 전면적이고 체계적으로 실시되고, 적시에 또 정확하게 산업의 경쟁발전추세를 사전에 판단해야 한다는 것이다. 반독점집행기관 또한 정기적으로 산업감독관리기관에 대해 전체시장체제 내 반독점 법집행의 상황을 보고하고 주요쟁점, 경쟁정책동향 및 최근 시장이 채택하는 조치 등도 보고서에 포함되어야 한다. 다음으로 의견을 수렴하여 자문을 구하고, 협상을 위한 체제를 구축하여야 한다. 협상체제는 산업감독관리기관과 반독점집행기관이 결정한 이후의 분쟁에 유리하며, 또한 결정한 이후의 실행효과 제고에도 도움이 되어 이의권 행사를 피하고 결정이 부결되거나 집행시간이 연장되는 데에도 유리하다. 마지막으로 업무비망록이나 업무지침을 공동으로 제정해야 한다.

(3) 반독점집행기관 내 관련권한의 부여 및 위임

반독점법의 임무는 경쟁제한에 반대하고 경쟁의 자유와 공정성을 보호하며 거시경제질서를 유지하고 시장경쟁이 왜곡되고 후퇴하는 것을 방지하는 것에 있다. 중국 반독점집행기관의 권한이 더욱 구체화되고 세분화되기 위해서는 광범위한 권한을 부여하여 반독점법의 효과적인 실시를 보장해야만 한다. 구체적인 권한은 아래와 같다.

첫째, 행정규장제정권이 보장되어야 한다.[11] 행정규장제정권은 반독점법이 규정한 범위 내에서 반독점법 실시로 행정규장을 제정함으로써 반독점법의 실시 지도와 시장주체의 경쟁행위를 규범하는 것에 유리한 권한을 말한다. 구체적으로 행정규장제정국은 반독점법에 따라 관련 규칙과 시행령, 방법을 제정할 권리를 갖고 있으며, 금지명령과 지도명령을 반포할 권리가 있다. 금지명령은 모든 반독점법 위반행위에 대해 내리는 것으로 독점협의 달성금지, 경제력집중 금지, 시장지배적 지위 남용금지 등을 포함한다.12)

둘째, 인가권이 강화되어야 한다.13) 집행기관이 인가권을 행사하는 것은 반드시 반독점법을 근거로 해야 하며 특정시기의 경제와 산업정책 등의 상황을 고려해야 한다. 법률이 일반적으로 금지하고 있는 독점협의와 시장지배적 지위를 남용하는 행위에 대해서 반독점법 집행기관은 개별사안에서 모종의 독점협의가 합리성을 갖고 있다고 인정하거나 혹은 모종의 행위가 남용을 구성하지 않는다고 하여 인가를 해주고 있다. 이 때문에 인가권의 행사는 일정한 탄력성과 융통성을 지닌다.

셋째, 조사권이 개선되어야 한다.14) 조사권은 심문권, 조사권, 증거의 조사확보 및 압류권, 구류권 등을 포함한다.15) 반독점집행기관이 법에 따라 실시하는 조사가 행정조사에 속하면 집행기관은 필요에 의해 강행적인 조사를 채택하여 행위인이 반독점법을 위반하는 행위를 실시하는지를 이해하고 장악할 수 있다. 그러나 조사 및 검사권한의 행사는 상대방이 일정한 의무를 이행하는 것을 필요로 한다. 예로 합동조사, 실제브리핑, 관련자료 제공 등이 그것이다. 이에 대해 미국사법부 독점금지국의 조치를 참고하면 반독점집행기관은 민사조사령을 반포하고 법원이 집행을 협조해야 한다고 규정하고 있다.16)

상기규정들과 관련하여 한국의 사전심사청구제도의 현황과 개선방안을 검토할 필요가 있다. 사전심사청구제도의 의미는 사업자가 사업관련 특정행위를 하기에 앞서 당해 행위가 공정거래법을 위시하여 공정거래위원회 소관 6개 법률에 위반되는지 여부를 미리 심사해 줄 것을 공정거래위원회에 청구하고, 공정거래위원회는 이에 대응하여 당해 행위의 법위반 여부를 확인해주는 제도로 요약할 수 있다.17) 사전심사청구제도는 기업의 특정 사업활동이 법에 저촉되는지 여부에 대한 심사의 견서를 공정거래위원회가 제시하고 기업이 이를 바탕으로 행위여부 및 사업방향을 결정한다는 점을 전제로 한 것이다. 그러나 제도 운영과정에서 공정위에 의한 회신을 신뢰한 사업자의 보호범위를 어디까지로 설정할 것인지를 논할 필요는 있다. 아울러 경쟁당국의 판단 자체가 사법심사의 대상이 되는지에 대해서도 규명되어야 할 것이다.[18] 동 제도의 개선과 관련해서는 미국의 경우 법무부(DOJ)의 사전심사청구제도가 운영되고 있다는 점에 주목할 필요가 있다. 현행 제도의 법적 기반이 법률이나 시행령이 아닌 고시에 터 잡고 있는 것은 제도의 대내외적 위상은 물론이고 정책의 시간적 지속성을 담보하는 데도 한계가 있을 수밖에 없기 때문이다.[19] 또한 공정거래위원회에 의한 공적 집행 효율성과 연계될 필요도 있다. 이 점은 중국에도 시사하는 바가 클 것으로 사료된다. 그 이유는 사전심사는 법규성을 인정하기 어려운 준규범적 토대 위에 형성된 것으로서 정책적 요청에 따른 것이라 할 수 있다. 그런 상황에서 제한된 인력이 사전심사에 과도하게 투입됨으로 인해 공정위 본연의 법위반행위 적발 및 시정활동에 지장을 초래하게 된다면 본말이 전도된 결과가 될 수도 있다. 제도 활성화를 논하기에 앞서 규범적 토대의 재설정 필요성 및 사전심사 투입인력의 양적 확보방안이 근본적으로 모색되어야 할 이유가 여기에 있다.[20]

아울러 고발권을 검토할 필요가 있다. 한국과 마찬가지로 중국 또한 고발권제도가 소기의 목적을 달성하지 못하고 오히려 상당한 부작용을 초래하고 있기 때문이다. 즉 공정위가 경제력 집중, 시장지배력 남용, 불공정행위 등 예방과 감독 기능을 제대로 수행하지 못하는 경우에도 검찰이나 중소기업청, 조달청 등 다른 행정기관들이 공정거래 사건을 조사 및 처리하는 것마저 봉쇄하는 기능을 고발권이 이행하고 있기 때문이다. 이러한 폐해들로 인해 고발권을 폐지해야 한다는 주장이 설득력을 얻고 있다.[21] 그러나 고발권제도의 의의는 행정기관의 전문성 판단 존중, 최후수단으로서의 형벌권 발동 및 기업활동 자유의 보장과 경쟁확보에 있기 때문에 형사사범의 과중한 부담 경감 등 최소비용으로 최대효과를 달성할 수 있는 제도라고 할 수 있다. 다만 고발권의 오용 및 남용, 검찰 공소권과의 충돌문제에 대해서는 다음과 같은 개선책이 필요하다. 우선 형벌규정을 정비해야 한다. 전속고발권 폐지의 가장 큰 장애는 형벌규정이 많다는 점에 있다. 따라서 반독점법 및 공정거래법 위반행위에 대한 각각의 행위유형의 성격을 규명하고 그에 따른 형사처벌의 필요성 여부를 검토하여 형벌규정을 대폭 정비할 필요가 있다.22) 다음으로 고발권 불행사에 대한 불복수단 정비가 필요하다. 즉 구조상으로 한국의 공정거래위원회가 범죄사실, 즉 형사처벌의 대상이 되는 독점규제법 위반사실을 인정하면서도 그 처벌을 위한 고발로 나아가지 아니한다는 점에서 검사가 범죄사실을 인정하면서도 공소의 제기에 나아가지 아니하는 기소유예나 불기소처분과 유사하다는 점을 고려하여23), 당해 행정기관 내부에 항고나 재항고와 유사한 방식으로 그 불복절차를 마련하는 방법이 가능할 것이다.24) 또한 고발권 행사 지침을 구체화할 필요도 있다.25)

넷째, 행정처벌권을 통해 반독점법 위반행위에 대한 철저한 감독이 진행되어야 한다.26) 행정처벌권은 '국가의 특정기관이 법에 따라 향유한 행정관리질서에 위반하는 개인이나 조직에게 징벌, 제재를 부여하는 행정권력이다.'라고 규정하고 있다.27) 반독점법 집행기관이 보다 확실한 증거를 통해 시장경쟁자의 행위가 독점을 구성하거나 반독점법을 위반한다는 것을 증명하는 상황 하에서, 법 위반자에 대해 행정처벌을 부과할 권리가 있다. 여기에는 벌금, 불법소득 몰수, 불법행위 자진중단, 독점협의 무효선언 등이 포함된다. 이것은 반독점집행기관이 독점행위를 효과적으로 저지하는 일종의 제재성 권력으로, 이 권력의 행사는 직접 상대방의 실체적 권리에 영향을 주게 된다. 따라서 반드시 법정권한 및 절차에 따라 엄격하게 진행되어야 한다.

다섯째, 행정재결권이다.28) 행정재결권은 반독점집행기관이 독점행위가 야기하는 민사손해배상에 대해 재결을 진행하는 권한이다. 즉 일종의 준사법권이다. 반독점사례는 경제, 법률 등의 분야에 관련되며, 집행기관의 법률전문가는 전문지식과 풍부한 경험을 갖고 있어 판결은 시장경쟁정책을 더욱더 잘 실현할 수 있다. 한편 반독점집행기관에 행정재결권을 부여한 것은 간이한 절차를 통해 중립적이고 공정하게 독점사건을 처리하기 위한 것이며, 그럼으로써 날로 증가하는 소송 및 관련비용을 절감한다는 목적도 있다. 행정재결은 행정결정이 집행성을 갖는 것이지만 궁극적 성격을 갖는 것은 아니다. 이 때문에 중국의 반독점 집행기관이 행정재결권을 확인할 때에는 필연적으로 법원의 행정재결에 대한 사법심사권을 확정해야만 한다.

여섯째, 행정집행권이 보완되어야 한다.[29] 우선 반독점집행기구는 조사권을 보유해야만 한다.[30] 시장경쟁참여자에 대한 행위가 반독점법 규정에 위반하는가에 대해 조사 및 감독을 실시하는 것이다. 이것은 가장 기본적인 권력이자 기타직권 행사의 전제가 된다. 다음으로 반독점 집행기구에 행정인가권을 부여해야 한다.[31] 기업 간에 진행되는 인수합병 및 지분투자 등의 협의나 결정에 대해 조사를 진행하고 인가를 하거나 결정을 승인하지 않아야 하며, 피지배기업의 경쟁제한행위가 법정면제에 속하는지 또 다른 예외에 속하는지의 여부를 심사해야 한다. 그리고 반독점집행기관은 행정처벌권을 구비해야만 한다.[32] 법에 따라 행위인이 반독점법 위반을 확인하고 조사하는 상황 하에서 법에 따라 불법행위자에 대해 벌금, 불법소득 몰수, 생산경영정지명령, 독점협의 무효 선포 등 행정제재조치를 부과해야 한다.

일곱째, 다양한 루트를 통한 집행인원의 능력이 향상되어야 한다.[33] 반독점법 집행인원의 능력을 향상시키기 위해 반독점법 주관기관 건립 시에 법학자나 경제학자, 공상행정관리총국, 국가발전개혁위원회 등 관련부문에서 전문가를 초빙할 수 있어야 한다. 이것은 전문화한 분야별 지식으로 인한 분쟁에 유리하게 대처하기 위한 것이며 또한 단순행정관리성격에 속하는 공무원이 필요 이상으로 지나치게 많은 인원이 투입되는 것을 방지하기 위한 것이다. 또한 기타부처의 인력자원을 충분히 활용하기 위한 목적에도 부합한다. 이외에 반독점법집행기관 임원에 대해서는 엄격한 요구를 적용하여 비정기적으로 연수를 진행하고 부단히 고위임원의 전반적인 능력을 향상시켜야 한다.

(4) 반독점집행기관의 관할권 확정[34]

반독점법의 관할권 확정과 관련하여 세계 각국은 주로 아래 세 가지 모델을 채택하고 있다. 하나는 반독점집행권을 감독기관에 분배하여 감독기관의 결정으로 반독점집행기관의 심사와 반독점법률의 적용을 면제토록 하는 것이다. 말레이시아가 그 예이다. 또한 반독점집행기관이 직접 관할권을 행사하는 경우도 있는데 호주와 EU가 좋은 사례이다. 그리고 타기관과 관할권을 공동감독하는 방식도 취하는데 산업감독관리기관과 반독점집행기관이 공동으로 관할권을 갖는 것으로서 미국과 독일, 영국이 그 예이다.[35]

법해석론과 실무에서 보면 산업감독관리기관은 관할영역의 독점행위에 대해 감독권을 보유하는데, 그 이유는 특정산업 전문지식 장악에 있어서 산업감독관리기관이 반독점집행기관보다 더 유리한 위치에 있기 때문이다. 그러나 중국의 산업감독관리기관은 보편적으로 반독점위식이 부족하며 권한위임과 집행절차, 집행수단에 있어서 결코 경쟁적인 시장구조와 기업의 시장행위규범을 목표로 하지 않으며, 또한 반독점법의 입법취지에 부합하지도 않기 때문에 반독점집행요구를 실현할 수 없다.[36] 또 다른 한편으로 반독점법은 시장경제에 속하는 기본법률규범으로 시장경제체제하의 각종 산업과 부문에 광범위하게 적용된다. 만약 산업내의 독점행위가 소속 해당산업의 감독기관이 각자 반독점집행직능을 각자 행사했다면, 반독점법은 각 산업의 실시에 있어서 상이한 차이점을 나타낼 것이다. 반독점법의 효과적인 실시를 확보하기 위해 현재 산업의 독점행위는 반독점집행기관이 통일적으로 인정하고 처리할 수 있다. 그러나 이것은 산업주관부문의 의견을 고려해야만 하는 조건이 있다. 즉 반독점집행기관과 산업감독관리기관이 공동으로 산업독점사건의 관할권이 감독이 되고 또한 관할권이 서로 충돌하는 상황하에서 결정권은 반독점집행기관이 행사하게 된다. 이외에 산업감독기관이 독점사건을 처리할 때에는 반독점법을 근거로 하여야 하며, 감독관리기관은 특수한 경쟁규칙을 제정할 수 있다. 그러나 반독점법의 취지와 법률규정에는 부합해야 한다. 스지엔중(時建中) 교수가 인식한 바에 의하면 독점산업에 대한 독점행위는 철저하게 유지해야 하는 하나의 원칙이 있는데 산업집행기관이 독점산업 내의 반독점법 집행권을 독점할 수는 없다는 것이다.[37] 장기적으로 보면 중국은 오스트레일리아 또는 EU의 사례를 참고하여 독점문제를 반독점집행기관에 통일적으로 위임하여 책임지도록 하는 방식을 취하는 것이 충격을 완화하고 불필요한 비용을 절감하는 방법이 될 것으로 사료된다. 산업감독관리기관의 직책은 산업안전 등에 한정시킴으로써 독점관할권을 갖지 않도록 해야 한다.

(5) 반독점집행기관의 지점 설치[38]

중국은 세계4대 영토대국이다. 이러한 중국의 광활한 지역이라는 특성이 중국 반독점법에도 영향을 끼치게 되는데 반독점집행기관이 법집행의 필요에 의해서 각 지역에 지점을 설립할 수 있다. 중국「반독점법」제10조 규정에 의하면 중국은 중앙 및 성, 자치구, 직할시라는 두 개의 행정단위에 반독점집행기구를 설립할 수 있다. 성급 반독점집행기관이 본 행정구역 내의 독점사건을 수리하고, 중앙의 반독점집행기관이 중국 전역의 중대한 독점사건 및 국제분쟁사건, 탈(脫) 성, 자치구, 직할시 독점사건을 관할하여 필요 시 사건을 위임받아 하위 집행기관이 관할하는 사건을 담당할 수 있다. 당사자가 지방 반독점집행기관의 결정에 불복하는 경우, 중앙 반독점법집행기관이 재심을 신청할 수 있고, 중앙 반독점법 집행기관이 내린 결정에 불복하는 경우 인민법원에 행정소송을 제기하여 사법구제를 추구할 수도 있다. 이외에 성, 자치구, 직할시 반독점법집행기관이 중앙의 상하 수직적인 관리를 실행하도록 하여 지방 성정부로부터의 독립을 추구해야 한다. 이것에 소요되는 경비와 인사관계는 완전히 중앙 반독점법집행기관이 통일적으로 관리한다. 지방 반독점법집행기관은 지점을 설립할 수 있도록 중앙 반독점법집행기관에 인가를 신청할 수 있다. 그러나 해당지점은 결코 반독점집행

기관이 아니며 해당지점의 직권은 단지 자문제공, 정보수집, 무의결권 및 처벌권 등에 한정되어야 한다.39)

2. 미국·일본 등 외국법제도로부터의 시사점

(1) 독립적인 반독점집행기관의 설립

반독점집행기관은 우선 행정독점의 실시주체로부터 독립되어야 하며, 하나의 통일적이고 유기적인 반독점집행기관은 규제가 강력한 행정독점행위의 실시주체에 더 유리하다. 이를 위해서는 국무원 직속의 국가 반독점집행기구를 설립하여 원래 국가발전개혁위원회, 상무부, 공상행정관리총국이 책임지던 반독점집행기관을 일원화하여 관리하는 것이 필요시된다. 이 기구는 국무원의 각 부처 및 각 지방정부로부터 독립되어 불필요한 간여를 받지 않아야 한다. 동시에 성급 행정구역에 해당하는 반독점 집행기관을 설치하여 직접 국가 반독점집행기관의 감독을 받아야 한다. 이러한 기구의 설치는 한편으로 반독점집행기관의 상대적인 독립성을 보증하며, 행정직급을 제고하면서 법적 권위를 강화한다. 또한 현재 국가발전개혁위원회, 상무부, 공상행정관리총국의 3원화한 체제 하에서 야기될 수 있는 불필요한 혼란도 감소시킴으로써 반독점 관할권을 더 분명하게 행사할 수 있다는 장점도 있다.

(2) 반독점집행기관에 행정독점에 관한 관할권 부여

독립적이고 권위적이면서 통일된 반독점집행기관을 설립한다는 전제 하에서 반독점집행기관에 행정독점의 관할권을 부여해야 한다. 러시아와 동유럽 일부국가는 중국과 유사한 경제체제전환국가로서 중국에 시사하는 바가 있다. 러시아는 2002년 10월 제8차 개정한 「상품시장에 대한 경쟁 및 독점행위금지법」에서 러시아 반독점집행기관인 국가 반독점위원회(GAK)에 행정독점에 있어서 더 많은 권력규제를 부여하였다. 동법 제12조는 러시아 반독점위원회에 권한을 위임하여 연방행정권력기관, 연방소속부문의 행정권력기관 및 지방정부기관에 특허권 취소, 배당금 취소 등 여러 건의를 한 바 있다. 또한 러시아 국가반독점위원회는 이러한 기관에 대해 명령금지 반포, 반독점법 행위저지, 반독점법과 저촉되는 계약변경 등을 실행할 권리가 있다.[40] 반독점법집행기관은 불법기관의 상급기관에 대해 직접책임자에 대해 행정처분을 부과하도록 건의를 하며, 또한 직접 처벌을 결정하도록 하는데 구체적으로 불법행위제지, 개정명령, 불법소득 몰수 등이 있다. 이외에 중국 반독점법 집행기관은 행정독점의 혜택을 받은 경영자에게 처벌을 부과하고, 그 정황이 엄중할 때 영업허가증을 말소할 수 있다.

(3) 엄격하고 다양한 행정독점의 법적 책임

현행「반독점법」과「불공정경쟁법」의 행정독점행위에 대한 법적 책임은 아직까지 미약한 상태에 머물러 있다. 행정독점행위의 규제는 행정독점의 법적 책임을 더 엄격하게 추궁해야 하며, 반독점집행기관이 효과적으로 처벌수단이 없는 어려움도 법개정을 통해 전환해야 한다. 행정책임의 확립에 있어서 불법행정행위의 취소, 위임취소, 행정처벌 등의 제도를 규정해야 한다. 행정처벌은 차별대우를 해야 하며, 행정기관의 경비는 주로 국가재정에서 갹출하기 때문에, 행정독점행위를 실시하는 행정기관에 대해 행정벌금을 부과하는 것은 적절하지 않다. 반대로 불법주체에 대한 직접책임자와 기타책임자에 대한 벌금부과는 해당 임원의 행정독점 실시를 효과적으로 억제할 수 있다.[41] 법률이 권한을 위임한 조직이 행정권력을 이용하여 행정독점행위를 실시하는 것에 대하여 그에 상응하는 절차를 통해 위임규정을 취소해야만 한다.[42] 행정독점으로 혜택을 받은 경영자는 입법을 통해 '엄중한 정황'에 대한 상세한 기준을 반드시 분명하게 정해야 한다. 정황이 좋지 않은 경영자는 벌금 부과 및 영업허가증의 말소가 효과적인 제재수단이 될 수 있다.

(4) 미국 반독점 집행기관의 시사점

1) 미국 반독점법집행기관

미국 반독점집행기관은 주로 사법부 독점금지국과 연방무역위원회 이 두 기관이 서로 업무를 분담하고 있다. 사법부 독점금지국은 1903년에 성립되었으며, 12개 부처와 1곳의 집행사무실, 특별고문 1인을 두고 있으며, 아틀란타 등 7개 지역에 사무실이 있고 각 지역 내 반독점업무를 담당한다. 국장은 사법부의 비서실장 한사람이 담당하며 대통령이 지명하고 미 의회에서 임명하면 국회에서 인가한다. 독점금지국의 종사인원은 주로 변호사로 구성되며 일정한 비례의 경제학자를 포함한다. 주요업무범위에는 클레이튼법 및 셔먼법을 포함하며, 반트러스트법에 위반하는 행위에 대해 조사를 하고 민형사상 소송을 제기하며 독점금지의 경제적 효과를 분석한다. 독점금지국의 주요 권한은 네 가지로 분류된다. 첫째, 조사권이다. 독점금지국은 법집행 시 광범위한 조사권을 누리며, 당사자가 관련자료를 제공할 것을 요구한다. 또 관련당사자에게 민사조사령을 발급할 수 있고 심지어 법원허가를 거친 이후 경영자에 대해서는 조사 및 의견청취감독 등을 진행할 수 있다. 둘째, 제소권이다. 독점금지국은 공소인으로서 법원에 제소할 수 있는데 피고에 대해 민사소송을 제기할 수 있고 불법행위의 정지를 요구하며 피고가 유죄라는 확신이 들 때에는 연방법원에 형사소송을 제기할 수 있다. 셋째, 업무지침 편제와 카르텔과 기업합병 등의 행위에 대해 지도를 한다. 넷째, 자문제공이다. 기업행위가 독점금지법을 위반하는지에 대해 자문을 제공해야 한다.

미국 연방무역위원회는 1914년 「연방무역위원회법」의 반포로 성립되었다. 위원회는 5명의 위원이 있고, 대통령이 지명하며 국회에서 인가한다. 이 다섯 명의 위원 중에서 동일한 정당의 위원 수는 3명을 초과하면 안 되며, 위원의 임기는 7년으로 연임이 가능하다. 위원은 대통령이 임명하지만 반드시 법정사유가 있어야 한다. 연방무역위원회는 그 어떠한 부문에도 속하지 않으며, 해당업무는 상원과 하원이 설립한 상업위

회의 감독을 받는다. 위원회는 6개의 사무실과 3개 부처, 7개 지역 사무실을 둔다. 독점금지국과 마찬가지로 연방무역위원회의 종사인원은 주로 변호사로 구성되며 부분적으로 경제학자도 포함한다. 연방위원회는 준사법권이 있으며, 행정재결을 내릴 권리가 있고, 당사자는 그에 대해 판결불복시 미국 연방상소법원에 제소할 수 있다. 이외에 연방무역위원회는 일부 반독점행위에 대해 민사소송을 제기할 수 있으나 형사소송 제기는 불가능하다.

이 두 반독점집행기구는 병행할 수 있기 때문에 양자의 관할권은 필연적으로 하나가 되어야 한다. 이로써 초래되는 마찰과 모순 또한 회피할 수 없다. 불필요한 마찰을 감소시키기 위해 1948년 사법부와 연방무역위원회는 비망록을 작성하였는데, 당사자 일방이 반독점조사를 가동하기 전에 상대방에게 반드시 해당사실을 통보하여야 하며, 그럼으로써 관할권 충돌 회피라는 목적을 달성하도록 하고 있다.

2) 중국 반독점법집행기관

중국「반독점법」제9조와 제10조 규정에 의한 중국 반독점법 집행상황을 보면 중국 반독점법집행기관이 여러 기관이 중복된 법집행모델을 실행한다는 특징이 있다. 중국「반독점법」규정에 의하면 국무원은 반독점위원회를 설립하여 반독점업무를 조직, 협조 및 지도를 담당한다. 즉 반독점위원회가 국무원의 의사협력기관에 속한다는 것이며, 반독점법 집행업무는 상무부와 국가공상행정총국, 국가발전개혁위원회가 담당한다.

국무원 반독점위원회의 주요직책은 관련경쟁정책의 제정연구, 리서치업무 조직, 시장평가에 의한 종합적인 경쟁상황, 평가보고서의 제정 및 반포, 반독점지침 반포, 반독점행정집행업무 협조 등이 있다.[43]

이 가운데 상무부에서 반독점집행기관의 업무를 담당하는 부문은 산하 반독점국으로 여섯 개의 부처를 두고 있는데 각각 경쟁정책실, 종합실, 조사1팀, 조사2팀, 경제분석실 및 법집행감찰팀이 그것이다.[44]

상무부 반독점국의 직능은 법에 따라 경제력집중행위에 대해 반독점심사를 진행하고, 중국기업의 해외 반독점 응소작업을 지휘하며, 다자간 경쟁정책을 전개함으로써 국가 간 교류와 협력을 이끌어내는 것이다. 상무부가 보유한 반독점법 집행권의 주요근거는 2006년 상무부가 주도를 하여 6개 위원회가 공동반포한 「외국투자자의 중국 국내기업 인수합병규정」이다. 동 규정의 제10조에 근거하여 상무부는 외자기업의 중국 영내기업 인수합병 시 심사권을 갖게 되는데 반독점심사권이 포함된다.45)

국가공상행정총국에서 반독점법을 집행하는 기관은 산하 반독점 및 불공정경쟁집행국으로 해당부처 산하에 다시 종합사, 불공정경쟁사, 반독점법률지도사, 반독점법집행처, 판례연구처를 둔다.46) 반독점 및 불공정경쟁법집행국의 주요업무는 관련 반독점, 불공정경쟁의 구체적인 조치 및 방법 제정, 전국적인 범위 내의 독점관련협의 및 시장지배적 지위행위의 남용사례, 행정권력남용을 통한 경쟁제한행위 배제, 상술한 반독점사례조사의 조직협력작업 책임, 경제력집중행위에 참여한 반독점심사, 대형판례 및 전형적인 사례에 대한 감독 등이 있다.47) 국가공상행정총국이 반독점집행권을 보유한 근거는 1993년에 반포한 「불공정경쟁법」이 포함하는 독점행위금지규정 때문이다.

국가발전개혁위원회 내에서 반독점집행을 책임지는 부문은 산하 가격감독검사국 및 반독점국이다. 이것은 원래 가격감독검찰사였으나 2011년 7월 27일자로 명칭이 변경된다. 상기기관은 세 개의 부문을 두고 가격독점에 대한 규제를 담당하였다. 가격감독검사국 및 반독점국의 주요업무는 반가격독점 집행작업 및 조사, 인정, 중대 가격독점행위 및 판례의 처리 등이다.48) 국가발전개혁위원회의 반독점법집행권 보유는 1997년에 반포한 가격법에 근거를 두고 있다. 이외에 국가발전개혁위원회는 2003년 「가격독점행위금지 임시규정」을 반포하여 법에 따라 가격과 관련한 내통행위를 조사하는 업무를 담당한다.

상술한 세 반독점법집행기관 외에 중국 「반독점법」 제10조 2항은 국무원 반독점법 집행기관이 업무필요에 의해서 성, 자치구, 직할시 인민정부와 그에 상응하는 기관에 업무위임을 할 수 있고, 본법 규정에 따라 관련 반독점법 집행업무를 책임지게 된다. 다시 말하면 성, 자치구, 직할시 인민정부의 관련기관이 비록 행정독점법상의 직책이 없어도 국무원 반독점법 집행기관이 위임한 범위 내에서 반독점법을 집행할 수 있다.

3) 미국 반독점법집행기관이 주는 시사점

상술한 문장에서 볼 수 있는 것은 중국 반독점법집행기관이 일원화되지 않은 문제로 인하여 상무부가 경제력집중행위의 반독점심사작업을 담당하고, 국가공상행정관리총국이 독점협의를 책임지고, 시장지배적 지위의 남용, 행정권력 남용에 의한 경쟁제한의 반독점법 집행업무를 담당하며, 국가발전개혁위원회가 가격독점협의행위의 조사를 담당하게 된다.

이에 반해서 미국은 두 반독점법집행기관이 공존하는 양상을 지닌다. 두 곳의 관할권이 하나로 합쳐지는 반독점법집행기관은 반드시 고비용 저효율의 상황이 출현하게 되어 만약 미국으로 하여금 지금 현재 반독점법집행기관을 세운다고 하면, 두 곳의 관할권이 공존하는 기관을 도시에 설립할 수는 없을 것이다. 중국의 다수의 법집행상황은 거의 미국보다 더 엄격하다. 현재 중국의 삼원화한 반독점법집행기구는 업무분담이 명확한 것처럼 보이나, 실무에서는 때로 업무협조 등이 제대로 되지 않는 경우가 많다. 예로 시장지배적 지위를 점하고 있는 기업이 동시에 가격을 조종하거나 거래를 강제하는 행위, 예전행위가 가격부문이 관리하고, 이후의 행위는 공상부문이 관리하는 행위 등이 그것이다. 이런 상황 하에서는 설령 두 부문이 관할권 충돌이 없다고 하더라도 일개 기업의 불법행위를 처리하는 데에도 자원의 부적절한 배치문제가 출현하게 된다. 이러한 상황 하에서 우리는 미국의 사례를 참조하여 산업으로 관할권을 구분해야 하며, 비록 충돌이 발생하더라도 결국 법률 구분에 의한 관할권 발생의 충돌을 감소해야 한다. 중국의 반독점법집행기관 세 곳은 미국 사법부와 연방무역위원회와 마찬가지로 하나의 협력체제를 확립해야 하며 그럼으로써 모순과 충돌을 해결할 수 있다.

다음으로 중국 반독점법집행기관의 권위성과 독립성이 더 강화되어야 한다. 반독점법기관의 독립성이라 함은 독립적으로 국가의 반독점법과 경쟁정책을 집행하여 법집행과정에서 기타정부부문의 간여를 받지 않는 것을 말한다. 현실에서 반독점법기관의 법집행대상은 주로 대형기업이나 다국적기업이며, 이러한 기업들은 해당지역에서 영향력이 상당히 크다. 법집행기관은 이러한 기업이나 정부의 영향을 받았을 것이다. 동시에 집행기관의 업무는 행정독점 규제를 포함하는데 중국의 반독점법 집행기관의 독립성이 강하지 않기 때문에 삼원화한 집행기관이 각각 상무부, 국가공상행정총국 및 국가발전개혁위원회에 귀속되어 있다. 또 위임을 받은 지방 반독점법집행기관은 인원과 재정에 있어서 더욱더 지방정부의 통제를 받는다. 이러한 기관배치는 집행능력이 필연적으로 떨어지게 된다. 미국 연방무역위원회는 매우 강력한 독립성과 권위성을 지니고 있으며, 연방무역위원회는 그 어떠한 부문에도 귀속되지 않는다. 동시에 위원의 독립성을 보장하기 위해 미국 연방무역위원회는 그 어떠한 직업이나 업무에 겸직을 하면 안 된다. 이외에 미국 연방무역위원회는 업무무효, 직무소홀, 독직 외에는 해고될 수 없다. 또 미국 연방무역위원회는 준사법권과 준입법권을 갖는데 독립적인 준사법 집행기관모델이 더 많은 국가의 지지를 받는 경우, 중국에 시사하는 바가 클 것이다.

제8절 중국 행정독점

I. 중국 행정독점 형성의 역사적 배경 및 유형

1. 중국 행정독점 형성의 역사적 배경

행정독점의 원인은 아주 복잡하다. 직간접적인 경제적 또는 정치행정적인 이익이 행정독점을 초래한 근본원인으로 행정이익집단의 형성은 행정독점을 초래한 내재적 원인이 된다.[1] 행정이익 분배의 불공평은 행정독점을 초래한 외부요인이 된다. 중국에서는 역사적인 원인으로 인해 과거 계획경제와 행정독점이 일치되고, 이로 인하여 절대적인 국가독점을 형성하게 되었다. 이것은 고도로 집중된 계획경제체제와 밀접한 관련이 있으며, 인력, 물적 자금, 행정지침 등이 행정운영수단이 되었다.

시장경제의 본질이 경쟁에 있다면 행정권력과 경제력이 결합된 국가독점이 존재하기는 어렵다. 이것은 계획경제체제하의 정부주도적인 간여에서 간접적인 관리위주의 거시조정으로 대체되고 정경분리가 실현되는 것을 의미한다. 이것은 중앙 및 지방재정수입지출범위의 분명한 구분, 지방 및 중앙 수입에 대한 각종 분석비율 또는 보조금 확정, 5년간 불변 원칙으로 구체화되었다. 이 때문에 지방정부는 매년 국민경제계획에 근거하여 수입에 따라 각종 지출을 배정하고 중앙 각 부처는 지출지표를 다시 하달하지는 않는다.[2] 과거 기업소득세 귀속 확정 시 상하예속관계에 따라 분류하는 방식을 취했으나, 국제적으로 통용되는 인구, 1인당 GDP, 교육수준, 의료수준, 지역면적 등에 따라 중앙 및 지방재정수입지출범위를 구분하는 방식을 취한 것이 아니기 때문에3) 공정경쟁 및 정경분리에 불리하였고 실무적으로 여러 문제가 출현하게 되었다. 행정독점에 관한 이러한 문제에 대응하기 위해서는 아래 네 가지 차원에서 규제가 진행되어야 한다.

첫째, 재정제도 개혁을 통한 행정부문 규제이다. 기업예속관계를 재정수입지출범위와 연계한 재정개혁의 결과, 계획경제하의 정부관리경제의 무한함은 더 이상 존재하지 않게 되었다. 중앙정부의 권한을 지방정부와 산업주관부문으로 분할하고, 제도차원에서 상대적으로 독립적인 지방이익 및 부문이익을 승인함으로써, 각종 행정 관련 이익집단을 형성하게 되었다. 행정독점을 초래하는 내재적 원인은 행정을 통한 행정기관의 직간접적인 이익 추구에서 비롯된다.4) 만약 정부와 정부부문이 다원화한 이익구조 중의 어느 하나를 차지하고자 한다면 필연적으로 행정력과 경제적 효익을 연결하여야 한다. 이것은 각 행정부처와 기업에 경제적 이익을 가져다 주는 등 유리한 것처럼 보이나 실무적으로는 그 반대 현상이 종종 출현한다. 주의해야 할 것은 행정력이 강화되는 동시에 정부 각 부처나 각 부문으로 분산되는 추세를 보이기 때문에 만약 효과적인 행정독점규제정책을 채택하지 않는다면 더 복잡한 행정독점과 행정상의 혼란을 초래할 수 있다. 재정체제를 개선해야 하는 이유가 여기에 있다.

둘째, 합리적인 세제를 통한 이윤배분이 진행되어야 한다. 정부를 포함하는 행정집단이 어떠한 방식을 채택하느냐로 대표되는 이익극대화는 다양한 요소들의 영향을 받는다. 자원의 수량 및 질적 수준, 중앙정부가 확정하는 이익분배규칙 등이 가장 주된 요인이다. 각종자원과 행정부의 이익은 밀접히 관련되어 있다. 만약 행정부가 통제하는 천연자원이 아주 풍부하고 인구의 전반적인 소양이 높고 교통이 편리하면 해당 행정부는 그가 보유하고 통제한 자원에 근거하여 경제를 발전시키게 된다. 만약 그 반대라면 경제발전에 투입되는 자원은 필연적으로 대량으로 수입해야 한다. 이런 상황 하에서 행정부 이익극대화의 실현은 자원이 아닌 사람이 주도적으로 나서야 한다.

만약 중앙정부가 확정한 이익분배규칙으로 획득한 경제적 이익이 행정부 및 행정부구성원의 수요를 만족시키지 못한다면 분배에 있어서 심각한 문제가 존재하게 되고, 만약 분배가 불공정하다면 행정부는 중앙정부가 확립한 분배규칙을 준수하지 않고 중앙정부 지침에 이견을 보이게 될 것이다. 기업에 경쟁력 및 경제적 효익이 위협을 받을 때, 행정부는 종종 기업을 지원하여 정확한 시장정책결정으로 경쟁력을 향상하는 것이 아니라, 행정력을 남용하여 행정명령방식으로 인위적으로 장벽을 설치하고, 동종기업의 경쟁참여를 배척 혹은 제한하여 지엽적인 이익을 추구하는 부작용이 출현할 수 있다.5) 이것이 행정독점이 발생하는 하나의 원리이다.

셋째, 법에 근거를 둔 규제로 행정기능을 전환해야 한다. 정부주도의 경제가 초래한 폐단으로 인해 정부는 반드시 개인영역, 경쟁영역, 미시영역에서 공공영역, 비경쟁분야, 거시조정분야로 전환되어야 하며, 공공물품 제공을 담당해야 하고, 시장질서를 보호하고, 경쟁을 보호하며, 독점에 반대함으로써 사회정치적 안정을 확보할 책임이 있다. 우선 관련법률법규, 부문규장의 인가제도를 효과적으로 개선해야 한다. 행정독점은 거대한 은닉성을 갖고 있으므로 근본적으로 행정독점을 차단해야 하는데, 행정인가는 행정독점의 주요수단이 되고 있다. 이것은 행정관리의 효율을 낮추고 정책에서 법제도로의 전환을 초래하게 되며, 필요한 감독이 부족한 상황에서 필연적으로 부패가 발생한다. 이 때문에 일부학자는 인가제도를 등록제와 등기제도로 전환하고, 인가절차를 간소화하며 인가행위를 철저하게 규범화함으로써 신속한 처리로 인한 효율성을 추구하고, 철저한 규범화로 사후관리를 강화할 필요가 있다고 주장한다.

마지막으로 계획경제체제하에서 정경합일이 중국정부의 직접적인 기업 감독을 형성하여왔는데, 시장경제체제하에서 정부의 주요직책은 공공재의 제공으로 효과적인 경쟁을 위해 최적의 외부환경을 제공해야 한다.

(1) 중국 행정독점 개념에 관한 학설

칭화대 왕바오수(王保樹) 교수는 일찍이 다섯 개의 서로 상이한 행정독점의 개념을 열거한 바 있다. 첫째, 행정독점은 행정수단과 엄격한 등급제를 갖춘 행정조직을 통해 유지하는 독점이다. 둘째, 행정독점은 행정권력에 의해서 형성된 독점이다. 셋째, 행정독점은 국가경제주관부문과 지방정부가 행정권을 남용하고, 기업 간의 합법적인 경쟁을 배제, 제한 혹은 방해하는 것이다. 넷째, 행정독점은 행정권력과 시장역량으로 형성된 특수독점이다. 다섯째, 행정독점이라 함은 정부 및 소속부문이 행정권력을 남용하여 정당한 경쟁을 제한하는 것이다.6)

첫 번째 학설은 독점의 주체와 수단을 강조한 것이고, 두 번째 학설은 행정독점의 근거가 행정권력이라는 점에 착안한 것이다. 세 번째 학설은 행정권력의 남용과 합법적인 경쟁제한을 강조한 것이며, 네 번째 학설은 행정독점의 형성근거가 행정권력과 시장의 역량이라는 점에 근거를 두었다. 다섯째 학설은 행정독점의 실시주체와 경쟁제한의 원인에 치중하였다. 모두 각자 합리적인 해석이 가능하나 첫 번째, 두 번째, 네 번째 학설은 행정독점 형성과정 중의 행정권력남용을 무시하였으며, 두 번째와 네 번째 학설은 행정독점의 실시주체를 무시하였다. 세 번째 학설은 주체를 국가경제주관부문 및 지방정부로 명문화하여 주체범위의 축소를 분명히 하였다. 다섯 번째 학설의 경우, 만약 정부를 지방정부로 이해한다면 소속부문은 단지 지방정부부문만이 될 수밖에 없으며,7) 이러한 행정독점 실시주체의 표현 또한 정확성이 떨어질 것이다.

(2) 중국 행정독점 형성의 역사적 배경

1) 사영경제육성 및 제조업 발전시기(1949~1951년)
1951년 말 제조업가공으로 인한 총생산량은 민간기업 총생산량의

40%에 달하였다. 공사합영기업 총생산량이 전국 공업 총생산량에서 차지하는 비중은 1949년의 3%에서 1951년의 7%로 상승하였다. 1951년에 제정된 「국민경제계획 편제 임시방법」에서 행정독점이 최초로 규정되었다.[8] 당시 국무원의 전신인 정무원에서 제정하고 중재위(中財委)가 정무원을 위해 시행령을 제정하였다. 동 조례에서 계획경제를 입법목적으로 분명히 하였으며, 제11조는 '새로 창설한 기업은 법에 따라 지방정부주관기관에 영업인가를 신청해야 한다. 본 조례가 말하는 사영기업은 민간개인이 개인을 위해 투자한 경영으로 영리에 종사하는 각종 경제적 사업이라 한다.'고 규정하였다. 이것은 중국 전체산업의 기업설립과 시장진입이 행정기관의 규제를 받는다는 것을 의미한다. 중재위가 기업인가제도를 제정 및 주관하면서 사실상 전체산업에 걸쳐 행정독점제도가 확립되었다. 이것은 현재로 치면 국가발전개혁위원회가 주관하는 산업인가제도의 시조이다. 국가발전개혁위원회의 전신은 국가계획위원회이며, 중재위 산하의 중앙재경계획국이 1952년 재편되어 설립되었다.[9]

2) 공기업 및 사영기업 육성시기(1952~1955년)

1954년 2월 「중공 중앙 각급 계획기구의 설립에 관한 지침」은 중앙 및 지방의 각 행정부가 반드시 독립적인 계획위원회를 설립하도록 요구하였다. 1988년의 「사영기업 임시조례」는 1951년의 「조례」를 대체하여 개혁개방 이후 중국이 정식으로 모든 업종의 행정독점을 취소하는 중요한 계기가 된다.

3) 전면적인 국유화 실시(1956~1978년)

1956년 1월 1일 베이징시 상공업자들이 자발적으로 전 업종의 국유화신청을 제출하였으며, 1월 10일 중국의 모든 도시가 국유화를 단행하게 된다.[10] 1월 말경 상하이, 톈진, 광저우, 우한, 시안, 충칭, 선양 등 대도시 및 50여 개 중등도시에서 연속해서 모든 산업의 국유화가 단행된다. 중국정부는 「공사(公私)합영기업의 개인주식 금리산정방법 추진에 관한 지시」를 제정하여 국유화와 금리제도를 결합하도록 하였다. 경영자는 이로써 생산원료에 대한 통제권을 상실하였으며, 재산권은 단지 일정시기 내에 금리를 취득하는 증빙서류에 불과하였으며, 기업의 경영관리권과 인사배치권을 상실하게 되었다.[11]

4) 개혁개방(1978년 이후)

1988년에 제정된 「사영기업 임시조례」 및 시행령은 중국이 사영기업의 합법적 권익을 보호하는 내용으로 사영기업이 자유롭게 시장에 진입할 수 있고, 반대로 경영금지 또한 자유롭게 선택할 수 있도록 하였다. 이후 '사영기업활동의 신청은 반드시 관련증빙서류를 소지하고 기업소재지 공상행정관리기관에 등기신청을 하고, 인가를 거쳐 영업허가증을 발급한 이후 영업을 시작하도록 한다.'는 법개정을 통해 그 이전 법률에 규정했던 '지방주관기관의 인가를 거친 영업'이라는 내용을 삭제하였다. 인가제도와 비교하여 등기제도는 사영기업의 창업을 더 용이하게 하였다. 신법은 사영기업이 산업에 진입할 수 있는 산업과 진출금지 및 진입제한산업을 분명히 규정하였는데 중국 행정독점제도의 하나의 중요한 변혁이었다.

2. 중국 행정독점의 주요 유형

(1) 거래지정

중국 「반독점법」 제32조는 행정기관과 법률·법규가 위임을 한 공공사무관리기능을 구비한 조직은 행정권력을 남용하면 아니 되며, 기관 혹은 개인이 경영과 구매, 사용을 지정하고 타지에서 활동하는 경영자를 견제하기 위한 것이다. 또 다른 이유는 자신의 조직과 소속부문의 집단이익을 위한 행동이다.[12] 일반적으로 행정기관 혹은 법률·법규가 위임을 한 공공사무관리기능을 구비한 조직은 특정경영자와 특수한 이해관계

가 존재한다. 거래지정을 이유로 커미션이 오가는 수뢰행위도 발생할
수 있다. 거래지정의 실시방식은 직접적이고도 분명하게 조직이나 개인
이 지정한 경영자가 제공한 제품을 경영, 구매, 사용하도록 하거나,
또한 변형방법으로 상술한 목적에 도달하는 상황을 말한다. 예로 행정인
가 및 보고수속 처리 시 혹은 정부서비스를 제공할 때 지정한 경영자가
제공하는 제품을 경영하거나 구매하고 사용하는 기관이나 개인에 대해
우선 처리를 하거나 우선적으로 서비스를 제공하며, 지정한 경영자가
제공하는 제품경영과 구매, 사용을 거절하는 기관이나 개인에 대해서는
협조를 하지 않음으로써 기관이나 개인이 부득이하게 스스로 지정한
경영자가 제공하는 제품을 경영하고 구매, 사용하도록 하는 것이다.

(2) 상품의 지역 간 자유로운 유통제한

중국「반독점법」제33조는, 행정기관과 법률·법규가 위임을 한
공공사무관리기능을 구비한 조직은 행정권력을 남용하여 아래 행위를
실시함으로써 제품의 지역간 자유로운 유통을 방해하면 아니 된다고
규정하고 있다. 구체적인 행위는 다음과 같다. 외지상품에 대해 차별화한
비용항목을 설정하여 차별적인 비용기준을 실행하거나 차별가격을 규
정하는 경우이다. 또 외지상품에 대해 현지 동종제품과 상이한 기술적
요구 및 검역기준을 제시하거나 혹은 외지상품에 대해 이중검사, 이중인
증제도 등 차별적인 기술조치를 채택하여 외지상품이 현지시장에 진입
하는 것을 제한하는 경우이다. 다음으로 전적으로 외지상품을 겨냥한
행정인가제도를 채택하여 외지상품의 현지시장 진입을 제한하는 행위
도 포함된다. 이와 함께 관세나 기타수단을 채택하여 외지상품의 진입을
막거나 현지상품의 유통을 제한하는 행위도 있다. 제품의 지역 간 자유유
통을 방해하는 기타행위도 여기에 포함된다.[13)]
외지상품에 대해 차별화한 비용항목을 설정하여 차별적인 비용기준
을 실행하거나 차별가격을 규정하는 경우라 함은 외지상품에 대해 현지
상품에 없는 행정 및 사업적 성격의 징수항목을 설정하거나 혹은 징수항

목 가운데 외지상품에 대해 현지상품보다 높은 징수기준이나 가격을 적용하여 외지상품의 가격이 반드시 현지상품보다 높거나 현지상품보다 낮은 경우를 말한다.[14] 상술한 행위의 결과로 인해 외지상품은 종종 경쟁에서 불리한 위치에 처해지게 되고 인위적으로 현지상품이 경쟁의 우위를 차지하게 되어 외지상품의 현지시장 진입이 제한된다. 외지상품에 대해 현지 동종제품과 상이한 기술적 요구 및 검역기준을 제시하거나 혹은 외지상품에 대해 이중검사, 이중인증제도 등 차별적인 기술조치를 채택하여 외지상품이 현지시장에 진입하는 것을 제한하는 경우라 함은 외지상품에 대해 불합리하고 현지상품보다 높은 기술요구나 검역기준을 제시하거나, 혹은 이미 법으로 검역 및 인증을 거친 외지상품에 대해 현지시장 진입 시 이중검사나 인증을 다시 받도록 요구하는 것을 말한다.[15] 이러한 행위는 일반적으로 제품품질과 안전을 보증하여 소비자이익을 보호한다는 것을 구실로 삼으나 실제는 차별대우 성격의 기술조치로서 외지상품의 현지시장 진입문턱을 불합리하게 높임으로써 자본부담이 증가되어 외지상품의 현지시장 진입이 제한되는 결과가 발생한다. 전적으로 외지상품을 겨냥한 행정인가제도를 채택하여 외지상품의 현지시장 진입을 제한하는 행위라 함은 외지상품에 대해 현지상품에 없는 행정인가항목을 설정하여 외지상품의 현지시장 진입 시의 수량, 절차, 수속 등을 직접 통제하는 것을 말한다.[16] 관세나 기타수단을 채택하여 외지상품의 진입을 막거나 현지상품의 유통을 제한하는 행위는 수출에서 외지상품이 현지에 진입하거나 현지제품의 반출을 제한하는 것을 말한다. 일반적으로 역, 부두, 행정구역 경계지역 등의 검역소에서 외지의 특정유형의 제품반입을 금지하게 된다.

(3) 입찰 및 응찰의 배척 혹은 제한

중국「반독점법」제34조는, 행정기관과 법률·법규가 위임을 한 공공사무관리기능을 구비한 조직은 행정권력을 남용하여 자격에 대해 차별적인 요구나 심사기준을 설정하거나 법에 따르지 않고 정보를 반포하여 외지경영자가 현지 입찰활동에 응찰하는 것을 배척하거나 제한하면 아니 된다고 규정하고 있다. 「입찰응찰법」에 따르면 법에 따라 반드시 입찰을 진행하여야 하며 입찰 혹은 응찰활동은 지역이나 부문의 제한을 받지 않는다. 어떠한 기관이나 개인도 현지 이외의 법인 혹은 기타조직이 입찰에 참가하는 것을 불법으로 제한하거나 배척하면 아니 되며, 어떠한 방식으로도 입찰활동에 불법간여해서는 아니 된다. 입찰자가 공개입찰을 채택할 경우 입찰공고를 반포해야만 한다. 이 경우 중국이 지정한 잡지, 포털매체 혹은 기타 미디어를 통해야 한다. 입찰자는 불합리한 조건으로 잠재적 응찰자를 제한하거나 배척하면 아니 되며, 잠재적 응찰자에 대해 차별대우를 해서도 아니 된다. 자격에 대해 차별적인 요구나 심사기준을 설정하거나 법에 따르지 않고 정보를 반포하여 외지경영자가 현지 입찰활동에 응찰하는 것을 배척하거나 제한하는 경우 「입찰응찰법」 규정에 어긋나게 되어 「반독점법」으로 금지하고 있다.

(4) 지사설립 및 투자의 배척이나 제한

중국 「반독점법」 제35조는 행정기관과 법률·법규가 위임을 한 공공사무관리기능을 구비한 조직은 행정권력을 남용하여 현지경영자와 불공정대우 등의 방법으로 외지경영자의 현지투자나 지사설립을 배척 혹은 제한하면 아니 된다고 규정하고 있다. 일반적으로는 지방인민정부와 소속부처가 적극적인 조치를 취하여 외지투자자들의 현지투자를 유도하고 있다. 그러나 희소자원개발 등 특수한 상황 하에서 지방인민정부와 해당부처는 외지경영자의 현지투자를 배척할 수 있다. 외지경영자가 현지에서 지사설립하는 것을 배척하거나 제한하는 목적은 외지상품의 현지시장 진입제한이다. 이 때문에 외지경영자의 현지투자 혹은 지사설립 배척·제한하는 행위는 제재를 받아야만 한다.

(5) 독점행위 강요

중국 「반독점법」 제36조는, 행정기관과 법률·법규가 위임을 한

공공사무관리기능을 구비한 조직은 행정권력을 남용하여 경영자가 본법에서 규정하고 있는 독점행위에 종사하도록 강제하면 아니 된다고 규정하였다. 경영자가 본법에서 규정하고 있는 독점행위에 종사하도록 강제한다는 것은 행정기관과 법률·법규가 위임을 한 공공사무관리기능을 구비한 조직이 행정권력을 남용하여 강제로 경영자로 하여금 고정가격, 시장분할, 수량제한 등의 독점협의를 달성하게 하거나, 혹은 강제로 시장지배적 지위를 구비한 경영자가 비싼 가격에 팔고 저가에 매입하도록 하거나 차별대우를 하고 끼워팔기를 종용하여 시장지배적 지위 남용에 속하는 행위를 하도록 하는 것을 말한다. 이것은 시장질서에 대한 불법간여로서 시장경쟁시스템을 엄중히 왜곡하기 때문에 반드시 제재되어야 한다. 실무적으로는 중국정부와 관련부처의 시장에 대한 정당한 조정과 관리를 행정권력을 남용하여 경영자로 하여금 독점행위에 종사하도록 하는 것과 엄격히 분리해야 한다.

(6) 경쟁배제 및 경쟁제한규정 제정

중국「반독점법」제37조는 행정기관과 법률·법규가 위임을 한 공공사무관리기능을 구비한 조직은 행정권력을 남용하여 경쟁을 배제 및 제한하는 규정을 제정하면 아니 된다고 규정하고 있다. 본조가 규정하고 있는 것은 행정권력 남용으로 경쟁배제 및 제한행위를 금지함을 추상적으로 규정하였다. 실무적으로 행정기관과 법률·법규가 위임을 한 공공사무관리기능을 구비한 조직은 날이 갈수록 지방인민정부 규장이나 관련문서 중에서 경쟁배제 및 제한을 규정하는 추세를 보이고 있다. 이 때문에 행정권력 남용에 따른 경쟁배제 및 제한을 제지하기 위해서는 행정기관과 법률·법규가 위임을 한 공공사무관리기능을 구비한 조직이 행정권력을 남용하여 경쟁배제 및 제한규정을 제정하면 아니 된다는 것을 분명히 규정하여야 한다.

Ⅱ. 중국 행정독점의 법적 책임제도 개선방안 고찰

1. 중국행정독점에 관한 법적 책임제도 확립

(1) 민사책임제도 확립

행정독점은 민사불법행위의 특징을 구비하는데 민사불법행위의 결과가 기타 민상사주체의 합법적인 경쟁을 제한, 배제, 방해하는 것으로 나타나기 때문에 중국「반독점법」에서 분명하게 민사책임제도를 규정해야 한다. 2010년 7월 1일자로 시행된「권리침해책임법」제2조는 민사권익의 침해는 본법에 따라 권리침해책임을 부담해야 한다고 규정하였다. 쟁점이 되는 것은 행정주체가 권리침해책임의 주체가 될 수 있느냐 하는 것이다. 이와 관련하여 중국「민법통칙」은 '국가기관 혹은 국가기관종사자인 공무원이 업무집행 중 공민, 법인의 합법적인 권익을 침해하여 손해를 조성한 경우 민사책임을 부담해야 한다.'고 규정하였다. 즉 침권책임주체는 행정주체를 포함한다. 민법에서 권리침해책임형식은 침해정지, 방해배제, 위험제거, 재산반환, 원상회복, 손해배상, 영향력 제거, 명예회복, 사과 등이 있다. 2010년 4월 29일에 개정된「국가배상법」은 배상에 대해 분명하게 규정한바, '타인의 정신에 손해를 입힌 경우 침권행위 영향의 범위 내에서 피해자를 위해 영향력을 제거하고 명예를 회복하고 손해배상을 해야 한다. 심각한 결과를 조성한 경우 그에 상응하는 위로금을 지불해야만 한다.'고 규정하였다.「민법통칙」과「국가배상법」양자의 관계는 보통법과 특별법의 관계로 조망할 필요가 있다. 즉 특별법에 해당하는「국가배상법」규정을 우선 적용하고 동법에 규정이 없는 경우 보통법인「민법통칙」규정을 적용하는 것이다.

(2) 행정책임제도 확립

중국「반독점법」제51조가 규정하는 행정책임은 주로 행정행위와 행정처분의 개정에 있으며 행정처벌은 규정된 바가 없다.「불공정경쟁법」 제30조 규정은 '상급기관이 개정을 명령한다. 정황이 엄중한 경우 동급 혹은 상급기관이 직접책임자에게 행정처분을 부여한다.'고 규정하였다. 「가격법」 제45조는 '개정을 명령하고 비평을 통보할 수 있다. 직접책임자에 대한 주관인원과 기타 직접책임자에 대해서는 법에 따라 행정처분을 내린다.'고 규정하고 있다. 「입찰응찰법」 제62조는 '그 어떠한 단위가 본법규정을 위반하면 개정을 명령한다. 기관에서 직접책임을 부담하는 주관인원과 기타 직접책임인원이 법에 따라 경고, 주의처분을 내리고 정황이 엄중한 경우 법에 따라 강등, 사직, 제명처분을 내린다.'고 규정하고 있다. 「국무원의 시장경제활동 중 지역봉쇄 금지 실행에 대한 규정」 제21조는 '…토론 및 비평을 한다. 직접 책임을 부담하는 주관인원과 기타 직접책임인원은 법정절차에 따라 정황의 경중에 근거하여 강등이나 사직의 행정처분을 내린다.'고 규정하였다.

이러한 법조문은 분명하게 규정된 것이 없어서 법개정이 필요하다. 행정독점의 위법성 때문에 행정기관은 개정, 취소, 행정처분, 개정명령 등의 행정책임 외에 불법이익을 몰수하거나 피해자에게 반환함으로써 불법소득이 기관이나 개인에게 유입되는 것을 차단하여야 한다. 또한 행정처벌방식을 더 늘려야 한다. 즉 직접책임을 지는 주관인원과 기타 직접책임자에게 행정구류나 벌금을 부과하고, 행정독점이 보호하는 기업에 벌금부과와 불법소득 몰수, 일시 영업정지 혹은 영업허가증 말소 등의 처벌을 내린다.[17] 그리고 행정독점행위로 피해자가 손해를 입는 경우에 대하여 행정배상범위에 포함시켜야 하며, 배상범위에는 직접손실과 간접손실을 포함해야만 한다. 행정독점에 관한 형사책임 제정과 관련하여 행정독점의 주체는 형사책임을 부담할 수 없고, 형사책임을 부담하는 주체는 직접책임을 부담하는 주관인원과 기타 직접책임자에 불과하다. 중국 「형법」에 의하면 조직범죄는 일반적으로 주동자와 공모자를 동시에 형벌에 처하는 방식을 채택한다. 반면 기관이 형사책임을 부담하는 방식은 오로지 하나이다. 즉 백지수표에 가까운 엄청난 금액의 벌금을 부과하는 것이다. 행정주체는 행정기관과 법률, 법규가 위임한 공공사무기능을 구비한 조직을 포함한다. 이 기관은 공공기관에 속하여 사회공공질서 및 이익을 위한 것으로 전개하는 활동에는 징세로부터 확보된 재정이 필요하다. 만약 형사책임을 부담하도록 한다면 벌금에 처하고, 그 결과는 종종 행정주체가 제공하는 공공서비스의 능력이 크게 절감되어 납세인에게 우수한 서비스를 제공할 수 없게 된다. 동시에 기관에 대해 벌금을 부과하는 것은 행정독점의 법적 책임을 수많은 납세자에게 전가한 것에 해당한다. 이 때문에 행정독점에 대한 형사책임은 주동자와 공모자를 동시에 처벌하는 방식이 아니라 처벌여부는 개별적인 판단에 맡겨야 한다.

(3) 법집행체제 확립

중국 반독점집행기구는 중앙 및 지방의 이원화체제로 분류된다. 중국은 국토가 넓고 많은 정황이 존재하여 단지 중앙정부에 단일행정기구만을 둔다면 중국 전역의 반독점사건이 중앙정부에 집중되어 효율적인 법집행에 불리한 결과를 초래하게 된다. 반대로 행정단위별로 너무 많은 기구가 설립되어도 효율적인 법집행이 되지 못한다. 이 때문에 중국인민은행의 행정단위별 편제를 참고하여 중앙과 지방의 적절한 행정단위별 법집행체제를 갖추어야 한다. 중앙 1급 반독점집행기구는 전국적으로 중대한 영향을 끼친 반독점사건 처리를 책임져야 한다. 당사자가 성급 반독점집행기구의 결정에 불복할 경우, 중앙 반독점집행기구에 대한 재심신청은 허용되어야 한다.[18]

2. 현행 중국 행정독점 관련 법제도의 개선방안

(1) 현행 중국 행정독점 관련 법제도의 개선방안

현행 중국 행정독점 관련법제도 문제와 관련하여 입법개선이 요구되는데 구체적으로 아래와 같다.

1) 공청회제도 확립

법개정을 통해 공청회제도를 보다 완벽하게 개선해야 한다.[19] 이것은 행정소송의 결함이나 행정주체의 행정소송에 대한 위반으로 표현된다. 전자는 국가의 직접적인 거시조정정책의 사례이며, 통상 산업규제에 대해서는 비공개성을 지닌다. 후자는 가격법 내 공청회절차에 대한 위반이 대부분이다. 이와 관련해서는 통일된 법률제정이 가장 좋지만 완성 이전에 현행 정보공개제도와 공청회제도가 어느 하나 없어지는 일이 없도록 해야 한다는 것이다. 중국은 이미 「정부공개조례」를 제정하고, 행정인가법, 행정처벌법, 입법법 등 관련법률법규를 다수 반포 및 제정하였다. 그러나 양자 간에는 불법행위에 대한 주체 귀책문제에서 상술한 절차가 점점 세분화되지 않고 있어서, 개선이 요구된다.

2) 반독점집행기구의 독립성 보장

권위 있는 반독점 기관장은 국가 최고지도부가 임면하며 가장 좋은 것은 보다 확실한 독립채산제가 확보되고, 국가의 독립적인 반독점 법집행기구로서 해당 조직이 그 어떠한 정부부처에도 속하지 않는 것이다. 미국 사법부에는 독점금지국과 연방무역위원회가 있는데 정부로부터 독립되어 있으며 고유관할권이 있다. 독일 또한 연방카르텔국이 있고, 그 권위를 말하면 결정과정에서 그 어떠한 조직이나 개인의 간섭을 허용하지 않는다. 영국에는 독립적인 경쟁상소청이 있고 여기에서는 공정무역결정을 전적으로 심리하며, 벌금부과 관련 상소사건 또한 심리한다.[20] 중국은 반독점법 제정 이후 독점 관련 관리부처가 모두 3기관으로 형성되어 있는데 주요구성원이 여전히 중국정부의 주요 경제관리부처이기 때문에 위원 또한 국무원 각 부처에서 업무를 담당하고 있다. 따라서 하나의 고도로 독립적이고 권위 있는 전문기구를 수립하여 행정독점기관을 규제할 필요가 있다.

3) 대폭적인 권한위임

이와 동시에 반독점관리기구에 보다 독립적인 행정독점결정권을 부여해야 한다. 비록 현재 행정소송분쟁에서 당사자의 상대방은 행정소송 및 행정재심을 통해 권리구제를 신청할 권리가 있으나, 중국 행정 및 사법체계의 특수성을 감안하면 행정독점문제해결을 위해서는 더욱 독립적인 준사법적인 결정으로 당사자의 권리를 확보할 필요가 있다. 반독점기구는 행정독점 재판기구를 설립할 수 있으며, 경제·행정·법학분야의 전문가를 초빙하여 재판을 진행할 수 있도록 해야 한다.

4) 반독점 민사소송제도의 이원화 확립

반독점 민사소송은 반독점 집행기구와 공동으로 반독점 이원체제를 조성해야 한다. 우선 반독점사법심사가 규범을 형성하는 소송절차와 제도가 있다. 반독점민사소송 중에서 원고자격, 소송관할, 입증책임, 손해배상 등은 모두 구체적인 법률적용을 받고 있으며, 그에 상응하는 사법해석 가운데 규범을 획득한다. 다음으로 반독점법집행과 아주 밀접하게 관련이 되어 있다. 일찍이 중국 반독점법 기초시기에 반독점 민사소송행정집행의 전치(前置) 절차를 규정하였다. 그러나 후에 해당규정을 삭제하였는데 이 때문에 현행 중국「반독점법」에는 전치 절차에 대한 규정이 없다. 마지막으로 실무적으로 안건수리량이 가장 양호하다. 2011년 말 기준으로 중국 전역의 지방법원이 독점 관련 민사1심 안건을 수리한 것이 61건으로 심리가 종결된 것이 53건이었다. 그중에는 시장지배적 지위남용행위가 야기한 소송도 있고, 독점행위가 제기한 소송도 있다. 그러나 안건수량에 있어서 전자(前者)는 우월적인 지위를 누린다. 이와 상이하지 않은 것이 2011년 수직적 독점협의의 관련 사례이다. 2012년에「독점행위로 야기된 민사분쟁안건심리에 관한 법률 응용문제의 규정」이 제정된 이후, 법원이 수리한 반독점 민사소송의 안건수량은 급격히 증가하였다. 2012년에는 100건에 가까운 반독점 민사소송안건을 수리함으로써 2008년 반독점법 실시 이래 사법해석 실시 이전에 인민법원이 해당안건을 수리한 전체 숫자보다 더 많다.

5) 중국 내 반독점 민사소송제도 발전조치 확대

중국 내 반독점 민사소송제도가 실시된 지 오랜 시간이 경과한 것이 아니기 때문에 제도적으로 완벽하건 아니건 간에 여러 문제가 존재한다. 우선 동 제도의 운영과정에서 쟁점이 발생하였는데 가장 두드러진 것은 반독점 민사소송의 원고자격이「민사소송법」제108조의 원고기소자격 및「반독점법」제50조로 구현된다는 점이다. 이것은 모두 개인소송의 직접구매자 제소자격에 대한 긍정으로 구현될 수 있다. 그러나 이것은 현실에 부합하지 않아 간접구매자의 이익이 보장받을 수 없다. 이 때문에 원고자격을 확대해야 한다는 주장이 날로 커지고 있다. 다음으로 사법효율성이 높지 않다는 점이다. 2009년에 10건으로 시작된 반독점소송을 보면 안건 입안에 직면한 수량은 아주 많지 않았다. 이미 안건을 결정한 수량이 상당히 적었고 소송유형도 단일하였으며, 판결결과는 대부분 피고가 승소하거나 손해배상청구가 형식적으로 치우치는 등의 문제가 출현하였다. 마지막으로 행정독점을 효율적으로 규제하지 못하였다는 점이다. 반독점 민사소송의 원래 피고의 법적 지위에 근거하여 행정독점은 해당소송의 안건수리범위 밖으로 배제되었다. 이러한 행위는 사법루트에 의한 규제를 실시할 수 없게 되고 그 결과 사법심사에 불리한 결과가 초래되며 독점행위는 도리어 실무적으로 점점 더 증가하게 된다.

6) 반독점집행법과 행정독점소송의 관계 정립

반독점집행법과 행정독점소송은 두 가지 상이한 구제방식으로 전자는 내부의 행정구제이며 후자는 외부의 사법구제방식이다. 이것은 두 가지 쟁점을 야기하는데 모든 행정독점소송이 모두 반독점 집행의 전치가 되어야 하느냐가 하나이며, 두 가지 수단을 병용하여 사용할 때, 어떻게 어떻게 양자를 조화시킬 것인가의 문제도 존재한다. 첫 번째 쟁점에 대해서는 반독점 집행에 전치가 필요없다는 주장이 다수설에 속한다. 그 이유로는 우선 반독점 집행 전치의 문턱이 높아 비용이 많이 소요되는 단점이 있어 행정소송 제소요건을 낮추어야 한다는 취지에 부합하지 않기 때문이다. 반독점법 집행은 내부 행정구제수단에 속한다. 또한 중국 반독점법 집행기구는 독립적인 집행기구가 아니기 때문에 집행기구가 지방정부의 영향을 받지 않는다는 것을 보증하기 어렵다. 또한 집행기구가 법집행과정에서 고의로 법을 집행하지 않는다는 협의를 벗어나기가 어렵다. 따라서 만약 행정독점소송 이전에 반드시 반독점법 집행을 신청해야 한다고 강력하게 요구한다면 기소요건을 높일 수 있고 행정독점소송 발전에 불리한 결과를 조성하게 된다. 두 번째 이유로는 반독점법 집행이 제대로 집행되지 않는 무력감에 직면하는 것도 전치제도 무용론의 원인이 된다. 현실적으로 실무에서 제대로 적용이 잘 되지 않고 있으며 법집행근거가 명확하지 않고 법집행주체가 독립되지 않은 이유로 인하여 반독점법 집행에 있어서 근본적인 문제에 직면하게 된다. 이 결과 반독점 집행의 전치가 반드시 행정독점을 잘 해결할 수 있는 것은 아니라고 하겠다. 상술한 두 쟁점이 서로 교차할 때에는 법적 충돌을 피하고 법률적용에 있어서 서로 협력을 하는 것이 방법이다. 즉 동시에 소송을 진행하면 일방 당사자가 소송을 중지하거나 신청을 하는 경우에도 순서를 고려하는 것이 그 예가 된다. 그렇게 하는 이유는 법집행자원의 낭비를 피하기 위해서이다. 만약 양자가 동시에 신청을 하면 반독점법 집행은 법집행기구가 대대적인 조사를 필요로 하기 때문에 이러한 자원낭비를 회피하기 위해서 동시에 재판의 전문성을 보증할 수 있어야 하고, 반독점법 집행을 우선적으로 고려하는 원칙을 세우고 반독점법 집행의 판결이 나온 이후, 선행판례를 근거로 판결을 내릴 수 있다. 그러나 사안이 간단하고 분명한 증거로 행정기관이 행정독점행위를 실시한 점을 제시한다면 소송중지는 필요하지 않다. 소송중지원칙은 이미 광범위하게 다중소송형태에 응용되었다. 소송중지는 일정부분 개인소송의 남용을 경감시킬 수 있다.

7) 행정독점과 행정소송 간의 공정경쟁권과의 관계

중국의 대법원격인 최고인민법원의 「중화인민공화국 행정소송법」 관련문제 집행에 관한 해석 제13조 1항은 '피소된 구체적인 행정행위는 상린권(相鄰权) 혹은 공정경쟁권에 관련된다.'고 규정하였다. 행정독점이 경쟁제한행위를 통해 직접 침해하는 것은 동종업계 기타경쟁자의 공정경쟁권이다. 그러면 그들이 공정경쟁권 피해를 이유로 하여 제기한 소송은 일반행정소송인지 아니면 행정독점소송인지의 쟁점이 있다. 그 이유는 일반행정소송은 여전히 피해자소송위주로서 흔히 일반적으로 언급되는 공익소송과는 다른 분야이다. 사실 우리는 공익소송에 대해 협의적으로 해석하는 경향이 있다. 미국을 예로 하면 「미국법전」 제28권 제547조는 '검사는 모든 셔먼법이나 클레이튼법을 위반하여 야기되는 분쟁에 대해 제소할 권리가 있다.'[21)]고 규정하였다. 동시에 미국에서는 일반국민이 법무부장관 결정으로 불법행위를 제소하지 않기로 결정하는 경우, 법무부장관 명의로 제소할 수 있으며 자신의 명의로도 제소할 수 있도록 규정하고 있다. 중국은 현단계에서 진행되는 공익소송은 모두 개인이익을 형식으로 하고 공익을 목적으로 하는 형식을 취하고 있다. 피해자 개인을 통해 제기되는 것으로 그 취지는 사회공공이익의 소송을 보호하는 데에 있다.[22)] 비록 형식상으로는 주관적 소송에 속하지만 일단 판결이 내려지면 아직 제소를 하지 않은 잠재적 경쟁자에 대해 동등한 효력을 지니게 된다. 뿐만 아니라 판결의 의의는 당사자 간에 한정되지 않고 사회정의와 공익보호이념에 더욱 의존하기 때문에 이러한 공익소송은 객관적인 공익소송이라고 할 수 있다. 결론적으로 제3자가 공정경쟁권을 염두에 두고 제기하는 행정소송은 자신의 이익을 위한 소송으로 행정독점소송과는 충돌되지 않는다.

8) 행정독점과 행정재심의[23)]의 조화

2000년 리우공차오(刘工超)가 베이징환경보호국 등 네 부처를 제소한 행정독점사건부터 시작하여 2008년 밍방쉬(名邦所)의 위타오시(余

桃市)정부행정독점사례, 2014년 선전시 스웨이얼(斯维尔)과기유한공사의 광둥성 교육청 행정독점 제소사례 등을 통해 우리는 원고가 기소하기 전에 행정재심의 신청을 제출한 것을 확인할 수 있다. 행정재심의는 신청인에 의해 시정부부문, 시정부, 성정부부문으로 분류된다. 이럴 경우 행정재심의는 행정독점소송의 전치요건여부가 관건이 된다. 행정독점소송에서 행정재심의와 연결되는 상황은 두 가지이다. 반독점집행기구를 겨냥한 결정이 제기하는 재심의가 있고, 행정독점 실시주체가 제기하는 행정재심의가 있다.[24]

우선 반독점집행기구를 타깃으로 하는 결정을 제기한다.[25] 중국 「반독점법」 제53조 규정에 의하면 반독점집행기구가 동법 제28조 및 제29조에 의하여 내린 결정에 불복하는 경우, 먼저 법에 따라 행정재심의를 신청한다. 행정재심의 결정에 불복하는 경우 법에 따라 행정재심의를 신청하거나 혹은 행정소송을 제기할 수 있다. 다시 말해서 관련 경제력집중의 결정을 제외하고 반드시 재심의를 전치해야 한다. 그 나머지는 자유선택에 속하도록 하면 될 것이다. 즉 행정재심의와 반독점집행기구 행정결정 간의 관계에 대해서는 법률이 분명하게 규정하여 현 상황을 반드시 바꿀 필요는 없는 것으로 하였다.

다음으로 행정주체를 겨냥하여 실시한 행정독점행위가 제기하는 행정재심의가 있다.[26] 「행정재심의법」과 「행정소송법」에 근거하여 행정재심의와 행정소송 간에는 네 가지 관계가 있다. 첫째, 자유선택이다. 먼저 재심의과정을 거친 이후 제소를 하거나 혹은 직접 소송을 하는 것이다. 두 번째, 행정재심의의 전치이다. 반드시 행정재심의를 거쳐야만 비로소 제소를 할 수 있다. 구체적인 상황은 다시 세 가지 유형으로 분류되는데 기존의 천연자원권리침해사례가 있다. 그리고 납세분쟁사례로서 납세의 주체, 납부금액, 납부방법에 대해 분쟁이 존재하는 경우이다. 다음으로 반독점집행기구가 경제력집중을 금지 혹은 제한하는 행위를 말한다. 셋째, 선택을 함으로써 결론을 내는 단계로 행정재심의 내지 소송을 선택할 수 있다. 그러나 행정재심의는 그것으로 끝내야 한다.[27]

이에 관한 구체적인 상황은 두 가지가 있다. 하나는 피신청인이 성급 정부 혹은 국무원부문인사로서 행정재심의 이후 소송을 선택할 수 있거 나 혹은 국무원이 결정을 내리도록 신청할 수 있다. 또한 중국인이 출입국에 대한 구류에 불복하거나, 외국인의 출입에 대한 벌금 및 구류에 불복하는 경우 소송이나 행정재심의를 신청할 수 있으며, 만약 행정재심 의를 선택한다면 재심의결정은 최종적인 판결효력을 지니게 된다. 마지 막으로 재심의종결이 있다. 오로지 행정재심의를 거쳐야만 판결이 나는 경우이다.28) 국무원 혹은 성급정부의 행정구역에 대한 탐사, 조정 혹은 토지징수의 결정에 근거하여 성급정부가 천연자원소유권 혹은 사용권 의 행정재심의 결정을 최종판결로 하는 것을 확인한다. 현재 행정독점행 위를 겨냥한 행위가 행정재심의의 전치인지 아닌지에 대하여 법률에서 는 분명하게 규정된 것이 없어 입법상의 공백이 되고 있다.

상술한 내용을 종합해보면 다음과 같은 결론이 도출된다.

첫째, 행정재심의의 효과가 아주 크지는 않다는 점이다. 심의결과의 유지와 기각의 비율이 행정재심의 심사종결 결과의 절반을 초과하지는 않는다.29) 즉 행정재심의 기관의 피신청인에 대한 행정행위는 실질적인 변혁 혹은 처리를 진행하는 경우 그 행위에 제한이 존재한다는 점이다. 상대방입장에서 보면 가장 적절한 구제방식이다.

둘째, 스스로 입장을 바꿔서 행정재심의를 취소한 비율이 상당히 높다는 점이다. 그 원인은 행정기관이 피신청 재심의행위에 대해 취소처 리한 것이 있고, 또 상대방이 행정재심의 처리결과에 만족하지 않기 때문에 이런 구제방식에 의존하지 않는다30)는 것으로도 입증된다.

셋째, 조정비율이 화해비율보다 총체적으로 더 높다. 즉 행정재심의 기관이 분쟁처리 시에 더 적극적으로 분쟁에 개입하는 것을 원한다는 점이다. 그럼으로써 분쟁해결을 확보하며 상대방의 의지를 제한할 수 있다는 것이다.31) 종합해보면 행정독점소송에서는 재심의의 전치절차 가 필요하지 않다.

넷째, 행정재심의의 활용도 저하 및 행정기관이 직면한 신뢰의 위기가 있다. 70%에 해당하는 행정소송안건이 제소 이전에 행정재심의를 거치지 않는다는 것이다. 이것을 종합해보면 중국인들의 구제방식 선택에 있어서 행정재심의는 아주 용이하게 이용가능한 작용을 하지 못한다고 하겠다. 행정재심의가 비록 신청비를 교부할 필요가 없고, 투입비용이 저렴하며, 심리주기가 소송보다 짧은 장점이 있지만 현재 소송비용이 높지 않고, 행정재심의 결정이 법정기한 내에서 또 기타요건의 영향을 받을 수 있는가라는 쟁점이 있기 때문에, 이런 장점은 당사자의 선택으로 전환될 수는 없다. 그리고 행정재심의가 직면한 가장 큰 어려움은 신뢰의 위기이다. 행정구제수단으로서 행정재심의 기관이 공정하고 독립적인 모범을 보여야 하는가는 여전히 상당히 큰 도전에 직면해 있다. 권리구제 시 효율성과 시의적절성은 모두 필수불가결한 것이다. 따라서 행정독점으로 말하자면 행정재심의의 전치는 반드시 필요한 것은 아니며, 자유로운 선택 위주로 전개되어야 한다.

(2) 행정독점 규제개선을 위한 구제방식의 변천

1) 행정독점 규제개선을 위한 네 가지 구제방식[32]

첫째, 도덕적인 사회통념이다. 사회적 여론, 신념, 전통의 가치가 만들어낸 역량, 도덕규범 준수를 통한 사회질서의 안정 실현 등이 그것이다. 국가는 도덕을 구성원행위준칙으로 삼고, 도덕을 행사권력의 법도로 하여 도덕교육을 통해 구성원의 소양을 제고한다. 이러한 도덕교육에서 중요한 것은 공직자 기강확립이다. 즉 부패가 없는 청렴한 공직사회를 조성하는 것이 필요하다. 행정독점은 부패를 야기하며 부패척결은 청렴한 공직사회 건설에 가장 중요한 임무가 된다. 제18대 3중전회는 부패척결에 대한 역량을 강화하고 업무상의 도덕성 심사, 당내 감독체제 및 여론감독체제 확립 등을 강화한 바 있다. 그러나 법적 강제력이 없는 경우가 상당수 있기 때문에 일반국민의 보편적인 인식 및 풍습의 한계 등을 타파하기 어려울 것이다. 둘째, 정치적인 루트가 존재한다. 즉 정치체제를 통하여 권력규제를 실현하는 것이다. 행정독점에는 재정권과 세수권, 기초건설투자항목심의권 및 투자융자권, 국유기업관할권이 모두 포함되며 제도설계에 결함이 존재한다는 것을 의미한다. 중앙 및 지방정부의 개혁, 정부와 기업, 시장과의 관계는 확실히 근본적으로 행정독점을 근절시킬 수 있다.

셋째, 법제도적인 루트를 통한 구제가 있다. 행정독점은 정부권력이 확장되고 팽창한 결과이다. 따라서 정부권력의 확대에는 법치가 필요하다. 현재 중국은 행정독점 규제법률로 주로「반독점법」,「입찰응찰법」,「교통운수관리조례법」 등이 있다. 피해자는 공상행정총국, 국가발전개혁위원회, 상무부에 보고를 하고, 공정경쟁권이 피해를 받는 것을 이유로 하여 행정소송을 제기할 수 있다. 법집행기관은 건의권만 있으며 직접적인 처벌권한은 없다. 이 때문에 공정경쟁권에 대해 제기되는 행정소송은 제소주체의 국한성과 안건수리범위의 제한이 존재하며, 행정주체의 모든 독점행위를 전면적으로 규제할 수가 없다.

넷째, 행정소송을 통한 구제방식이 있다. 2009년 12월까지 중국 국가발전개혁위원회와 국가공상행정총국이 조사한 반독점 사례는 없었다. 상무부가 금지한 경제력집중 사례가 1건, 제한요건을 추가한 사례가 5건, 개인독점소송은 10건에 이르렀다.33) 외국의 사례를 보면 보편적으로 사법개입으로 행정독점을 처리하며 행정독점을 겨냥한 제소를 허용하고 있다. 이것을 참고하면 앞으로 행정독점에 대한 규제가 소송위주로 전개되어야 한다는 점을 시사해준다.

2) 전환기발전단계국가의 사례

전환기발전단계국가라 함은 계획경제에서 시장경제 과도기로 전환한 국가로서 러시아 반독점법의 행정독점에 대한 규제가 강력한 효력을 발휘한 바 있어 중국에 시사하는 바가 크다. 러시아는「상품경제 중 경쟁 및 독점제한활동에 관한 법률(반독점법)」을 반포하여 행정독점의 주체 및 행정독점행위 두 차원에서 행정독점을 규제하는 방식을 채택하였다. 행정독점에 대한 규제는 강력한 경쟁제한이라는 결과로 구현된다. 한편 러시아 반독점법의 적용 제외는 행정독점을 규제하는 동시에 독점 금지를 합법적으로 면제함으로써 정당한 행정권력이라는 법적 지위를 보호한다.34) 마지막으로 러시아는 독립적이고 권위 있는 반독점법 집행 기구인 반독점위원회를 설립하였는데 지방정부 행정독점행위의 불법을 선포하고, 행정독점을 실시하는 지방정부를 제소하는 등의 집행조치를 통해 행정독점 제재에 있어서 주도적인 역할을 수행한다.

3) 선진국 사례

EU가 전형적인 예로 비록 유럽경쟁법으로 주로 규제하는 것은 경제 독점이나 행정독점에 대한 규제 또한 존재한다. 공기업이나 다른 특권을 누리는 기업에 대한 규제와 효율성을 추구하는 행정집행모델이 전형적 인 사례이다. 시장경제체제하에서 계획경제와 시장경제, 공기업과 사영 기업은 원칙상 평등한 지위에 처해야 하며, 국가는 동등한 경쟁규칙을 적용해야 한다.

한편 EU는 행정집행모델을 채택하였다. 즉 반독점법 행정기구 집행 에 있어서 개별안건에 대해 조사 및 심리를 진행할 뿐만 아니라, 사례에 대해 판결을 내리는 권리를 부여하였는데 피고의 판결집행 불응 시의 행정제재를 실시할 권한을 포함하였다. 오로지 EU위원회만이 단일 행정 집행기구로서 상당히 높은 독립성과 지위를 확보하였다. 중국 또한 독립적인 행정기구에서 반독점업무를 집행해야 한다.

(3) 중국 행정독점의 효율적 규제를 위한 귀책원칙의 개선

행정독점의 귀책원칙은 행정독점에 대한 효율적인 규제를 위해 필요 한 법적 조치로서 고찰할 가치가 있다. 행정독점의 귀책원칙은 크게 과실책임원칙과 무과실책임원칙으로 분류되며 중국에서 행정독점의 귀책원칙으로 양자 가운데 어떤 것이 더 적절한가에 대한 토론이 진행되 어야 한다.

1) 과실책임원칙의 확립

과실책임원칙은 구체적으로 아래의 함의를 포함한다. 첫째, 과실을 책임의 가장 중요한 구성요건의 하나로 삼는다는 것이다. 과실책임원칙에 근거하여 행위인의 법적 책임 확정 시, 행위인의 행위와 손해의 인과관계를 고려해야 하며, 행위인이 주관적으로 과실이 있었는지의 여부를 고려해야 한다. 행위인이 오로지 주관적으로 과실이 존재한 경우에만 비로소 법적 책임을 부담하도록 한다는 것이다. 둘째, 과실을 귀책의 근본요건으로 한다. 과실을 어느 하나의 책임구성요건이 되는 것이 아니라 행위인이 법적 책임을 부담하는 근본요건 내지 최종요건으로 한다는 것이다. 셋째, 과실을 책임범위를 확정하는 중요한 근거로 삼는다는 것이다. 과실책임의 기본가치가 합리적으로 판단되고 자유로운 의지를 존중하며, 실용적인 융통성을 주창하고 공정한 경쟁을 격려하는 시장경제의 지도사상과 일치가 되기 때문에, 과실책임원칙은 민법에서 가장 중요한 귀책원칙이 되었다.

이러한 과실책임원칙은 행정독점의 귀책원칙이 될 수 없다는 학설이 있다.35) 중국「반독점법」제8조는 '행정기관과 법률, 법규가 위임한 공공사무관리기능을 구비한 조직은 행정권력을 남용하고 경쟁을 배제 및 제한하면 아니 된다.'고 규정하고 있다. 이 점으로부터 우리는, 행정독점은 최소한 세 가지 특징을 갖고 있다고 결론낼 수 있는데 우선 행정독점 행위의 주체는 행정기관 및 법률법규가 위임한 공공사무관리기능을 구비한 조직이라는 점이다. 그리고 행정독점의 행위는 행정권력 남용으로 구현된다. 즉 상응하는 행위주체가 법에 따라 누리는 행정권력을 남용한다는 것이다. 셋째, 행정독점행위는 경쟁을 배제하고 제한한다. 행정독점은 부적절한 행정행위이자 책임인정에 있어서 행정책임은 상호충돌할 뿐만 아니라 상당히 큰 비중을 차지하여, 과식책임원칙에서 행정책임귀책방법을 적용해야 한다.

과실책임원칙은 민법 침권행위법의 가장 기본적인 귀책원칙으로 과실책임원칙이 행정독점의 귀책원칙이 될 수 있는가에 대해서는 행정법 중의 행정책임 귀책원칙을 적용하여 고찰할 필요가 있다. 행정법분야의 과실책임원칙은 협의의 과실책임원칙설과 광의의 과실책임원칙설두 가지로 분류된다. 후자는 과실추정, 엄격한 책임추궁, 불법책임 및행정상의 불공정한 책임원칙을 과실책임원칙의 전환 및 구현으로 간주하여 모두 과실책임원칙으로 포함시키게 된다.36) 그 결과 합리성이현저히 부족한 결과를 초래한다. 과실추정, 엄격한 행정책임, 불법책임및 행정상의 불공정한 책임원칙은 과실책임원칙과 현저한 차별이 존재한다. 따라서 이러한 광의적인 과실책임원칙은 설득력을 얻기가 어렵다.반대로 행정법학자들이 주장하는 협의의 과실책임원칙이 학설상으로는민법학자들의 관점에 더 적합한 면이 있다. 그 이유로 행정주체와 행정공무원은 오로지 주관적인 고의 또는 과실이 존재할 때에만 행정책임을부담한다는 것이다.37) 이러한 관점을 지닌 사람들이 인식하기에 행정법률의무를 위반하는 행위의 존재는 행정책임의 구성요건 가운데 하나라는 점이다. 또는 행정상의 불법행위 또는 불공정행위는 행정책임이탄생한 전제조건이라는 점이다. 따라서 그들이 주장하는 과실은 실제로는 주관적인 과실의 하나이다. 행정주체는 법인에 속하여 자연인과상이하며, 법적으로 만들어진 인격주체이지 현실에서의 사람이 아니다.법인의 과실책임기준과 자연인인 공민의 과실책임기준은 확실히 다르다. 협의의 과실책임원칙에 상반되는 입증책임규칙은 '원고 입증책임'이다. 즉 오로지 피해자가 가해자가 과실이 있다는 것을 증명해야만가해자가 비로소 법적 책임을 부담한다는 것이다. 반면 행정소송 중에서입증책임은 도치되어 실행된다. 즉 피고의 행정주체로서의 가해자가자신의 행위가 합법이라는 것을 증명할 것을 요구하는 것이다. 만약이 점을 증명하지 못한다면 행정주체는 반드시 행정책임을 부담하여야한다. 이 때문에 과실책임원칙은 행정주체로서 행정책임의 귀책원칙이될 수 없다.

종합해보면, 행정주체에 과실책임원칙을 적용하는 것은 상당히 불합리한 것으로, 과실책임원칙이 행정독점의 귀책원칙이 될 수는 없다.

2) 무과실책임원칙의 적용

이 원칙은 손해발생 이후 가해자의 과실을 고려하지 않고, 마찬가지로 피해자 과실의 법정책임형식으로 고려하지도 않는다는 것이다. 그 목적은 피해자가 입은 손해를 보상해주는 것에 있다. 무과실책임은 아래와 같은 특징을 갖는다. 첫째, 쌍방당사자의 과실을 고려하지 않는다는 점이다. 만약 가해자의 과실을 고려하지 않고 피해자의 과실만 고려한다면 상술한 엄격한 책임에 속하게 된다. 둘째, 가해자가 과실이 있다고 추정할 수 없다. 셋째, 인과관계는 책임을 결정하는 기본요건이다. 과실책임으로 말하면 과실은 책임의 구성요건이자 책임의 최종요건이다. 무과실책임으로 말하면 행위인이 책임을 부담해야 하는가의 여부는 행위인의 과실여부를 고려하지 않고 손해결과와 손해 또는 가해를 가한 행위 혹은 그 구체적인 유형물 간에 인과관계가 존재하는가에 달려 있다.[38) 넷째, 법률에 특별규정이 존재한다. 각국은 통상 특별법으로 무과실책임을 분명히 규정하거나 판례로서 이러한 책임을 확정한다.

무과실책임원칙은 행정독점의 귀책원칙이 될 수 없다. 중국 행정법 내에는 무과실책임원칙이 존재하지 않으며, 중국행정법이 확립한 것은 과실추정원칙이다. 그러나 프랑스에서 행정주체의 배상책임에 있어서는 일찍이 무과실책임원칙이 운용된 경우가 있다. 무과실책임은 위험에 기반을 둔 무과실책임과 공적 부담에 기반을 둔 평등한 무과실책임 두 가지 유형으로 분류된다. 그러나 이러한 무과실책임원칙에도 일부 쟁점이 되는 문제가 있는데 하나는 동 원칙이 오해를 조성하기에 용이하다는 점이고, 다른 하나는 책임의 법적 근거가 분명하게 규정되어 있지 않아 과실책임만큼 명확한 설명이 어렵다는 점이다. 무과실책임이라 함은 법률이 행위인의 과실여부를 고려하지 않아 행위인이 과실이 있거나 과실이 없을 수도 있다는 점이다.

3) 중국 행정독점 귀책원칙의 확립

결론부터 말하자면 중국은 반독점입법 중 행정독점규제와 관련하여 과실추정원칙을 분명히 하여야 하며, 불법행위원칙을 추가로 하는 귀책원칙체제를 확립하여야 한다.

먼저 과실추정원칙의 확립이 요구된다. 행정독점행위는 행정권력의 남용으로 나타난다. 즉 행위주체가 법에 따라 누리는 행정권력을 남용함으로 인하여 행정독점 규제과정에서 과실추정원칙을 사용하는 것은 공권력이론요구에 부합하는 것이다. 이러한 법률통제는 전면적으로 통제해야 하며, 행정권에 제한된 통제에 그쳐서는 안 된다. 이 때문에 이것은 단순히 행정부에 압력을 가하는 제한이 아니며 권력행사자가 구체적인 방향을 지명해야 하고, 행위근거를 제공하고 행위준칙 등의 내용을 확립해야만 한다. 행정독점책임의 귀책에서는 과실추정원칙을 실행해야 하는데 이것은 행정부 주체로 하여금 더 많은 의무를 부담하도록 하기 위한 것이다.[39] 그럼으로써 법률의 더 엄격한 통제를 받도록 하자는 것이다. 과실추정원칙의 실시는 필연적으로 행정독점주체의 행정책임 추궁에 더 유리한 결과를 가져오게 된다. 과실추정원칙의 실행과 행정소송법으로 입증책임도치를 실행하는 것은 제도적인 결합이 진행되어야 한다. 행정독점문제 규제에 있어서 행정주체나 행정권력 등의 요소에 근거를 두면 필연적으로 행정소송과 관련이 되는데, 이것은 주로 행정소송방식으로 문제를 해결하기 때문에 행정소송법 절차의 개시가 무엇보다 중요하다. 하나의 소송법제도로서 입증책임 도치제도는 반드시 그에 상응하는 실체법 기초가 있어야 한다. 이 기초가 바로 과실추정원칙이다. 과실추정원칙에 근거하면 행정책임 추궁과정에서 우선적으로 행정주체는 과실을 했다고 추정하고, 행정주체는 단지 과실이 존재하는지 아닌지를 증명해야만 행정책임을 부담하지 않을 수 있다. 이것은 필연적으로 입증책임의 도치를 가져오게 된다. 즉 행정주체가 입증책임을 부담하는 것이다. 입증책임도치는 소송주체권리의무관계의 규칙에 직접적인 영향을 끼치게 된다. 입증책임의 도치는 행정기관의 실체법 내 행정권력을 제약하게 되며, 법률주체의 평등관계 유지에 있어서 중요한 체제를 보증하게 된다. 과실추정원칙과 입증책임도치제도는 완벽한 조화로서 행정독점 규제 운용에 있어서 그 장점을 효율적으로 발휘하게 된다. 과실추정원칙은 과실책임이 발전한 형태로 객관적 요소와 주관적 요소가 상호 결합된 개념이다. 주관적인 면에서 과실책임은 입증과 관련하여 행위인이 적지 않은 어려움을 감수해야만 한다는 것이고 주관적인 면에서 그 행위에 불법성과 불공정성을 구비한다는 점이다. 과실의 이러한 특징이 객관적인 기준을 채택하여 균형을 추구하는 것을 결정하게 된다. 이와 관해서는 프랑스의 공무과실이론을 참고할 수 있는데 과실표준객관화의 전형이라고 하겠다.

다음으로 불법책임원칙이 과실추정의 원칙을 보완해야 한다. 이 원칙과 관련해서는 중국의 손해배상법 관련규정을 참고하여 법률이 규정한 의무를 위반하면 국가가 손해배상할 책임이 있다는 점을 분명히 하여야 한다.

불법책임 귀속원칙은 몇 가지 장점이 있다. 우선 행위의 합법성을 강조한다. 국가기관 및 공무원의 행위는 법률규범의 기초 위에 세워지며 법률규범의 구속을 받고, 행위의 합법성과 불법성은 직접적으로 법적 책임과 관련이 된다. 이것은 국가기관과 해당공무원이 법 집행 과정에서 최대한 자신의 행위와 법률규범이 일치하도록 유지해야 한다는 것이고, 자신의 행위를 스스로 구속하여 법률이 요구한 주의의무를 다해야 한다는 것을 의미한다. 불법책임 귀속원칙을 적용하여 현대 법치국가가 법치국가의 요구에 적응하도록 하는 것이다. 다음으로 실무상에서 법률의 적용이 상당히 활발하다는 점이다. 불법책임 귀속원칙은 상당히 단일화한 귀책원칙으로, 매우 용이하게 적용되는 장점이 있다. 불법책임 귀속원칙은 불법집행기능을 배상책임부담의 전제로 하여 합법행위가 조성한 손해에 대한 배상가능성을 배제함으로써 국가배상과 국가보상을 엄격하게 구분하고, 그럼으로써 합법적인 행위와 불법행위의 경계를 구분하는 데에 유리하다.

행정독점은 실질적으로 일종의 행정권 남용행위로서 불법성을 지닌다. 이것은 행정기관과 법률법규가 위임한 공공사무관리기능을 지닌 조직이 행정권력을 남용하고, 경쟁을 배제 및 제한하는 행정행위이다. 일종의 행정행위로서 일반행정행위가 갖고 있는 특징과 요건을 그대로 지닌다. 그러나 또한 자신의 특징이 있는데 불법 직권행사를 특징으로 하며, 행정권한의 남용을 요건으로 함으로써 시장경쟁에 영향을 끼치는 것을 객관적인 결과로 하게 된다. 행정독점의 실시는 법적 근거가 결코 없으며, 단지 관련 지방정부 또는 지방정부부처가 반포한 법적 효력을 구비하지 않은 정책, 명령만을 근거로 삼으며, 법률규정에도 부합하지 않는다. 이 때문에 불법책임원칙은 행정독점의 귀책원칙에 포함되어야만 한다. 그러나 불법책임원칙의 논리적 출발점은 행정행위의 제소가능성에 있기 때문에 적용범위가 지나치게 협소하다는 단점을 초래하게 된다. 동시에 불법책임원칙은 단지 합법성에 수반되는 것으로 행정독점에 존재하는 부분과 관련하여 합법적인 기준으로 형량을 할 수 없기 때문에, 불법책임원칙은 원천적으로 제한성을 갖게 된다. 이로 인하여 불법책임원칙은 단지 행정독점의 하나의 보조적 성격의 귀책원칙이 될 수 있을 뿐이다.

Ⅲ. 외국법제도로부터의 시사점

이와 관련하여 미국과 유럽의 사례가 시사하는 바가 크다. 미국의 경제독점과 행정독점은 입법에서 특별히 구분을 하지 않고 있어서 일률적으로 소개하기로 한다. 첫째, 입법모델은 '통일적인 입법 및 특별법 병행'을 원칙으로 한다. 미국은 앞다투어 셔먼법, 클레이턴법 및 FTC법을 반포하였으며, 경제독점 및 행정독점규제에 각각 적용되었다. 이외에 미국은 1894년 「지방정부 반독점법」을 제정하여 행정독점을 규제하여 왔다. 둘째, 대부분 소송으로 독점을 규제하였다. 독점이 발생하면 제소하는 방식으로 해결을 하였다. 연방정부나 지방정부 혹은 공무원이 피고가 되어 진행된 사례는 상당히 많다.40) 또한 미국의 연방행정기관이 특정법령을 반포하고 특정기업을 위해 경쟁적 우위를 추구하며 최종적으로 법원이 원고 청구를 인정하도록 하였다. 그리고 추상적인 행정독점 행위를 소송범위에 포함하였다.41) 콜롬비아 시정부 도심기획국이 도심기획관리조례를 반포하고 특정 개인광고회사에 경쟁적 우위를 조성해주어 시장경쟁을 배제하여 최종적으로 최고법원에 의해 반독점법 위반이 인정되었다.42) 미국의 이 규정은 위헌심사제도의 개정에서 비롯되었다. 즉 헌법 또한 행정독점소송의 법적 근거가 되었다.

EU공동체 또한 각국이 행정권력을 이용하여 독점을 실시하는 행위의 출현을 방지하는 것이 어렵다. EU 또한 미국과 마찬가지로 '통일적인 입법 및 특별법 병행' 원칙에 입각하여 경제독점과 행정독점 모두 일관되게 EU공동체협약에 적용하여왔다. EU공동체협약에서는 행정독점의 구체적 유형을 규정하였다. 즉 성원국이 법률법규 혹은 기타형식으로 사영기업을 위해 기타경쟁을 배제하거나, 성원국이 본국기업에 대해 보조금을 제공하는 것 등이 그것이다. 성원국은 상호 간의 관세 및 비관세장벽을 철폐할 의무가 있으며, EU위원회는 성원국이 조약규정을 위반한 조치를 취소할 것을 요구할 수 있다. 만약 성원국이 거절한다면 EU위원회는 EU법원에 제소할 수 있다.

미국과 EU사례가 중국에 시사하는 바는 몇 가지가 있다. 통일되고 일관된 입법, 주체의 분류, 개별적인 정의, 포괄적 금지 등이 중국「반독점법」의 법개정에 포함되어야 한다.43) 경제독점과 행정독점은 통일적으로「반독점법」을 적용하였으며, 행정독점법의 단독제정을 지양하고, 동시에 행정독점주체와 각종 유형은「반독점법」에 통일적으로 적용되는 것이 적절하며 각종조례에 분산규정할 필요는 없다. 이럴 경우 한편으로 법제정비용을 절감할 수 있고, 또 다른 한편으로「반독점법」지위를 유지할 수 있다.

이와 함께 행정독점의 구체적 형태를 세분화하였는데 러시아가 전형

적인 예로 러시아공무원의 기업활동 참여를 행정독점에 포함하여 규정
하였다. 이런 현상은 중국의 경우 실무에서 대량으로 나타나고 있는데
법제정 차원에서 주목을 받거나 아주 효율적이고 상세하게 규정이 되어
있지는 않다. 그리고 행정독점소송은 이미 각국이 행정독점을 규제하는
보편적인 방법이 되었다. 미국이나 유럽, 헝가리, 러시아를 불문하고
독일, 볼리비아 등 여러 국가가 사법개입을 통한 행정독점을 처리함으로
써 제소를 허용하고 있다.44)

행정독점 소송의 원고에 대해서는 자연인 혹은 기업에 국한되지
않는다는 규정이 있는데, 근래 중국「반독점법」에도 그대로 적용되었다.
러시아의 반독점국이건 미국 정부이건 간에 모두 소송원고가 될 수
있다는 점은 행정독점소송의 원고자격을 확대한다는 것으로 여러 나라
에서 이미 실행된 바 있다. 특히 행정주체는 반독점집행기관을 포함하며
행정독점소송을 주장할 수 있는데, 검찰기관의 원고자격 토론에 있어서
의의가 크다. 또 행정독점을 사법심사에 포함해야 한다. 미국은 위헌심사
제도가 있는데 헌법을 위반하는 모든 법률은 사법부의 심사를 받아야
한다. 이것은 헌법 차원의 행정독점소송과 행정법적인 의미상의 행정독
점소송은 의의가 다르다는 것을 의미한다. 러시아 또한 마찬가지로
하위법률이 상위법률을 위반하면 소송에 피소되기도 한다.

다음으로 배상시스템이 있다. 러시아는 행정독점 실시주체에 대해
벌금을 부과하고 있고, 미국은 동일사안에 대해 피해금액의 3배에 달하
는 비용을 벌금으로 부과하도록 하고 있다.

제3장
중국 소비자보호법

제1절 중국 소비자보호법
: 중국 「반독점법」 내 소비자권익보호의
주요쟁점과 개선방안

Ⅰ. 중국 「반독점법」 내 소비자권익보호 현황

자연독점은 국가 민생과 관련한 특수분야로서 중국의 관련법률체계
의 낙후성 및 사회적 관심의 부족으로 인하여 현실생활 가운데 자연독점
분야가 소비자의 합법적인 권익을 침해하는 현상은 종종 발생한다.
중국 「반독점법」 내 소비자권익보호현황과 관련해서는 입법, 행정,
사회 세 분야에서 소비자의 합법적인 권익에 대한 보호가 강화되어야
한다.1) 일부 자연독점의 제품과 서비스가격이 지속적으로 상승하여
광범위한 소비자로 하여금 높은 가격에 구매하도록 하고 있는데 이것이
사회적 수입분배를 왜곡시켜 사회의 복지수준을 낮추고 있다. 장기간에
걸친 독점은 일부 자연독점산업서비스품질의 저하를 초래하며, 가격상
승과 국제수준과의 상당한 격차를 유지하도록 한다. 중국 「반독점법」
내 소비자권익보호를 위한 법률규제 현황은 크게 세 가지2)로 분류된다.
첫째, 「불공정경쟁방지법」 및 「반독점법」이다. 「불공정경쟁방지법」
제6조는 '공기업 혹은 기타 독점지위를 구비한 경영자는 지정한 경영자
의 제품을 타인이 구매하는 것에 한정되면 아니 되며, 그럼으로써 기타
경영자의 공정한 경쟁을 배척한다.'고 규정하였다. 제23조는 '공기업이
나 기타 법에 따라 독점지위를 구비한 경영자가, 지정한 경영자의 제품을
타인이 구매하는 것을 한정함으로써 기타 경영자의 공정경쟁을 배제하
며, 성급 혹은 구가 설치된 시의 감독감찰부문이 위법행위 정지명령을

내려야만 하고, 구체적 정황에 따라 5만 위안 이상 20만 위안 이하의 벌금에 처할 수 있다고 규정하였다. 지정된 경영자가 이를 근거로 하여 품질이 낮지만 가격이 높은 제품을 구매하거나 비용을 몰수하는 경우감 독감찰부문은 불법소득을 몰수해야만 하며, 정황을 참조하여 불법소득의 1배 이상 3배 이하의 벌금에 처한다.'고 규정하였다.[3] 「반독점법」 제6조는 '시장지배적 지위를 구비한 경영자는 법에 따라 경영해야 하며, 신의를 성실히 하고 규율을 엄격하게 하며, 사회 공중의 감독을 받고 통제지위를 이용하거나 독점적으로 소비자지위에 손해를 가하면 안 된다.'고 하였다. 이것은 중국이 자연독점에 대한 법규정이 아주 적다는 것을 의미하며, 일부 조문이 실무적으로 의미가 크지 않다는 점을 반증한다.

예로 「불공정경쟁방지법」 제23조가 규정하고 있는 '5만 위안 이상 20만 위안 이하 벌금'의 경우 벌금 폭이 상당히 크며, 법집행자가 구체적 인 사건을 담당하였을 때 주관주의의 영향을 받기가 매우 어렵다고 하였다. 이외에 현재 법률 가운데 오로지 경영자권익 침범으로 부담해야 하는 민사책임에 대해서는 규정을 하였다. 즉 오로지 「불공정경쟁방지 법」 제20조에 규정을 두었으나, 소비자권익을 침범하여 부담해야 하는 민사책임에 대해서는 규정된 것이 없다. 중국 「반독점법」은 이에 대해 법개정을 하였다. 동법 제50조에서 분명히 규정한바, '경영자가 독점행 위를 실시하여 타인에게 손실을 조성하는 경우, 법에 따라 민사책임을 부담한다.'고 하였다. 여기에서의 타인이라 함은 자연스럽게 소비자를 내포한다.

둘째, 국가공상행정관리국이 1993년 반포한 「공기업 경쟁제한행위 금지에 관한 규정」 제4조에 공기업의 경쟁제한에 대한 유형들이 열거되 어 있다. 제8조 규정에 따르면 '공기업과 지정된 경영자의 불법행위로 인해 손해를 입은 이용자, 소비자는 「불공정경쟁방지법」 제20조 규정에 근거하여 인민법원에 제소를 할 수 있고, 손해배상을 청구할 수 있다.' 그러나 이 규정은 실무적으로 모호한 규정이 있는 것 외에 주체의 권위제정이 부족한 문제가 있다. 이럴 경우 집행과정에서 실무적으로 상당히 어려운 난제에 직면할 수 있다. 이 때문에 권위적인 입법기구가 관련 법률법규를 최대한 빨리 제정해야만 하는 것이다.

셋째, 각종 자연독점분야의 특별법인「전력법」,「철로법」,「항공법」,「우전법」등에 소비자보호규정이 있다. 이러한 단행법률들은 각 산업의 구체적 상황에 대해 규제를 두고 있다. 그러나 이러한 법률들의 반포가 상당히 오래전에 진행되어 최근 중국 공기업 자연독점에 부합하지 않는 점도 존재한다. 이러한 법률의 목적은 주로 국가 기초시설의 안전보장에 있으며, 산업 내 각 주체의 행위를 규범하기 위한 것이 아니다.4) 따라서 어떤 경우는 심지어 자연독점산업 이익의 보호막이 되기도 한다. 예로 「전력법」 가운데 대다수 내용은 모두 전력건설, 생산 및 관리에 대한 것이다. 반대로 소비자권익보호에 관한 법률들은 상당히 적고 관련된 법적 책임 또한 원칙적인 내용에 불과하여 법개정이 본격적으로 전개되어야 한다. 실제「전력법」 제50조, 제60조는 단지 배상책임부담을 규정한 것으로, 구체적인 배상금액에 대해서는 규정된 바가 없다. 또 어떠한 절차를 거쳐 진행하는지에 대해서도 구체적인 법률이 없어 입법논의가 필요하다고 하겠다. 그리고 일부 규정들의 경우 제정된 지 오래되어 처벌이 지나치게 가볍고 규제가 약하다. 동법 제66조의 경우 '반환을 명령하고 5배 이하의 벌금에 처한다.'고만 규정되어 있다. 확실히 이미 지금의 경제발전과는 부합하지 않는다. 이 때문에 제때 이미 존재한 산업입법에 대해 개정을 진행하여야 하며, 동시에 제정되지 않은 단행법규인 자연독점산업에 대해 제때 관련 법률법규를 제정함으로써 소비자 권익의 보호에 신경 써야 할 것이다.

상품의 구매가 일상생활을 위한 것인지 아니면 구매를 통해서 다른 이익을 취하기 위한 것인지를 판단하는 것은 구매자의 마음을 고려해야 하는 것인 만큼 당해 구매행위를 통해서 소비생활의 유무를 실무적으로 판단하기란 용이하지 않다. 따라서 '소비생활'의 개념을 보다 명확하게 규정하여 해석상 제기될 수 있는 논란을 없애는 방안이 필요할 것이다.5)

Ⅱ. 중국「반독점법」내 소비자권익보호 침해유형

중국 소비자권익보호법 제1조에서 밝히고 있는 '소비자의 정당한 권리와 이익을 보호하고 사회경제적 질서를 유지하고 사회주의적 시장경제의 건전한 발전을 촉진한다.'는 동법의 목적에도 변화가 없고 법집행기관에도 변화가 없지만, 법 제정 이후 20년 만에 최초로 이루어지는 대대적 개정일 뿐 아니라 여러 가지 측면에서 소비자의 권익을 실질적으로 보호할 수 있는 장치들을 마련하였기 때문이다. 특히 경영자에게 부과되는 상세하고도 구체적인 의무들, 이를테면 소비자의 신체 혹은 재산의 안전에 관한 의무, 표시 · 광고에 관한 의무, 영수증 발행의무, 상품의 하자에 관한 의무, 반품 · 수리 · 교환에 관한 의무, 소비자와의 거래조건에 관한 의무 등 개정사항은 자칫 추상적인 선언으로 남을 수 있는 소비자의 권익을 실질적이고도 효과적으로 보호할 수 있는 장치가 될 수 있다는 점에서 그 의의가 크다고 하겠다.6)

1. 소비자 안전권익에 대한 침해

안전권은 소비자의 가장 기본적인 권리이다. 그것은 소비자가 구매, 제품사용 및 서비스접수 시에 누리는 인신, 재산안전이 손해를 받지 아니할 권리이다. 자연독점산업은 대부분 민생과 관련한 산업으로 국민의 생활정보와 관련되어 있다. 이 때문에 제공하는 제품과 서비스는 반드시 안전이 보장되어야 한다. 제공되는 제품과 서비스가 소비자의 생명건강 및 재산의 안전에 손해를 가하지 않는다는 것을 보증해야만 한다. 그러나 자연독점산업의 독점성 때문에 경쟁의 압력이 부족해질 수 있고, 이 때문에 제공된 제품 혹은 서비스의 품질이 보장받을 수 없을지 모른다. 예로 수질회사가 비용절감 및 이윤착취를 위해 오염된 물에 대한 회수와 처리를 엄격하게 기준대로 처리하지 않아 수질 청정도가 기준에 도달하지 못한다면 소비자의 생명 및 건강을 보장할 수 없게 된다. 또한 전력회사가 공급하는 전력의 전압이 불안하다면 이용자의 대용량 전기기기를 훼손할 수 있고 소비자 재산의 안전을 위협할 수 있다.

2. 소비자의 지정권(知情權) 침해

지정권이라 함은 소비자가 누리는 것으로, 구매·사용하는 제품 혹은 접수한 서비스의 진실한 정황을 알고 있는 권리를 말한다. 이 때문에 소비자는 제품이나 서비스의 각기 상이한 상황에 근거하여 경영자가 제품을 제공하는 성능, 규격, 합격증빙 검색, 판매 이후 AS 등 관련상황을 요구할 권리가 있다. 그렇게 해야만 소비자가 진실한 상황을 알고 있다는 전제 하에서 스스로 자원하여 공정하게 경영자와 거래를 진행하는 것을 보장할 수 있으며, 그럼으로써 소비자의 합법적인 권익도 보장된다. 그러나 경제발전에 따라 제품구조 및 기능이 날로 복잡해지면서 제품유통의 국제화가 소비자의 경험 및 상식으로 하여금 제품·서비스의 가치를 정확하게 판단하지 못하게 하며, 제품과 서비스의 정확한 사용에 대한 영향이 날로 작아지게 되어 소비자가 제품에 대해 더 이해하기 어렵도록 만든다. 동시에 자본의 집중이 집중적으로 시장에 형성되어 독점이 소비자거래에서 소비자 및 경영자 간의 역량을 파괴함으로써, 소비자로 하여금 거래조건의 능력을 결정하도록 한다. 당사자 일방은 독점지위를 구비한 자연독점산업의 경영자이며, 또 다른 당사자는 거래가 발생하지 않아 을의 위치에 처해 있는 자영업자로 자연독점산업의 경영자는 아주 어렵게 주도적으로 소비자에게 관련제품이나 서비스의 진실한 상황을 제공하게 된다. 상술한 것처럼 경영자가 폭리를 취하기 위해 자신과 특정관계에 있는 경영자와 합작을 하는 것은 질적으로 낮은 저가상품이나 저가서비스를 제공할지 모른다. 그렇게 되면 자연독점산업의 경영자는 소비자에게 진실한 상황을 제공할 수 없게 된다. 이것은 소비자의 알 권리인 지정권이 아주 용이하게 침해받는 결과를 초래하게 된다.

3. 소비자의 자주적 선택권 침해

자주적 선택권은 소비자가 누리는, 상품 또는 서비스를 자주적으로 선택하는 권리로서 주로 자주적으로 선택하여 제품이나 서비스를 제공하는 경영자의 권리를 포함하며, 자주적으로 제품품종 혹은 서비스방식을 선택하는 권리이다. 자주적으로 어떠한 상품의 구매여부를 결정하도록 하거나 혹은 어떠한 서비스의 접수여부를 결정하는 권리이다. 또 자주적으로 제품이나 서비스를 선택할 때 비교와 감별, 도전을 진행하는 권리이다. 경쟁상황 하에서 소비자는 자의적으로 품질이 좋고 가격이 저렴한 제품을 선택할 수 있다. 반면 독점상황 하에서 소비자는 제품에 대한 선택권을 상실하여 부득이 독점자가 제공하는 제품을 구매해야만 한다. 상술한 것처럼 자연독점산업의 특징 가운데 하나는 제공받은 서비스에 선택권이 없다는 것인데, 자연독점산업이 독점지위에 처했기 때문으로 아마 자연독점산업의 경영자가 시장지배적 지위를 남용하여 소비자와 거래를 강제하고, 불합리한 거래조건으로 끼워팔기를 하거나 소비자로 하여금 불필요한 제품이나 불필요한 서비스를 받도록 강요하여 폭리를 취하는 상황이 출현하게 된다. 예로 전력부가 소비자로 하여금 지정된 두꺼비집을 구매하도록 강요하는 것, 생수회사가 소비자에게 회사가 지정한 공업용수설비 등을 강제로 판매하는 행위가 여기에 속한다. 그럴 경우 소비자의 자주적 선택권이 심각하게 훼손된다.

4. 소비자의 공정거래권 침해

공정거래권이라 함은 소비자가 제품구매를 하거나 서비스접수 시에 누리는 품질보장 및 합리적인 가격, 계량의 정확함 등 공정거래요건을 획득하는 것이자, 동시에 경영자의 강제거래행위를 거절하는 권리이다.[7]

첫째, 독점지위는 자연독점산업에 유리하여 불공정한 경제이익을 도모하기 때문에 경영자는 시장지배적 지위의 남용이 용이하며, 공정 및 등가유상원칙을 위배하고 자의적으로 가격을 산정하여 비용징수를 남발하는 일이 발생한다. 자연독점산업은 민생과 관련된 특수산업으로 자연독점산업이 제공하는 제품과 서비스는 개인의 일상적인 생산 및 생활과 밀접한 관련이 있다. 이 때문에 가격산정은 단순히 제조업자의 이익에 치우칠 수 없으며 우선 소비자의 이익을 고려해야만 한다. 또한 가격산정이 너무 높지 않아야 하고 광범위한 소비자의 경제적 수용능력과 조화되어야 한다. 자연독점산업은 소비자를 위해 제품과 서비스를 제공해야 하며, 생활조건을 개선함과 동시에 실무적으로 종합적으로 소비자의 지불능력을 고려하여 공정거래, 합리적인 가격산정, 등가유상을 실현해야 한다. 공정거래는 시장경제 지속발전의 보장으로 거래의 공정성 여부는 직접 소비자의 이익득실에 영향을 끼치며, 시장질서와 효율에 영향을 주게 된다. 그러나 일부 자연독점산업의 경영자는 맹목적인 기업이윤 추구를 위해 지나치게 높은 가격을 정하거나 비용을 함부로 징수하기도 한다. 수리·전력회사가 기준에 따르지 않고 비용을 징수하거나 종종 소비자로부터 수도비용 및 전기사용료를 과다징수하는 경우, 기차표 및 비행기티켓의 지나친 등락 등이 그 예이다.[8]

둘째, 자연독점산업은 독자적 지위를 누리고 있기 때문에 경영자는 신의성실원칙을 위배하기 쉽다. 일부 경영자는 정당한 이유가 없는 상황 하에서 공급제품을 임의로 중단하거나 서비스제공을 거절하는 일도 출현한다. 이러한 행위는 거래거절이라고 불리운다.[9] 자연독점산업의 경영자가 소비자에게 특정제품 또는 특정서비스를 제공하고, 소비자가 정기적으로 자연독점산업에 비용을 교부하는 것은 사실상 양자가 이미 계약관계를 형성한다는 것을 의미하며,「계약법」관련규정에 근거하여 당사자 쌍방은 신의성실원칙을 준수하여야 하며, 전면적이고 실질적으로 자신의 의무를 이행하고 합법적인 권익을 누려야 한다. 당사자의 어떠한 일방이라도 계약을 임의로 변경하거나 중지하면 안 되며, 그렇지 않을 경우 관련법적 책임을 부담해야만 한다. 그러나 실무적으로 일부 자연독점산업의 경영자가 사리사욕을 위해 제품공급이나 서비스정지를 중지하여 소비자생활의 불편함을 조성하고 심지어 생산손실을 초래하기도 한다.

5. 소비자의 기타권리 침해

상술한 권리 외에 소비자의 법적구상권, 교육수용권, 존중권 등의
권리는 손해발생이 용이하다.

법적구상권이라 함은 소비자가 제품구매 및 사용 또는 서비스접수로
인해 인신상의 재산상의 손해를 입은 경우 법에 따라 누리는 요구 및
손해배상획득의 권리이다. 중국 자연독점산업의 강력한 행정력은 통상
적으로 개별 사회구성원 신분으로 출현하는 소비자와 재력이 풍부하며
기업형식으로 출현한 자연독점산업의 경영자가 상호충돌할 때, 해당이
익이 일단 손해를 입으면 근본적으로 보상추구가 되지 않는다. 따라서
소비자의 구상권이 침해를 받기 쉽다.

교육수용권은 지식재산추구권이라 불리우며 소비자가 누리는 소비
및 소비자권익보호 획득과 관련한 지식의 권리라고 한다. 이 권리는
지정권 획득 과정 중에서 출현한 소비자권리이다. 상술한 것과 같이
자연독점산업의 경영자와 소비자는 정보와 실력 차이가 점점 더 커지기
때문에 소비자의 교육권 수용은 손해를 입기 쉽다. 이 때문에 소비자의
교육수용 강조는 관련지식 획득으로 자아보호능력을 높이는 것이 중요
하다.

존중권이라 함은 소비자가 제품구매와 사용 및 서비스접수 시 누리는
인격의 존중, 민족풍습으로 존중을 얻는 권리이다. 이런 권리가 손해를
입는 정형은 주로 쌍방거래과정 중에 발생하는데, 경영자의 언행, 행위
등이 소비자의 인격존중을 침해할 수 있는 것이 그 예이다. 중국의
자연독점산업이 여전히 강력한 행정권을 기본으로 하기 때문에 일부
자연독점산업 경영자가 평등한 민사주체자격을 무시하고, 민사활동
중에서 종종 소비자가 존중권을 획득하는 현상이 출현하게 된다.

종합해보면 자연독점산업이 독점지위에 처해 있기 때문에 경쟁력
부족이 위기감의 결핍으로 귀결되었으며, 현재 중국이 자연독점산업의

관련규제에 대해 상당히 낙후되어 있고 부족한 면이 있어서 어떻게 법제도를 완벽히 함으로써 효과적으로 자연독점산업행위를 규제하는가의 문제가 소비자권익 보호에 관건이 되고 있다.

Ⅲ. 중국 전자상거래 구매소비자의 철회권 현황과 개선방안

1. 중국 전자상거래시장의 개황

전자상거래는 인터넷의 발전을 기술적 지지로 하여 중국인터넷기술의 괄목할 만한 성장과 보급에 다라 중국 소비시장의 주류영역으로 확고부동한 지위를 나타내게 되었다. 중국 인터넷정보센터(CNNIC)가 반포한 「2012년 중국 네티즌 소비행위 조사보고-3C」에서는 2012년 제1분기에서 제3분기에 실현한 전자상거래 교역액이 5경 위안으로 전년도 동기보다 13.7% 증가한 것으로 집계되었다.10) 이 데이터로부터 알 수 있는 것은 중국 전자상거래시장은 일정기한 내에 가장 빠른 성장속도를 유지해왔고 이러한 빠른 성장속도에서 전자상거래 교역규모가 괄목할 만한 성장을 이루었다는 점이다. 전자상거래에 대해 신식산업부는 12.5 기획기간의 발전목표를 제시하였는데 총체적인 목표는 2015년까지 전자상거래 보급을 보편화하고 이를 심화시키며, 중국경제와 중국사회발전에 대한 공헌을 현저히 향상한다는 내용이었다. 구체적인 목표는 전자상거래 교역액의 18경 위안 돌파를 목표로 잡았다.11) 중국 전자상거래는 이미 온라인과 오프라인이 상호결합되는 사물인터넷 IoT를 점차적으로 형성하고 있다.

현재 제3자 플랫폼으로서의 전자상거래는 주로 B2B와 B2C 두 가지가 있으며, 이 가운데 발전속도가 더 빠른 것은 전자통신매체 중개업 형태의 SNS로서 기업이 제3플랫폼이 제공하는 전자상거래를 이용하여 고객과 공급상과의 거래를 실현하는 것이며, 매도자이건 매수자이건 간에 전자상거래무대는 독립된 제3자로서 존재해야 한다는 것이다. 즉 알리바바그룹과 같이 글로벌무대를 선도하는 가장 활발한 전자상거래시장과 업자들이 몰려 있는 공간을 창출하여 수익을 올리는 것이 목적이다.

알리바바 부총재인 위스잉(兪思瑛) 여사가 「인터넷환경하의 소비자보호」라는 주제로 발표하는 과정에서 소비자와 전자상거래업자와의 관계를 공고히 하기 위하여 세 가지 방안을 제시하게 된다. 첫째, 완벽한 신용평가시스템을 갖추고 거래 이전에 소비자가 정확한 결정을 하도록 보장한다는 것이다. 둘째, 거래 도중 자금, 정보 등 데이터의 안전을 보장하여 소비자와 전자상거래업자와의 분쟁가능성을 없앤다는 것이다. 셋째, 공정한 분쟁해결시스템을 확립한다는 것이 그것이다.12)

2013년 개정 이후 새로운 「소비자권익보호법」 제25조는 '경영자가 인터넷, 텔레비전, 전화, 전자상거래 등의 방식으로 제품을 구매하고, 소비자는 제품을 수령한 날로부터 7일 이내에 제품을 환불하지 않고 사유를 설명할 필요가 없다.'고 규정하였는데 이 또한 소비자권익보호 개정의 하나의 큰 특징이라고 하겠다.

「독일민법전」 제355조는 '소비자계약의 상황 하에서의 철회권'을 '법률로 소비자에게 본조항이 규정하는 철회권을 부여한 것이고, 또한 소비자가 기한에 맞춰 계약체결의사표시를 취소한 것으로 다시는 이러한 의사표시의 제약을 받지 않는다. 철회에는 그 이유에 대한 설명을 포함할 필요는 없으나 반드시 2주 이내에 결정해야 하며, 문서형식이나 우편물 발송형식으로 판매처에게 반환한다는 의사를 표시해야 한다. 기한준수에 대해서는 단지 적절하게 발송하면 족하다.'라고 규정하였다. 이 조문에서 알 수 있는 것은, 소비자의 철회권이라 함은 모종의 특정한 경영자와 소비자가 체결한 계약에서 소비자가 법률규정에 근거하여 일정한 기한 내에 어떠한 이유 없이 계약체결의 의사표시를 철회하는 것을 말한다.13)

소비자철회권제도의 운영체제는 오로지 소비자가 그 의사표시를 보낸 이후 일정기한 내에 계약상대방에게 계약의사의 철회를 표시하였을 때에야 비로소 자신의 의사표시의 제약을 받게 된다.14)

시장이 발전을 해온 천여 년 이래 어떻게 소비자와 경영자의 이익이 균형을 획득하게 되었는가가 각국제도와 법률이 중점적으로 연구하는 대상이 되었다. 경영자가 고유한 시장의 우세적인 지위와 이익최대화의 추구로 소비자이익에 피해를 주기 쉬운 사실들이 형성되기 시작하였고, 이 때문에 세계 각국은 소비자보호에 대해 법을 제정하는 데에 있어서 일정한 원칙을 적용하게 되었다.

2. 계약자유원칙의 탈피

철회권 자체는 사법영역에 속하는 제도이며, 계약법 근본원칙으로서의 계약자유원칙은 소비자보호와 줄곧 충돌하는 상황에 처해 있다. 소비자의 철회권제도는 한편으로 실질적인 계약자원칙에 적용되고 있으며, 다른 한편으로는 형식상에 있어서 계약자유를 제한하게 된다. 사법영역에서는 당사자 쌍방의 의사자치를 필요로 하며, 법률규정으로 계약 쌍방당사자가 형성한 사권(私權)관계에 대하여 제약을 가하게 되고, 실질적으로 계약자유를 관철함으로써 계약유지 준수원칙에 어긋나는 결과를 초래하게 된다. 철회권 입법을 지지하는 이유는 소비자가 처한 상대적인 약자의 지위에 그 원인이 있다. 이것은 대개 세 가지 분야로 구현된다. 첫째, 소비자는 거래과정에서 제품을 파악하는 능력이 상대적으로 열세에 처해 있다. 그 예가 제품파악과 관련하여 제조업자와 비교할 수 없는 정보비대칭에 의한 지식부족이며, 현대적인 경영방식과 전략에 대한 이해부족, 법률이 규정한 지식의 부족 등이다. 둘째, 경영자와 비교하여 계약이행과 분쟁처리과정 중에 소비자는 분명한 을의 지위에 처하게 된다는 것이다. 셋째, 새로운 제품구매형식과 거래규칙이 무궁무진하기 때문에 일반적인 소비자로 하여금 소비자가 거래과정에서 나타날 수 있는 권한분배를 적용할 수 없도록 한다.

3. 제3자 거래 모델하의 시장의 자유조정 및 법률규제

상술한 문장에서 확인할 수 있는 것은 전자상거래시장의 호황은 거래규칙과 불가분의 관계가 있다는 것이다. 제3자 거래 플랫폼의 실제 운영과정에서 분명한 것은 소비자의 인터넷구매열기를 촉진하는 것은 전자상거래업체 및 거래 플랫폼의 지속적인 발전의 중요한 과정이라고 할 수 있다. 어떻게 이러한 소비자의 인터넷구매열풍을 지속시킬 수 있을 것인가라는 문제가 제기되는데 전자상거래가 초래하는 편리함과 제품의 가격을 제외하고 가장 두드러진 것은 소비자의 인터넷거래 신뢰도를 충분히 높이고도 남을 거래규칙을 형성하는 것이다.

알리바바그룹의 운영방식이 좋은 시사가 될 것이다. 알리바바그룹이 제3자 플랫폼모델을 채택하여 기업의 발전기반으로 삼고 있는데 알리바바의 운영방침은 통신판매거래에서 당사자가 아닌 중개자의 역할을 담당하는 것이 장기적인 성장에 유리하다고 결론을 내렸다. 기업의 구매담당직원과 공급상이 직접 상담하는 것을 도와주고, 공급제품의 종류와 가격의 변화를 면밀히 파악함으로써 기업 간의 업무교류를 간이화하였다. 이외에 알리바바는 또 전 세계에서 최초로 회원을 상대로 회비징수를 도입하는 등 유료회원제도를 도입하였다. 매수자 중심의 거래과정에서 소비자의 구매심리를 확보하였으며, 이 때문에 경영자의 성과중심의 업적평가가 보다 단순해지는 결과를 초래하였다.

이유 없는 물품반환이라는 입법규정이 제정되기 전에 알리바바는 이미 사전에 이 원칙을 실현하였다. 알리바바는 우월한 검색엔진을 활용하여 매도인이 스스로 이유 없는 물품반환 서비스를 제공하도록 장려하였고, 사법영역에서의 자유원칙을 계승하였다. 그러면 소비자가 구매를 원하는 제품이 있으나 판매자가 이유 없는 물품반환서비스를 제공하지 않는 상황 하에서 어떻게 소비자에 대해 보호를 할 것인가라는 문제가 있다. 인터넷시장의 개방된 환경이 경제발전을 촉진하는 상황 하에서 소비자보호문제는 줄곧 신속하게 변화하여 왔다. 인터넷시장에서의 상품목록은 아주 다양하기 때문에 시장에서 이미 더 이상 소비자의 단순한 제품 선택 여부를 초월하여, 소비자가 어떻게 해야 제품 및 브랜드를 선택하는지에 대한 문제로 이슈가 전환되었다. 즉 소비자보호 문제의 가치가 전환된 것이다. 제품과 판매업자의 대체가능성이 상승하고, 이로 인하여 소비자가 완전히 자발적으로 이유 없는 물품반환서비스를 제공하는 기업을 선택할 수 있는 것이다.

이러한 소비자의 철회권이 이슈가 되어 입법화논의가 진행될 때, 소비자가 인터넷환경 하에서 구매한 물품은 보편적으로 철회권을 향유한다. 이것은 어떤 면에서는 인터넷시장의 발전에 대한 일종의 장애가 생기는 것이나 마찬가지이다. 우선, 중소 전자상거래업자에 대한 경제적 충격이 예상된다. 이유 없는 물품반환서비스를 제공할 수 없는 중소기업으로 말하자면 소비자 철회권의 행사는 자금회수의 주기를 연장시키게 될 것이고 거래의 불안정성을 조성하여 중소 자영업자는 반드시 거대한 자금압력을 받게 될 것이다. 다음으로, 소비자의 거래결정과정에서의 이성적인 선택이 약화될 수 있다. 일단 소비자 철회권 논의가 입법 내지 법개정논의로 확대된다면 만족하지 않는 경우 구매 취소한다는 관념이 소비자의 심중에 자리 잡게 될 것이고 이것은 소비자로 하여금 제품결정 시에 이성적인 판단을 잃게 함으로써 인터넷 전자상거래의 물품반환비율을 대폭적으로 증가시키게 될 것이다. 이것은 무의식적으로 사전에 회피할 수 있는 분쟁 때문에 법률제정을 촉진하는 결과를 발생시키게 될 것이다. 또한 거래비용이 상승하게 된다. 판매업자는 자금회수압력에 직면하게 되며, 거래안정성 압력 및 물품반환물류비용의 압력이 발생하게 되는데 최후에는 이러한 압력이 판매업자로 하여금 제품가격상승방식으로 소비자에게 부담이 전개되는 양상이 두드러지는 폐단이 발생하게 된다. 그리고 결코 모든 유형의 인터넷구매제품이 철회권을 사용하기에 적합한 것은 아니다. 그 예로 초중교 학습교재, 오락게임카드, 급성충전 등이 있다.

4. 중국 전자상거래 소비자 철회권의 개선방안

현단계의 중국경제의 발전상을 고려하면 전자상거래는 최근 급속도로 성장하면서 중국경제를 지속적으로 도약시키는 데에 많은 공헌을 하였다. 그러나 아직 여러 가지 개선되어야 할 부분이 존재한다. 전자상거래에서 소비자는 비록 을의 위치에 처해 있지만 일반소비자와 비교하면 전자상거래를 하는 소비자들의 지식이나 능력은 비교적 상당히 높은 편이고 또 인터넷이나 전자상거래 사이트를 합리적으로 운영하는 상황 하에서 이미 자유로운 합의형태의 조건 없는 물품반환시스템을 구축하였다. 만약 전자상거래업자로 하여금 무과실책임을 부담하게 하였다면 설령 이미 완전한 주의의무를 다하였다고 하더라도 무과실책임을 전자상거래업자에게 책임전가하는 상황을 회피하기는 매우 어려울 것이다.

분쟁처리방면에서 말하면 철회권이 국가기준으로 상승하는 것은 실질적으로 분쟁해결루트의 선택에 영향을 주지 않는다. 소비자와 경영자 모두 합리적인 사람으로 분쟁처리 시에 필연적으로 비용과 수익이 균형을 이루어야 하며, 그럼으로써 효율적인 루트를 선택할 수 있을 것이다. 현재 이미 형성된 전자상거래시장 분쟁처리절차는 상당히 효과적으로, 관련규칙 또한 소비자로 하여금 신뢰를 느끼게 한다. 기왕에 시장이 전자상거래에서 실기가 출현하지 않는다면 시장의 보이지 않는 손을 충분히 존중해야만 하지만, 그것이 정부가 개입할 필요가 없다는 것을 의미하지는 않는다.

정부와 사회는 모두 자산증식이라는 재산권의 효율을 추구한다. 이 때문에 전자상거래 구매영역에서는 소비자의 이익을 보호하는 것이 여전히 시장을 주체로 삼는 기본관점을 유지한다는 것은 불변의 진리이며 부족한 것은 법률로 보완해야 한다는 입장이다. 법을 바꾸는 것은 일률적으로 소비자 개인의 전통적인 사상을 보호한다는 것으로, 거시경제 각도에서 보호대상을 점차 확대하여야 한다. 거래구조의 개정을 통해 사회전체의 이해득실을 고려하여야 한다. 시장경제 실천 중에서 완벽한 인터넷거래체제는 물품구매 이후의 사후보호관념을 구매 이전의 사전보호중심으로 전환하는 것이 요구된다.

이러한 전자상거래에 대한 소비자의 권익은 인터넷상의 플랫폼을 활용하는 점을 중시해야 한다. 첫째, 전자상거래를 위한 SNS 플랫폼은 소비자의 신뢰가 기초가 되어야 한다. 소비자가 포털사이트 등 SNS에 대한 신뢰가 있어야 이러한 인터넷공간에서 구매를 선택할 수 있을 것이고 이러한 정보는 구매의 모든 과정에서 구현된다. 거래 이전에는 SNS가 제공하는 업체 신용정보에 대한 신뢰가 있어야 한다. 거래과정에서는 포털사이트가 제공하는 지불보장체제에 대한 정보가 있어야 한다. 거래완료 이후에는 SNS가 제공하는 분쟁처리체제에 대한 정보가 있어야 한다. 둘째, 포털사이트가 경제적인 면에서 다른 업체보다 우위를 점해야 한다. 네티즌의 전자상거래를 보장하는 가장 중요한 점은 물품을 판매처에 지불하고, 포털사이트에 교부하는 것이 가장 중요하다. 물품이 실질적으로 판매자에게 도달하기 전에 만약 분쟁이 발생하여 포털사이트가 아주 손쉽게 개입할 수 있다면, 이때 물품은 포털사이트 수중에 쥐어지게 된다. 한편 어떤 플랫폼은 판매자와 약정을 하여 일정한 조건하에서 판매자의 투서가 발생하게 될 경우 판매자의 보증금액에서 벌금을 공제하는 방식을 취하기도 한다.

새 법에서는 비록 소비자의 철회권을 규정하고 있으나 실무과정에서는 소비자가 분쟁에 직면할 때 각종 비용의 고려로 인하여 법적 해결방법을 선택하지 않을 것이다. 그러나 철회권이 입법논의로까지 확대되면 통신판매중개업자의 통제가 더욱 강화될 것이다. 소비자를 보호하기 위하여 또한 인터넷시장경제발전의 옥토를 보호하기 위해서라도 통신판매중개업자에 대한 관리감독은 더욱 중요한 쟁점이 될 수 있다. 시장경제발전초기에는 과다한 제한을 두면 아니 되며, 포털사이트가 제정한 규제가 더욱 다양하게 계약평등원칙에서부터 발생하면 더욱 용이하게 시장에 대한 활력이 발전할 수 있을 것이다.

5. 중국 인터넷경매 중의 후회권 적용문제 고찰

(1) 인터넷경매계약의 특수한 법적 성질

인터넷경매는 매도자와 매매인이 인터넷거래공간에서 경매를 진행하는 거래모델로서 전통적인 경매와는 상당한 차이가 있다. 그러면 경매계약은 어떻게 성립하는 것인지 고찰해 볼 필요가 있다.

우선 인터넷경매의 표시가 청약인지 아니면 청약의 요청인지의 문제가 있다. 전통적인 계약체결에서 청약이라 함은 계약 일방 당사자가 계약체결을 목적으로 상대방에게 보내는 의사표시라고 한다. 청약의 성립은 반드시 아래 요건을 구비해야 한다. 내용이 구체적으로 확정되어 청약인의 승낙을 거쳤다는 것을 밝혀야 하며, 청약인이 해당 의사표시를 받은 것으로 확정해야 한다. 반면 소위 청약의 요청이라 함은 타인을 유인하여 계약을 체결하는 것을 말한다. 청약의 요청으로 법적 효력이 발생하지는 않는다. 청약과 청약의 요청과의 차이는 비록 이론적으로 용이하게 나타나지만, 개별안건의 판단에 있어서는 아직 어려움이 존재한다. 전통적인 경매에서 경매인이 행한 경매매매표시는 실무적으로 일반적으로는 청약요청으로 이해된다. 경매인의 가격제시가 있어야만 비로소 청약이 된 것이며, 경매인의 일종의 관용적인 비용의 표시로 매점한 행위가 성립이 된다. 인터넷경매매도인이 경매를 잡지에 기재한 의사표시는 결국 청약인지 아니면 청약요청인지의 문제가 있다. 우선 잡지에 기재한 경매사이트상의 정보가 제약을 받는다는 의미로 판단해야 하는 것인지 분명히 표시를 해야 하는지의 문제가 있다. 만약 매도자 측이 청약의 의사가 없다고 한다면 청약의 요청으로 이해되어야 하며, 매수자의 가격제시로 청약이 되고, 매도인의 매도표시는 승낙이 된다. 매도인이 만약 가격제시가 충분하지 않다고 인식한다면 매도의사표시를 하지 않는다. 이때 승낙이 부족하기 때문에 계약이 성립하지 않는다. 만약 매도자 측이 수출가격이 가장 높은 경매인과 계약체결을 명시한다면, 별도로 유보하는 것을 제외하고, 모두 청약으로 간주해야 한다.

매매가격이 가장 높은 구매행위는 승낙을 거치는데 계약승낙이 부족하기 때문에 계약이 성립할 수가 없다. 물가가 가장 높은 매매행위지역에서 의사표시는 청약으로 간주해야 하며, 가장 높은 구매행위가 농락되었기 때문에 매매계약이 이로 인해 성립되는 것이다. 인터넷경매의 선전은 만약 청약내용을 구체적으로 표시하지 않거나 청약의사자가 상대방의 신용 또는 재산상황 등을 획득하였을 때에 비로소 계약체결의 의사가 획득될 수 있다. 즉 단순히 청약요청에 속한다고 해야 한다. 만약 도서나 표 등 제품의 번호와 종류, 가격 등을 명시해야 한다면 청약이 성립되는 것이다.

다음으로, 매수인의 경매취소권리의 법적 성질을 고찰해 볼 필요가 있다. 원칙상 매도인은 경매의 의사표시를 할 때, 매도인이 스스로 원하여 경매에 진입했다는 것을 밝힌다. 그러나 대부분의 경매사이트는 매도인이 경매진행과정 중에서 경매를 취소하거나 혹은 사전에 경매물품을 종료하는 것을 허용하고 있다. 이것은 매도인의 청약행위로 하여금 구속력을 상실하게 하는 것으로서 경매계약의 성립을 부정하게 된다. 각각의 경매사이트의 규정에 따르면 이러한 경매취소행위는 주로 매도인의 돌발적인 상황 때문에 발생한다. 계속해서 경매를 진행할 수 없다면 필요한 경우 매도인은 어떠한 경매기록도 존재하지 않는 상황 하에서 경매의 표시나 사전에 경매물품을 통제한다는 것을 임의로 취소할 수 있다.

만약 이미 경매기록이 존재한다면 매도인이 의사표시의 착오로써 취소권을 행사할 수 있는가의 쟁점이 있다.15) 중국 「민법통칙」 제59조는 '아래 민사행위에서 당사자 일방이 인민법원이나 중재기관이 변경을 하거나 취소를 해주도록 청구할 권리가 있다. 첫째, 행위인이 행위내용에 대해 중대한 오해가 있는 경우, 둘째, 공정성을 상실한 경우가 그것이다.' 라고 규정하고 있다. 이 때문에 동 조문에 근거하면 의사표시인이 착오의 의사표시를 취소하면 된다. 인터넷경매의 의사표시착오를 주로 볼 수 있는 것은 인터넷시스템의 고장, 표시행위의 착오에 있다. 그 예로 키보

드입력의 착오와 기재 시 표시가격의 잘못된 기재, 경매가격 등이 그것이다. 그러나 인터넷경매는 그 특수성 때문에 경매진행 이전에 가격을 표시하게 되고, 경매가격은 평균적으로 매도인이 자체적으로 사전에 설정하기 때문에 매도인이 해당가격을 선정할 때 충분히 사전에 검토를 해야만 하며 신중한 태도를 취해야만 경매가격공시에 등재될 수 있을 것이다. 만약 매도인이 자체적으로 경매가격을 대조하고 검토하는 의무를 다하지 않아서 의사표시의 착오를 초래하였다면, 이때는 자신의 의사표시를 소홀히 한 것에 속해야만 하며, 의사표시의 착오에만 의존해서 철회권을 주장할 수는 없다. 또한 소비자가 허위 인터넷광고 과정 중에서 판단에 참고하기 위해 제공할 수 있는 증빙자료가 결코 존재하지 않는다. 이때 소비자는 단지 인터넷광고에 등재된 정보에 의해서만 판단을 할 수밖에 없으며, 확실히 매도인보다 더 큰 위험을 떠안아야 한다.16) 전통적인 경매, 매매 쌍방당사자가 일대일로 진행하는 거래 중에서 매수인은 계약체결단계에서 매도인의 의사표시가 하자가 있는지 아닌지 또는 착오가 있는지 상이한지의 여부를 이해할 수 있다. 이때에는 신뢰의 정도가 상당히 낮다. 일단 인터넷경매의 매도인이 의사표시의 착오를 이유로 하여 취소권을 행사하는 것을 허용해야 한다. 이것은 필연적으로 소비자의 인터넷거래안전에 대한 신뢰에 영향을 주게 되며, 인터넷경매, 매매활동에 부정적인 영향을 끼치게 된다.

독일 연방민사법원의 ricardo.de 사례가 좋은 예가 된다.17) 매도인은 독일의 저명한 경매사이트인 리카르도(Ricardo)에서 포드(Ford) 차량을 놓고 1위안부터 경매를 시작하였으며, 경매최저가를 설정하지 않는 방식으로 경매표시를 등재하였다. 경매종료시간이 다가오자 매도인이 인식하기에 매수인의 가격이 예상한 판매가격보다 지나치게 낮은 것으로 판단하였고, 이 때문에 의사표시의 착오가 있었음을 주장하고 의사표시를 취소하도록 하였다. 독일 연방민사법원은 판단하기를 매도인이 이렇게 1위안을 경매의 시작금액으로 하여 설정하는 것은 의사표시의 착오인지 아니면 저가로 더 많은 경매참여자를 게임으로 끌어들이기 위한 것인지 실제로 확정하기가 어려웠다. 그러나 일반적인 경매의 특징을 관찰하면 경매는 투기성향을 지니고 있고 고도의 위험성 및 순간적으로 집중되는 특징을 구비하고 있다. 이 때문에 거래안전 보호 및 인터넷경매에 참여하는 상대방의 신뢰보호에 기반하여 매도인은 이러한 경매의 의사표시를 등재할 때 1위안부터 시작하도록 설정하고, 최저가를 설정하지 않은 행위는 매도인이 경매를 진행한다는 의사표시로 이해하여 청약이 된 것으로 간주해야 하며, 경매를 끝내기 이전에 최고가격을 부른 자와 계약을 체결해야 한다. 경매가 종료될 시기에는 최고가격을 부른 자가 제시한 가격행위가 승낙이 되고, 매매계약이 이때 성립된다. 계약은 매매 쌍방당사자에 대해 구속력이 있으며, 매도인은 임의로 철회권을 행사하면 안 된다. 이외에 인터넷경매과정에서 매도인이 경매표시가격 및 경매의 최저가를 설정할 때, 신중하게 기록된 자료의 정확성을 파악해야 할 의무가 있다. 현재 경매사이트는 보편적으로 입력한 내용을 재확인하는 기재방법을 채택하고 있어 자료의 정확성 파악에 도움을 주고 있다. 이 때문에 경매사이트 자체에 잘못이 존재하거나 혹은 경매가격을 업로드하는 행위 이후에 경매물품이 전송되는 등 매도인 자신의 과실로 인한 원인이 아닌 것을 제외하면 매도인은 모두 자신의 의사표시를 철회하면 안 된다.

마지막으로 인터넷경매는 원거리통신을 통해 인터넷의 쌍방당사자와 의사표시의 합의를 달성하는 것이다. 따라서 이때 계약당사자의 의사표시가 대화 없는 의사표시에 속해야 하며, 중국의 현행 민사법률은 주로 도달주의의 입법례를 채택하고 있는데 중국「계약법」제16조는 '청약이 청약인에 도달할 때에 효력이 발생한다.'고 규정하고 있다. 여기에서의 도달이라 함은 의사표시가 이미 상대방이 지배할 수 있는 범위 내로 진입한 것을 의미하며, 만약 의사표시가 상대방에게 도달하기 이전이라면 의사표시는 아직 효력이 발생하지 않은 것으로, 이때 의사표시자는 철회 이전의 의사표시를 위임할 수 있으며, 아직 효력이 발생하지 않은 법률행위가 효력이 발생하는 것을 저지할 수 있다. 그러나 인터넷이라는 소통매체를 통해 발송한 불특정다수의 의사표시가 언제 효력이 발생하는가에 대해서, 중국 민법은 아직 명문으로 규정된 것이 없다. 단지 해석상 일반적으로 인식하는바, 의사표시 성립시기에 동시에 효력이 발생한다고 인식한다. 그 이유는 인터넷 자문방송이 아주 신속하게 성장하고 있어서 통상적으로 청약을 발송할 때 이미 제때 불특정 상대방에게 도달하여 그가 지배할 수 있는 여건이 조성되며, 또한 언제든지 이 의사표시 내용의 범위를 이해할 수 있기 때문에, 매도인이 인터넷공간에 경매라는 의사표시를 업로드할 때 이 청약행위는 효력이 발생하여 구속력이 생기게 된다.

(2) 중국「소비자권익보호법」내 후회권 성질의 분석

1)「소비자권익보호법」중의 원거리 계약소비자의 후회권

중국은 2014년 3월 15일에 실시한「소비자권익보호법」제25조에서 '경영자가 인터넷과 텔레비전, 전화, 우편물 등의 방식을 채택하여 제품을 판매하면, 소비자는 제품을 받은 날로부터 7일 이내에 제품환불을 할 권리가 있으며, 구체적인 이유를 설명할 필요가 없다.'고 규정하고 있다. 이 법률규정은 전자상거래구매 등 장거리매매계약 내의 소비자 측의 후회권을 부여했다. 이러한 후회권 보호체제와 평등자원, 계약자유, 신의성실 등 전통계약법 중의 기본원칙에 명백한 충돌이 존재하는 것을 감안하여, 만약 소비자의 이러한 후회권[18] 적용범위를 지나치게 확대하면 장차 사법자치체계에 대한 충돌을 초래하게 되고, 거래 일방당사자의 거래시장 안전에 대한 안전불감증 또한 초래하게 된다. 그러나 계약지위가 상대적으로 약세인 일방 당사자가 의사결정 시 침해를 받거나 침해받을 가능성이 있는 경우, 고유한 계약제도는 소비자의 권익을 보장할 수 없게 된다. 예로 원거리매매 시에 계약체결 시 당사자 환경의 비대칭 때문에 소비자는 제품검수 실천 시 비로소 제품에 불합격이 있다는 점을 발견하고, 불필요하며 가격이 지나치게 높다는 점 등을 파악하게 된다. 이때 하자담보책임을 주장할 방법이 없으며 계약해제를 청구하고 손해배상 및 가격하락을 요구하게 된다.

이 때문에 계약의 정의 및 사실상의 계약자유를 실현할 수 있도록, 또한 소비자와 매매자와의 계약체결에서의 지위의 불공정함을 적절히 조절하기 위해, 입법자는 다른 제도적 차원에서 소비자의 권리를 보장할 필요가 있다. 이러한 후회권은 이로 인하여 발생하는 것이다. 종합해보면 이메일이나 전자상거래 등 원거리 판매계약 중에서 소비자를 보호하기 위해 자유로운 계약환경에서 자유로운 결정을 도출해야만 하며, 고유한 민법제도가 더 이상 보호를 할 수 없을 때 소비자후회권을 보호수단으로 부여를 함으로써 당사자 계약체결지위의 평등함을 조정해야 한다. 그러나 이러한 소비자 후회권제도는 전통적인 계약법 내 계약을 위반하기 때문에 반드시 규정을 엄격하게 준수해야 하며, 이 때문에 반드시 분명하게 소비자 후회권의 성질, 적용범위 및 적용요건을 한정해야만 한다.

법리상으로 우리는 이러한 인터넷 전자상거래 소비자의 후회권이 형성권의 특징을 구비하고 있는 것으로 인식하고 있다. 즉 권리인 일방당사자의 의사표시로 권리가 발생하고 변경되고 소멸하도록 한다는 것이다. 다른 예로 추인권, 해제권, 취소권, 말소권 등이 있다.[19]

바꿔 말하면 소비자가 법으로 정해진 기간 내에 매수인에게 청약철회를 하도록 요구하거나 승낙의 의사표시를 하도록 하는 것은 자신이 다시는 계약의 구속을 받지 않는다는 것을 의미하는 것으로, 매도인 또한 반드시 이로 인하여 형성된 법적 결과를 용인해야만 한다. 그러나 이러한 소비자 후회권이 결국 해제권인지 아니면 철회권인지의 문제가 있다. 이와 관련해서는 서로 상이한 국가와 지역에 두 가지 입법례가 존재한다.

우선 유럽 및 독일의 입법례에서는 주로 이것을 무조건적인 철회권으로 인정하는 경향이 있다. 독일의 입법례를 관찰해보면 아래 두 가지 상이한 입법상황이 존재한다는 것을 확인할 수 있다.

하나는 임시무효모델이다. 이 모델은 소비자가 계약체결 시 도출하는 의사표시는 유예기간 내에는 아직 효력이 발생하지 않는다고 인식한다. 이러한 의사표시나 계약이 효력이 발생하는지의 여부는 소비자가 철회권을 행사하는가의 여부가 결정한다. 만약 소비자가 유예기간 내에 철회권을 행사하면 계약은 효력이 발생하지 않는다. 만약 소비자가 유예기간 내에 철회권을 행사하지 않으면 계약은 유예기간이 종료된 이후 소급적으로 효력이 발생하게 된다. 반면 유예기간에 소비자가 권리를 행사하지 않는다면, 이때 계약은 그 어떠한 효력도 발생하지 않게 되기 때문에 임시무효모델이라고 명명하게 된 것이다. 독일투자법 제126조가 이러한 임시무효모델의 입법례를 채택한 바 있다.

다른 하나는 임시유효모델이다. 이 모델은 소비자가 도출한 의사표시가 시종일관 유효하다고 인식하는 것으로, 쌍방당사자가 의사표시를 통해 합의에 달성할 때 계약이 성립한다고 보는 것이다. 그러나 만약 소비자가 유예기간 내에 의사표시를 철회하면, 소비자는 계약의 구속을 받지 않는다. 이 때문에 계약의 효력은 소비자가 철회권을 행사하기 이전에 임시적으로 유효한 상태가 된다.

상기 두 가지 모델을 비교하여 전자상거래 소비자를 보호하기 위한 목적에서 보면 임시유효모델을 채택하는 입법례는 소비자권익의 보호에 더욱 유리하다. 이러한 모델하에서 소비자가 계약을 체결한 이후 유예기간이 종료되기 이전에는 상대방에 대해 계약의 권리를 주장할 수 있다. 독일 「민법전」 제355조가 규정하고 있는 장거리 소비계약이 적용하는 법정철회권이 이러한 임시유효모델입법례를 채택하고 있다는 사실을 증명해준다.

다음으로 대만에서는 이러한 소비자 후회권을 일종의 무조건적인 해제권으로 인정하고 있다.[20] 독일 입법례의 장거리 소비계약 내 소비자가 청약 이후 언제든지 임의로 철회의 의사표시를 하였을 때, 의사표시를 방해받지 않거나 계약의 구속을 받지 않도록 하였다.

대만 「소비자보호법」 제19조는 '우편물 혹은 방문판매를 담당하는 소비자가 자신이 받게 되는 제품에 대해 매수를 원하지 않을 때, 제품을 수령한 지 7일 이내 반품을 하거나 혹은 서면으로 기업경영자에게 매매계약을 해제해달라고 통지하는 경우, 이유를 설명할 필요는 없으며 필요한 금액 혹은 가격을 부담하면 된다.'고 규정하였다. 시행령 제18조는 '소비자가 제품을 수령하거나 서비스를 받기 전에 일찍이 본법 제19조 1항 규정에 의해 서면으로 기업경영자에게 계약해제를 통지해야 한다.'고 규정하였다. 이러한 상황은 소비자가 직접 계약을 해제할 수 있는 것이다. 소위 해제권이라 함은 전문적으로 이미 효력이 생긴 법률행위를 겨냥하여 해제권자 당사자 일방의 의사를 표시한 것으로, 소급하여 효력을 상실하는 일종의 권리이다. 이 때문에 대만에서 이 두 가지 입법례의 해석에 따라 오로지 계약이 성립된 이후 비로소 소비자가 해제권을 행사할 수 있다. 그러나 만약 경영자가 소비자에 대해 승낙한다는 의사표시를 제대로 하지 않았을 때 이미 소비자가 후회한다면 이때의 매매계약은 아직 성립되지 않은 것이며 소비자가 어떻게 후회권을 행사하게 되는지의 문제가 발생한다. 만약 이러한 후회권을 해제권으로 인정한다면 지나치게 범위를 협소하게 바라본 것이 된다. 소비자권익보호법이 이러한 후회권을 설립한 입법목적은 전자상거래 혹은 원거리 통신을 통해 매매계약을 체결하였을 때, 소비자가 양호하고도 평등한 관계의 계약체결환경과 의사자치가 부족하기 때문에, 입법자는 특별히 소비자에게 일정시간 이후 해석할 권리를 주는 것이 적절하다. 이러한 입법목적에 기초하여 소비자의 청약이 상대방에게 도달한다는 점을 인정해야 하지만, 그러나 상대방이 승낙의 의사표시를 하지 않았다면, 소비자의 후회권 행사를 허용해야만 하며, 그럼으로써 청약을 철회하게 된다. 이 때문에, 이러한 후회권은 일종의 계약 성립 이후의 해제권이자 또한 계약 성립 이전의 청약철회권이 된다.

2) 경매 내 후회권 행사의 제한
먼저 독일「민법전」제312조 d에 대한 고찰이 필요하다. 독일은 2002년에 유럽의 원거리계약규범의 지침 및 독일 원거리판매법을 일률적으로 독일 「민법전」 제312조 b에서 제312조 d까지 전환한 바 있다. 이 가운데 동법전 제312조 b의 1항은 원거리판매계약에 대해 정의를 하였는데, 경영자와 소비자 간에 원거리통신도구를 사용하여 체결한 것으로, 제품의 교부 혹은 서비스의 제공을 내용으로 하는 계약이라고 하였다.21) 이 때문에 경영자와 소비자가 원거리통신도구를 사용하여 계약을 체결하는 방식은 소비자가 계약을 체결하기 전에 직접 제품을 검사할 수 없으며, 경영자 일방당사자가 제공한 광고설명서나 제품카탈로그만 참고할 수 있기 때문에 계약표적을 판단할 수 있는 유일한 증거가 된다. 이러한 약자의 위치에 처한 소비자를 보호하는 것에 기반을 두어, 독일 「민법전」 제312조 d는 원거리판매계약을 체결할 때, 원칙상 소비자가 제3554조 규정에 따를 수 있고, 보름 내에 무조건적인 법정 철회권을 누리게 된다. 또한 동 법전 제356조 규정에 근거하여 반품권을 철회권으로 대체할 수 있다. 그러나 유일하게 예외적인 상황이 존재하는데, 「민법전」 제312조 d 4항 5조에서 '별도로 규정한 것 외에 경매형식으로 체결한 원거리판매계약은 전항의 철회권 규정을 적용하지 않는다.'고 규정하였다. 여기에서의 경매성격은 법원경매와 일반국민을 상대로 공개된 사적인 경매를 포함한다. 이것은 인터넷경매에 대해 아주 막대한 불확실성을 조성하게 된다. 경매제도와 관련하여 그 표적물 가격의 최후확정은 매수인의 공개경매행위에 기반을 두며, 그럼으로써 불확정적인 요소를 갖게 되고, 만약 매수응찰자가 철회권을 행사하도록 한다면 경매당사자나 다른 경매참가자의 이익에 대해 아주 큰 영향을 끼치게 된다. 따라서 당사자 이익의 균형을 위하여 입법자는 인터넷경매를 원거리판매계약의 철회권 적용 밖으로 배제해야 한다.22)

인터넷이 전면적으로 보급되면서 이용자가 경매사이트를 이용하여 포털사이트운영자가 제공하는 플랫폼에서 경매계약을 체결하는 일이 점점 더 보편화되고 있다. 인터넷경매와 전통적인 의미에서 경매의 차이는 바로 경매에 참여하는 사람이 반드시 전통적인 경매와 마찬가지로 경매현장에 나타날 필요는 없다는 것이다. 단지 포털사이트로 대표되는 플랫폼에서 개인정보를 남겨두면, 인터넷경매는 진행할 수 있다는 것이다. 이러한 인터넷경매모델은 매도인과 매수인을 대신하여 시간과 거래비용을 충분히 절약할 수 있으며, 또한 경매응찰자 또한 먼저 인터넷에서 가격비교를 진행할 수 있기 때문에 경매의 효율향상이라는 측면에서 인터넷경매는 확실히 적절한 교역방식이라고 하겠다.

그러면 인터넷경매에 법정 후회권 적용의 여지가 있어야 하는가의 문제가 제기되는데, 여기에서는 두 가지 상이한 인터넷경매를 구별하여 확정해야만 한다.

인터넷경매 위탁에 대한 정형을 보면 우선, 경매제도를 관찰하면 알 수 있는 것이 일반적인 경매표적물의 가격을 구분하여 매도인이 가격을 정하거나 혹은 쌍방당사자가 협상을 해서 경매표적물 가격의 경우 모든 경매참가자가 공개적으로 상호 가격경쟁을 야기할 수 있도록 제정해야 하며, 독특한 가격제정체제를 구비해야 한다는 것이다. 만약 경매응찰자에게 무조건적인 후회권을 부여한다면 경매응찰자는 가격을 부르기 전에 제품의 가치를 진지하게 고려할 만한 시간이 부족할 것이고, 또한 적절한 가격을 부를 동기도 사라질 것이다. 다음으로 모든 경매행위는 모두 투기와 고도의 위험을 지닌 매매방식에 속한다. 이것은 경매제도의 전형적인 특징으로서 과학의 진보에 따라 인터넷을 사용하여 경매행위를 완성하였을 때에 이러한 공개가격경쟁을 구비하게 되고 투기와 고위험의 특징을 지니게 된다. 만약 인터넷을 통해 경매를 진행한 소비자가 후회권을 획득하였다면, 경매라는 이 특징은 후회권의 형식 때문에 그 의의를 상실하게 될 것이다. 이 때문에, 경매제도의 입법목적과 그 특징을 고려해보면, 만약 매수자의 후회권 부여를 허용한다면 매수인의 가격제시 승낙은 구속력을 지니지 않으며, 인터넷경매 또한 순조로이 발전하기가 어려울 것이다. 경매에 참여한 자 또한 유예기간 내에 계약무효의 위험을 부담해야만 할 것이다. 유명한 경매회사인 소더비가 진행한 인터넷 경매의 경우, 그가 경매인에게 인터넷에서 실시간으로 진행되는 경매현장을 제공하게 되는데 전형적인 공개경매에 속하며, 전형적인 경매의 가격제정체제에 부합하는 것으로 매수인의 후회권 적용이라는 것은 존재하지 않게 된다.

자주적인 인터넷경매에 대한 정형은 예로 타오바오(淘寶)사이트가 제공한 플랫폼 내 인터넷경매는 전통적인 의미에서의 경매와 차이가 존재한다. 전통적인 의미에서 경매의 가격제정은 전술한 것과 같다. 즉 모든 경매자가 공동으로 물품의 최종가격을 결정하도록 하는 것이다. 그러나 타오바오사이트의 체제는 매도인이 사전에 미리 하나의 고정적인 인터넷경매가 종료될 시점을 정해놓는 것이다. 이러한 확정적인 시간에서의 경매행위는 일종의 공격적인 체제로서 유사한 가격제시행위가 존재한다. 즉 거의 모든 인터넷경매가들이 경매시간이 종료되기 1초 전에 가격을 부른다. 이러한 행위를 통해 기타 경매에 흥미를 느끼는 경매참가자로 하여금 시간이 가격을 재조정할 수 있다는 사실에 반응하지 못하도록 한다. 이러한 가격제시는 비록 경매시간이 종료될 시점에 최고가를 형성하게 될 것이다. 그러나 도리어 전통적인 경매시스템에 의해 도출된 가격제시보다는 현저하게 낮을 것이다. 즉 상당히 낮은 가격으로 해당 경매품을 취득하게 되며, 이것은 전통적인 경매의 가격산정체제와 부합하지 않는다. 동시에 이러한 상황 하에서 경매계약의 성립 또한 일반적인 매매계약 성립방식과 유사하다. 즉 청약승낙의 의사표시가 당사자 합의로 성립했다는 것을 의미한다. 이러한 인터넷경매의 상황을 감안하면 각각 인터넷사이트의 경매에 대한 해석은 경매인이 경매표적물을 인터넷에서 고를 때에 청약의 의사표시가 진행된 것으로 간주한다. 경매응찰자의 가격산정은 승낙의 의사표시이며, 다른 더 높은 가격이 출현할 때, 승낙은 효력을 상실한다. 경매시간이 종료되면 경매인은 최고가격을 부른 사람과 합의를 달성해야 하는 의무가 있고, 이때 경매계약이 성립되는 것이다. 이상의 고찰에 기반을 두고 인터넷경매 중의 소비자 또한 응당 후회권을 누려야 한다.

(3) 중국 인터넷경매 중 후회권의 적용

중국「소비자권익보호법」제25조는 '경영자가 인터넷, TV, 전화, 이메일 등의 방식으로 제품을 판매하면 소비자는 제품을 수령한 날로부터 7일 내에 반품할 권리가 있고, 이유를 설명할 필요가 없다.'고 규정하였다. 이러한 새로운 형태의 구매방식은 전자상거래라는 원거리통신도구에 의해 제품을 판매하는 방식이 되었으며, 전통적인 오프라인상점의 판매방식과는 현저한 차이가 있다. 그 본질은 계약당사자 쌍방이 실질적인 접촉이 없는 상황에서 단지 인터넷을 계약체결의 매개체로 한 것으로, 계약체결 시 당사자 또한 계약체결장소에 있지 않았으며, 소비자는 계약을 체결하기 전에는 제품을 검사할 수 없고, 단지 매도인 당사자 일방이 제공한 물품자료에 따라 계약체결여부를 판단한다. 이 때문에 계약체결 시 쌍방당사자의 의사표시의 자유, 당사자지위 대등이라는 계약체결환경, 소비자가 구매 이전 충분한 제품자료를 획득할 방법이 없는 정황을 위한 형평성 고려, 충분한 구매선택시간제공 등이 부족하다는 점을 고려해야 하며, 특히 소비자의 판단시간 지연으로 유예기간제도가 도입되고 소비자후회권을 도입함으로써 약자적 지위에 있는 소비자 권리를 보호하는 것이 필요시된다.

인터넷 경매는 원거리이동통신이라는 도구에 근거하여 계약을 체결하는 행위로서 현재 소비자보호법률 내의 보호범위에 속한다. 그러나 오로지 원거리이동통신도구만을 이용하여 경매계약을 체결하는 소비자로서는 조건 없이 해제할 수 있는 규정을 사용할 수 있는가의 문제가 있다. 우리는 두 가지 상황으로 분류하여 분석을 해야만 한다. 인터넷경매에 위탁하는 상황 하에서 중국「경매법」의 규정을 관찰하면 경매인이 경매를 한다는 의사표시를 할 때 청약의 요청에 해당하는데, 매수자가 가격을 제시하는 의사표시는 청약에 속한다. 마지막으로 경매를 하는 자가 매도인이 제시한 가격을 승낙하는 의사표시를 하는지 하지 않는지를 결정해야 한다. 경매가 경매의 의사표시를 거치게 되면 경매계약은 성립한다. 즉 인터넷경매 위임과 일반적인 제품매매에는 일정한 차이가 존재한다. 우선 경매의 주요특징은 일정한 경매기간 내에 매수인이 일정한 경매의 규칙을 준수해야 하며, 다수의 경매인이 가격을 제정하는 행위에 참여하게 되고, 다시 경매인이 가장 높은 가격을 부른 사람과 계약을 체결하게 된다. 일반적인 제품매매계약은 매수인이 매도인과 협상하여 제품가격을 결정한다.

다음으로 경매를 회피하려는 의도를 가진 경매인이 가격제정에 참여하면 실질적으로 형식에 치우칠 가능성이 더 크게 된다. 또한 경매제도는 독특한 위험을 안고 있는데 만약 구분을 하지 않고 소비자보호법상의 무조건해제권을 완전히 적용한다면 경매제도는 법정해제권 때문에 모두 붕괴될 것이다.

따라서 공개경매에 부합하는 인터넷경매형식에 대해 소비자보호법 내 전자상거래 경매법에서 법정해제권의 적용범위 밖으로 구매를 배제하여야 한다. 여기에서의 소위 공개경매는 반드시 아래 내용에 부합해야 한다. 우선 공개방식으로 경매인이 실질적으로 경매에 참여할 것, 또한 모든 경매인 간에 적시에 기타경매인의 가격제시행위를 파악하도록 할 것. 반면 자신의 가격제시에 대해 조정을 하여 모든 경매인이 실질적으로 경매에 참여하도록 보증해야 한다. 다음으로 경매인은 경매 매물을 검사할 기회를 제공해야 하며, 그럼으로써 매도인이 가격제시를 하기 전에 표적물을 검사하거나 관찰할 기회를 제공해야 한다. 인터넷 경매위임형식에 부합할 때, 전자상거래 후회권의 적용범위 밖으로 배제하는 것을 고려해야만 하며, 그럼으로써 전통의 경매제도를 보호하고 소비자 안전을 보호해야 한다. 인터넷경매를 자원하여 진행하는 경우에는 전자상거래 후회권을 적용할 수 있다.

종합해보면 인터넷도박에 분쟁이 발생하여 인터넷 전자상거래 후회권에 문제가 발생한 경우, 인터넷 도박과 오프라인 도박을 분리하여 개별사안에 대해 실질적인 심사를 거쳐야 한다. 당연하게도 소비자 후회권의 보호를 직접 누릴 수는 없다. 공개경매요건에 부합하는 위탁경매는 당연히 후회권 적용을 배제해야 하며, 그럼으로써 전통적인 경매제도를 보호하게 되고, 인터넷경매 상황에서 후회권조항을 활용하여 소비자의 이익을 극대화할 수 있다.

Ⅳ. 중국 자동차소비에 대한 소비자법률보호 문제
― 최고인민법원 제17호 지도사례 평가

1. 문제제기

2013년 11월 8일 최고인민법원 심판위원회 회의를 통과를 거친 이후 최고인민법원은 제17호 지도사례를 반포하였다. 즉 장리(張莉)의 베이징 허리화통(合力华通)자동차회사 매매계약분쟁사례이다.23) 이 사례의 기본 정황은 다음과 같다. 원고 장리는 베이징 허리화통자동차회사에서 시보레차량 한 대를 구매하였으며 계약은 이 차가 새 차라고 규정하였다. 3개월 이후 장리는 자동차 수리기간에 이 차량이 판매 1개월 이전에 이미 수리된 적이 있다는 사실을 발견하였고 법원에 손해배상소송을 청구하였다. 피고 변호사는 차량이 일찍이 수리되었다는 정보는 이미 판매시기에 원고에게 고지가 되었다고 주장하였다. 법원은 피고의 증거가 신빙성 있는 것으로 채택하기에는 부족하다고 결론내리고 피고가 차량판매 시 차량의 결함을 은닉함으로써 사기를 구성하였다고 인정하여 차량을 반환할 것을 명령하고 차량대금을 반환함과 동시에 원고의 피해에 대해 손해배상을 추가하도록 하였다.24)

중국 최고인민법원은 이 판례를 대표판례로 확정하여 공포하였으며, 분명히 지적한 것은 '개인이 소비를 목적으로 하여 가정용차량을 구매한 경우, 그 권익은 「중화인민공화국 소비자권익보호법」의 보호를 받아야 한다. 판매자가 자동차판매에 사기행위가 있는 경우 소비자는 법에 따라 자신이 입은 손해에 대해 배상을 하도록 요구할 권리가 있다.'고 하였으며, 그럼으로써 '소비자의 합법적인 권익을 더욱 보호하고 신뢰경영을 주창하며, 신뢰를 강화하여 공정한 시장거래질서를 유지해야 한

다.'고 언급하였다.[25]

이 판례가 언급한 핵심은 1993년 중국 「소비자보호법」 제49조의 적용문제이다. 동법은 1994년 1월 1일 실시된 이래 제49조의 추가배상 문제로 사회적 논쟁을 야기하였으며, 학계에서도 의견이 일치되지 않아 정리가 필요한 분야이다. 본 대표사례의 공시는 이러한 분쟁에 대하여 최종적으로 입장을 정리하기 위한 것이었다.

본 사례 반포 시 명시한 재판요점을 보면 최고인민법원이 해결하고자 한 문제는 두 가지이다. 하나는 가정생활소비를 위해 자동차를 구매하였는데 사기분쟁이 발생한 경우 「중화인민공화국 소비자권익보호법」에 따라 처리한다. 다른 하나는 자동차딜러가 소비자에게 판매한 것이 사용하지 않았거나 혹은 수리한 적이 없는 신차라는 것을 인정하고, 소비자가 구매 이후 사용 혹은 수리한 차량임을 발견한 경우, 소비자가 이미 고지의무를 이행하였고 또한 소비자가 인가한 것을 증명할 수 없으면 사기판매를 구성하게 되어 소비자가 판매자에게 소비자권익보호법률에 따라 손해배상을 요구하게 되며, 인민법원은 지지를 해야만 한다. 여기에서는 첫 번째 문제를 고찰하고자 한다. 이 또한 두 번째 문제를 해결하는 전제조건이 된다. 즉 소비자의 차량구매가 소비자보호법률을 적용해야만 하는가의 문제로서 특히 동법 제49조 규정 적용이 관건이 된다.

중국 「소비자보호법」 제49조 전문은 '경영자가 제공한 제품 혹은 서비스에 사기행위가 있는 경우, 소비자요구에 따라 그가 입은 손실에 대해 배상을 강화하도록 요구해야 한다. 늘어난 배상금액은 소비자가 제품을 구매한 가격 혹은 서비스를 접수한 비용의 1배로 한다.'고 규정하였다. 이를 근거로 한 건의 분쟁이 소비자보호법 및 동법 제49조를 적용할 수 있는지의 여부는 아래 법적 요건에 달려 있다. 즉 분쟁이 경영자와 소비자 간에 발생하였으며, 분쟁대상이 제품 또는 서비스이고, 경영자의 사기에 관련되어 있을 것이 그것이다. 본 판례로 말하면 쌍방이 원고 장리가 소비자이고 베이징 허리화통회사가 경영자에 속한다는 문제에 대해 분쟁 및 의견불일치가 없는 배경 하에서 첫 번째 법률문제는 본 안건 원고가 구매한 차량이 중국 소비자보호법 제49조에서 규정한 '제품'범주에 속하는지가 관건이다.26)

이 점에 대해서는 논쟁의 여지가 없다. '제품'은 보통명사로서 법률영역의 전문용어가 아니며, 소비자보호법률에서도 특수한 함의를 지니지는 않는다. 즉 규정과 해석 사이에 특별한 점은 없다. 시장에서 판매에 사용되는 자동차는 제품에 속해야 한다. 「현대한어사전」의 해석에 따르면 제품은 교환을 위해 생산하는 노동제품으로 시장에서 매매하는 물건을 말한다. 중국 소비자보호법 실시초기에는 법원이 소비자가 차량구매 때문에 발생하는 분쟁에 대해 분명하게 소비자보호법 및 동법 제49조를 적용하여 처리하였다. 난징시 중급인민법원 1996년 판례는 「인민법원 판례선」에 등재되었다.

이후 중국 전역의 법원은 소비자보호법 제49조에 근거하여 자동차판매 중의 사기사건을 다수 처리함으로써 자동차가 소비자보호법 조정대상에 속하는 것이 법조계의 공통된 인식이라는 점을 나타내었다. 그렇다면 최고인민법원이 '자동차는 소비자보호법 조정대상에 속해야 한다.'는 것을 재판의 핵심으로 하는 것이 어떠한 목적과 의의가 있느냐의 문제가 제기된다. 재판의 핵심은 법률로 분명히 규정하는 것이 아니며 법학이론과 재판이 실천 중에서 이미 공동인식을 형성한 것도 아니다. 반대로 인민법원이 구체적인 안건재판과정 중에서 법률해석 및 법적용을 통하여 법률적용규칙과 재판방법, 사법이념 등의 문제에 대해 도출하는 혁신적인 판례 및 해결방안이 대표 판례의 핵심이다.

이와 관련하여 인터넷에서 대표판례의 기초가 되는 1심판결과 2심판결을 확인하지 않는다면 원래 판결의 해당문제와의 관련여부를 이해할 방법이 없다. 그러나 베이징시 제2중급인민법원이 2008년 3월 19일 동 사건을 심리한 인터넷방송기록을 보면 여기에서 2심 중의 피고가 확실히 자동차가 소비자보호법 조정범위에 속하지 않는다는 것을 항변으로 하는 중요한 이유가 되었다는 것을 발견할 수 있다. 피고가 지적한 것은 다음과 같다.

법률각도에서 보면 자동차는 사치품에 속한다. 소비자권익보호법이 규정하는 적용범위와 대상은 반드시 소비생활을 위해 필요한 것이며, 소비생활은 대부분 하나의 보편적인 사회 개체로서의 기본적인 소비생활의 수요로서, 일상생활과 밀접한 관계가 있다. 2006년 6월, 청두시 중급법원이 유사사건 판결에서 지적한 바가 있는데 자동차는 소비재에 속하지 않는다. 소비자보호법은 1994년 시행된 것이며, 당시의 경제조건하에서 소비생활은 매우 협소하였고 대부분의 제품이 그 당시 정의한 소비품범위에 속하지 않았다. 그러한 사법관례가 현재까지 인용되어 왔으며, 이러한 사법관례가 뒤집어지는가의 여부는 입법으로 명시할 시기를 기다려야 한다는 것이다.

피고의 이러한 관점과 이유는 대부분 2006년 청두시 중급법원의 판례에 기초한 것이다. 이 때문에 우리는 청두시 중급법원의 판례와 영향을 부정하는 것이 반드시 최고인민법원이 이 재판핵심을 확립한 주요원인이라는 것을 인식해야만 한다는 것이다. 동 판례의 기본상황은 다음과 같다.

2004년 12월 주강(朱剛)은 4.18만 위안을 지불하고 청두시 티엔천(天晨)자동차회사에서 '싱푸스저(幸福使者)'라는 소형차를 구매하였다. 2005년 4월 주강은 차량수리센터에서 자동차부품을 교환하던 도중 자신이 구매한 차가 일찍이 수리가 된 적이 있다는 사실을 발견하였고, 2000킬로미터의 주행거리가 기록된 사실도 확인하였다. 사기당했다고 느낀 주강은 판매처를 찾아가 배상을 요구하였으나 협의를 달성하지 못하였고, 곧 우하오구(武像區) 인민법원에 제소를 하고 「중국소비자보호법」 제49조에 근거하여 두 배의 배상요구를 하였다. 1심 패소 이후 그는 청두시 중급인민법원에 상소하였다. 2006년 6월 청두시 중급인민법원은 종심판결을 내렸는데 소비생활의 필요라 함은 한 사회의 보편적인 개체로서의 기본의식주가 행해지는 생활소비의 필요라는 것이다. 자동차소비는 중국의 현단계에서 사치품소비에 속하며 소비자보호법상

의 생필품 소비에 속한다고 평가하는 것은 시기상조이다. 따라서 주강의 이중손해배상청구는 기각되었다.[27]

그렇다면 청두시 중급법원은 어떠한 이유에서 이러한 관점을 지출하고, 전국 각지 법원과 상호충돌하는 재판결과를 왜 내리느냐의 문제가 있다. 동 사건 심리중의 각종 인위적인 요소를 배제하면 법학이론계의 관련 학술관점이 중요한 기반이 된다. 청두시 중급법원은 주강 판결 이후 일부 매체가 지적한 바 있는 평론을 공개하였다.

자동차가 생필품이 아니라는 판결이 나온 것에 대해 잘못은 법원에 있지 않고 소비자보호법에 문제가 있는 것이다. 전문가가 지적한 바로는 소비자보호법의 입법목적은 전체 일상생활소비품의 소비자와 생산자, 판매자의 관계를 조정하는 것에 있으며, 결코 자동차 등 대중소비품의 생산판매행위에 적용되지 않는다. 확실히 이러한 결정은 현실과는 현저하게 괴리된 것으로 이러한 규정 때문에 자동차가 소비품에 속하지 않는다는 관념을 초래하게 되는 것이다. 적어도 현재 중국의 마이카 열풍을 생각하면 더 이상 자동차가 사치품이 아니라 필수소비재로 자리 잡은 것은 확실하다. 소비자보호법의 규정은 반드시 개정해야 한다.[28] 중국 소비자보호법 제정 시의 입법배경과 입법목적에 근거하여 소비자보호법 조정범위를 해석하고 판단하는 것은 중국 소비자보호법 연구와 사법실천에 아주 큰 영향을 끼치게 되었다.

예로 량후이싱(梁慧星) 교수가 2001년 3월 29일 인민법원보에 발표한 논문이 있었고, 나중에 중국 사법연수원 민법해석학 방법의 강연을 정리하여 출판한 저서에서도 중국 소비자보호법 내 판례를 예로 하여 목적해석론을 해설한 바 있다. 그 안에서 중국 소비자보호법 제49조가 상업용부동산 매매에 적용되어야 하는가의 문제 분석 시 적용하지 않는다는 분명히 하였다. 그 이유의 하나는 다음과 같다. '소비자보호법 제정 시 주요목표는 일반 상업용시장에 만연해 있는 불법모조 및 위조상품문제로서 구상한 적용범위는 상업용부당산을 그 안에 포함하지 않는다는 점을 분명히 하였다.'는 것이 그것이다.[29] 반면 소비자보호법

제49조가 상업용부동산 매매에 적용되어야 한다는 입장의 판결과 의견30)에 대해서 량후이싱 교수는 이러한 이유들은 모두 문구상의 해석에 속하는 것으로 소비자보호법 제49조의 입법목적과 그로 인하여 발생하는 사회적 영향과 결과를 고려하지 않은 것이라고 인식하였다.31)

만약 판사들이 상술한 학설을 수용한다면, 즉 자동차의 성능과 상업용부동산이 하나라는 사실을 받아들인다면 해당연도에 소비자보호법이 의도한 적용범위 내에 존재하지 않게 되며, 마찬가지로 소비자보호법 제49조를 적용할 수 없게 된다. 이것은 모두 청두시 중급인민법원 판사 주강의 이론적 근거가 된다.

2. 쟁점분석

그러면 어떻게 법리적 각도에서 상술한 '자동차가 소비자보호법 조정범위에 속하지 않는다'는 학설을 평가분석해야 하는가의 문제가 발생하게 된다. 우선 소비자보호법률 제정 시 그 적용범위에 상업용부동산과 자동차를 진짜 포함하지 않아야 하는가에 대해 분명한 입장을 제시할 필요가 있다. 다음으로 만약 소비자보호법률 제정 시 상업용부동산과 자동차를 확실히 포함하지 않는다면 오늘날의 사법재판은 소비자보호법률의 상업용부동산 및 자동차에 대한 적용을 어떻게 처리해야만 하는가의 문제가 제기된다. 이와 관련하여 아래에서 구체적으로 고찰해 보기로 한다.

(1) 입법의 의도

입법자가 소비자보호법률 제정 시 량 교수가 주장한 적용범위에 상업용부동산을 포함하지 않아야 하는지가 관건이 된다.

첫째, 상업용부동산문제는 1990년대 초에 이미 출현한 문제이며, 또한 마찬가지로 소비자권익문제의 하나의 중요한 부분이 된다. 예로 어떤 국가의 국유자산관리국 정책법규사장 셰츠창(謝次昌)이 팀장이 되고, 원래 중국소비자협회 부회장 겸 비서실장이 새로 부팀장이 되어 국가사회과학기금의 '소비자권익보호법률문제' 태스크포스팀을 이끌게 되었으며, 그 성과 중에는 이미 상업용부동산문제를 당시 소비자문제로 열거한 것이 존재하였다.32) 소비자가 더 우려하였던 것은 상업용부동산의 가격이 폭등하여 현재의 상업용부동산 가격이 이미 근로자 연간수입의 수십배에 해당한다는 사실이었다.33) 이러한 사회문제의 존재 및 고위층인사의 인식은 설령 소비자보호법의 내용을 직접 결정할 수 없다고 하더라도 최소한 상업용부동산이 소비자보호법률 조정범위 내에 포함될 가능성이 높다는 점을 설명해준다.

둘째, 입법자의 부정적인 인식을 고찰해야 한다. 법의(法意)해석을 채택하면 입법문서를 통해 입법자와 준입법자의 부정적인 인식을 이해할 수 있다.34) 량후이싱 교수는 상업용부동산을 소비자보호법률 조정대상에서 제외한다는 것을 논증하면서 제기한 것이 '소비자보호법률과 동시에 제정한 제조물책임법에 분명하게 건축물을 포함하지 않는다고 규정하고 있기 때문에 참고할 수 있다.'고 하였다.35) 그러나 이것은 소비자보호법이 상업용부동산에 적용되는 좋은 증거라는 점을 설명해준다. 1993년의「제조물책임법」제2조 3항은 분명히 규정한바, 건설프로젝트는 본법 규정에 적용하지 않는다고 하였다. 반면 같은 해 제정한 소비자보호법률은 도리어 상업용부동산을 배제한다고 분명하게 규정된 것이 없다. 즉 입법과정에서 부정적인 공감대가 도출된 것이라고 해석될 수 있다. 비록 상업용부동산이 제조물책임법에 적용되지는 않더라도 그것은 여전히 소비자보호법률에 적용되고 있다. 당시 상업용부동산이 아직 성숙하지 않았기 때문에 주택구매자와 부동산업자의 분쟁 또한 아주 많은 것은 아니었다.36)

(2) 문장해석

문장해석이라 함은 법조문용어문장과 통상적으로 사용하는 방식에 따라 법률의 의미를 해석하는 것을 말한다. 법해석론에 해당한다. 법해석론은 반드시 법조문의 의의를 존중해야 하며 처음부터 법률의 존중 및 안정적인 가치를 보호할 수 있어야 한다.37) 1993년 제정한 소비자보호법률 제정 시 입법참여자들은 소비자보호법률의 상업용부동산 적용 여부에 대해 의견이 일치하지 않았는데, 근본적으로 의식하지 않을 수도 있고 또 소비자보호법률이 규정한 제품의 문맥에 따라 확실히 상업용부동산을 포함한다고 하겠다.38) 이것에 대해 어떤 해석을 하건 간에 그에 상반된 결론을 도출할 수는 없다. 이러한 해석은 결론적으로 법해석론의 사망이나 마찬가지의 결과를 발생시킨다. 소비자보호법의 입법자는 동산 혹은 동산제품이라는 단어를 사용한 적이 없는데 입법 당시 예상된 각종 제품을 일일이 열거할 수 없었던 현실을 의미한다고 하겠다.

(3) 사회학적 해석

사회학적 해석이라 함은 사회학적인 방법을 법해석에 적용하는 것으로 사회효과의 예측과 목적에 치중하며 법조문은 문장범위 내 법률규범의 의의를 서술하는 일종의 법해석론 방법이라 한다.39) 이 해석방법에 의하면 소비자보호법률제정 시 아직 상업용부동산 및 상업용부동산 분쟁이 보편화하지 못하였으며, 입법자가 그 당시 상업용부동산을 소비자보호법률 조정범위에 포함해야 한다고 의식하지 못하였으나, 오늘날 국민들은 이미 보편적으로 상업용부동산을 일반제품으로 간주하며 소비자 자신의 이익을 보호하려고 할 때, 판사 또한 상업용부동산을 소비자보호법의 보호범위에 포함해야만 한다. 그래야만 법률해석 및 사법재판이 중국 국민들의 공감과 사회적 타당성을 획득할 수 있을 것이다.

실제로 량후이싱 교수가 상업용부동산이 소비자보호법률에 적용되는 것을 반대하는 원인과 이유는 소비자보호법률 제49조를 적용하여 기존손해의 두 배를 배상청구하는 제도를 운영한 결과로 야기되는 부작용과 사회학적 법해석론 방법에 기인한 것이다. 즉 상업용부동산매매계약금액은 상당히 거대한 것으로, 수십만 위안에서 수백만 위안까지 가격이 형성되며, 손해금액의 두 배 배상판결은 쌍방 이해관계의 손실을 초래하게 된다. 예로 30만 위안 상당의 상업용부동산이 원목자재가 약정에 부합하지 않거나 혹은 몇 평방미터 면적에 맞지 않는 것을 이유로 하여 60만 위안의 손해배상을 판결하였다. 일반국민의 사회생활경험에서 보면 합리적이고 합법적인 판결이라고 보기 어렵다. 상업용부동산 거래 중 상공회에는 여러 분쟁이 발생하는데 이러한 분쟁은 현행 계약법 규정에 따라 충분히 적절하게 처리할 수 있으며, 만약 2배 배상을 적용한다면 갈등이 심화되고 일반국민들이 2배 배상금액을 획득하기 위한 목적으로 주택구매를 투기화할 가능성이 있다. 또한 장기적으로 부동산 시장의 정상적인 질서 형성에 불리하며 사회의 안정에도 불리한 결과를 초래하게 될 것이다.[40]

이러한 우려에 대해 일부 학자들은 공식적인 반박을 하기도 하였다.[41] 한편으로 중국 「계약법」 제113조 2항에 분명히 규정되어 있는바, '경영자는 소비자가 제공한 제품이나 서비스에 대해 사기행위가 존재하는 경우 「소비자권익보호법」 규정에 따라 손해배상책임을 부담한다.' 이 때문에 2배 배상 자체는 현행 계약법이 규정한 적절한 처리의 해결방법이다. 그리고 2배 배상 시 배상금액의 확정은 완전히 유효하게 배상총액을 합리적으로 해결할 수 있다. 예로 최고인민법원의 「상업용부동산 매매계약 분쟁판례 법률적용 심리문제에 대한 해석」 제14조에서 '부동산 실제면적이 계약이 약정한 면적보다 작을 때, 면적오차가 3% 이내의 부동산가격 및 이자는 매도인이 매수인에게 반환하게 되며, 면적오차비율이 3%를 초과하는 부분의 부동산가격은 매도인이 매수인에게 두 배로 반환하도록 한다.'고 규정하고 있다. 바꿔 말하면 만약 상업용부동산 판매 시 면적에서 사기가 존재하면 사기에 해당하는 면적은 두 배의 손해배상금액을 계산하게 되는 것으로, 사기에 해당하는 면적이 아닌 전체 상업용부동산 가격을 대상으로 금액을 산정하는 것은 아니다.[42]

이와 관련하여 상업용부동산을 대상으로 고찰을 하고 자동차에 대해서 고찰을 진행하지 않는데, 이는 자동차가 소비자보호법의 분쟁에 적용되는지의 여부 때문이다. 가장 주요한 이론적 근거는 소비자보호법률 입법배경이라는 관점으로, 상업용부동산의 소비자보호법률 적용문제의 이론적 논쟁은 이 문제를 가장 잘 설명해줄 수 있는 것이다. 상업용부동산을 자동차로 대체한다는 것은 자동차가 소비자보호법률에 적용되는 관점 및 이론적 근거에 반대한다는 논리이다.[43] 다른 한편으로 상업용부동산이 소비자보호법률에 적용되지 않는다는 관점이 철저하게 부정된다면 가격경쟁이 줄어들고 법률성질상 동산에 속하는 자동차산업은 더 순조로이 성장하면서 소비자보호법률을 적용할 수 있게 되는 것이다.

(4) 사법부의 일관된 입장

자동차구매와 관련하여 관련된 분쟁은 중국 소비자보호법률 제49조의 조정을 적용해야 한다는 것이 중국 법조계 실무과정에서 나타나는 다수설이다. 상술한 문장에서 매체에 의해 인용된 '최초의 자동차 두 배 배상사례'라는 난징 중급법원 자오쑤(趙蘇) 사례[44]는 인민법원판례선에 기사가 실렸을 때 최고인민법원은 양홍다(楊洪達) 판사가 해당사건의 법리분석 시 충분한 이론으로 논증을 진행한 바 있다.

본 안건의 원고는 개인출자를 통해 피고소재지에서 차량을 구매하였는데 일상생활의 교통수단으로 하기 위한 것이며 자동차구매를 영리활동으로 한 것이 아니기 때문에 소비자의 생활의 필요를 위해 자동차를 구매한 것으로 인정해야만 한다. 원고의 이러한 소비행위에서의 권익은 소비자권익보호법의 보호를 받는다. 소비자가 구매한 단일제품의 가치가 높거나 구매 시에 일부 특수한 수속을 처리해야 한다면, 이런 행위는 소비행위에 속하지 않는 것으로 인식하여 소비자권익보호법의 조정을 받지 않는다. 반대로 소비자의 이러한 소비행위가 소비자로 말하자면 이해관계가 상당히 큰 것으로 직접 받게 될 손실은 더욱 크며, 경영자의 불법행위로 인한 사회위해성은 측정하기가 더욱 어렵다. 따라서 이러한 소비행위에 대한 법률의 보호는 의미가 있는 것이다. 경영자가 제공한 이러한 제품에 사기행위가 있고, 두 배의 손해배상으로 인해 소비자가

받게 되는 손실은 경영자의 합법적인 경영에 교훈과 독촉을 주게 될 것이다.45)

이후 유사판례 또한 불시에 전국 각지의 법원에서 속출하였는데 왕팡밍의 안후이 밍청자동차 유한회사 제소사례(王方明诉安徽铭晟车业有限公司案)46), 왕안정의 충칭 완요우 경제발전유한회사 난핑 지사 제소사례(王安婷诉重庆万友经济发展有限责任公司南坪分公司案)47), 하오샤오이의 난양시 아오펀 자동차 판매 유한회사 제소사례(郝晓毅诉南阳市奥奔汽车销售有限责任公司案)48), 양하이웨이의 윈난 쥔스푸다 자동차 서비스 유한회사 제소사례(杨海卫诉云南骏施仕达汽车服务有限公司案)49) 등이 있다.

특히 주목해야 할 것은 쓰촨성 고급인민법원이 재심한 이치(一起)자동차판매 사기사건이다. 주메이(朱敏)가 쓰촨 시린(西林)자동차판매 회사 다저우 지사를 재산손해배상분쟁사건으로 제소한 판결에서 피고가 차량을 교부한 시기의 사기행위를 감안하여 1심 쓰촨성 다현(達縣) 인민법원은 소비자보호방지법 제49조 판결을 적용하여 피고가 원고의 차량구매금액 28.5만 위안을 배상하도록 하였다. 반면 2심에서는 쓰촨성 다저우시 중급인민법원이 이 판결을 유지하였다. 재심과정에서는 쓰촨성 고급인민법원이 2005년 12월 2심판결을 그대로 유지하게 된다.50)

상술한 판결의 재심판결은 시간상 청두 중급법원 주강 판례의 판결보다 이른 시기에 진행되었으며, 쓰촨성 고급인민법원에 의해 중국 전역의 모든 성의 대표판결로서 반포되어 전체 성 법원의 유사사건 심리 시 참조를 유도하게 된다.51) 청두시 중급법원이 주강판례에서 해당 성 고급법원의 대표판결을 참조하지 않아 판결을 심리하지 않는다면, 한편으로는 성급 대표판결이 실무에서 당연히 있어야 할 작용을 발휘하지 않은 것이고, 또 다른 한편으로는 전술한 '자동차가 소비자보호법에 적용되지 않는다'는 관점 및 관련이론의 일부판사에 대한 영향은 매우 인상적일 것이라는 점을 설명해준다.

3. 소결

상술한 문장의 고찰을 통해 다음과 같은 결론을 도출할 수 있다. 즉 소비자가 가정용 소비에 필요한 자동차를 구매하는 것은 완전히 소비자보호법의 보호를 받을 뿐만 아니라, 또한 경영자가 사기행위를 전개한다는 전제 하에서 마찬가지로 동법 제49조의 두 배 배상제도를 적용할 수 있다. 중국 대부분 법원의 사법재판이 이러한 정확한 입장을 유지했을 뿐만 아니라, 재판문서 중에서도 충분한 이론적 논증을 전개하였다. 예로 왕팡밍 사례에서 안후이성 쉔(宣)시 중급인민법원은 생활소비에는 기본생활필요를 만족시키는 소비를 포함하며 또한 정신, 문화생활의 필요를 만족시키는 소비를 필요로 한다. 도심에서 자동차와 수많은 사람들의 일과 휴식은 밀접한 관계가 있다. 이것은 소비자보호법이 조정하는 생활소비에 속해야만 한다. 다음으로 소비자보호법 제49조가 조정하는 생활소비는 자동차소비가 내재되고 생활과 밀접한 관련이 있는 소비를 포함하는 것으로 해석을 한다. 이것은 가짜 위조상품 등의 불법행위를 근절하고 제재하는 데에 유리하며, 입법목적에도 부합하는 것이다. 또한 자동차판매대리점에 사기가 존재할 때 자동차가격이 상당히 높기 때문에 만약 두 배 배상판결이 공정원칙에 어긋난다면 자동차소비가 생활소비에 속하지 않아야만 한다는 이유는 불합리한 것이라고 하겠다. 상품의 가격은 생활소비에 속하는가를 판단하는 근거는 아니며, 사용목적이 비로소 생활소비에 속하는가를 판단하는 기준이 된다.[52] 안후이성 고급인민법원이 재심과정에서 마찬가지로 소비자보호법 제49조 규정을 적용하였는데 2심법원의 입장을 지지한다고 표명하였다.[53]

바로 사법기관의 장기적인 정책기조 유지 및 충분한 설명에 기초하고, 일반국민의 보편적인 호응을 더하여 2013년 10월 전국인민대표대회 상무위원회가 소비자보호법을 개정할 때, 입증책임도치제도의 규정을 통해 전술한 자동차적용문제의 분쟁에 간접적으로 답을 한 바 있다.

동법 제23조 3항 규정은 '경영자가 제공한 자동차, 컴퓨터, TV, 냉장고, 에어콘, 세탁기 등의 내구제품이나 액세서리 등의 서비스에 대해 소비자가 제품 혹은 서비스를 받은 날부터 6개월 이내에 하자가 발견되어 분쟁이 발생하는 경우, 경영자가 하자 관련 입증책임을 부담한다.'고 규정하였다.

반대로 최고인민법원이 2013년 11월에 반포한 제17호 지도판례에서는 자동차를 소비자보호법 제49조의 적용범위에 포함한다는 것을 분명히 하였다. 입법에 대한 사법부의 대응을 밝힌 것으로 두 배 배상제도 적용에 대한 총체적인 해결이 진행되었다는 점이 특징이다.

구체적인 사례를 초월하여 제17호 지도판례의 사법재판 및 법학연구에 대해 말하자면, 앞으로 더욱 주의해야 할 것은 어떻게 정태적인 법률을 변동적인 사회 간의 적응성문제로 처리하느냐 하는 것이 관건이 된다. 이 지도판결과 개정 이후의 소비자보호법률은 확실히 철저하게 자동차가 소비자보호법률에 적용되어야만 하는가의 문제를 해결하였다. 그러나 향후 어떤 사람이 가정용 개인 헬리콥터를 구매하고, 백만장자 가정의 재산보험 심지어 우리가 오늘날 일찍이 예견할 수 없었던 제품 혹은 서비스를 구매한다면, 또한 법개정 이후의 소비자보호법 제55조 1항이 경영자가 사기를 했다는 것을 이유로 하여 제소를 당하거나 법원에 피해금액의 3배에 달하는 손해배상을 요구할 때 재판부가 이것을 지지해야 하느냐의 문제가 존재한다.

이것을 더 확대해보면 모든 인터넷이 아직 출현하지 않았을 때, 혹은 보편적으로 발전하지 않은 배경 하에서 제정한 법률규범과 법학이론이 이미 전 세계 사람들에게 인터넷이 생활화하여 발생하는 사회관계 및 인터넷분쟁사례에 적용할 수 있는가의 문제도 있다.

확실히 전술한 문제에 대해서 제17호 대표판결만으로는 효과적으로 대응하기가 어렵다. 그 이유는 이 대표판결문서가 자동차활용문제의 분쟁배경을 진술하지 않았고, 또한 판결을 도출한 구체적인 사유에 대해서도 논증을 하지 않았기 때문에 근본적으로 판사, 법원의 이러한 법률문제에 대한 사고과정과 배후의 법리사상을 전개해나갈 수가 없다. 따라서 중국 법률발전에 대한 작용은 엄격하게 제한되었다. 새로 제정된 법률 및 대표판결이 법적 문제점을 보완하여 완전하다면 좋은 것이고, 그것이 부족하다면 지속적으로 부단히 보완하고 발전해가야 한다.

V. 중국 의료분쟁 발생 시 소비자권익보호법 적용의 쟁점

환자가 소비자에 속하느냐에 대한 문제, 또 의료분쟁에 중국 「소비자보호법」을 적용해야 하는가의 문제는 현재 중국 학계와 법조계 실무에서도 논쟁이 존재한다. 그러나 외국의 입법경험 및 중국 지방입법을 보면 기본적으로 이미 상술한 내용을 수용하는 긍정적인 입장을 보이고 있다.

현재 푸젠성, 저장성, 간쑤성, 쓰촨성, 구이저우성 등 20여 개 이상의 성에서 지방 소비자보호조례 개정시에 의료서비스를 지방성법규의 조정범위에 포함시키도록 하고 있고 의료서비스분야가 상업용소비관계에 속하는 것을 승인하고 있다.54)

중국 「소비자보호법」은 소비자를 위해 일반민사구제방식보다 더 엄격한 보호를 제공하였다. 구체적으로 소비자권리인 안전권, 지정권(知情權), 선택권 등이 그것이다. 또 경영자는 무과실책임을 부담하도록 했고, 냉각기간을 두었으며, 징벌적 손해배상제도 등을 통해 엄격한 보호라는 철학을 실현하였다.55) 비록 본문에서는 환자가 소비자에 속하는 것으로 인식하고 있으나 이러한 소비자권익 보호의 특수한 수단은 결코 완전히 환자에게 적용되지는 않으며 일정한 조정이 필요하다.

1. 소비자인 환자에 대한 의사의 과실추정책임 부담

중국 「소비자보호법」 제7조가 규정하는 안전권은 소비자의 중요한 기본권리이다. 이 법조문은 두 개의 항이 있는데 제1항은 '소비자가 구매, 제품사용 및 서비스접수 시 인신, 재산안전에 손해를 받지 않을 권리를 누린다.'고 규정하였다. 의료분쟁에서는 진료행위에 첨단기술과 고도의 위험이 충만해 있으며, 의료수준발전의 제한성과 인체의 복잡성, 신체별 상이함의 제약을 받기 때문에 의사 측은 환자의 안전을 확보하기가 어렵고 충분한 주의를 기울이더라도 의료사고가 발생할 가능성은 매우 많다. 이러한 위험은 환자와 의사 측이 공동으로 부담해야 하며, 이 때문에 제1항을 환자에 전적으로 적용할 수는 없다.

중국 「소비자보호법」 제7조 제2항은 '소비자는 경영자가 제공한 제품과 서비스를 요구할 권리가 있고, 인신, 재산안전의 요구에 부합해야 한다. 일부 치료수단은 본래 일정한 위험을 안고 있으며, 약 또한 동등하게 부작용이 있고, 따라서 제2항과 제1항이 똑같이 환자에게 완전하게 적용되지는 않는다. 그러나 만약 의사 측이 제공한 제품과 서비스가 자신이 설명한 범위를 넘어 부작용이 있거나 불량한 결과가 있는 경우, 의사는 당시의 과학기술수준으로는 제품결함을 발견할 수 없었다는 점 등 판매자 혹은 생산자로서의 제품책임을 부담해야만 한다. 또는 제품책임의 면책사유를 유인할 수 있어야 한다.'

1998년 1월 타이베이시 마시에(馬偕) 병원의 어느 산모가 난산위기에 처하게 되었으며, 산부인과의사는 산부인과에서 공인된 가장 효율적인 처리방법인 맥로버트(McRobert)법을 채택하여 성공적으로 태아를 분만하였으며 모녀의 생명을 살렸다.56) 그러나 난산과정에서 영아에게 우측 어깨신경마비가 발생하여 우측어깨장애라는 불행한 결과가 발생하였다. 신생아가족의 판단으로는 병원 측의 과실로 태아의 손상이 초래되었다고 보고 타이베이 지방법원에 제소를 하여 마시에 병원이 의료사고 과실책임을 부담해야 한다고 요구하였다. 타이베이 지방법원은 전체적인 출산과정에서 병원 측은 과실이 없지만 대만 소비자권익보호법 제7조의 '플랜을 짜거나 생산에 종사하고 제품의 제조 또는 서비스를 제공하는 기업경영자가 그가 제공한 제품 혹은 서비스를 확보해야만 하며, 안전 및 위생상의 위험이 없어야 한다.'고 규정하였다. 만약 상태가 좋아지면 대만 소비자권익보호법 제7조 규정에 따라 연대배상책임을 부담해야 한다는 규정에 의해 의료서비스의 제공자로서 자신의 서비스가 안전 및 위생상의 위험이 없다는 것을 보증할 의무가 있다. 법에 따라 마시에 병원이 무과실책임을 부담하고, 환자에게 1백만 대만달러를 배상하도록 판결하였다.57) 이것은 1994년 대만의 소비자권익보호법이 실시된 지 4년 이래 최초로 의료서비스행위에 적용된 판결이라고 하겠다. 이전에 대만에서 의료분쟁에 대한 처리에 적용된 것은 과실책임원칙이다. 이 신생아 난산사건에 대한 판결은 의심의 여지 없이 의료분쟁사건에 대해 중국에서 처음으로 무과실책임원칙의 선례를 남긴 것이라고 하겠다.

이 판결이 나오자마자 즉각 대만에서 민감한 파급효과를 불러 일으켰다. 대만 소비자기금협회에서 끊임없이 환자의 투서전화를 접수하고 사업자기금모집회에 자신들을 도와달라는 요구를 하였으며, 병원에 무과실손해배상소송을 제기하였다. 이에 대해 대만의료계에서는 격렬한 논쟁이 있었다. 각종 형식을 연합하여 대만 입법원에 대만 소비자보호법을 반드시 개정해야 한다고 청원하였고, 의료행위는 소비자보호법에 적용하지 않는다는 것을 분명히 규정하도록 요구하였다. 마시에 병원의 신생아 난산사건 발생 이후 비록 적지 않은 환자가 법원에 병원 측이 무과실책임의 손해배상청구를 담당해달라는 요구를 제기한 것에 대해 격려를 받았으나, 의료계 전체의 격렬한 반대에 직면하였다. '의료행위는 소비자보호법 조정의 관점에 적용되지 않는다는 관점'은 점차적으로 사법계에 의해 접수되었으며58), 현재 아직 두 번째 사례를 소비자보호법 판결에 적용하여 판결한 의학전담판사가 나오지는 못하였다. 마시에 병원 사례에서 볼 수 있는 것은 만약 의사 측이 환자의 안전권에 무과실책임원칙을 제공한다면 의료의 자연스러움과 제한성을 무시하게 되고, 의사 측 책임을 가중하게 되며, 소송으로 전개될 양상이 증가한다는 점을 부인할 수 없게 되어 의료산업의 생존을 말살하는 결과도 초래하게 될 것이다.

이것은 의료서비스종사자가 날로 더 적어지게 될 것이며, 의사 측이 고도의 위험부담으로 높은 진료비용을 부담하는 것은 최종적으로 일반 국민의 신체건강에 유리하지 않다. 이 때문에 환자에 대한 안전권이 확보되어야 하며, 의사 측이 환자에 대한 안전권에 대해 무과실책임을 부담시키는 것을 꺼리면, 과실책임을 부담하도록 함으로써 과실추정원칙을 실행하여야 한다.

2. 의료소비에서 지정권(知情權) 제한과 관련한 중국의 현황

중국 「소비자보호법」 제8조는 소비자의 지정권 즉, 알 권리를 규정하고 있다. 「직업의사법」 제26조는 '의사는 사실에 근거하여 환자 혹은 가족에게 질병상황을 소개해야만 하며, 환자에게 불리한 결과를 초래하는 것을 회피하기 위해 노력해야만 한다.'고 규정하고 있다. 사실상 지정권의 범위는 환자의 질병상황, 진찰, 치료 및 의료비용까지 보다 분명히 하여야 한다. 모두 주지한 바와 같이 질병의 상태를 파악하는 것이 어떤 경우에는 환자에 유익하지는 않는다. 어떤 때에는 의사가 환자보호 입장에서 혹은 가족의 요구에 응해서, 치료를 거부하는 환자를 향해 선의의 거짓말을 할 수 있는데, 이것이 항상 소비자의 지정권을 침범한다고 간주할 수는 없다. 새로 실시한 「침권책임법」 제55조 또한 '환자에게 설명하기 어려운 것은 환자의 친인척에게 설명을 해야 하며, 서면동의를 획득해야 한다.'고 규정하고 있다.

이외에 의료현장은 일반적으로 공개하지 않는데 그 이유는 세균에 감염되지 않는 청결한 위생을 고려한 것이 크다. 환자의 심적 수용능력을 고려하면 수술 시 환자 본인이 자신의 수술상황을 볼 수 없기 때문에 이때의 환자 지정권은 제한을 받는다.

종합해보면 의료행위에는 아래 특수한 상황이 존재한다. 고도의 위험성과 침해성, 도덕성과 경험성, 전문성, 밀접성 마지막으로 재량권이 그것이다.[59] 의료행위의 순조로운 실시 및 의학발전 보증을 위해 환자에게 소비안전권, 지정권, 선택권 등 권익을 부여함과 동시에 의료행

위의 특수성에 근거하여 이러한 권익에 대해 일정한 제한을 취할 필요가
있다. 바꿔 말하면 환자가 비록 소비자에 속하지만 이것 또한 특수한
소비자로서 그 권익은 일반적으로 보통제품 또는 보통서비스를 구매하
는 소비자와 동등하게 대우될 수 없다. 총체적으로 말해서 환자의 소비자
지위를 인정하는 기초 위에 각종 소비자권익이 일정한 제약을 받는다고
해야 한다. 중국 「소비자권익보호법」은 대폭적인 개정이 요구되는데
만약 개정 이후의 「소비자권익보호법」이 환자를 보호범위에 포함시키
게 되면 동시에 반드시 이러한 제한에 대해 규정을 해야 한다.60) 사법과
정에서 소비자는 안전권 등 모종의 권익이 침해를 받았다고 주장하게
된다. 반면 의사는 의료행위의 특수성을 주장하면서 자신이 과실이
결코 없다고 주장할 때, 만약 법률에 구체적인 규정이 없다면 이때
반드시 판사가 자유재량권을 행사하여 모종의 권익이 축소될 필요가
있는가에 대해 결정하도록 해야 한다. 대부분의 경우는 이런 상황에서
권익의 축소가 이루어진다.

3. 의료소비과정에서 징벌적 손해배상 등 특별규정의 적용 여부

만약 의사 측이 의료제품과 의료서비스를 제공할 때 사기행위가
존재한다면 상술한 사기행위에 대해 분명한 사기피해금액이 존재하고,
만약 불필요한 검사비나 약값은 「소비자권익보호법」 제49조의 이중배
상규정의 적용을 받아야 한다. 현재 중국 각급법원은 이미 관련된 판결이
있다. 2005년 연말에 환자 왕모씨는 가슴에 종양말기 증세로 인하여
푸젠성 모 병원에서 치료를 받았는데 치료기간 동안 총 지불금액이
14만 위안 이상이었으며, 그 가운데 자비는 10만 위안이었다.61) 왕모씨
일가는 법원에 제소한 이후 병원이 제공한 의료서비스 회수가 부실하고
가격이 지나치게 높이 책정되어 필요 이상으로 비용이 소요되었으며,
많은 경우 1천 위안 이상의 자금도 수취한 적이 있었다고 주장하였다.
「소비자권익보호법」 제49조 규정에 의해 이중배상을 부여해야만 하는
데 이때 법원판결을 청구하여 피고가 적정량 이상으로 많이 받은 의료비

용을 반환하도록 하고 환자의 의료서비스비용금액을 접수한 것에 따라 원고의 배상손실을 늘리도록 청구하였다.62) 이 판례에서 알 수 있는 것은, 의료분쟁 중에 「소비자권익보호법」을 적용하여 이중배상을 요구하는 것은 「침권책임법」이나 「계약법」 적용과 비교하여 환자에게 추가적인 구제를 가져오게 하여 환자에 특별히 유리한 법률적용이라고 할 수 있다는 점이다.63)

이외에 「소비자권익보호법」 제37조는 타인의 영업허가증을 사용한 불법경영자에 대한 규정이며, 동법 제39조는 허위광고에 대한 규정으로, 환자로 말하자면 상당히 유용한, 실무적으로 효과적인 규정이라고 할 수 있다. 환자는 직접 동법 제37조에 근거하여 병원의 책임을 추궁할 수 있다. 또한 반드시 「민법통칙」의 표현에 따라 대리를 해야 한다. 또한 예로 현재 다이어트, 미용, 자녀출산거부 등이 환자에게 직접적으로 동법 제39조에 따라 병원 혹은 광고기구의 책임을 추궁할 수도 있기 때문에 반드시 중국 「계약법」이나 중국 「광고법」을 적용해야 한다. 즉 「소비자권익보호법」은 소비자를 본위로 소비자에게 유리한 수많은 규정이 있기 때문에, 이것은 바로 「침권책임법」 제정 이후 여전히 「침권책임법」을 적용하여 의료분쟁을 처리해야 하는 원인이 된다. 따라서 아래 본문에서 계속해서 「소비자권익보호법」과 관련법률규범의 선택적 용문제를 논의해보기로 한다.

4. 중국 소비자보호법과 관련 법률법규의 적용 선택문제

환자 법률관계에 대한 분류에서 현재 의료계에서 일치된 견해를 보이고 있는 것은 환자계약관계와 환자와 무관한 관계, 강제의료행위의 분류이다.64) 환자가 주도하여 병원과의 의료관계가 발생하는 것은 일종의 계약관계이며, 또한 일종의 비전형적인 계약법률이기 때문에, 반드시 「민법통칙」과 「계약법」의 규범을 수용하여야 한다. 2002년 9월 1일자로 국무원반포가 시행되어 「의료사고처리조례」가 의료사고를 전적으로 조정하게 되었으며, 2009년 전인대상무위에서 「중화인민공화국 침권책임법」이 통과되었다. 동법 제7장은 전적으로 의료손해책임에 대해 규정을 하였다. 법적 지위 각도에서 고찰을 하면 「민법통칙」, 「계약법」, 「소비자권익보호법」, 「침권책임법」은 모두 법률이고, 「의료사고처리조례」는 행정법규이며, 전술한 네 부문의 효력이 후자보다 더 높다. 내용을 보면 「민법통칙」, 「계약법」, 「소비자권익보호법」은 모두 일반법이며, 「침권책임법」과 「조례」가 특별법이다.

중국에서 「침권책임법」이 반포된 이후 실제로 의료환자분쟁을 처리하는 법률법규는 더욱더 개선이 되었다. 의료분쟁의 대부분은 「침권책임법」으로 처리할 수 있는데, 기타 '비(非)의료행위가 야기하는 의료배상분쟁'의 경우 하나는 계약분쟁이고 다른 하나는 비의료행위가 조성한 손해로서 「계약법」에 다라 불법책임을 추궁하기도 하고, 혹은 「민법통칙」에 따라 일반 침권행위책임을 추궁하게 된다.65) 어떤 이는 의료기관과 환자 사이에는 결코 평등한 계약관계가 존재하지 않는다고 주장하며, 의료기관종사자의 직권은 법률 혹은 관련규정의 기초 위에 세워진 것이지 당사자가 약정한 결과가 아니며, 의료기관종사자 과실로 환자신체상의 손해를 조성한 경우 침권행위를 구성한다고 간주하였다. 또한 권리침해로 발생한 배상범위의 상당수는 불법책임 배상범위가 매우 광범위하기 때문에, 피해자 보호 강화에 유리하다고 보았다.66) 그러나 실제로는 모든 의료분쟁 내의 의사 측 행위가 침권행위로 정해질 수는 없다. 그 예로 지불 중의 가해행위가 독립적인 제소원인이 될 수 없다는 점을 거론할 수 있다. 재산성 손실과 기타 비(非)재산성 손실은 계약법상의 구제를 청구할 수 있다. 예로 계약이행과정에서 단지 신의성실원칙을 위반하여 발생한 부수의무67), 즉 병원 측이 신체검사에서 중대한 건강문제를 발견하지 못한 긴급통지의무나 혹은 환자의 병력자료에 대해 적절한 보관을 하지 않아 발생한 병력기록의 유실68), 또는 환자가 병원 진료실에서 재물을 유실하였을 때 병원의 행위가 확실히 법정의무나 약정한 의무를 위반한 것 등이 그것이다. 그러나 이것이 모두 환자의 인신권을 침해한 것은 아니다. 만약 권리침해책임을 선택한다면 단지

의사 측이 재산권을 침해한 책임을 부담하도록 요구할 수 있을 뿐이며, 의사 측에 고의나 중대한 과실이 존재했다는 것을 반드시 증명해야 하는데 그 어려움이 매우 크고 받을 수 있는 보상은 매우 작아서 환자로서는 대단히 불리한 결과를 초래할 수 있다. 이때 계약위반을 이유로 한 소송제기를 통해 계약법상의 구제를 요구할 수 있으며, 그렇지 않을 경우 피해자는 효과적인 구제를 얻지 못하게 될 것이다.

따라서 「권리침해책임법」은 현재 의료관계를 처리하는 기본법이 되어야만 한다.[69] 일부 구체적인 세부문제는 「의료사고처리조례」에 근거할 수 있다. 「소비자권익보호법」의 일부 특별규정, 즉 이중배상문제 등은 의료분쟁에 적용될 수 있다. 만약 의료제품부족문제라면 「계약법」, 「제조물책임법」 및 「침권책임법」을 적용할 수 있다.

만약 의사 측의 불법책임을 주장한다면 환자에 대해 유리한 점은 중국 「계약법」이 규정한 불법책임의 귀책원칙에 근거하여 의사와 병원 측은 반드시 무과실책임을 부담해야만 한다는 것이다.[70] 따라서 환자는 의사나 병원 측이 고의나 과실이 존재했다는 것을 입증할 필요가 없다. 다만 의사나 병원 측의 불법행위가 있었고, 불법행위와 손해를 입은 결과 사이에 인과관계가 존재했다는 점을 증명하기만 하면 된다. 반면 불리한 점은, 불법책임의 손해배상금액은 정신상의 손해배상을 포함하지 않는다는 것이다. 그러나 의료분쟁은 종종 당사자와 그 가족의 정신적인 고통을 야기한다는 점에서 구제가 필요시된다. 이 때문에 환자가 스스로 자신에게 유리한 방식을 선택하여 소송을 진행하는 것이, 의료책임이 단일한 계약책임 또는 침권책임이라고 입법개정을 시도하는 것보다 더 유리할 것이다.

일반적으로 말하면 원고로서의 환자가 피고의 침권책임 추궁을 선택하는 원인의 하나는 비록 의사와 환자 간에 모종의 계약관계가 존재하지만 이러한 계약관계는 아주 분명하게 확정적인 권리의무가 포함된 서면으로 규정한 것이 결코 아니며, 각종 병력차트 및 의사 측의 여러 가지 규장제도 등으로 공동으로 계약내용을 구성한 것이기 때문이다. 환자는 비전문성 때문에 비록 자신이 손해를 입었다고 인식하지만 의사 측의 진료과정에서 의사가 어떠한 구체적인 불법행위를 하였는지 증명하는 것은 매우 어렵다. 또한 의사 측의 불법행위와 자신이 입은 손해에 어떠한 인과관계가 존재하는지를 입증하는 것은 더욱 어려운 일이다. 의사 측이 자신이 치료한 효과를 보증하는 상황 하에서 만약 의사의 의료행위가 치료효과에 도달하지 못했다면 환자는 이를 근거로 의사 측의 불법책임을 추궁할 수 있다. 그러나 일반적인 상황 하에서 의사 측은 이러한 승낙 내지 인정을 하지 않을 것이다. 원고로서의 환자가 피고의 침권책임 추궁을 선택하는 두 번째 원인의 하나는, 불법책임에는 일반적으로 정신상의 손해배상을 포함하지 않는다는 점이다. 그러나 전술한 것처럼 인신상의 피해 및 정신상의 피해를 입은 환자는 정신손해 배상을 요구하는 것이 일반적이다.

현재 중국 내 대부분이 「소비자권익보호법」이 의사 및 환자관계에 적용되어야 한다고 인식하고 있으며, 단지 환자는 소비자이며, 「소비자권익보호법」이 부여한 각종 소비권리인 知情權, 인격모독권 등을 누릴 수 있다고 강조하고 있다. 그러나 절차적으로 「소비자권익보호법」에 근거하여 의사를 고소하는 것과 「계약법」이나 「침권책임법」에 근거하여 의사를 제소하는 것에 어떠한 차이가 있는가에 대해서는 기본적으로 관련논문이나 법률에 규정된 것은 없다. 개인적인 견해로는 설령 「소비자권익보호법」에 근거하여 의사를 제소한다고 하더라도 그가 요구하는 구제의 가장 주요한 방법은 역시 손해배상인데 정신상의 손해배상 등을 포함하게 될 것이고, 불법책임이나 권리침해책임주장과 큰 차이가 없는 결과가 도출된다. 2008년 최고인민법원이 반포한 「민사안건사례규정」은 원래의 의료사고손해배상분쟁을 의료손해배상분쟁으로 변경하였다. 이 사례는 「권리침해책임법」의 규정에 부합한다. 즉 의사 측의 권리침해책임을 주장할 수 있다는 것이다.

이외에 의사와 환자 간에 사실상의 의료서비스계약관계가 존재하기 때문에 당사자는 소송과정에서 계약권리가 완전히 정당하고 합법적이라고 주장하게 된다. 그러나 실무과정에서 존재하는 병원의 의료비용 청구분쟁 또한 의료서비스계약분쟁의 사례에 적용된다.71) 그러나 상이한 점은 환자가 의사를 제소할 때 만약 의사가 사기행위가 존재한다고 인식하면「소비자권익보호법」의 가장 특별한 조항이 제49조의 징벌적 손해배상조항을 적용하여 두 배의 손해배상을 요구할 수 있다는 점이다. 이것은「계약법」및「침권책임법」에는 주지 못하는 구제이다. 이러한 이중 배상이라는 구제는 현재 의료비용이 불합리하게 높은 상황에서 환자에게 아주 유리하다고 하겠다.

Ⅵ. 중국 자연독점산업의 소비자권익보호 법률문제

1. 중국 자연독점산업의 현황 및 쟁점

1) 중국 자연독점산업의 현황

개혁개방 이래, 특히 1990년대 이후 중국정부의 미시경제에 대한 규제는 적용범위이건 적용수준이건 간에 성숙한 시장으로 간주하기가 어려웠다. 중국의 자연독점산업은 전통적으로 아래와 같은 특징이 있다.72)

첫째, 행정적 색채가 두드러진다는 점이다. 비록 몇 차례의 체제개혁을 통해 정경분리를 실현하였으나 실제운영과정에서는 자연독점산업이 행정관리모델을 채택하고 있어 운영비용이 지나치게 높고 행정효율도 저하되어 관료주의색채가 농후한 현상이 여전히 존재한다.

둘째, 일련의 자연독점산업의 제품과 서비스가격은 지속적으로 상승하고 있으며, 이것이 광범위한 소비자로 하여금 부득이 높은 가격을 지불하고 제품을 구매하도록 하고 있다. 그럼으로써 수입분배의 왜곡현상을 초래하게 되어 사회복지수준이 하락하는 결과가 발생한다.

셋째, 정보비대칭이 정부로 하여금 자연독점산업에 대한 가격통제를 지극히 형식화하도록 만드는 경향이 존재한다는 것이다. 자연독점산업의 핵심기술과 경제지표 및 변동적인 데이터 등은 전면적이고 충분하며, 통제를 실시하는 관련 정부부문이 통제대상의 각종 정보에 대한 이해가 오히려 단편적이기 때문에 가격통제를 잃어버리게 되는 현상이 용이하게 발생한다.

넷째, 자연독점산업이 독점에 의존하여 높은 폭리를 취하고 있고 일부경영자는 안으로는 효율적으로 동기를 향상시키지 않고 밖으로는 경쟁에 참여하지 않고 있어서 일정부분 기술이 정체되고 효율이 저하되는 결과를 초래한다. 장기적인 독점은 일부 자연독점산업의 제품 및 서비스품질을 저하시키며, 가격을 상승시키기 때문에 국제적인 격차는 날로 커지고 소비자의 수요 또한 일정한 격차를 초래한다.

현재까지 중국의 자연독점에 대해 규제를 진행하는 법률은 주로 아래 세 가지로 분류된다.

먼저 「불공정경쟁방지법」과 「반독점법」이다. 「불공정경쟁방지법」 제6조는 '공기업 혹은 기타 독점지위를 지닌 경영자는 타인이 그가 지정한 경영자의 제품만을 구매하도록 한정하면 아니 되며, 그럼으로써 기타 경영자의 공정경쟁을 배척해서도 아니 된다.'고 규정하였다. 동법 제23조는 '공기업 혹은 기타 독점적 지위를 구비한 경영자가 타인이 그가 지정한 경영자의 제품을 구매하도록 한정함으로써 기타 경영자의 공정한 경쟁을 배제한다면, 성급 혹은 구가 설치된 시의 감독부문은 불법행위 정지를 명령해야만 하며, 정상참작하여 5만 위안 이상 20만 위안 이하의 벌금에 처할 수 있다. 지정된 경영자가 이를 근거로 하여 품질이 낮으면서 가격이 비싼 제품을 판매하거나 비용을 함부로 징수하면 정상참작하여 불법소득의 1배 이상 3배 이하의 벌금에 처할 수 있다.'고 규정하였다. 「반독점법」 제6조는 '시장지배적 지위를 구비한 경영자는 법에 따라 경영을 해야 하고, 신의성실원칙을 지켜야 하며, 엄격하게 스스로 규율을 지켜야 하고, 일반국민의 감독을 수용해야 하며, 통제적 지위를 이용하거나 혹은 전적으로 소비자지위에 손해를 끼치면 안 된다.'

라고 규정하고 있다. 동법 제47조 또한 '경영자가 본법 규정을 위반하여 시장지배적 지위를 남용하는 경우 반독점법 집행기관이 불법행위의 정지를 명령하고 불법소득을 몰수하며, 연간판매액의 1% 이상 10% 이하의 벌금에 처한다.'고 규정하고 있다. 이것은 중국의 경우 자연독점 산업에 대해 규제를 가하는 법조문이 매우 적다는 것을 의미하며, 일부조 문은 실무과정에서 활용도가 낮다는 것을 반영한다. 예로 「불공정경쟁 방지법」 제23조가 규정하는 '5만 위안 이상 20만 위안 이하의 벌금에 처한다'는 규정은 벌금의 폭이 상당히 크고, 법집행자가 구체적인 안건 에 직면하였을 때 개인주의의 영향을 회피하기가 쉽지 않다. 따라서 이것은 판결의 공정성에 영향을 끼치게 된다. 이것 외에 현재의 법률에서 는 단지 경영자권리를 침범한 것에 대해 부담해야만 하는 민사책임에 대해 규정을 하였다. 즉 오로지 「불공정경쟁방지법」 제20조에 대해 규정을 하였으며, 반면 소비자의 권리를 침범하여 부담해야만 하는 민사책임에 대해서는 그에 상응하는 규정을 하지 않았다. 「반독점법」의 경우 이에 대해 비록 입법으로 개정을 하였으나 제50조에서 분명히 규정하고 있는바, '경영자가 독점행위를 실시하고, 타인에게 손실을 조성하는 경우 법에 따라 민사책임을 부담한다.'고 하였다. 여기에서 말하는 타인이라 함은 소비자가 그 안에 내재되는 것을 의미한다.

세 번째는 중국 국가공상행정관리총국이 1993년에 반포한 「공기업 의 경쟁제한행위 금지에 관한 규정」 제4조에서 공기업이 경쟁을 제한하 는 각종행위를 열거한 것이다. 제8조에서는 '공기업과 지정된 경영자의 불법행위로 손해를 입은 이용자와 소비자는 「불공정경쟁방지법」 제20 조 규정에 의하여 인민법원에 제소를 하게 되며, 손해배상을 청구한다.' 고 규정하였다. 그러나 이 규정은 일정한 낙후성을 갖고 있는 것 외에 하나의 문제가 존재하는데 제정주체의 권위가 강하지 않기 때문에 법 집행과정에서 실무적으로 활용도가 상당히 낮다는 어려움에 직면하게 된다는 것이다. 이 때문에 권위적인 입법기관은 최대한 빨리 관련 법률법 규를 제정해야 한다.

이와 함께 각종 자연독점산업의 특별법에 「전력법」, 「철로법」, 「항공법」, 「우편법」 등이 있다. 이러한 단행법률은 각종 산업의 구체적인 상황에 대하여 규제를 가하게 된다. 그러나 이러한 단행법률들은 제정 및 반포가 상당히 이른 반면 중국은 공기업의 자연독점 상황에 대해 최근 감독을 강화하였다. 이 때문에 이러한 법률들은 일정한 낙후성을 지닌다. 또한 이런 법률들의 지도사상은 종종 국가기반시설의 안전을 보증하기 위한 것이며, 산업 내의 각종 주체행위를 규범하기 위한 것은 아니다. 그 이유는 어떤 때에는 심지어 자연독점산업 이익의 보호막이 되기 때문이다.73) 그 예로 「전력법」 중의 대다수내용은 모두 전력의 건설, 생산 및 관리에 대한 것이다. 반면 소비자권익의 관련내용은 도리어 상당히 적다. 이와 관련되어 부담을 해야 하는 법적 책임 또한 원칙적인 규정을 두고 있어 한계가 존재한다. 예로 「전력법」 제50조와 제60조는 모두 단지 손해배상책임만을 규정하고 있는데 구체적으로 얼마만큼의 민사배상금액을 부담해야 하는지 모호하고, 행정처분 내지 형사처벌에 대해서는 상세한 규정이 없다. 또한 일부규정은 이미 실제로 적용하기에 적합하지가 않으며, 처벌이 지나치게 가볍고, 규제의 역량도 충분하지 않다. 예로 「전력법」 제66조가 있는데 징수를 많이 받는 전기가격은 단지 '반환을 명령하며 5배 이상의 벌금에 처한다'라고만 규정되어 있다. 이러한 규정들은 확실히 현재의 경제발전 상황에 부합하지 않는 부분이 존재한다. 이러한 현상은 기타부문법에서도 또한 마찬가지로 적용된다. 이 때문에 이미 존재한 산업입법에 대해 제때 개정을 하는 것이 요구되며, 동시에 단행법률을 제정하지 않은 자연독점산업에 대해서는 제때 관련 법률법규를 제정함으로써 규제를 가해야 한다. 그럼으로써 시장경제의 활성화를 촉진하고 경제를 지속적으로 발전시켜야 한다.

2) 중국 자연독점산업의 주요쟁점
시장경제의 지속적인 발전에 따라 한편으로 시장거래에 대해 소비자의 의존도가 더욱 심해지고 있고, 다른 한편으로 복잡다변한 거래환경에 직면하여 소비자는 항상 열세의 지위에 처해야 한다. 그리고 독점적 지위를 누리고 있는 자연독점산업과 비교하여 소비자는 일개 개인역량에 의존해야 하기 때문에 열세에 처한 소비자의 합법적인 권익은 쉽게 침해된다. 구체적으로 아래 몇 가지 분야에서 자연독점산업으로 인한 폐해가 어떤 것이 존재하는지 그 주요쟁점을 알아보기로 한다.

첫째, 소비자의 안전권이 용이하게 침해된다는 것이다. 안전권은 소비자의 가장 기본적인 권리이다. 안전권이라 함은 소비자가 제품을 구매, 사용하고 서비스를 제공받을 때에 누리는 인신안전, 재산안전이 손해를 입지 않을 권리다. 자연독점산업 대부분은 국가민생경제의 산업에 관련되며, 이 때문에 자연독점산업이 제공하는 제품과 서비스는 반드시 안전하고 신뢰할 수 있어야 한다. 반드시 자연독점산업이 제공하는 제품과 서비스가 소비자의 생명 및 건강, 재산안전에 손해를 주지 않아야 한다. 그러나 자연독점산업의 독점성 때문에 경쟁의 압력이 부족해질 수 있고, 이 때문에 자연독점산업이 제공하는 제품이나 서비스의 품질이 보장받지 못할 수도 있다. 예로 생수회사가 비용과 고액연봉으로 인한 이윤을 절감하기 위해 폐수에 대한 회수와 처리가 기준대로 엄격하게 진행할 수 없어 수질의 청정도가 기준에 도달하지 못하는 상황을 초래했다면 소비자의 생명과 건강은 보장받지 못할 것이다. 또 전력회사가 공급하는 전압이 불안정하여 이용자의 대용량 전기기기를 훼손할 수 있고 소비자의 재산안전을 위협할 수도 있다.

둘째, 소비자의 지정권(知情權), 즉 알 권리가 피해를 받을 수 있다. 알 권리라 함은 소비자가 누리는 것으로 그가 구매 및 사용하는 제품 혹은 제공받은 서비스의 진실한 상황을 알 권리를 말한다. 이 때문에 소비자는 제품이나 서비스의 각기 상이한 상황에 근거하여 경영자에게 제품의 성능과 규격, 검사합격증 인증표기, 판매 이후 서비스 등의 상황을 요구할 권리가 있고, 이렇게 되어야만 비로소 소비자는 진실한 상황을 안다는 전제 하에서 스스로 공정하게 경영자와 거래를 진행하며, 그럼으로써 소비자의 합법적인 권익으로 하여금 보장을 받도록 해야 한다. 그러나 시장경제의 발전에 따라 제품구조와 기능이 날로 복잡해지면서 제품유통의 국제화가 소비자의 경험과 상식으로 하여금 제품 및 품질의 가치를 정확히 파악하게 하거나 제품을 정확하게 사용하게 하거나 서비스제공에 있어서의 역할이 날로 작아질 것이다. 소비자의 제품에 대한 이해는 점점 더 어려워질 수도 있다. 동시에 자본의 집중이 시장에 대한 독점을 형성하였고, 독점은 소비거래에 있어서 소비자와 경영자 간의 역량비교를 파괴하고, 그럼으로써 경영자로 하여금 종종 거래조건의 능력을 취득하도록 하였다. 한편으로 독점적 지위를 구비한 자연독점산업의 경영자는 경영자가 정한 요건을 받아들이면 거래관계가 발생한 상대적으로 열세에 처해 있는 개별소비자와 거래를 진행하지 않는다. 이것은 자연독점산업의 경영자는 소비자에게 관련제품이나 서비스의 진실한 상황을 아주 어렵게 알리게 되는 것이다. 하물며 상술한 것처럼 경영자가 폭리를 위한다면 자기와 특정한 관계에 있는 경영자와 합작을 하여 매우 품질이 낮은 제품이나 서비스를 제공할 수가 있는데, 이렇게 된다면 자연독점산업의 경영자는 소비자에게 진실한 상황을 제공할 수가 없게 된다. 이것은 소비자의 알 권리가 침해받는 상황을 아주 용이하게 초래하게 된다.

셋째, 소비자의 자주적 선택권이 손쉽게 침해받는다는 것이다. 자주적 선택권이라 함은 소비자가 누리는 제품이나 서비스를 자주적으로 선택하는 권리를 말한다. 이것이 포함하는 것은 주로 제품이나 서비스를 제공하는 경영자를 자주적으로 선택하는 권리이며, 제품품종이나 서비스방식을 자주적으로 선택하는 권리이고, 어떠한 제품을 자주적으로 구매하거나 구매하지 않을 권리이고, 그 어떠한 일종의 서비스를 수용하거나 수용하지 않을 권리를 포함한다. 또 제품이나 서비스를 자주적으로 선택할 때에 비교와 감별, 선택을 진행하는 권리를 갖는 것 또한 포함하게 된다.[74] 경쟁상태에서 소비자는 임의로 저렴하고 품질이 좋은 제품을 선택할 수 있으며, 독점상황 하에서 소비자는 제품에 대한 선택권을 상실하게 되며, 부득이 독점기업이 제공하는 제품을 구매하게 된다. 상술한 것처럼 자연독점산업의 특징 가운데 하나는 독점기업이 제공하는 서비스가 선택할 수 없는 성격을 구비하였을 때, 자연독점산업이 독점적 지위에 속하기 때문에 이 때문에 자연독점산업의 경영자가 시장지배적 지위를 남용하여 강제로 소비자와 거래를 하게 하거나, 끼워팔기나 부가적으로 불합리한 거래조건이 출현할 수 있고, 소비자에게 불필요한 제품을 강제로 구매하게 하거나 혹은 불필요한 서비스를 받게 하여 그중에서도 또 이득을 취하는 것 등이 포함된다. 전력부문이 소비자에게 자신이 지정한 냉장고를 구매하도록 강제하는 것, 또 생수회사가 소비자에게 자사가 지정한 공업용수설비 등을 구매하도록 강제하는 것 등이 그 예이다. 이것은 소비자의 자주적 선택권을 심각하게 훼손한다.

넷째, 소비자의 공정거래권이 용이하게 피해를 입는다. 공정거래권이라 함은 소비자가 제품을 구매하거나 서비스를 제공받을 때 누리는 품질보장과 가격의 합리성, 계량의 정확성 등 공정한 거래요건을 말하며 동시에 경영자의 강제거래행위를 거절할 권리도 포함한다.[75]

우선 독점적 지위에 있는 자연독점산업이 불공정한 경제적 이익을 취득하기 때문에 경영자는 시장지배적 지위를 남용하는 입장에 처하게 되며, 공정함 및 등가유상원칙에 반하여 임의로 가격산정을 하거나 비용을 함부로 징수하는 일이 발생하게 된다. 반면 자연독점행위는 하나의 국가민생경제에 관련되는 특수산업으로 자연독점산업이 제공하는 제품과 서비스는 국민의 일상생활과 밀접한 관련이 있으며, 이때 가격산정은 단순히 생산자의 이익에 의존할 수는 없으며, 우선적으로 소비자의 이익을 고려해야만 한다. 가격이 지나치게 높지 않아야 하며, 광범위한 소비자의 경제수용능력과 잘 적용해야 한다.

다섯째, 자연독점산업은 독자적인 지위를 누리기 때문에 경영자는 아주 용이하게 신의성실원칙을 위배하게 되고, 어떤 경영자는 심지어 정당한 이유가 없는 상황 하에서 임의로 제품공급을 중단하거나 서비스 제공을 거절하는 상황이 출현할 수 있다. 이러한 행위가 교역거절이라고 불리운다. 자연독점산업의 경영자는 소비자에게 특정제품이나 특정 서비스를 제공하도록 하고 있는데, 소비자가 정기적으로 자연독점산업에게 비용을 교부하여 실질적으로 양자 간에는 이미 일종의 계약관계가 형성되어 있으며, 중국 「계약법」 관련규정에 근거하여 당사자 쌍방은 신의성실의 원칙을 준수하여야만 한다. 전면적으로 또 실질적으로 자신의 의무를 이행해야 하며, 합법적인 권리를 누리며, 그 어떠한 일방당사자라도 임의로 계약을 변경하거나 계약을 끝내면 안 된다. 그렇지 않은 경우 관련된 법적 책임을 부담해야만 한다. 실무과정에서 일부 자연독점산업의 경영자는 사리사욕을 위해 심지어는 제품공급을 중단하거나 서비스를 중지하여 소비자에게 생활의 불편함을 조성하게 된다.

여섯째, 소비자의 이러한 기타권리 또한 손해를 입을 가능성이 있다는 것이다. 상술한 권리 외에 소비자의 법적 구상권, 교육을 받을 권리, 존중권 획득 등의 권리가 침해받기 쉬운 경우에 속한다.

법적 구상권이라 함은 소비자가 구매, 제품사용 혹은 서비스접수로 인신상, 재산상의 손해를 입은 경우 법에 따라 누리는 배상청구권리이다. 중국 자연독점산업의 행정독점적 성향은 분명하며, 통상적으로 재력이 약한 소비자와 재력이 풍부한 기업경영자가 서로 경쟁할 때, 그 이익이 일단 손해를 받으면, 자신의 역량에 의해서 근본적으로 보상을 받기가 어려우며, 이 때문에 소비자의 법적 구상권이 아주 용이하게 피해를 입는 것이다.

교육수용권이라 함은 지식획득권 내지 교육을 통해 지식을 획득하는 권리를 말한다. 즉 소비자가 누리는 것으로, 소비자권익보호차원의 지식에 대한 권리이다. 이 권리는 소비자의 알 권리로부터 나온 일종의 소비자권리이다. 상술한 것과 같이 자연 독점산업의 경영자와 소비자가 정보, 실력 등의 격차가 날로 커지기 때문에, 소비자가 교육권을 수용하는 것 또한 아주 용이하게 피해를 입을 수 있다. 이 때문에 소비자가 교육을 받는 것을 강조하고, 관련지식을 획득함으로써 스스로 보호하는 능력을 향상시키는 것은 이미 아주 중요한 업무 가운데 하나가 되었다.

존중권 획득이라 함은 소비자가 제품구매 및 제품사용, 서비스접수 시 누리는 인격권, 민족풍습의 습관이 존중을 획득하는 권리이다. 이러한 권리가 피해를 입는 원인은 주로 쌍방당사자의 거래과정에서 경영자의 언행이 소비자의 개인인격권의 존중에 침해를 주었기 때문이다. 중국 자연독점산업은 행정적 색채가 농후한 특징이 남아 있다. 일부 자연독점 산업의 경영자는 종종 평등한 민사주체자격을 소홀히 하고 있어 민사활 동에서 소비자권익에 침해를 주어 아직 중국 행정부인 국무원의 처리방 식에 지나치게 의존을 하는 경우가 적지 않다.

종합해보면 자연독점산업은 독점지위에 처해 있기 때문에 경쟁력이 부족한 것은 위기감이 부족한 것이다. 현재 중국은 자연독점산업에 대한 관련규제가 다른 국가와 비교하여 상당히 낙후되어 있고, 완전하지 못한 것이 특징이다. 따라서 어떻게 법제도를 개선하여 효과적으로 자연독점산업행위를 규제할 것인가, 또한 어떻게 더 적절하게 소비자의 권익을 보호할 것인가 논의하고 실행하는 것이 실질적으로 의미가 크다.

2. 중국 자연독점산업 중 소비자권익보호의 개선방안

(1) 입법차원의 보호

기술과 수요의 변화에 따라 자연독점의 경계는 더욱더 협소해졌으 며, 전통적인 관념의 제약으로 인해 중국의 자연독점산업의 경쟁업무에 대한 인식은 충분하지 않다. 현재 중국의 법률체계와 산업규범은 거시규 범, 중간규범, 미시조정의 세 단계를 포함하는데 주로 헌법을 근본으로 하여 「불공정경쟁방지법」과 「반독점법」을 중간단계의 입법으로 하고, 그 아래에 공정한 입법절차에 따라 반포한 것으로, 각종 자연독점산업의 특별법인 「전력법」, 「철로법」, 「우편법」 등이 있다.

소비자의 합법적인 권익보호는 시장경제의 지속적인 발전을 필요로 하는 중국에서 지속적으로 개선을 해야 할 당면과제로서 이와 관련하여 자연독점산업에서 최대한 소비자의 합법적인 권리를 보호하는 것은 당연히 취해야 할 조치이다.

1) 국외의 사례

중국에서 「반독점법」이 제정되었지만 자연독점산업에 대한 법률규제는 국유자산의 유실문제와 M&A 활성화를 위한 경제발전 등 거국적 차원의 이유로 인해 국유기업 개혁이 순조로이 진행되지 않은 이유로 완벽하게 진행되어 왔다고 할 수는 없다. 이 때문에 외국의 사례를 참고하여 중국에 시사가 될 부분을 고찰할 필요가 있다. 하나는 종합적인 입법이다. 입법기관이 자연독점의 모든 영역을 포함하는 법률을 단행법률 제정으로 끝나지 않고 관련법률 내에 추가로 개정을 하여야 한다. 미국의 「셔먼법」이 독점에 대해 아주 적절한 통제를 가하고 있으며 독일의 「경쟁제한반대법」이 공기업에 대해 규범을 진행하였다. 다른 하나는 산업 업종에 따른 입법이다. 미국이 1978년에 반포한 「천연가스정책법」, 영국 공기업의 개혁은 1984년에 시작되었으며 정부주도로 전신업을 민영화하였고 「전신법」, 「전력법」, 「수질법」 등의 법률제정을 통해 지속적으로 화석연료와 전력, 수질, 철도운수 등 주요 산업시설에 대해 개혁을 단행하였다.

2) 중국 자연독점산업 관련규제 개선방안

이러한 중국의 자연 독점산업을 개선하기 위한 규제방안으로 아래와 같은 조치가 적절히 시행되어야 한다. 먼저 「불공정경쟁방지법」과 「반독점법」의 개정이 요구된다. 먼저 「불공정경쟁방지법」은 1993년에 반포 및 실시되었는데 이미 20여 년의 시간이 경과하였으며, 중국경제의 지속발전에 대응하기에는 법적 규제가 효율적으로 전개되지 못하였다. 예로 「불공정경쟁방지법」 제23조가 규정하는 '5만 위안 이상 20만 위안 이하의 벌금'의 경우 현실적으로 막대한 규모의 높은 이윤을 획득할 수 있는 자연독점기업으로 말하면 벌금부과액이 높지 않아 근본적으로 징계의 효과가 거의 없는 조항으로, 공정한 경쟁의 장려 및 보호를 통한 소비자와 경영자의 합법적인 권익보장, 중국경제의 지속발전을 보장하기에는 법적 효력과 기능이 제대로 발휘될 수 없다. 또한 독점행위를 규제하기 위해 제정된 「반독점법」의 실시는 중국경제가 M&A 활성화를 통한 중국기업의 덩치불리기와 해외기업 인수를 통해 기업발전에 필요한 요인을 단기간에 확보할 수 있다는 동기로 인하여 실질적으로 규제의 효력이 약회되었다고 할 수 있다.

다른 한편으로 기존에 제정되어 있는 산업법률을 개정하고 기타산업에 대한 입법도 지속적으로 진행이 되어야 한다. 상술한 것처럼 중국의 현행 산업입법에 대한 제정과 반포는 상당히 이른 시기에 전개되었다. 수많은 산업법률들이 원칙적으로 제정한 단행법률에 의존하고 있고 실무에서 이를 뒷받침해 줄 하위법규나 행정규장들이 정식법률로 승격되지 않은 이유로 효력이 낮은 평가를 받을 오해의 소지가 있고, 법집행과정에서 다른 법률과 충돌이 발생할 수 있다. 따라서 우선적으로 필요한 것은 하위법규나 행정규장 가운데 실무적으로 효력을 발휘하고 있는 행정규장이나 하위법규들을 상위법인 각종 단행법률 내에 포함하여 규정을 하는 법개정이 대대적으로 진행되어야 한다.

(2) 행정관리차원의 보호

먼저 공상행정관리총국 차원의 보호가 있다. 공상행정관리총국은 「소비자권익보호법」의 주요집행부문으로, 소비자의 합법적인 권익을 보호하고 중국경제의 지속적인 발전을 위해 중요한 역할을 담당한다. 이외에 국가공상행정관리총국은 수많은 규범성문건을 제정하였는데 1993년에 반포한 「공기업의 경쟁제한행위금지 규정」에서 자연독점산업을 규제하는 경영자의 행위를 통해 소비자의 합법적인 권익을 보호하는 데에 아주 중요한 역할을 담당하였다.

다음으로 반독점집행기구 차원의 보호가 있다. 「반독점법」 규정에 근거하여 국무원은 반독점위원회를 설립하였는데 반독점법위원회의 조직과 부처 간 협조, 반독점업무 관리 및 지도, 국무원이 규정한 반독점 법집행을 부담하는 직책의 구성 등으로 반독점집행업무를 담당한다. 업무상의 필요에 따라 성, 자치구, 직할시 인민정부에 상응하는 기관에 권한을 위임할 수 있으며, 「반독점법」에 따라 관련업무를 담당한다.

또한 가격관리부처 차원의 보호가 있다. 가격은 소비자권익에 영향을 주는 중요한 요소로서 수많은 소비자권리침해사건이 대부분 경영자의 불합리한 가격행위로 인해 발생한다. 또한 자연독점산업의 가격문제는 특히 심각하여 이 문제를 철저히 해결하기 위해서는 반드시 아래 몇 가지 분야에서 필요한 조치가 취해져야 한다.

우선 현재 중국의 경제체제는 이미 시장의 발전을 대폭적으로 육성하고 있기 때문에 가격제정 시 시장의 수요공급 변화를 충분히 고려해야만 하며, 관련제품의 경쟁상황을 고려하고, 산업의 발전동향과 흐름을 고려하고, 자연 독점산업제품가격에 대한 규제는 보다 세분하게 규범화되고 법제화하여야 한다. 이 때문에 자연독점산업 내에 경쟁체제를 도입해야 한다. 경쟁이 존재해야만 비로소 기업이 효율 향상을 촉진할 수 있으며 제품과 서비스품질을 향상시킬 수 있다.

다음으로 자연독점산업은 결코 모든 산업이 독점을 형성하는 것은 아니다. 이 때문에 과학적으로 자연독점산업 중의 자연독점업무와 비(非)자연독점업무를 명확히 구분지어야 하며, 비자연독점업무 중에서 독점분야를 분리시켜야 하고 시장시스템을 도입하여 경쟁이 기업의 가격결정 형성에 충분히 발휘될 수 있도록 해야 한다.

그리고 상술한 것과 같이 정부의 물가당국과 기업 간에 존재하는 정보는 각각의 편차가 존재한다. 즉 갑과 을의 위치로 인한 정보확보에 있어서 우월적인 지위와 그렇지 못한 지위가 발생하는 것이다. 가격제정 부문은 기업 운영에서 발생하는 가격정보에 익숙하지 않을 수 있고, 기업은 보다 유리한 정부의 가격제정을 획득하기 위해 종종 허위자본의 사기수단을 채택하게 된다. 따라서 산정된 가격에 있어서 불합리한 현상이 출현하게 되고, 근본적으로 정부의 소극적인 대응을 탈피하여

자연독점산업의 경영자에게 보다 효과적인 비용제약체제를 확립하여야
한다.

　마지막으로 건전한 가격제도를 확립하고 가격산정제도를 완벽하게
해야 한다. 가격공청회로 말하면 공청은 소비자와 기업그룹 간의 일치된
의견을 추구하기 위한 것으로 정부가 수익이 낮은 기업의 관련정보로
하여금 기업생산을 장려하고 소비자권익을 유지보호하는 가격산정정책
을 취하도록 하는 것이다. 그러나 현재 중국의 「가격법」 제23조는 원칙적
인 규정에 머물러 있어 공청회제도를 개정 시에 반드시 규정해야 한다.
구체적으로 공청회에 대한 법적 성질, 공청회 구성원의 구성, 통제기관의
권리의무, 공청회참여자의 권리의무, 공청회 운영절차와 결과의 집행
및 법적 책임 등에 대해 전면적으로 규정을 하여야 한다. 절차상의
문제로 인하여 자연독점제품의 가격 공청회가 대부분 실효성을 거두지
못하고 있어서 긍정적인 역할을 수행하지 못하고 있다. 이 때문에 중국은
관련 절차에 해당하는 규정을 최대한 이른 시일 내에 대폭적으로 제정하
여 유명무실해진 권리를 실질적인 권리로 바꾸어야 한다.

(3) 소비자권익에 대한 사회 차원의 보호

　소비자권익에 대한 사회차원의 보호는 소비자협회로 귀결된다. 중국
의 관련법률은 소비자협회에 관련 직능을 부여하였다. 소비자에게 정보
를 제공하고 서비스자문과 소비자에 대한 투서 수리, 손해를 입은 소비자
의 제소지지 등 관련된 권한을 위임하여 소비자권익의 보호를 강화하였
다. 소비자협회는 또 언론매체와의 협력을 강화하여 소비자가 정보를
획득하는 루트를 확대하고 있고, 그럼으로써 소비자는 충분한 정보
속에서 주체의식을 강화하고 소비행위를 규범하게 된다.

Ⅶ. 2013년 중국「소비자권익보호법」개정 관련 초안 분석 및 입법과제

(1) 개인정보보호의 강화

중국「소비자권익보호법」은 제정된 이래 중국국민들의 편리한 소비를 위해 법제도적으로 다양한 지원을 실시하였다. 그러나 제정 이후 중국경제가 신속히 발전하고 경제환경 또한 변화하게 되어 기존의 법률만으로는 달라진 경제환경과 소비자에 대한 보호를 신속히 대처할 수 없는 상황에 직면하게 되었다. 이에 1923년 제12차 2013년 4월 23일 전인대 상무위 제2차 회의에서 중국「소비자권익보호법」초안이 최초로 심의에 들어가게 되었다.[76] 이러한 동법의 개정과 관련하여 구체적으로 중국정부가 중점을 두고 있는 분야가 어디인지 확인해볼 필요가 있다.

정보기술의 신속한 발전으로 국민들이 더 편리하게 신속한 정보를 획득할 루트를 제공해줌과 동시에, 소비자의 개인정보로 하여금 남용을 회피하지 못하도록 함으로써 정보안전문제가 발생하였다. 소비자의 성명, 초상, 신분증번호, 전화번호, 거주지주소, 직업, 수입, 소비의 기호, 건강상황, 신용상황 등 개인정보가 잠재적인 상업용 이용가치를 구비하고 있기 때문에, 실무에서 경영자가 불법으로 소비자의 개인정보를 모집하거나 사용한다면, 또 임의로 소비자의 개인정보를 누출시키거나 불법으로 타인에게 정보를 제공하는 일이 빈번히 발생한다면, 공민의 안정권과 재산권을 침범할 뿐만 아니라, 어떤 때에는 심지어 공민의 인신안전을 위협하기 때문에 반드시 억제해야 한다. 이 때문에 동법에서는 소비자 개인정보가 보호를 획득할 권리를 분명하게 규정하였으며, 제10조 또한 이에 상응하게 경영자의 의무를 규정하였다. 여기에는 소비자 개인정보를 수집 및 사용할 때 합법적이고, 정당하고, 필요하다고 보았으며, 사용정보의 목적과 방법 및 범위, 또 수집을 분명히 명시함으로써 보안유지조치를 반드시 채택하여 정보안전을 확보해야만 한다.

아래 보편적으로 존재하는 소비자 개인정보의 이용에 대해 판매권장을 하는 문제와 관련하여 동법은 분명히 '경영자가 소비자의 동의나 청구를 거치지 아니 하고, 혹은 소비자가 분명히 거절을 표시한 경우 상업용 전자정보를 임의로 발송하면 안 된다.'라고 규정하였다.

「소비자권익보호법」에서 소비자개인정보 보호의 규정이 일찍이 규정되어 있었던 점은 소비자권익보호에 대해 유리한 개선으로서,「소비자권익보호법」개정의 주요 사항 중의 하나라고 하겠다.

(2) 하자가 발생한 제품의 회수제도 도입

「소비자권익보호법」제18조 2항은 심각한 결함이 있는 제품에 대해서 원칙적으로 위해발생을 방지하는 조치를 채택한다고 규정하였다. 그러나 그 조치가 어떤 것인가에 대해서는 규정된 바가 없어 법개정이 필요시된다. 중국「소비자권익보호법」초안 제3조는 이 점에 대해 분명하게 규정을 하였다. 즉 '적시에 생산정지, 판매정지, 경고표시, 회수 등 위험을 해소하기 위한 조치'를 취하고. 또한 '엄중한'이라는 문구를 삭제하였으며, '설령 정확히 사용한다' 등의 문구를 추가삽입하여 소비자의 보호수준을 강화하였다. 동법 제3조의 가장 큰 특징은 「소비자권익보호법」내에 하자제품 회수제도를 도입한 것이다.

이전에 중국은 이미 제품회수에 대한 규정이 제정되어 실무적으로 적용되어 왔다. 즉 국무원이 2012년에 반포한 「하자 있는 자동차부품 회수 관리조례」, 위생부가 2010년에 반포한 「의료기기 회수관리방법」, 국가질량검사총국이 2007년에 반포한 「식품회수관리규정」등이 그것이다. 그러나 상술한 법률법규와 행정규장들은 효력이 높지 않았을 뿐만 아니라, 가장 큰 문제는 적용범위가 매우 협소하였다는 것으로, 평균적으로 모종제품에 적용되었으며, 이번 「소비자권익보호법」개정을 통해 대폭적으로 하나제품 회수제도의 적용범위를 확대했다는 것이다. 오로지 「소비자권익보호법 초안」규정의 하자제품에 속해야만 회수제도를 적용할 수 있다. 「소비자권익보호법 초안」제3조 2항은 경영자가 주도적으로 회수한다고 규정하였으며, 제12조에서 행정부가 회수를 명령하며, 동시에 「소비자권익보호법 초안」 제26조에서는 또 경영자가 회수를 거절하거나 회수를 지연하는 것에 대한 책임을 부담한다는 내용을 규정하였다.

(3) '삼포(三包)' 규정의 개선

제품과 서비스의 품질은 직접적으로 소비자의 일상생활과 소비자의 인신 및 재산안전에 관계를 끼친다. 즉 소비자권익보호에서 중점적으로 조망을 해야 한다는 의미이다. 이에 「소비자권익보호법 초안」에서는 '삼포(三包)' 권리행사의 서로 상이한 등급을 분명히 정리함으로써 동법 제23조와 제45조에 대해 규정을 병합하였고, '경영자가 제공한 상품이나 서비스가 품질요구에 부합하지 않는다면, 소비자는 국가의 규정 및 당사자약정에 따라서 반품하거나, 혹은 경영자가 변경, 수리 등의 의무를 이행하도록 요구할 수 있다. 국가규정 및 당사자약정이 없는 경우, 소비자는 상품을 받은 날로부터 7일 이내에 반품할 수 있다. 7일 이후 「중화인민공화국 계약법」이 규정한 계약해제조건에 부합하는 경우, 소비자는 제때 반품할 수 있으며, 계약해제조건에 부합하지 않는다면 경영자가 변경의무를 이행하거나 수리하도록 요구할 수 있다.'는 내용으로 개정된 내용을 추가하였다.

(4) 경영자 입증책임의 규정

제품구매과정에서 소비자가 제품의 하자를 입증하기가 상당히 어려운 점을 고려하여 「소비자권익보호법 초안」 제5조는 '경영자가 제공한 자동차, 컴퓨터, 텔레비전, 냉장고 등 내구성 제품이나 액세서리 등의 서비스는, 소비자가 제품이나 서비스를 수령한 날로부터 6개월 이내에 하자가 발견되어 분쟁이 발생하면 경영자가 관련 입증책임을 부담한다.'고 새로 개정하였다. 경영자가 자신이 판매한 제품이나 제공한 서비스를 더 이해하고, 그가 장악한 정보와 관련 증거가 더욱 전면적이며, 동시에 경영자실력이 더욱 강해지고, 대항하는 중에서 우월적인 지위나 약세에 처해지기도 한다. 만약 일부증거가 소비자가 획득할 수 없는 것으로서 이증소재가 쟁점이 될 때, 또 패소의 소재가 쟁점이 될 때, 만약 소송법 내에서 전통적인 '주장한 당사자가 입증한다'는 관념을 깨뜨리지 못한다면 경영자의 입증책임은 실질적인 정의를 구현한다고 규정해야 한다.

(5) 광고경영자 및 광고반포자의 무과실연대책임 확립

격렬한 시장경쟁과정에서 광고는 대체불가의 작용을 발휘하여 왔다. 광고경영자와 광고반포자가 식품 및 약품의 관련정보를 소비자에게 광범위하게 방송함으로써 책임을 강화하는 것은 경제적인 이익을 좇아 이윤을 극대화하는 데에 유리하였다. 이 때문에 「소비자권익보호법 초안」 제17조는 '광고경영자와 광고반포자는 식품 및 약품의 구상, 제작 및 반포 등 소비자의 생명에 직결된 건강제품이나 서비스에 대한 허위광고로 인해 소비자에게 손해가 조성된 경우, 광고경영자, 광고반포자 및 해당제품이나 서비스를 제공한 경영자가 연대책임을 부담한다.'고 규정하였다. 이 조문의 규정은 광고경영자와 광고반포자 및 광고주가 서로 책임을 전가함으로써 피해자가 보상을 받기 어렵게 되는 현실을 회피하도록 한 것으로, 현행 「소비자권익보호법」 제39조와 「광고법」 제38조의 문제점을 보완한 것이다. 구법(舊法)과 비교하여 권리의무관계가 더욱 일치되어 법률의 가치가 효율적으로 구현되었다. 광고경영자와 광고반포자가 무과실책임을 확립하는 것은 소비자의 합법적인 권익보호에 유리할 뿐만 아니라, 광고시장의 질서 규범에도 유리한 것으로 광고업의 건전한 발전을 촉진하게 될 것이다.

(6) 징벌성 손해배상제도의 개선

「소비자권익보호법 초안」의 또 다른 큰 특징은 현행 「소비자권익보호법」 제49조의 징벌적 손해배상제도의 문제점을 개선했다는 점이다. 우선 가장 주목할 부분은 사기행위로 소비자권익을 손해 입힌 것에 대해서는 '배상을 추가하는 금액은 소비자가 제품을 구매하는 가격이나 서비스비용을 감수하는 1배'로 한다는 현행규정을 두 배로 높였다는 점이고, 또한 최저금액을 설정하여 배상금액이 500위안에 미치지 못하는 경우 500위안으로 배상한다는 규정을 두었다는 점이다. 비록「소비자권익보호법 초안」이 일부학자가 제기하는「식품안전법」의 10배 배상금액 규정을 채택한 것은 결코 아니지만, 불법자본의 증가 또한 경영자의 전횡을 억제할 수 있는 분야이다.

당연히 주목해야 할 점은「소비자권익보호법 초안」제54조 2항에서 '경영자가 제품을 명백히 알았거나 혹은 서비스에 결함이 존재하는 것을 알았음에도 불구하고 여전히 소비자를 향해 제공한 사기행위가 소비자 또는 기타피해자에게 사망이나 건강에 심각한 손해를 입힌 경우, 법에 따라 형사책임을 추궁한다'고 하였다. '피해자는 피해 입은 손실의 두배 이하의 민사배상을 요구할 권리가 있다.'는 점을 규정했다는 것이다. 소비자의 생명과 건강, 안전이 더욱 중요하게 받아들여지는 현대적인 마인드를 법개정에 반영했다는 것이 특징이다.

(7) 인격권침해의 법적 책임 개선

「소비자권익보호법 초안」제21조는 현행「소비자권익보호법」제43조의 '경영자가 본법 제25조 규정을 위반한다…'는 규정을 삭제하였는데 경영자가 침권책임을 부담하는 것은「소비자권익보호법 초안」제25조가 규정한 '경영자는 소비자에 대해 모욕이나 비방을 하면 안되며, 소비자의 신체나 휴대한 물품을 조사해도 아니 되고, 소비자의 인신의 자유를 침범해도 안 된다.'는 것을 전제로 하였다. 동시에「소비자권익보호법 초안」은 전술한 소비자인신권익의 범위를 확대하였으며, 또한 분명히 '피해자는 정신상의 손해배상을 요구할 수 있다'고 규정하였다. 이것은 사람을 중심으로 하는 가치를 구현하는 것으로 인격권보호의 발전에 순응하는 것이라고 하겠다.

(8) 전자상거래 등 새로운 소비방식의 규정 추가

상술한 것과 같이 전자상거래, 텔레비전, 홈쇼핑 등 전화주문, 우편 등 이미 중요한 입지를 구축한 소비방식이 광범위한 소비자의 일상생활에 적용되고 있는데, 「소비자권익보호법 초안」에서는 확실히 이러한 새로운 소비방식에 대한 규제를 찾아볼 수가 없다. 「소비자권익보호법 초안」 제8조와 제9조는 각각 선별적으로 소비자에 대한 지정권 및 후회권에 대해 규정을 하였다. 전통적인 소비방식과 비교하여 소비자는 전자상거래 등의 방식으로 제품을 직접 접할 수 없기 때문에 종종 경영자가 제공하는 정보가 진실하지 못하고 불완전하여 적절한 소비선택을 도출하기가 상당히 어렵다. 「소비자권익보호법 초안」 제8조는 경영자가 주도적으로 제공한 정보를 분명히 규정하였는데 그 범위는 전통적인 소비방식의 지정권의 객체범위를 확대하였다. 동시에 「소비자권익보호법 초안」 제9조는 새로운 구매방식의 채택을 규정하였는데 비(非)대면 상태에서 계약을 체결하는 소비자후회권이 그것으로, 물품을 인도받은 날로부터 7일 이내에 일방이 계약을 해제할 권리를 갖는다는 것이며, 이로부터 발생하는 운수비용 또한 경영자가 부담한다는 것이다. 새로운 소비방식에서 특정 당사자 일방에 정보가 몰리는 정보비대칭문제는 더욱 분명해지는데 후회권은 소비자 지정권 실현을 확보할 수 있고, 공정거래를 보장하며, 격식계약으로 하여금 불공정한 이익을 취한 경영자를 파산시킬 수도 있다. 이외에 전자상거래를 하는 소비자에 대해 「소비자권익보호법 초안」 제16조는 '전자상거래무대에서의 판매자, 서비스제공자가 해당 사이트를 다시는 이용하지 않을 때, 소비자는 전자상거래 활동공간 제공자에게 배상을 요구할 수 있다.'고 규정하였는데 소비자에게 더욱 전면적으로 손해배상청구권을 부여한 것으로 판단된다.

이번 「소비자권익보호법 초안」은 소비방식의 발전을 적극적으로 반영하였으며, 현행 「소비자권익보호법 초안」에서 전통적인 소비방식만을 규범한 문제점을 개선하였다.

(9) 소비자협회 직능의 강화

소비자협회는 소비자권익보호에 있어서 거대한 작용을 발휘하여 왔다. 「소비자권익보호법 초안」은 소비자권익보호를 더욱 강화하였는데 총칙부분의 자원 및 환경보호의 합리적인 소비, 소비자가 자신의 권익을 자체적으로 향상시키는 능력 및 소비자권익에 관련된 법률법규와 강행기준 제정에 참여할 권리 등을 포함한다. 특별히 언급할 부분은 「소비자권익보호법 초안」 제19조 규정으로 '수많은 다수의 소비자의 합법적인 권익을 침해하는 행위에 대해서 중국소비자협회 및 성, 자치구, 직할시가 설립한 소비자협회는 인민법원에 제소할 수 있다.'고 규정하였다. 소비자협회가 공익소송을 제기할 권리를 부여하는 것은 중국 「민사소송법」 제55조가 규정하고 잇는 공익소송제도의 소비자보호영역의 연장으로 이번 「소비자권익보호법 초안」에서 가장 큰 특징 중의 하나라고 하겠다. 소비자권익보호는 직접적인 피해자의 권익을 대상으로 하는 것뿐만 아니라, 또한 광범위한 소비자의 합법적인 권익 및 사회공공이익 또한 포함한다. 소비자협회의 공익소송 실천은 대량의 권리침해사건에서 약자의 지위에 있는 소비자의 권리유지비용을 효과적으로 절감할 수 있고, 분쟁을 효과적으로 해결하도록 독촉할 수 있으며, 또한 일정부분에 있어서 소비분쟁으로 야기되는 집단소송 등의 발생도 회피할 수 있다.

(10) 중국 행정부 차원의 감독 강화

약자인 소비자의 합법적인 권익을 보호하기 위하여 공권력의 개입을 적절히 강화하는 것 또한 필요하다. 「소비자권익보호법 초안」은 중국정부의 검사 및 공시직능을 보다 분명히 강화하였다는 특징이 있으며, '경영자가 제공한 제품과 서비스에 하자가 존재하여 소비자의 인신 및 재산안전에 위해가 조성된 경우, 즉각 경영자가 생산중단, 판매중단, 경고, 회수 등 위험을 해소하기 위한 조치를 명령해야만 한다.'고 규정하였다. 행정부의 소비자에 대한 제소를 보다 분명히 규정하였으며, 제소신청서를 수령한 날로부터 7일 내에 처리한다고 규정을 하였다. 행정기관에 분명한 처리기한을 설정하는 것은 행정기관의 사무처리 효율향상에 유리하며, 행정기관의 업무태만에 대한 소비자의 경직된 권한유지를 완화하는 데에도 유리하다.

이외에「소비자권익보호법 초안」제26조는 불법경영자의 행정책임을 보다 확대하였는데, 구체적인 개정은 현행「소비자권익보호법」제50조의 '공상행정관리부문'을 '공상행정관리부문 혹은 기타 관련행정부처'로 개정하였으며, '불법소득의 1배 이상 5배 이하의 벌금에 처한다'를 '불법소득 1배 이상 10배 이하의 벌금에 처한다'로 개정하였고, '1만 위안 이하의 벌금에 처한다'를 '50만 위안 이하의 벌금에 처한다'로 개정하였다. 처벌을 내릴 수 있는 감독관리기관의 범위를 확대하였으며, 또한 처벌상한선을 제고함으로써 불법자본이 증가되었다. 동시에 또 행정책임은 '그에 상응하는 민사책임을 부담하는 것' 외에 반드시 부담해야 하는 것으로 분명히 함으로써 이중책임 관련 의문을 해소하였다.

Ⅷ. 중국「반독점법」각도에서 조망한 소비자권익보호의 개선방안

1. 입법 차원의 소비자권익보호

수요 및 기술의 변화에 따라 자연독점의 범위는 날로 확대되었으나 전통적 관념의 구속 때문에 현재 중국의 자연독점산업에 대한 경쟁업무의 인식은 부족하며, 이것이 중국의 현행 자연독점법률규제의 무력함을 초래하게 된다. 현재 중국의 법률체계와 산업규범은 주로 거시정책, 미시정책, 중기대책의 세 단계를 포함하며, 주로 헌법을 근본으로 하여「불공정경쟁방지법」및「반독점법」을 중간단계의 입법으로 두고, 각종 자연독점산업의 특별법인「전력법」,「철로법」,「우정법」

등이「반독점법」및「소비자권익보호법」규정을 보완하고 있다.

입법에 관한 소비자권익보호문제에 대해 외국의 사례를 고찰하면 자연독점산업 관련 법률규제는 아래 몇 가지로 귀결된다. 하나는 종합적인 입법이다. 입법기관이 자연독점의 모든 영역을 포함하거나 각종 영역 내에서 통용되는 법률을 포함하는 것이다. 미국 셔먼법은 독점에 대해 상당히 적절한 규율을 함으로써 각종 산업에 대한 행위에 대해 규제를 한 것이다. 독일의「경쟁제한반대법」또한 공공기업에 대해 규범을 하였다.

다음으로 산업분야 입법이다. 미국은 일찍이 1978년에「천연가스정책법」을 반포하였으며, 영국 공공기업의 개혁은 1984년에 시작되었는데 정부주도로 전신업을 본격 육성하였고,「전신법」,「전력법」,「수질법」등 법률의 반포를 통해 지속적으로 석탄, 전력, 수질, 철로운수 등 주요 기초설비산업에 대한 개혁을 진행하였다.

중국 자연독점산업의 관련규제를 개선하기 위해서는 우선 외국의 사례를 참조하여 종합적인 입법이 진행되어야 한다. 현재 중국의 자연독점에 대한 규제는 주로「불공정경쟁방지법」및「반독점법」위주로 실시된다. 그중「불공정경쟁방지법」은 1993년에 반포 및 실시된 것으로 이미 20년 이상 경과되었고 중국경제의 신속한 발전으로 인해 일부 규정은 법적 효력이 크지 않다. 예로「불공정경쟁방지법」제23조가 규정한 '5만 위안 이상 20만 위안 이하의 벌금' 규정은 실무적으로 독점으로 인한 고소득을 획득할 수 있는 자연독점기업으로 말하면 근본적으로 처벌기능이 없다고 할 수 있다. 즉 막대한 영업이익을 올리고 있는 상황에서 미미한 벌금부과조치는 의미가 크지 않다고 할 수 있다. 따라서 벌금을 대폭적으로 상향조정하지 않는 한 공정경쟁의 장려 및 보호, 경영자 및 소비자의 합법적 권익보호라는 목적 또한 달성하기가 어렵다.

한편 기존에 제정된 산업법률을 개선하고, 다른 특별법 제정 또한 최대한 빨리 진행해야 한다. 상술한 것처럼 중국의 현행 산업법률은

제정된지 오랜 시간이 경과하여 시대적 변화에 부합하지 못하는 경우가
출현하고 있다. 수많은 산업이 단지 「불공정경쟁방지법」 규정에 따라
혹은 산업 내부의 법적 효력을 구비하지 않은 일부규정에 의해 경영자의
행위를 구속하게 되며, 이 때문에 기존에 제정된 산업법률을 보완하여
기타산업의 입법을 진행하여야 한다.

2. 행정 차원의 소비자권익보호

(1) 공상행정관리부문의 보호

공상행정관리부문은 「소비자보호법」의 주요 집행부문으로 소비자
의 합법적인 권익 보호를 통해 사회경제질서유지에 있어서 중요한 역할
을 담당한다. 국가공상행정관리총국은 1993년 「공공기업 경쟁제한행
위 금지규정」을 제정하여 자연독점산업이 경영자행위 규제를 통해
소비자의 합법적인 권익보호에 중요한 역할을 담당하였다.

(2) 반독점법 집행기구의 보호

중국 「소비자보호법」 규정에 의하면 국무원이 반독점위원회를 설립
하며, 부처조직과 부처 상호 간 협력, 반독점업무의 지도를 담당한다.
국무원이 규정하는 반독점법 집행을 담당하는 기구로서 반독점법 집행
업무를 책임진다. 동 기구는 업무필요에 의하여 성, 자치구, 직할시
인민정부의 상응하는 기관에 위임을 할 수 있다. 중국은 이미 반독점과
관련한 수직적인 관리체제를 설립하여 자연독점분야에서 더 적절한
소비자의 합법적인 권익보호를 위한 법제를 운영하고 있다.

(3) 가격관리부문의 보호

가격은 소비자권익에 영향을 끼치는 중요한 요소로서 수많은 소비자
권리침해안건은 경영자의 불합리한 가격행위로 인해 야기된 것이다.
또한 자연독점산업의 가격문제는 더욱 엄중하여, 철저하게 이 문제를

해결하기 위해서 아래 몇 가지 유의해야 할 것이 있다.

우선 자연독점산업은 결코 모든 산업이 독점에 속하는 것은 아니다. 따라서 보다 과학적으로 자연독점산업 중의 자연독점업무와 비(非)자연독점업무를 구분해야만 한다. 또한 비자연독점업무를 격리하여 시장체제에 포함시켜야 하며, 기업가격형성과정에서 경쟁이 충분히 발휘되도록 하여야 한다.

다음으로 상술한 것처럼 정부의 물가부문과 경영기업 간에는 정보공유 차이에 의한 내부자정보 비대칭현상이 존재한다. 가격산정부문은 기업의 가격비용에 익숙하지 않고, 기업은 유리한 정부 가격산정을 획득하기 위해 자본을 허위보고한 사기수단을 채택하게 된다. 이 때문에 가격산정에 불합리한 현상이 출현하고 근본적으로 시장변화를 제때 반영하지 못하는 정부의 신속하지 못한 입법문제를 개혁하기 위해, 자연독점산업의 경영자에 대응하여 효과적인 자본구속시스템이 수립되었다.

또한 중국정부의 가격제정과 관련하여 보다 과학적인 가격산정을 위해 몇 가지 법적 조치가 요구된다.[77] 가격공청회가 가격제정에 대한 의견수렴을 위해 필요한 제도 중의 하나로서 공청은 소비자와 기업그룹 간에 의견의 일치를 추구하기 위해 중국정부가 저렴한 비용으로 관련정보를 수집함으로써 기업의 생산을 격려하고 또 소비자권익을 보호하기 위한 가격제정정책이 제정된 것이다. 그러나 현재 중국「가격법」제23조는 공청회제도에 대해 원칙적으로 가격공청회제도를 수립해야 한다는 내용만을 규정하고 있고, 가격산정 관련 공청회의 성질, 공청회의 구성원 구성, 통제기관의 권리의무, 공청회참여자의 권리의무, 공청회 운영절차 및 결과집행, 법적 책임 등에 대해 어떠한 규정도 없다. 이런 절차상의 하자로 인하여 자연독점제품의 가격공청회 대부분은 형식적이며, 실무적으로 효과적이라고 볼 수 없다. 이 때문에 중국은 최대한 빨리 법개정을 통해 실무에서 적용될 수 있는 규정들을 제정해야 한다.

3. 소비자권익에 대한 사회차원의 보호

소비자권익에 대한 사회의 보호는 현재 가장 주된 것이 소비자협회이다. 중국의 관련법률은 소비자협회에 일정한 권한을 부여하였는데, 예로 소비자에 대한 정보제공, 자문서비스, 소비자의 투서 수리, 손해를 입은 소비자의 제소 지원 등을 통해 소비자권익의 보호를 강화하였다. 소비자협회는 매스미디어매체와 합작을 하여 소비자의 정보획득 루트를 확장하고, 소비자로 하여금 충분한 정보 가운데에서 주체의식을 강화하고, 소비행위를 규범하여 자신의 지식을 보호하도록 하였다.

4. 2013년 중국 「소비자권익보호법 초안」의 주요쟁점과 입법과제

(1) 개인정보보호의 문제

「소비자권익보호법 초안」은 개인정보의 보호를 규정하였는데 기존의 법률과 비교하면 상당한 개선이라고 할 수 있으나 필자가 보기에는 아래 문제가 존재한다.

우선 법률문구에 있어서 적절하지 않은 부분이 있다. 소비자가 '성명권, 초상권, 은닉권 등 개인정보를 누림으로써 보호를 받는 권리'에 대한 내용이다. 성명권과 초상권, 은닉권이 권리로서 개인정보 계열에 속하지 않고 표현에 있어서도 문제가 있다.

다음으로 동 규정은 은닉권과 개인정보권의 관계를 혼동한 측면이 있다. 법조계에서 양자의 관계에 대해서는 다수설과 소수설이 존재한다. 각국의 입법 또한 상이한 면이 있다. 개인적으로 개인정보권은 독립적인 인격권이라고 판단하며[78], 개인정보와 은닉권은 교차하지만 양자가 포용관계에 있는 것은 아니라고 본다.

또한 「소비자권익보호법 초안」은 개인정보의 내용을 정확하게 규정하지 않았기 때문에 이 규정이 형식적으로 치우칠 가능성이 아주 높다. 그 결과는 소비자의 권위와 권리가 보호되기 어려워지며 열거 및 개괄적인 형식으로 개인정보의 범위에 대해 분명한 규정을 채택해야 한다. 또한 개인정보에 대해 세분화한 분류를 진행하여야만 한다.

마지막으로 이 조항은 기존의 「소비자권익보호법」 제14조의 '인격의 존중을 누리고 민족풍습이 존중을 얻는 권리'와 동등한 지위에 있어야만 법적 효력이 클 것이다. 만약 모종의 소비자권리에 귀속되기가 어렵다면 단일한 법조문으로 작성하여 법개정 시 추가하는 것이 적절하다고 판단된다. 그러나 정보안전이라는 것이 소비자의 인신안전, 재산안전 이외의 안전권이라는 범주를 고려해야 하는데, 그 이유는 소비자의 모종의 개인정보가 소비활동, 사회교류 혹은 공공관리 등 필수적으로 일정한 범위 내에서 국민들을 위해 알려져야 하는 것이기 때문이다.

이러한 부분적인 정보의 공개는 통상적으로 인격존중의 결핍을 조성하지는 않는다. 그러나 정신적인 피해를 조성할 수 있고 생활안정에 영향을 줄 수 있기 때문에 개인정보안전보호를 제7조 규정에 포함하는 것이 바람직할 것이다. 법 개정 이후에는 '소비자가 제품의 구매 및 사용, 서비스접수시 누리는 인신, 재산, 정보안전에 있어서 손해를 받지 않을 권리'를 말한다.

(2) 소비자가 차별받지 않을 권리

소비자보호영역에 있어서 국민들은 일반적으로 가격차별에 대해 주목을 많이 하는 경향이 있으나, 미국 애플사는 수리와 교환, 환불보증, 또 판매 이후 AS 보장 등에 있어서 중국소비자와 차별화를 시도하면서 이중기준의 실행이라는 문제를 안고 있다. 즉 국민들에게 경고하면서 「소비자권익보호법」에 경영자가 AS 등에 있어서 불공정하고 불평등하며 불합리한 대우를 실행한다면 해당소비자가 차별받지 않을 권리를 현행 「소비자권익보호법」 제14조에 포함하여 분명히 규정하고, 또한 '인격존중, 민족풍습의 습관이 존중받을 권리'를 병렬하여 규정해야 한다.

(3) 소비자 후회권

「소비자권익보호법 초안」에는 소비자 후회권을 포함하였는데 「소비자권익보호법」의 소비자에 대한 보호를 충분히 구현하였다. 그러나 후회권의 적용범위가 지나치게 협소하여, 단지 전자상거래 등 새로운 소비방식에 한정되는 한계를 노출하였다. 후회권을 제정한 목적을 보면 새로운 소비방식을 겨냥하여 소비자후회권을 부여하는 것은 현저하게 왜곡된 정보비대칭으로 인한 불공정거래를 교정할 수 있고, 또한 부적절한 목적으로 악용될 수 있는 비리성 소비가 초래하는 낭비나 손실도 감소시킬 수 있다. 그러나 주의해야 할 점은 새로운 소비방식에 존재하는 상술한 문제이건 기타상황이건 간에 후회권을 도입할 필요가 제기된다는 점이다. 예로 판매를 타진하는 과정이나 소비비용을 사전납부하는 과정에서 이익의 유혹 때문에 소비를 요청하는 경우가 출현하게 되고 불필요한 비용을 지불하게 된다. 이러한 상황 하에서 소비자에게는 일련의 냉정을 유지할 시간이 필요하며, 더 이성적인 선택을 함으로써 자원의 낭비를 막고 소비자의 손실을 감소시켜야 한다. 일부학자들이 건의한 바로는 후회권제도를 자동차, 상업용부동산 등 대형소비 표적물의 정형으로까지 확대적용될 수 있다고 한다. 후회권을 확대적용함으로써 소비자와 경영자가 더 이성적인 상태에서 계약에 달성하도록 할 수 있으며, 간접적으로는 경영자가 제품 및 서비스 품질을 향상시키는 방향으로 영업모델을 개선할 수 있다.

(4) 상도의(商道意) 및 사회적 책임

상도의가 훼손된 현실을 염두에 두고 이를 해결하기 위한 목적으로 중국 「회사법」 제5조의 규정을 참고할 필요가 있다. 「소비자권익보호법」에서 경영자는 사회공중도덕, 상업도덕, 신의성실원칙, 정부의 접수, 소비자 및 사회 일반국민의 감독을 받으며, 사회적 책임도 부담한다는 관련규정이 있다. 동법 제1장 총칙에서 도출한 원칙적 규정을 감안할 수 있고, 또한 제3장의 경영자의무에서도 상당히 구체적인 규정을 고려할 수 있다.

(5) 손해배상문제

우선「소비자권익보호법 초안」제25조 1항이 규정한 두 배 금액
및 500 위안이 최저한계인 배상금액이 경영자 사기행위의 충동가능성을
만족시킬 수 있는지가 의문이다. 중국은 장기적으로 '자이파스(假一罰
十, 상점이 가짜 상품을 구입하는 경우 열 배를 배상함)'의 민간경영습관
이 존재하여왔으며, 또한「식품안전법」의 10배의 징벌적 손해배상이라
는 입법도 이미「소비자권익보호법」에 규정이 되어 있다. 동법의 개선방
안으로는 우선「식품안전법」제84조 규정을 참조하여 법률문구를 더욱
세분화하여야 하며, '두 배 이상 10배 이하의 벌금'에 처하도록 규정하고
있으나, 이 배상금액을 늘리되 1천 위안 이하로 최고가격을 선정하여
비용 면에서 부담을 주지 않아야 한다.

다음으로 동법 제25조 2항의 '피해자는 그가 받은 손실에 대해 두
배 이하의 민사배상을 요구할 권리가 있다.'는 규정은 소비자보호로
하여금 경영자보호를 형성케 할 수 있다. 이 규정은 소비자의 손해배상금
액을 제한하기 때문이며 다른 의의는 없다.「소비자권익보호법」에는
이 점과 관련하여 두 배의 벌금을 부과할 필요는 없으며, 최저보증금액
또한 필요하지 않고 오해를 불러일으킬 수 있다는 입장을 보이고 있다.
반대로 '경영자가 상품이나 서비스에 결함이 존재한다는 것을 분명히
알게 된 이후에도 여전히 소비자에게 사기행위를 제공하여 소비자 혹은
기타피해자의 사망 혹은 건강에 심각한 손해를 조성하는 경우' 대출요건
을 엄격히 하여야 하며, 구체적인 배상금액은 판사가 구체적인 안건
중에서 확정하여 실행한다.

마지막으로「소비자권익보호법 초안」제3조와 제12조는 경영자가
주도적으로 하자 있는 제품을 반품하거나 집행기관이 반품을 명령하도
록 선별적으로 규정하고 있다. 그러나 이 또한 반품에 배상이 필요한
분쟁이라는 것인지 아닌 것인지 쟁점이 되고 있다. 따라서 제품하자의

경우 반품 이전에 이미 소비자에게 손실을 주는 것이기 때문에 배상손실을 해야만 하며, 양자는 같이 병행하기 어렵다.

(6) 공익소송

「소비자권익보호법 초안」에서는 중국의 공익소송을 긍정적인 제도로 평가하였다. 그러나 중국 내 공익소송의 원고자격이 중국 소비자협회와 성급 소비자협회로 나뉘는 것이 적절한가에 대해 여러 학설이 제기되고 있다. 또한 중국 내 어느 곳에 위치한 소도시가 공익소송을 제기할 수 없는가가 관건이 된다.

한편으로 하나의 시 안쪽의 어느 현에 거주하는 자들을 대상으로 하는 집단 소비분쟁은 시급(市給) 소비자협회가 주관하여 공익소송이 더 용이해지는지의 문제가 있다. 만약 또 다른 방면에서 일련의 시기 동안 안건이 너무 많고, 성급 이상 소비자협회에서 관심을 갖지 않을 때, 혹은 기타원칙으로 인해 공익소송제기를 원하지 않을 때, 소비자는 공익소송의 구제루트를 더욱더 빈번하게 활용해야 한다. 보편적으로 성급 소비자협회는 다른 지방 중소도시의 소비자협회보다 더 규범화되고, 실력이 강하기 때문에 일률적으로 시급 소방관의 원고자격을 없앨 수는 없다. 반대로 설정한 합리적인 기준을 고려하여, 즉 합법적인 등기, 일정재산 구비, 관련 법률전문가 등을 고려해야 할 필요가 있다.

「민사소송법」 제55조는 '환경오염, 일반국민의 소비자권익의 침해 등 사회공공이익을 침해하는 행위는 법률이 규정한 기관과 관련조직이 인민법원에 제소할 수 있다.'고 규정하고 있다. 이에 「소비자권익보호법」이 어떻게 일부기관이나 기타 소비자조직에 위임을 하여 제소를 하지 않는가라는 문제가 제기될 수 있다. 혹은 일부 인사가 원고자격의 방치로 공익소송이라는 폭탄을 초래하게 되는 것을 걱정하고 있다. 제소권의 남용은 외국의 사례를 감안하면 공익소송 제기와 관련하여 심사제도를 설립 및 운영할 수 있다. 예로 입안 수리 이후 심사를 하고 전치절차를 두어 불필요한 소송 시작을 방지하며, 보증금제도를 통한 방지 조치 등이 그것이다.

(7) 소비자협회에 관한 책임

「소비자권익보호법 초안」은 소비자협회의 직권을 증가하였으나 소비자협회가 소극적으로 부작위하거나 권리를 남용하거나 권력을 추구하거나 「소비자권익보호법 초안」 제14조에서 규정한 금지행위 등을 위반하여 부담하는 법률책임을 규정하지는 않았다. 행위결과가 분명하지 않고, 규범의 구속력이 크게 저하되었기 때문에 「소비자권익보호법 초안」 제7장의 '법률책임'에서 법 개정이 진행되어야 한다.

(8) 사업자단체의 의무

사회관리혁신의 각도에서 보면 사업자단체에 근거를 두고 자율관리를 통해 소비자의 합법적인 권익을 보호하는 것은 사회협동이라는 역할을 충분히 발휘할 수 있으며 사회관리구도를 건전하게 할 수 있다. 해외경험에서 보면 유럽 소비자보호영역 중의 사업자단체가 주도하여 제정하는 행위규범과 자율규칙, 협동행동 등의 소프트법 규칙은 경영자에 대해 중요한 구속을 하게 된다. 소비자권익보호 중에서 사업자단체의 작용은 무시할 수 없는 것으로 「소비자권익보호법 초안」 개정 중에 사업자단체가 소비자의 합법적인 권익을 보호하는 의무조항을 추가해야 하며, 구체적으로는 사업자단체 주도로 업계 자율규범을 제정하고, 성실의무 이행 확인 등의 직능을 추진해야 한다.

(9) 금융소비자

2008년 미국 금융위기가 금융소비자 보호에 관한 광범위한 관심을 야기하였다면 이러한 금융소비자 보호가 「소비자권익보호법 초안」에 포함되어야 하는지가 쟁점의 하나였다. 「소비자권익보호법 초안」 제8조는 '증권, 보험, 은행업무에 종사하는 경영자' 및 '인터넷, 텔레비전, 전화, 이메일 등의 방식으로 제품이나 서비스를 제공하는 경영자'의 정보공시의무를 규정하였다. 이것은 개인적으로 아주 적절한 것으로 보이지는 않는다. 그 이유는 전자상거래는 소비방식이며 증권과 보험, 은행 등 금융업은 인터넷과 전화 등 통신도구를 사용하게 되는데 양자는 동일한 범주에 속하는 것이 아니며 자체적으로 상호교차가 있게 된다. 당연히 근본적인 문제는 금융업을 「소비자권익보호법 초안」에 포함하여 규제할 것인가 하는 것이다. 금융소비자보호는 단행법으로 제정하는 것이 적절하며 금융업이 자신의 산업별 특징이 있고, 장기적인 교류과정에서 독특한 규칙을 형성하였기 때문에, 현재 금융기관의 정보공시의무는 확실히 기타 경영자의 설명의무와는 큰 차이가 있다. 동시에 금융소비자와 일반적인 의미에서의 소비자는 현격히 다르다.

그 예로 「소비자권익보호법 초안」이 유지하고 있는 보호범위는 '소비자가 소비생활을 위해 제품을 구매하고 사용하거나 서비스를 받는 것'이 된다. 그러나 증권업계의 투자자는 영리를 목적으로 하여 생활의 필요라는 범위 안으로 아주 어렵게 보호범위를 포함시키게 된다. 또한 소비자는 단지 자연인임을 의미하며 금융소비자는 기관투자자를 포함해야만 한다. 금융소비자는 자연인으로 제한하지 않는 것으로 간주해야 하는가에 대해 일정한 재력과 전문능력을 기준으로 정하는 것이 더 정확할 것이다.

제2절 중국 약관규제법

Ⅰ. 약관의 정의와 기능

한국 약관규제법 제2조 제1항에 의하면 약관이라 함은 그 명칭이나 형태 또는 범위를 불문하고 계약 일방 당사자가 다수의 상대방과 계약을 체결하기 위하여 일정한 형식에 의하여 미리 마련한 계약내용을 말한다. 일반적으로 약관에 의한 계약은 법률관계의 형성을 위한 당사자 사이의 협상을 거치지 않고 사업자가 일방적으로 제안한 계약내용을 토대로 하여 상대방은 단지 그에 따른 체결여부만을 선택하게 된다.[1] 약관을 작성하는 이유는 거래를 간편하고 신속하게 체결하도록 도와줄 뿐만 아니라 합리성도 보장한다. 그런데 약관을 작성하는 것은 사업자이므로 사업자에게 유리한 내용이 포함되기 쉬운 본질적인 문제가 있다. 그리하여 약관에 대한 규제가 필요시되는 것이다. 그러나 계약당사자가 약정한 손해배상의 예정액이 부당히 과다한 경우 법원이 한국민법 제398조 제2항에 따라 적당히 감액할 수 있다. 그러나 실질적인 내용통제를 위한 약관의 규제내용은 독일법에 따르면 절대적 무효조항과 상대적 무효조항으로 나눌 수 있기 때문에 중국법률에서 또 한국에서 이에 대한 도입을 검토해볼 필요가 있다.[2]

이에 반해 회사약관이라 함은 회사가 필수적으로 회사의 조직과 활동을 규정한 기본규칙인 서면문서로 전체주주가 공동으로 일치된 의사표시를 말한다.3) 회사약관은 회사의 가장 중요한 법률문서로 회사와 회사주주, 이사, 경리의 행위가 법적 구속을 받음과 동시에 회사약관의 구속 또한 받게 된다. 한 회사의 성립은 반드시 세 가지 요건을 구비해야만 한다. 인적요건인 주주 또는 발기인 수, 물적 요건인 최저자본액, 행위요건인 회사약관이 그것이다.4) 회사약관은 회사주주가 제정한 것으로 어떤 의미에서는 주주 의사자치의 산물이며 회사내부규약이다.

약관은 회사를 중심으로 하는 법률관계 전체 이해관계자의 이익과 관련되어 있기 때문에, 법적 안정성을 강조한다. 전 지구적 차원에서 경제가 발전하면서 시장거래안전의 보장을 강조하게 되었고, 회사약관 또한 더욱더 국가의 간여를 받게 되어 더 이상 단순한 자치문서로 남지 않게 되었다. 이러한 회사약관은 대외적으로 공시작용을 하게 된다. 공시라 함은 회사약관이 회사의 기본상황을 제시한 법적 기능을 구비한 것을 말한다. 회사약관은 회사의 성질, 회사자본 및 회사의 목적기재를 강제적으로 등기하고 또 강제적으로 유지함으로써 사회에 대해 공개를 하게 된다.

약관규제법은 약관이 계약내용으로 편입되기 위한 요건으로 약관의 명시, 교부 및 설명의무를 부과하고 있다. 여기서 특히 의미 있는 것은 중요한 내용의 설명의무이다. 한국 약관규제법은 독일민법과는 달리 약관의 계약내용편입에 대한 '동의' 요건을 명시하지 않는 대신 편입통제의 방법으로 약관조항의 중요한 내용의 설명의무를 부과하고 있는데, 이것이 계약상대방을 보호하고 분쟁을 사전에 차단할 수 있는 대단히 의미있는 수단이 될 수 있기 때문이다.5)

II. 약관규제의 형식

1. 약관 주체의 규제

소위 말하는 회사약관으로 주체 규제를 제정한다는 것은 회사약관에 대해 법률규범의 제정인 적격요건인 주체에 대해 제한을 가하는 것을 말한다.6) 일반적으로 회사약관은 회사 전체주주가 공동으로 제정하는 것이다. 그러나 회사형식과 규모의 차이 때문에 주주가 회사약관이 제정한 형식에 참여하는 것은 각기 상이하다. 「회사법」 제19조 규정에 따르면 유한책임회사 약관은 회사주주가 공동제정하며, 여기에서 주주라 함은 회사 설립 시 전체 최초의 주주라고 한다. 단일주주는 단지 법률에 특별한 규정이 존재하는 상황 하에서 법으로 정해진 1인회사에서는 약관으로 주체 제정이 가능하다.

주식회사는 중국 「회사법」 제73조 규정에 따라 회사약관이 제정되며, 주주총회를 거쳐 통과된다. 이러한 차이는 주식회사 발기인 인원수가 적고 주주가 많고 자본이 거대하여 주주가 소지한 주식이 배서(背書), 교부 등 법정방식으로 양도되어 주주신분이 불안정하기 때문이다. 따라서 만약 주식회사 약관이 회사 전체주주가 공동으로 제정한다면 소요되는 비용이 지나치게 많아지게 되어 실효성이 없어질 것이다. 발기인 인원수가 많지 않으면 모든 발기인이 점유하는 지분이 상당히 커지게 되고 위험 또한 자연적으로 커지기 때문에 법률로 발기인에게 상당히 큰 권리를 부여해야 한다. 주식회사에서 회사발기인은 실질적으로 회사약관이 포함하는 내용을 결정해야 한다. 따라서 중국 「회사법」 제92조 규정으로 회사약관을 통하는 경우 이사회에 출석한 표결권을 소지한 주주가 과반수 이상 참석해야만 한다. 회사약관은 발기인이 공동으로 제정해야만 법적 효력이 발생한다. 그러나 여기에서의 효력은 단지 회사성립 이전에 설립과정에서 형성된 발기인과 주식인 간의 채권채무 관계로서, 법적 의의를 지닌 회사문서가 되기 위해서는 회사, 발기인, 주주, 이사, 경리 및 채권인 간에 법적 구속력이 발생해야 하며, 반드시 창립대회를 거쳐 약관의 효력이 발생한 이후 비로소 실현될 수 있다.

국유독자회사는 중국 「회사법」 제65조 규정에 의하여 회사약관은 국가가 투자를 위임한 기관이나 국가가 위임한 부문이 회사법에 따라 제정하거나 이사회가 제정하고, 국가가 투자를 위임한 기구나 국가가 위임한 부문이 인가한다. 국유독자회사는 오로지 국가가 투자를 위임한 기구 또는 국가가 투자한 부문에 하나의 주주만 존재한다. 따라서 중국의 기타 유한책임회사와 상이한 부분은 국유독자회사 본질은 일인회사 범주에 속한다는 점이다. 중국 「회사법」은 회사에서 주주회의를 두지 않는다고 규정하고 있고, 국가가 투자를 위임한 기구나 국가가 위임한 부문이 이사회가 주주회의의 일부직권을 행사하도록 위임함으로써 회사의 중대사항을 결정하도록 한다. 국가가 투자를 위임한 기구나 국가가 위임한 부문 또는 이사회를 위해서 회사약관의 제정주체는 단일하다.

회사 자체가 본질적으로 약관이 제정하는 주체가 될 수 있는지의 여부에 대해 말하자면, 회사설립단계에서 회사 약관의 제정은 회사의 공상등기 획득에 필수조건이기 때문에 회사약관제정이 완성될 때에는 회사가 아직 정식으로 성립하지 않은 상태이다. 따라서 약관의 제정주체 라고 할 수가 없다. 회사존속기간에 중국 「회사법」 제40조는 회사가 약관을 개정할 수 있다고 규정한다. 회사약관의 개정이라 함은 회사설립 또는 등기변경 이후 이미 정식으로 회사등기주관기관에 등기를 하거나 보고를 한 회사약관 본문의 내용에 대하여 부분적이거나 전면적인 개정 행위를 진행하는 것을 말한다. 특별히 회사약관의 내용에 대하여 전면적 으로 개정하고 회사약관에 대해 새로이 제정을 더함으로써 회사가 정식 으로 성립한 이후 회사는 약관의 제정주체가 될 수 있다. 그러나 회사약관 개정의 직권은 주주회의나 주주총회에 속한다. 또한 주주회의가 약관개 정 결의를 논의할 때, 유한책임회사는 반드시 대표 3분의 2 이상 표결권 을 지닌 주주들을 거쳐야 한다. 주식회사는 반드시 주주총회에 출석한 주주가 지닌 표결권의 3분의 2 이상이 되어야만 통과되며, 그렇지 않은 경우 이미 제정한 회사약관에 대해서는 개정할 수 없다.

2. 약관 형식의 규제

중국 「회사법」은 회사약관의 형식에 대해 직접적인 규정이 없다. 그러나 동법 제22조의 '주주는 회사약관에서 서명 및 날인을 해야 한다.'

는 관련규정을 참조하면 제22조 및 제79조의 회사약관에 기재해야 하는 사항 및 제27조 및 제82조의 회사설립신청과 관련하여 회사등기기관에 제출한 서류 가운데 회사약관 등을 포함한 규정을 보면 회사약관은 서면형식을 채택해야만 한다. 회사약관은 회사 성립의 행위요건으로서 반드시 법률의 요식규정에 부합해야만 한다. 당사자의 주관적 요구 외에 더욱더 회사 내외관계에 대한 법률의 강행요구를 반영하고 구현해야만 한다. 이 때문에 회사약관은 반드시 회사법규정에 따라 제정되어야 하며, 반드시 법정기재사항을 포함해야만 한다. 그렇지 않을 경우 약관은 무효가 된다. 구두형식의 약관은 회사외부인에게 알려지는 것이 불리하며, 정부 감독관리에도 불리하게 작용한다.

한국에서는 판례에 의해 약관규제법 제15조에 의하여 동법 제7조 내지 제14조 규정이 적용되지 아니한다면 약관이 일반적으로 무효가 되는 경우를 포괄적으로 규정하고 있는 제6조 규정 역시 적용이 없다고 보아야 할 것으로 보고 있다. 그런데 가령 무역보험을 예로 들면, 일률적으로 무역보험의 모든 경우까지 약관규제법을 적용하지 아니하는 것은 타당하지 않다. 수출기업의 경우에도 영세한 소기업이 존재할 수 있다. 따라서 강자 대 약자에서 약자를 불공정약관 등으로부터 보호하려는 약관규제법을 국제적으로 통용되는 운송업, 금융업 및 무역보험에 대하여 적용을 배제하는 것에 대하여는, 그 기업의 규모나 영세성 등을 고려하여 약자로서 보호를 해주어야 하는 경우 약관규제법이 다시 적용되도록 하여야 할 것이다.[7]

유한책임회사는 주주가 회사약관에서 서명 및 날인을 하도록 요구하는데 이때 주주는 전체주주여야만 한다고 정하고 있다. 회사약관의 서명과 날인은 주주의 평등호혜원칙하에서 회사설립의 권리의무가 일치된 의사표시의 외재적 구현이다. 회사약관에 기재된 주주의 약관서명 행위는 행위인이 회사주주로서의 진실한 의사표시를 설명해준다. 주주의 서명과 공상등기를 거친 회사약관은 대내적으로 주주와 권리의무의 주요근거를 확정하게 되며, 주주 간에 약정된 다른 효력에 대항하게 된다. 대외적으로 공시효력을 지니는가의 여부는 상대방이 회사주주를 판단하는 근거가 된다. 중국「회사법」규정에서 보면 중국은 강제로 유한책임회사의 약관을 체결하는 형식으로 공동제정을 요구하고 있으며, 기타국가가 선택을 채택하는 위탁제정형식을 배제하도록 한다. 즉 1명 혹은 여러 명의 주주가 전체주주가 약관을 위탁제정한 행위를 받게 된다. 유한책임회사가 설립한 대부분의 회사는 중소형기업으로, 보편적으로 발기인이 많고 자본금이 작으며, 약관제정에 있어서 강제적으로 공동제정방식을 채택하게 된다. 여러 학설이 등장하게 되면 회사설립에 영향을 주게 된다. 따라서 발기인 중에서 교육수준과 덕망이 높으며 일정한 법률전문지식을 갖춘 1인 혹은 여러 명을 정하여 제정을 진행하도록 해야 한다. 즉 충분히 주주 간의 이익관계를 고려할 수 있어야 하며, 제정속도 또한 가속화하여 전체주주의 개정에 유리하게 해야 한다. 그러나 각각의 약관은 약관이 이용되는 사회관계가 존재하는 경우 그에 걸맞은 대응이 필요시된다. 즉 예로 상술한 것처럼 회사약관인 경우 소비자보호와는 다른 관점에서 규제가 필요시된다. 따라서 거래상대방이 소비자인지 사업자인지에 따라 약관규제의 모습 또한 종래보다도 세밀한 논의가 필요하다고 할 수 있다.[8]

유한책임회사가 법에 따라 설립된 이후 원(原) 주주의 전체출자나 부분출자를 받는 새 주주는 주주자격을 원래주주자격에 대한 계승으로 간주해야 하고 원 주주에 대한 권리의무가 일률적으로 계승되기 때문에 당연히 회사약관 관련내용의 구속을 받는다. 회사약관에서 서명과 도장을 찍을 필요는 없다. 그러나 유한책임회사에서 주주의 성명 혹은 명칭, 출자금액은 약관의 절대적 기재사항으로, 주주의 출자양도는 반드시 회사약관의 변경을 초래하게 된다. 회사약관의 관련 기재내용이 등기기관의 변경을 거치지 전에 주식양도사유는 제3자에 대항하지 못한다.

주식회사는 주주인원이 많기 때문에 회사약관이 모든 주주명단이나 주주명칭을 상세히 기재하도록 요구하는 것은 실무적으로 대단히 어려우며, 모든 주주가 도장에 날인해야 하는 불필요한 비용을 더하는 것은 지양해야 한다. 또한 주식은 기명주식과 무기명주식으로 분류되기 때문에 무기명주식 소지인에 대해서는 그 성명이나 명칭을 기재할 필요성이 없다. 동시에 법률로 주식회사 약관에 대해서는 특수한 요구를 하고 있는데, 반드시 창립대회를 개최하여 회사약관을 통해 도출한 결의안을 구비해야 하며, 결의가 통과되지 않는 경우 회사약관 성립의 형식은 부족하게 된다.

또한 회사약관에 대한 회사등기기관의 인가가 회사약관에 대한 형식적 요구에 속하는가의 문제가 있다. 필자가 여기기에 등기기관은 일정한 심사기준에 따라 직책을 이행해야 하며, 만약 등기기관이 자체적으로 과실이 없고 심사의무를 완수하였다면 해당 등기내용은 회사약관에 적절하게 부합될 것이다. 반대로 등기결과가 잘못된 것은 등기신청인이 자체적으로 부담하는 것이 적절할 것이다. 회사약관 성립과 회사가 성립된 시간이 상이하고, 회사가 정식으로 등기기관이 설립인가를 심사한 날에 성립하게 되며, 이 날부터 시작하여 회사는 법인격을 취득하게 되고, 권리능력과 행위능력을 구비하게 된다. 회사약관의 성립이 주주 혹은 발기인에 기반을 두면, 회사의 중요사무가 내린 규범성 및 장기적인 배분은 합의를 달성할 것이고, 합의가 달성된 시점부터 약관내용은 주주나 발기인을 구속할 수 있다. 회사가 성립된 날, 즉 성립된 회사약관이 완전히 효력을 발생할 때 시간적으로 회사약관의 성립이 회사성립보다 우선하게 되기 때문에, 회사약관에 대한 회사등기기관의 심사목적은 회사법인자격 설립을 수여해야 할지의 여부를 결정하는 것이고, 영업자격을 부여해야 하는가의 여부에서 심사통과여부와 회사약관의 성립은 관련이 없다.

3. 약관 내용의 규제

회사약관의 실질적인 규제는 회사약관 내용에 대해 합법적인 제한을 두는 것이다. 회사약관의 내용은 주로 회사명칭, 목적, 사무장소, 등록자본, 경영범위, 주주구성, 출자형식, 조직기구, 증자, 감자, 합병, 분할,

종지 등의 사무를 포함한다. 회사약관의 내용은 반드시 아래원칙을 준수한다.

첫째, 법률법규원칙을 위반하지 않아야 한다. 회사약관은 회사의 자치법으로서 그 효력은 법률보다 낮다. 간단히 말하면 회사약관기재내용은 법률법규와 저촉될 수 없고 그렇지 않은 경우 해당 기재내용은 무효가 된다. 중국「회사법」은 회사약관기재사항에 대해 분명하게 구분된 것이 없으며, 관련법률을 보면 법정기재사항과 약정기재사항 두 가지로 분류된다. 법정기재사항은 중국「회사법」제22조 1~10항과 제79조 제1~12항 사이에서 구현된다. 약정기재사항은 제22조 11항과 제79조 13항 규정에서 비롯된다. 법정기재사항의 결함은 약관무효를 초래한다. 특히 설명이 필요한 것은, 약관무효를 초래하는 것은 모든 법률규칙이 아니라 단지 강행규정에만 해당한다는 점이다.9) 직접적으로 회사내부조직과 회사참여자 행위의 법률규칙에 관계되는 것은 세 가지 유형으로 분류된다. 즉 권한부여형 규칙, 보충형 규칙 또는 임의형 규칙, 강행규칙이 그것이다.10) 강행규칙은 당사자가 규칙을 배제하거나 개정할 수 없는 것을 허용하지 않는다는 것이다. 약관내용이 법률법규를 위반하는 강행규정이 되면 안 되기 때문이며, 또한 법률의무를 회피할 수도 없다. 동시에 약관내용은 일반적인 법률원칙을 준수해야 하는데, 사회의 미풍양속 및 공공질서를 위반하지 않는 것 내지 공공이익을 훼손하면 안 되는 것 등이 그것이다. 만약 법률원칙의 기재를 위반한다면 구체적 정황이 가벼운 경우 기재내용은 무효가 되고, 정황이 엄중한 경우 전체약관은 무효가 되며 심지어는 회사의 해산을 초래하게 된다.

둘째, 주주평등원칙을 위반하면 안 된다. 회사약관은 주주 간의 평등 호혜원칙이자 서로 합의된 의사표시이다. 유한책임회사 주주는 출자액, 주식회사주주가 소지한 주식으로 회사에 대해 권리를 향유하고 의무와 책임을 부담한다. 각국은 회사법 내에서 회사주주의 기본권리에 대해 직접적인 규정을 두고 있다. 회사약관은 본 회사의 구체적인 상황에 근거하여 회사권리에 대해 제한적인 혹은 확장적인 규정을 둔다. 그러나 이러한 규정은 회사법 내 주주 기본권리의 규정과 서로 배치될 수 없으며, 주주평등원칙을 위반하면 안 된다.

셋째, 타인의 이익에 손해를 끼치면 안 된다. 회사약관의 구속주체는 '제정자 이외의 사람'과 관련되어 있고, 심지어 회사외부인에 영향을 끼치고 있다. 따라서 회사약관의 내용은 배타적이면 안 되며, 반드시 법률의 규제를 받아야 한다. 특히 회사약관의 제정과 변경은 기본적으로 하나의 내부통제과정으로, 회사약관의 효력이 회사내부범위를 초월하여 타인에게 미치게 되면, 약관의 부분적인 기재사항은 직간접적으로 타인과 관련된다. 그 효력의 영향을 받는 다수의 채권자 등 회사외부인은 약관에 규정된 과정에 참여하여 자신의 의견을 표현할 수 없다. 만약 이러한 타인의 이익에 관련된 계약내용이 어떠한 감독과 제한도 두지 않는다면 이 계약의 제정은 근본적으로 타인의 이익을 고려할 수 없고 심지어 타인의 이익에 손해를 끼치게 될 것이다. 회사활동이 불확정성과 동태성을 지니고 있기 때문에 부적절한 약관기재내용은 정상적인 거래질서를 훼손하게 된다. 만약 약관의 내용이 타인의 이익에 손해를 끼치게 된다면, 피해자나 잠재적인 위협으로 손해를 입은 대상은 이의제기를 하거나 항변을 할 수 있고, 그럼으로써 자신의 이익을 유지하게 된다.

현행입법에 대한 부족한 이해와 미래에 충돌가능한 분석이나 예견 등 각종 원인 때문에, 중국의 회사약관이나 각종 법률은 서로 충돌하기도 하고 보완작용도 수행하면서 회사 내부업무를 규정하게 된다. 제한을 받지 않는 임의의 약관조항으로 법률을 대체함으로써 약관의 일부 또는 전부가 무효가 되는 법적 효과를 초래하게 된다. 회사약관은 탄력적이고 자주적인 규정으로 중국회사법 내에 문제가 되는 조항을 보완하게 된다. 지구상에 똑같은 두 명의 자연인이 없는 것과 마찬가지로 두 개의 완전히 동일한 회사법인도 존재하지 않는다. 만약 회사법규정이 회사의 공적인 특징을 부여한다면 회사약관은 회사의 개정을 반영하게 되며, 모든 회사 자신의 지배구조를 확립하게 된다. 특히 내부자통제제도 개선에 중요한 의의를 지닌다. 회사약관은 회사지배구조를 상세하게 반영할 수 있고, 법률규정이 분명하지 않는 경우, 회사약관은 회사내부운영체제를 위해 개선이 되어야 하며, 기관의 순조로운 운영을 위해 제도보장을 제공함으로써 회사에 내재된 문제 해결에 유익한 결론을 도출하게 된다.

4. 약관 효력의 규제

약관효력에 대한 법적 규제는 두 가지와 관련된다. 하나는 약관의 효력이 언제 발생하였는가 하는 점이고 다른 하나는 약관으로 실시되는 효력에 대한 것이다.[11] 전자의 경우 현재 법조계 실무에서는 여러 학설이 대립하고 있어 뚜렷한 결론을 내지 못하고 있다. 어떤 경우는 회원대회에서 통과한 날 효력이 발생한다는 입장을 보이고 있고, 어떤 경우는 주관부문이 인가한 날 효력이 발생한다는 주장을 한다. 또 다른 경우 회원대회에서 통과된 이후 집행되며, 인가한 날로부터 효력이 발생한다. 즉 사업자단체 약관은 단체자치규장으로 업종별 산업자치의 구현이며, 회원대회에서 통과한 때가 바로 약관의 효력이 발생한 날이 된다.

만약 인가한 날을 약관효력일자로 삼는다면 그것은 업종자치에 대한 간섭이 된다. 실제로 심사를 하건 인가를 하건 단지 관리부문이 감독권을 행사하는 수단이며, 관리부문이 사업자단체 자치에 간섭하는 도구가 될 수는 없다. 만약 약관의 일부규정이 불법이라면 관리부문은 개정을 요구할 권리가 있고 그렇지 않은 경우 설령 회원대회에서 통과하더라도 효력이 발생할 수 없는데, 이것은 전술한 약관기재사항이 불법일 때, 약관이 무효라는 것과 일치한다. 약관의 효력이 주로 해당산업의 자치권에서 오기 때문에 절대적으로 정부부문으로부터 오는 것이 아니며, 정부부문의 심사인가에서 오는 것이라는 점을 분명히 하여야 한다.

이를 감안하여 사업자단체의 입법은 회원대회에서 약관이 통과한 날을 효력발생시기로 하여 확정하여야 한다.

약관으로 실시되는 효력에 대해서는 사업자단체의 지위에서 비롯된다. 약관의 실시효력은 대내외적인 두 차원에서 구현된다. 대내적으로 약관은 사업자단체 내부관계를 조정하는 규익으로 사업자단체의 설립,

조직, 관리, 운영 등 일련의 업무활동에 대한 기본문서이다. 발기인과 회원, 이사와 감사, 회장 및 비서장 등은 모두 반드시 법을 준수해야 한다. 사업자단체의 각종 내부관계, 즉 회원가입절차, 사업자단체 상설 집행기구의 구성과 직책, 조직기관의 의사규칙, 협회업무임원의 선임, 사업자단체 자산의 관리와 사용 등은 모두 반드시 약관 규정에 따라 확정되어야 한다.

사업자단체의 대외관계는 주로 정부와 소비자, 노조의 세 분야와 관련된다. 이 가운데 사업자단체와 정부관계가 가장 중요한데, 약관에서 사업자단체와 정부관계를 구현하는 내용은 두 가지가 있다. 첫째, 사업자 단체와 정부의 협력관계를 구축하는 것이다. 주요내용은 관련정책을 전방위로 전달하는 것이며, 정부의 산업이익 보호를 홍보하고, 정부와 협력관계를 맺고 산업조사를 진행하는 것 등이 그것이다. 반덤핑과 보조금 조사에 대한 신청을 제기하며 정부의 관련조사에 협조하는 일도 포함된다. 둘째, 사업자단체에 대한 정부의 감독관리를 구현하는 것이다. 예로 사업자단체 창립 시에 약관 초안에는 정부 관련부문에 보고하여 인가를 받아야 한다. 사업자단체 등기는 반드시 약관을 구비하여야 한다. 약관의 개정 또한 관련부문에 보고하여 인가를 받아야 한다. 이와 함께 사업자단체 이사, 감사의 구체적 정황도 정부에 보고해야 한다. 이러한 내용들은 대부분 사업자단체 직능과 권리의무가 약관에서 구현 되어, 회원과 사업자단체 조직기구 및 업무인원이 강행적 구속을 형성하 게 되며, 회원과 협회조직기구와 업무인원은 반드시 자발적으로 실시되 어야 한다. 또한 경제발전에 따라 사업자단체와 노조는 근로자임금인상 등에 대해 협상을 진행하여 최대한 갈등을 피해야 한다. 역사적으로 특정산업업계 산별노조와 일반노조는 노사관계 처리에 있어서 상호보 완관계를 형성하여 왔다. 주의해야 할 점은 이러한 내용은 약관에서 규정할 수 있으나, 업계협회와 소비자관계 및 노조관계의 조정은 중국 「소비자권익보호법」, 「노동법」 등의 법률법규에 근거를 두며, 사업자단 체 약관은 구체적인 실시에 있어서 소비자와 노조를 구속할 수는 없고 단지 사업자단체의 조정과 협조를 형성하는 원칙의 근거만 될 수 있다. 따라서 사업자단체 약관은 이러한 점에 대해서는 효력이 높지 않다고 해야 한다.

5. 약관 감독의 규제

정부부문의 사업자단체 약관에 대한 감독은 주로 심사를 통해 완성된다. 중국은 현재 사업자단체 성립에 대해 업무주관부문과 등기관리부문의 이중관리를 실행하고 있으며, 이에 근거하여 사업자단체에 대해 일정한 등급을 두고 서류신청 시 반드시 업무주관부문이 약관 초안과 기타서류를 교부하여 업무주관부문의 심사를 거치도록 하였다.12) 업무주관부문이 서류심사에 대해 동의하면, 업무주관부문이 동의한 인가서류와 심사 이후의 약관 초안 및 기타서류를 소지하고 재단등기담당부문에 서류접수를 신청하며, 인가 및 신청작업을 거쳐 업무주관부문과 사단등기부문에 등기설립을 신청하게 된다. 그러나 서류신청이건 등기신청이건 간에 모두 약관에 대한 심사문제와 관련되어 있다. 약관이 개정되면 개정된 약관 또한 회원대회에서 통과된 이후, 업무주관부문의 심사 동의를 거쳐 등기부문에 변경등기 신청을 하게 된다. 즉 정부부문의 약관에 대한 심사는 매우 엄격하여 심사의 근거가 무엇인지 또 심사목적이 무엇인지, 심사의 범위에 어떠한 것을 포함하는가 등의 문제를 발생시키게 된다.13)

사업자단체의 성립은 사회공공이익에 관련되며, 이것에 대한 감독은 필요하다. 약관의 심사는 감독수단 중의 하나이지만 사업자단체 약관은 자치단체의 규장으로서 사업자단체 자치의 구현이기 때문에 심사는 일정한 제한이 있어야만 하며, 관리부문이 사업자단체 자치에 간여하는 도구가 될 수 없다. 심사근거는 민법, 반독점법, 불공정경쟁방지법 등 관련법률규정에 따라야 하며, 부문규장이 되면 안 된다. 또한 관리부처의 내부문서가 심사근거가 되어서도 안 된다. 심사의 목적은 약관 검사에서 약관에 독점규정 유무 또 필수기재사항의 결함 등 위법이 있었는지의 여부이다.14) 약관 내부관리에 대한 규정에 대해서는 만약 조직 설립이나 책임자의 선출 등은 업계 자치에 속하는 것으로 심사대상이 될 수는 없다. 현재 중국 사업자단체 실천 과정에서 법률규정과 이중관리제도 실행이 부족하기 때문에 정부관리부문은 회원, 재산, 약관, 관련담당자, 기부 협력 등에서 심사를 하고 관리부문은 무제한에 가까운 권력을 보유하게 된다. 이 때문에 앞으로의 사업자단체 입법은 사업자단체 약관의 감독을 보다 분명히 해야 하며, 분명한 심사근거와 심사범위를 부여함으로써 사업자단체 관리의 정상적인 진행을 보장할 수 있다. 또 사업자단체 자치권이 침해되지 않도록 보장할 수 있게 된다.

6. 약관 변경 시의 규제

회사약관은 총론적으로 말하면 주주 간에 합의된 의사표시의 산물로 서 유사한 계약의 법적 속성을 지니고 있다. 계약자유의 원칙에서 출발하 여 거의 약관변경에 대해 그 어떠한 간여를 강화할 필요가 없을 정도이다. 일부 학자들의 경우 약관변경의 범위는 어떠한 제한도 두면 안 된다는 주장을 하지만 이러한 견해는 공정성을 상실한 것으로 보아야 한다. 첫째, 회사약관은 배타성이 있으며 그의 행위는 법률의 강력한 규제를 받아야만 한다. 회사약관의 범위를 반영한다는 것은 중국회사법 내 명문으로 규정한 절대적인 필요기재사항으로 구체화된다. 회사약관의 변경은 강행법규의 위반이 될 수 없다. 둘째, 회사약관의 신비성과 권위 성이 그 변경을 임의적으로 할 수 없다는 점을 결정한다. 반드시 절차적으 로 엄격히 규제를 가해야 하며, 그 체제 내에서 가장 높은 위치를 강화해 야 한다. 셋째, 회사약관변경의 합리적인 규제는 회사조직기구와 운영의 상대적인 안정 유지에 유리하며, 대주주가 표결권을 남용하고 회사약관 변경을 이용하여 소수주주의 합법적인 권익 침해를 방지하는 데에 유리 하다.

상술한 내용을 종합해보면 회사약관 변경에 대한 법적 규제는 실제로 각 당사자들의 이익이 실질적인 균등을 확보하는 정확한 선택이라고 하겠다. 아래 회사법조문과 회사법리를 기초로 하여 주체와 내용 두 가지 각도에서 회사약관변경의 상응하는 규제에 대해 분석을 진행하고자 한다.

Ⅲ. 약관규제의 대상

1. 회사약관변경의 주체 규제

회사약관은 하나의 서면문서로서 제정과 변경, 폐지가 모두 회사법주체의 참여와 분리될 수 없다. 회사법주체의 참여가 없는 의사표시의 일치는 효력을 발휘할 수 없다. 이 때문에 회사약관 변경에 대한 규제를 실시하려면 먼저 회사법 약관 변경 주체를 규제해야 한다. 또 회사약관변경의 주체규제는 아래 두 가지를 포함한다.15)

첫째, 회사약관변경의 제안주체를 규제해야 한다.16) 바꿔 말하면 누가 회사약관변경 의안(議案)을 제출할 권리를 보유하느냐 하는 것이다. 회사법 법리에서 보면 회사약관은 주주 간 계약의 산물로서 그 어떠한 주주라도 회사약관의 변경을 의제로 요구할 권리가 있다. 이러한 제안권은 주주의 고유권한에 속하는 것이며, 또한 그 어떠한 단일주주라도 주식을 얼마나 소유하건 간에 의안을 제출할 권리가 있다. 표면적으로 보면 이것은 1인 1주 원칙에 부합하는 것으로 인식되나 실제는 다르다. 그 이유는 어쩔 수 없이 단일주주가 권한을 남용한 정황이 부득이하게 발생한 것으로 그 결과는 단지 회사 약관의 안정성을 파괴할 수밖에 없고, 주주회의의 고도의 효율성에 피해를 줄 수 있다. 제안권 주체를 정확히 판단하는 기준에 대해서는 회사법 내 주주회의 소집과 관련한 조직기구나 인원을 비교하여 집행해야 한다. 즉 유한책임회사의 이사회, 4분의 1 이상 표결권을 대표하는 주주, 3분의 1 이상의 주주나 감사 및 주식회사 이사회, 사내주식의 10%에 달하는 주식을 보유한 주주, 감사회는 회사약관 개정에 관한 사항을 제출할 수 있다. 이사 및 감사가

의안제출을 허용할 수 있기 때문에 회사 고위임원이 회사운영에 대해 일반주주보다 이해도가 더 높다는 것을 고려하여 제때 정확히 회사약관에 존재하는 문제를 발견할 수 있고 더 좋은 회사약관변경방안을 제출할 수 있어야 한다.

둘째, 중국회사법에서 이미 분명히 회사약관 개정은 주주회의의 직권에 속하는 것으로 규정하였다. 어떤 이유에서 이사회, 감사회 혹은 총경리 측의 직권이 아닌가에 대해서는 회사법인지배구조이론으로부터 알 수 있는바, 주주회의와 이사회, 경리 측은 각각 위임관계와 대리관계로서, 양자는 회사의 권력기구가 아니라는 점을 분명히 하였다. 반면 회사약관은 회사지배구조를 서면으로 정리한 것으로 회사구조에 대한 주주의 일종의 사법상의 제도적 장치이다. 만약 이사회와 경리진에서 회사약관변경결의를 한다면 회사지배구조상의 지위는 법적 성질상 모호함을 초래할 것이다. 비록 회사약관이 계약성질을 구비하고 있으나 법 개정은 일반적으로 전체주주의 만장일치 승인 내지 인가를 필요로 하지 않는다. 이것은 주주 간에도 개별이익의 차이가 존재하기 때문인데 기업이 완전무결하게 주주표결의 일치를 실현하는 것은 실무적으로는 실현되기 어렵다. 이 때문에 특별한 다수결원칙을 채택할 수밖에 없는데 중국「회사법」제40조에 근거하여 유한책임회사가 회사약관을 개정하는 결의는 반드시 3분의 2 이상 표결권을 보유한 주주의 찬성을 거쳐야만 한다. 중국「회사법」제107조에 근거하여 주식회사의 회사약관 개정은 반드시 주주총회에 출석한 주주가 지닌 표결권의 3분의 2 이상을 통과해야 한다. 일반적으로 회사약관에서 일상업무에 속하는 사항은 회사명칭과 주소, 회사법정대표인 등 절대적인 필요기재사항이라고 할 수는 없으며, 상대적 필요기재사항과 임의기재사항으로 정의된다. 회사약관에서 기타 절대적 필요기재사항의 경우 이해당사자의 이익에 직접 관련되기 때문에 변경을 확대하는 데에 어려움이 있다. 법 개정 시 외국의 사례를 참고하여 표결통과비율을 4분의 3으로 조정하는 것이 타당할 것이다.

2. 회사약관변경의 내용 규제

회사법 관련실무에서 입법 시 회사법주체 각도에서 회사약관변경에 대해 규제를 가하게 된다. 관건이 되는 규제는 회사약관내용 변경에서의 법적 제한으로, 회사약관변경은 주주권한남용, 약관의 안정성 등에서의 충돌을 회피하기 어렵기 때문에 주로 내용변경을 통해 반영이 되어야 한다. 이 때문에 필요한 경우 약관내용변경에 대한 잠재적인 규제에 대해 회사법 차원에서 분석을 할 필요가 있다.

첫째, 회사약관내용의 변경과 약관의 기타법률 각도에서 약관규제를 고려해야 한다. 상술한 것처럼 회사약관은 비록 주주합의로 제정되었으나 도리어 엄격한 의미에서의 계약이라고 부를 수는 없다. 그 이유는 주주 간의 권리의무를 규정한 것뿐만이 아니라, 회사법 권한 위임 하에서 이사회나 감사회, 경리층 등 비(非)의사결정권자의 조직에 대해서 구체적으로 규정하였기 때문이다. 이 가운데 경영범위와 등록자본 등은 회사 외부채권자의 이익에 직접적인 영향을 끼치게 된다. 회사약관은 주주, 이사장 및 총경리 및 회사의 외부채권자의 이익이 결합된 것으로, 대외적 효력을 갖는다. 또한 회사약관의 변경은 기타 법률 및 행정법률 규정을 위반하지 않아야 한다. 회사는 시장경제의 주체로서 경제생활에 큰 영향을 끼칠 뿐만 아니라, 국민의 문화수준, 정치활동에도 중요한 역할을 담당한다. 따라서 회사약관 변경 시 다른 강행법률에 위반되지 않아야 한다는 법리가 철저히 적용되어야 한다. 일부회사의 경영범위 변동이 법률 및 행정법률 제한항목에 관련이 될 때, 회사약관변경은 관련 법률법규 규정에 따라야 한다. 또한 유한책임회사를 주식회사로 변경할 때, 자연히 회사약관을 변경할 필요가 있다. 그러나 기본전제는 국무원 권한위임부문이나 성급 인민정부 인가심사에서 결정된다.17)

다음으로 회사약관내용의 변경을 주주 권한남용의 각도에서 약관규제를 해야 할 필요가 있다. 상술한 회사약관변경 다수결원칙에서 알 수 있는바, 약관의 변경은 전체주주의 만장일치가 필요없다. 회사약관변경사항에 대한 결의는 단지 3분의 2 또는 4분의 3 이상 다수결로 동의하면 통과된다. 이러한 표결방식은 주식분산 및 주주분산의 원칙하에서 중국국민에 대한 관리를 적절히 통제하는 방법이 된다. 그러나 현재 중국 회사지분구조에서 대주주전횡현상이 보편적으로 존재하기 때문에 소액주주의 합법적인 권익이 침해되고 있다. 따라서 회사약관내용 변경에 대해 아래와 같은 규제가 진행되어야 한다.

첫째, 소액주주의 동의를 거치지 않고 회사약관내용의 변경사유가 많아지면 안 된다. 회사성립 이후 주주는 일정기간 내에는 주식을 반환하면 안 된다. 또 주주는 회사영업비밀을 노출하면 안 된다. 그리고 주주는 출자액을 한도로 하여 회사손해를 분담해야만 한다. 전체주주의 동의를 거치지 않은 회사약관변경이 일부주주의 권리부담으로 귀결되는 일은 없어야 한다. 주주의 기본권은 회사법에 명기되어 있으나 단지 주주권리의 일부에 해당하는 것으로, 기타권리는 여전히 회사약관형식으로 기재할 필요가 있다. 그것은 첫째, 회사약관이 준법적 효력을 지녔고 주주권리가 오로지 회사약관의 기재를 위한 것이어야만 법률의 최종적인 보호를 받을 수 있기 때문이다. 둘째, 현재 중국국민은 주주권리에 대해 모르는 경우가 대부분으로, 주주권리를 전면적으로 행사하기가 어려운 상황 하에서 그 권리는 회사약관에 분명히 기재되어 있고 이것이 합법적인 이익 보호를 보장해준다. 상술한 두 가지 상황은 본질적으로 공정성을 상실한 것으로 단지 대주주가 사적 이익을 위해 소액주주의 합법적인 권익을 침해한 행위라고 이해될 수 있다.

또한 회사약관내용의 변경, 즉 약관제정을 통한 법적 규제를 약관의 법적 안정성 각도에서 고찰해야 한다. 회사약관은 회사설립 및 운영의 헌정성 문서이다. 이 때문에 그 내용의 권위와 안정성은 필연적으로 약관의 요구가 된다. 따라서 약관내용의 변경은 반드시 변경절차를 엄격히 하여야만 한다. 절차적으로는 약관변경과정에 대해 법적 유연성을 최대한 보장해야 한다. 이에 중국「회사법」은 유한책임회사가 정기총회를 개최하거나 혹은 임시주주회의를 개최하는 데에는 회의소집 15일

이전에 전체주주에게 통지해야만 한다고 규정하였다. 주식회사의 회사약관 개정에서는 약관개정 사항이 회의소집 30일 이전에 각 주주에게 통지되어야 한다. 무기명투표를 발행하는 경우 회의소집 45일 전에 공고를 해야만 한다. 임시주주총회 소집 시 사전에 회의소집 공고를 분명히 하지 않았다면 회사약관개정사항에 대해 결의를 하면 안 된다. 회사약관변경결의 통과 이후 원칙상 공증절차를 거쳐야 한다. 그 이유는, 중국에서 일반적으로 유한책임회사는 기본적으로 중소기업형식을 채택하며 규모가 작기 때문이다. 따라서 유한책임회사의 약관은 공증을 거칠 필요가 없다. 반면 주식회사의 약관은 반드시 공증을 거쳐야 한다.[18]

한편 약관을 규제하는 것만이 능사가 아니라 불공정한 약관 조항은 개정할 필요도 존재한다. 일반적으로 소비자는 제품구매 시 해당회사의 약관을 충분히 읽거나 이해하지 않은 상태에서 계약을 체결한다. 따라서 제품구매 사후에 분쟁발생 시 약관에 기재된 내용을 숙지하지 않았다는 이유로 불이익을 당할 가능성 또한 존재한다. 소비자에게 불리해질 수 있는 이러한 상황을 개선하기 위하여 소비자가 기본적인 소비자의 권리나 해당 계약의 중요 계약조건을 사전에 인지할 수 있는 방안을 강구하고, 나아가 사업자의 약관이 공정하게 작성되었음을 소비자 관련 기관이 보증하는 절차를 통해 소비자가 해당 약관을 읽지 않고도 품질의 담보 여부가 확인될 수 있는 방안이 요구된다.[19] 또한 온라인중심으로 계약환경이 변함에 따라 약관 조항의 불공정성에 대한 판단이 어려워지는 문제도 발생하고 있다. 약관의 불공정성 판단기준이 법제에 개별 건으로 나열되거나 구체화되어 있지 않을수록 약관을 작성하는 사업자나 해당 약관으로 계약을 체결해야 하는 소비자, 약관의 불공정성 여부를 판단해야 하는 공정거래위원회나 분쟁조정기관, 법원이 약관규제법의 일반금지 기준을 적용하여 불공정여부를 판단한다면 그 결과의 수용도도 현저히 떨어질 수 있다.[20] 따라서 일반금지 조항을 적용한 불공정약관 판례 및 심결례 중 약관계약의 특수성에 비추어 볼 때 상징성이 크거나 자주 불공정약관의 사례로 등장하는 건에서 유형화가 가능한 사례는 개별금지 조항으로 분류하여 일반금지 조항의 적용을 최소화할 필요가 있다.[21]

정보의 비대칭 내지 우월적 지위를 이용하는 사업자의 행위에 대해서는 개별금지조항을 구체화하고 사업자에게 약관계약의 투명성 의무를 적절히 부과하는 것이 필요하다. 투명성조항과 관련하여 사업자는 투명한 약관내용 설명의무원칙에 의해 고객이 약관 내용을 쉽게 알 수 있도록 일반적으로 예상되는 방법으로 분명하게 설명해야 한다. 개별금지조항과 관련하여 우선 경과실 면책 조항을 거론할 수 있다.[22] 면책범위를 별도로 정의하고 있지 않기 때문에 계약법상의 책임뿐만 아니라 불법행위로 발생하는 책임도 포함되는가가 명백하지는 않다.[23] 이에 대해서는 한국뿐만 아니라 중국법률 내에서도 앞으로 지속적인 논의가 필요할 것이다.

Ⅳ. 담보에 대한 회사약관 규제현황과 개선방안

1. 담보에 대한 회사약관규제 고찰

중국 「회사법」 제16조 규정에 의하면 법률제정 시 회사약관에 대해 담보에 대한 제한을 분명히 하고 있고, 또한 회사법 내 결의절차를 자유로이 설정하는 것에 대해 찬성 또는 반대의 입장을 분명히 하여야 한다. 그러나 상술한 실무적인 여러 문제들을 고려하면 회사 대외담보문제에는 여러 쟁점이 존재한다. 회사약관의 대외담보문제가 대표적이다. 예로 '회사가 기타기업에 대해 투자하거나 혹은 타인을 위해 담보를 제공하는 경우 회사약관규정에 따라 이사회 혹은 주주회의, 주주총회가 결의를 한다.'고 규정할 수 있다. 법률을 제정하는 입장에서는 회사약관이 회사에 대외담보를 제공하는 의사규칙은 반드시 규정이 있어야 하며, 또한 회사의 관련기관이 약관규정으로 결의를 도출해야만 한다.[24] 그러나 사실상 회사약관에서 해당문제의 의사규칙은 절대적인 필요기재사항이 결코 아니며, 해당규정이 없는 경우 어떻게 처리해야 하는가가 문제가 된다.

또한 회사기관의 대외담보에 대한 위임이 없는 것이 종종 문제가 되는데 그중에서도 이러한 담보의 효력을 어떻게 규정해야 하는가가 쟁점이 되고 있다. 상대적으로 비교해보면 만약 회사약관규정에 근거하여 결의절차가 대외담보를 진행한 이후, 또 해당결의가 절차위반 등의 사유로 인하여 취소된다면 대외담보의 효력이 어떻게 될 것인가에 대해 충분한 논의가 진행되어야 한다.[25]

이와 관련한 쟁점으로는 회사약관을 위반한 대외담보의 담보계약효력문제를 고찰해야 한다. 중국「계약법」제20조 규정에 의하면 계약 무효조건 가운데 하나는 법률 및 행정법규의 강행규정 위반이며, 동시에 「회사법」은 회사약관 법률효력에 대해 분명한 규정이 없다. 이 때문에 민법원리에 의하면 회사약관은 법률에 준하는 강행규범적인 효력을 갖고 있지는 않다. 따라서 이것을 위반했다고 담보계약이 반드시 무효가 되는 것은 아니다.

「회사법」제16조 규정은 상술한 규정의 담보에 대해 절대적으로 무효라는 입장을 취하지 않았다. 즉 계약은 반드시 무효일 필요가 없으며, 원칙적으로는 유효한 계약이 된다는 점을 강조해야 한다. 결론적으로는 중국「회사법」제16조 규정을 채택해야만 하며, 새로 제정된 법률우선주의에 따라 예전의 「해석」에서의 규정은 폐지해야 한다.

2. 담보에 대한 회사약관규제의 개선방안

회사약관의 법적 기능과 성질이 점점 더 중요해지고 있는데 약관은 중국 「회사법」에서 상사주체의 의사자치원칙을 주목시킬 수 있을 뿐만 아니라, 회사법인에 대한 법률의 자체적인 규제에도 긍정적인 영향을 끼칠 수 있다. 회사약관의 회사담보에 대한 규제효과는 위반하면 무효라는 식의 강행규범적 효과에는 미치지 않는다. 반면 거래의 효율과 제3자에 대한 신의성실원칙의 보호에 더 많이 관련되어 있다. 이사 혹은 경리, 주주에게 상당히 유리한 규정이며, 또한 회사약관은 법인을 초월하여 독립적인 담보행위에 법적 근거가 되기 때문에 여전히 개선이 필요하다.[26)]

중국「회사법」에는 신주인수권 등 새로 추가된 개정이 많다. 회사대외담보제도 규제를 위해서는 반드시 동 회사 약관에 대해 규범을 해야 한다. 이와 관련하여 고객[27)]의 대리인이 고객을 대신하여 계약을 체결하는 경우가 존재할 수 있는데 고객 대리인에 의하여 계약이 체결된 경우 고객이 그 의무를 이행하지 아니하는 경우에는 대리인에게 그 의무의 전부 또는 일부를 이행할 책임을 지우는 내용의 약관 조항은 무효로 한다는 내용이 법률 개정 시 포함되는 것이 바람직하다.[28)]

첫째, 회사약관의 관련규범 중에서 무권대리제도를 규정해야만 한다.[29)] 일부 학자들은 이사와 주주가 불법으로 외부에 제공하는 담보행위가 무권대리라고 인식하며, 동 행위는 완전히 무권대리의 구성요건에 부합하고, 법적효과 또한 그와 상응한다고 인식하고 있다. 즉 동 계약의 효력은 중국「계약법」의 관련규정을 적용한다는 것이다.[30)] 그러나 민사효력을 상사법률규범체제에서 특정화하는 것은 지나치게 엄격한 것으로, 거래안전과 제3자 이익 보호에 불리한 결과를 초래하게 된다. 따라서 효력이 특정화한 계약범위에 대해 일정한 제한을 가하는 등 중국회사법 내에서는 무권대리제도를 분명하게 규정해야 한다.

둘째, 중국「회사법」내에서 회사약관에 대한 공시를 규범화해야 한다. 회사약관은 회사 내부의 규범을 정리한 것으로, 법으로 인가된다.[31)] 그러나 회사약관을 타인이 열람할 수 있는지, 또 상대방이 열람할 의무를 보유하고 있는지가 제3자의 선의와 표현대리의 인정을 결정하게 된다. 따라서 현재 다수의 위법 혹은 월권적인 위치에 있는 대외담보는 제3자의 선의와 행위인의 회사이사 혹은 주주라는 신분 때문에 표현대리로 인정되어야 하며,「민법통칙」중의 관련규정을 적용하는 것이 더 적절하다.

동시에 주의해야 할 것은 만약 회사약관에 대한 공시에 일정한 규정을 한다면 반드시 더 많은 사례들이 표현대리를 구성하게 되어 회사이익의 침해를 초래하게 될 것이라는 점이다.[32] 회사약관에 대한 관련사항은 단독으로 공시대상에 포함된다. 외부적으로 진행되는 담보제공과 관련된 회사의 권한위임과정을 포함해야만 하며, 그럼으로써 거래상대방이 거래대상의 기본적인 상황을 분명히 해야 한다. 이것이 불법담보를 감소시키게 되어 그럼으로써 체결한 계약이 최종적으로 효력이 발생하게 될 것이다. 이것은 회사이익에 대한 보호이자 또한 입법적으로도 회사내부 주주와 이사, 경리에 대한 행위를 구속하게 될 것이다.

셋째, 중국 「회사법」에 대한 법개정은 지속되어야 한다는 것이다. 회사약관에서 과거 입법과정에서 주목을 받게 된 것이 절대적인 필수 기재사항에 대한 것이었다. 그러나 상대적 기재사항이 회사발기인의 충분한 협상 및 자치적 성격의 합의규범을 더 많이 제정하는 데에 유리하다는 점은 의심의 여지가 없다.[33] 예로 회사약관 중에 대외담보 위반책임에 대해 약정을 진행하고, 회사약관의 절대적이 아닌 상대적인 공시제도를 추가함으로써, 제3자와 거래함과 동시에 거래과정에서의 정보비대칭을 보완할 수 있어야 한다. 이것이 공정거래의 달성과 관련분쟁의 해결을 촉진하게 될 것이다.

회사약관을 실무적으로 적용하는 경우에 발생하는 주요쟁점은 다음과 같다.

첫째, 공상행정관리기관의 등기를 거쳐 설립한 회사는 일률적으로 주주가 공동으로 약관을 제정한다는 형식요건을 구비하게 된다. 그러나 이 회사약관이 실질적으로 부합하는가의 여부, 또 회사조직과 행위를 규범하는 작용을 하는가의 여부는 별도로 논의해야 한다. 회사약관에 규정된 내용에 따라 회사주주가 회사 설립을 실현하게 된다. 회사약관을 회사의 등기문서로 간주하게 되면 약관의 작용은 단지 회사설립등기에 사용되는 것으로 한정되며, 회사성립 이후에는 그 가치가 떨어질 것이다.

다음으로 회사약관을 참조하여 법률을 제정하거나 다른 회사 약관의 내용을 참조할 수 있는데 자신의 실제상황을 탈피하는 경우 회사지배구조와 회사약관규정의 내용은 극단적으로 부합하지 않아 문제를 해결할 조항을 찾지 못하는 문제에 직면하게 될 것이다. 나아가 회사의 위기가 회사 해산으로 이어지는 사례가 출현하게 될 것이다.

또한 분명하게 규범이 되지 않아 법리적으로 해석상의 문제가 발생할 수 있고, 실무적인 적용에 어려움을 겪을 수도 있다.

둘째, 회사약관의 제정은 회사약관의 성질과 법적 의의를 충분히 인식하여야 하며, 회사라는 조직 자체에 기본적인 법리적 틀을 제공하는 것에 주목해야 한다는 것이다. 약관의 초안작성 시에는 주주가 회사를 설립한 취지를 기재해야 하며, 회사주주와 실질통제자, 지배구조와 경영범위, 순자산과 권력분배, 중간관리자 및 직원 등에 대해 규정하게 된다. 약관의 의의를 규제하며 회사법 권한위임에 따른 법 제정, 약관우선주의 원칙 적용 및 다른 법률과의 충돌 회피 등을 제정하게 된다. 회사약관의 필수기재사항은 가능한 한 상세하게 규정해야 하며, 내용이 합법적이어야 하고 자신의 실질적인 수요에 부합해야 한다.

장기적인 시각에서는, 표준약관제도는 후퇴하고 다양한 내용의 약관을 사용하도록 권장해야 한다. 그를 통해서 자본주의 사회의 장점인 경쟁을 통한 소비자 이익의 극대화라는 장점을 취하도록 하여야 한다.[34] 또한 법원의 판례상 불공정약관으로 판단이 난 약관은 재사용되지 않도록 하여야 하고 사업자 또는 사업자단체는 자진하여 불공정약관을 시정하는 자기정화 노력을 기울여야 한다.[35]

제3절 중국 전자상거래 소비자보호법률의 규제

Ⅰ. 중국 전자상거래 소비자권리법률 보호문제

1. 중국 전자상거래 소비자권익보호의 현황

중국 전자상거래과정에서 소비자권익의 보호 현황은 주로 수많은 법률법규, 행정규장 및 규범성문건에서 구현되어 왔다. 첫째, 「소비자권익보호법」이 있다. 둘째, 「계약법」이 있다. 셋째, 「광고법」과 「제조물책임법」이 있다. 넷째, 기타 법률법규와 행정규장이 있다.

중국 「소비자권익보호법」은 1993년에 제정되었으며 전통적인 거래방식하의 소비자권익보호에 적용되었다.[1] 현재 중국은 전문적인 인터넷소비자권익보호입법을 제정하지 않고 있는데 그러한 이유에서 현재 「소비자권익보호법」은 여전히 전자상거래기업과 소비자권리와 의무를 조정하는 법적 근거가 된다.

전자상거래에서 대량의 계약은 모두 전자격식계약의 형태를 채택한다. 당사자 일방이 중복사용을 위해 사전에 전자데이터정보형식으로 규정을 하고, 쌍방 간에 민사권리의무관계를 설립, 변경 및 종지한 조항 내용을 규정하며, 다른 한편으로 인터넷을 통해 해당조항의 내용을 완전히 수용함으로써 거래관계를 확립한다. 이러한 격식계약에는 일반적으로 전자상거래기업 이익을 보호하는 조항이 많다. 예로 '분쟁해결 시 사이트에 기록된 데이터를 기준으로 하여 소비자는 이의를 제기하면 안 된다.'라는 규정이나, '물품수령 이후 7일 내에 반품을 할 수 있으나, 제품이 이미 개봉을 한 상태로 반품불가'라는 입장 등이 기업의 이익을 보호하는 대표적인 법조문이다. 격식조항에 대해서는 「계약법」 제40조에서 '격식조항을 제공하는 당사자 일방이 그 책임을 면제하고, 상대방 책임을 가중시키며, 상대방의 주요권리를 배제할 때, 동 조항은 무효이다.'와 같이 규정하고 있다.

인터넷 전자상거래의 가장 큰 특징 중의 하나는 제품가격이 현저하게 오프라인점보다 낮다는 것이다. 그러나 사실상 소위 저가는 보통 허위과장선전 내지 불량품 판매 등이 존재한다. 2012년 10.10 연휴 때의 가격전쟁이 그 예이다. 설 한 달 전에 티엔마오백화점(天猫商城), 징동백화점(京東易購) 등지에서는 대대적으로 11월 11일에 '단지 대량으로 제품을 50% 세일하고, 모든 쇼핑몰에서 배송비를 제로로 서비스해준다.'는 방침이 나왔다. 그러나 사실은 전자상가에서 앞다투어 가격을 할인한 것으로, 실질적인 할인율 또한 크지 않았고 일부 제품은 단지 1위안만큼의 혜택을 부여한 것에 불과하였다. 이외에 해방일보 사회조사센터와 QQ survey 중국 내선조사연구소가 합작으로 진행한 조사에서 전자상거래 소비자들은 2013년 인터넷구매 시 불만족스러운 점에 대한 설문조사에 대해 54.84%의 방문자가 표시한 바로는 상품품질문제를 응답자가 가장 많이 지적하였으며, 50.2%의 방문자가 '제품과 인터넷 서점 묘사의 상이함'을 만족스럽지 않다고 대답한 바 있다. 전자상거래 사이트의 허위광고나 가짜 모조품 판매와 관련하여 현재 적용하는 법적 근거는 「광고법」과 「제조물책임법」이다. 광고는 허위의 내용을 포함하면 아니 되며, 기만하면 안 되고, 소비자를 오도해서도 아니 된다. 판매자는 제품을 판매하고, 끼워팔기 등 품질이 낮은 제품을 높은 가격에 판매하면 안 된다.

전자상거래와 관련된 입법으로는 「전자서명법」, 「전자은행업무관리방법」, 「세수징세관리법」, 「불공정경쟁방지법」, 「반독점법」, 「우정법」, 「퀵서비스 시장관리방법」, 「인터넷안전보호기술조치규정」, 「인터

넷정보서비스관리방법」,「인터넷 상품거래 및 관련 서비스행위관리
임시방법」 등이 있다.

2. 전자상거래 소비자권익보호에 관한 외국의 입법례

전자상거래 소비자권익보호와 관련하여 외국 및 국제선진국의 사례
를 참고하여 중국에 시사가 될 만한 부분을 찾아보기로 한다.

먼저 영국의 사례를 보면 영국은 EU 구성원이기 때문에 영국 전자상
거래가 따라야 하는 법률은 주로 유럽과 영국에서 비롯되었다. 전자상거
래법률제정과 관련한 영국의 가장 큰 특징은 전통거래와 인터넷거래를
동시에 규범을 한 법률법규라는 점이다. 예로 영국은 1979년의「제품판
매법안」과「제품 및 서비스공급법안」, 1999년의「계약법」, 2002년의
「소비자상품판매 및 공급법안」 등이 제정되었는데 모두 상술한 것처럼
오프라인상의 법률규범과 온라인에서의 법률규범이 혼재되어 있는 양
상을 보인다. 유럽의 SI 2000/2334호「원정판매규칙」, 2002/65/EC호
「전자화폐지령」, 1999/93/EC호「전자서명법칙」, 제2002/58/EC호
「전자서명규칙」, 2002년/58/EC호「전자지불건의」, 제2009/110/EC
호「전자화폐지침」, 1999/93/EC호「전자서명규칙」, 제2002/58/EC
호「전자통신산업 개인데이터처리 및 개인 은닉의 사법지침」과 영국이
1998년에 제정 및 반포한「정보보호법안」, 2003년의「은닉 및 전자통신
법안」 등이 있다. 이러한 법률법규는 급속히 발전하는 전자상거래시장
을 겨냥한 것으로, 전자계약의 체결, 전자지불, 개인정보안전 및 기타
전자거래의 소비자보호에 대해 상세한 규정을 하였다.

미국에서는 전통적으로 상업 및 무역활동을 규범한 법률로서「통일
상법전(UCC)」이 존재한다. 그러나 전자상거래의 발전에 전통적인 영
업활동과는 상이한 특징이 출현하였다. 이때「통일상법전」은 전자상거
래 영역에서 이미 철이 지난 시대적 오류라고 하겠다. 이 때문에 미국법연
구소 등 연방정부의 정책자문기관에서는「통일상법전(UCC)」을 개정
하여 전자상무를 조정하는 법률규칙의 내용을 추가로 개정하였는데

「통일상법전(UCC)」 제2조 2항(UCC Arcktle, UCCArticle 2B)이 그것이다.

이외에 또 미국정부로서 전자상거래의 전략적인 정책을 지도하는 「글로벌 전자상무 구조」를 발전시키게 된다. 전자계약법률문제를 조정하고 인터넷소비자의 보호를 조정하며, 인터넷서비스 은닉을 조정하는 「통일계산기 정보거래법」을 발족 및 보호하였으며, 전자지불을 규범하는 「소비자보호법」의 1970년 수정안, 「소비자보호법」의 1970년 개정안, 「전자자금모집법」, 연방저축위원회의 「Z조례」 및 「E조례」 등이 전자상거래를 규범하는 주요 법률이다.

이외에 UNCITRAL, 즉 연합국 국제무역법위원회는 줄곧 전자상거래가 야기하는 법적 문제를 주목하여 왔고, 전자상거래분야 입법에 대한 각국의 입장차이를 줄이고 상호협력을 위한 노력을 전개하여 왔다. 그럼으로써 국내법 입장의 차이로 인하여 전자상거래라는 새로운 무역방식에 대해 새로운 장애가 형성되는 것을 회피하여 왔다. UNCITRAL은 1996년에 동법을 통과시켰으며 세계 최초의 전자상거래 관련법률로서 전면적으로 디지털전문의 법률효력을 승인하였고, 법적 유효성과 집행성 또한 승인하였으며, 비록 동법이 법적 성질에 있어서 구속력을 갖고 있지는 않으나 실제로는 이미 각국의 전자상거래 입법에 아주 중요한 추진 및 시범작용을 하였다. 「전자상거래시범법 및 반포지침」에서는 아래와 같이 설명하고 있다. 그 어떠한 유형의 소비자권익보호법률도 「전자상거래시범법」 조항에 우선한다. 입법자는 「전자상거래시범법」 법규가 소비자에 적용될 수 있는지에 대해 고려를 해야만 한다. 이로부터 알 수 있는 것은 전자상거래과정에서 소비자의 권리보호가 반드시 약화되지는 않는다는 것이다.

OECD는 1998년 캐나다 오타와에서 개최한 IT 관련 정부 부처 장관급 회담에서 네 개의 문건을 통과시켰는데, 「글로벌네트워크에서 개인의 선언 은닉 보호」, 「전자상거래신분인증 관련 선언」 및 「전자상거래 조건하의 소비자 보호에 관한 선언」이 모두 전자상거래 환경하에서 소비자권익을 보호하는 데에 중요한 법적 근거로 제공되었다. 1999년 OECD는「전자상거래 중 소비자보호지침」을 제정하였는데 이 지침은 일곱 분야에서 소비자보호에 대해 지도적인 개선방안을 제시하였다. 전자상거래에 종사하는 기업이 소비자에게 기업과 제품 또는 서비스, 거래조건, 요건에 잘못이 없는 정보원칙을 제공하도록 요구하였다. 거래의 확인과정은 투명화원칙을 유지하도록 하였다. 또 무역과 광고, 시장영업 등 상업활동을 진행한다는 원칙을 보다 공정하게 하였다. 보다 안전한 지불원칙을 확립하도록 하였으며, 제때, 공정하고 역량 있게 분쟁과 배상원칙을 해결하도록 하였다. 또 소비자 개인의 은닉권도 보호하도록 하였고, 소비자와 기타기업에게 전자상거래 선전의 원칙을 진행하도록 건의한 것이 특징이다.2)

3. 중국 전자상거래과정에서 발생하는 주요쟁점

중국 전자상거래과정에서 소비자권익이 아주 용이하게 침해되는 경우가 있는데 주로 아래 분야에 해당하는 쟁점이 존재한다.

(1) 알 권리 보장의 어려움

인터넷이라는 가상공간에서 소비자는 홈페이지 열람을 통해 제품을 구매하는데 제조사를 볼 수도 없고 제품을 접촉할 수도 없다. 거래와 관련된 제품의 가격과 성능, 생산지, 생산기일 등은 모두 경영자가 제공한다. 이것은 경영자로 하여금 소비자를 속일 가능성이 증대된다는 것을 의미한다. 일부 상가는 종종 제품기능과 효과를 확대하고 허위광고 제공 등 진실하지 않은 진술을 하고 있는데 그럼으로써 소비자로 하여금 부적절하고 불합리한 선택을 하게 하며, 이는 인터넷소비자의 알 권리가 보장을 받지 못하는 결과를 초래한다.3) 불공정거래행위금지규정의 적용에 있어서 그 근거를 경쟁저해성뿐만 아니라 경쟁수단 또는 거래내용의 불공정성에서도 찾을 수 있다. 구체적으로 우월적 지위의 남용을 통한 불이익 강요행위, 거래상대방의 자유로운 의사결정 저해행위 등이 이에 속한다. 불공정행위의 대상이 몇몇 중소기업에 한정되어 시장 전체적으로 보았을 경우에는 경쟁제한효과가 크지 않다고 할지라도 당해 중소기업에게는 생존의 문제가 될 수 있다. 경쟁기관이 이와 같은 불공정행위를 과도하게 넓게 획정한 전체시장에서 차지하는 비중이 작다는 이유로 눈감아버린다면 이와 같은 불공정행위가 만연하게 될 것이다.4)

(2) 인터넷사기

인터넷사기행위는 크게 보이스피싱과 인터넷사기 두 가지로 분류되는데 은행 홈페이지를 위조하여 이용자로 하여금 은행통장 계좌번호와 비밀번호를 입력하도록 함으로써 이용자의 계좌를 도용한 것이 그것이다. 반면 인터넷사기의 수단은 상당히 다양한 방법이 동원된다. 즉 판매자 기만, 허위사이트를 개설하여 고객으로 하여금 예치금 또는 계약금을 탈취하는 방법, 투자에 위험이 존재하지 않는다는 사기, 정보사기, 행운의 이메일 사기 등이 있다. 인터넷사기는 이미 전자상거래에서 소비자권익침해에 대한 가장 심각한 행위로서 소비자의 인터넷구매에 대한 신임에 막대한 영향을 끼쳤다.

(3) 구상권 실현의 어려움

인터넷 전자상거래에서 종종 소비자가 구매한 제품에 AS 문제가 제기되고 수령한 제품과 영수증이 일치하지 않는 경우 반품이 진행되는데 제품배송이 지연되고 제품이 배송과정에서 손해 등의 문제가 생겼다면 어떤 때에 문제는 경영자로부터 나온 것이 아니며, 배송회사에 하자가 존재한 것이다. 그러나 현재 경영자와 배송회사 간의 책임문제에 대해서는 적절하게 책임을 명확히 구분한 규정이 아주 많은 것은 아니다. 소비자가 발견하고 투서한 뒷면에는 종종 경영자와 배송회사 간에 서로 책임 떠넘기기가 존재하여 불필요한 에너지를 낭비하고 있으며, 문제는 여전히 해결이 되지 않고 있다는 것에 있다. 다른 한편으로 인터넷구매는 탈지역성을 갖는데 종종 소비자가 사기피해를 입게 되나 이것을 고발 내지 신고할 만한 소비자보호센터가 제 기능을 못하고 있으며, 심지어 관할권과 증거문제로 인하여 법원 또한 소송청구를 받아들이기가 매우 어려운 경우가 있다. 이렇게 인터넷구매과정에서 위험은 상당히 많기 때문에 소비자의 구상권은 매우 적절한 보장을 얻기가 어려운 것이 쟁점이 되고 있다.5)

(4) 은닉권의 침해

소비자가 인터넷에서 전자상거래구매활동을 할 때, 종종 인터넷사이트 요구에 따라 먼저 회원가입을 하고 자신의 개인자료를 제공하는데 성명과 성별, 생일, 신분증번호, 주소, 작업단위, 연락방법, 교육정도, 이메일주소 등을 기재하게 된다. 어떤 사이트는 소비자 개인의 신용, 재산상황, 건강수준, 소비습관, 소비수준 등 지나치게 많은 정보를 수집하여 문제가 되기도 한다. 이러한 정보들은 소비자의 은닉에 속하는 것으로서 인터넷상의 은닉권은 경제적 이익을 가져올 수 있다. 반면 해킹기술이 발전하면서 해킹으로 인한 개인정보의 수집과 전송, 이용은 소비자 은닉권에 아주 큰 침해를 가져오게 된다. 소비자가 가장 관심을 갖는 개인은닉권문제는 개인정보가 제3자에 의해 매매되는 경우, 신상정보의 도난, 스팸메일의 수령, 신용카드 사기, 컴퓨터 바이러스 등의 피해가 있다.

(5) 안전권에 존재하는 문제

인터넷 전자상거래활동 중에 소비자의 안전권이 피해를 입는 것은 주로 소비자 전자화폐 안전권에 대한 침해로 구현된다. 전자지불은 기술적으로 신뢰할 수 있다. 그러나 만약 해커가 도중에 정보를 탈취하여 금액을 빼돌리거나 이용자의 비밀번호를 도용하는 것, 또 현금인출기의 오작동 등의 정황이 출현하면 소비자의 이익이 침해를 받게 될 것이고, 소비과정에서 불안과 우려가 초래될 것이다. 이것은 궁극적으로 전자상거래에 대한 소비자의 신뢰를 감소시키게 될 것이다.

(6) 감독역량 부족

전자상거래는 중국에서 현재 알리바바, 타오바오, QQ로 대표되는 괄목할 만한 성장세를 보이고 있으나 감독관리부문의 관리수준은 아직 인터넷거래를 완전히 통제할 만한 단계까지 진입하지는 못하였다. 중국 정부의 인터넷 전자상거래에 대한 관심도 크게 증대되었으나 문제는 첫째, 인터넷 전자상거래에 대한 소비자권익보호의 구체적인 법률 및 법규가 부족하고 체계적인 전자상거래 감독기관의 확립이 지연되고 있거나 실질적인 효력을 발휘하지 못하고 있다는 점이다. 전 세계를 상대로 한 엄청난 매출을 올리면서 폭발적인 발전을 구가하고 있으며 AS 문제에서도 보다 완벽한 지원체제를 갖추고 있지만, 운영과정에서 때로 발생하는 소비자피해문제가 불안과 우려를 조성하는 경우가 있어 지속적인 관리감독이 요구된다[6]고 하겠다. 즉 인터넷 감독기관에 대한 체계적인 법적 지원이 부족하다는 점이다. 다음으로 포털 측이 이용자 개인에게 반드시 인터넷에서 실명공개를 하도록 요구하지 않았으며, 전화번호와 연락방식 공개 등 인터넷경영자와 실제 경영자 간에 적절한 대응관계를 설립하게 하였다. 그리고 인터넷 전자상거래 전반적인 절차에 대해 아주 다양한 규범들이 제정되고 있으나 인터넷 전자상거래가 안정적으로 확립되었다는 보증을 관련기관이 하지 않았기 때문에 전자상거래에 대한 책임은 권위적인 판정기관이 부족한 것으로 판정되며[7], 인터넷거래의 공정성을 담보하기가 어렵다고 하겠다.

4. 중국 전자상거래 소비자권익보호에 관한 법적 개선방안

(1) 소비자권익보호법제도의 입법 강화

「소비자권익보호법」과 「제조물책임법」은 비록 소비자권익보호에 많은 규정을 두었으나 주로 적용된 범위는 전통적인 거래에 한정된 것으로[8], 인터넷거래에 대해서 그 규제와 보호강도는 한정적이다. 결국 전자상거래의 인터넷환경과 거래의 특징에 근거해서 외국사례의 고찰을 통해 하나의 전문적인 전자상거래법을 제정하여 전자상거래의 절차에 대해 규범을 진행해야 한다. 전자상거래법은 네티즌인 소비자와 경영자의 권리와 의무를 규정해야만 하며, 인터넷경영자와 포털사이트 운영자의 연대책임제도를 확립해야 한다. 입증책임에 있어서 소비자는 특수한 보호가 주어지는데 입증책임도치제도를 실행하여 경영자가 입증책임을 부담할 수 있으며, 또한 소비자에게 유리한 소재지 전속관할권을 확립하고, 소비자 소송권의 실현을 보호하며, 최대한도로 소송비용을 감소해야 한다. 인터넷경영의 경우 허위나 모호한 면이 존재하기 때문에 소비자정보의 근원은 완전히 경영자에게 의존한다. 전자상거래법은 또한 경영자가 제품과 서비스에 대해 필요한 설명을 하게 되는데 제품의 용도와 품질, 생산기일 등이 그것으로, 소비자의 알 권리를 충분히 보장함으로써 사기를 당할 가능성을 회피하여야 한다.

(2) 행정감독관리제도 개선

1) 시장진입제도의 개선

공상행정관리부문은 인터넷 전자상거래업체에 대해 강행적인 성격의 등기허가제도를 실행하고 있다. 인터넷을 활용하여 경영활동에 종사하는 기관과 개인은 반드시 전자영업허가증을 신청하고 사용해야 한다. 공상행정총국은 인터넷사이트업체에 대해 심의비준을 밟고 인가를 진행함으로써 요건에 부합하는 인터넷상점에 대해 전자영업허가증을 발급하며, 또한 전문적인 전자상거래사이트에서 서비스자문을 제공하여 소비자에 대한 자문을 보다 용이하게 하고 있다. 전자영업허가증은 영업허가에 대한 통상적인 내용 기재 외에 또 인터넷사이트 도메인네임, IP주소, 관련제품이나 서비스 종사의 전치 심의인가, 유효기간과 전자영업허가증 유효기간 등의 사항을 분명히 기재하여야 한다. 제품과 서비스의 정보발생에 변동이 발생하였을 때, 경영자는 제때 통지하고 등록을 변경해야 한다. IT 활동에 종사하는 경영자는 반드시 전자영업허가증에 자기업체의 확실한 위치를 공개해야 하며, 그럼으로써 안정적인 경영을 추구해야 할 의무가 있다.

2) 광고선전의 규범화

인터넷광고선전의 규범은 전자상거래를 통한 소비자의 합법적인 권익 보호에 있어서 중요한 절차라고 할 수 있다. 전통적인 광고법은 인터넷광고에 대해 구체적인 규정을 하지 않았기 때문에 현재 인터넷 허위광고가 범람하는 결과를 초래하였고, 소비자가 오도하도록 유도하였다. 이것은 결론적으로 소비자의 권익보호에 거대한 위협을 가져오게 만들었다. 최대한 빨리 인터넷광고선전의 구체적인 법규를 규범하기 위해서는 인터넷에서 반포되는 광고에 대해 강행성 요구를 제기하여야 하며, 허위 불법광고를 처단하고 불법경영종사자를 엄단해야 한다. 만약 광고에 허위 및 불법적인 내용이 존재하여 소비자의 권익에 손해가 조성된다면 인터넷경영자는 연대책임을 부담해야만 한다.

(3) 소비자 은닉권의 보호

소비자 은닉권은 주목을 받게 되기 때문에 반드시 국가가 입법을 해야만 한다. 경영자는 모종의 합법적인 목적을 위해 법에 따라 소비자의 합법적인 개인정보를 수집하고 사용해야 한다. 필요한 한도를 초월한 개인정보의 수집과 사용으로 소비자정보에 대해 남용을 구성하는 경영자는 그에 상응하는 법적 책임을 부담해야만 한다. 개인정보수집과정에서 경영자는 소비자에게 충분한 고지의무를 이행해야만 하며, 수집한 정보의 응용범위와 소비자가 침해를 받을 수 있는 위험을 반드시 알려야 한다. 이외에 경영자는 반드시 최대한 일체의 실행가능한 조치를 채택해야 하며, 소비자 개인정보가 제3자의 간여를 받지 않도록 해야 한다. 법률의 위임과 소비자의 동의를 거치지 않은 경우 제3자에게 누출하면

아니 되며, 그렇지 않을 경우 그에 상응하는 법적 책임을 부담해야
한다.

(4) 소비자협회의 주도적인 기능

소비자협회는 온라인 민원신고센터 운영으로 일반국민들인 소비자
의 불만이나 이의제기, 건의사항 등을 적절히 수용함으로써 인터넷감독
체제를 공고히 하고, 인터넷을 통한 의견 내지 건의사항, 인터넷조사,
인터넷조정, 인터넷 배상 및 처벌의 정보처리체계를 성립하여 적시에
인터넷구매가 야기하는 소비자권리침해사건을 처리함으로써, 소비자
의 투서를 중국 각 지역 공상행정총국이나 소비자권리보호협회가 처리
하도록9) 해야 한다. 동시에 인터넷에서 권위 있는 신용평가체제를 확립
하여 소비자의 경영자에 대한 신뢰도를 높여야 한다. 권위 있는 신용평가
체제는 경영자가 실명제를 실시하는 기초 위에서 전체 인터넷공간에
영향을 끼치며 진실하게 경영자의 개인신용정보를 반영해야 한다. 인터
넷의 가상성은 전자상거래로 하여금 더 사기가 용이하게 출현하도록
하며, 인터넷상의 거래신용평가체계를 확립하기 때문에 소비자 전자상
거래에 종사하는 영업기관에 대해서는 신용등급평정을 진행해야 하며,
상업용투기로 인한 거래거절 및 업무태만을 방지하는 중요한 수단이
되고, 상업용투기의 사기행위나 불합리한 행위에 대해 징벌 및 예방을
하는 작용을 끼치게 된다.

(5) 소비자의 인터넷안전구매의식 고취

그 어떠한 방법도 소비자보다 더 효과적으로 자신을 보호할 수 있는
것은 없다. 소비자에 대해 전자상거래 관련지식의 선전과 보급을 강화해
야 하며, 특히 안전위험에 대한 교육이 집중적으로 홍보되어야 한다.
전자상거래구매의 경우 정부와 소비자보호협회가 여러 가지 루트를
통해 소비자에게 인터넷구매 시 주의사항을 홍보하고 있다. 그것은
우선 인터넷거래위험을 어떻게 낮추는지에 대해 규정을 하였다. 또한

소비자가 자신이 인터넷구매과정 중의 행위의 결과를 분명히 이해해야만 한다고 규정하였다. 그리고 전자상거래의 구체적인 절차가 어떻게 되는지, 어떻게 인터넷경영자와 안전하게 구매를 진행하는가에 대해 규정하였다. 소비자가 전자상거래 시 최대한 정품의 저명한 구매사이트를 선택해야만 한다고 규정하였다. 또한 구매 전에는 자세하게 경영자의 관련정보, 즉 명예, 화물배송방식 등을 조사하여야 한다. 또 전자상거래 시에는 전자상거래 거래 관련 이메일이나 증빙서류를 적절히 보존하여 분쟁발생에 대비하여야 한다. 만약 품질문제나 혹은 사기로 인하여 제때 공상기관이나 소비자협회, 공안기관이 반영을 하지 못한다면 스스로 자신의 권익을 보호해야 한다.

Ⅱ. 중국 전자상거래 법률규제의 주요쟁점 및 개선방안

1. 중국 전자상거래 관련법률의 제정 및 개정

먼저, 통일화한 「전자상거래법」 제정이 요구된다. 분할입법으로 초래된 각종 단행법률 간의 충돌을 회피하기 위해 더 적절한 것은 전자상거래시장을 규범하는 것이다. 중국은 체계적이고 종합적인 「전자상거래법」을 제정해야 한다. 동법은 주로 원칙적인 문제에 대해 규정을 하는 것이 바람직하며, 다시 세분화하여 구체적으로 하위법규인 행정규장을 제정해야 한다. 이러한 종합입법은 다시 입법을 분류하는 방식을 취하고 있어서 난이도가 크지 않으나, 그에 상응하는 입법의 기술이 필요하다.

다음으로 현행 「소비자권익보호법」 개정이 진행되어야 한다. 중국 「소비자권익보호법」은 제정된 지 이미 20여 년이 경과하였는데 동법의 목적은 시장경제의 부정적인 영향에 대한 구제와 피해를 입은 소비자에 대한 구제라고 하겠다.[10] 그러나 동법은 단지 전통적인 의미에서의 소비자에 적용되며, 전자상거래 소비자로 말하자면 단지 경영자의 의무와 소비자의 권리를 규정하는 것만으로는 법적 설득력이 상당히 부족하다. 전자상거래가 여러 주체와 관련되기 때문에 전통적인 매도인이나 매수인 외에, 또 전자상거래가 펼쳐지는 인터넷상의 포털사이트, 즉 가상플랫폼, 전자결제방식, 전자결제방식제공기업 및 배송회사 등도 동법 개정 시 고려대상이 되어야 한다.

이 가운데 플랫폼제공자[11]의 법적 지위는 현재 분쟁이 제기되고 있는 분야 가운데 하나이다. 즉 통신판매중개업[12]의 당사자인지 중개자에 불과한지를 놓고 각자 자신에게 유리한 법리해석과 상대방에 대해 우위를 전개하기 위한 노력이 치열하다. 가장 전형적인 분쟁은 전자상거래 당사자인 소비자가 피해를 입었을 때, 매도인과 플랫폼제공자인 포털사이트 기업과의 관계는 어떻게 설정해야 하는가의 문제가 관건이 된다. 이를 해결하기 위해서는 포털사이트제공자인 IT기업의 법적 지위를 분명히 해야 하며, 그 권리의무가 전자상거래 소비자의 이익보호에 아주 중요한 영향을 끼친다는 것을 확정해야 한다. 이 때문에 중국은 미국의 법률제정사례를 참고하여 「통일상법전」의 규정을 개정하거나, 「소비자권익보호법」을 개정하여 전자상거래 소비자권익보호와 관련한 법률규칙과 내용을 추가해야 한다.[13]

그리고 「전자상거래 소비자권익보호법」 관련 단행법규 개정[14] 또한 필요하다. 만약 「전자상거래법」이 거시적인 각도에서 전자상거래시장을 통제할 수 있다면 이에 관한 단행법규는 미시적으로 구체적인 문제의 법률적용을 분명하게 할 것이다. 우선 소비자 개인정보에 관한 보호문제가 있다.[15] 중국 전인대 상무위는 이미 2012년 12월 24일 위원장이 회의를 제청한 「전인대 상무위의 인터넷정보보호 강화에 대한 결정(초안)」 결의안을 심의하였다. 초안에서는 특히 공민 개인의 신분을 충분히 보호할 수 있고, 공민 개인이 은닉한 전자정보 또한 충분히 보호할 수 있다고 하였으며, 인터넷서비스제공자와 기타기업이 개인정보를 수집하고 사용하는 규범 및 개인 전자정보를 보호할 의무에 대해 여러 가지 규정을 하게 된다. 이것은 인터넷 이용자인 소비자 개인정보에 대한 보호조치라고 하겠다. 마지막으로 중국은 자신의 「개인정보보호법

안」이 반드시 있어야 하며, 중국국민 개인정보 안전에 대해 전방위적인 보호를 제공해야 한다.

다음으로 B2C 거래16) 분쟁에 대한 해결과 관련하여 법제정 및 개정을 통한 규범작업이 진행되어야 한다. B2C 거래분쟁은 표적금액이 비교적 작은 편에 속하지만 반대로 분쟁발생비율이 높은 특징이 있는 경우가 있다. 전통적인 거래분쟁해결방식을 적용할 경우 용이하게 해결이 되지 않을 가능성이 있다. 따라서 사법해석이나 부문규장형식을 통해 전통적인 거래분쟁해결절차에 아래 세 가지 차원의 개선이 진행되어야 한다. 첫째, 입증책임도치제도가 실행되어야 한다. 소비자가 자금능력과 제조기술, 노하우 등 제품에 대한 지식이 풍부한 기업과 비교하여 실질적으로 입증능력이 상당히 제한되어 있는 점을 감안해서 만약 입증책임에 있어서 소비자에게 특수규정을 부여하여, 입증책임도치제도를 도입한다면 소비자의 제소를 통한 이익유지를 장려할 수 있다. 둘째, 간이법정이나 간이분쟁중재제도 활용을 위한 간이중재청을 세워 적극적으로 운영을 장려해야 한다. 셋째, 전자상거래 소비자분쟁과 관련하여 특수관할제도를 확립해야 한다. 전자상거래 분쟁의 권리침해안건 특징상, 권리침해당사자가 관할을 확정하는 것은 어렵다는 점을 감안하고, 소비자가 전반적으로는 약자의 위치에 처해 있다는 점을 감안하면 전자상거래 권리침해안건 확정 및 B2C 계약분쟁의 법원관할 확정 시, 전통적인 원고와 피고원칙을 반드시 답습해야 할 필요는 없으며, 소비자 주소지 법원에서 관할권을 행사하는 것으로 반드시 법을 개정해야 한다.

디지털콘텐츠의 계약적합성 판단에 있어서 객관적 기준은 지침안과 마찬가지로 주관적 기준이 부존재하거나 명확하지 않아 적용할 수 없는 경우에 비로소 고려되어야 할 것이다. 디지털콘텐츠의 수량이나 종류는 계약의 본질적 요소로서 구매자의 의사가 결정적 의미를 갖는 것으로 객관적으로 판단할 수 없다. EU에서는 디지털콘텐츠 공급의 계약법적 측면에 관한 입법지침안을 마련하였다. 동 지침안에 의할 경우 소비자가 그의 구매목적을 어느 정도로 명료하게 밝혔어야 하며 공급자가 언제 이것을 인식할 수 있었고, 또 어느 때에 공급자의 동의가 있는 것으로 볼 것인지가 불분명하다. 따라서 전자상거래법에서는 디지털콘텐츠의 계약적합성 판단을 위한 주관적 기준의 하나로 "소비자가 계약체결시에 공급자에게 알렸던 목적에 부합하지 아니하는 경우"로 규정하는 것이 한층 바람직해 보인다.17) 향후 중국에서 법 개정 시 일정한 시사가 될 것이다.

마지막으로 전자지불 내지 전자결제의 안전보장문제를 통한 소비자 권익보호가 더욱 공고히 실현되어야 한다. 2005년 중국인민은행이 「전자지불지침(제1호)」을 반포하였으며, 현재 중국 중앙은행은 「전자지불지침(제2호)」 및 「인터넷지불업무 관리방법」 등 관련법규의 제정 또한 연구하고 있다.18) 이 과정을 통해 인터넷지불의 책임소재를 분명히 하고, 인터넷은행 이용자에 대한 법률보호를 온전히 하며, 인터넷지불 관련 불법범죄행위에 대한 처벌강도를 확대해야 한다. 그러나 지침의 법적 지위는 상당히 낮기 때문에 행정부문규장도 비교가 되지 않는다. 전면적이고 효과적으로 전자지불업무와 인터넷소비자권리를 보장하기 위해 중국은 단행법률로 「전자지불법」을 제정해야만 하며, 전자지불업무규칙을 확정하는 것 외에, 인터넷지불플랫폼인 포털사이트나 IT기업의 법적 책임과 의무를 분명히 해야 하며, 인터넷지불 플랫폼이 소비자의 지불안전을 보증하도록 요구하고, 만약 소비자에게 지불된 것에 손해가 발생한다면 인터넷지불플랫폼인 IT기업이 상응하는 법적 책임을 부담하도록 하는 것이 요구된다.

2. 중국의 현행법률과 전자상거래법률의 충돌문제

(1) 전통법률과 전자상거래법률의 충돌문제

전자상거래운영모델과 중국에서 기존에 제정된 전통법률의 충돌은 계약법, 물권법, 침권책임법, 지적재산권, 세법 등 여러 영역에서 나타나고 있다.19) 중국 「민법통칙」 제11조, 제12조, 제13조는 각각 완전한 민사행위능력자, 민사행위제한능력자, 민사행위무능력자 및 그가 종사하는 활동에 대해 각각 구분을 하는 규정을 두고 있다.「계약법」제47조는 민사행위능력제한자가 이익획득, 연령, 지능에 관한 계약을 체결할 때, 혹은 법정대리인의 추궁 외에 해당계약은 무효이다. 그러나 전자상거래운영모델하에서 절대다수의 사이트 이용자계좌의 등록신청은 결코 실명인증이 필요조건으로 되지 않고 있다. 민사행위능력제한자 심지어 민사행위능력이 없는 자까지도 전자상거래사이트에서 제품이나 서비스에 대한 구매를 실현하며, 전자화폐지불방식으로 자금의 이전을 구현하고 있다. 이것은 결국 전자상거래의 특수성이 거래자의 민사행위능력 차이를 합리적으로 예견할 수 없다는 것을 결정한다고 보아야 한다. 이러한 계약의 효력을 판단할 때에는 확실히 전통적인 계약법률과 충돌이 발생할 수 있다. 그 사례 가운데 하나가 세수관리제도이다.

세수관리제도에서 전자상거래기업은 자신의 필요에 의해 IP주소를 등록하고 경영활동에 종사해야 하는데 이것은 중국의 현행 세무등기제도와는 충돌되는 부분이 있다. 즉 중국 국가세무국의 세원(稅源)에 대한 분류와 납세인에 대해 관리를 진행하는 근거를 뒤흔드는 결과가 발생한다. 전자상거래활동에서의 거래가 인터넷을 통해 완성되고, 납세과세를 한 전자증빙서류의 유실 혹은 폐기가 더 큰 도전에 직면하게 되었으며, 전통적인 세수징세관리활동에서 중개기관의 대납이라는 징세방식 또한 전자상거래에서 중개기관에 대한 의존도 하락으로 인해 실질적인 효과가 감소하는 결과를 초래하였다. 세수징세관리활동에서 용이하게 출현하는 전자상거래 운영주체가 납세를 하지 않거나 전통적인 방식에 의한 납세는 전자상거래 운영취지에 맞지 않는 점이 존재한다. 즉 전체법률체계의 공정한 세부담원칙과 충돌된다. 세금징세업무의 어려움이 증가되면 세수징세부문의 관리비용이 상승하고, 세수징세관리업무가 강조하는 효율원칙과도 맞지 않게 된다.

(2) 중국국내법과 전자상거래법률의 충돌

중국에서 전자상거래규칙의 확립은 중국 국내전자상거래의 조정에 적용될 뿐만 아니라, 국제 전자상거래 규칙의 요구와도 서로 조화를 이룬다. 국제전자상거래규칙의 글로벌범위 내에서의 통일에 대한 수요는 중국의 전통적인 민상사법률제도에 치중한 중국 국내입법과는 법적 성격이 다른 점이 존재한다. 전자상거래기술이 규범하는 글로벌적인 특징은 반드시 중국의 전통적인 민상사법률제도의 실체성규칙과 소송법률로 하여금 글로벌 차원의 통합으로 발전하도록 해야 한다. 국제사례를 보면 싱가폴「전자거래법」, 독일의「정보 및 통신서비스법」, 러시아「연방정보법」, 미국의「국제 및 국내전자서명법」, 영국의「전자통신법」, 캐나다의「통일 전자상무법」, 아르헨티나의「디지털서명법」, 인도의「전자상무지지법」등이 UNCITRAL이 제정한「전자상무시범법」, 「전자서명시범법」, 국제상회인 ICC가 제정한「국제디지털작업 안전사무의 일반적인 관례」, OECD가 제정한「글로벌 전자상거래 장애극복」등 국제조직이 제정한 글로벌 차원의 전자상거래규칙의 흡수 및 사례의 통일을 구현하였다.[20] 중국 전자상거래의 관련입법은 이러한 국제조류를 반영해야 하며, 전통적인 민상사법률의 구속을 탈피함으로써 획득할 수 있다.

3. 전자상거래에 대한 해외입법의 법률규제

국제기구가 기초한 전자상거래법률 중에서「전자상거래시범법」은 전 세계에서 최초로 또 가장 참고할 만한 가치를 갖고 있는 법률문서로 높은 평가를 받는다. 이 법률은 전자상거래의 전체운영체계 및 관련된 각종 과정, 영역에 대해 상세한 규정을 하였다. 특히 동법률 내에 전자상거래의 새로운 법률관계 및 전통적인 민상사법률관계의 충돌을 감안하여 간단하고 실용적인 '기능이 동등한' 입법기술을 창안하였다. 전자상거래 중에서 출현하거나 장래 출현할 가능성이 있는 전자기술이나 전자거래규칙에는 오로지 이미 법률법규로 조정대상이 있는 기능과 일치하거나 혹은 '기능이 동등한' 법률이 직접 기존 법률규제에 적용되어야만 한다. 2001년에는 「전자서명시범법」이 제정되었는데 당시에는 12개 조문이 통과되었으며, 전자서명영역의 기본법률체계가 확립되었다.

동 시범법 제3조는 기술중립원칙을 채택하였는데 평등하게 각종 전자서명기술에 대응해야 한다고 규정하고, 각종기술에서 출현할 가능성이 있는 기술독점문제를 회피함과 동시에 일종의 개방에 포용적인 입법모델로서 전자상무의 장족의 발전을 위해 법제도상의 강력한 지원을 제공하였다.

미국에서는 연방법과 주(州)법의 입법범위가 지향하는 목적이 상이하다. 일반적으로 전자상거래법은 상법분야를 포함하여 대부분 각각의 주 입법으로 조정한다. 그러나 전자상거래가 탈지역적인 거래라는 특징을 지니고 있기 때문에 서로 상이한 영역 내에서 통일적인 법률을 적용하는 것에 대해 객관적인 요구가 제기되었고, 이 때문에 미국연방법은 전자상거래에 대해 규정을 한 바 있다. 2000년 미국국회는 「국제 및 국내 전자서명법」을 통과시켰는데 각 주 전자서명의 법률적용을 위한 것으로 전자상거래의 탈지역적 발전을 취한 보장이 되었다. 미국에서는 각각의 주가 거의 모두 자신의 단독적인 전자상거래법을 갖고 있으며 서로 상이한 특징이 있다. 각 주 입법은 법률명칭이 다르며 입법모델에서도 상이한 점들이 있다. 알래스카주에서는 협의적인 입법모델을 채택하고 있는데 입법은 단지 전자상거래와 행정관리가 교차하는 범주에만 한정된다. 워싱턴주는 광의적인 입법모델을 채택하고 있는데 협의적인 입법에서의 조정범위를 제외하면, 전자상거래 중에서 사법주체 간의 법률관계를 포함한다. 이외에 미국 각 주의 전자상거래입법은 그 조정방법 또한 확연히 다르다. 유타주의 경우 아주 정교하고 상세한 법률규범에 치우쳐 있으며, 캘리포니아주는 상대적으로 원칙적인 규정을 두고 있다.21)

싱가폴에서는 1998년 「전자상거래법」을 통과시킴으로써 전자상거래에서 존재하는 전자서명, 전자계약 및 인터넷서비스제공자책임이라는 세 가지 핵심쟁점을 해결하였다. 전자서명입법모델에서 싱가폴이 채택한 절충입법모델은 전자서명의 일반적인 효력에 대해 규정을 두고 있으며, 동시에 안전한 전자서명을 위한 특별규정을 두었다.

인증기구의 심사 및 책임부담에 있어서 싱가폴은 시장의 자유경쟁을 수단으로 하여 인증기구를 선택하는 방법을 채택하였고, 사전에 책임한도를 분명히 인지하고 부담하는 것을 고지하는 방법으로 인증기구가 부담하는 위험을 축소하였다.[22] 한편 싱가폴은 전자계약의 유효성을 확립한 일반적인 규정으로 전자계약효력문제를 해결하였으며, 국제입법의 사례를 감안하여 인터넷서비스제공자에 대한 책임을 보호하는 규정을 하였다. 2010년 싱가폴은 「전자상거래법」에 대해 개정을 하고 총칙에서 원래의 법을 7개 부문의 39개 주제로 축소하였다. 내용에 있어서 전자문서를 잘못 송출한 당사자가 철회권을 행사하도록 한다는 등의 규정을 추가하였으며, 디지털데이터로 지문인식을 확인한다 등의 규정은 삭제하였고, 디지털데이터의 송수신 시간과 지점 규정을 보완하였다. 또한 적극적으로 전자상거래 발전의 요구에 응하여 원래 법 중에서 인증기구의 인가제도를 자원(自願)인가제로 변경하였다.[23]

4. 중국 전자상거래입법 시 유의점

중국전자상거래는 알리바바를 필두로 하여 괄목할 만한 성장을 이룩하였다. 통계에 따르면 2010년에서 2012년 연속해서 20% 이상의 고속성장을 유지하였으며, 2013년 매출총액은 9경 9천억 위안 이상으로 집계되는 등, 2012년과 비교하여 21.3%가 증가되었으며, 2016년까지의 성장률은 15% 이상으로 예상되어 2017년에는 전자상거래의 판매총액이 20경 위안을 초과할 것으로 보인다.[24] 전자상거래실무과정에서 출현하는 여러 구매사이트가 폐쇄되어 관리감독이 되지 않거나, 전자자금의 안전 및 인터넷저작권분쟁이 발생하는 경우 중국 국제전자상거래센터의 권위, 또 소비자개인정보보호문제는 중국이 더 상세한 입법으로 해결해야 할 주요쟁점이다. 중국은 국제조직과 선진국의 전자상거래입법을 충분히 고찰하여 중국의 과거 전자상거래입법의 성과를 흡수하여야 하며, 조기에 국제화한 또 중국의 현실을 반영한 전자상거래입법을 보완하여야 한다.

구체적으로 입법모델에 있어서 국무원 혹은 각 부 위원회, 지방 인민대표대회 혹은 정부입법모델이 중국에서 이미 선례를 남긴 바 있는데, 본질적으로는 중국의 전자상거래의 입법을 주도할 만한 환경이 적절하지 않다. 과거의 법적체계에서 보면 전자상거래는「계약법」,「전자서명법」,「저작권법」등 몇몇 법률에 이미 규정이 있다. 만약 새로 제정된 전자상거래법의 효력이 상술한 법률보다 낮다면 전자상거래의 효과적인 규제와 관리가 실현되기는 어렵다. 중국은 현재 전자상거래입법의 부담이 중국 국내의 실무를 반영해야 하고 동시에 국제규범과의 조화를 고려해야 하기 때문에 반드시 전인대상무위에서 법개정에 대한 충분한 논의가 진행되어야 한다.

입법체계에 있어서는 중국 민상사입법의 모델을 채택하여 총론과 각론을 상호결합하여야 한다. 총론에서는 국제입법과 보조를 맞추어 국제조직, 싱가폴, 미국 등 전자상거래입법에 대한 기본원칙을 감안하여 적용범위와 개념 등의 규칙에 대해서도 규정을 두어야 한다. 각론에서는 전자상거래의 형식과 실체법 두 부분으로 규정을 함으로써 중국의 현행 법률환경과 실천을 추구하는 것에 주안점을 두어야 하며,「전자상거래 시범법」이 규정하는 구체적인 규칙에 대해서 법개정을 하여, 전자상거래행위가 채택하는 매개체인 기술에 대해서 실제로 차별적인 분쟁이 존재하는지 아닌지를 보다 분명히 확립해야 한다. 전자상거래의 기술과 매개체는 형식과 종류의 상이함으로 인하여 각각 다르다고 규정하고 있다. 이외에 필요에 의해 각론의 규범을 추가하고 불필요한 부분은 삭제해야 한다. 만약 디지털문서가 통신에만 한정되지 않는다면 컴퓨터가 생산하는, 또 통신에 사용되지 않는 기록을 포함해야만 한다. 서면형식의 각종특징을 참조해야만 하며, 기록에 대한 정의도 보다 자세하게 개정할 필요가 있다. 또한 디지털데이터를 규정하여 컴퓨터에서 다른 컴퓨터로 전자방식으로 교환되는 전송을 규정해야만 한다. 또한 인공으로 전송되는 디지털데이터 유형을 포함해야만 한다. 그리고 완전히 혹은 부분적으로 사람의 조사가 필요하지 않다는 점에 대응하여 자동적으로 또 독립적으로 전자정보의 컴퓨터프로세스를 발송하거나 접수, 회신하고, 기타 자동화설비의 전자대리인에 대해 보다 분명한 규정을 하여야 한다.

조정범위에서는, 전자상거래 사법의 속성을 유지하고, 또 전자상거래의 행정관리를 조정범위의 문제로 포함해야 하는데 학계에서는 학설상의 대립이 존재한다. 이 문제에 대해 미국 각 주(州)에서는 서로 상이한 입법선택을 하고 있다. 예로 워싱턴주에서는 전자상거래에 대한 전방위적 차원의 규범을 하여 전자상거래의 체계적인 입법모델을 구축하였다. 반면 메릴랜드주는 전자상거래입법에서 간이한 입법으로 조정범위를 한정하고, 입법에서도 행정관리와 관련 있는 상무활동에 대해 규정을 하였으며, 사법주체 간 법률관계의 조정에 간여하지 않았다. 중국은 최대한 전자상거래의 사법적 속성을 분명히 하여 입법에서 전자상거래의 서비스발전을 출발점으로 삼아 전자상거래법체계의 조정범위를 한정하고, 평등한 주체 간의 거래규칙에 주안점을 두어 규정을 공고히 하여야 한다.

Ⅲ. 중국 전자상거래 계약 내 격식조항의 법적 규제

1. 전자상거래에서 격식조항제공자의 법적 규제 및 중국소비자에 대한 보호

(1) 격식조항제공자에 대한 법적 규제

격식조항제공자에 대한 법적 규제는 먼저 경영자가 소비자에게 격식조항을 합리적으로 제시해야 한다. 경영자가 엄격히 주의의무를 이행함으로써 소비자로 하여금 수용을 확인하기 전에 충분히 격식조항의 내용을 이해해야 한다. 일부학자들의 견해로는 여기에서 경영자의 주의의무라 함은 입법으로 격식조항제공자가 소비자에게 관련정보를 제공하는 것을 강제함으로써, 소비자로 하여금 구체적 정황을 알고 있는 상황하에서 진실한 의사표시를 하여 선택을 하도록 하는 것이다.[25] 주의를 기울여야 하는 내용에 대해서는 계약유형이나 내용을 확정해야 하며, 법률 또한 일반적인 규정을 도출하여야 한다. 필자는 이러한 학설이 비교적 타당할 것으로 사료된다. 그 이유는 소비자의 알 권리를 보장하는 가장 중요한 단계이기 때문이다. 동시에 경영자가 전자상거래 계약조항을 제공하고 반드시 소비자의 주의의무를 알려야만 한다. 즉 계약체결시 전자상거래 격식조항을 제공하는 경영자는 분명한 방식으로 혹은 기타 합리적이고 적절한 방식으로 소비자에게 격식조항으로 계약을 체결한 사실을 일깨워야 한다.

다음으로 소비자는 합리적인 방식으로 전자상거래 계약 격식조항의 내용을 이해해야 한다. 격식조항제공자는 반드시 소비자에게 합리적인 기회를 부여해야 하며, 그럼으로써 소비자는 충분한 시간 동안 격식조항의 내용을 이해해야 한다.[26] 여기에서의 합리적인 기회라 함은 법률행위의 환경에 근거하여 전자상거래 구매자는 전자격식조항을 열람할 합리적인 기회가 있어야 한다는 것이다. 그가 사실상 진정으로 열람을 했는지의 여부에 대해서는 논하지 않기로 한다. 만약 경영자가 이미 소비자에게 자세한 격식조항 열람을 일깨웠음에도 불구하고 소비자가 열람하지 않았다면 소비자가 격식조항의 선택권 인가여부를 자동으로 방치한 것으로 인식할 수 있다. 이때, 열람하지 않은 부분은 계약조항의 일부분을 구성한다. 소비자로 하여금 더 많은 시간에 진지하게 전자격식조항을 연구하도록 하기 위하여 계약이 성립한 시간은 연기한다.

그리고 경영자는 전자상거래 계약 격식조항에 대해 필요한 설명을 해야 한다. 전자상거래 계약 격식조항제공자는 항상 주도적이어야 하며, 혹은 소비자청구에 응하여 격식조항의 중요한 내용에 대해 설명을 해야 한다.[27] 중국 소비자권익보호법과 중국계약법은 이에 대해 일부 규정을 함으로써 소비자의 알 권리를 보장하고 있다. 그러나 중국「계약법」은 설명이 필요한 내용을 단지 '책임이 면제 혹은 제한되는 조항'에 한정하였으며, 면책조항이 적용하는 대상, 면책범위, 면책의 합법성 및 면책조항의 소비자권리에 대한 영향이 큰 내용 등, 면책조항 내용에 대한 설명범위는 없다.

(2) 소비자이익에 대한 보호

입법당사자가 단독으로 조항을 제출할 때 설령 주관적인 목적이 있더라도 특정소비자에 대하여 해당조항이 결코 중복사용되지 않는다는 특징을 갖는다. 그러나 조항 쌍방 간의 구조적인 불평등으로 인하여 소비자가 협상을 거쳐 동 조항의 내용을 바꾸지 못하게 될 것이고, 소비자를 더 적절히 보호하기 위하여 이러한 상황 하에서 중복사용의 요건을 채택하는 것은 적절하지 않다. 조항제정자가 일회성 조항을 사용하여 자신이 사전에 정한 업무를 할 수 있을 것이다. 또한 제3자 조항에 기반을 두거나, 자신의 자문단에 의지할 수도 있는데 이러한 것들은 모두 격식조항의 인정에 영향을 주지 않는다. 소비자가 해당 조항에 대해 내용상의 영향을 더하였는지 아닌지를 인정하는 것은 소비자가 협상의 가능성을 남겨두고 있는지의 여부를 확인하는 것이며, 이 조항의 내용이 분명한 것인지도 확인해야 한다.

중국으로 말하면 계약내용의 통제는 일반적인 계약의 필연적 요구가 아니며, 대부분은 격식계약의 구조적의 균형상실을 왜곡한 것이 있다. 이러한 격식조항을 고려하기 전에 소비자의 이익은 더 많은 피해를 받았으며, 이 때문에 법률은 주체의 특수성에 대해 특수한 보호를 제공한다.[28] 중국 또한 적절하게 격식조항 적용범위를 고려할 수 있는데, 입법자가 일회성 계약조항을 제정하고 소비자가 동 조항의 내용을 변경하지 못할 때, 동 조항을 격식조항 중의 불공정조항으로 인정할 수 있다. 전자상거래계약 격식조항은 격식조항의 일반적인 특징을 지니고 있으며, 이것은 다른 법조항에 대해서도 확장적용될 수 있다. 오로지 이와 같아야만 비로소 전면적으로 전자격식조항을 규제할 수 있고 소비자의 이익도 보장될 수 있다.

먼저, 소비자이익을 보호하려면 조항을 해석해야 한다.29) 전자상거래계약 격식조항 제정자가 사용하는 격식조항은 평균적인 수준의 일반국민인 소비자에 의해 반드시 이해가 되어야 한다. 즉 법학교육을 받지 않은 소비자들에게 인정시켜야 하며, 조항에 대한 개별적인 규정은 법률고문의 협조가 필요하지 않다. 최대한도로 오래 사용한 법률의 단어를 회피할 수 있도록 해야 한다.

만약 모호한 문구를 사용한다면 소비자에 유리한 해석을 해야만 한다. 그렇게 규정해야 하는 이유는 전자상거래계약의 격식조항이 사용인 당사자 일방이 사전에 제정한 것으로 계약상대방이 계약체결하기 전이나 계약체결시에 결코 조항에 대해 의견을 표시하거나 공동으로 기초할 기회가 없었기 때문이다. 이 때문에 해석에 이의가 있는 경우, 사용인이 위험을 부담하기 때문에 상대방에 유리한 해석을 하게 된다. 그 목적은 조항사용자가 법률적용에 관한 투명성 요구를 준수하도록 하기 위함이며, 최대한 깨끗하고 분명하게 격식조항을 제정해야 한다.

다음으로 부적절하거나 시대변화에 따른 현실에 맞지 않는 조항은 삭제 및 배제해야 한다. 이 조항은 전자상거래계약 격식조항 중에 존재하게 되는 특수한 조항으로서 조항사용자는 그가 소비자권익을 침해하는 것을 사용하게 될 것이고, 이 때문에 정확히 인식하는 것이 필요하며 정확한 정의로 그것을 배제해야 한다.

이것은 격식계약체결 시 거래의 정상적인 정형에 따라 확실히 상대방이 충분히 예견할 수 있는 격식조항은 아니다. 만약 어떤 격식조항이 지나치게 특이하여 상대방이 격식조항에 대해 충분한 대비를 하지 못하였을 때, 동 조항은 계약으로 포함되지 않는다.

그리고 일정한 기한을 둔 계약해제권으로 소비자 이익을 보호해야 한다. 전자상거래과정 중에서 격식조항은 입법제정자가 확정하기 때문에 거래내용에 충분한 공개 없이 소비자의사표시가 불완전한 문제를 조성하면 발생한다. 더 적절히 소비자권익을 보호하기 위해 소비자에게 일정기간 내 시범제품 및 무조건적인 계약해제권리를 부여한다.

2. 격식조항의 입법과제

입법과정에서 격식조항에 대한 규제를 위해 입법기관은 법률제정이나 법률개정형식으로 격식조항을 규범해야 한다. 이것은 격식조항을 규범하는 가장 전면적인 수단으로 그 내용은 격식조항을 조정하는 여러 분야에 영향을 끼친다.

먼저 격식조항의 계약체결을 성문화하여 분명히 규범해야 하며, 상대방의 교섭기회를 늘려야 한다.30) 소비자가 거래정보를 알지 못하여 현명하지 못한 선택을 하는 것을 회피하기 위하여 입법으로 법조문을 제정한 자가 소비자에게 관련정보를 제공함으로써 소비자가 합리적인 선택을 도축하는 데에 유리하게 하여야 한다. 그리고 조항제정을 요구하는 사람은 격식조항의 제시방법과 법률효과의 설명에 주의해야 한다. 격식조항의 일부는 자체가 너무 작아 주의를 기울이기 어렵다. 일부 법률지식에 관련된 것은 이해하기가 어렵기 때문에, 법률로 조항을 제정하는 자는 격식조항과 그 법적 효력에 대해 분명하게 설명을 해야 한다. 그렇지 않을 경우 동 조항은 무효이다. 또한 계약체결과정에서 강제집행절차를 실행하는 것은 계약상대방이 지나치게 계약에 의해 구속되는 것을 피하기 위한 것으로, 계약의 이익을 충분히 고려할 시간이 없는 경우에 법률은 계약의 성립에 대한 강행규정으로 일정시간을 규정하고, 그럼으로써 계약상대방이 계약체결을 앞두고 신중히 고려하도록 한다.31) 격식계약의 조항이 너무 많고 내용이 복잡하고 전문성이 아주 강하기 때문에 계약상대방이 단기간 내에 그 전문의 함의를 모두 이해하는 것은 어렵다. 이 때문에 격식계약의 제공자는 상대방에게 충분한 고려시간을 제공함으로써 상대방이 완전히 격식조문의 의의를 이해하는 상황 하에서 결정을 내리도록 해야 한다.

다음으로 면책조항에 대한 제한을 가해야 한다.32) 면책조항은 전자상거래에서 그 합리성의 존재로 인하여 각국 입법으로 보면 면책조항의 계약 내 사용을 절대적으로 금지하지 않고 있으며, 당사자 간의 권리의무 불평등이라는 모순을 조성하는 경우 일정한 제한요건을 규정하고 있다. 법률이 규정하고 있는 면책조항 위반에 대해서는 무효조항으로 인정한다. 우선 면책조항의 효력발생을 보면 상대방이 특별한 방법으로 동의를 해야 효력이 발생하게 된다. 다음으로 신의성실원칙을 위반하는 내용을 제한하는 것은 불합리한 면책조항의 사용이다. 어떤 인터넷사이트의 방문이 규정을 반드시 알아야 한다면 사이트 고용인원의 과실로 인하여 소비자 개인정보의 유실이나 노출이 발생한 경우 인터넷사이트가 책임을 지지 않는다면 이러한 인터넷사이트의 중대과실을 면책하는 조항은 확실히 무효가 된다.

그리고 신의성실원칙을 위반한 격식조항은 무효라는 점을 분명히 해야 한다.33) 신의성실은 격식조항의 효력을 심사하는 가장 기본적이고 가장 추상적인 규정으로, 이것을 구체화하는 것은 아래 두 가지 규정을 포함한다.

첫째, 평등호혜원칙의 격식조항 위반은 무효라는 점이다.34) 계약정의의 요구에 근거하여 격식조항이 평등호혜원칙을 위반하는 것은 구체적으로 두 가지로 표현된다. 지불당사자와 상대방 간에 호혜적인 존중 결핍과 계약위험에 따른 불합리한 분배가 발생할 수 있다는 것이 그것이다. 평등호혜원칙의 첫 번째 표현은 당사자 간의 지불이 반드시 등가유상원칙에 입각해야 한다는 것으로, 그 어떠한 당사자 일방이라도 무상으로 혹은 상당히 작은 대가를 지불하고 상대적으로 큰 이익을 획득할 수는 없다.35) 만약 격식조항을 제공한 당사자 일방이 타인의 무임승차를 방관하고 경험부족으로 무시함으로써 재산상의 지불이나 지불을 위한 약정을 한다면 그 당시의 정형에 근거하여 형평성을 상실한 것이 되며, 법원은 이해당사자의 신청에 근거하여 법률행위를 취소하여야 한다. 둘째, 평등호혜원칙에 입각하여 당사자는 그가 규범한 범위 내에서 발생하는 위험에 대해서만 책임을 부담한다. 만약 격식조항에서 계약상 대방이 제3자의 원인 혹은 불가항력으로 초래한 위험으로 인해 책임을 부담해야 한다고 규정한다면, 혹은 조항 제정자의 위험부담으로 귀책되어야 한다고 규정한다면 이러한 규정들은 평등호혜원칙을 위반한 것으로 간주해야 한다.

마지막으로 계약목적을 위반하는 격식조항 또한 무효이다.36) 격식조항이 계약이 달성한 목적을 위반하는지의 여부를 판단할 때에는 두 가지 심사기준이 있어야만 한다. 우선 격식조항이 계약당사자가 누린 권리나 그가 부담하는 주요의무에 대해 제한을 두었느냐를 확인해야 한다. 다음으로 격식조항으로 인하여 계약목적 달성이 어렵게 되지 않았는가를 확인해야 한다. 소위 계약목적이라 함은 주로 당사자의 계약내용이 달성한 경제적 효과를 말한다. 예로 매매계약 중에서 목적물, 즉 표적물이 교부되면 소유권이 이전되는 것이 일종의 경제적 효과가 된다. 이때 경제적으로 권리상의 손해가 발생하거나 재산상의 손해가 존재하지 않아야 한다.37) 이 때문에 격식조항 중에 다음과 같이 규율할 필요가 있다. 즉 화물이 출고되면 책임지지 않는다는 내용은 실제로 매수인의 하자담보권리를 박탈하고 나아가 계약목적의 달성을 어렵게 만들기 때문에 이러한 격식조항은 신의성실원칙 위반으로 무효가 된다. 전자격식조항은 자체적인 효율화와 합리화, 보충적인 기능을 갖고 있기 때문에 전자상거래 중에서 대량으로 채택되고 있으며 실천과정에서 수많은 전자격식조항이 소비자권익을 침해하는 상황이 출현한다. 전자격식조항의 응용으로 나타나는 문제는 단독으로 하나의 방법을 운용할 수가 없으며, 계약을 체결하고 법률을 규범하고 소비자를 보호하는 방향으로 종합적으로 여러 가지 수단을 운용하여 격식조항에 대한 규제를 강화해야 한다.

V. 중국 전자상거래법 초안(汉语)

第一章总则

第1条【立法宗旨和目的】为了促进电子商务和信息交易的平稳发展, 保障电子商务安全, 保护电子商务当事人各方的合法权益, 提高电子商务市场的可信度, 促进社会主义市场经济的健康发展, 制定本法。

第2条【适用范围】本法适用于电子商务。

第3条【技术中立原则】电子商务行为的法律效力不因采用的媒介和技术不同而有所区别。

第4条【电子商务安全】在电子商务活动中, 互联网经营者应当保障电子商务安全, 保护电子商务消费者个人信息安全以及其他合法权益。

第5条【功能等同】除本法另有规定外, 对于电子商务和传统交易功能相同的行为或制度应赋予其同等的法律效力。

第6条【当事人意思自治】当事人可以约定排除或更改本法有关条款的适用, 但本法另有规定的以及违反法律法规、公序良俗除外。

第7条【定义】在本法中, 下列用语的含义为:

1. 本法所称电子商务, 是指以数据电文形式缔结、履行或者进行相关辅助活动的商务, 包括以计算机、电视机、固定电话机、移动电话机等电子设备为终端的计算机互联网、广播电视网、固定通

信网、移动通信网等信息网络以及向公众开放的局域网络上进行的商务活动。

2. 本法所称数据电文，是指以电子、光学、磁或者类似手段生成、发送、接收或者储存信息的电子形式。

3. 本法所称计算机信息，是指通过计算机生成、发送、接收、处理或存储的信息，但不包括消费者的个人信息。

4. 本法所称发件人，是指以自己名义生成、发送数据电文的人，但不包括协助完成生成和发送的人以及网络服务商。

5. 本法所称收件人，是指发件人指定的接收该数据电文的人，但不包括协助接收的人以及网络服务商。

6. 本法所称自动信息系统，是指当事人设立的、在没有经过个人审查或行动的情况下，代表当事人的利益对数据电文或履行做出行动或回应，并由当事人承担法律后果的计算机程序、电子手段或其他自动化手段。

7. 本法所称访问合同，是指通过电子方式访问他人的信息处理系统，或者从该信息处理系统中获取信息的合同，或有关此种访问的其它同类协议。

8. 本法所称访问材料，是指为获得对某信息的访问授权或者获得对信息拷贝的控制或者占有而言所必需的任何信息或者材料，例如一个文件、地址或者访问密码。

9. 法所称归属程序，是指可核实某一电子签章、显示、讯息、记录或履行是否属于某一特定人的程序或可检测信息的变更或错误的程序。

10. 本法所称互联网经营者包括网络服务提供者和电子商务经营者等一切提供互联网服务和经营的人。

11. 本法所称网络服务提供者，是指为商家和用户提供网络接入服务、传输服务和网络平台服务的提供商，但不包括网络内容提供商和产品服务提供商。

12. 本法所称电子商务经营者，是指通过互联网以及类似网络销售商品或者提供服务的人，包括开展和接受网络支付的银行。

13. 本法所称客户，是指接受电子商务服务的一切社会组织与自然人。

14. 本法所称电子商务消费者，是指以下几种情况：

(1)为生活消费而向电子商务经营者购买商品或者服务的自然人；

(2)具有第一项的相同地位或相同交易条件进行电子商务的经营者。

15. 本法所称网络支付，是指依托公共网络或专用网络在收付款人之间转移货币资金的行为，包括货币汇兑、互联网支付、移动电话支付、固定电话支付、数字电视支付等。

16. 本法所称的个人信息，是指能识别自然人的一切信息，包括但不限于姓名、出生年月日、身份证号码、户籍、遗传特征、指纹、婚姻、家庭、教育、职业、健康、病历、财务情况、社会活动、上网记录等信息。

第二章 互联网经营者的保护与责任限制

第8条 【许可与保护】在中华人民共和国开展网络信息传输服务和网络平台服务应向我国行政主管机关申请核准或许可登记。经过核准或许可登记的网络服务提供者提供信息传输服务和平台服务，受法律保护。

第9条 【基本原则】互联网经营者在市场交易中，应当遵循自愿、平等、公平、诚实信用等基本原则，遵守社会公认的商业道德和商事惯例。

第10条 【禁止不正当竞争】禁止互联网经营者实施损害其他经营

者의 合法权益、扰乱社会主义市场经济秩序、违反公认的商业道德以及损害消费者合法权益的不正当竞争行为。

第11条【禁止垄断】互联网经营者不得实施反垄断法律法规所禁止的垄断协议、滥用市场支配地位、具有或者可能具有排除、限制竞争效果的经营者集中等垄断行为。

第12条【平台安全】网络服务提供者应建立完善制度，采取合理措施，利用互联网安全技术手段，建设、运行、维护网络交易平台系统和辅助服务系统，保证网络交易平台的有序运行，保障电子商务系统安全，维护电子商务秩序。

第13条【系统安全】网络服务提供者应按照国家信息安全等级保护制度的有关规定和要求落实互联网安全保护技术措施，保障网络交易系统安全。

第14条【权益保护】网络服务提供者应采取必要技术和制度措施保护客户与消费者的合法权益，尤其是消费者人身与财产利益。

第15条【发布信息监督】网络服务提供者应建立对用户发布信息的监管机制，依法删除违反国家规定的信息，制止和减少垃圾信息和攻击性信息的传播。

第16条【记录安全】网络服务提供者应保存网络交易的各类记录，采取必要的技术手段保证交易记录和其他信息的完整性、准确性和安全性，并为用户提供查阅、保存自己的交易记录的方法。

第17条【注意义务】网络服务提供者应履行合理的注意义务以保

障交易安全。网络服务提供者应采取必要措施对注册用户的真实身份进行审查。因疏于审查导致其他交易平台使用者因受到欺诈而遭受财产损失，或遭受其他损失的，网络交易平台提供者应承担连带赔偿责任。

网络服务提供者接到举报、通知、投诉、建议，或者知道到网络交易平台上可能存在某些虚假信息或错误信息可能会损害平台使用者利益的，应当对这类信息进行合理排查，并作出适当的处理。网络服务提供者未履行排查义务，或者排查后未及时作出适当处理，致使用户遭受损失的，应承担相应的赔偿责任。

第18条【信息披露义务】因网络服务提供者传播的信息致使自身权利受到侵害者，在同时满足以下要件的情形下，得以向网络服务提供者请求披露其持有的该信息传播人的信息，包括信息传播人的姓名或名称、住所、联系方式以及其他必要的相关信息，但涉及到传播人隐私的，受到侵害者应当在知悉后对信息保密：

1. 由于侵害信息的传播明显导致请求披露人的权利受到侵害；

2. 请求披露的信息是请求人行使损害赔偿请求权所必需或有其他正当理由要求披露。网络服务提供者接受披露请求人的请求后，除无法与侵害信息传播人取得联络以及其他特殊情况外，必须就是否同意披露相关信息听取侵害信息传播人的意见。

请求人获得的信息仅供行使损害赔偿请求权和其他正当权益而使用，不得滥用信息传播人的相关信息实施损害信息传播人的名誉以及侵害其相关权益的不法行为。

网络交易平台提供商不能提供相关信息，或拒绝提供相关信息，致使平台使用者遭受损失的，应承担相应的赔偿责任。网络服务提供者就因未接受披露请求而给披露请求人造成的损失，若无故意或重大过失不承担赔偿责任。

第19条【责任的承担与限制】对于网络服务提供者因传输用户信息侵害他人权利造成的损失，只要网络服务提供者在技术上能够采取措施防止该侵害权利的信息的传播，若不符合下列情形之一，不承担赔偿责任;但该相关服务提供者是侵害该权利的信息发布者不在此限:

1. 网络服务提供者应当知道或有证据证明其知道特定信息的传播侵害了他人权利;

2. 网络服务提供者未采取必要措施阻止信息的传播。

第20条【信息传播人损失的赔偿】网络服务提供者因采取阻止信息传输的措施而给信息传播人造成损失的，若网络服务提供者有理由相信他人的权利被信息传播人侵害且所采取的阻止措施在必要的限度内，并且依权利人申请，网络服务提供者在向侵害信息传播人发出是否同意采取防止信息传播措施的咨询意见2日后，信息传播人仍未提出不同意采取防止信息传播措施的申请的，网络服务提供者不承担因向权利申请人披露信息传播人相关信息而给信息传播人带来的损失赔偿责任。

第21条【共同侵权】网络服务提供者通过网络参与他人侵权行为，或者通过网络教唆、帮助他人实施侵权行为的，构成共同侵权行为，应当与其他行为人或者直接实施侵权行为的人承担连带责任。构成犯罪的，依法承担刑事责任。

第22条【知识产权侵权】提供内容服务的电子商务经营者，明知网络用户通过网络实施侵权行为，或者经权利人书面提出警告，但仍不采取删除、屏蔽、断开链接侵权内容等措施以消除侵权后果的，构成共同侵权，应当与该网络用户承担连带责任。

第三章数据电文

第23条【数据电文的法律效力】数据电文不得仅因为其是以电子、光学、磁或者类似手段生成、发出、接收或者储存的而否认其法律效力;但在以下情形中,前述规定不适用:

1. 当事人有相反约定的;
2. 涉及土地、房屋等不动产权益转让的;
3. 涉及停止供水、供热、供气、供电等公用事业服务的;
4. 法律、行政法规规定的不适用电子文书的其他情形。

第24条【书面形式】能够以随时调取查用的方式表现所载内容的数据电文,视为符合法律、法规要求的书面形式。

第25条【原件形式】符合下列条件的数据电文,视为满足法律、法规规定的原件形式要求:

1. 能够以随时调取查用的方式有效表现所载内容;
2. 能够可靠地保证自最终形成时起,内容保持完整、未被更改。但是,在数据电文上增加背书以及数据交换、储存和显示过程中发生的形式变化不影响数据电文的完整性和真实性。

第26条【保存】符合下列条件的数据电文,视为满足法律、法规规定的文件保存要求:

1. 能够以随时调取查用的方式有效表现所载内容;
2. 数据电文的格式与其生成、发出或者接收时的格式相同,或者格式不相同但是能够未改变或者准确表现数据电文生成、发出或者接收的内容;
3. 能够识别数据电文的发件人、收件人以及发送、接收的时间。

第27条【视为发出】数据电文有下列情形之一的，视为发件人发出：

1. 经发件人授权发出的；

2. 收件人按照发件人认可的方法对数据电文进行验证后结果相符的。但自收件人收到发件人否认发出的通知，并且收件人有合理时间作出相应调整行为的以及自收件适当加以注意或使用任何约定程序便可知道或应当知道该数据电文并非发自发件人的除外。当事人对前款规定的事项另有约定的，从其约定。

第28条【利用自动信息系统发出数据电文的效力归属】自动信息系统发出的数据电文的法律后果归属于设立或者使用该自动信息系统的人。任何人使用自动信息系统进行电子签名、履行或订立协议，包括为同意的意思表示，均应受该自动信息系统操作的约束，即使个人对自动信息系统的操作或操作的结果不知道或没有审查。在以下情形下，发件人可以否认自动信息系统发出数据电文的法律效力：

1. 自动信息系统发出的但自发件人告知收件人该数据电文并非其发出之时起，收件人有合理的时间采取相应行动的；

2. 自收件适当加以注意或使用任何约定程序便知道或理应知道该数据电文并非发件人的任何时间起。

第29条【利用自动信息系统接收数据电文的效力归属】自动信息系统接收数据电文并完成的事项的法律后果归属于设立或者使用该自动信息系统的人。

第30条【收讫确认】法律、行政法规规定或者当事人约定数据电文需要收讫确认的，未经对方当事人收讫确认，数据电文视为未发出。该数据电文自发件人收到对方当事人的收讫确认时成立。发件

人收到收件人的收讫确认，发生收件人收到数据电文的法律效力。但收讫确认并不证明收件人收到的数据电文与发件人发出的数据电文相符，也不能证明收件人同意发件人数据电文的内容。需要收讫确认的数据电文，其发生法律效力的时间依据相关法律规定，法律没有约定的，依双方当事人的约定;双方当事人没有约定或者无法达成一致的，以发件人收到收讫确认的时间为发出时间。

第31条【时间】数据电文离开发件人控制的信息系统的时间，视为该数据电文的发出时间。收件人指定特定系统接收数据电文的，数据电文进入该特定系统的时间，为数据电文的达到时间;未指定特定系统的，数据电文进入收件人的符合事项目的的任何系统的首次时间，为该数据电文的到达时间。如果数据电文并未发给指定的信息系统，而是发给收件人的另一个信息系统，则以收件人知悉该数据电文的时间为收到时间。当事人对数据电文的发出时间、接收时间另有约定的，从其约定。

第32条【地点】发件人的住所为数据电文的发出地点，收件人的住所为数据电文的到达地点。如果发件人与收件人的住所和主要经营所在地不同的，应以与该数据电文所涉事项有最密切关系的地址为准。如果无法确定最密切关系，则以住所为准。没有住所的，以其主要经营所在地为发出或者到达地点。

第四章计算机信息交易

第33条【适用范围】本章适用于计算机信息交易，包括信息归属的移转、信息授权许可使用、访问许可、最终用户合同和大众市场合同等形式。如果一项计算机信息交易同时涉及计算机信息和货物，本章适用于其中的计算机信息。

第34条【本章的解释】本章的解释应支持和促进潜在的计算机信息交易的完全实现并尊重网络习惯、惯例和当事人协议。协议的明示条款及任何履行过程、交易过程或商业惯例必须尽可能地解释为彼此一致。但是如果无法做出此种合理的解释，则：

1. 明示条款的效力优于履行过程、交易过程和商业惯例；

2. 履行过程优于交易过程和商业惯例；

3. 交易过程优于商业惯例。

第35条【计算机信息许可】计算机信息许可，是指根据双方当事人的约定，对计算机信息的取得、使用、销售、履行、修改或复制进行有偿授权，但并不移转信息归属的交易方式。许可方负有义务允许被许可人使用一定的计算机信息或享有信息权。

第36条【计算机信息转让】计算机信息出让人使计算机信息以能被受让人得以访问或获知的形式存在于某一个信息处理系统或该系统中的某一地址。在计算机信息权转让合同中，受让人接受交付之日起，依法律规定和约定享有计算机信息的信息权。

就计算机信息拷贝交易而言，拷贝载体在物权法上所有权的转移不代表计算机信息权的转让。

第37条【信息所有权的转移】计算机信息的转移适用数据电文发出和达到的规则。计算机信息权的转移应进行登记，登记完成信息权转移。未经登记，不得对抗第三人。

第38条【计算机信息访问许可】计算机信息访问，是指通过电子方式访问他人的一个信息。

立法建议专题息处理系统，或者从该信息处理系统中获取信息的

交易方式。访问材料是指为获得对某信息的访问授权或者获得对信息拷贝的控制或者占有而言所必需的任何信息或者材料，包括但不限于一个文件、地址或者访问密码。

第39条【访问期限和方式】访问合同项下的访问时间和访问方式应由双方当事人约定，双方当事人无约定的，应协商一致，不能协商一致的，根据行业惯例确定。访问合同中的许可人应该保障合同约定期限内的访问顺利：

1. 明被许可人的访问应针对许可人在该期间内以商业可行的方式提供的信息，包括许可人对其所做的修改。

2. 明信息内容的变更只有在此种变更与协议的明示条款相冲突时才构成违约。

3. 明被许可人所获得的信息免于合同使用条款之外的任何使用限制，但不得对抗第三人的信息权或者其他法律的规定。

4. 明许可人提供的访问应当符合协议明示条款所规定的时间或方式。如果合同没有明示规定，应当根据通常的商业、贸易或工业标准为该特定类型的合同的履行确定合理的时间或方式。

第40条【违约例外】在约定的访问期间内，如许可方偶尔不能提供访问条件，在下列情况下也不构成违约：

1. 这种情况是该特定类型合同所属的商业、贸易或工业的一般情况；

2. 这种情况是由于预期的停工期、维护的合理需要、设备和通信故障或许可方控制之外的其他原因引起。

第41条【计算机信息大众许可交易】计算机信息大众许可交易，是指通过计算机信息许可人以基本相同的条件向全体公众包括消费者提供信息或信息权利。被许可方按照与零售市场上的普通交易一

致的条件和数量通过零售交易取得信息或信息权利。

第42条【信息检验】信息受让人在支付价款前享有检验信息的
权利。

第43条【权利瑕疵担保】计算机信息交易中的权利人应当担保所
交付的信息无权利争议，任何第三人以侵权为由提出的权利主张诉
讼由权利人负责。

第44条【明示品质瑕疵担保】不论是否使用担保、保证或者类似
用语，许可方就信息所做出的允诺或对信息的说明构成信息品质的
担保。

第45条【默示品质瑕疵担保】计算机信息交易中的权利人向相对
人承担其许可的信息适用于此类信息的一般使用目的方式所为使用
的义务。

第46条【履行】各当事方应当按计算机信息交易合同规定的条件
或者符合信息使用目的或者惯常使用方式的手段履行义务。如果许
可人存在重大违约情形，则被许可人可以要求对方承担返还价金等
违约责任;如果被许可人存在重大违约情形，则许可人可以要求其
承担返还信息和其他违约责任。按照合同约定或者交易目的，必须
实际履行的，许可方应该实际履行。

第47条【自动限制措施】计算机信息交易中，许可人为限制对信
息的使用为目的的程序、代码、装置或类似的电子或物理措施，应当
仅适用于阻止与合同不一致的使用、合同约定期限结束后的使用，以
及合同约定次数的完成后的使用。

第48条【保密义务】计算机信息交易合同解除或履行完毕后，各方当事人仍应承担保密、竞业禁止等义务。

第49条【返还义务】计算机信息交易合同解除或履行完毕后，各当事方在合同中约定的退还、交付或处置信息、材料、文件、拷贝、记录或其他材料的义务仍有效。

第五章网络支付

第50条【网络支付的类型】境内银行业金融机构(以下简称银行)發展网络支付业务，适用本章规定。非金融机构提供支付服务，应当依法取得《支付业务许可证》，成为支付机构。
　　支付机构依法接受中国人民银行的监督管理。未经中国人民银行批准，任何非金融机构和个人不得从事或变相从事支付业务。

第51条【合法原则】支付机构开展网络支付业务应当遵守国家有关法律、行政法规的规定，不得损害客户和社会公共利益。银行与其他支付机构合作开展网络支付业务的，其合作机构的资质要求应符合有关法规制度的规定，银行要根据公平交易的原则，签订书面协议并建立相应的监督机制。

第52条【结算账户】客户办理网络支付业务应在银行开立银行结算账户(以下简称账户)，账户的开立和使用应符合《人民币银行结算账户管理办法》、《境内外汇账户管理规定》等规定。

第53条【同等效力】网络支付指令与纸质支付凭证可以相互转换，二者具有同等效力。

第54条【定义】本章下列用语的含义为:

1. "发起机构",是指接受客户委托发出网络支付指令的支付机构。

2. "接收机构",是指网络支付指令接收人委托的支付机构;接收人未在银行开立账户的,指网络支付指令确定的资金汇入机构。

3. "电子终端",是指客户可用以发起网络支付指令的计算机、电话、销售点终端、自动柜员机、移动通讯工具或其他电子设备。

第55条【基本原则】支付机构应当遵循安全、效率、诚信和公平竞争的原则,不得损害国家利益、社会公共利益和客户合法权益。支付机构应根据审慎性原则,确定办理网络支付业务客户的条件。

第56条【信息披露】办理网络支付业务的支付机构应公开披露以下信息:

1. 支付机构行名称、营业地址及联系方式;

2. 客户办理网络支付业务的条件;

3. 所提供的网络支付业务品种、操作程序和收费标准等;

4. 网络络支付交易品种可能存在的全部风险,包括该品种的操作风险、未采取的安全措施、无法采取安全措施的安全漏洞等;

5. 客户使用网络支付交易品种可能产生的风险;

6. 提醒客户妥善保管、使用或授权他人使用网络支付交易存取工具(卡、密码、密钥、电子签名制作数据等)的警示性信息;

7. 争议及差错处理方式。

第57条【客户信息】支付机构应认真审核客户申请办理网络支付业务的基本信息,并以书面或电子方式与客户签订协议。支付机构应按会计档案的管理要求妥善保存客户的申请资料,保存期限至该客户撤销网络支付业务后10年。

第58条【验证方式】支付机构为客户办理网络支付业务，应遵照《中华人民共和国电子签名法》等法律法规的规定，根据客户性质、网络支付类型、支付金额等，与客户约定安全认证方式，包括密码、密钥、数字证书、电子签名等。

第59条【账户限制】客户可以在其已开立的银行结算账户中指定办理网络支付业务的账户。对客户未指定的银行结算账户不得办理网络支付业务。

第60条【网络支付协议】客户与支付机构签订的网络支付协议应包括以下内容：

1. 客户指定办理网络支付业务的账户名称和账号；
2. 客户应保证办理网络支付业务账户的支付能力；
3. 双方约定的网络支付类型、交易规则、认证方式等；
4. 支付机构对客户提供的申请资料和其他信息的保密义务；
5. 支付机构根据客户要求提供交易记录的时间和方式；
6. 争议、差错处理和损害赔偿责任。

第61条【书面申请】有以下情形之一的，客户应及时向支付机构提出电子申请或书面申请：

1. 终止网络支付协议的；
2. 客户基本资料发生变更的；
3. 约定的认证方式需要变更的；
4. 有关网络支付业务资料、存取工具被盗或遗失的；
5. 客户与支付机构约定的其他情形。

第62条【违法禁止】客户利用网络支付方式从事违反国家法律法

规活动的，支付机构应按照有关部门的要求停止为其办理网络支付业务。

第63条【发起方式】客户应按照其与发起机构的协议规定，发起网络支付指令。

第64条【安全程序】网络支付指令的发起机构应建立必要的安全程序，对客户身份和网络支付指令进行确认，并形成日志文件等记录，保存至交易后10年。

第65条【确认程序】发起机构应采取有效措施，在客户发出网络支付指令前，提示客户对指令的准确性和完整性进行确认。

第66条【执行与回单】发起机构应确保正确执行客户的网络支付指令，对网络支付指令进行确认后，应能够向客户提供纸质或电子交易回单。

发起机构执行通过安全程序的网络支付指令后，客户不得要求变更或撤销网络支付指令。

第67条【网络支付指令的跟踪】发起机构、接收机构应确保网络支付指令传递的可跟踪稽和不可篡改。

第68条【发送、接收和执行】发起机构、接收机构之间应按照协议规定及时发送、接收和执行网络支付指令，并回复确认。

第69条【纸质凭证】网络支付指令需转换为纸质支付凭证的，其纸质支付凭证必须记载以下事项(具体格式由支付机构确定)：

1. 付款人开户行名称和签章；

2. 付款人名称、账号；

3. 接收机构名称；

4. 收款人名称、账号；

5. 大写金额和小写金额；

6. 发起日期和交易序列号。

第70条 【安全规定】支付机构应保障网络支付安全。支付机构开展网络支付业务采用的信息安全标准、技术标准、业务标准等应当符合有关规定。

支付机构应确保网络支付业务处理系统的安全性，保证重要交易数据的不可抵赖性、数据存储的完整性、客户身份的真实性，并妥善管理在网络支付业务处理系统中使用的密码、密钥等认证数据。

第71条 【信息使用限制】支付机构使用客户资料、交易记录等，不得超出法律法规许可和客户授权的范围。支付机构应依法对客户信息(包括交易记录等)秘密。除依法定程序，支付机构应当拒绝除客户本人以外的任何单位或个人的查询。

当出现重大事由(如维护第三方重大交易利益、公共利益的)，前述规则不适用。

第72条 【提供信息】支付机构应依照与客户的约定，及时或定期向客户提供交易记录、资金余额和账户状态等信息。

第73条 【信息品质】支付机构应采取必要措施保护网络支付交易数据的完整性和可靠性。

第74条 【安全管理机制】支付机构应对网络支付业务处理系统的操作人员、管理人员以及系统服务商有合理的授权控制：

1. 确保进入网络支付业务账户或敏感系统所需的认证数据免遭篡改和破坏。对此类篡改变都应是可侦测的，而且审计监督应能恰当地反映出这些篡改的企图。

2. 对认证数据进行的任何查询、添加、删除或更改都应得到支付机构的必要授权，并具有不可篡改的日志记录。

第75条【境内完成】境内发生的人民币网络支付交易信息处理及资金清算应在境内完成。

第76条【差错处理原则】支付机构应遵守据实、准确和及时的原则处理网络支付错误。

第77条【信息泄露赔偿】由于支付机构保管、使用不当，导致客户信息被泄露或篡改的，支付机构应向客户承担损失赔偿责任。

第78条【网络支付未完全履行】支付机构因自身系统、内控制度或为其提供服务的第三方服务机构的原因，造成网络支付指令无法按约定时间传递、传递不完整或被篡改，并造成客户损失的，应向客户承担赔偿责任。支付机构向因第三方服务机构造成的客户损失进行赔偿后，可向第三方服务机构进行追偿。

第79条【责任的减轻或免除】因不可抗力造成网络支付指令未执行、未适当执行、延迟执行的，支付机构应当采取积极措施防止损失扩大。支付机构就未采取积极措施防止损失发生或扩大，或者采取措施不当的，就发生或者扩大的损失，支付机构向客户承担赔偿责任。

第六章电子商务消费者权益保护

第80条【电子商务安全】电子商务经营者开展电子商务应保障消费者电子商务安全;对于非电子商务消费者一方原因的网络中断等影响电子商务安全事由给消费者造成的损害，由电子商务经营者承担。

电子商务经营者对因网络服务提供者违反第一款规定给消费者造成的损失承担赔偿责任;电子商务经营者承担赔偿责任后，可以依法向网络服务提供者追偿。

第81条【信息获取】电子商务消费者进行电子商务时，电子商务经营者应在网址上提供以下信息供电子商务消费者查询:

1. 公司名称及法定代表人姓名;

2. 公司住所以及主要经营所在地(包括消费者投诉地址);

3. 电话和电子邮箱地址;

4. 经营许可证号;

5. 网上购物平台的使用须知;

6. 与电子商务消费者维权相关的其他事项。

第82条【告知内容】为了使消费者在签订合同之前正确理解商品和服务交易条件，确保交易的准确无误，电子商务经营者应通过展示、广告等适当方式将下列各项内容告知给消费者。签订合同后，应在供货之前向消费者提交包括下列各项内容的书面文件:

1. 商品和服务的供货方与提供方以及销售方的相关事项;

2. 商品和服务的名称、种类以及内容;

3. 商品和服务的价格及其支付方式、支付时间;

4. 商品和服务的交货和提供方法及时间;

5. 消费者解除合同的期限、方法及生效等相关事项;

6. 商品的换货、退货、保修和其退款条件程序;

7. 可用计算机信息产品的传送、安装等所需的技术性事项；

8. 消费者损害赔偿，处理消费者的不满或消费者和经营者的争议相关事项；

9. 交易相关条款(包括条款内容的确认方法)；

10其他影响消费者购买决定的交易条件或挽回消费者损失所必要的事项。

邮售经营者在与未成年人签订合约时，须事先告知未成年人，未经其法定监护人同意，未成年人或其法定监护人可以解除合同。

第83条【禁止签署不利于电子商务消费者的协议】减轻经营者义务与责任或者排除消费者权益的合同无效。

第84条【操作失误防止】为了防止在电子商务交易中因消费者的操作失误造成意思表达错误等情况发生，电子商务经营者应在支付交易款项或在认购以前，安排确认内容及改正所需的程序。

第85条【电子错误】电子商务经营者在没有向消费者提供合理的方法探测并纠正电子错误或避免该错误时，对于非出于消费者真实意思，并且是由于电子错误产生的数据电文，如消费者采取了下列行为，可不受其约束：

1. 在知道该错误时，及时将该错误通知对方当事人，并且承诺将所获得商品或者已经将所获得商品退还电子商务经营者，或按照电子商务经营者的合理指示，将商品移交第三人或销毁；

2. 如果电子商务消费者接收的商品属于计算机信息，消费者必须未曾使用该计算机信息，或从该信息中获得任何利益或价值，也未曾使该信息可为第三方获得。

第86条【7日无条件解约】电子商务消费者与电子商务经营者签

订邮售合同后，可在自签订合同之日起7日内享有解除合同的权利。如果合同约定的期限超出上述规定期限，则以合同约定为准。消费者采取书面形式解除合同的，自消费者发送书面解除合同文件之日起生效。在以下情形中，前述规则不适用：

1. 消费者定作的；

2. 鲜活易腐的；

3. 在线下载或者消费者拆封的音像制品、计算机软件等数字化商品；

4. 交付的报纸、期刊；

5. 根据商品性质并经消费者在购买时确认不宜退货的商品，不适用无理由退货。

第87条【解约效力】电子商务消费者行使解除合同的权利后，须退还所收到的商品，电子商务经营者须在收到所退还物品之日起3个工作日内退还电子商务消费者支付的价款。

第88条【合同解除限制】电子商务消费者在以下情形下，不得根据第86条的规定享有合同解除权：

1. 因电子商务消费者的过失造成商品的丢失或损坏，但为确认物品等的内容物而损坏包装的情况除外。

2. 因电子商务消费者使用商品或消费部分商品导致商品的价值明显降低。

3. 因经过较长时间，商品的价值明显降低，难以再销售。

如果在电子商务消费者与电子商务经营者商品的受损是否负有责任、相关合同的签订事实及其时间、商品供货事实及其时间等方面存在分歧，须由电子商务经营者承担证明责任。

第89条【3个月内有条件解约】电子商务消费者购买的商品与电

子商务经营者展示、广告或合同约定不符的，电子商务消费者可在收到商品之日起3个月内，或知悉此事实后的30日内，解除合同。消费者采取书面形式解除合同的，自消费者发送书面解除合同文件之日起生效。

第90条【违约金或者损害赔偿免除】根据第18条规定解除合同的，退换商品所需的费用由电子商务消费者负担，电子商务经营者不得以解除合同为由要求电子商务消费者支付违约金或损害赔偿。

根据第20条规定解除合同的，退换商品所需的费用由电子商务经营者负担。

第91条【网络服务提供者的责任】网络服务提供者未在销售商品和提供服务等的过程中事先声明或与电子商务消费者约定或告知电子商务消费者就销售商品或者提供服务不承担责任的情况下，因电子商务经营者的过失造成电子商务消费者财产上的损失，网络服务提供者与电子商务经营者承担连带赔偿责任。

第92条【网络服务提供者的信息披露】网络服务提供者应向电子商务消费者提供查阅电子商务经营者地址、电话等信息的方法。

第93条【电子商务经营者交易记录的保存】电子商务经营者对电子商务以及配送的展示、广告、合同以及其履行情况等交易相关记录应保留一段合理时间，并为消费者提供查阅和保存记录的方法。

第94条【消费者自由权】禁止电子商务经营者或网络服务提供者的下列各项行为：

1. 告知不实信息或夸张信息或用欺骗行为诱导电子商务消费者进行电子商务，以及阻碍电子商务消费者解除合同的行为，包括为

了阻碍合同解除而变更或取消地址、电话或者IP地址等行为;

2. 因处理纷争或投诉问题所需人员或设备长期不足而给电子商务消费者带来损失的行为;

3. 在电子商务消费者没有订购的情况下,将商品供货给电子商务消费者并要求其支付价款的行为。

4. 在电子商务消费者明确表示无意购买物品或接受服务的情况下,通过电话、传真、PC通信等方式强迫电子商务消费者购买物品或接受服务的行为;

5. 未获得电子商务消费者本人的同意或超出允许范围利用电子商务消费者信息的行为,但为缔结和履行商品配送等合同所必须的情况除外。

第95条【购买建议广告拒收登记系统】为了防止互联网经营者通过电话、传真、电子邮件等方式建议(下称"购买建议广告")电子商务消费者购买物品或接受服务而侵扰电子商务消费者生活安宁,消费者协会有权构建可让电子商务消费者明确表示拒收购买建议广告的登记系统(下称"购买建议广告拒收登记系统")。

互联网经营者如要发送购买建议广告,则必须通过购买建议广告拒收登记系统确认电子商务消费者拒收登记与否,如电子商务消费者已登记拒收,则不得向该电子商务消费者发送购买建议广告。

第96条【对电子商务消费者团体等的支持】对于从事电子商务和网络服务业务的公平交易秩序的确立以及保护电子商务消费者权益工作的机构或团体,工商行政管理部门应在职权范围内给予必要的支持。

第97条【违法行为调查】工商行政管理部门或者消费者协会认为存在违反本法规定的行为,可利用职权进行必要的调查。任何组织

与个人发现违反本法规定的行为时，都有权向工商行政管理部门或者消费者协会举报。如果消费者协会要进行第1项的调查，应事先向工商行政管理部门通报，如果工商行政管理部门认为该调查是重复的，有权要求消费者协会停止调查，消费者协会接到停止调查通知后，除非有正当理由，应停止该调查。工商行政管理部门或者消费者协会应及时将调查结果包括发布的改正措施命令和其他处理内容以书面形式通知给该案件的当事人。

第98条【公开信息检索】为保护电子商务公平交易秩序并预防电子商务消费者权益受到侵害，工商行政管理部门和消费者协会必要时可以采用电子方式检索电子商务经营者或网络服务提供者在网络上公开的电子商务消费者保护政策，对政策进行评估，并发出指导或者改进意见通知书。为防止其他消费者受到进一步侵害，工商行政管理部门和消费者协会可以公开必要的信息。

工商行政管理部门为有效收集并利用侵害电子商务消费者权益的信息，必要时可以要求互联网经营者提交或共享相关材料。

第99条【违法行为的改正及训诫】若工商行政管理部门和消费者协会发现经营者存在违反本法规定的行为或不履行本法规定的义务时，可以制止该行为并责令互联网经营者采取改正措施。

第100条【电子商务消费者侵权纠纷调解要求】工商行政管理部门和消费者协会接到电子商务消费者在电子商务中的侵权救济申请时，在作出制止行为和责令改正之前可以建议电子商务消费者在相关机构进行调解。调解结果不影响工商行政管理部门实施后续行政行为。

第101条【责令停业】在采取改正措施的情况下，电子商务经营

者或者网络服务提供者仍然反复发生违反本法的行为或认为仅靠改正措施很难预防电子商务消费者侵权现象发生的，工商行政管理部门有权作出责令停止部分或者全部业务的通知，并依法进行罚款。

第102条【专属管辖】电子商务消费者提起的与消费者权益有关的诉讼，由电子商务消费者住所地人民法院管辖，住所地不明或没有住所地的，则专属于电子商务消费者居住地的地方法院管辖。在以下情形中，前述规则不适用：

1. 起诉时电子商务消费者的地址或居住地不明；

2. 相关当事人就管辖地点以及纠纷处理方式已达成协议，且协议不违反本法第84条的规定。

第103条【业务委托】为有效执行本法，必要时工商行政管理部门可以把部分职权委托给消费者保护协会或者类似团体行使。

第七章电子商务个人信息保护

第104条【适用范围】本章适用于所有电子商务中的个人信息处理活动。

前款中的处理指以自动化方式或人工方式对个人信息进行的操作，包括但不限于下列具体操作：

1. "收集"指以利用为目的取得信息主体的个人信息。

2. "处理"指以自动化方式或人工方式对个人信息进行的操作，包括储存、编辑、变更、检索、删除、传输、封锁以及其他操作。

（1）"储存"指个人信息收集、处理后被保存于磁带、卡片、硬盘、纸张或其他媒介之上。

（2）"编辑"指对个人信息的编排，包括个人信息的表现形式、格式、版式的修改。

（3）"变更"指修改已储存个人信息的实质内容。

（4）"删除"指消除已储存的个人信息，使其不能重现与复认。

（5）"传输"指将已储存或处理的个人信息传达或以一定方式示知特定第三人。

（6）"公开"指将处于隐秘状态的个人信息示知不特定第三人或公众。

（7）"封锁"指为限制继续处理或利用，对已储存的个人信息附加符号。

3. "利用"指对个人信息进行与处理无关的使用。

第105条【知情同意原则】个人信息的收集应当合法公正，没有法律规定或在信息主体知情同意下，不得收集个人信息。对不需识别信息主体的个人信息，应当消除该信息的识别力。互联网经营者以及其他组织和个人不得在电子商务消费者不知情的情形下通过技术等手段收集电子商务消费者的个人信息，包括购买记录、支付记录以及浏览记录等。

第106条【目的明确原则】个人信息的收集应当有明确而特定的目的。

第107条【公平公正原则】互联网经营者需要收集或利用电子商务消费者个人信息的，应公平公正地进行收集或利用。

第108条【限制利用原则】对个人信息的处理和利用必须与收集目的一致，必要情况下的目的变更应当有法律规定或取得信息主体的同意。

第109条【完整正确原则】信息处理主体应当保证个人信息在利用目的范围内准确、完整并及时更新。

第110条 【个人信息安全原则】互联网经营者应当采取合理的安全措施保护个人信息，防止个人信息的意外公开、灭失、毁损以及被非法收集、处理、利用或披露。

第111条 【个人信息收集的资格】征信所及以个人信息收集或处理为主要业务的自然人、法人或其他信息处理主体，未经主管管理机关进行业务资格核准登记并发给执照，不得收集电子商务消费者个人信息。

第112条 【信息披露】互联网经营者应当于取得收集资格后10内，在政府公告、当地报纸或其他适当的媒体上公布下列事项：

1. 自然人应公布其姓名和住所，法人或非法人组织应公布其名称、主营业地或其法定代表人姓名和住所；

2. 个人信息档案名称；

3. 保有个人信息档案的目的；

4. 个人信息的类别和范围；

5. 个人信息档案的保有期限；

6. 个人信息的收集程序；

7. 个人信息档案的利用范围；

8. 跨国传输个人信息的直接接收人；

9. 个人信息档案维护负责人的姓名；

10. 受理查询、变更、删除或阅览等申请的部门的名称和住所；

11. 其他应当公开的事项。披露的信息不应当包括个人信息档案的内容。

第113条 【个人信息的收集、处理与利用】

1. 除非符合下列条件之一，互联网经营者不得超出特定目的收集、处理个人信息：

(1)信息主体书面同意;

(2)与信息主体有合同或类似合同的关系,并不会损害信息主体的合法权益;

(3)已公开的个人信息并不会损害信息体的合法权益;

(4)学术研究有必要且无害于信息主体重大利益的,但研究人员或机构应当采取必要的保密措施;

(5)法律规定的其他情形。

2. 除非符合下列条件之一,互联网经营者不得超出特定目的利用个人信息:

(1)为保护公共利益;

(2)为免除信息主体人身或财产上的紧迫危险;

(3)防止他人权益的重大危害而有必要的;

(4)信息主体书面同意;

(5)履行法定义务的;

(6)为个人信息保护检查、个人信息安全、确保个人信息处理设备的正常运转目的而储存的个人信息,仅可依其目的而利用。对于本条1、2所列事实,由电子商务经营者和网络服务提供者举证证明。

第114条 【消费者的参与】电子商务消费者有权决定其个人信息何时何地以何种方式被他人收集、公开与处理,并在他人实施前述行为时,查询相关情况并提出异议。

第115条 【个人信息的传输】互联网经营者相互之间传输个人信息,须满足以下条件之一:

1. 互联网经营者证明其对他人的个人信息有正当利益;

2. 电子商务消费者无合法利益禁止该传输。

第116条 【个人信息的跨国传输】互联网经营者需要向境外传输个人信息的，应当符合有关法律规定。如果接收国对个人信息提供的保护措施未达到我国法律规定的最低保护标准，或者向境外传输个人信息违反我国法律、国家安全或公序良俗的，不得向境外传输个人信息。

第117条 【个人信息比对】互联网经营者不能以个人信息计算机比对的结果未经独立调查并证实，或在通知电子商务消费者后未经过合理的异议提出期间，不得利用此结果作出不利于电子商务消费者的决定，但法律规定有其他情形的不在此限。

第118条 【信息披露的例外】下列各项个人信息档案不适用前条规定：

1. 有关国家安全、军事机密或其他重大国防利益的；
2. 有关国家重大的外交、经济利益的；
3. 有关犯罪、刑事侦查的；
4. 个人信息的安全措施；
5. 法律规定不应当公开的其他情形。

第119条 【电子商务消费者的信息查询权】电子商务消费者有权向电子商务经营者或者网络服务提供者以及其委托的信息处理者检索和查询其个人信息档案的内容，包括个人信息的来源与接收者。但根据法律或合同关于保留的规定而不能删除的个人信息，或仅为个人信息安全和个人信息保护控制的目的保存的个人信息除外。

有以下情形之一的，信息处理者不得提供查询：

1. 对国家利益、社会公共利益和公序良俗有害的；
2. 会造成信息处理主体不公正履行职责的；
3. 事关第三人重大利益而提供信息对信息主体利益影响不大的；

4. 법률이 달리 규정하거나 개인정보 성격에 근거하여 제공함이 부적절한 것.

조회를 수리한 정보처리주체는 마땅히 정보주체에게 그 조회 거절의 법적 근거와 이유를 설명하여야 한다.

第120条【복제본 제공】전자상거래 소비자가 복제본 제공을 청구하는 경우, 인터넷경영자는 마땅히 편의를 제공하여야 하며, 적당한 원가 비용을 받을 수 있다. 다만 전조 제2항의 상황에서는 부본을 제공하여서는 아니 된다.

第121条【개인정보의 변경·삭제 및 봉쇄】
1. 인터넷경영자가 그 저장한 개인정보가 부정확한 것임을 발견한 경우, 마땅히 직권에 근거하여 경정하고, 이를 기록하여야 한다. 전자상거래 소비자가 그 개인정보가 부정확하다고 인정하여 경정을 청구하는 경우, 사실을 조사하여 밝힌 후, 마땅히 경정하여야 하며, 경정하지 아니하는 경우에는 마땅히 전자상거래 소비자에게 이유를 설명하고, 기록부에 상응하는 기록을 하여야 한다.
2. 개인정보에 다음 각 호의 어느 하나에 해당하는 사정이 있는 경우, 마땅히 삭제하여야 한다:
(1) 불법적으로 저장한 것;
(2) 정보처리주체가 직책을 집행함에 이미 해당 개인정보를 알 필요가 없는 것.
3. 다음 각 호의 어느 하나에 해당하는 사정이 있는 경우, 마땅히 봉쇄로써 삭제를 대체하여야 한다:
(1) 법률법규의 규정 또는 계약의 약정으로 인한 보관기한으로, 삭제할 수 없는 것;
(2) 삭제가 정보주체의 합법적 이익을 해할 것이라고 인정할 이유가 있는 것;
(3) 저장방식이 특수하여 삭제할 수 없거나 과다한 비용이 있어야 삭제할 수 있는 것;
(4) 개인의 성격에 근거하여 삭제함이 부적절한 것. 전자상거래 소비자가 개인정보의 정확성에 대해 다툼이 있어 그 정확 여부를 확인할 수 없는 경우, 마땅히 봉쇄하여야 한다.
4. 인터넷경영자가 특정 상황에서 개인정보를 봉쇄하지 아니하면 정보주체의 합법적 이익이 손해를 받게 되고 또한 해당 기관이 직책을 이행함에 이미 해당 개인정보가 더 이상 필요하지 않음을 확인한 경우, 마땅히 해당 개인정보를 봉쇄하여야 한다.
5. 다음 각 호의 조건에 부합하는 경우, 봉쇄된 개인정보를 전송하거나 이용할 수 있고 전자상거래 소비자의 동의를 요하지 아니한다:
(1) 전자상거래 소비자 또는 제3자의 신체 또는 재산상의 중대한 이익이 받을

损害；

(2) 为免除公共利益受损害所必须的。

6. 依前述第1款和第5款规定对个人信息进行变更、传输或利用，应当通知信息主体。

7. 在保护电子商务消费者的合法权益确有必要的前提下，依前述第1、第2、第3或第4款变更、删除、封锁个人信息的信息处理主体，应当通知个人信息传输的接收人及其他有关主体。

第122条【受理期限】互联网经营者受理电子商务消费者依本法提出的申请后，应当在受理申请之日起15天内予以答复，必要情况下需要延长的，该互联网经营者可以批准延长15天。特殊情况还需要延长的，报请上级主管机关批准。

第123条【安全措施】互联网经营者应当设专人负责个人信息的安全工作，并根据技术发展的状况及时更新安全措施。

第124条【行政工作人员的义务】未经授权，互联网经营者工作人员以及其委托的其他人员不得处理或利用个人信息，并对个人信息负有保密义务，工作结束后仍承担该义务。

第125条【自律规范】互联网经营者依据本法制定的自律性规范，达到本法要求的标准并经过认证的，具有与本法同等的效力。

第126条【共同侵权】个人信息被侵害时，电子商务消费者得以向有权储存个人信息的两个或两个以上的电子商务经营者和网络服务提供者主张损害赔偿。

第127条【损害赔偿】电子商务经营者和网络服务提供者违反本

法规定，给电子商务消费者造成精神损害或者财产损失的，应当承担赔偿责任，但电子商务经营者和网络服务提供者能证明其没有过错的除外。

第128条【精神损害赔偿】互联网经营者依本法承担赔偿责任的，不影响电子商务消费者对。

제4절 중국 가맹사업법률의 규제

I. 서 론

대형 레스토랑을 경영하는 과정에서 여러 가지 잠재적인 법적 문제가 발생할 수 있다. 이러한 법적 문제를 해결하기 위해서는 다양한 대책을 제시하고, 대형 레스토랑에 대한 효과적인 경영을 실현하기 위해 법 개정이 뒤따라야 한다.

중국경제가 신속히 성장함에 따라 사회 각 분야에서도 발전된 양상이 나타나고 있는데, 요식업으로 대표되는 대형 레스토랑의 발전상태가 매우 양호하기 때문에 상당히 많은 글로벌 프랜차이즈가 끊임없이 출현하고 있고, 효과적으로 각기 다른 사람들의 소비욕구를 만족시키고 있다. 그러나 이러한 대형 레스토랑이 발전하는 과정에서 경영관리에 더욱더 주목해야만 한다. 대형 레스토랑과 고객 간에는 대단히 복잡한 법률관계[1]가 존재하며, 또한 서로 상이한 법적 위험 또한 존재한다. 중국 내 대형 레스토랑이 효과적으로 경영관리를 하여 법적 리스크의 출현을 방지하기 위해서는 경영관리과정에서 출현하는 법적 쟁점에 주목해야 하며, 그럼으로써 대형 레스토랑의 건전하고 안정적인 발전을 촉진시켜야 할 것이다.

Ⅱ. 중국 내 대형 레스토랑 경영관리 과정에서 주의해야 할 법적 쟁점

중국 내 대형 레스토랑은 경영관리 과정에서 여러 다양한 문제에 직면하게 되는데, 모든 하나하나의 문제들이 적절하게 해결되지 않으면 법적 문제를 야기하게 된다. 따라서 대형 레스토랑이 직면한 법적 이슈는 매우 다양하다. 구체적으로 우리는 아래 몇 가지 차원에서 대형 레스토랑의 경영관리 과정에서 표출될 수 있는 법적 쟁점을 고찰해보기로 한다.

1. 중국 내 대형 레스토랑 경영 모델을 통해 본 법적 쟁점

경영모델에 따르면 중국 내 대형 레스토랑은 주로 전권을 위임하는 경영관리모델을 취하며, 투자형태의 경영관리모델, 프랜차이즈 경영관리모델, 가맹경영적[2] 성격의 경영관리모델 등 몇몇 유형의 관리모델에 참여하고 있다. 각종 경영모델에는 상당히 큰 차이가 존재하나 모두 일종의 위탁관계에 속한다. 이러한 위탁관계는 필연적으로 위탁 리스크가 존재하게 된다. 위탁 쌍방당사자는 일종의 위탁계약[3]을 체결할 수 있으며, 그럼으로써 상방의 책임과 의무를 분명히 하게 된다. 만약 이러한 책임과 의무가 계약 약정에 따라서 합법적으로 이행될 수 있다면 대형 법적 분쟁은 출현하지 않을 것이다. 만약 계약 이행이 어렵다면 상대적으로 법률 문제가 출현하게 될 것이다. 예로 전권을 위임한 경영관리모델로 말하면 전권 위임은 순수한 위임관리관계로서 이러한 관계에서 주요중개인은 자신의 명의로 위임을 받은 업무에 종사하게 된다. 경영관리과정 중에는 각종 책임을 부담하고 구체적인 업무를 처리하게 된다. 그러나 동시에 경영과정에서 생산하는 일체 비용[4]을 마지막으로 업주가 부담하도록 되어 있기 때문에 업주 입장에서 전용 통장계좌를 일상 경영관리자금으로 설정해두어야 할 필요가 있다. 이러한 과정에서 위탁받은 자가 위탁인의 사용권한으로 행사를 할 수 있어야 하며, 만약 이러한 권한을 초월하면 법적 분쟁이 출현하게 되고 위탁받은 자는 자신이 대리를 할 수 있는 권한이 있다는 것을 분명히 하려고 할 것이다. 쌍방은 계약관계를 통해서 관련권한을 분명히 할 수 있다. 만약 분쟁이 발생하게 되면 계약으로 처리해야 한다. 기타 경영관리모델에 대해서도 마찬가지로 오로지 쌍방의 권리의무를 분명히 해야만 대형 레스토랑 경영관리업무가 질서 있게 발전해나갈 수 있을 것이다.

2. 중국 내 대형 레스토랑 경영활동행위를 통해 본 법적 쟁점

중국에서 대형 레스토랑 경영활동 중에는 여러 가지 문제에 직면하게 된다. 예로 숙박제공, 고객의 메뉴 등 주문에 따른 서비스 제공, 오락적인 수요에 대한 서비스 제공, 제품구매 제공 등이 그것이며, 오로지 고객에게 최고 서비스를 제공할 수 있어야만 비로소 효과적으로 고객을 유치할 수 있고 호텔 등 숙박업에 손님을 끌어들일 수 있어 대형 레스토랑이 발전할 수 있는 토대가 마련되는 것이다. 반면 이러한 과정 중에도 또한 상당히 다양한 법적 위험이 발생할 수 있다.

숙박업서비스에서 모든 손님은 대형 레스토랑 또는 호텔과 숙소 예약정보를 체결하게 되는데 이러한 숙소 예약정보는 일종의 청약인 것이다. 대형 레스토랑이 손님을 위해 서비스를 제공할 때에는 진지하게 숙소 예약자료를 열독해야 하며 특히 서면으로 숙소예약을 체결하려면 매뉴얼에 따라서 준비를 할 수 있어야 한다. 고객이 호텔 또는 대형 레스토랑에 진입한 이후 대형 레스토랑이나 호텔은 고객과 일종의 법률관계가 발생하게 된다. 이때 대형 레스토랑 측은 고객의 숙박예약자료에 따라서 관련 권리 및 책임을 분명하게 처리할 수 있어야 한다. 귀중품 및 유가증권에 대해서는 보관방식을 통해 권리 및 의무를 분명히 해야하며, 이를 통해 대형 레스토랑이나 호텔 측이 고객과 법적 분쟁이 발생하는 것을 해결하는 근거가 되는 것이다. 대형 레스토랑의 숙소에 대해서는 진입 등기제도를 실현함으로써 특별한 업무 내지 관련 없는 자가 무단으로 고객 객실에 진입하는 것을 피해야 하며, 그렇지 않은 경우 어떠한 사고가 발생하건 간에 모두 호텔 측이 책임을 떠안아야 한다. 만약 전혀 안면이 없거나 모르는 자가 투숙객을 만나려고 한다면 통지의무를 실현하는 것이 필요하며, 동의를 거친 후에야 비로소 대면한 적이 없는 자를 들여보낼 수 있을 것이다. 엄격한 관리를 통해 고급 숙박지로서의 안전등급을 향상시키고 일련의 안전에 위해가 되는 요소를 예방해야 한다. 레스토랑에서도 마찬가지이다.

요식업 서비스 제공에 있어서는 만약 고객이 음료수 서비스를 셀프로 진행해야 한다면 대형 레스토랑 또한 제지할 수 있는 방법이 없다. 그 이유는 중국 「소비자권익보호법」 규정으로, 소비자는 자주적으로 제품을 선택하거나 또는 서비스를 선택할 권리를 보유했기 때문이다. 이 때문에 고객이 대형 레스토랑에서 매뉴를 선택하거나 대형 레스토랑 이외의 장소에서 요식업서비스비용을 선택하거나 기타소비를 진행한다면 대형 레스토랑업계 입장에서는 간여할 권리가 없는 것이다.

제품구매서비스에 있어서도 현재 상당수의 대형 레스토랑이 자신의 상무공간, 즉 비즈니스공간을 두고 있고 자신의 제품구매센터를 두고 있는데 이러한 기관들은 모두 하도급계약에 기반을 두고 있다. 그러나 대형 레스토랑이 여전히 소비자에 대해 우수한 양질의 서비스의무를 제공하면 만약 소비자가 이러한 장소에서 서비스를 하는 과정에서 문제가 발생하는 경우 대형 레스토랑은 법적 책임을 부담해야만 한다. 이 때문에 대형 레스토랑은 반드시 제품구매 서비스 업무를 진지하게 수행함으로써 합법적이고 청약이행능력이 있는 하도급 보호대상을 선택할 수 있어야 하며, 그럼으로써 고객에게 더 좋은 우수한 서비스를 제공할 수 있을 것이다.

주지하다시피 우리는 대형 레스토랑이 하나의 특수기업으로서 경영과정에서 매우 많은 다양한 문제들에 직면하게 된다는 것을 알고 있다. 대형 레스토랑과 고객 간에 일정한 법적 관계가 발생하게 되는데 대형 레스토랑 경영관리 부실로 인하여 일련의 법적 분쟁이 출현하게 되는 등, 때로는 이러한 관계가 상당히 복잡해지게 된다. 대형 레스토랑 경영주는 효과적으로 서로 상이한 당사자들과 법적 관계를 처리해야 할 중요성을 충분히 인식해야 하며, 법률이 규정하는 권한 내에서 자신의 활동을 적극 수행해야 하며, 제때 이러한 문제들에 대해 적절한 대응조치를 채택함으로써 법적 위험을 가장 낮은 수준으로 끌어내려야 한다. 대형 레스토랑의 구체적인 행위 중에서 내재되어 있는 법적 위험은 아래와 같다.

3. 대형 레스토랑과 고객 간에 출현할 수 있는 법적 분쟁

대형 레스토랑과 고객 간에 소비활동 및 서비스제공활동이 진행되는 과정에서 관련 규정을 준수하지 않거나 또는 쌍방당사자 약정에 법적 분쟁이 출현할 가능성이 존재한다. 예로 모든 고객들은 인격권이 있는데 만약 대형 레스토랑이 공공구역에서 CCTV 등 폐쇄카메라를 설치한다면 국민의 안전이 보장되는 긍정적인 기능을 갖게 되나, 다른 한편으로 만약 이러한 카메라가 고객 프라이버시를 침해하는 데에 사용된다면 그에 상응하는 법적 책임을 부담해야 한다.

4. 고객 인신안전 및 재산산의 주의가 필요한 법적 쟁점

고객이 대형 레스토랑에 들어온 이후에는 대형 레스토랑과 고객 사이에는 실질적인 법률관계가 존재하게 된다. 대형 레스토랑은 고객의 인신상의 안전에 대해 책임을 부담해야 한다. 한편 고객의 재산에 대해서도 마찬가지로 보관의 책임과 의무가 부여된다. 예로 만약 고객의 차량이 대형 레스토랑에서 분실된다면 대형 레스토랑은 그에 상응하는 법적 배상책임을 부담해야 한다. 만약 고객의 재산이 대형 레스토랑에서 분실된다면 대형 레스토랑 또한 일정한 배상책임을 부담해야만 한다. 대형 레스토랑의 법적 책임 회피시도가 무효가 된다면 고객의 권리는 법률의 보호를 받아야 한다. 대형 레스토랑이 엄격한 보관제도를 확립하

려면 안전조치를 강화하고 자신의 보관책임을 진지하게 이행해야만
한다.

5. 고객 투서 처리과정에서 발생할 수 있는 법적 쟁점

고객이 대형 레스토랑의 서비스 또는 제공된 제품에 불만이 있을
때, 레스토랑 측에 투서를 넣을 수 있으며, 대형 레스토랑은 이 문제를
신중하게 처리할 수 있어야 한다. 고객의 투서에 직면해서는 최대한
구두로 송구스러운 사의표시를 해야 한다. 만약 투서가 서면으로 확정된
다면, 반드시 대형 레스토랑의 법률고문으로 하여금 관련문제에 대해
연구를 진행하도록 하여 대형 레스토랑의 향후 발전에 불필요한 마찰이
생기지 않도록 해야 한다.

6. 동종업계의 문제 처리 과정에서 직면하게 되는 법적 쟁점

대형 레스토랑은 고객과의 법적 분쟁이 발생하는 것 외에 동종업계에
서도 법적 분쟁이 발생할 수 있다. 예로 상표 사용에 있어서 만약 대형
레스토랑에 무단도용 등의 행위가 출현하게 되면 법적 책임을 부담해야
한다. 만약 자신의 대형 레스토랑 글자와 상표가 다른 기타 대형 레스토랑
에 의해 도용되는 경우 또한 마찬가지로 상대방의 법적 책임을 추궁해야
할 필요가 있다. 한편 동종업계 간의 경쟁이 합법적으로 되기 위해서는
불공정경쟁수단[5]을 통해 경쟁이 진행되는 경우, 그에 상응하는 법적
책임을 부담해야 함은 물론이다. 하나의 사례로 영업지역침해가 문제가
되고 있는데 지리적 거리를 중심으로 논의가 되는 사안이다. 즉 가맹본부
가 가맹점사업자의 영업점과 지나치게 근접한 경우에 주로 문제되었던
것이다. 가맹사업에 있어서 영업지역의 침해는 그와 같은 불법성을
요구하지는 않지만, 가맹본부가 기존 가맹점이 위치한 지역시장에 추가
적인 출점을 통해 최대 매출을 올리고자 할 경우 기존 가맹점은 매출에
상당한 타격을 입게 된다. 이러한 지역적인 근접출점으로 기존 가맹점사

업자 매출이 감소하는 원인은 가맹사업의 특성에서 비롯되는 측면이 적지 않다. 즉 가맹사업은 전형적으로 같은 상호, 브랜드 및 서비스표 등을 사용하면서 동일한 상품을 판매하는 까닭에, 소비자 입장에서는 근접 출점한 신규 점포를 기존 가맹점의 동일한 지점으로 혼동하게 된다.6) 이러한 문제점들을 방지하기 위하여 미국은 연방법보다는 개별적인 주법(州法)에 의해 케이스별로 규제를 취하는 방식을 채택하고 있다.7)

Ⅲ. 대형 레스토랑 경영관리 강화를 위한 법적 과제 및 시사점

대형 레스토랑이 효과적으로 법적 리스크를 회피하려면 경영관리를 강화해야 하며 관련된 법적 문제를 개선해야만 한다. 우선 레스토랑 관리자로서 법률의식을 고취하도록 해야 하며 연관된 법률지식을 적극적으로 학습하고, 대형 레스토랑 법무팀의 기능과 조직을 완벽히 하면서 전체 직원들을 대상으로 법률지식의 습득을 위해 노력해야 한다. 그럼으로써 전체직원의 법률의식이 향상되어 그들의 준법정신이 고취될 것이다.

다음으로 대형 레스토랑 운영과 관련하여 정보공개제도를 적극 활용하여야 한다. 정보공개제도는 협의의 정보제공의무와 광의의 정보제공의무가 존재하기 때문에 단순히 가맹점사업자에 대한 정보공개서의 제공에 한정된다면 정보공개서 내용의 진실성이 공적으로 담보되지 않는다. 정보공개서 제공시기 또한 가맹희망자의 숙고기간을 7일에서 10일 사이로 축소함으로써 신속한 계약체결 및 사업기회에 있어서 유리한 국면을 조성하도록 노력하여야 한다.8)

그리고 대형 레스토랑의 안전매뉴얼을 보다 과학적으로 규범화하여야 한다. 대형 레스토랑 관리임원으로서 대형 레스토랑의 안전관리제도를 체계적으로 확립하고 레스토랑 내부에 존재하는 안전에 위해를 끼칠 수 있는 요소에 대해서는 적극적으로 해소하여야 한다. 또 국가 및 사람의 생명이나 재산에 대해 책임을 지는 자세를 지녀야 한다. 대형 레스토랑이 주안점을 두어야 할 부분은 안전제일이 되어야 하며, 효과적으로 고객의 인신안전 및 재산상의 보전을 보장함으로써 대형 레스토랑의 안전한 운영을 실현해야 한다.

또한 법무팀의 조직을 잘 정비하여야 한다. 대형 레스토랑으로 말하면 경영관리 중에서 여러 가지 법적 쟁점과 조우하게 된다. 이 때문에 대형 레스토랑은 전문가들로 구성된 법무팀을 설립하고 법적 위험에 대처해야 한다. 해당분야 전문가그룹인 법무팀의 협조를 받아서 대형 레스토랑의 합법적인 이익을 효과적으로 보호해야 한다.

마지막으로 대형 레스토랑의 관리제도를 강화하여 안보수준을 끌어올려야 한다. 대형 레스토랑 관리제도를 강화하여 레스토랑 내 여러 업무의 진행을 보장하고 질서 있고 효율적으로 합법적인 틀 내에서 경영을 함으로써 불법적인 요소를 합리적으로 제거하기 위해 노력해야 한다. 이와 동시에 대형 레스토랑의 안전수준을 제고하고 첨단기술을 도입함으로써 보안유지에도 각별히 신경 써야 한다. 경비원들의 완벽한 보안관리체제를 확립하여 레스토랑 안팎에서 불필요한 분쟁이 발생하는 것을 사전에 방지하여야 하며, 출입관리를 통해 레스토랑은 엄선된 고객 내지 사전예약한 고객만 진입하도록 하며, 숙박업체 내지 호텔의 경우 숙박등기를 통해 내방객을 관리함으로써 정기적 순찰업무와 재무관리를 동시에 확보하여야 한다. 공안기관의 요구에 가능한 한 협조를 함으로써 안전관리를 유지해야 하고, 투숙한 모든 고객들이 「숙박안전필독」을 진지하게 열람함으로써 고객 스스로 고객의 안전을 보장하려는 의식을 높여야 한다. 이러한 안전의식의 함양과 관련제도의 개선이 대형 레스토랑의 안전수준을 더 높이 끌어올리게 될 것이다.

종합해보면 대형 레스토랑 경영관리과정에서는 매우 많은 다양한 사람들이 관련된다. 동시에 각종 복잡한 사무를 처리할 필요가 있다. 이러한 과정에서 만약 일련의 문제들이 적절히 처리되지 않으면 법적 분쟁이 발생할 수 있다. 따라서 레스토랑 관리자 입장에서 경영관리를 강화하고 법적 쟁점을 파악하여 사후조치에 만전을 기함으로써 불필요한 분쟁을 최대한 방지하여야 한다. 이것이 대형 레스토랑의 건전하고 신속한 발전을 촉진함은 물론이다.

제5절 중국 광고법률의 규제

Ⅰ. 비교광고의 합법성

1. 비교광고개념의 범주와 분류

중국「광고법」에서 광고라 함은 '상품경영자 혹은 서비스제공자가 비용을 부담하고, 일정한 매체와 형식을 통해 직접 혹은 간접적으로 자신이 판매한 상품 혹은 제공한 서비스를 소개하는 상업광고이다'라고 규정하고 있다. 그러나 비교광고에 대해서는 중국「광고법」에서 분명하게 규정하고 있는 것이 없다. EU「비교광고의안(議案)」의 해석에 따르면 비교광고라 함은 그 어떠한 광고가 어떠한 방식으로, 즉 직접적인 방식이건 간접적인 방식이건, 혹은 모종의 암시수단으로 자신의 경쟁상대방과 관련짓거나 제품을 언급하거나 제공하는 서비스항목이라 한다.[1] 비교광고는 직접적인 비교광고와 간접적인 비교광고로 분류된다. 전자는 제품 경영자나 서비스제공자가 광고 중에서 제품이나 모종의 서비스를 비교하는 것이다. 간접적인 비교광고라 함은 광고주가 광고에서 직접적으로 상대방이 특정브랜드나 모종의 서비스라는 것을 지명하지 않는 것을 말한다. 비교광고의 경쟁자에 대한 태도를 고려한다면 비평적 비교광고와 기생적 비교광고로 분류된다. 전자는 객관적 사실을 기초로 객관적 비교광고와 주관적 비교광고로 분류된다. 객관적 비교광고는 객관적 사실이나 과학적 근거를 비교로 하며, 후자는 주관적 태도와 감수성을 평가로 삼는 기준으로 경쟁상대방 제품의 품질과 성능, 특징과 성분, 효과 등을 비교한다. 이러한 비교광고는 반드시 진실하고 객관적이어야만 한다.2) 1993년에 제정된 「중화인민공화국 불공정경쟁법」 규정에 따르면 불공정경쟁이라 함은 경영자가 본법 규정을 위반하여 기타 경영자의 합법적인 권익을 침해하고, 사회경제질서를 어지럽히는 행위이다. 동법 제14조는 경영자가 사실 날조 및 허위사실을 유포하여, 경쟁상대방의 상업적 신용도와 상업적 명성에 손해를 주면 안 된다고 규정하였다. 상술한 내용을 종합하면 불공정경쟁행위와 허위광고 간에는 상당히 밀접한 관계가 존재한다는 점을 알 수 있는데, 허위광고의 결과가 직접 기타 경영자의 합법적인 권익을 침해하고 사회질서를 어지럽히기 때문이다.

중국의 광고 관련법률은 1994년 「중화인민공화국 광고법」과 1994년 6월 1일 실시된 「국가공상행정관리총국 광고심사표준」을 계기로 수많은 법률들이 제정되었다. 「국가공상행정관리총국 광고심사표준」 제31조에서 36조는 비교광고가 공평하고 공정한 경쟁원칙에 부합해야 한다고 규정하였으며, 비교광고내용은 동종제품이나 비교가능한 제품이어야만 하며, 구체적인 제품이나 서비스와 관련되면 안 되며, 허위내용을 포함하면 안 되고, 소비자를 기만 및 오도해서도 안 된다고 규정하였다. 기타 생산경영자의 제품이나 서비스를 평가절하해서도 아니 되었다.

중국광고관리법은 일부 특수제품에 대해 비교광고를 하면 안 된다고 규정하였다. 동법 제14조 규정은 "약품, 의료기기광고는 기타 약품, 기타 의료기기의 효과 및 안전성과 비교하는 내용이 있어서는 아니 된다."고 규정하였다. 「약품관리방법」 제16조는 약품광고는 "동종제품이나 기타약품과 효과 및 안전성 비교평가를 진행하는 내용을 평가절하하는 부분이 포함되면 안 된다."고 규정하였다. 「광고법」 제7조 3항은 '광고는 국가, 최고, 가장 아름다운 등의 용어를 사용하면 안 된다. 실무과정에서 각 지역 관련부문이 제정한 광고법 시행령은 각 유형별 광고가 금지 혹은 허가한 비교광고에 대해 세부적으로 규정하였다.'

즉 중국은 비교광고를 허용하고 있으나 일정한 제한을 두고 있다.

2. 합법적인 비교광고의 요건

합법적인 비교광고 요건 중에 하나는 허위의 비교광고가 되면 아니 된다는 것이다. 비교광고에서 허위에 대해 해석을 하면 '사람으로 하여금 오해하도록 한다.'는 뜻이 포함되어야 한다. 중국 국가공상국의 「허위광고문제 처리인정에 관한 질의(『工商廣字』(1993) 제185호)」에서 '허위광고에 대해 일반적으로 아래 두 가지 차원의 인정을 해야만 한다. 하나는 광고가 선전하는 제품과 서비스의 주요내용(제품과 서비스가 달성할 수 있는 기준과 효용, 사용하는 등록상표와 인증상황, 제품 및 서비스가 제공한 기관 등)이 진실하느냐의 여부이다. 광고를 이용하여 사실을 날조하거나 존재하지도 않는 제품과 서비스에 대해 사기선전을 하거나, 혹은 광고가 선전하는 제품과 서비스의 주요내용과 사실이 서로 부합하지 않는 경우, 허위광고로 인정해야만 한다.'

아래 열거된 사항을 모두 허위 및 '사람으로 하여금 오해하도록 한다.'는 비교광고에 속한다. 첫째, 허위사실을 날조하고 퍼뜨리는 광고. 둘째, 오해를 야기하는 광고. 셋째, 부분적인 진실함을 사람에게 심어줌으로써 전체가 진실하다는 느낌을 주는 광고. 넷째, 원래 열거한 사실은 진실되나 현재 변화된 광고. 다섯째, 모호하고 편향된 어휘를 채택하여 사람으로 하여금 오해하도록 하는 광고. 여섯째, 전문가는 오해하지 않지만 일반인이 오해할 수 있는 광고.

합법적인 비교광고의 또 다른 요건은 내용이 진실되고 정당한 목적을 구비해야 한다는 것이다. 비교광고는 일반적으로 아래와 같은 형식이 있다. 평가절하식 비교, 규범식 비교, 관련성 비교, 동등비교, 모호성 비교가 그것이다.[3] 평가절하식의 경우 광고주는 보통 불공정 및 객관적이지 않은 날조, 악의적 왜곡사실 투영, 중상모략 및 훼손 등 불공정한 수단으로 타인의 제품이나 서비스를 억제함으로써 자신의 제품이나 서비스를 제고한다. 이러한 유형의 비교광고는 일반적으로 내용이 진실되지 않고 정당한 목적을 구비하지 않는다. 그 이유는 불공정한 경쟁의 성질을 구비하기 때문에 권리침해를 구성하는 것이다. 규범식 비교와 관련성 비교, 동등비교에서 광고주는 증거주의와 사실채택을 통해 비교를 하는데 타인의 장점을 통해 자신과 관련을 짓기 때문에, 이러한 비교광고는 통상 평가절하 혐의를 포함하지 않는다. 위 세 가지 형식의 비교광고는 비교가능한 성질을 구비한다. 비교주체는 동종업계 경쟁자이어야만 하며 그 비교는 동종산업이 구비한 공동의 특징이어야만 한다.

합법적인 비교광고 요건 중에 다른 하나는 비교가 객관적이고 공정해야만 한다는 것이다. 비교광고의 형식은 아래 몇 가지로 귀결되는데 규범식 비교, 관련성 비교, 동등비교, 모호한 비교, 오산식 비교, 비하광고 등이 그것이다.[4]

비하광고와 오산식 비교광고 중에서 광고주는 통상 공정하지 않고 주관적으로 사실을 왜곡하거나 악의적으로 중상모략을 하는 등의 불공정한 수단으로 타인의 제품이나 서비스를 억제함으로써 자신의 제품이나 서비스를 우위에 있게 하는데, 이런 유형의 비교광고는 통상 내용이 진실되지 않으며, 정당한 목적을 구비하지 않고 있다. 그 이유는 불공정한 경쟁성질을 구비하기 때문에 침권행위를 구성하는 것이다.[5]

규범식 비교광고와 관련성 비교와 동등비교에서 광고주는 증거와 사실열거방법을 채택하여 비교를 진행하고, 타인의 장점을 언급하여 자신과 비교를 하는데 이러한 유형의 비교광고는 보통 상대방을 폄하하려는 혐의는 없지만 합법적인 비교광고가 구체적인 정황이 있어야만 하는가의 여부에 대해서는 구체적으로 분석을 하여야만 한다. 이 세 가지 형식의 비교광고는 대체성을 지녀야 하고 비교주체는 동종업계의 경쟁자여야만 하며, 반드시 해당산업이 구비하는 공통의 특징이어야만 한다.[6]

다음으로 비교는 객관적이고 공정해야만 하며, 경쟁상대방 제품의 품질, 성능, 특징, 성분, 효과 등을 직접 비교하여야 한다. 이때 반드시 객관적이고 공정해야 하며, 연구 및 통계데이터를 통해 재차 입증을 해야 한다.

마지막으로 비교내용은 합리적이어야만 하며, 비교대상에 의해 폄하되는 일이 없어야 한다. 모호한 비교광고에서의 비교는 일반적으로 은닉적인 성향이 있으며 자세한 묘사를 거치지 않아 비교대상을 발견하기가 용이하지 않다.[7] 그 예로 허난성 주린중성(竹林衆生)제약주식회사의 중의(中醫) 한방 액체약품 복용에 대한 광고에서 중국약은 몇 차례 끓여서 복용하기 때문에 그 효과가 남다르다는 점을 부각시키고 있으며, 효능이 분명하고 농도가 확연히 다른 중의약을 최초로 끓이고, 두 번째 끓이고, 세 번째 끓이고, 네 번째 및 다섯 번째로 끓인 약을 같이 배열해놓고, 소비자로 하여금 자신이 처음 끓인 약과 두 번째 끓인 약 가운데 어느 것이 더 좋은지 결론 내도록 하였다.[8] 또한 통상적인 비교광고의 판단기준에 따른, 즉 비교 과정에서 직접적으로 상대방의 제품이나 서비스를 언급해야 하는 통상적인 비교광고의 판단기준으로는 비교광고라고 직접적으로 인정하기가 상당히 어려웠다. 그러나 광고 카피 중에서 비교의 함의를 도출해낼 수 있었는데 주린중성제약주식회사는 단지 첫 번째와 두 번째 중의약을 끓인 것만을 취급한 것으로 독특한 판매주장을 한 것이고, 중국 「광고법」 제14조 3항 규정을 위반하지 않았다.[9] 약의 효능과 안전성은 환자의 병세에 따라 각각 상이하여 확정적인 지표가 없고 비교가능하지도 않다. 따라서 제약광고는 기타약품과의 효능과 안전성에 대해 비교하는 내용이 포함되면 안 된다. 다음으로 주린중성제약주식회사의 중의 한방 액체약품은 중국 「광고법」 제16조 규정을 위반하지 않는다. 향정신성 약 등 특수약품과 일반용도의 약이 상이하기 때문에, 국가로서는 이러한 특수약품에 대한 생산과 판매에 대해 엄격한 통제와 관리를 하게 되고 시장에서의 자유로운 판매를 불허하기 때문에 이러한 약들은 광고를 하면 안 된다.[10] 또한 이런 광고는 직접적인 비하나 타인제품과 서비스를 폄하하는 방식을 채택하지 않기 때문에, 또한 타인제품 혹은 서비스와의 비교를 하지 않기 때문에 권리를 침해한 광고를 구성하지 않는다. 즉 법규정의 허점을 이용한 비교광고는 불공정경쟁을 구성하지 않고 반대로 독특한 창의성으로 소비자에게 강력한 영향을 남기기 때문에 시장점유라는 목적을 달성하게 된다.

마지막으로 비교되는 제품은 그 주력부문을 전면적으로 비교하여야 한다. 만약 광고주가 제품이나 서비스 중에 기타경쟁자제품보다 우위에 있는 단일지표를 선택하여 선전을 하면 타인에게 우월한 제품을 광고하는 효과를 주게 되고 소비자로 하여금 소비를 오도하도록 하는 영향을 끼친다. 이와 관련하여 각국의 규정은 상이한데 필리핀과 룩셈부르크 같은 일부 국가는 입법으로 불필요한 경쟁자의 비교를 금지하고 있다.[11] 미국 연방무역위원회는 비교광고가 경쟁을 촉진할 수 있고 소비자에게 더 많은 정보를 제공할 수 있을 것으로 판단하고 있다.「국제상회 광고행위준칙」은 비교광고의 합법성을 승인했지만 비교광고가 '내용의 대조로 인한 오도를 하지 않아야 한다. 내용대조를 포함하는 광고는 공정한 경쟁원칙을 준수하여야만 하며 대조된 내용은 구체적인 사실을 기초로 삼아야 하고, 불공정한 수단으로 비교대상을 선택하면 안 된다.'고 규정하였다.「영국광고활동준칙」제22조는 비교광고는 어떠한 경쟁상대방에 대해서도 공평 합리적이어야 하고, 소비자가 '우수한', '가장 우수한'이라는 문구를 사용하지 못하도록 할 때, 제품 품질을 진실하게 반영해야 하며 증거를 제공할 수 있어야 한다고 규정하였다.[12]「캐나다 광고준칙」은 '비교하는 제품은 반드시 상호경쟁적일 것, 또한 연구데이터로 지원이 되어야 한다는 점을 확정해야만 한다. 가장 높은 등급의 품사를 사용하여 임의적인 비교광고와 동등한 준칙을 따라야만 하며, 최대한 구체적이어야 하고, 만약 이를 증명할 방법이 없으면 사용하지 않아야 한다.'고 규정하고 있다.[13] 대만에서는 구체적인 비교광고만을 허용하고 있는데「TV광고제작준칙」은 '비교광고는 반드시 비교제품의 명칭 및 브랜드를 분명히 지적해야 하며, 관련기관이나 단체의 증빙서류를 검토해야만 한다.'고 규정하고 있다.[14] 홍콩의 경우 비교광고를 허용하고 있는데「홍콩광고상회 광고시행령」규정에 의하면 '모종의 제품과 동일영역 내의 기타제품을 비교하는 것은 여건이 허락되는 상황 하에서 허용된다. 그러나 홍콩광고법률은 비교광고의 비교가능여부 및 구체적인 사실 등에 대해 엄격한 요구를 하고 있고, 비교광고는 최고 등 극단적인 형용사 사용을 불허한다.'15)

비교광고가 불공정경쟁행위와 관련이 있다고 말하는 이유는 경영자가 불공정한 방식으로 확보불가능한 한정된 소비자를 확보하기 때문인데, 그럼으로써 이런 소비자들의 기타 경쟁관계에 있는 경영자의 구매력과 구매기회를 감소시키기 때문이다. 그 결과 경쟁관계에 있는 기타 경영자의 공정경쟁을 배제하게 되어 시장에 혼란을 조성하게 된다. 동시에 비교광고의 부실함은 소비자가 제품구매와 서비스 안내 시 반드시 존재해야 할 알 권리인 지정권(知情權)을 침해하게 된다. EU위원회가 제출한 초안에 의하면 비교광고 사용은 반드시 아래 요건을 준수해야만 한다. 즉 비교를 진행하는 요건이 제품 혹은 서비스의 근본적인 특성일 것, 비교요건 선택은 반드시 공정할 것, 비교는 객관적인 검증을 거칠 것이 그것이다. 동 초안에서는 그 어떠한 사기광고나 경쟁상대방의 비방을 금지하고 있고, 소비자로 하여금 제품브랜드에 대해 혼란이 발생하는 방법을 채택하면 안 된다고 규정하였다. 즉 비교광고가 상술한 기준에 부합하여야만 합법적인 비교광고가 불공정경쟁행위를 회피할 수 있을 것으로 믿는다.

한편 간접광고의 경우 허위광고보다도 법적 규제가 많지 않다. 규정된 법률 자체가 많지 않기 때문인데 주제배치 간접광고는 기본적으로 허용이 되지 않고 있으나, 예술적 표현 또는 저널리즘 차원에서 필수불가결한 경우에는 TV 프로그램에서 상품 채택을 용인하고 상품명이나 서비스가 표시되도록 허용하고 있지만, 금전적인 거래가 있어서는 안 된다. 현실반영을 위해 예술적, 저널리즘적 사용에 의해 상품이나 서비스 등이 등장할 때 이러한 계약이 어떻게 이루어져야 할지에 대해서는 명확하게 나타나 있지 않다. 이 경우 광고적 효과나 판촉을 배제하는 형태로 표현되어야 한다. 즉 특정상품을 제시하기보다는 일반적으로 전체 상품을 제시하고, 광고효과를 낼 수 있는 장면을 배제하며, 특히 시리즈물에 있어서 다양한 소품 및 상품의 변화를 주어야 한다.[16]

II. 광고규제규범의 계약법상의 효력
– 중국과 대만 판례를 통한 시사점

1. 광고통제규범의 계약법상의 효력발생 여부와 관련한 중국과 대만의 판례

(1) 칭화동방회사 사례

중국 IT기업인 청화동방의 K210 노트북컴퓨터 하드의 회전속도는 5400이었다. 쉬위안타오(徐元涛)는 2006년 4월 23일 리통(立通)사에서 위 노트북 한 대를 구매하였다. 구매 시 포장지상에는 하드웨어의 구체적인 회전속도를 명시하지 않았고 리통사 또한 설명하지 않았다. 그러나 쉬위안타오는 구매 이후에 하드웨어 회전속도가 실제로 4200에 그친다는 것을 발견하였는데 광고문구상의 회전속도와 맞지 않아서 이것을 근거로 컴퓨터회사 경영자에게 손해배상을 요구하였다.

본 사례의 쟁점은 두 가지로서 광고내용이 계약에 이미 포함되었는지의 여부와 경영자가 광고내용에 근거하여 계약을 이행할 의무가 있는지가 그것이다.[17]

(2) 타이완 췐잉롱 건설회사 사례

아파트 사전분양과 관련하여 바이원산좡 단지(白云山庄 小区)는 버스, 골프클럽, 헬스클럽, 볼링장, 올림픽에서 공식 채택하고 있는 실내 수영장 등 20여 개 산업을 7천 평이 넘는 부지에 대규모 레저단지를 건설하였다. 갑모 씨는 광고를 보고 총액 1025만 신 대만달러[18]를 지불하여 부동산 두 채를 사전 구매하였다. 그러나 건설완공 이후 갑모 씨는 광고에서 선전한 20여 개 산업시설이 없는 것을 발견하였다. 이에 갑모 씨는 법원에 제소하였다. 본 판례의 쟁점은 사전 주택분양광고가 계약의 내용을 구성하는가, 또 경영자는 광고내용에 따라 계약을 이행할 의무가 있는가 하는 것이다.[19]

상술한 판례와 관련하여 경영자가 해당 광고관리규범위반 시 극소수의 소비자가 중국 「계약법」 제52조 5항 규정을 인용하여 계약무효를 주장하였고, 또한 상술한 사례 1과 2처럼 경영자가 광고내용에 근거하여 계약을 이행할 것을 요구하였다. 즉 소비자는 공법규범을 위반한 계약이 무효라고 주장한 적이 없으며, 공법규범의 계약내용에 대한 통제효과를 인정하고, 직접 경영자가 성문화된 조문에 근거하여 계약을 이행할 것을 요구하였다. 이 때문에 새로운 문제, 즉 광고통제규범이 계약내용을 통제할 수 있는가라는 쟁점이 제기되는데 이와 관련하여 현재까지 중국 법조계 실무차원에서는 끊임없이 쟁점이 출현하고 있으나, 학계 등 이론계에서는 주목을 받지 못하고 있다. 이 쟁점 뒤에 실질적으로 논쟁의 초점이 되는 것은 공권력은 언제 어디에서든지 사법자치에 개입할 수 있기 때문에 광고통제규범을 통해 계약내용을 모두 통제할 필요는 없다는 것이다. 이것은 입법과 사법부가 필히 직면해야 하는 선택으로서 해결이 필요시된다.

2. 광고관리규범에 관한 대만의 학설

대만 소비자보호법 제22조는 '기업경영자는 광고내용의 진실성을 확보해야만 하며, 소비자에 대해 부담해야 할 의무는 광고내용보다 낮으면 안 된다.'고 규정하였다. 이것은 관리가 더 필요시되는 허위광고를 위해 제정한 통제규범이다. 공법상의 관리이념과 사법자치이념에는 근본적인 차이가 존재한다. 전자의 핵심은 국가강제에 있으며, 후자는 의사자치에 있다. 통제규범이 사적자치영역에 개입할 때에 이론적으로 발생하는 문제는 공법상의 통제규범이 사법상의 효력을 발생시키는가라는 문제이다. 이와 관련하여 대만법학계에서는 아래 세 가지 학설이 존재한다.

첫째 학설은, 대만 소비자보호법 제22조는 상업광고의 성질을 변경한 것으로 청약이 된다는 것이다. 이 관점에서는 일단 경영자는 상업광고 중에서 제품의 품질, 보증기간, 판매 이후 AS 등을 허용 및 보증하고 청약을 받았다는 의사를 표명하면 계약이 성립한다는 것이다. 즉 광고내용은 자동적으로 계약내용으로 전환되며 경영자는 반드시 광고내용에 근거하여 계약을 이행해야만 한다는 것이다.

둘째 학설은, 대만 소비자보호법 제22조는 단순한 행정통제성 규범으로 민사법률효과가 발생하지 않는다는 것이다. 사법실무에 있어서 적지 않은 판사들이 이러한 견해를 갖고 있다. 행정통제형규범에 대해 상업용광고성질을 변경할 수 있는가의 문제에 대해 왕쩌지엔(王澤鑒) 교수는 상업용광고의 법적 성질은 통상적으로 청약유인과 연관지어야만 하고, 이러한 연관이 불특정다수와 관련되기 때문에 그 다수의 내용이 계약성립에 필요한 부분을 포함하지 않고 있다는 견해를 제시하였다.

셋째 학설은, 대만 소비자보호법 제22조는 상업용광고성질을 결코 변경시키지 않았으며, 강행법 형식으로 계약내용을 통제한다는 것이다. 황리찌아오(黃立敎) 교수가 이 학설에 대해 상세한 논증을 하였는데 '기업경영자는 소비자에 대해 광고내용을 책임을 지고, 법률규정에 근거하여 상대방이 일단 청약을 제출하면 기업경영자와 소비자간에 아직 계약이 체결되지 않았지만 경영자는 광고에 근거하여 책임을 지고, 쌍방이 계약을 체결하는 것을 요건으로 하지 않는다는 점이다. 다음으로 쌍방이 약정할 때에 광고내용은 단지 참고도서로서 활용하도록 요구하였는데 본 조항은 강행규정이기 때문에 광고내용에 근거하여 효력이 발생해야 하며, 개별적인 협상조항에 의하여 법률의 강행규정이 변경될 여지가 없다. 또한 대만소비자보호법 제23조는 전항의 손해배상책임은 사전에 제한이나 방치를 약정하면 안 된다.'고 분명히 규정하고 있다. 또한 대만소비자보호법 제22조는 기업경영자로 하여금 소비자에 대한 의무가 광고내용보다 더 낮으면 안 된다고 규정하고 있는데 계약내용을 통제할 뿐만 아니라 계약의 성립도 통제해야 한다고 규정하였다.

대만 최고법원의 최근 12년간의 판례를 보면 다음과 같은 네 가지 관점이 발견된다.

첫째, 소비자보호법 제22조의 이해와 적용문제와 관련하여 대만최고법원은 통일된 견해가 없다. 그러나 소비자보호법 제22조는 순수한 행정형지도규정으로 인식하여 민사법률효과라는 하급법원판결이 발생하지 않으며, 소 각하 및 방치가 된다는 것이다. 이러한 관점에서 보면 대만최고법원의 의견은 일관적이다. 예로 대만최고법원은 2004년 대상자(臺上字) 2103호 민사판결에서 지적한바, 원심에서 말하는 소위 소비자보호법 제22조는 단지 행정기관이 소비질서의 공정함을 통제하기 위한 조치로서, 광고내용이 기업경영자와 제3자 의견과 합치가 되지 않았다면 동법이라는 것만으로 규정하면 안 된다는 것이다. 즉 소위 광고는 당연히 계약내용의 일부가 되어야 하며 그렇지 않을 경우 민법 제153조 기본정신과 맞지 않게 되고, 법적 해석 또한 자의적으로 진행될 가능성이 크다는 점이다. 상소문에서는 원 판결이 이와 같은 부당함이 존재함을 지적하고 폐기를 청구하는 데에 다른 이유가 없다고 지적하였다.

둘째, 대만 최고법원의 모든 판결 가운데 단지 2000년 대상자 746호 판결만이 광고성질이 청약이고, 청약의 유인이 없었다고 인식되고 있다. 이와 대립되는 것으로는 2003년 대상자 2694호 판결이 있는데 광고의 성질이 청약의 유인이라고 인식이 되었다. 양자를 비교해보면 후자가 다수설이 되었다.

셋째, 광고성질에 의문이 존재하는 상황 하에서 점점 더 많은 판결이 다시는 공식적으로 판단을 진행하지 않고 개별 광고내용 심사에 근거하여 계약을 진행해야 하는지 아닌지의 문제가 출현하고 있어 계약법상의 책임추궁을 적용해야 한다. 광고가 어떻게 계약에 진입하는가에 대한 판단방법을 보면 대다수사건의 판결은 소비자가 광고를 신뢰하기 때문에 체약을 위한 협상은 광고가 계약에 진입하는 전제조건이 된다. 예로 대만 최고법원은 2002년 대상자 1387호 민사판결에서 기업경영자와 소비자간에 체결한 계약은 비록 광고내용이 없어서 약정으로 되었지만 소비자가 만약 해당 광고내용을 신뢰하고, 기업경영자가 제공한 정보에 근거하여 계약을 체결할 때에는 기업경영자가 부담하는 계약책임은 동 광고내용에 준해야만 한다고 지적한 바 있다.

넷째, 광고에 허위가 존재하는 것은 대만소비자보호법 제22조를 적용하는 전제조건이 된다. 한편 경영자가 반포한 허위광고가 사기를 구성하는가를 판단하고, 그럼으로써 소비자의 계약취소를 허용하는 것은 대만소비자보호법 제22조를 난제에 적용하는 효과적인 방법이 된다. 이것이 대만 최고법원 2003년 대상자 2091호 판결 및 대만 최고법원 2003년 대상자 844호 판결에서 집중적으로 구현되었다.

종합해보면 대만 소비자보호법 제22조의 실무상의 적용은 상당히 큰 쟁점이 존재하며, 대만 최고법원 또한 통일된 견해가 없을 뿐만 아니라, 최고법원 746호 판결 및 2694호 판결의 광고성질에 대한 판단은 완전히 상반된다. 대만 최고법원의 판결동향을 보면 대다수판결이 광고성질문제에 대해 직접적으로 판단하고 있지 않고, 광고내용이 이미 계약에 진입했는가의 여부를 심사하는 과정을 거치거나 다른 회피전략을 채택한다.

3. 중국대륙에서의 광고관리규범 적용

(1) 광고관리규범의 계약법상 효력발생 고찰

중국의 소비자보호법 제22조 2항은 '경영자가 광고, 제품설명, 샘플 혹은 기타방법으로 제품 혹은 서비스의 품질상황을 표명하는 경우 그가 제공하는 제품 혹은 서비스의 실제품질 및 펴명하는 품질상황과 적합하여야 한다.'고 규정하고 있다. 이 조문은 경영자가 상업용광고에서 이행해야 하는 보증이나 허락을 요구하는 것으로 대만과 유사한 광고통제규범이다. 여기에서 논의하고자 하는 것은 동 조문이 실무에서 효력이 어떠한가라는 점이다.

이와 관련하여 베이징대학교 실증법무연구소 웹사이트에 수록된 민사판결문을 보면 판결문에 소비자보호법 제22조를 언급한 판례가 20건 이상 존재하는 것이 확인된다. 이러한 20건 이상의 판결을 보면 재판관이 광고통제법률을 적용할 때에는 보편적으로 상당히 보수적이었다. 구체적으로 재판관은 결코 소비자보호법 제22조 규정에 근거하여 계약내용을 통제하지 않았다. 즉 재판관이 인식하기에 경영자가 상업용 광고를 허용하는 것은 결코 소비자보호법 제22조 규정 때문에 자동으로 계약에 진입하는 것은 아니라는 것이다. 그러나 이것이 결코 광고통제규범이 계약에 대해 어떠한 영향을 일으키지 않는 것이라는 것을 의미하지는 않는다. 광고통제규범은 주로 아래 두 가지 루트를 통해 계약의 권리의무에 영향을 끼친다.

1) 광고통제규범이 사기·기만에 영향을 주는 '고의'의 인정

중국 소비자보호법 제22조 판결문 인용과정에서 대다수원고는 경영자가 실제 제공한 제품이나 서비스가 광고카피와 맞지 않기 때문에 사기를 구성하게 되고, 이를 근거로 2배 배상을 요구한다는 것이다. 전통적인 민법의 관점에서 보면 소비계약 중의 사기는 일반적으로 경영자가 주관적으로 고의가 존재하는 것을 요구하고, 광고통제규범도 고의의 인정에 영향을 준다. 예로 '진쓰미용(金絲美容) 사례'에서 요우메이성헬스(迪美生健身) 회사는 광고를 통해 경영범위를 초월하여 원고와 '안부금실이식(眼部金丝植入) 계약20)'을 체결하였다. 이후 원고는 수술결과에 대해 의문을 제기하였고, 사기를 이유로 하여 요우메이성헬스 회사를 법원에 제소하였다.

1심판결에서는 피고가 전문적인 미용서비스업기구가 아니기 때문에 진쓰미용에 대해 상당히 큰 체계적인 전문지식을 구비할 수가 없으며, 이 때문에 진쓰미용이 위해성을 구비하고 있는가의 여부에 대해서는

명백히 알 수 없다. 따라서 피고는 사기의 고의가 존재하지 않는다고 보았다. 2심판결에서는 소비자보호법 제22조 규정에 근거하여 요우메이 셩헬스 회사는 해당제품의 품질합격에 관한 관련증거를 제공할 수 없고, 원고에게 해당제품의 진실한 정보를 제공하지 않았으며, 제품과 관련된 품질과 성능, 용도 및 유효기한 등의 자료를 제공하지 않아서 자신 또한 해당제품의 진실한 성능을 분명히 파악하지는 못한다는 것이다. 이 때문에 헬스 회사의 행위는 사기를 구성한다고 판결하였다.

본 사례와 관련한 두 판결의 주요 차이는, 1심판결은 경영자의 주관상태로부터 사기에 있어서 '고의'를 갖고 있는지를 인정한 것이고, 2심판결은 경영자가 소비자보호법 제22조 위반을 인정한 것을 통해 사기를 구성한 것을 확인한 것이다. 후자가 법조실무차원에서 대표성을 지니고 있고 이론적으로도 그 가치가 있다.

일반적인 상황 하에서 권리침해구성요건 중의 과실이건 사기 구성요건 중의 과실이건, 모두 주관적으로 고의나 과실존재여부를 고찰하게 되나, 이를 인정하는 데에 있어서는 확실히 어려움이 존재한다. 규제입법의 증가에 따라 과실의 인정에 대해서는 점차 객관적인 추세가 출현하였는데 법원은 습관적으로 통제규범이 확립한 행위준칙은 직접적으로 침권행위법상의 행위준칙 혹은 주의의무로 이해하고 있고, 해당의무의 위반을 과실 혹은 불법요건의 구비로 간주하고 있다.

그러나 계약법영역에서 과실은 단지 극소수 상황 하에서 비로소 법적 의의를 지닌다. 계약사기의 인정이 전형적인 예이다. 본 사건의 법관은 사기의 과실과 통제규범의 위반과 결합하게 되는데 그것의 법적 논리는 경영자에 대한 광고통제규범의 법정의무를 과실의 인정기준으로 간주하는 것으로, 이것은 실제 과실의 객관화과정이라고 하겠다. 이러한 방법은 주관적인 과실의 인정에 있어서의 어려움을 회피하는 것이고, 또 다른 방면에서 객관적인 인정기준을 보조하여 공법과 사법의 연계를 실현하는 것이라고 하겠다. 이 때문에 본 사례의 2심판결은 광고통제규범의 계약법상의 효력을 인정하는 것이다.

2) 광고통제규범의 하자담보책임의 영향에 대한 인정

상술한 베이징대학교 실증법무연구소 웹사이트에 수록된 민사판결문에 기재된 20여 개 이상의 사례에서 재판관의 판결처리 시에 다음과 같은 절차를 따른다고 명시하고 있다. 우선 경영자가 광고통제규범을 위반하는 행위가 사기를 구성하는가의 여부를 심사한다. 만약 아니면 제공된 제품과 서비스의 하자존재여부를 심사한다. 후자에 대해서는 재판관이 일반적으로 인식하기를 경영자가 소비자보호법 제22조 행위를 위반했다고 한다면 보통 하자에 대해 보수를 지불하고, 이것을 근거로 하자담보책임의 성립을 인정한다.

예로 판례2의 경우 칭화동방(清華東方)은 광고에서 K210 노트북 하드의 회전속도가 5400으로 선전하였으나 소비자 구매 이후 해당 노트북 하드의 실제 회전속도는 4200에 불과하였다. 소비자는 경영자의 광고통제규범 위반 및 사기구성을 이유로 법원에 제소를 하였고, 법원은 '소비자의 컴퓨터구매는 세트 성능을 고려하고 하드는 단지 컴퓨터 부품의 하나로서 40G 하드이나 전환속도가 다르면 세트에 대한 영향은 아주 미미하여 소비자의 최종선택에 영향을 주지 못한다고 하였다. 이 때문에 실제 구매한 컴퓨터하드 속도가 선전한 속도와 일치하지 않더라도 사기를 구성하지는 못한다.'고 판단한 것이다. 이것을 전제로 하여 법원은 컴퓨터하드 전환속도와 광고선전이 일치하지 않는다고 인식하였다. 즉 칭화동방사에 과실이 존재하며, 소비자보호법 제35조 1항에 근거하여 칭화동방사와 리통(立通)사인 판매자가 원고에게 두 하드 간의 가격 차이에 의한 손실을 보완하라고 판결한 것이다.

법원판결 배후의 논리는 사기를 구성하지 않는 판례에 대해 재판관은 실제로 광고내용을 계약진입으로 추정하고, 이것을 계약의 내용으로 삼는다는 것이다. 만약 경영자가 실제로 제공한 제품과 광고내용이 서로 부합하지 않는다면 하자를 구성하는 것으로 지불을 해야 하며, 이 때문에 하자담보책임을 부담해야만 한다. 이 외에도 소비자보호법

제22조는 실제로 경영자에게 일정한 법정의무를 준 것으로 이해할 수 있다. 즉 경영자가 소비자에게 부담해야 하는 의무가 광고내용보다 낮지는 않아야 한다. 소비계약이 약정을 한 것 여부에 관계없이 경영자가 광고에서 승낙한 것은 모두 그로 인하여 계약의 내용이 되며 또 계약법상의 효력이 발생하게 된다.

이상의 내용을 종합해보면 다음과 같은 규칙을 도출할 수 있다. 즉 광고통제규범의 위반은 계약불이행 혹은 하자지불이라는 점이다. 이 규칙은 공법과 사법규범 소통의 교량이 될 것이다. 즉 공법상의 통제규범은 계약내용에 대한 직접적인 통제임과 동시에 경영자도 소비계약 중에 일정한 법정의무가 증가하게 된다.

이 외에 생각을 해볼 필요가 있는 쟁점으로는 중국법원이 왜 광고통제규범을 직접 민사재판의 근거로 적용하지 않고, 우회적인 전략을 채택하여 광고통제규범의 계약법상의 효력을 인정하느냐는 문제가 있다.

비교법적으로 보면 독일과 대만은 규제법규의 사법에서의 효력을 인정해왔기 때문에 독일 민법 제134조와 대만 민법 제71조의 법조문을 통해 공법상의 통제규범이 사법영역에 진입하는 데에 관문을 제공하였다고 보아야 한다.

중국 현행법률로 말하면 상술한 쟁점과 관련된 것은 중국계약법 제52조 5항 및 민법통칙 제55조 3항이다. 내용으로만 보면 이런 조항의 적용범위는 단지 아래의 범위, 즉 규제법규를 위반한 행위가 법적 효력을 발생시키는가에 대한 판단 또 규제법규에 관련되지 않은 계약내용에 대한 통제가 사법상의 효력을 발생시키는가에 대한 문제에 제한된다. 여기에서 알 수 있는 것은 계약내용에 대한 규제법률의 통제문제에 있어서 중국 현행법률은 결코 그에 상응하는 유도조문으로 규제법률의 계약법효력을 인정하지 않는다는 점이다.

그러나 실무적으로 소비자보호법 제22조 규정은 대량의 쟁점을 야기하게 된다. 사건당사자들은 종종 소비자보호법 제22조 규정을 인용하여 재판관의 개별안건 중에 규제규범의 계약법상의 효력발생여부를 인정하도록 요구한다. 이런 상황 하에서 판사들의 해결방법은 크게 세 가지가 존재한다. 첫째, 잘못된 재판위험을 줄이기 위해 신중한 판사들은 광고규제규범의 계약내용에 대한 통제효과를 직접 인정하지 않는다. 둘째 재판관은 검색을 통해 사기에서 과실의 인정 및 하자담보책임의 인정을 함으로써 광고통제규범의 계약권리의무에 대한 영향을 승인하고, 그럼으로써 계약법상의 효력을 간접적으로 승인하는 것이다. 셋째 분쟁해결이라는 압력하에 현명한 판사들은 광고규제법률의 계약법상의 효력을 승인하게 된다.

4. 광고관리규범의 계약법상의 의의와 시사점

(1) 중국과 대만 사법실무상의 시사점

첫째, 광고통제규범의 계약법상의 효력과 관련하여 대만 학계의 관점 및 사법판결의 분쟁은 상당히 크다. 법조실무과정상의 문제를 통해 광고통제규범은 직접적으로 계약내용을 통제할 수가 없다. 그렇지 않는다면 계약제도에 대해 계약자유, 계약과실책임 및 위약책임 등 거대한 충격이 발생하게 된다. 이 외에 광고통제규범은 광고성질의 관점을 바꾼 것으로 인식하고 있으나 기존 법률체계에 포함되는 것은 어렵다. 그러나 이것이 광고통제규범이 계약법상의 효력을 구비하지 않는다는 것을 의미하지는 않는다. 실무적으로는 계약해석정책을 통해 개별 사례 중에서 광고내용이 이미 계약에 진입했는지의 여부를 판단한다. 이에 대해 일부학자는 아래 세 가지 판단기준을 도출하였다. 즉 광고방송 및 계약체결시간, 지점 간에 물리적인 밀접한 관련성을 구비할 것, 광고진술이 계약지불의 내용과 구체적으로 관련될 것, 당사자 쌍방이 광고내용에 따라 협상한 사실이 있을 것이 그것이다. 상술한 요건에 해당사안이 부합하면 광고내용은 계약에 진입한 것으로 추정된다.

둘째, 대만과 비교하여 중국대륙계의 소비자보호법 제22조에 대한 관심은 매우 적다. 그러나 이것이 사법실천 중에 분쟁이 존재하지 않는다는 것을 의미하지는 않는다. 중국현행법률은 관련법조문으로 광고통제규범의 계약내용에 대한 통제효과를 승인하지 않기 때문에 소비자보호법 제22조가 야기한 분쟁 시 재판관은 상당히 보수적이 된다. 실무과정에서 사기행위 중의 과실의 인정과 하자담보책임의 인정을 통해 간접적으로 소비자보호법 제22조의 계약내용에 대한 영향을 승인하게 된다. 이 또한 광고규제규범이 계약법에서 효력이 발생한 경로에 해당한다. 이외에 상업용부동산 매매에서 사법해석을 거친 이후의 광고규제법규들은 계약해석을 통해 계약법상의 효력을 실현하게 되고 직접적인 재판의 근거가 된다.

(2) 광고규제규범 영향하의 계약해석정책

중국과 대만 양안의 소비자권익보호법은 제22조 내용에서 서로 일치된 규정을 두었는데 이러한 광고규제규범의 계약법상의 효력분쟁은 중국과 대만의 사법실무과정에서 점차 동일한 추세로 나아가고 있다. 즉 계약해석으로 광고내용의 계약진입여부를 판단한다는 것이다. 실무적으로는 소비자이익의 보호를 위해 재판관은 통상적으로 계약내용에 대해 추가로 해석을 진행하는데, 여기의 계약해석정책은 양안 적용범위의 상이함에 의해 다소 차이가 존재한다. 대만에서는 모든 매매계약영역에 적용되며, 대륙의 경우는 단지 부동산영역에 한정되어 적용될 뿐이다.

광고규제규범 영향하의 계약해석정책은 일정부분에 있어서 계약법의 폐쇄성을 깨뜨렸을 뿐만 아니라, 계약내용도 점차적으로 개방되도록 하였는데 이것은 계약법 미래의 발전추세에 부합하는 정책이다. 그러나 이러한 계약의 개방성이 상업용광고가 모두 계약에 진입하도록 해야 하는 것을 의미하는 것은 아니다. 이것은 세 가지 요건에 부합하여야 한다.

우선 주관요건에 있어서 광고내용은 소비자로 하여금 신뢰를 발생하도록 해야 한다. 신의성실원칙의 보편적인 성립은 광고내용의 계약진입에 기본적인 이론을 제공했기 때문에 광고의 계약진입의 전제는 소비자가 광고에 대해 신뢰를 발생시키는 것이다. 그 원인은 광고의 성질상 원칙적으로 청약의 유인이 되는데 소비자가 광고를 신뢰하고 경영자와 계약체결을 위한 협상을 하면, 이때의 신뢰는 법률이 소비자에 대해 보호를 하는 기초이자 원인이 되는 것이다. 또한 신뢰에 대한 민법의 보호는 소비자가 이미 합리적인 주의의무를 다하였다는 것을 전제로 하며, 상대방이 선의이건 악의이건 간에 모두 무조건적으로 법률의 보호를 받는다는 것을 의미하지는 않는다. 합리적인 신뢰를 어떻게 판단하느냐에 대해서는 일반적으로 이성적인 소비자의 인지능력을 판단기준으로 하여 거래습관에 있어서 이성적인 소비자가 광고를 신뢰하는 내용을 진실하다고 할 때, 이를 만족시킬 수 있을 것이다.

다음으로 객관요건에 있어서 광고내용은 소비자로 하여금 계약의 기초로 삼도록 해야 한다. 소비자가 광고의 내용을 신뢰하는 전제하에서 광고내용을 체약협상으로 할 때, 광고내용은 계약에 진입할 수 있다. 사법자치이념하에서 계약의 내용은 반드시 당사자협상이라는 기초 위에 세워져야 한다. 소비자보호법 제22조의 계약법상의 효력은 오로지 계약해석정책을 통해서만 실현될 수 있다. 중국의 일부법조계인사가 주장한 것처럼 소비자보호법 제22조는 여전히 신의성실원칙에 근거하여 계약내용에 대해 해석을 내린 결과로서, 그 입법의 목적은 그 어떠한 소비자의 소비동기에 영향을 주는 소비동기 및 계약체결내용을 결정하는 광고내용에 있으며, 이것이 계약의 내용이 되어 소비자에 대한 최저한도의 보호가 된다. 이 때문에 광고내용은 소비자로 하여금 신뢰를 발생케 하고 또 계약의 기초가 되도록 할 때, 광고는 계약의 내용이 될 것이다.

또한 당사자가 광고를 배제하는 내용을 약정할 수 있는가에 대해 학계에서 여러 가지 쟁점이 존재한다. 상술한 것처럼 대만의 '통제설'은 해당법조문이 강행규정과 관련된다고 간주하여 배제를 약정하면 안된다. 그러나 대만에서 영향력이 큰 2694호 판결은 이에 대해 긍정적인 답변을 내렸는데, 동 판결은 '계약체결 시 쌍방은 이미 광고내용을 별도로 참작하여 약정하거나, 혹은 경영자가 원래 청약유인에 속했던 광고를 다시 청약으로 한다는 설명을 한 적이 없기 때문에 해당광고를 청약으로 하거나 혹은 이미 계약의 일부로 하기는 어렵다.'고 지적하였다.

중국대륙에서 「상업용부동산 사법해석」은 이 요건을 분명히 승인한 바 없다. 그러나 실제 판례를 보면 만약 당사자가 계약에서 광고내용에 대해 분명하게 약정을 내렸으면 당사자의 약정에 의하여 이것을 계약자 유원칙으로 하는 논리적 결과가 도출된다. 개인적으로 당사자가 계약에서 광고내용을 분명하게 배제하지 않는다면 광고내용이 계약진입의 필요조건이 된다.

(3) 광고내용 계약진입 시의 구체적 해석규칙

이것은 크게 두 가지로 구분된다. 하나는 소비자가 계약체결과정 중에 완제품을 검색하는 기회가 있다는 것이다. 다른 하나는 소비자가 계약체결과정에서 완제품을 검색할 기회가 없다는 것이다. 전자의 경우 법률이 보호하는 신뢰는 소비자가 필요로 하는 주의의무에 도달하도록 하는 전제가 된다. 따라서 소비자가 계약체결과정에서 제품검색을 할 기회가 있을 때, 이성적인 소비자라면 제품검색과 광고내용이 서로 부합하는지의 여부는 소비자의 주의의무범주에 속한다. 이 때문에 만약 제품과 광고내용이 서로 부합하면 계약이 성립하는 상황 하에서 서로 상반된 약정이 없다면 광고내용이 계약이 될 것이다. 만약 제품과 광고내용이 서로 부합하지 않아 실무적으로 이성적인 소비자가 제품검색을 추정해야 할 때에는 광고내용과 제품이 서로 조화가 되지 않는 사실에 대해 이미 인지가 된 상태로, 이런 상황 하에서 만약 소비자가 여전히 경영자와 계약을 체결하면 당사자가 광고내용에 대해 개별적인 협상을 진행한 것을 제외해야 하며, 그렇지 않을 경우 광고내용은 계약이 되지 못한다. 소비자의 제품검색 시 제품과 광고가 서로 부합하지 않으면 실제제품을 기준으로 구매여부를 결정하게 되며, 이때 광고내용이 계약이 되지는 않는다. 다만 당사자가 개별협상을 거쳐 광고내용을 계약에 포함하는 경우는 제외하면 될 것이다.

후자의 경우는 광고가 계약이 되어야 하는가의 문제로서 실무과정에서 발생하는 분쟁은 주로 사전주택분양매매, 인터넷상에서의 매매, TV 홈쇼핑구매, 인터넷거래 등에 집중된다. 이러한 거래에는 하나의 공통점이 있는데 소비자가 계약체결과정에서 제품을 검색할 기회가 없이 단지 경영자가 제공한 광고정보에 의존하여 소비결정을 내려야 한다는 것이다. 이런 거래과정에서는 소비자와 경영자 간의 정보비대칭은 아주 분명하며, 소비자보호와 계약해석으로부터 광고내용은 더 용이하게 계약으로 추정된다. 구체적으로 보면 계약체결상황 하에서 만약 소비자가 광고를 신뢰하면 광고내용을 협상의 근간으로 하여 광고내용이 계약이 된다는 것이 추정된다. 만약 소비자가 광고신뢰 때문에 계약을 체결한 협상이라면 계약과정에서 광고내용을 분명하게 배제하지 않으면 광고는 계약으로 추정된다. 이외에 계약이 체결되지 않은 상황 하에서 광고내용은 계약이 되지 못하며 계약상의 과실책임을 구성하게 된다.

Ⅲ. 허위광고에 대한 행정법적 책임

현재 중국의 「불공정경쟁방지법」 및 「광고법」은 허위광고에 대한 범위를 상업광고에만 한정하고 있는데 이러한 경계는 확실히 지나치게 협소하다고 할 수 있다. 사실상 현대광고에서 비상업용광고는 상당히 많다. 예로 의료서비스광고 중의 의무진료, 무료 의료봉사 등 공익성광고 및 구직광고 등이 그것이다. 또한 상업용광고라고 하더라도 광고내용에는 제품, 서비스광고, 기업광고 등을 포함하는 경우가 많다. 이 때문에 허위광고의 범위를 입법개정 시 대폭 확대하여 사기성 허위광고 및 오도성 허위광고를 포함시켜야 하며, 상업용 허위광고 안에도 비상업용 허위광고를 분명히 포함시켜야만 한다.21)

1. 허위광고 행정책임의 구성요건

(1) 주체요건

중국「불공정경쟁방지법」은 허위광고의 책임주체를 경영자인 광고주와 광고물 제조업체로 규정하고 있다. 반면「광고법」제38조는 '본법 규정을 위반하여 허위광고를 반포하고 소비자를 기만 및 오도하여 제품 구매 및 서비스를 받는 소비자의 합법적인 권익이 손해를 입도록 하면 광고주는 법에 따라 민사책임을 부담한다. 광고주, 광고매체가 광고가 허위임에도 여전히 설계, 제작 및 반포되는 것을 알거나 알았어야만 하는 경우에도 법에 따라 연대책임을 부담해야만 한다. 광고주, 광고매체가 광고주의 실명과 주소를 제공할 수 없는 경우에도 민사책임을 부담해야만 한다. 사회단체나 기타조직이 허위광고 중에서 소비자에게 제품 혹은 서비스를 추천하여 소비자의 합법적인 권익에 손해를 입힌다면, 법에 따라 연대책임을 부담해야만 한다.'라고 되어 있다. 즉 중국「광고법」이 규정하고 있는 허위광고의 민사책임주체범위는 이미「불공정경쟁방지법」의 규정을 초월하여 광고주와 광고제작업체, 광고매체와 제품추천자로서의 사회단체 혹은 기타조직이 민사책임주체범위가 되었다. 법의 통일성을 유지하기 위해, 행정책임상 제품추천자를 책임주체로 해야 하고, 제품추천자에는 사회단체 혹은 기타조직뿐만 아니라 개인도 포함해야 한다. 그 이유는 근래 광고 중에서 제품이나 서비스를 추천한 개인이 허위광고사례발생 시 연루가 되는 경우, 개인의 광고 중에서 오도는 허위광고의 중요한 구성부분이 되기 때문이다. 광고 중에서 제품이나 서비스를 추천하는 개인은 일정한 책임을 부담해야만 하는데, 그러나 동 사례는 오히려 법적 근거가 없어 재판 진행이 어려운 경우가 있다. 반면 미국이나 유럽 광고법은 '유명연예인, 명사 또는 전문가를 막론하고 반드시 제품의 진실한 사용자이어야 하며, 그렇지 않은 경우 허위광고가 된다. 동시에 만약 해당광고가 증인이 일반인보다 더 권위가 있다는 것을 암시한다면 마땅히 근거가 있어야 하며, 그렇지 않은 경우

위법으로 간주한다.'고 규정하였다.22) 이 때문에 외국사례를 참고하여 허위광고 내에서 소비자에게 제품 또는 서비스를 추천하는 사회단체나 기타조직 및 공민 개인 또한 행정책임주체로 포함하여야 한다.

(2) 주관요건

허위광고를 실시하는 주체는 주관적으로 반드시 사기 혹은 소비자를 오도하려는 고의가 있어야 하는가의 여부에 대해 주관적으로 허위광고의 행위주체는 과실책임이 있어야만 한다고 사료된다. 즉 고의도 포함하고 과실도 포함해야 한다는 점이다. 현실 중에 발생하는 사기 또는 소비자 오도의 원인은 두 가지이다. 하나는 광고주나 업무대리기구가 광고 중에서 광고 중에 교묘히 소비를 유도하고 가짜를 진짜로 속임으로써 고의로 소비자로 하여금 소비를 유도하는 것이다. 두 번째는 광고주나 업무대리기구가 선의의 의도를 지녔지만, 광고기술의 열악함과 실수로 인하여 소비자가 잘못된 이해와 인식을 하도록 초래하는 것이다. 그러나 고의이건 과실이건 간에, 모두 경영자와 소비자의 합법적인 권익을 침해하여 시장경쟁질서를 파괴하게 되고, 규제를 받아야만 한다. 그러나 법적 책임의 대소와 형식에 있어서는 양자를 구분하여야만 한다.23)

(3) 객관요건

허위광고행위는 객관적으로 반드시 국가규정을 위반하게 되며, 광고기획과 제작, 반포, 대리 등의 과정에서 제품 혹은 서비스에 대해 소비자를 속이거나 오도하는 허위표시의 행위이다. 소비자가 사기나 오도로 인해 실제손실을 입었는지, 또 시장경제질서의 손해가 발생했는지 여부는 이 위법행위의 성립에 영향을 주지 않는다. 그러나 허위광고행위에 손해결과가 존재하는가의 여부는 책임주체가 부담해야만 하는 법적 책임의 크기와 형식이 행정책임법에서 차별적으로 다루어져야 하며, 만약 소비자가 실질적인 손실을 입지 않았다면 시장경쟁질서 또한 손해를 입지 않은 것으로, 부담해야 하는 법적 책임을 경감시켜야만 한다.

2. 허위광고 행정처벌방식의 개선[24)]

「불공정경쟁방지법」 제24조는 '경영자가 광고 혹은 기타방법을 이용하여 제품에 대해 오해를 유발하는 허위선전을 하는 경우 감독부문은 불법행위의 정지를 명령해야 하며, 영향을 제거하고, 정황에 근거하여 1만 위안 이상 20만 위안 이하 벌금에 처할 수 있다. 광고경영자는 명백히 알고 있는 혹은 알아야만 하는 상황 하에서 허위광고를 대리, 설계, 제작, 반포하는 경우, 감독부문은 불법행위의 정지를 명령해야 하며, 불법소득을 몰수하고 법에 따라 처벌한다.'고 규정하고 있다. 「광고법」 제37조는 '본법 규정을 위반하여 광고를 이용하여 제품 혹은 서비스에 대해 허위선전을 하는 경우 광고감독관리기관은 광고주에게 광고게재 금지명령을 내리고, 또한 정액광고비용으로 상응하는 범위 내에서 공개적으로 부정적인 영향을 개정하며, 광고비용의 1배 이상 5배 이하의 벌금을 부과한다. 책임이 있는 광고주 및 광고매체에 대해서는 광고비용을 몰수하고, 광고비용의 1배 이상 5배 이하 벌금에 처한다. 정황이 엄중한 경우 법에 따라 광고업무를 정지한다. 범죄를 구성하는 경우 법에 따라 형사책임을 추궁한다.'고 규정하였다. 상기 두 법률은 각기 상이한 행정처벌방식과 처벌폭을 규정하였다. 「불공정경쟁방지법」의 규정은 행정주관부문에 지나친 자유재량권을 부여하였는데 「광고법」이 규정한 행정처벌방식과 처벌폭은 도리어 더 분명하였다. 일사부재리 원칙에 따라 단지 하나의 법률에 근거하여 처벌할 수 있는데 새로 제정된 법률이 우선적용되는 점을 감안하면 허위광고행위에 대해서는 「광고법」에 근거하여 행정처벌을 부여해야만 한다. 그러나 법집행 과정에서 종종 처벌을 주관하는 행정기관이 법적 소양이 높지 않거나 이기주의 내지 처벌 시 임의적인 기준적용 등의 문제가 존재한다.[25)] 이 때문에 향후 입법 중에 동일행위의 상이한 벌칙적용을 협의하여 법률의 문제점을 보완하고 불공정한 법집행을 방지해야 한다.

새로 제정된 법률이 우선적용되는 점에 근거하여 허위광고행위는

「광고법」에 근거하여 행정처벌을 부과해야 한다. 「광고법」 규정에서 알 수 있는 것은 허위광고에 대한 행정처벌은 광고비용을 벌금액의 근거로 삼아야 하며, 허위광고 및 부정적 영향을 끼치는 광고중지를 요구하는 동시에 광고비용의 1배에서 5배의 벌금을 부과해야 한다는 점이다. 국가공상행정관리총국이 개정한 2005년 1월 1일자로 시행된 「광고관리조례시행령」 제17조는 '기업이 시행령 제3조, 제8조 5항 규정을 위반하고 광고를 이용하여 허위로 소비자를 속이는 경우, 그에 상응하는 범위 내에서 정정광고를 방송하도록 명령을 내리고, 정황을 참작하여 주의조치를 통보하며, 불법소득액의 3배 이하의 벌금을 부과한다. 그러나 최고액이 3만 위안을 초과하지는 않도록 한다. 불법소득이 없는 경우에는 1만 위안 이하의 벌금에 처한다. 정황이 엄중한 경우 일시적인 영업정지처분을 내릴 수 있으며, 영업허가증 혹은 「광고경영허가증」이 소비자에게 손해를 조성하는 경우 연대배상책임을 부담한다. 정정광고 방송비용은 각각 기업과 광고주가 부담한다.'고 규정하였다. 즉 「광고관리조례시행령」은 불법소득액을 벌금액의 근거로 하며, 광고감독관리기관이 정황에 따라 자제통보를 선택하고, 불법소득을 몰수하며, 불법소득액의 3배 이하 벌금 부과 및 최고 3만 위안을 초과하지 않도록 하고 있다.

「입법법」 제79조 규정에 근거하여 법률의 효력은 규장보다 높다. 「행정처벌법」 제12조 규정은 국무원 각 부(部), 위원회가 제정한 규장은 법률 및 행정법규가 규정한 행정처벌행위와 종류, 폭의 범위 내에서 구체적인 규정을 해야 한다고 규정하였다. 확실히 국가공상행정관리총국이 제정한 부문규장으로서의 「광고관리조례시행령」과 전국인민대표대회가 제정한 법률로서의 「광고법」이 서로 충돌하는 규정은 무효처리가 된다. 그러나 「광고관리조례시행령」의 규정은 독특한 특징이 있다. 「광고관리조례시행령」은 불법소득액을 벌금으로 하는 근거에 대한 규정이 「광고법」에서 광고비용을 벌금으로 하는 근거보다 더 합리적이다. 그 이유는 전단지살포, 인터넷상의 무료광고 등 여러 허위광고의 광고비용이 아주 낮기 때문이다. 그러나 허위광고로 획득한 이익은 오히려 아주 크다. 즉 광고비용만을 벌금으로 하였을 때, 행위인이 설령 처벌을 받더라도 여전히 허위광고를 통해 폭리를 취한다면 처벌이라는 목적을 달성할 수는 없다. 반면 일부 상황 하에서 허위광고행위의 주체가 대량의 광고비용을 투입하였지만 불법소득이 매우 작고, 사회의 위해성 또한 상대적으로 매우 작으면, 광고비용을 벌금으로 하는 법적 근거 또한 불법행위인에 대해 공정함을 상실하게 된다. 다음으로 중국광고법이 규정한 광고비용의 1배에서 5배까지의 벌금과 비교하여 중국 「광고관리조례시행령」이 규정한 광고감독관리기관이 정황에 근거하여 주의통보, 불법소득 몰수, 불법소득액의 3배 이하 벌금에 처하는 처벌방식에 근거하여 행정처벌의 합리적 원칙을 실현하는 것은 불법행위인에게 더욱 공정함을 요구하는 것이다. 이 때문에 허위광고에 대해 행정책임을 부담하는 방식과 근거는 중국광고법과 중국 「광고관리조례시행령」의 합리적인 규정과 결합하여 수정을 할 수 있다. 허위광고행정책임입법에 존재하는 여러 쟁점들은 허위광고가 근절되지 않고 있는 중요한 원인이다. 이 때문에 허위광고행정책임에 대한 입법을 보완하여 그 중요성을 구현하여야 한다.

Ⅳ. 인터넷광고의 법적 책임

1. 허위광고의 범위 확정

허위광고라 함은 광고활동의 주체가 광고에서 사기의 방법을 채택하여 제품이나 서비스의 주요내용에 대해 진실하지 않은 선전을 하거나 혹은 오해를 불러일으키는 진술을 통해 국민들로 하여금 특정대상이나 서비스에 대해 사실에 근거하지 않은 환상을 발생시키는 광고[26]를 말한다. 허위광고는 두 가지로 분류된다. 첫 번째는 사기성 허위광고이고 두 번째는 오도성 허위광고이다.[27] 전자는 허위광고 과정에서 제품원료의 허위광고, 품질기능의 허위광고, 가격의 허위광고 등으로 표현된다. 후자는 문자와 도안 등의 감지물체를 통해 국민으로 하여금 착오의 효과 혹은 유추심리를 불러일으키는 것을 말한다. 예로 '제품구매하면 보내드립니다.'는 광고카피는 국민들로 하여금 기존의 제품과 같은 혹은 동종제품을 획득하도록 하게 하지만, 실제로는 가치가 작은 제품만 획득하는 것이다.[28] 중국 「불공정경쟁법」 및 「광고법」에서 사기성 허위 광고를 분명히 규정하고 있고, 오도성 허위광고규정에 대해서는 분명히 규정된 것이 없어서, 오도성 허위광고에 대한 처벌에 대해 입법으로 개정이 요구된다. 오히려 현행 중국 「불공정경쟁법」 및 「광고법」에서는 허위광고의 범주를 상업용광고에 한정하고 있는데 이러한 제한은 지나치게 협소한 것이다. 사실상 현대광고에서 비상업용 공익광고는 아주 많다. 예로 의료서비스광고 중에 의무진료, 무료의료자문서비스 등 공익 광고 및 초빙광고, 모집 등 구인광고 등이 그 예이다. 설령 상업용광고라고 하더라도 광고내용은 제품 및 서비스광고, 기업광고 등을 포함하고 있기 때문에, 입법으로 허위광고의 범위를 정확히 규정하고, 허위광고개념을 보다 확대하여 허위광고 내에 사기성 허위광고와 오도성 허위광고를 분명히 포함해야 한다. 상업용 허위광고뿐만 아니라 비상업용 허위광고 또한 당연히 포함되어야 한다.

한편으로 최근에는 한국뿐만 아니라 중국에서도 수많은 네티즌들이 구매하기에 앞서 타인의 이용후기를 참고하고 있고 블로그를 활용하는 현상도 폭발적으로 증가하고 있다. 인터넷상의 이용후기와 같은 바이럴마케팅은 소비자들이 광고에 대하여 갖는 거부감을 줄이고 소비자의 자발적 참여를 유도하여 적은 비용으로 높은 홍보 효과를 얻을 수 있다는 장점 때문에 오늘날 기업 마케팅에 널리 활용되고 있다.[29] 그러나 이러한 바이럴 마케팅행위가 일부 악의적인 의도로 접근하는 소비자, 광고주 및 이해관계자들에 의해 부당광고로 인정될 경우, 책임의 주체가 누구인지 문제가 된다. 바이럴마케팅 행위에 관여한 광고제작사 또는 대행사의 경우에도 사업자성을 인정하는 한 표시광고법상 책임의 주체로 볼 수 있겠으나30), 공정위 심결례나 판례 중에 그 책임을 인정한 사례는 발견하기 어렵다. 이를 해결하기 위해서는 광고제작사 또는 대행사가 그러한 광고행위의 주체가 되었다고 볼 만한 특별한 사정31)이 인정되는 때에 책임을 묻는 것이 바람직하다. 광고법률을 통한 바이럴마케팅 및 바이럴광고의 개선은 악의적인 바이럴마케팅으로 인하여 피해를 입은 경쟁사업자가 임시중지명령요청권을 보유하는 것을 인정하여야 한다.32)

2. 허위광고 행정책임 구성요건의 개선

(1) 허위광고 행정책임의 주체요건 개선

중국「불공정경쟁법」은 허위광고의 책임주체는 광고주인 경영자와 광고경영자라고 규정하고 있다. 반면 중국「광고법」제38조는 '본법 규정을 위반하여 허위광고를 반포하고, 소비자를 사기 및 오도하여 제품을 구매하도록 하거나 서비스를 받도록 하여 소비자의 합법적인 권익이 침해를 받는 경우, 광고주는 법에 따라 민사책임을 부담한다. 광고경영자와 광고방송자가 광고가 허위임을 명백히 알았거나 알아야만 함에도 설계하거나 제작하거나 반포한 경우, 법에 따라 연대책임을 부담해야 한다.'고 규정하였다. 즉 중국「광고법」이 규정한 허위광고의 민사책임주체범위는 이미 중국「불공정경쟁법」의 규정을 초과하여, 광고주와 광고경영자, 광고반포자가 제품추천자로서 사회단체 혹은 기타조직이 된다고 하겠다. 그러나 행정책임에 있어서 중국「광고법」은 광고주와 광고경영자, 광고반포자의 행정처벌조치만을 규정하고 있다. 법률의 통일성을 위해서는 행정책임에서도 제품추천자를 책임주체로 해야 하고, 제품추천자는 사회단체 혹은 기타조직뿐만 아니라 개인도 포함해야만 한다. 그 원인은 광고에서 제품이나 서비스를 추천하는 개인이 허위광고사례에 포함된 경우 발생하였는데, 개인이 광고에서 오도하는 것은 허위광고의 중요한 구성부분으로 확실히 광고 중에서 제품이나 서비스를 추천하는 개인은 일정한 책임을 부담해야만 한다.

그러나 이러한 사례는 도리어 종종 법적 근거가 있어야 한다.

미국이나 유럽광고법에는 '연예인, 유명인사 또는 저명인사 모두 반드시 제품의 진실한 사용자이어야 하며, 그렇지 않은 경우 허위광고가 된다. 동시에 만약 증인이 일반인보다 더 권위적인 것이 암시되더라도, 반드시 타당한 근거가 있어야 하며, 그렇지 않은 경우 불법으로 간주한 다.'고 규정하였다.33) 이 때문에 중국은 허위광고 내에서 소비자에게 제품이나 서비스를 추천하는 사회단체 혹은 기타조직 및 공민 개인 또한 행정책임주체로 포함하여야 한다.

(2) 허위광고 행정책임의 주관요건 개선

허위광고행위를 실시하는 주체는 주관적으로 반드시 소비자를 사기 혹은 오도하려는 고의를 갖고 있어야만 하는가라는 쟁점이 제기될 수 있다. 이와 관련하여 주관적으로 허위광고의 행위주체는 반드시 과실이 어야 한다. 여기에는 고의와 과실이 모두 포함된다. 실무상에서 소비자에게 사기를 치거나 오도를 발생시키는 원인은 두 가지가 있다. 하나는 광고주나 업무대리기구가 광고 중에서 교묘히 공모하고, 초점을 흐림으로써 고의로 소비자로 하여금 선의의 의도를 갖지 않도록 하는 것이다. 다른 하나는 광고주나 업무대리기구가 선의의 의도를 갖고 있지만, 광고기술의 부족함과 실수로 인해 소비자로 하여금 잘못된 이해와 인식을 발생시키는 경우가 그것이다. 고의건 과실이건 간에 광고기술의 부족함과 실수는 경영자와 소비자의 합법적인 권익을 손상시키게 되고, 시장경쟁질서를 파괴하며, 또한 규제를 받아야 하지만, 법률책임의 대소와 형식에 있어서는 구분을 해야만 한다.34)

(3) 허위광고 행정책임의 객관요건 개선

허위광고행위는 객관적으로 반드시 국가규정을 위반하여 광고설계와 제작, 반포 및 대리과정에서 제품이나 서비스에 대해 소비자를 속이거나 오도하는 허위표시의 행위를 한다. 소비자가 사기를 당하거나 오도됨으로 인해 실제 손실을 입는지의 여부, 또 시장경쟁질서가 손해를 입는지의 여부는 이런 불법행위의 성립에 영향을 주지 않는다. 그러나 허위광고행위에 손해결과가 존재하여 책임주체로서 부담해야 하는 법률책임의 대소 및 형식의 정황이 존재하는지에 대하여, 또 행정책임입법에 있어서 차별적으로 대우해야 하는가에 대하여, 만약 소비자가 실질적인 손실을 받지 않았다면 시장경쟁질서 또한 손해를 입지 않은 것이고 부담해야만 하는 법적 책임도 경감되어야만 한다.35)

3. 허위광고의 행정처벌방식 개선

중국「불공정경쟁법」제24조는 '경영자가 광고나 기타방법을 이용하여 제품에 대해 오해를 일으키는 허위선전을 하는 경우 감독감찰부문은 불법행위의 정지를 명령해야 하며, 영향을 제거하고 정황에 따라 1만 위안 이상 20만 위안 이하의 벌금을 부과할 수 있다.'고 규정하고 있다. 광고경영자가 명백히 알거나 혹은 알아야만 하는 상황 하에서 대리와 설계, 제작, 허위광고 반포는 감독감찰부문이 위법행위 정지를 명령해야 하며 불법소득을 몰수하고 법에 따라 벌금을 부과한다고 규정한다. 중국「광고법」제37조는 '본법 규정을 위반하고 광고를 이용하여 제품이나 서비스에 대해 허위선전을 하는 경우, 광고감독관리기관은 광고주에게 광고방영금지명령을 내리며, 등액광고비용으로 상응하는 범위 내에서 공개적으로 부정적인 영향을 제거하고, 광고비용의 1배에서 5배 이하의 벌금에 처한다. 책임을 부담해야 하는 광고경영자, 광고반포자에 대해서는 광고비용을 몰수하고, 광고비용의 1배 이상 5배 이하의 벌금에 처한다. 정황이 엄중한 경우 법에 따라 광고업무를 정지한다. 범죄를 구성하는 경우 법에 따라 형사책임을 추궁한다.'고 규정하였다.

상술한 규정을 보면 확실히 두 법률의 행정처벌방식과 처벌폭은 상이하다.「불공정경쟁방지법」규정은 행정주관부문의 지나치게 큰 자유재량권을 부여하였으며,「광고법」이 규정한 행정처벌방식과 처벌폭은 오히려 더 분명하다. 일사부재리원칙에 의해 오로지 하나의 법률에 의해서 처벌이 부여되고 있고, 또한 신법이 구법보다 우선적용되는 원칙에 의해 허위광고행위에 대해서는 중국 「광고법」으로 행정처벌을 부여해야만 한다. 그러나 실무에서는 처벌을 하는 행정주관부문이 자체적인 법적 소양이 높지 않거나 공정성을 잃은 판결에 의해 처벌권이 남용되는 상황이 종종 발생한다.36) 이 때문에 향후 법개정을 통해 동일행위에 대한 서로 상이한 처벌규정을 동일한 방향으로 변경하여 법집행의 공정성을 확보하여야 한다.

신법이 구법보다 우선적용되는 원칙에 의하면 허위광고행위에 대해 중국 「광고법」에 근거하여 행정처분이 적용되어야 한다. 중국 「광고법」 규정 중에서 알 수 있는 것은 허위광고에 대한 행정처분 진행은 광고비용을 벌금으로 삼는 근거가 되며, 허위광고 반포 및 부정적인 영향을 정지함과 동시에 광고비용의 1배에서 5배까지의 벌금부과를 요구한다는 의미가 된다. 중국 국가공상행정관리총국이 개정한 2005년 1월 1일자로 시행한 「광고관리조례시행령」 제17조는 '광고주가 동 「조례」 제3조, 제8조 5항 규정을 위반하여 광고를 이용하여 허위로 소비자와 이용자를 속이는 경우 그에 상응하는 범위 내에서 광고를 개정하도록 반포할 것을 명령하고, 정황을 참작하여 구체적인 평가를 통보하고, 불법소득을 몰수하며, 불법소득의 3배 이하의 벌금을 부과한다. 그러나 최고 3만 위안을 초과하지 않도록 하며, 불법소득이 없는 경우 1만 위안 이하의 벌금에 처한다. 정황이 엄중한 경우 영업정지를 명령할 수 있고 영업허가증 혹은 광고경영허가증을 말소하고, 이용자와 소비자에게 손해를 조성하는 경우 연대배상책임을 부여한다. 광고개정반포비용은 각각 광고주와 광고경영자가 부담한다.'고 규정하였다. 즉 「광고관리조례시행령」은 불법소득액을 벌금액의 근거로 하고 있으며, 광고감독관리기관이 정황에 근거하여 평가통보, 불법소득 몰수, 불법소득액의 3배 이하의 벌금 및 최고 3만 위안을 초과하지 않는 처벌방식을 적용하도록 규정하고 있다.

「입법법」 제79조 규정에 의하면 법률의 효력은 규장보다 높다. 확실

히 국가공상행정관리총국이 제정한 부문규장으로서의 「광고관리조례
시행령」과 전인대 상무위가 제정한 법률로서의 「광고법」이 서로 충돌하
는 규정은 무효이다. 그러나 「광고관리조례시행령」의 규정은 독특한
특징이 있는데 첫째, 「광고관리조례시행령」이 규정한 불법소득액을
벌금으로 한다는 근거는 「광고법」이 광고비용을 벌금으로 한다는 근거
와 비교해서 더 합리적이다. 그 이유는 수많은 허위광고의 광고비가
아주 저렴하기 때문이다. 전단지살포, 인터넷상의 무료 자동 팝업 등이
그 예이다. 그러나 허위광고 때문에 획득한 이익은 도리어 아주 크다.
만약 광고비용만을 벌금액의 근거로 한다면 행위인은 설령 벌금을 수령
하더라도 허위광고를 통해 불법이익을 획득할 것이고 그럴 경우 처벌목
적에 도달할 수가 없다. 이러한 상황 하에서 허위광고행위주체가 거액의
광고비용을 투입하였으나 불법수익이 매우 작고 사회의 위해성 또한
상대적으로 작다면, 광고비용을 벌금으로 하는 근거는 불법행위인에
대해 형평성을 잃게 될 것이다. 둘째, 「광고법」이 규정하고 있는 광고비
용의 1배에서 5배까지의 벌금과 비교하면 「광고관리조례시행령」이 규
정하는 광고감독관리기관이 정황에 근거하여 평가를 통보하고 불법소
득을 몰수하며 불법소득액의 3배 이하의 벌금에 처한다는 처벌방식은
행정처벌의 합리적원칙을 구현하였으나 불법행위인에 대해서는 형평성
을 더 상실하는 결과를 초래하게 된다. 이 때문에 허위광고에 대해
행정책임을 부담하는 근거와 방식은 「광고법」과 「광고관리조례시행령」
의 합리적인 규정을 결합하여 법개정이 진행되어야 한다.

허위광고행위는 소비자를 오도하고 속일 뿐만 아니라 시장경쟁질서
를 침해한다. 현재 시장경쟁이 날로 격화되는 상황 하에서 허위광고를
이용하여 불공정경쟁을 전개하는 정황은 허위광고 행정책임입법의 결
함에 원인이 있기 때문에 허위광고 행정책임입법의 개선이 절실히 요구
된다.

4. 인터넷광고주와 광고내용 간의 효과적인 심사 진행문제

제품광고, 특히 국민의 안전 및 건강과 밀접한 관계가 있는 일부 제품광고는 일정한 부분에 있어서 제품의 품질 및 소비촉진작용을 한다. 따라서 이러한 광고 중에 그 어떠한 형식의 허위광고 내지 무책임한 선전이건 간에 소비자에 대한 오도와 사기를 초래할 수 있으며, 심지어는 신체건강이나 재산손실이라는 중대한 책임을 초래하게 된다. 이 때문에 관련제품 및 기업에 대한 심사는 반드시 필요하다. 인터넷상에서 광고기업과 광고주 간에 심사가 진행되지 않는다면 이러한 심사는 인터넷광고의 품질과 신뢰도를 크게 떨어뜨려 소비자권익의 피해가 아주 클 것이다.

주

제1장 중국경제법총론

제1절 중국경제법 개념에 대한 학설

1) 邓　楠, "论中国经济法学说初期的发展", 经济师, 2011年第3期, 85页.
2) 邓　楠, "论中国经济法学说初期的发展", 经济师, 2011年第3期, 85页.
3) 邓　楠, "论中国经济法学说初期的发展", 经济师, 2011年第3期, 85页.
4) 邓　楠, "论中国经济法学说初期的发展", 经济师, 2011年第3期, 85页.
5) 邓　楠, "论中国经济法学说初期的发展", 经济师, 2011年第3期, 85页.
6) 邓　楠, "论中国经济法学说初期的发展", 经济师, 2011年第3期, 85页.
7) 邓　楠, "论中国经济法学说初期的发展", 经济师, 2011年第3期, 85页.
8) 邓　楠, "论中国经济法学说初期的发展", 经济师, 2011年第3期, 85页.
9) 王　宏, "中国经济法学说评价及其应然趋向", 山东师范大学学报(人文社会科学版), 2007年第5期, 84页.
10) 王　宏, "中国经济法学说评价及其应然趋向", 山东师范大学学报(人文社会科学版), 2007年第5期, 84页.
11) 王　宏, "中国经济法学说评价及其应然趋向", 山东师范大学学报(人文社会科学版), 2007年第5期, 84页.
12) 杨紫烜, 「经济法」, 北京大学出版社, 1999, 2页.
13) 杨紫烜, 「经济法」, 北京大学出版社, 1999, 2页.
14) 杨紫烜, 「经济法」, 北京大学出版社, 1999, 2页.
15) 李昌麒, "经济法-政府干预经济的基本法律形式", 四川人民出版社, 1995, 7页.
16) 李昌麒, "经济法-政府干预经济的基本法律形式", 四川人民出版社, 1995, 7页.
17) 李昌麒, "经济法-政府干预经济的基本法律形式", 四川人民出版社, 1995, 7页.
18) 王保树, 「经济法原理」, 北京:社会科学文献出版社, 1999, 42页.
19) 张守文, "市场经济与新经济法", 北京大学出版社, 1993, 55页.
20) 刘文华, "经济法的本质: 协调主义及其经济学基础", 法学, 2000(2), 20页; 史际春° 邓峰, "经济法总论", 法律出版社, 1998, 24页.
21) 王　宏, "中国经济法学说评价及其应然趋向", 山东师范大学学报(人文社会科学版), 2007年第5期, 85页.
22) 漆多俊, "经济法基础理论", 武汉大学出版社, 1993, 14页.
23) 漆多俊, "经济法基础理论", 武汉大学出版社, 1993, 14页.

24) 杨 洁, "经济法的价值理念", 法制与社会, 2015.3(上), 5页.
25) 杨 洁, "经济法的价值理念", 法制与社会, 2015.3(上), 5页.
26) 杨 洁, "经济法的价值理念", 法制与社会, 2015.3(上), 5页.
27) 杨 洁, "经济法的价值理念", 法制与社会, 2015.3(上), 5页.
28) 杨 洁, "经济法的价值理念", 法制与社会, 2015.3(上), 5页.
29) 杨 洁, "经济法的价值理念", 法制与社会, 2015.3(上), 5页.
30) 杨 洁, "经济法的价值理念", 法制与社会, 2015.3(上), 6页.
31) 杨 洁, "经济法的价值理念", 法制与社会, 2015.3(上), 6页.
32) 王 宏, "中国经济法学说评价及其应然趋向", 山东师范大学学报(人文社会科学版), 2007年第5期, 86页.
33) 王 宏, "中国经济法学说评价及其应然趋向", 山东师范大学学报(人文社会科学版), 2007年第5期, 86页.
34) 王 宏, "中国经济法学说评价及其应然趋向", 山东师范大学学报(人文社会科学版), 2007年第5期, 86页.
35) 王 宏, "中国经济法学说评价及其应然趋向", 山东师范大学学报(人文社会科学版), 2007年第5期, 86页.
36) 王 宏, "中国经济法学说评价及其应然趋向", 山东师范大学学报(人文社会科学版), 2007年第5期, 86页.
37) 王 宏, "中国经济法学说评价及其应然趋向", 山东师范大学学报(人文社会科学版), 2007年第5期, 86页.
38) 王 宏, "中国经济法学说评价及其应然趋向", 山东师范大学学报(人文社会科学版), 2007年第5期, 86页.

제2장 중국 반독점법

제1절 중국 시장지배적 지위의 남용금지

1) 시장지배력을 갖고 있다는 것은 상품이나 용역의 가격이나 공급량 또는 기타 거래조건을 마음대로 좌우할 수 있는 지위에 있다는 것, 즉 시장에서 유효경쟁을 방해할 수 있는 지위에 있다는 것을 의미한다. 이기수 · 유진희, 『경제법(제9판)』, 세창출판사, 2012년, 53면.
2) 시장지배적 지위라는 독점이 형성되는 원인은 경제개발 초기에 규모가 협소한 국내시장에서 한정된 자원의 낭비를 방지하고 효율적으로 활용하기 위해 원료배정제, 통폐합조정, 신증설억제, 각종 인허가제도와 같은 경쟁제한적인 행정관행이 이루어졌고, 이로인해 시장에 참여하는 사업자 수가 제한되었다. 또한 불균형 성장정책을 추진하는 과정에서 자본조달능력, 기술개발능력 등의 이유로 경제성장의 견인차 역할을 담당한 특정기업에 대한 선별적 지원도 독과점 시장구조 형성의 주요한 요인이 되었다. 경제기획원, 『공정거래백서 - 새로운 경제질서를 향하여』, 1984, 82면; 신현윤, 『경제법(제6판)』, 2014년, 145면 재인용.
3) 중국 「반독점법」 제17조 1항-7항.
4) 国家工商行政管理总局令第55号, 《工商行政管理机关制止滥用行政权力排除、限制竞

争行为的规定》, 2010年12月31日.

5) 권오승, 『경제법(제12판)』, 2015년, 156면.

6) 중국에서 반독점법률 내의 시장지배적 지위를 규정한 법률은 가격법률이 있다. 윤상윤, 「중국 반독점법상 시장지배적 지위 남용행위 규제에 관한 연구」, 『한중사회과학연구』, 2013년 4월, 205면.

7) 미국의 경우 현행 독점규제법은 최고재판매가격유지행위를 원칙적으로 금지하되 정당한 이유가 있는 경우에만 허용하고 있다. 이러한 규제방식은 최고재판매가격유지행위가 상대방의 가격결정의 자유를 구속하고 상대방 사업자 간의 가격경쟁을 소멸시킨다고 보면서 공정경쟁 저해성을 인정하는 셈이지만, 궁극적으로 그 행위는 소비자의 후생을 증가시킨다는 점에서 친경쟁적으로 보아야 한다. 이에 현행법을 개정하여 최고재판매가격유지행위를 원칙적으로 허용하되 경쟁제한적인 경우에만 불공정거래행위로 규제하는 것이 바람직하다. 권재열, 「독점규제법상 최고재판매가격유지 행위 규제의 개선방안」, 『규제연구』 제14권 제2호, 2005.12, 186면.

8) 가격독점행위의 규제 여부는 반독점법 집행기구의 재량이 상대적으로 큰 반면 가격위법행위에 대한 규제는 신고 후 수리, 조사, 행정처벌에 있어 행정기관의 재량이 상대적으로 축소되어 있고 처리기간도 매우 단기여서 오히려 가격법의 규범력이 높아지는 효과를 얻고 있다. 윤상윤, 「중국 가격법의 가격위법행위와 적용사례 연구」, 『한중사회과학연구』 제15권 제3호, 2017년 7월, 270면.

9) 가격독점반대규정 제11조 1-3항.

10) 가격독점반대규정 제12조.

11) 가격독점반대규정 제13조.

12) 가격독점반대규정 제18-19조.

13) 가격독점반대규정 제23조.

14) 가격독점반대규정 제24-25조.

15) 유럽의 경우 비교대상이 되는 시장이 많이 있기 때문에 유효경쟁시장을 찾아내어 이를 기준으로 판단하기가 용이하다. 권오승, 『경제법(제12판)』, 2015년, 160면.

16) 사업자 또는 사업자단체의 관련시장 내에서의 경쟁제한적 행위를 규제하는 것으로 지식재산권 행사가 경쟁제한 효과와 효율성 증대효과를 동시에 발생시키는 경우에는 양 효과의 비교형량을 통해 법 위반 여부를 심사, 특허권을 보호함으로 인한 기술혁신의 효과보다 경쟁제한 효과가 클 경우에 경쟁법의 규제의 대상이 된다.

17) 이와 관련하여 지역제한 요건이 거론될 수 있다. 지역제한은 관련 물품을 판매할 수 있는 지리적 영역을 제한하거나, 특정 제한된 영역에서만 실시행위를 할 수 있도록 하는 약정을 의미한다. 경쟁자간의 지역제한은 일반적으로 수평적 제한이며, 경쟁기업이 아니고 유통의 다른 단계에 있는 기업 간의 제한은 수직적 제한이다. Business Electronics Corp. v. Sharp Electronics Corp., 486 U.S 717, 730, 1988; 경쟁기업 간의 특허라이선스를 통한 수평적 지역세한이 지역분할이 되는 경우에는 부당한 공동행위에 해당할 수 있다. United States v. Crown Zellerbach Corp., 141 F.Supp. 118(N.D.Ⅲ. 1956)(핸드타월 디스펜서 산업에서의 두 개의 시장지배적 기업이 특허라인선스를 가장하여 수평적인 지역할당을 공모한 사례); 심미랑, 지식재산권법과 경쟁법의 조화 방안에 관한 연구, 한국지식재산연구원, 2016.12.

18) 张丽娜, "跨国公司知识产权滥用的反垄断规制", 广西政法管理干部学院学报, 2011年5月, 41页.

19) 朱福惠, "宪法至上-法治之本", 法律出版社, 2000, 57页.

20) 张丽娜, "跨国公司知识产权滥用的反垄断规制", 广西政法管理干部学院学报, 2011年5月, 41页.

21) http://http://article.chinalawinfo.com/AticleID=51362

22) 中华人民共和国商务部网站, http://www.mofcom.gov.cn/tongjiziliao/tongjiziliao.html

23) 时建中, "反垄断法-法典释评与学理探远", 人民大学出版社, 2008年版, 12页.

24) 张丽娜, "跨国公司知识产权滥用的反垄断规制", 广西政法管理干部学院学报, 2011年5月, 41页.

25) 王先林, "WTO政策与中国反垄断立法", 北京大学出版社, 2005, 86页.

26) Microsoft 사건에서 미 항소법원은 Window 운영체계에 인터넷 익스플로러를 연계하여 판매한 행위에 대하여 당연위법원칙을 적용하였던 지방법원의 판결을 파기하여 합리의 원칙(Rule of Reason)에 따라 판단하여야 한다고 판시한 바 있다. 이 사건에서 단순히 종된 상품이 주된 상품의 효용가치를 높여주는 것뿐만 아니라, 인터넷 익스플로러와 Window의 통합된 플랫폼에 의해 제3자의 다른 응용프로그램이 원활한 호환성을 유지하면서 작동된다는 긍정적인 효율성이 항변으로 제출되었으므로 이에 대하여 판단하여야 한다고 본 것이다. United States v. Microsoft, 253 F.3d 34.70 (D.C.Cir 2001), United States v. Microsoft, 253 F.3d 34. 94-95(D.C.Cir 2001). 심미랑, 지식재산권법과 경쟁법의 조화 방안에 관한 연구, 한국지식재산연구원, 2016.12, 37면. .

27) 曾宪义, "知识产权法", 人民大学出版社, 2007年版, 126页.

28) 唐绪兵, "中国企业并购规制", 经济管理出版社, 2006, 5页.

29) 张丽娜, "跨国公司知识产权滥用的反垄断规制", 广西政法管理干部学院学报, 2011年5月, 42页.

30) 张丽娜, "跨国公司知识产权滥用的反垄断规制", 广西政法管理干部学院学报, 2011年5月, 43页.

31) 江山, "反垄断法的域外适用制度", 国际商报, 2007年9月21日, 4页.

32) 赵宇可 · 朱淑娣, "美国知识产权的反垄断限制及其对我国的启示", 中国工商管理研究, 2008年第9期, 27页.

33) 원칙금지주의를 따르는 미국이나 일본의 경우에는 행태규제뿐만 아니라 시장구조로서의 시장지배력이 형성되는 것을 규제하고 나아가 기업분할명령 등 독과점적 시장구조 자체를 직접적으로 배제하는 구조규제방식까지 채택하고 있다. 반면 폐해규제주의에 입각하고 있는 한국이나 독일의 경우에는 행태규제와 성과규제방식을 통하여 시장지배적 지위 남용행위를 규제하는 데에 중점을 두게 된다. 미국과 일본 독점금지법에 독일이나 한국의 시장지배적사업자 남용규제에 직접적으로 상응하는 정책수단은 없다. 이병주, 「시장지배적 지위 남용행위」, 『공정경쟁』, 1999년 2월, 50-53면; 손영화, 「시장지배적 지위의 남용금지」, 『인하대학교 법학연구』, 2012년, 799면; 권기훈, 『독점규제 및 공정거래법』, 경상대학교 출판부, 2012년, 61면.

34) 어떤 사업자가 시장지배적 지위에 있는지 여부를 판단함에 있어서는 우선 합리적인 시장, 즉 관련시장(relevant market)의 획정이 필수적이다. 시장의 범위를 어떻게 정하느냐에 따라 그 시장의 경쟁구조가 달라지기 때문이다. 이기수 · 유진희, 『경제법(제9판)』, 세창출판사, 2012년, 53면.

35) 王为农, "企业集中规制的基本法理: 美国日本及欧盟的反垄断法比较研究", 法律出版社, 2001, 3页.

36) 杨 宁, ""滥用市场支配地位"的经济法思考-以微软黑屏事件为例", 23页.

37) 杨 宁, ""滥用市场支配地位"的经济法思考-以微软黑屏事件为例", 24页.

38) 王晓华, "反垄断法与市场经济", 法律出版社, 1999, 4页.

39) 蒋 瑜, "论滥用市场支配地位的法律规制", 长春工程学院学报(社会科学版), 2010年第11卷第4期, 63页.

40) 蒋 瑜, "论滥用市场支配地位的法律规制", 长春工程学院学报(社会科学版), 2010年第11卷第4期, 64页.

41) 杨 宁, ""滥用市场支配地位"的经济法思考-以微软黑屏事件为例", 24页.

42) 杨 宁, ""滥用市场支配地位"的经济法思考-以微软黑屏事件为例", 24页.

43) 杨 宁, ""滥用市场支配地位"的经济法思考-以微软黑屏事件为例", 24页.

44) 杨 宁, ""滥用市场支配地位"的经济法思考-以微软黑屏事件为例", 24页.

45) 李静, "我国l对滥用市场支配地位的反垄断法规制探析", 法制与经济, 2011年3月, 40页.

46) 蒋 瑜, "论滥用市场支配地位的法律规制", 长春工程学院学报(社会科学版), 2010年第11卷第4期, 64页.

47) 蒋 瑜, "论滥用市场支配地位的法律规制", 长春工程学院学报(社会科学版), 2010年第11卷第4期, 64页.

48) 蒋 瑜, "论滥用市场支配地位的法律规制", 长春工程学院学报(社会科学版), 2010年第11卷第4期, 64页.

49) 蒋 瑜, "论滥用市场支配地位的法律规制", 长春工程学院学报(社会科学版), 2010年第11卷第4期, 64页.

50) 蒋 瑜, "论滥用市场支配地位的法律规制", 长春工程学院学报(社会科学版), 2010年第11卷第4期, 64页.

51) 杨 宁, ""滥用市场支配地位"的经济法思考-以微软黑屏事件为例", 24页.

52) 蒋 瑜, "论滥用市场支配地位的法律规制", 长春工程学院学报(社会科学版), 2010年第11卷第4期, 64页.

53) 张小强, "网络经济的反垄断法规制", 法律出版社, 2007; 张小强·桌光俊, "论网络经济中相关市场及市场支配地位的界定", 重庆大学学报(社会科学版), 91页.

54) 张小强·桌光俊, "论网络经济中相关市场及市场支配地位的界定", 重庆大学学报(社会科学版), 91页.

55) 张小强·桌光俊, "论网络经济中相关市场及市场支配地位的界定", 重庆大学学报(社会科学版), 92页.

56) 张小强·桌光俊, "论网络经济中相关市场及市场支配地位的界定", 重庆大学学报(社会科学版), 92页.

57) ECONOMIDES N, "The economics of networks", *International Journal of Industrial Organization*, 1996,14(6), p.673-699.

58) 张小强·桌光俊, "论网络经济中相关市场及市场支配地位的界定", 重庆大学学报(社会科学版), 92页.

59) 张小强·桌光俊, "论网络经济中相关市场及市场支配地位的界定", 重庆大学学报(社会

科学版), 92页.

60) 张小强·桌光俊, "论网络经济中相关市场及市场支配地位的界定", 重庆大学学报(社会科学版), 93页.

61) 王晓华, "举足轻重的前提-反垄断法中的相关市场界定", 国际贸易, 2004(2), 46-49页.

62) 张小强·桌光俊, "论网络经济中相关市场及市场支配地位的界定", 重庆大学学报(社会科学版), 93页.

63) 张小强·桌光俊, "论网络经济中相关市场及市场支配地位的界定", 重庆大学学报(社会科学版), 93页.

64) 张小强·桌光俊, "论网络经济中相关市场及市场支配地位的界定", 重庆大学学报(社会科学版), 93页.

65) KATZLM, SHAPIRO C, "Progress and freedom foundation conference competition, convergence and the microsoft monopoly", *Antitrust in software markets*, 1998, p.5.

66) 张小强·桌光俊, "论网络经济中相关市场及市场支配地位的界定", 重庆大学学报(社会科学版), 93页.

67) OECD, "General distribution OECD/GD(97)44, application of competition policy to high tech markets"; http://www.oecd.org/dataoecd/34/24/1920091.pdf.

68) 张小强·桌光俊, "论网络经济中相关市场及市场支配地位的界定", 重庆大学学报(社会科学版), 94页.

69) 张小强·桌光俊, "论网络经济中相关市场及市场支配地位的界定", 重庆大学学报(社会科学版), 94页.

70) 张小强·桌光俊, "论网络经济中相关市场及市场支配地位的界定", 重庆大学学报(社会科学版), 94页.

71) 张小强·桌光俊, "论网络经济中相关市场及市场支配地位的界定", 重庆大学学报(社会科学版), 94页.

72) 张小强·桌光俊, "论网络经济中相关市场及市场支配地位的界定", 重庆大学学报(社会科学版), 94页.

73) 张小强·桌光俊, "论网络经济中相关市场及市场支配地位的界定", 重庆大学学报(社会科学版), 94页.

74) 张小强·桌光俊, "论网络经济中相关市场及市场支配地位的界定", 重庆大学学报(社会科学版), 94页.

75) 张小强·桌光俊, "论网络经济中相关市场及市场支配地位的界定", 重庆大学学报(社会科学版), 94页.

76) 张小强·桌光俊, "论网络经济中相关市场及市场支配地位的界定", 重庆大学学报(社会科学版), 94页.

77) 张小强·桌光俊, "论网络经济中相关市场及市场支配地位的界定", 重庆大学学报(社会科学版), 95页.

78) 张小强·桌光俊, "论网络经济中相关市场及市场支配地位的界定", 重庆大学学报(社会科学版), 95页.

79) 张小强 · 桌光俊, "论网络经济中相关市场及市场支配地位的界定", 重庆大学学报(社会科学版), 96页.

80) 张小强 · 桌光俊, "论网络经济中相关市场及市场支配地位的界定", 重庆大学学报(社会科学版), 96页.

81) 张小强 · 桌光俊, "论网络经济中相关市场及市场支配地位的界定", 重庆大学学报(社会科学版), 96页.

82) OECD, General Distribution OECD/GD(97)44. APPLICATION OF COMPETITION POLICY TO HIGH TECH MARKETS. www.oecd.org/dataoecd/34/241920091.pdf, p.20.

83) 张小强 · 桌光俊, "论网络经济中相关市场及市场支配地位的界定", 重庆大学学报(社会科学版), 96页.

84) 张小强 · 桌光俊, "论网络经济中相关市场及市场支配地位的界定", 重庆大学学报(社会科学版), 96页.

85) 张小强 · 桌光俊, "论网络经济中相关市场及市场支配地位的界定", 重庆大学学报(社会科学版), 96页.

86) 张小强 · 桌光俊, "论网络经济中相关市场及市场支配地位的界定", 重庆大学学报(社会科学版), 96页.

87) 张小强 · 桌光俊, "论网络经济中相关市场及市场支配地位的界定", 重庆大学学报(社会科学版), 96页.

88) 蒋 瑜, "论滥用市场支配地位的法律规制", 长春工程学院学报(社会科学版), 2010年第11卷第4期, 65页.

89) 罗先觉, "美国, 欧盟, 韩国, 日本微软案件比较研究", 河北法学, 2010年12月, 177页.

90) Sue AnnMota Hide It or Unbundle It A Comparison of the Antitrust Investigations Against Microsoft in the U.S. and the EU, Pierce L. Rev, Vol.3, No 2, 2005, p.190.

91) Jefferson Parish, Hosp Dist No 2, Hyde, 466, U.S, pp.12-18.

92) William H. Page & John E. Lopatka, "The Microsoft Case Antitrust, High Technology and Consumer welfare", The University of Chicago Press, 2007, p38, p107, p54, p58, p36.

93) Max Schanzenbach, "Network Effects and Antitrust Law: Predation, Affirmative Defenses and the Case of U.S v. Microsoft", 2002, p.12-14.

94) William H. Page & John E. Lopatka, "The Microsoft Case Antitrust, High Technology and Consumer welfare", The University of Chicago Press, 2007, p38, p107, p54, p58, p36.

95) 이석준, 「미국과 EU의 시장지배적 지위 남용 규제 비교」, 『경쟁저널』, 2006년 10/11월, 23면; EU법상의 시장지배력과 미국법상의 독점력은 차이가 있다. 첫째, 개념적으로 시장지배력은 (i) 경쟁자, 구매자 그리고 궁극적으로 소비자와 상당한 정도로 (to an appreciable extent) 독립적으로 행동할 수 있는 힘과 (ii) 관련시장에서 유효경쟁을 막을 수 있는 힘이 인정되는 것을 말한다. 그러나 (i)의 개념은 시장지배적 사업자도 비시장지배적 사업자와 마찬가지로 각자의 수요곡선의 제약하에서만 행동할 수 있기 때문에 상당한 정도로 독자적으로 행동한다는 것이 비시장지배적 사업자와 결정적으로 차별화를 기할 수 있는 개념인지 불분명하므로 경제학적으로는 (ii)의 개념이

더 유용한 개념이라고 보는 견해가 유력하다. 정영진,「시장지배적 지위 남용행위에 대한 유럽 경쟁법과 미국 독점금지법의 접근방법의 차이」,『경쟁저널』, 2005.11, 91면; Judgement of the European Court of Justice, Case 27/76, United Brands v. Commission, [1978] E.C.R 207 at para. 65 and Judgement of the European Court of Justice, Hoffmann La Roche v. Commission, 85/76, [1979] E.C.R 461 at para.

96) Case 41/83 British Telecommunications [1985] 2 CMLR 368; 원용수,「시장지배적 지위의 남용에 관한 EU독점금지법의 고찰-EU독점금지법 제86조의 응용가능성을 중심으로」,『사회교육과학연구』, 숙명여자대학교 사회교육과학연구소, 2001.1, 55면.

97) 원용수,「시장지배적 지위의 남용에 관한 EU독점금지법의 고찰 – EU독점금지법 제86조의 응용가능성을 중심으로」,『사회교육과학연구』, 숙명여자대학교 사회교육과학연구소, 2001.1, 55면.

98) Case 27/76 United Brands v. Commission [1978] 1 CMLR 429; ECR 207 at para. 249 of the judgement.

99) 원용수,「시장지배적 지위의 남용에 관한 EU독점금지법의 고찰 – EU독점금지법 제86조의 응용가능성을 중심으로」,『사회교육과학연구』, 숙명여자대학교 사회교육과학연구소, 2001.1, 65면.

100) 조현진,「구글의 시장지배적 지위 남용여부에 대한 법적 연구」,『법과 정책연구』, 2017.9, 459면.

101) 조현진,「구글의 시장지배적 지위 남용여부에 대한 법적 연구」,『법과 정책연구』, 2017.9, 474면.

102) 김선광,「포탈사업자의 시장지배적 지위에 관한 법적 고찰」,『법학논총』, 한양대학교 법학연구소, 2007.7.30, 9-10면.

103) 김선광,「포탈사업자의 시장지배적 지위에 관한 법적 고찰」,『법학논총』, 한양대학교 법학연구소, 2007.7.30, 9-10면.

104) 황태희,「미국 방송통신사업자 기업결합 규제와 시사점」,『강원법학』, 2017.2, 850면.

105) http://news.chinab.com/itdt/20090317/902984_1.html

106) 周宾卿"腾讯强制卸载360或构成滥用市场支配地位"2011.01, http://www.chinavalue.net/Blog/511803.aspx

107) 杜仲霞, "网络经济下反垄断法滥用市场支配地位的界定", 安徽农业大学学报(社会科学版), 2011年5月, 79页.

108) 인터넷 전자상거래 중개사이트를 운영하는 중개사업자인 타오바오상청회사는 자신의 중개사이트에 입점한 업주에게 2012년 업주운영에 관한 새로운 계약조건방침을 공고하게 된다. 윤상윤,「중국 반독점법상 시장지배적 지위 남용행위 규제에 관한 연구」,『한중사회과학연구』, 2013년 4월, 203면.

109) 何培育·钟小飞, "论滥用市场支配地位行为的法律规制", 重庆邮电大学学报, 2011年3月, 59页.

110) 邓路遥·莫初明, "论我国企业滥用市场支配地位的法律责任", 经济师, 2010.1, 109页.

111) 杜仲霞, "网络经济下反垄断法滥用市场支配地位的界定", 安徽农业大学学报(社会科学版), 2011年5月, 80页.

112) 김선광, 「포탈사업자의 시장지배적 지위에 관한 법적 고찰」, 『법학논총』, 한양대학교 법학연구소, 2007.7.30, 17면,

113) 김선광, 「포탈사업자의 시장지배적 지위에 관한 법적 고찰」, 『법학논총』, 한양대학교 법학연구소, 2007.7.30, 17면,

제2절 중국 기업결합의 규제

1) 王 希, "企业合并的反垄断法界定及控制研究", 财政监督, 2009.10, 15页.

2) 王 希, 위의 논문, 15页.

3) 수평형 기업결합에 있어서의 주된 관심이 기업결합 후 시장집중도가 얼마나 높아지는지의 여부라고 한다면, 수직형 기업결합에 있어서는 기업결합 후 시장의 봉쇄효과(foreclosure effect)가 얼마나 존재할지의 여부라고 볼 수 있다. 신영수, 「미국 독점금지법상 비수평결합 규제의 동향과 시사점」, 『미국헌법연구』 제25권 제1호, 2014.4, 68면; 황태희, 「미국 방송통신사업자 기업결합 규제와 시사점」, 『강원법학』, 2017.2, 843면.

4) 네덜란드의 맥주생산을 주력으로 하는 그룹이다.

5) 李俊峰, "中国企业合并反垄断审查的展开", 国际经贸探索, 2010年9月, 58页.

6) 李俊峰, 위의 논문, 59页.

7) 李俊峰, 위의 논문, 59页.

8) 李俊峰, 위의 논문, 59页.

9) http://www.ftc.gov/bc/caselist/merger/index.html. 2009년 10월 20일 기준.

10) http://ec.europa.eu/competition/mergers/cases/, 2009년 12월 20일 기준.

11) 양병찬, 「경쟁제한적 기업결합의 금지-한중일 비교를 통한 규제 국제화와 한계 검토」, 『경제법연구』, 2016, 126-127면.

12) 李俊峰, 위의 논문, 62页.

13) 李俊峰, 위의 논문, 62页.

14) 李俊峰, 위의 논문, 63页.

15) 李俊峰, 위의 논문, 63页.

16) 李俊峰, 위의 논문, 63页.

17) Antitrust Division Policy Guide To Merger Remedies, U.S. Department of Justice, Antitrust Division, 2004, p.8.

18) Commission Notice on Remedies Acceptable Under Council Regulation(EC) No 139/2004 and Under Commission Regulation(EC) No 802/2004(2008).

19) EC의 경우 별다른 조건없이 기업결합을 승인하였으며 2013년도에 의결서를 통해 그 근거자료를 기재한 바 있다. 먼저 기업결합에 경쟁제한성의 우려가 없다는 이유로 MS의 모바일 OS 및 앱(Apps) 관련 시장에서의 점유율이 아직 미미하다는 이유를 들었다. 권남훈·전성훈, 「기업결합 이후의 특허실시료의 인상을 통한 경쟁제한효과: 마이크로소프트-노키아 동의의결(2015)의 사례 분석」, 『법경제학연구』, 2016년 4월, 21면.

20) 谢晓彬, "论外资垄断性并购的实质标准及其审查", 宁波大学学报(人文科学版), 2009年1月, 119页.

21) 기업결합 심사에 있어서 시장획정의 새로운 기준이 출현하였는데 2010 미국 수평지침 (2010 HMG. §4)은 "시장점유율과 시장집중도의 측정은 그 자체가 목적이 아니라, 합병이 경쟁에 미치는 효과를 밝혀주는 범위 내에서 유용한 것이다."라고 규정하여 종전 지침에 비하여 시장점유율과 시장집중도의 비중을 감소시키고 있다. 이러한 개정지침에 대해 비판도 존재한다. 첫째, Brown Shoe Co. v. U.S, 294, 324(1962) 판례에 의하면 시장획정은 클레이튼법 제7조에 의해 합병의 경쟁제한성 심사과정에서 법적으로 요구되는 절차임에도 개정지침은 이를 하찮은 절차로 만들고 있다. 둘째, 합병의 경쟁제한효과를 직접 측정하기 위해 기존의 가상적 독점자 테스트를 재구성하기 위한 기법으로 개정지침이 도입하고 있는 UPP가 선결례에 반하고 법정에서 충분히 검증되지 않은 방법론이며, 업계에 합병심사에 관한 실제적이고 신뢰할 만한 기준을 제공하지 못한다는 논의가 진행되었다. 즉 2010 미국 수평지침은 시장획정절차를 완전히 배제한 것이 아니라, 원칙적으로 유지하고 있으며, 제품차별화시장 등 경쟁제한 효과의 직접적 측정이 가능하고 필요한 경우에만 제한적으로 새로운 방법론의 적용을 도입하고 있다. 이러한 정도의 유연성은 법집행기관이 합병심사의 구체적 타당성을 기하기 위한 노력의 소산으로 허용될 수 있다고 본다. Joseph Farrel, Fox, or Dangerous Hedgehog? Keyte and Schwartz on the 2010 Horizontal Merger Guidelines, 77 Antitrust L.J. 661(2011); 이기종, 「기업결합심사에 있어 관련시장의 획정」, 『상사법연구』, 2012, 512면.

22) 王晓华, "竞争法研究", 中国法制出版社, 2001, 616-619页.

23) 谢晓彬, "论外资垄断性并购的实质标准及其审查", 宁波大学学报(人文科学版), 2009 年1月, 122页.

24) 谢晓彬, "论外资垄断性并购的实质标准及其审查", 宁波大学学报(人文科学版), 2009 年1月, 122页.

25) 기업결합에 있어서 자회사의 소수주주 보호와 채권자의 보호에 대하여 미국 주회사법은 특별한 규정을 두고 있지는 않다. 이승환, 「기업결합에 있어서 이해관계자의 보호 -미국의 주회사법과 판례를 중심으로」, 『경제법연구』 제16권 1호, 2017, 140면.

26) 시장에서 발생하는 빅데이터 관련 문제에 대하여 경쟁법이 개입하는 것이 적절한 것인지에 대하여 판단하기 위해서는 현재까지 동 이슈에 대하여 경쟁당국이 어떠한 태도를 견지해 왔는지에 대하여 파악하는 것이 바람직할 것이다. Google의 DoubleClick 인수와 관련하여 미국 FTC와 EU의 경쟁당국은 모두 동 기업결합으로 인하여 관련시장에 미치는 경쟁제한성이 없는 것으로 평가하고 합병을 조건 없이 승인하였다. Statement of Federal Trade Commission Concerning Google/ DoubleClick, FTC File No. 071-0170(Dec. 20, 2007); FTC는 미국의 반독점법이 단지 개인정보(privacy)를 보호하기 위하여 기업결합을 불허하거나 조건을 부과할 수는 없다고 하면서, 나아가 개인정보에 대한 피해를 가격 및 기타 거래조건에 근거한 경쟁제한성과 동일시할 수 없으므로 개인정보는 동 기업결합의 향방을 결정하는 근거가 되지 못한다고 보았다. 최난설헌, 「기업결합 심사에 있어서 빅데이터의 경쟁법적 의미」, 『외법논집』, 2017, 331-332면.

27) 谢晓彬, "论外资垄断性并购的实质标准及其审查", 宁波大学学报(人文科学版), 2009 年1月, 120页.

28) 史建三, "跨国并购论", 立信会计出版社, 1999, 198-199页.

29) 谢晓彬, "论外资垄断性并购的实质标准及其审查", 宁波大学学报(人文科学版), 2009 年1月, 121页.

30) 謝曉彬, "論外資壟斷性幷購的實質標准及其審査", 宁波大学学报(人文科学版), 2009 年1月, 121頁.

31) 홍대식, 「독점규제법상 기업결합의 규제」, 『경제법의 제문제』, 재판자료 제87집, 법원도서관 2000.6, 298면. 혼합결합에 있어서는 결합 당사회사가 HHI 지수 2,500 미만인 관련시장에서 시장점유율 25% 미만인 경우, 또는 당사회사가 각각의 관련시장 에서 4위 이하의 사업자인 경우 경쟁제한성이 추정되지 않는 간이심사대상으로 분류하 고 있다. 따라서 해석상으로는 대규모회사가 연관된 혼합결합이면서 위의 시장점유율 기준 추정에 해당하지 않을 경우에만 심사대상이 된다. 이는 규모가 큰 사업자가 당사자인 기업결합일수록 경쟁제한성의 우려가 크다는 것을 나타낸다. 이효석, 「혼합 결합의 경쟁제한성 심사기준의 개선방안」, 『경쟁법연구』, 2011, 3면; 최난설헌, 「현행 기업결합 심사제도의 문제점과 개선방안」, 『경제법연구』, 2016, 157면.

32) 周睿哲, "從汇源案論我国外資幷购反壟斷規制的缺陷", 法制与社会, 20097(下), 127頁.

33) 周睿哲, "從汇源案論我国外資幷购反壟斷規制的缺陷", 法制与社会, 20097(下), 127頁.

34) 周睿哲, "從汇源案論我国外資幷购反壟斷規制的缺陷", 法制与社会, 20097(下), 127頁.

35) 거꾸로 경쟁제한성이 부정되는 경우도 있다. 왓츠앱이 스마트폰 어플을 통해서만 서비스를 제공한다는 이유로 유럽위원회는 스마트폰을 이용한 소비자 커뮤니케이션 서비스 시장으로 관련시장을 좁게 획정하였으며, 다음과 같은 이유로 이 시장에서 위 기업결합의 경쟁제한성을 부정하였다. 첫째, 이 시장은 급속히 성장하며, 빈번한 신규진입이 이루어지고, 기술혁신의 주기가 짧아 시장점유율이 경쟁제한성의 징표가 되지 못한다. 둘째, 소비자가 다른 사업자로 갈아타기 위한 전환비용이 낮다. 셋째, 결합 당사회사가 네트워크나 모바일 운영체제를 장악하고 있지 않아 소비자가 다수 사업자의 서비스를 동시에 사용하는 소위 멀티호밍(multi-homing)이 가능하여 소위 네트워크 효과가 진입장벽으로 작용하지 않는다. 넷째, 양사의 앱은 그 기능에 차이가 많아 밀접한 경쟁관계에 있다기보다는 상호 보완관계에 있다. 나중에 Facebook은 사업확장을 위해 왓츠앱을 인수하였다. 이기종, 「디지털 플랫폼 사업자 간의 기업결합 규제-EU의 Facebook/WhatsApp 사건을 중심으로」, 『상사판례연구』, 2016.3.31, 82-83면.

36) 周睿哲, "從汇源案論我国外資幷购反壟斷規制的缺陷", 法制与社会, 20097(下), 127頁.

37) 周睿哲, "從汇源案論我国外資幷购反壟斷規制的缺陷", 法制与社会, 20097(下), 127頁.

38) 周睿哲, "從汇源案論我国外資幷购反壟斷規制的缺陷", 法制与社会, 20097(下), 127頁.

39) 周睿哲, "從汇源案論我国外資幷购反壟斷規制的缺陷", 法制与社会, 20097(下), 127頁.

40) 周睿哲, "從汇源案論我国外資幷购反壟斷規制的缺陷", 法制与社会, 20097(下), 127頁.

41) 周睿哲, "從汇源案論我国外資幷购反壟斷規制的缺陷", 法制与社会, 20097(下), 128頁.

42) 周睿哲, "從汇源案論我国外資幷购反壟斷規制的缺陷", 法制与社会, 20097(下), 128頁.

43) 周睿哲, "從汇源案論我国外資幷购反壟斷規制的缺陷", 法制与社会, 20097(下), 128頁.

44) 周睿哲, "從汇源案論我国外資幷购反壟斷規制的缺陷", 法制与社会, 20097(下), 128頁.

45) 이세인, 「중국 기업결합심사 경향에 대한 분석과 시사점」, 『상사판례연구』, 2014.9.30., 180-181면.

제3절 중국 경제력집중의 규제

1) 이기수 · 유진희, 『경제법(제9판)』, 세창출판사, 2012년, 110면; 권오승, 『경제법(제12

판)』, 2015년, 227면.

2) 경쟁법 관점에서 경제력집중개념을 살펴보면 먼저 시장집중이 있다. 시장집중은 특정 관련시장에서의 기업들의 경쟁 정도를 나타낸다. 시장집중도 측정을 위해 허핀달 및 허쉬만지수(HHI)가 주로 이용된다. 다음으로 산업집중은 특정 산업에서의 경쟁 정도를 나타내는데 한국정부는 독과점 시장구조 개선을 위한 중장기적 대책 마련, 경쟁지표 설정 및 경쟁정책 추진성과에 대한 평가, 시장지배적 지위 남용행위 감시 등을 위한 기초자료로 활용한다. 또한 일반집중이 있다. 이것은 국가경제 전체 차원에서 소수의 거대기업이 발휘할 수 있는 정치적·사회적·경제적 영향력에 관한 것으로서 경쟁법 차원보다 정치경제학적 차원에서 주로 논의되고 있다. 즉 반독점법 차원에서 의미 있는 개념은 시장집중과 산업집중이며, 전자는 주로 기업결합규제와 관련하여 이용되고, 후자는 중장기 경쟁정책 수립 가이드라인으로 이용되고 있다는 것을 알 수 있다. 주진열,『법학』, 2012년 3월, 648-649면.

3) 한국에서 적용되고 있는 대기업 집단 지정이나 대규모 기업집단의 상호출자, 신규 순환출자 금지를 명문화하지는 않고 있으며, 또 지주회사 관련규정이 중국 반독점법 내에 명문화되어 있지 않다. 특히 지주회사 관련규정이 전무하다시피 한데 그것은 다른 기업을 통제함으로써 생존력을 부여받는 지주회사의 특성상, 통제 순간에 발생할 수 있는 법적 규제를 최소화함으로써 자유로운 경쟁을 실현하려고 하는 중국 정책당국의 의지이기도 하다. 이동원,「독점규제법상 경제력집중 조항에 대한 법적 평가-연혁적 고찰을 통한 각론적 평가를 중심으로」,『법학논총』, 2012, 802면. 황태희,「공정거래법 상 경제력 집중억제 실효성 확보를 위한 제재수단의 재정립」,『법학논고』, 경북대학교 법학연구원, 2014.8, 523면 참조.

4) 한국에서 금융업 또는 보험업만을 영위한 기업집단 또는 금융업 또는 보험업만을 영위하는 회사가 동일인인 경우의 기업집단은 해당분야에서 강력한 건전성 규제를 받기 때문에 상호출자를 포함하는 자본충실에 반하는 행위가 발생할 소지가 적으므로 인정된 것이다. 즉 제도적으로 유용성이 크지 않다는 것을 알 수 있다. 김두진,「공정거래법상 상호출자 금지제도 및 출자총액제한제도에 관한 고찰」,『경쟁법연구』, 2006년 11월, 115면.

5) 시장집중 또는 일반집중을 통해 규모의 경제실현이나 자원배분의 왜곡 등 긍정적 효과와 부정적 효과를 가져오게 된다. 특정한 시장 또는 산업에 한정하여 나타나는 시장집중과 국민경제 전반에 걸쳐 나타나는 일반집중으로 구분된다. 신현윤,『경제법(제6판)』, 2014년, 186면.

6) 应品广, "经营者集中反垄断规制的理由: 一个不确定的立场", 安徽大学法律评论, 2009 年第2辑, 69页.

7) 应品广, 위의 논문, 70页.

8) 曲振涛·周方召·周正, "美国公司并购哈尔滨啤酒的启示-过度竞争, 外资并购与企业 改制的一个案例分析", 哈尔滨商业大学学报(社会科学版), 2007(4), 24页.

9) 史建三·钱诗宇, "以国际视野看我国经营者集中的实质审查标准", 中大管理研究, 2009 年第4卷(4), 157页.

10) 史建三·钱诗宇, 위의 논문, 157页.

11) 史建三·钱诗宇, 위의 논문, 158页.

12) 史建三·钱诗宇, 위의 논문, 158页.

13) 참고로 한국의 경우 대기업이 보유하고 있는 평균 58%의 지분율과 각종 경영권방어조치 들로 인해 사실상 구조조정단계가 아닌 상태에서 적대적인 M&A는 불가능한 상황이다.

14) 史建三·钱诗宇, 위의 논문, 159页.

15) 황태희, 「공정거래법상 경제력 집중억제 실효성 확보를 위한 제재수단의 재정립」, 『법학논고』, 경북대학교 법학연구원, 2014.8, 532면 참조.

16) 史建三 · 钱诗宇, 위의 논문, 157页.

17) 蔡瑜萍, "论我国经营者集中的反垄断审查", 法制与社会, 2009.4, 362页.

18) 蔡瑜萍, 위의 논문, 362면.

19) 황태희, 「공정거래법상 경제력 집중억제 실효성 확보를 위한 제재수단의 재정립」, 『법학논고』, 경북대학교 법학연구원, 2014.8, 534면.

20) 황태희, 「공정거래법상 경제력 집중억제 실효성 확보를 위한 제재수단의 재정립」, 『법학논고』, 경북대학교 법학연구원, 2014.8, 534면.

21) 홍대식, 「자본거래 관련 부당지원행위의 성립」, 『경쟁법연구』 제17권, 2008, 157면; 황태희, 「공정거래법상 경제력 집중억제 실효성 확보를 위한 제재수단의 재정립」, 『법학논고』, 경북대학교 법학연구원, 2014.8, 534면.

22) 叶一颖 · 应品广, "试论经营者集中反垄断豁免的审查因素", 法制在线, 2012.4, 26页.

23) 叶一颖 · 应品广, 위의 논문, 26页.

24) 叶一颖 · 应品广, 위의 논문, 26页.

25) 第四十六条 经营者违反本法规定, 达成并实施垄断协议的, 由反垄断执法机构责令停止违法行为, 没收违法所得, 并处上一年度销售额百分之一以上百分之十以下的罚款;尚未实施所达成的垄断协议的, 可以处五十万元以下的罚款.经营者主动向反垄断执法机构报告达成垄断协议的有关情况并提供重要证据的, 反垄断执法机构可以酌情减轻或者免除对该经营者的处罚.行业协会违反本法规定, 组织本行业的经营者达成垄断协议的, 反垄断执法机构可以处五十万元以下的罚款;情节严重的, 社会团体登记管理机关可以依法撤销登记.

26) 李 敏, "国外反垄断法中的宽免制度比较研究", 中南林业科技大学学报(社会科学版), 2009年11月, 47页.

27) 李 敏, 위의 논문, 48页.

28) 王晓晔, "我国反垄断行政执法机构多元化的难题", 中国经济时报, 2006.9.5, 4页.

제4절 중국 국가지주회사 및 금융지주회사에 대한 규제

1) 张 行, "国有投资控股集团发展中的改革困境与模式探索-以中信集团香港整体上市为例", 企业管理, 2014.07, 56页.

2) 张 行, "国有投资控股集团发展中的改革困境与模式探索-以中信集团香港整体上市为例", 企业管理, 2014.07, 57页.

3) 张 行, "国有投资控股集团发展中的改革困境与模式探索-以中信集团香港整体上市为例", 企业管理, 2014.07, 57页.

4) 자회사 편입절차는 금융지주회사법과 관련하여 금융지주회사 설립 인가절차와 더불어 가장 중요한 절차이다. 자회사 편입은 회사의 인수 합병과 관련된 절차이므로 금융지주 그룹 전체의 경영전략과 밀접한 관련이 있으며, 노사문제 등과 연계되어 사회적 이슈로 자주 등장하곤 한다. 박정원 · 김동현, "금융지주회사법상 자회사 편입 관련 제반사항 검토", Business Finance Law, 2015년 7월, 91면.

5) 상대적으로 중국에서 중간지주회사에 대한 논의는 활발하지 않은 편에 속한다. 그 이유는 중간지주회사의 의무적 설치요건에서 일반지주회사가 일정한 조건의 자회사를

보유하면 중간지주회사를 의무적으로 설치해야 하기 때문이다. 이때 일정한 조건의 자회사는 금융자회사인 경우를 의미한다. 다만 은행법상 일반지주회사가 은행을 자회사 등으로 보유할 수 없기 때문에 공정거래법 개정안의 일반지주회사가 보유하는 금융회사에는 은행은 포함되지 않는다. 결국 일반지주회사가 공정거래법 개정안의 중간지주회사를 의무적으로 설치할 때 보유하고 있는 금융회사는 은행 이외의 금융회사로 귀결된다. 이에 반해 금융지주회사법상 중간지주회사의 자회사는 은행과 보험회사 및 증권회사와 같은 투자은행을 포함하며 이 중간지주회사가 비은행지주회사의 경우에는 비금융회사도 포함된다. 백정웅, 「공정거래법 개정안상 중간지주회사의 도입에 대한 검토-금융지주회사법과 관련하여」, 『상사법연구』 제29권 제3호, 2010, 171-172면.

6) 张 行, "国有投资控股集团发展中的改革困境与模式探索-以中信集团香港整体上市为例", 企业管理, 2014.07, 58页.

7) 张 行, "国有投资控股集团发展中的改革困境与模式探索-以中信集团香港整体上市为例", 企业管理, 2014.07, 58页.

8) 张 行, "国有投资控股集团发展中的改革困境与模式探索-以中信集团香港整体上市为例", 企业管理, 2014.07, 58页.

9) 赵志刚, 「公司治理法律问题研究」, 中国检察出版社, 2005年版, 第168-169页.

10) 赵志刚, 「公司治理法律问题研究」, 中国检察出版社, 2005年版, 第168-169页.

11) 김대호 · 정영수, 「최근 법률개정을 통하여 본 금산분리-금융지주회사법과 은행법 개정을 중심으로」, 『은행법연구』 제2권 제2호, 2009.11, 382면.

12) 미국의 경우 보험지주회사나 투자은행지주회사와 같은 비은행지주회사도 공개회사이기 때문에 사베인스옥슬리법(Sarbanes-Oxley Act: 이하 'SOA'라 함)에 근거를 둔 내부통제장치를 마련하여 이를 제대로 운용해야 한다. Marc H. Folladori, "A Practical Overview of the SEC's Internal Controls and Executive Certification Disclosure Rules", 1711 PLI/Corp 745, 751, Jan.2009; 백정웅, 「한국 금융지주회사법상 비은행지주회사에 대한 비교법적 연구-미국법제를 중심으로」, 『비교사법』 제18권 2호, 2011.6, 622면.

13) 김대호 · 정영수, 「최근 법률개정을 통하여 본 금산분리－금융지주회사법과 은행법 개정을 중심으로」, 『은행법연구』 제2권 제2호, 2009.11, 382면.

14) 苏文珍, "金融控股公司加重责任制度研究", 华中科技大学硕士学位论文, 27页.

15) 苏文珍, "金融控股公司加重责任制度研究", 华中科技大学硕士学位论文, 27页.

16) 금융지주회사법은 금융지주회사는 자회사경영관리와 그에 부수하는 업무만을 영위하는 순수지주회사가 원칙이나 금융지주회사법은 금융지주회사가 자회사 내지 손자회사 경영관리에 관여할 수 있는 구체적인 수단과 관여범위를 규정하지 않았다. 이로 인해 지주회사의 소유권과 자회사의 독자적인 경영권 충돌 가능성이 상존한다. 조현덕, 「"금융지주회사법제의 현황과 과제"주제 발표와 관련하여」, 『은행법연구』 제5권 제1호, 2012.5, 92면.

17) 김홍기, 「개정 금융지주회사법의 주요내용과 관련법제의 개선방향」, 『연세글로벌 비즈니스 법학연구』, 2010년 6월, 37면.

18) 谷亚光, "关于当前我国金融体系改革发展方向的思考", 「中国流通经济」, 2010年第8期, 74页.

19) 谷亚光, "关于当前我国金融体系改革发展方向的思考", 「中国流通经济」, 2010年第8期, 74页.

20) 谷亚光, "关于当前我国金融体系改革发展方向的思考", 「中国流通经济」, 2010年第8
    期, 75页.

21) 谷亚光, "关于当前我国金融体系改革发展方向的思考", 「中国流通经济」, 2010年第8
    期, 75页.

22) 谷亚光, "关于当前我国金融体系改革发展方向的思考", 「中国流通经济」, 2010年第8
    期, 75页.

23) 谷亚光, "关于当前我国金融体系改革发展方向的思考", 「中国流通经济」, 2010年第8
    期, 75页.

24) 谷亚光, "关于当前我国金融体系改革发展方向的思考", 「中国流通经济」, 2010年第8
    期, 75页.

25) 谷亚光, "关于当前我国金融体系改革发展方向的思考", 「中国流通经济」, 2010年第8
    期, 75页.

26) 谷亚光, "关于当前我国金融体系改革发展方向的思考", 「中国流通经济」, 2010年第8
    期, 75页.

27) 특히 유념해야 할 것은 은행지주회사의 경우 비금융회사 지배를 허용하지 않은 반면
    금융투자지주회사나 보험지주에 대해서는 비금융회사 지배를 허용하는 경우이다.
    이럴 경우 은행은 예금을 수취하는 관계로 뱅크런의 위험을 안고 있으며, 또한 낮은
    유동성으로 인해 대출자산이 불투명성해지고 그로 인해 시스템리스크에 노출될 가능
    성이 크다. 따라서 비금융회사 지배로 인해 은행의 자산가치가 훼손될 경우 시스템리스
    크를 야기할 수 있으므로 비금융회사 지배를 불허하는 것이 바람직하다. 신보성,
    「"금융지주회사법 개정안의 법적 쟁점과 과제」에 대한 토론 자료, 『은행법연구』 제1권
    제2호, 2008.11, 242면.

28) 谷亚光, "关于当前我国金融体系改革发展方向的思考", 「中国流通经济」, 2010年第8
    期, 76页.

29) 谷亚光, "关于当前我国金融体系改革发展方向的思考", 「中国流通经济」, 2010年第8
    期, 76页.

30) 谷亚光, "关于当前我国金融体系改革发展方向的思考", 「中国流通经济」, 2010年第8
    期, 77页.

31) 谷亚光, "关于当前我国金融体系改革发展方向的思考", 「中国流通经济」, 2010年第8
    期, 77页.

32) 금융지주회사 내 2개 이상의 부보된 금융자회사가 있는 경우 부보된 한 금융자회사가
    파산 등 부실이 발생하면 이에 대하여 예금보험공사가 먼저 자금을 지원한 후 부보된
    다른 금융자회사로부터 이로 인한 모든 손해를 배상받는 제도를 의미한다. The
    Financial Institutions Reform, Recovery and Enforcement Act of 1989, Pub.
    L, No. 101-73 Stat. 183, 1989; 백정웅, 「금융지주회사법 개정안의 법적 쟁점과
    과제」, 『은행법연구』, 제1권 제2호, 2008.11, 178면.

33) 자회사가 파산 등 부실하면 재정적이고 경영적인 지원을 금융지주회사가 하는 것을
    의미한다. CFR에 기재된 원문은 다음과 같다. A bank holding company shall serve
    as a source of financial and managerial strength to its subsidiary banks and
    shall not conduct its operations in an unsafe or unsound manner. 백정웅,
    「금융지주회사법 개정안의 법적 쟁점과 과제」, 『은행법연구』 제1권 제2호, 2008.11,
    181면.

34) 회사기회유용이론이라 함은 이사나 임원, 근로자 또는 지배주주는 자신이 속해 있는 회사의 기회를 자기 또는 제3자를 위하여 유용할 수 없다는 미국판례법상의 이론이라고 할 수 있다. ALI, "Principles of Corporate Governance: Analysis and Recommendations", 1994; 백정웅, 「금융지주회사법 개정안의 법적 쟁점과 과제」, 『은행법연구』 제1권 제2호, 2008.11, 184면.

35) 일반적으로 완전자회사인 경우에만 연결납세제도를 인정할 경우 겸업화를 통한 효율성 향상에 장애요인으로 작용할 수도 있다. 차후 연결납세제도가 인정되는 지주비율은 금융지주회사법의 자회사 등에 대한 지주비율을 고려하여 검토되어야 할 것으로 판단한다. 부가가치세 부과와 관련해서는 금융지주회사법상 금융지주회사와 그 자회사 또는 자회사 간에 금융업과 밀접한 관련이 있는 전산이나 정보처리의 서비스를 제공하는 것도 겸업화를 통한 효율성 향상의 한 부분인데 이를 대통령령으로 정한 금융이나 보험서비스가 아니기 때문에 부가가치세를 부과하면 비용 면에서 시너지 효과가 반감되는 것이다. 따라서 이 부분에 대한 검토가 필요시된다. 백정웅, 「금융지주회사법 개정안의 법적 쟁점과 과제」, 『은행법연구』 제1권 제2호, 2008.11, 185면.

36) 백정웅, 「금융지주회사법 개정안의 법적 쟁점과 과제」, 『은행법연구』 제1권 제2호, 2008.11, 149면.

제5절 중국 카르텔 규제법

1) 赵栋, "对企业避免价格卡特尔的研究", 价格理论与实践, 2008(3), 48页.

2) 윤상윤, 「중국 반독점법상 카르텔 규제에 관한 고찰」, 『한중사회과학연구』 제10권 제2호, 2012년, 70면.

3) 赵栋, "对企业避免价格卡特尔的研究", 价格理论与实践, 2008(3), 48页.

4) 赵栋, "对企业避免价格卡特尔的研究", 价格理论与实践, 2008(3), 48页.

5) 赵栋, "对企业避免价格卡特尔的研究", 价格理论与实践, 2008(3), 48页.

6) 赵栋, "对企业避免价格卡特尔的研究", 价格理论与实践, 2008(3), 48页.

7) 赵栋, "对企业避免价格卡特尔的研究", 价格理论与实践, 2008(3), 48页.

8) 赵栋, "对企业避免价格卡特尔的研究", 价格理论与实践, 2008(3), 48页.

9) 金美蓉, "我国对国际航空运输业价格卡特尔的规制现状及相关政策思考", 国际贸易, 2011年第4期, 58页.

10) 金美蓉, "我国对国际航空运输业价格卡特尔的规制现状及相关政策思考", 国际贸易, 2011年第4期, 58页.

11) 金美蓉, "我国对国际航空运输业价格卡特尔的规制现状及相关政策思考", 国际贸易, 2011年第4期, 58页.

12) 金美蓉, "我国对国际航空运输业价格卡特尔的规制现状及相关政策思考", 国际贸易, 2011年第4期, 58页.

13) 金美蓉, "我国对国际航空运输业价格卡特尔的规制现状及相关政策思考", 国际贸易, 2011年第4期, 58页.

14) 金美蓉, "我国对国际航空运输业价格卡特尔的规制现状及相关政策思考", 国际贸易, 2011年第4期, 58页.

15) 金美蓉, "我国对国际航空运输业价格卡特尔的规制现状及相关政策思考", 国际贸易, 2011年第4期, 59页.

16) 金美蓉, "我国对国际航空运输业价格卡特尔的规制现状及相关政策思考", 国际贸易, 2011年第4期, 59页.

17) 金美蓉, "我国对国际航空运输业价格卡特尔的规制现状及相关政策思考", 国际贸易, 2011年第4期, 59页.

18) Le Marche Italien Du Tabac Brut라고 한다.

19) EU, 영국, 프랑스, 독일, 일본 등이 그 예이다.

20) 金美蓉, "我国对国际航空运输业价格卡特尔的规制现状及相关政策思考", 国际贸易, 2011年第4期, 60页.

21) 金美蓉, "我国对国际航空运输业价格卡特尔的规制现状及相关政策思考", 国际贸易, 2011年第4期, 60页.

22) 金美蓉, "我国对国际航空运输业价格卡特尔的规制现状及相关政策思考", 国际贸易, 2011年第4期, 60页.

23) 金美蓉, "我国对国际航空运输业价格卡特尔的规制现状及相关政策思考", 国际贸易, 2011年第4期, 60页.

24) 实方谦二, 「独占禁止法と現代經済(增補版)」, 東京: 成文堂出版社, 1977年, 第29-30页.

25) 孙 炜, "反垄断法规制的新视点-对行政指导卡特尔的规制", 南开学报(哲学社会科学版), 2011年第3期, 119页.

26) 孙 炜, "反垄断法规制的新视点-对行政指导卡特尔的规制", 南开学报(哲学社会科学版), 2011年第3期, 119页.

27) 孙 炜, "反垄断法规制的新视点-对行政指导卡特尔的规制", 南开学报(哲学社会科学版), 2011年第3期, 119页.

28) 孙 炜, "反垄断法规制的新视点-对行政指导卡特尔的规制", 南开学报(哲学社会科学版), 2011年第3期, 120页.

29) 김경석, 「중국에서의 가격카르텔 규제강화에 따른 기업의 대응방향에 관한 소고」, 『법학논문집』, 중앙대학교 법학연구원, 2014, 140면.

30) 제8조 및 제5장이 해당된다.

31) 정 완, 「카르텔에 대한 EU 위원회의 과징금 정책에 관한 고찰」, 『외법논집』, 2010.5, 113면.

32) 王玉辉, "欧盟卡特尔案件宽大制度及启示", 河北法学, 2010年12月, 157页.

33) Commission notice on humanity from fines and reduction of fines in the cartel cases, http://eur-lex.europa.eu/LexUrServ/LexUrServ.da uri=CELEX · 52006XC1208(04):EN:NOT.

34) Very substantial reduction이라고 한다. 신청자가 반드시 EU위원회가 조사개시 전에 관련정보를 제공하는 조건이다.

35) 신청자는 반드시 조사개시 이후 EU위원회가 아직 행정절차를 밟기 전의 실질증거에 대해 협력을 구해야 한다.

36) Commission notice on humanity from fines and reduction of fines in the cartel cases, 1996, OECD/CLP.48

37) 王玉辉, "欧盟卡特尔案件宽大制度及启示", 河北法学, 2010年12月, 158页.

38) http://ec.europa.eu/competition/cartels/leniency/leniency.html

39) 王玉辉, "欧盟卡特尔案件宽大制度及启示", 河北法学, 2010年12月, 158页.

40) 王玉辉, "欧盟卡特尔案件宽大制度及启示", 河北法学, 2010年12月, 158页.

41) Joseph E. Harrington Jr. Corporate Leniency Programs and the Role of the Antitrust Authority in Detecting Collusion. http://www.jftc.go.jp

42) 직접적인 증거가 간접증거보다 더 가치있는 것으로 인정하였다.

43) 王玉辉, "欧盟卡特尔案件宽大制度及启示", 河北法学, 2010年12月, 160页.

44) 王玉辉, "欧盟卡特尔案件宽大制度及启示", 河北法学, 2010年12月, 160页.

45) 王玉辉, "欧盟卡特尔案件宽大制度及启示", 河北法学, 2010年12月, 160页.

46) 王玉辉, "欧盟卡特尔案件宽大制度及启示", 河北法学, 2010年12月, 160页.

47) 김두진, "카르텔에 대한 징벌적 배상제도의 도입론", 경쟁법연구, 2014년 5월, 327면.

48) 王玉辉, "欧盟卡特尔案件宽大制度及启示", 河北法学, 2010年12月, 160页.

49) 王玉辉, "欧盟卡特尔案件宽大制度及启示", 河北法学, 2010年12月, 160页.

50) 기업의 제보를 통한 신고기능으로 기업 스스로 불법 카르텔을 자제하는 풍토를 조성하기 위함이다.

51) 王玉辉, "欧盟卡特尔案件宽大制度及启示", 河北法学, 2010年12月, 160页.

52) 이정민, 「카르텔 억제를 위한 리니언시제도의 재검토」, 『법학논총』, 단국대학교 법학연구소, 2014, 285면.

53) 최난설헌, 「국제카르텔 자진신고자 감면제도 집행의 문제점과 개선방향」, 『경쟁법연구』, 2013, 108-111면.

54) 주진열, 「국가개입 수출카르텔 관련 경쟁법과 WTO법의 충돌·조화문제-중국 수출카르텔 관련 미국 반독점법 사건과 WTO 사건의 시사점」, 『법학논집』, 이화여자대학교 법학연구소, 2016년 12월, 428면.

제6절 중국 사업자단체의 규제

1) 王闻嫒·李 斌, "论反垄断法框架下我国行业协会垄断行为的规制", 法商, 2010年第8期, 280页.

2) 사업자단체의 금지행위 중 사업자 수 제한과 성사업자의 사업제한은 사업자단체의 고유한 성격에서 비롯되는 행위유형인바, 이들은 경쟁제한행위(부당공동행위)에 비해 경쟁제한의 정도가 낮은 행위이지만 사업자단체의 활동이 조직적이기 때문에 구속성이 강하므로 사업자단체 차원에서 이루어질 경우 금지할 필요가 있다고 인정된 것이다. 이재형, 『사업자단체와 경쟁정책』, 한국개발연구원, 1999, 67면; 한상곤, 「사업자단체의 규제」, 재판자료 제87집, 2000, 451면; 이기종, 「사업자단체에 의한 불공정거래행위 및 재판매가격유지행위의 강요-방조행위」, 『경제법연구』 제6권 제1호, 2007년 6월, 24면 참조.

3) 박창원·김봉석, 「국내 전시주최자로서 업종별 사업자단체의 역할에 대한 비판적 고찰-독일 전시주최자와의 비교를 중심으로」, 『무역전시연구』 제12권 제1호, 2017년 4월 30일, 33면.

4) 권창희·이상미, 「전시서비스에 대한 참관객 만족도에 관한 연구」, 『한국콘텐츠학회논문지』 제5권 제6호, 2005.12, 23면.

5) 김의영, 「한국의 기업이익대표체제에 대한 소고-국가와 사업자단체의 관계를 중심으로」, 『시민정치학회보』 제5권, 2002, 233면.

6) 박창원 · 김봉석, 「국내 전시주최자로서 업종별 사업자단체의 역할에 대한 비판적 고찰-독일 전시주최자와의 비교를 중심으로」, 『무역전시연구』 제12권 제1호, 2017년 4월 30일, 35면.

7) 박창원 · 김봉석, 「국내 전시주최자로서 업종별 사업자단체의 역할에 대한 비판적 고찰-독일 전시주최자와의 비교를 중심으로」, 『무역전시연구』 제12권 제1호, 2017년 4월 30일, 35면.

8) 박창원 · 김봉석, 「국내 전시주최자로서 업종별 사업자단체의 역할에 대한 비판적 고찰-독일 전시주최자와의 비교를 중심으로」, 『무역전시연구』 제12권 제1호, 2017년 4월 30일, 34면.

9) 박창원 · 김봉석, 「국내 전시주최자로서 업종별 사업자단체의 역할에 대한 비판적 고찰-독일 전시주최자와의 비교를 중심으로」, 『무역전시연구』 제12권 제1호, 2017년 4월 30일, 35면.

10) 张肯卓 · 熊巨艳, "对行业协会限制价格竞争行为的法律责任设置", 法制博览, 2013(08), 156页.

11) 张肯卓 · 熊巨艳, "对行业协会限制价格竞争行为的法律责任设置", 法制博览, 2013(08), 156页.

12) 吴太轩 · 叶明, "追究行业协会限制竞争行为刑事责任的必要性", 法制与社会, 2012(02), 262页.

13) 翁岳生, 「行政法」, 台北: 元照出版有限公司, 2006, 619页.

14) 卡尔 · 拉伦茨, 「德国民法通论(上)」, 王晓晔 · 程建英 · 徐国建 · 谢坏拭 译, 法律出版社, 2003, 230-231页.

15) 马坏德, "行政诉讼制度的发展历程", 北京大学出版社, 2009, 217-218页; 崔文俊, "行业协会社团处罚的司法救济问题探讨", 政法学刊, 2010年2月, 94页.

16) 崔文俊, "行业协会社团处罚的司法救济问题探讨", 政法学刊, 2010年2月, 94页.

17) 崔文俊, "行业协会社团处罚的司法救济问题探讨", 政法学刊, 2010年2月, 94页.

18) 崔文俊, "行业协会社团处罚的司法救济问题探讨", 政法学刊, 2010年2月, 94页.

19) 王名扬, "英国行政法", 中国政法大学出版社, 1987, 203页.

20) 翁岳生, "行政诉讼法逐条释义", 五南图书出版公司, 2006, 39-40页.

21) 卡尔 · 拉伦茨, 「德国民法通论(上)」, 王晓晔 · 程建英 · 徐国建 · 谢坏拭 译, 法律出版社, 2003, 201页.

22) 崔文俊, "行业协会社团处罚的司法救济问题探讨", 政法学刊, 2010年2月, 95页.

23) 翁岳生, "行政诉讼法逐条释义", 五南图书出版公司, 2006, 50-51页.

24) 袁曙宏 · 苏西刚, "论社团罚", 法学研究, 2003(4), 69-70页.

25) 姜明安, "行政法学与行政诉讼法", 高等教育出版社, 2007, 138页.

26) 江伟, "民事诉讼法", 高等教育出版社, 2004, 1页.

27) 吴康, "行政法之理论与实用", 中国人民大学出版社, 2005, 22页.

28) 王名扬, "法国行政法", 中国政法大学出版社, 1988, 558-561页.

29) 弗里德赫尔穆 · 胡芬, "行政诉讼法", 法律出版社, 2003, 177-178页.

30) 崔文俊, "行业协会社团处罚的司法救济问题探讨", 政法学刊, 2010年2月, 96页.

31) 崔文俊, "行业协会社团处罚的司法救济问题探讨", 政法学刊, 2010年2月, 96页.

32) 崔文俊, "行业协会社团处罚的司法救济问题探讨", 政法学刊, 2010年2月, 96页.

33) 迈克尔·塔格特, "行政法的范围", 中国人民大学出版社, 2006, 246页.

34) 崔文俊, "行业协会社团处罚的司法救济问题探讨", 政法学刊, 2010年2月, 96页.

35) 翁岳生, "行政法", 元照出版有限公司, 2006, 354页.

36) 魏德士, "法理学", 法律出版社, 2005, 67页.

37) 徐 茜·杨 颖·许 棋, "行业协会促进企业承担社会公益责任法律问题研究", 法制与经济, 2013年1月, 87页.

38) 徐 茜·杨 颖·许 棋, "行业协会促进企业承担社会公益责任法律问题研究", 法制与经济, 2013年1月, 87页.

39) 徐 茜·杨 颖·许 棋, "行业协会促进企业承担社会公益责任法律问题研究", 法制与经济, 2013年1月, 87页.

40) 徐 茜·杨 颖·许 棋, "行业协会促进企业承担社会公益责任法律问题研究", 法制与经济, 2013年1月, 87页.

41) 徐 茜·杨 颖·许 棋, "行业协会促进企业承担社会公益责任法律问题研究", 法制与经济, 2013年1月, 87页.

42) 徐 茜·杨 颖·许 棋, "行业协会促进企业承担社会公益责任法律问题研究", 法制与经济, 2013年1月, 87页.

43) 国家经贸委产业政策司编: ≪中国行业协会改革与探索≫, 中国商业出版社, 1999, 294页.

44) 徐 茜·杨 颖·许 棋, "行业协会促进企业承担社会公益责任法律问题研究", 法制与经济, 2013年1月, 88页.

45) 贾西津·沈恒超 胡文安, "转型时期的行业协会-角色, 功能与管理体制", 社会科学文献出版社, 2004, 24页.

46) 한국의 감사원에 해당한다.

47) 姜锡鳞, "当代同业工会的特征及问题初探-对温州同业商会的研究", 社会, 2004(4), 7页.

48) 周 波, "敢为天下先", 上海改革创新的那个第一, 上海人民出版社, 2009, 354页.

49) 张 经, "行业协会商会规范发展资料汇编", 中国工商出版社, 2007, 144-160页.

50) 万立明·刘湘婷, "加强上海市社团统战工作的思考-以行业协会和同业工会为例", 上海市社会主义学院学报, 2013年第1期, 40页.

51) 徐 力, "2008年度上海统战优秀调研文选", 上海人民出版社, 2009, 159页.

52) 向 亮·会绍云, "关于社团统战工作的几点思考", 重庆社会主义学院学报, 2004(2), 35页.

53) 万立明·刘湘婷, "加强上海市社团统战工作的思考-以行业协会和同业工会为例", 上海市社会主义学院学报, 2013年第1期, 43页.

54) 涂富秀, "论海西中小企业法律服务平台的构建-以行业协会作用为视角", 科技和产业, 2012年7月, 144页.

55) 涂富秀, "论海西中小企业法律服务平台的构建-以行业协会作用为视角", 科技和产业, 2012年7月, 145页.

56) 谭岳奇, "中小企业介入式团队法律服务", 法律出版社, 2009, 2页.

57) 涂富秀, "论海西中小企业法律服务平台的构建-以行业协会作用为视角", 科技和产业, 2012年7月, 145页.

58) 涂富秀, "论海西中小企业法律服务平台的构建-以行业协会作用为视角", 科技和产业,

2012年7月, 145页.

59) 涂富秀, "论海西中小企业法律服务平台的构建-以行业协会作用为视角", 科技和产业, 2012年7月, 147页.

60) 杨紫煊, 「经济法」, 北京大学出版社, 2010, 180-183页.

61) 翟鸿祥, "行业协会发展理论与实践", 经济科学出版社, 2003, 138页.

62) 涂富秀, "论海西中小企业法律服务平台的构建-以行业协会作用为视角", 科技和产业, 2012年7月, 147页.

63) 涂富秀, "论海西中小企业法律服务平台的构建-以行业协会作用为视角", 科技和产业, 2012年7月, 147页.

64) 涂富秀, "论海西中小企业法律服务平台的构建-以行业协会作用为视角", 科技和产业, 2012年7月, 148页.

65) 涂富秀, "论海西中小企业法律服务平台的构建-以行业协会作用为视角", 科技和产业, 2012年7月, 148页.

66) 涂富秀, "论海西中小企业法律服务平台的构建-以行业协会作用为视角", 科技和产业, 2012年7月, 148页.

67) 涂富秀, "论海西中小企业法律服务平台的构建-以行业协会作用为视角", 科技和产业, 2012年7月, 148页.

68) 涂富秀, "论海西中小企业法律服务平台的构建-以行业协会作用为视角", 科技和产业, 2012年7月, 148页.

69) 涂富秀, "论海西中小企业法律服务平台的构建-以行业协会作用为视角", 科技和产业, 2012年7月, 148页.

70) 涂富秀, "论海西中小企业法律服务平台的构建-以行业协会作用为视角", 科技和产业, 2012年7月, 148页.

71) 孙哲, "利益集团在能源立法中的影响及其规制对策-以能源资产产权公平配置为背景", 法制博览, 201505, 89页.

72) 曼惠·奥尔森, "国家的兴衰", 上海世纪出版集团, 2007, 61页.

73) 孙哲, "利益集团在能源立法中的影响及其规制对策-以能源资产产权公平配置为背景", 法制博览, 201505, 90页.

74) 曼惠·奥尔森, "集团行动的逻辑", 上海格致出版社, 2014, 34页.

75) 曼惠·奥尔森, "权力与繁荣", 上海世纪出版集团, 2014, 3-4页.

76) 孙哲, "利益集团在能源立法中的影响及其规制对策-以能源资产产权公平配置为背景", 法制博览, 201505, 91页.

77) 邹彦: http://www.wtolaw.gov.cn/, 2002-08-16.

78) 高凛, "行业协会在国际反倾销中的职能论析", 江南大学学报(人文社会科学版), 2005年4月, 22页.

79) 高凛, "行业协会在国际反倾销中的职能论析", 江南大学学报(人文社会科学版), 2005年4月, 22页.

80) 跃进·赵丽洲, "完善行业协会机制是入世后应对倾销和反倾销的重要措施之一", 现代管理科学, 2003(3), 4页.

81) 跃进·赵丽洲, "完善行业协会机制是入世后应对倾销和反倾销的重要措施之一", 现代管理科学, 2003(3), 4页.

82）刘志刚，"WTO反倾销工作体系中行业协会的作用"，湖南商学院学报，2003(3)，4页.

83） 周凤珠， "我国行业协会在应对反倾销中的作用及其自身完善"， 天津商学院学报，2003(3)，5页.

84）高 凛，"行业协会在国际反倾销中的职能论析"，江南大学学报(人文社会科学版)，2005年4月，23页.

85）高 凛，"行业协会在国际反倾销中的职能论析"，江南大学学报(人文社会科学版)，2005年4月，23页.

86）李红霞，"浅意加入后行业协会在反倾销诉讼中的作用"，黑龙江对外经贸，2002(7)，5页.

87）高 凛，"行业协会在国际反倾销中的职能论析"，江南大学学报(人文社会科学版)，2005年4月，24页.

88）高 凛，"行业协会在国际反倾销中的职能论析"，江南大学学报(人文社会科学版)，2005年4月，24页.

89）高 凛，"行业协会在国际反倾销中的职能论析"，江南大学学报(人文社会科学版)，2005年4月，24页.

제7절 중국 반독점법 집행기관과 규제

1）辛 文·仉 晓，"试论反垄断执法机构与行业监管机构的权力配置"，法制与经济，2011年4月，181页.

2）辛 文·仉 晓，"试论反垄断执法机构与行业监管机构的权力配置"，法制与经济，2011年4月，181页.

3）辛 文·仉 晓，"试论反垄断执法机构与行业监管机构的权力配置"，法制与经济，2011年4月，181页.

4）辛 文·仉 晓，"试论反垄断执法机构与行业监管机构的权力配置"，法制与经济，2011年4月，181页.

5） 侯佳敏·王 楠， "我国反垄断执法机构规制行政垄断的困境与解决思路"， 法制博览，2015.04，115页.

6） 侯佳敏·王 楠， "我国反垄断执法机构规制行政垄断的困境与解决思路"， 法制博览，2015.04，115页.

7） 공정위 고시 제1997-12호.

8） 헌재 2004.10.28. 자 99헌바91 결정; 홍대식, 「공정거래법 집행자로서의 공정거래위원회의 역할과 과제」, 『법학』, 2011, 179면.

9） 홍대식, 「공정거래법 집행자로서의 공정거래위원회의 역할과 과제」, 『법학』, 2011, 195면.

10） 홍명수, 「독점규제법상 입찰 담합규제와 공정거래위원회의 역할」, 『법학논집』, 2009.6, 78-85면.

11）朱晓峰，"试论我国反垄断执法机构的不足与完善"，政治与法律，2013年第4期刊，3页.

12）朱晓峰，"试论我国反垄断执法机构的不足与完善"，政治与法律，2013年第4期刊，3页.

13）魏丽丽，"我国反垄断执法机构的完善"，南都学坛(人文社会科学学报)，2011年5月，100页.

14）魏丽丽，"我国反垄断执法机构的完善"，南都学坛(人文社会科学学报)，2011年5月，100

頁.

15) 이와 함께 주식처분명령, 임원의 사임명령, 채무보증 취소명령, 계약조항 수정 및 삭제명령, 합의파기명령, 거래개시와 재개명령 등이 있으며, 보조적 명령은 관련 있는 자에게 시정명령을 받은 사실의 통지명령, 시정명령의 이행결과 보고명령, 일정기간 동안 가격변동 사실의 보고명령, 공정거래법에 관한 교육실시명령, 관련자료 보관명령 등을 각각 말한다. 김두진,「공정거래위원회의 결정유형의 개선방안에 관한 고찰」,『상사판례연구』제23집 제2권, 2010.6, 333면.

16) 魏丽丽, "我国反垄断执法机构的完善", 南都学坛(人文社会科学学报), 2011年5月, 100页.

17) 신영수,「공정거래위원회에 의한 사전심사청구제도의 현황 및 개선방안」,『경영법률』, 2011, 447면.

18) 신영수,「공정거래위원회에 의한 사전심사청구제도의 현황 및 개선방안」,『경영법률』, 2011, 465-466면.

19) 신영수,「공정거래위원회에 의한 사전심사청구제도의 현황 및 개선방안」,『경영법률』, 2011, 474면.

20) 신영수,「공정거래위원회에 의한 사전심사청구제도의 현황 및 개선방안」,『경영법률』, 2011, 475면.

21) 정연주,「공정거래위원회 전속고발권의 헌법적 문제」,『서울법학』제25권 제3호, 2017, 90면.

22) 정 완,「공정거래위원회의 전속고발제도에 관한 고찰」,『외법논집』제30집, 2008.5, 301면.

23) 헌법재판소 1992.2.25. 선고, 90헌마91 결정 참고.

24) 이천현,『독점규제법 위반행위에 대한 형사법적 대응방안』, 한국형사정책연구원, 2003, 199-200면 참조

25) 정 완,「공정거래위원회의 전속고발제도에 관한 고찰」,『외법논집』제30집, 2008.5, 303면.

26) 魏丽丽, "我国反垄断执法机构的完善", 南都学坛(人文社会科学学报), 2011年5月, 100页.

27) 罗豪才,「行政法学」, 中国政法大学出版社, 1996, 207页.

28) 魏丽丽, "我国反垄断执法机构的完善", 南都学坛(人文社会科学学报), 2011年5月, 100页.

29) 朱晓峰, "试论我国反垄断执法机构的不足与完善", 政治与法律, 2013年第4期刊, 3页.

30) 朱晓峰, "试论我国反垄断执法机构的不足与完善", 政治与法律, 2013年第4期刊, 3页.

31) 朱晓峰, "试论我国反垄断执法机构的不足与完善", 政治与法律, 2013年第4期刊, 3页.

32) 朱晓峰, "试论我国反垄断执法机构的不足与完善", 政治与法律, 2013年第4期刊, 3页.

33) 朱晓峰, "试论我国反垄断执法机构的不足与完善", 政治与法律, 2013年第4期刊, 3页.

34) 魏丽丽, "我国反垄断执法机构的完善", 南都学坛(人文社会科学学报), 2011年5月, 100页.

35) 王 健 · 朱宏文, ""三网融合"与法律变革-兼论我国反垄断法如何应对"三网融合"的挑战", 法商研究, 2008(4), 5页.

36) 史际春, "反垄断法理解与适用", 中国法制出版社, 2007, 900页.

37) 时建中, "反垄断法" http://finance.sina.com.cn/roll/20070903/11241642559. shtml, 2010.04.23.

38) 魏丽丽, "我国反垄断执法机构的完善", 南都学坛(人文社会科学学报), 2011年5月, 100页.

39) 魏丽丽, "我国反垄断执法机构的完善", 南都学坛(人文社会科学学报), 2011年5月, 100页.

40) 王晓华, "行政垄断问题的再思考", 中国社会科学院研究生院学报, 2009(4), 24页.

41) 王 健, "行政垄断法律责任追究的困境与解决思路", 法治论丛, 2010(1), 5页.

42) 郭宗杰, "行政性垄断之问题与规制", 法律出版社, 2007, 196页.

43) 邹晶竹 · 屈 健 · 张贺明, "中美反垄断执法机构设置比较研究", 法制与社会, 2012.01 (上), 100页.

44) 邹晶竹 · 屈 健 · 张贺明, "中美反垄断执法机构设置比较研究", 法制与社会, 2012.01 (上), 100页; 시장지배적 지위 남용금지의 적극적 집행을 위해서 더욱 필요한 것은 충분한 법집행자원일 것이다. 현재 한국의 공정거래위원회 조직은 주로 위반행위 또는 집행법령에 따라 구성되어 있는데, 공식적으로 시장지배적 지위 남용금지를 주업무로 담당하는 조직은 시장감시본부 독점감시팀의 일부에 불과한 것으로 보인다. 공정거래위원회의 조직을 산업별로 구성하게 되는 경우 적어도 조직상 문제점은 해소되겠지만 충분한 예산이나 인력의 투입 이외에도 시장지배적 지위 남용금지에 관한 관리자의 관심과 같은 무형의 자원 역시 필요하고, 조직 내외의 관심을 환기하기 위하여 시장지배적 지위 남용금지를 주목적으로 하는 산업별 시장개선시책의 추진을 고려할 수도 있을 것이다. 이호영, 「경제력집중 억제를 위한 경쟁법적 규제의 유용성과 한계」, 『법학논총』, 한양대학교 법학연구소, 2007년 4월, 166면.

45) 邹晶竹 · 屈 健 · 张贺明, "中美反垄断执法机构设置比较研究", 法制与社会, 2012.01 (上), 100页.

46) 邹晶竹 · 屈 健 · 张贺明, "中美反垄断执法机构设置比较研究", 法制与社会, 2012.01 (上), 100页.

47) 邹晶竹 · 屈 健 · 张贺明, "中美反垄断执法机构设置比较研究", 法制与社会, 2012.01 (上), 100页.

48) 邹晶竹 · 屈 健 · 张贺明, "中美反垄断执法机构设置比较研究", 法制与社会, 2012.01 (上), 100页.

제8절 중국 행정독점

1) 卢成龙 · 何志红, "行政垄断的历史成因及其对策", 长江大学学报(社会科学版),

2) 卢成龙 · 何志红, "行政垄断的历史成因及其对策", 长江大学学报(社会科学版),

3) 卢成龙 · 何志红, "行政垄断的历史成因及其对策", 长江大学学报(社会科学版),

4) 卢成龙 · 何志红, "行政垄断的历史成因及其对策", 长江大学学报(社会科学版),

5) 卢成龙 · 何志红, "行政垄断的历史成因及其对策", 长江大学学报(社会科学版),

6) 任 阳 · 崔芬丽, "论我国《反垄断法》对行政垄断的法律规制", 盐城工学院学报(社会科学版),

7) 任 阳 · 崔芬丽, "论我国《反垄断法》对行政垄断的法律规制", 盐城工学院学报(社会科学版),

8) 陈 林·朱卫平，"经济国有化与行政垄断制度的发展"，财经研究，2012年3月，51页.

9) 陈 林·朱卫平，"经济国有化与行政垄断制度的发展"，财经研究，2012年3月，51页.

10) 高化民，"全行业公私合营高潮评析"，当代中国史研究，1999年第5期，第159-171页.

11) 高化民，"全行业公私合营高潮评析"，当代中国史研究，1999年第5期，第159-171页.

12) 曹康泰，"中华人民共和国反垄断法解读"，中国法制出版社，2007年10月，156页.

13) 曹康泰，"中华人民共和国反垄断法解读"，中国法制出版社，2007年10月，157页.

14) 曹康泰，"中华人民共和国反垄断法解读"，中国法制出版社，2007年10月，157页.

15) 曹康泰，"中华人民共和国反垄断法解读"，中国法制出版社，2007年10月，157页.

16) 曹康泰，"中华人民共和国反垄断法解读"，中国法制出版社，2007年10月，157-158页.

17) 刘元龙，"我国应当健全行政垄断法律责任制度-以《反垄断法》第51条为基点展开的探讨-"，当代经济管理，2010年10月，85页.

18) 谢 普，"反垄断法规制行政垄断之评析"，武汉: 华中师范大学，2008，6页.

19) 邪芝凡·王月明，"行政垄断的行政法规制问题探究"，经济与法，2014年第7期，188页.

20) 邪芝凡·王月明，"行政垄断的行政法规制问题探究"，经济与法，2014年第7期，188页.

21) 陈 阳，"检察机关环境公益诉讼原告资格及其限制"，山东人民出版社，2009(11)，22页.

22) 林莉红·马立群，"作为客观诉讼的行政公益诉讼"，行政法学研究，2011(4)，8页.

23) 행정 관련 사례와 관련하여 재심을 통해 한 번 더 사안을 검토해 줄 것을 요청하는 절차이다.

24) 廖丽环，"行政垄断规制路径的考察"，四川警察学院学报，2015年8月，108页.

25) 廖丽环，"行政垄断规制路径的考察"，四川警察学院学报，2015年8月，108页.

26) 廖丽环，"行政垄断规制路径的考察"，四川警察学院学报，2015年8月，108页.

27) 廖丽环，"行政垄断规制路径的考察"，四川警察学院学报，2015年8月，108页.

28) 廖丽环，"行政垄断规制路径的考察"，四川警察学院学报，2015年8月，108页.

29) 廖丽环，"行政垄断规制路径的考察"，四川警察学院学报，2015年8月，109页.

30) 廖丽环，"行政垄断规制路径的考察"，四川警察学院学报，2015年8月，109页.

31) 廖丽环，"行政垄断规制路径的考察"，四川警察学院学报，2015年8月，109页.

32) 林忠志，"论反行政垄断立法的若干问题"，绥化学院学报，2007年4月，第104页.

33) 王 健，"关于推进我国反垄断私人诉讼的思考"，法商研究，2010(3)，25页.

34) 任 阳·崔芬丽，"论我国《反垄断法》对行政垄断的法律规制"，盐城工学院学报(社会科学版)，

35) 邓丽娟·从红云，"行政垄断的归责原则若干问题研究及体系建构"，天水行政学院学报，2009年第4期，第54页.

36) 邓丽娟·从红云，"行政垄断的归责原则若干问题研究及体系建构"，天水行政学院学报，2009年第4期，第54页.

37) 邓丽娟·从红云，"行政垄断的归责原则若干问题研究及体系建构"，天水行政学院学报，2009年第4期，第54页.

38) 邓丽娟·从红云，"行政垄断的归责原则若干问题研究及体系建构"，天水行政学院学报，2009年第4期，第55页.

39) 邓丽娟·从红云，"行政垄断的归责原则若干问题研究及体系建构"，天水行政学院学报，2009年第4期，第56页.

40) City of the Lafayette v. Louisiana Power & Light, 435 US 389, 1989.

41) 廖丽环, "行政垄断规制路径的考察", 四川警察学院学报, 2015年8月, 105页.

42) 乔治 · A · 斯蒂娜, 约翰 · F · 斯蒂娜, "企业, 政府与社会", 张志强, 华夏出版社, 2002, 374页.

43) 廖丽环, "行政垄断规制路径的考察", 四川警察学院学报, 2015年8月, 106页.

44) 廖丽环, "行政垄断规制路径的考察", 四川警察学院学报, 2015年8月, 106页.

제3장 중국 소비자보호법

제1절 중국 소비자보호법

1) 최근에는 기존의 소송이나 중재 외에 가장 저렴하고 신속하게 분쟁을 끝낼 수 있는 조정제도에 대한 관심도 증가하는 추세이다.

2) 崔秀花, "论我国自然垄断行业消费者权益保护问题", 广西社会科学, 2009年第2期, 66页.

3) 기존의 1배 징벌의 효과가 크지 않았다는 점을 감안하여 3배 이상의 손해배상에 대한 논의가 중국에서 활발히 진행되고 있다. 박은경, 「중국「개정 소비자보호법」상 징벌적 손해배상에 관한 연구」, 『중국법연구』, 2015년 11월, 13면 참조.

4) 崔秀花, "论我国自然垄断行业消费者权益保护问题", 广西社会科学, 2009年第2期, 66页.

5) 박정국, 「중국 보험소비자보호법제의 문제점 · 개선방안 및 시사점에 관한 소고」, 『법학논총』 제39권 제3호, 단국대학교 법학연구소, 2015, 306면.

6) 이금노, 「"소비자" 후회권의 도입-겸평〈소비자보호법수정안〉」, 2013년, 20기, 48면.

7) 崔秀花, "论我国自然垄断行业消费者权益保护问题", 广西社会科学, 2009年第2期, 67页.

8) 崔秀花, "论我国自然垄断行业消费者权益保护问题", 广西社会科学, 2009年第2期, 67页.

9) 崔秀花, "论我国自然垄断行业消费者权益保护问题", 广西社会科学, 2009年第2期, 68页.

10) 赖春, "我国市场下网购消费者撤回权分析-基于第三方平台交易模式", 广西政法管理干部学院学报, 2014年11月, 104页.

11) 工信部, "电子商务'十二五'发展规划", http://www.gov.cn/gzdt/2012-03/27/content_2100854,htm

12) 赖春, "我国市场下网购消费者撤回权分析-基于第三方平台交易模式", 广西政法管理干部学院学报, 2014年11月, 106页.

13) 赖春, "我国市场下网购消费者撤回权分析-基于第三方平台交易模式", 广西政法管理干部学院学报, 2014年11月, 106页.

14) 赖春, "我国市场下网购消费者撤回权分析-基于第三方平台交易模式", 广西政法管理干部学院学报, 2014年11月, 106页.

15) 陈本寒 · 刘革, "网络拍卖中后悔权之适用问题研究", 上海财经大学学报, 2014年8月, 107页.

16) 陈本寒 · 刘革, "网络拍卖中后悔权之适用问题研究", 上海财经大学学报, 2014年8月, 107页.

17) 李淑如, "网络拍卖契约成立'生效与撤消等基本问题之研究", 月旦民商法杂志, 2013(6), 50页.

18) 陳志 · 조동제, 「중국의 소비자권익보호법 개정 배경 및 그 개선에 관한 소고」, 『강원법

학』, 2015.2, 791면.

19) 馬俊駒·余延滿, "民法原論", 法律出版社, 2010, 83页.

20) 李瑞妍, "线上拍卖契约的法律问题研究-以契约的成立及效力为中心", 辅仁大学法律学研究所, 2004, 24页.

21) 陈卫佐, "德国民法典", 法律出版社, 2006, 153页.

22) 陈本寒·刘 革, "网络拍卖中后悔权之适用问题研究", 上海财经大学学报, 2014年8月, 109页.

23) 人民法院报 2013年11月23日第3版에서 관련판례기사를 확인할 수 있다.

24) 李友根, "论汽车销售的消费者法适用", 苏州大学学报法学版, 2014年第2期, 83页.

25) 张先明, "最高人民法院发布第五批指导性案例", 人民法院报, 2013年11月23日第3版.

26) 李友根, "论汽车销售的消费者法适用", 苏州大学学报法学版, 2014年第2期, 84页.

27) 王 鑫, "成都中院终审一购车纠纷案", 人民法院报, 2006年6月13日第版.

28) 何勇海, "汽车难道不是消费品", 现代快报, 2006年6月15日, 8页.

29) 梁慧星, "裁判的方法", 「法律出版社」, 2003年版, 第122页.

30) 즉 상업용부동산은 상품이며, 구매인은 소비자이기 때문에 당연히 적용되어야 한다는 입장이다.

31) 梁慧星, "裁判的方法", 「法律出版社」, 2003年版, 第123页.

32) 李友根, "论汽车销售的消费者法适用", 苏州大学学报法学版, 2014年第2期, 86页.

33) 谢次昌, 「消费者保护法通论」, 中国法制出版社, 1994年版, 第21页.

34) 梁慧星, 「民法解释学」, 中国政法大学出版社, 1995年版, 第221页.

35) 梁慧星, 「民法学论丛(第20卷)」, 中国法制出版社, 2001年, 第402页.

36) 陈辉东, 「商品房买卖法律问题专论」, 法律出版社, 2003年, 第126页.

37) 梁慧星, 「民法解释学」, 中国政法大学出版社, 1995年版, 第214页.

38) 李友根, "论汽车销售的消费者法适用", 苏州大学学报法学版, 2014年第2期, 87页.

39) 梁慧星, 「民法解释学」, 中国政法大学出版社, 1995年版, 第236页.

40) 梁慧星, 「民法学论丛(第20卷)」, 中国法制出版社, 2001年, 第402页.

41) 陈辉东, 「商品房买卖法律问题专论」, 法律出版社, 2003年, 第130-134页.

42) 李友根, "论汽车销售的消费者法适用", 苏州大学学报法学版, 2014年第2期, 87页.

43) 李友根, "论汽车销售的消费者法适用", 苏州大学学报法学版, 2014年第2期, 88页.

44) 중국청년보 1997년 4월 16일 제9판에 판례기사가 실린 바 있다.

45) 最高人民法院中国法学应用研究所, 人民法院案例选, 人民法院出版社, 1997年版, 116-123页.

46) 안후이성 고급인민법원(2011) 皖民提字第2호 민사판결서이다.

47) 충칭시 제5 중급인민법원(2010) 渝5众法民终字第1501호 민사판결서이다.

48) 허난성 고급인민법원(2009) 豫法民提字第100호 민사판결서이다.

49) 쿤밍시 중급인민법원(2009) 쿤밍4终字第265호 민사판결서이다.

50) 쓰촨성 고급인민법원(2005) 川民再终字第40호 민사판결서이다.

51) 李友根, "论汽车销售的消费者法适用", 苏州大学学报法学版, 2014年第2期, 88页.

52) 안후이성 쉬엔시 중급인민법원(2010) 宣中民二终字第28호 민사판결서이다.

524

53) 안후이성 고급인민법원(2011) 皖民提字 第2호 민사판결서이다.

54) 吴晓萍 · 张永忠, "医患纠纷适用消费者权益保护法的若干考量", 海峡法学, 2011年12月, 72页.

55) 吴晓萍 · 张永忠, "医患纠纷适用消费者权益保护法的若干考量", 海峡法学, 2011年12月, 72页.

56) 吴晓萍 · 张永忠, "医患纠纷适用消费者权益保护法的若干考量", 海峡法学, 2011年12月, 73页.

57) 吴晓萍 · 张永忠, "医患纠纷适用消费者权益保护法的若干考量", 海峡法学, 2011年12月, 73页.

58) 吴晓萍 · 张永忠, "医患纠纷适用消费者权益保护法的若干考量", 海峡法学, 2011年12月, 73页.

59) 沈志婷, "医患关系法律性质研究", 华东政法大学硕士学位论文, 2006, 45页.

60) 吴晓萍 · 张永忠, "医患纠纷适用消费者权益保护法的若干考量", 海峡法学, 2011年12月, 74页.

61) 吴晓萍 · 张永忠, "医患纠纷适用消费者权益保护法的若干考量", 海峡法学, 2011年12月, 74页.

62) 谈云, "首例患者依「消费者权益保护法」起诉医院案开审, 2011.11.01, 9页.

63) 吴晓萍 · 张永忠, "医患纠纷适用消费者权益保护法的若干考量", 海峡法学, 2011年12月, 74页.

64) 李 平, "患者消费地位的法理学研究", 南京师范大学硕士学位论文, 2007, 35页.

65) 梁慧星, "医疗损害赔偿案件的法律适用问题", 2011.11.01, http://wenku.daidu.com/view/e4d06845b307e87101f696f7.html

66) 沈志婷, "医患关系法律性质研究", 华东政法大学硕士学位论文, 2006, 29页.

67) 李永军, "非财产性损害的契约性救济及其正当性说明-违约责任与侵权责任的二元制体系下的边际案例救济", 比较法研究, 2003(6), 56页.

68) 이것은 아마 병원 측의 고의적인 증거훼손이 된다.

69) 吴晓萍 · 张永忠, "医患纠纷适用消费者权益保护法的若干考量", 海峡法学, 2011年12月, 75页.

70) 吴晓萍 · 张永忠, "医患纠纷适用消费者权益保护法的若干考量", 海峡法学, 2011年12月, 75页.

71) 林文学, ""「侵权责任法」医疗损害责任规定若干问题探析", 法律适用, 2010(7), 24页.

72) 崔秀花, "论我国自然垄断行业消费者权益保护问题", 广西社会科学, 2009年第2期, 65页.

73) 崔秀花, "论我国自然垄断行业消费者权益保护问题", 广西社会科学, 2009年第2期, 66页.

74) 崔秀花, "论我国自然垄断行业消费者权益保护问题", 广西社会科学, 2009年第2期, 67页.

75) 崔秀花, "论我国自然垄断行业消费者权益保护问题", 广西社会科学, 2009年第2期, 67页.

76) 文诚公 · 孔咪咪, "论我国《消费者权益保护法》的修改与完善", 南华大学学报(社会科学版), 2013年8月, 86页.

77) 崔秀花, "论我国自然垄断行业消费者权益保护问题", 广西社会科学, 2009年第2期, 69页.

78) 王利明, "论个人信息权在人格权法中的地位", 苏州大学学报(社会科学版), 2012(6), 68-75页.

제2절 중국 약관규제법

1) 손지열,「약관의 계약편입과 명시·설명의무」,『민법학논총』제2권(후암 곽윤직교수 고희기념), 1995, 288면; 서종희,「B2B 거래에서의 약관규제법의 개정방향」,『외법논집』제41권 제3호, 2017.8, 93-94면.

2) 최병규,「약관규제법 제8조 손해배상액의 예정에 대한 고찰」,『경제법연구』제13권 3호, 2014년, 189면.

3) 郭东海, "论公司章程的法律规制", 法治论丛, 2004年1月, 第19卷第1期, 53页.

4) 郑玉波,「公司法」, 三民书局, 1982, 155页.

5) 서희석,「약관규제와 계약법」,『외법논집』제41권 제3호, 2017.8, 48면.

6) 郭东海, "论公司章程的法律规制", 法治论丛, 2004年1月, 第19卷第1期, 54页.

7) 최병규,「약관규제법 제15조 적용제한에 대한 연구」,『경제법연구』제16권 1호, 2017, 224면.

8) 서종희,「B2B 거래에서의 약관규제법의 개정방향」,『외법논집』제41권 제3호, 2017.8, 101면.

9) 郭东海, "论公司章程的法律规制", 法治论丛, 2004年1月, 第19卷第1期, 56页.

10) 王保树,「商事法论集(第3卷)」, 法律出版社, 391页.

11) 窦竹君, "行业协会章程的法律规制", 石家庄铁道学院学报(社会科学版), 2008年12月, 38页.

12) 窦竹君, "行业协会章程的法律规制", 石家庄铁道学院学报(社会科学版), 2008年12月, 39页.

13) 窦竹君, "行业协会章程的法律规制", 石家庄铁道学院学报(社会科学版), 2008年12月, 39页.

14) 窦竹君, "行业协会章程的法律规制", 石家庄铁道学院学报(社会科学版), 2008年12月, 39页.

15) 王 红, "公司章程变更法律探析-从动因和规制层面-", 北京化工大学学报(社会科学版), 2004年第1期, 67页.

16) 王 红, "公司章程变更法律探析-从动因和规制层面-", 北京化工大学学报(社会科学版), 2004年第1期, 67页.

17) 王 红, "公司章程变更法律探析-从动因和规制层面-", 北京化工大学学报(社会科学版), 2004年第1期, 68页.

18) 崔勤之, "关于公司设立规则的修改建议", 「商事法论集」第5卷, 法律出版社, 2000年版, 68页.

19) 이금노,「약관규제법상 불공정약관 조항 개정에 관한 연구」,『법과 정책』, 2017.3.30, 제23집 제1호, 100면.

20) 이금노,「약관규제법상 불공정약관 조항 개정에 관한 연구」,『법과 정책』, 2017.3.30, 제23집 제1호, 103면.

21) 이금노,「약관규제법상 불공정약관 조항 개정에 관한 연구」,『법과 정책』, 2017.3.30, 제23집 제1호, 103면.

22) 이렇듯 약관조항의 내용을 설명하지 않은 경우에는 설명의무 위반 및 약관조항의 계약편입배제가 문제되고, 약관조항에 관하여 명시적이고 묵시적으로 그 조항과 다른 내용의 설명을 한 때에는 개별약정에 따른 약관조항의 내용과 다른 내용의 계약체결이

문제된다. 이원석, 「약관규제법에 관한 최근 대법원 판례 동향」, 『외법논집』 제41권 제1호, 2017.02, 296면.

23) 이금노, 「약관규제법상 불공정약관 조항 개정에 관한 연구」, 『법과 정책』, 2017.3.30, 제23집 제1호, 107면.

24) 邱滨泽, "公司章程对公司对外担保之规制", 「商场现代化」, 2015年第11期, 126页.

25) 邱滨泽, 위의 논문, 126页.

26) 邱滨泽, 위의 논문, 126页.

27) 한국 약관규제법은 제1조 외에서 '소비자'라는 용어를 사용하지 않고, '고객'이라는 용어를 사용한다. 약관규제법 제2조 제3호에 따르면 '고객'이란 "계약의 한쪽 당사자로서 사업자로부터 약관을 계약의 내용으로 할 것을 제안받은 자"를 말한다. 즉 약관제안자인 사업자의 상대방이므로 그가 자연인인지 법인인지, 소비자 관련 법상의 소비자인지는 묻지 아니한다. 따라서 전형적인 사업자도 고객으로서 약관규제법의 보호를 받을 수 있게 되는 것이다. 석광현, 「해외직접구매에서 발생하는 분쟁과 소비자의 보호: 국제사법, 중재법과 약관규제법을 중심으로」, 『서울대학교 법학』 제57권 제3호, 2016년 9월, 82-83면.

28) 최병규, 「약관규제법상 대리인의 책임 가중에 대한 연구」, 『경제법연구』 제15권 3호, 2016년 12월, 258면.

29) 邱滨泽, 위의 논문, 126页.

30) 邱滨泽, 위의 논문, 126页.

31) 邱滨泽, 위의 논문, 127页.

32) 邱滨泽, 위의 논문, 127页.

33) 邱滨泽, 위의 논문, 127页.

34) 최병규, 「약관규제법 제12조 의사표시 의제-독일법과의 비교를 중심으로」, 『경제법연구』 제15권 1호, 2016년 4월, 148면.

35) 최병규, 「약관규제법 제12조 의사표시 의제-독일법과의 비교를 중심으로」, 『경제법연구』 제15권 1호, 2016년 4월, 119면.

제3절 중국 전자상거래 소비자보호법률의 규제

1) 钟月辉, "论网购消费者权益保护的立法完善", 太原城市职业技术学院学报, 2013第2期, 147页.

2) 钟月辉, "论网购消费者权益保护的立法完善", 太原城市职业技术学院学报, 2013第2期, 149页.

3) 冯杨, "论网上购物消费者权益的法律保护", 郑州航空工业管理学院(社会科学版), 2010年6月, 143页; O2O 사업자와 O2O 서비스 플랫폼사업자의 법적 지위에 관한 혼란은 문헌상의 혼란일 뿐, 구체적인 계약당사자가 누구인지를 기준으로 본다면 통신판매업자 및 통신판매중개업자가 개념적으로 명확히 드러난다는 점을 지적하였다. 따라서 현식적으로 소비자와의 계약체결을 하는 당사자가 누구인지가 드러나지 않는 경우에는 이러한 사업자들이 하는 면책고지는 아무런 효력을 갖지 못하게 된다. 이병준, 「O2O 플랫폼 서비스와 전자상거래소비자 보호법에 의한 소비자 보호」, 『안암법학』, 2017년 1월, 174면.

4) 정찬모, 「오픈마켓의 불공정행위 분쟁사례를 통해본 공정거래법과 전자상거래소비자보

호법 적용상의 쟁점」,『외법논집』제41권 제3호, 2017.8, 259면.

5) 冯 杨, "论网上购物消费者权益的法律保护", 郑州航空工业管理学院(社会科学版), 2010年6月, 144页.

6) 이때 시정권고와 시정명령 등의 조치가 취해질 수 있다. 시정권고라 함은 행정기관이 법 위반 사업자에게 해당 위법사실을 고지하고, 스스로 이를 시정할 수 있는 기회를 부여하는 비권력적인 행정행위인 행정지도의 일종이다. 따라서 시정권고를 받은 사업자가 반드시 이를 시정하여야 하는 것은 아니다. 그러나 사업자는 10일 이내에 수락여부에 대한 통지의무를 부담하며, 수락한 경우에 시정명령을 받은 것이 된다는 점에서 일반적인 행정지도와 상이하다. 시정명령은 행정기관이 법 위반 사업자에게 해당 위법사실을 고지하고 그 시정을 명령하는 권력적 행정행위의 일종이다. 따라서 시정권고와 달리 시정명령을 받은 사업자는 이를 시정하여야 하며, 시정하지 않았을 경우에는 동법상 가장 강력한 벌칙을 부과받게 된다. 박효근, 「행정지도와 법률유보 및 구제에 관한 이론적 검토」,『한양법학』, 2011, 230-231면; 석종현,『일반행정법』, 삼영사, 2005, 398면; 고형석, 「전자상거래소비자보호법상 시정조치에 관한 연구」,『경제법연구』제15권 2호, 2016년 8월, 264면.

7) 冯 杨, "论网上购物消费者权益的法律保护", 郑州航空工业管理学院(社会科学版), 2010年6月, 144页.

8) 冯 杨, "论网上购物消费者权益的法律保护", 郑州航空工业管理学院(社会科学版), 2010年6月, 144页.

9) 冯 杨, "论网上购物消费者权益的法律保护", 郑州航空工业管理学院(社会科学版), 2010年6月, 145页.

10) 钟月辉, "论网购消费者权益保护的立法完善", 太原城市职业技术学院学报, 2013第2期, 149页.

11) 통신판매업자란 통신판매를 업으로 하는 자 또는 그와의 약정에 따라 통신판매업무를 수행하는 자를 의미한다. 이에 비해 중개행위를 하는 자는 유통플랫폼을 운영하고 있는 자일 뿐, 계약당사자가 아니고, 이러한 플랫폼에서 재화를 구입하는 소비자의 계약의 상대방은 통신판매업자이다. 전자상거래소비자보호법상 통신판매업자에 해당하는지 아니면 통신판매중개자에 해당하는지를 규명하는 것은 누가 소비자에게 책임을 지는가의 문제와 직결되며, 소비자와의 계약에 있어서 그 계약 상대방이 누구인지로 판명되며, 계약당사자로 역할을 할 경우 통신판매업자가 되지만, 그 계약을 체결할 수 있도록 조력하는 역할을 하는 경우 통신판매중개자가 된다. 고형석, 「배달앱 거래와 소비자보호에 관한 연구」,『법학연구』제24권 제1호, 2016, 66면; 최나진, 「개정 전자상거래소비자보호법상의 통신판매중개자의 지위와 책임」,『외법논집』제40권 제3호, 2016.8, 113면.

12) 한국 전자상거래소비자보호법 제20조에서 통신판매중개자의 책임을 규정하고 있지만, 핵심적인 내용은 동법 제20조 제2항의 책임이다. 그러나 동 조항상의 책임을 과연 통신판매중개자에게 부과할 수 있는가에 대하여 의문이 제기되고 있다. 즉 동법의 적용범위를 정하고 있는 제3조 제3항에서 통신판매업자가 아닌 자 간의 통신판매중개를 하는 통신판매업자에 대하여 동법 제13조 내지 제19조 적용을 부정하고 있기 때문이다. 그러나 개인 간 통신판매중개의 경우 개인 간 통신판매와 달리 소비자보호문제가 발생하며, 이 역시 보호의 필요성이 존재한다. 또한 통신판매업자와 소비자 간 통신판매중개에 대하여 동법 제13조 내지 제19조가 적용되어야 하지만, 제20조 제2항 단서에 의해 사실상 통신판매중개자는 책임을 지지 않게 된다. 이로 인하여

통신판매중개를 통하여 재화를 구매한 소비자 등을 보호하고자 하는 동법 제20조의 입법목적은 사실상 달성할 수 없게 된다. 결국 통신판매중개를 이용한 소비자 등에 대하여 동법 적용을 통한 보호가 이루어지기 위해서는 한국 동법 제3조 제3항은 삭제되어야 한다. 고형석, 「전자상거래소비자보호법 제3조 제3항과 제20조 제2항의 관계에 대한 연구」, 『법조』, 2010.2, 134면.

13) 이와 관련하여 통신판매업자의 개념에 전자상거래업자를 포함해야 한다는 견해가 존재하나, 징역형인 형벌까지도 처할 수 있다는 점을 감안하면 국민의 신변을 구속하는 법조문은 되도록 좁고 엄격하게 해석하는 것이 원칙이다. 전자상거래소비자보호법 제1조에 따라 동법은 통신판매업자가 제12조 제1항부터 제3항, 제13조 제1항부터 제3항까지, 또 제5항, 제14조, 제17조 제1항부터 제3항까지, 제5항과 제18조, 제22조 1항을 위반하는 행위를 하였을 때, 공정거래위원회는 시정조치를 명할 수 있고 시정조치명령에도 불구하고 이행하지 않거나 위반행위가 반복되는 경우 그 영업의 전부 또는 일부의 정지를 명할 수 있으며, 또한 그 영업의 전부 도는 일부의 정지에 갈음하여 과징금을 부과할 수도 있도록 규정하고 있다. 심지어 위 시정조치에 다르지 아니한 자는 3년 이하 징역 또는 1억 원 이하 벌금에 처한다고 규정하고 있다(동법 제32조, 제40조). 따라서 통신판매의 개념 속에는 전자상거래를 제외하고 있다고 간주하는 것이 바람직하다. 권오승, 「개정 전자상거래소비자보호법의 쟁점별 고찰」, 『기업법연구』, 2013, 262면.

14) 디지털콘텐츠를 전송받은 경우에는 청약철회를 하더라도 그 반환이 불가능한 것을 반영하여 청약철회의 효과 중 반환의무에 관한 규정에서 이미 공급받은 재화 등이 디지털콘텐츠로서 이를 삭제하고 통신판매업자에게 그 사실을 통지한 경우에는 반환의무가 없는 것으로 하는 내용을 신설하려고 하고 있다(제18조 제1항 제2호). 그런데 이 규정을 해석하면 삭제하지 않거나 삭제하더라도 통지를 하지 않은 경우에는 반환의무가 있는 것으로 규정하고 있으나, 디지털콘텐츠의 경우 그 반환자체가 무의미하므로 이러한 제한을 두는 것은 타당해 보이지 않는다. 삭제해도 무방할 것이다. 이병준, 「한국 전자상거래소비자보호법상 규율대상의 현황과 과제」, 『외법논집』 제39권 제4호, 2015.11, 165면.

15) 钟月辉, "论网购消费者权益保护的立法完善", 太原城市职业技术学院学报, 2013第2期, 149页.

16) B2C의 경우에는 일반소비자를 대상으로 하기 때문에 상대적으로 힘이 약한 소비자에 대한 보호 측면에서 접근해야 할 필요가 있다. 최인혁, 「한국의 전자상거래에서의 소비자 보호법에 관한 연구」, 『전자무역연구』 제5권 제1호, 2007.5.31, 132면.

17) 김진우, 「디지털콘텐츠 거래에서의 담보책임-유럽연합 디지털콘텐츠지침안 및 우리 전자상거래법의 입법방향」, 『법학연구』, 연세대학교 법학연구원, 2016년 12월, 82면.

18) 钟月辉, "论网购消费者权益保护的立法完善", 太原城市职业技术学院学报, 2013第2期, 149页.

19) 林亮春, "我国电子商务法律规制的缺失及立法路径选择", 2014年第5期, 76页.

20) 林亮春, "我国电子商务法律规制的缺失及立法路径选择", 2014年第5期, 77页.

21) 张 楚, "美国电子商务法评析", 法律科学, 2000(2), 99-106页.

22) 郑成思·哔虹, "新加坡的《电子商务法》", 经济参考报, 2002.12.06, 8页.

23) 郑远民·李俊平, "新加坡电子商务法最新发展及对我国的启示", 湖南师范大学学报, 2012(5), 55-59页.

24) 王妙微, "论电子商务与传统商务法律的冲突与协调", 经营管理者, 2014(4), 226-227

頁.

25) 罗 义, "论网络购物合同中的格式条款的法律规制", 法制与社会, 2009.12, 122页.

26) 罗 义, "论网络购物合同中的格式条款的法律规制", 法制与社会, 2009.12, 122页.

27) 罗 义, "论网络购物合同中的格式条款的法律规制", 法制与社会, 2009.12, 122页.

28) 罗 义, "论网络购物合同中的格式条款的法律规制", 法制与社会, 2009.12, 122页.

29) 罗 义, "论网络购物合同中的格式条款的法律规制", 法制与社会, 2009.12, 122页.

30) 罗 义, "论网络购物合同中的格式条款的法律规制", 法制与社会, 2009.12, 123页.

31) 罗 义, "论网络购物合同中的格式条款的法律规制", 法制与社会, 2009.12, 123页.

32) 罗 义, "论网络购物合同中的格式条款的法律规制", 法制与社会, 2009.12, 123页.

33) 罗 义, "论网络购物合同中的格式条款的法律规制", 法制与社会, 2009.12, 123页.

34) 罗 义, "论网络购物合同中的格式条款的法律规制", 法制与社会, 2009.12, 123页.

35) 罗 义, "论网络购物合同中的格式条款的法律规制", 法制与社会, 2009.12, 123页.

36) 罗 义, "论网络购物合同中的格式条款的法律规制", 法制与社会, 2009.12, 123页.

37) 罗 义, "论网络购物合同中的格式条款的法律规制", 法制与社会, 2009.12, 123页.

제4절 중국 가맹사업법률의 규제

1) 하나의 예로 한국의 경우 상가임대차보호법은 5년이라는 기간을 정하고 있으나 가맹사업
법에서는 10년으로 정하고 있어, 계약갱신기간에 대한 범위를 확대하였음을 알 수
있다. 법에서 해당기간에 대한 명확한 기준을 제시한 것은 사회적 약자인 임차인과
가맹점사업자에게 상가를 운영하면서 발생된 인테리어비용 등을 회수할 수 있는 기간을
제공한 것이라고 본다. 또한 계약갱신 요구 기간으로 한국의 가맹사업법은 90일까지로
하고 있으나 상가임대차보호법은 30일까지 규정하고 있어 상가임대차보호법상 약자인
임차인 보호를 위한 적극적인 규정을 한 것이라고 본다. 그러나 가맹사업법에서 가맹계
약갱신 요구기간을 90일로 정한 부분에 대해서는 가맹본부를 위함도 있을 것이나
최종 결정을 하는 가맹점사업자의 입장에서는 상가임대차보호법과 같이 30일로 규정하
는 것이 더 유리할 것이다. 류석희 · 소재선, 「가맹계약의 갱신에 관한 「가맹사업법」
제13조의 재검토」, 『재산법연구』 제32권 제2호, 2015.8, 156-158면.

2) 가맹점사업자단체는 가맹점으로 형성된 네트워크로 조직형태와 운영체계 등을 갖추고
있으며, 가맹점협회(Franchisee Association)와 가맹점자문위원회(Franchisee
Advisory Council)로 구분된다. 임영균, 「가맹본부의 재무성과주장에 대한 규제: 핵심
쟁점과 개선방향」, 『유통연구』, 제20권 제1호, 2016년, 34면; 정태석, 「GS25 상생협력
사례와 과제-가맹점사업자단체 및 상생지원제도를 중심으로」, 『프랜차이징저널』 제3
권 제1호, 2017년 8월, 58면.

3) 프랜차이즈계약의 성립요건은 영업표지의 사용권 부여, 일정한 품질기준이나 영업방식
에 따라 상품 또는 용역을 판매, 가맹본부의 통제와 조력, 가맹점사업자의 독립적
상인성 인정 및 가맹점사업자의 가맹금 지급 등으로 분류된다. 권용덕 · 우종필 · 이상
윤, 「프랜차이즈 거래의 불공정성에 대한 규제와 불공정거래행위에 관한 연구-공정거래
위원회 심결례 분석을 중심으로」, 『한국프랜차이즈경영연구』 제2호, 122-123면.

4) 일체비용 가운데 가맹금 예치제도와 관련해서는 한국뿐만 아니라 중국에서도 일정부분
논란이 되고 있어 법 개정으로 관련제도 운용을 보다 확실히 하여야 한다. 즉 가맹금
예치제도 절차상의 복잡함으로 인한 기피현상이 발생하고 있고, 가맹점 운영의 불확실성

으로 인해 가맹본부에게 직접 지급 및 입금을 주장하여 문제발생 시 가맹본부로부터 손쉽게 가맹계약해지 또는 가맹금을 반환받기 위한 목적으로 사용되는 경우가 발생하고 있어 이에 대한 대책이 시급하다. 가맹금예치제도는 한국에만 있는 제도로서 폐지해도 무방하며, 만약 동 제도 유지 시 제도개선방안으로는 가맹본부가 가맹희망자 또는 가맹점사업자를 대신하여 직접 가맹금을 예치기관에 예치할 수 있도록 규정을 하고, 가맹금을 입금하였음을 증명하는 가맹금 예치증서를 발급받아 가맹희망자 또는 가맹점사업자에게 제공하면 될 것이다. 소재선·류석희, 「가맹사업법상 가맹금예치제도에 관한 개선방안 소고」, 『외법논집』 제38권 제2호, 2014.5, 177면.

5) 가맹사업에서 영업지역침해 혹은 상권잠식현상이란 가맹본부가 기존 가맹점사업자의 합리적인 영업지역 내에 근접하여 직영점 혹은 새로운 가맹점을 개설하는 것을 말한다. 가맹점사업자와 가맹본부는 중대한 이해관계상의 차이가 있는데, 가맹점사업자는 자신의 개별적인 점포 영업이익을 중시하게 되고, 가맹본부는 가맹점출점과 로열티수입을 통한 전체 가맹사업총매출 증대에 보다 관심을 기울이게 된다. Robert W. Emerson, Franchise Territories: A Community Standard, *45 Wake Forest L. Rev.* 779, 779(2010); Robert W. Emerson, Franchise Encroachment, *47 American Business Law Journal 191*, 204(2010). 이 혁, 「개정 가맹사업법상 영업지역 침해금지에 관한 연구」, 『경영법률』, 2014, 390면.

6) Camp Greek Hospitality Inns, Inc. v. Sheraton Franchise Corp., 139 F.3d 1396, 1401(11th Cir, 1998).

7) 이에 반하여 독점규제법 내지 경쟁법의 기본 이념은 '경쟁의 촉진'에 그 기본이념이 있고, 이는 우리의 「독점규제 및 공정거래에 관한 법률」에도 다르지 않다. 그러한 점에서 볼 때, 경쟁은 상표 간 경쟁뿐만 아니라 상표 내 경쟁도 촉진되는 것이 바람직하다. 따라서 독점규제법은 가능한 한, 프랜차이즈와 같은 수직적 거래에 있어서도 지역제한 즉 영업지역을 할당하는 것은 제한적으로만 허용되도록 하여야 한다는 견해도 있다. 이러한 경우 정보공개서 제공 면제를 부분적으로 제한하는 방향으로 운용을 하면 될 것이다. 최영홍, 「프랜차이즈의 국제화와 가맹사업법의 문제점」, 『경영법률』, 2008, 155면.

8) 김한종, 「가맹계약에 있어서 가맹점사업자의 보호-가맹사업법상의 정보공개제도를 중심으로」, 『법학논총』 제19집 제1호, 조선대학교 법학연구원, 2012년 4월, 495-496면.

제5절 중국 광고법률의 규제

1) 黃 微, "试论比较广告合法性", 西南科技大学《高教研究》, 2007年第2期, 39页.
2) 高运峰, "试论运用比较广告应注意的几个问题", 商业研究, 2001, p.148-149.
3) 杨青平, "论比较广告", 新闻爱好者, 1997(3), 33页.
4) 杨青平, 위의 논문, 31면.
5) 黃 微, 위의 논문, 40页.
6) 黃 微, 위의 논문, 40页.
7) 黃 微, 위의 논문, 40页.
8) 黃 微, 위의 논문, 40页.
9) 黃 微, 위의 논문, 40页.
10) 黃 微, 위의 논문, 40页.

11) 黃 微, 위의 논문, 41頁.

12) 黃 微, 위의 논문, 41頁.

13) 黃 微, 위의 논문, 41頁.

14) 黃 微, 위의 논문, 41頁.

15) 黃 微, 위의 논문, 41頁.

16) 박주연,「융합시대 독일의 방송 광고 정책 변화에 관한 연구」,『커뮤니케이션학연구』
    제19권 1호, 2011, 85면.

17) 四川省宜宾市翠屏区人民法院(2006)翠屏民初字第748号民事判决书를 참조하면 심
    리과정에서 원고는 피고에게 광고내용에 따라 계약을 이행할 것을 요구하지 않았으나
    손해배상을 요구한 바 있다. 법원은 피고가 원고에게 두 하드의 가격 차이인 50위안을
    지불하도록 명령하였다.

18) 최초계약금 명목으로 지불한 금액은 205만 대만 위안이다.

19) 대만 최고법원 2003년도 대상자(臺上字) 제2694호 민사판결서를 참조하면 이 판결
    이후 타이베이지방법원은 해당부동산광고는 이미 두 계약내용의 일부분을 형성하였
    기 때문에, 부동산광고는 법률의 규정에 기반을 두고 있지 당사자의 약정에 기반을
    둔 것이 아니라고 판단하였다. 타이베이지방법원은「대만소비자보호법」제22조 규정
    에 의해 경영자가 등재된 광고를 요약성질로 해야 하며, 결코 요약인수가 아니라고
    보았다. 당사자 쌍방 협상 시에는 제소자가 제공한 광고는 이미 계약내용으로 전환되었
    으며, 상소인은 광고내용에 근거하여 계약을 이행할 의무가 있다고 판결을 내렸다.
    법원 판결문 중에는 소비자는 광고내용을 신뢰해야 하며, 기업경영자가 제공한 광고정
    보에 따라 대화를 하고 계약을 체결해야 하며, 계약 중에 비록 광고내용을 다시 약정하
    지 않는다고 하더라도 기업경영자가 부담해야 하는 계약책임은 여전히 해당 광고내용
    에 해당하기 때문에 동 광고를 계약의 일부로 간주해야 한다고 판결하였다. 宋亚辉,
    "论广告管制规范在契约法上的效力", 华东政法大学学报, 2011年第3期, 122頁.

20) 전 세계적으로 3대 최첨단기술이 포함된 미용 기법의 하나인데, 24K의 황금을 나노기술
    을 이용한 특수처리와 가공을 통해 인체에 유해한 성분을 모두 제거한 뒤, 피부 및
    뼈에 삽입하는 것으로 0.1mm 금실로 제작된다. 즉 안구 부분에 황금으로 제작된
    금실 삽입에 대한 계약이다.

21) 彭 丹, "论虚假广告行政责任的立法完善", 「湖南涉外经济学院学报」, 2006年10月, 61頁.

22) 袁仁辉, "现行法律漏洞的不当利用与防范全书", 北京:九州出版社, 2001, 977-979頁.
    周 凑, "我国反不正当竞争法的缺陷及完善", 「辽宁警专学报」, 2003(5), 13頁.

23) 周 凑, "我国反不正当竞争法的缺陷及完善", 「辽宁警专学报」, 2003(5), 13頁.

24) 온라인이건 오프라인이건 간에 수많은 광고를 접하면서 어느 한 순간 허위광고에
    직면하게 될 수 있다. 허위과장광고가 되기 위해서는 기본적으로 구성요건 해당성이
    존재해야 한다. 구성요건 해당성이 존재하지 않는다면 허위과징광고라고 볼 수 없다.
    따라서 사실과 다르게 광고를 하거나 사실을 지나치게 부풀려서 광고하지 않는다면
    객관적인 사실을 그대로 표현한 것에 불과하기 때문에 허위과장광고라고 볼 수 없을
    것이다. 그리고 소비자 오인성이 존재하지 않아야 한다는 것이다. 일반 소비자들로서는
    이미 다른 매체 등을 통해 충분한 정도의 정보를 얻고 있기 때문에, 이와 같은 소비자집
    단의 평균적 인식만으로는 단지 광고만으로 어떠한 오인이 유발될 우려도 없었다고
    판단할 수 있다. 또한 공정거래 저해성이 존재하지 않는다면 허위광고로 간주하기
    어렵다. 표시광고법상 허위과장광고행위의 요건사실 체계로 보면, 첫 단계에서 허위과
    장이라는 구성요건 해당성이 없다고 판단되는 이상, 그 이후의 점에 대해서는 더

나아가 살필 필요도 없을 것이지만, 법원에서는 보다 신중하고 설득력 있는 판결을 위해 나머지 요건사실에 대해서도 함께 판단한 것으로 보인다. 이현규,「표시광고법상 부당한 표시광고의 합헌적 판단기준-서울고등법원 2010.12.2. 선고 2010누24311 판결」,『경쟁법연구』, 2011.5, 401-402면.

25) 周 湊, "我国反不正当竞争法的缺陷及完善",「辽宁警专学报」, 2003(5), 15页.
26) 유명연예인을 광고모델로 하였으나 제품 효능 이상의 허위광고로 판명난 경우 권리침해에 대한 책임법리의 근거는 세 가지로 분류된다. 하나는 성실신용원칙이다. 만약 유명연예인이 광고에서 자신의 특수한 사회적 지위를 이용하여 자신의 이익추구를 위해 소비자에게 제품의 진실한 정황을 은닉하거나, 심지어 제조업자와 내통하여 소비자를 속이게 된다면 신의성실원칙의 근본요구를 위반한 것으로, 이로 인하여 조성된 손해에 대해서는 민사책임을 부담해야만 한다. 다음으로 공공질서 및 미풍양속 원칙이다. 중국「민법통칙」제7조는 '민사활동은 사회공중도덕을 존중하고 사회공공이익에 손해를 주면 안 된다.'고 규정하였다. 중국「민법통칙」제55조 또한 '민사행위가 공공이익에 위반하는 것은 무효이다.'라고 규정하고 있다. 유명연예인을 광고모델로 하여 소비자를 속이는 행위를 방조한 것은 사회공공이익과 광고업계 및 산업계의 상도리를 해친 것으로, 민사책임의 구성에 부합할 때 그에 상응하는 민사책임을 부담해야만 한다. 마지막으로 권리의무의 통일성이 있다. 연예인이 광고모델로 참여할 경우 고액의 출연료를 받게 되는데 제품과 서비스에 대한 의무 또한 이행해야만 한다. 즉 불특정한 소비자를 향해 제품과 서비스의 진실한 정보를 제공해야 하고, 제품의 품질과 선전효과에 대해서도 그에 상응하는 의무를 부담한다. 유명연예인 및 저명인사는 시장의 중요한 참여자로서 허위진술을 하면 아니 되며 그렇지 않을 경우 그에 상응하는 법적 책임을 부담해야만 한다. 邓雪儿 · 刘智慧, "论名人代言虚假广告应承担的侵权责任", 贵州社会科学, 2011年5月, 129页.
27) 彭 丹, "论虚假广告行政责任的立法完善", 湖南涉外经济学院学报, 2006年10月, 61页.
28) 彭 丹, "论虚假广告行政责任的立法完善", 湖南涉外经济学院学报, 2006年10月, 61页.
29) 손봉현,「인터넷을 통한 바이럴 마케팅에 대한 규제-표시광고법을 중심으로」,『경제법연구』제16권 1호, 2017.4, 280면.
30) 박수영,「블로그 광고에 대한 규제-경제적 이해관계 미공개의 경우를 중심으로」,『경쟁법연구』제32권, 2015, 법문사, 385면.
31) 서울행정법원 2011.8.26., 선고 2011구합2934 판결 참고.
32) 손봉현,「인터넷을 통한 바이럴 마케팅에 대한 규제-표시광고법을 중심으로」,『경제법연구』제16권 1호, 2017.4, 294면.
33) 袁仁辉, "现行法律漏洞的不当利用与防范全书", 九州出版社, 2001, 953页.
34) 袁仁辉, "现行法律漏洞的不当利用与防范全书", 九州出版社, 2001, 979页.
35) 彭 丹, "论虚假广告行政责任的立法完善", 湖南涉外经济学院学报, 2006年10月, 61页.
36) 周 涛, "我国反不正当竞争法的缺陷及完善", 辽宁警专学报, 2003(5), 24页.

참고문헌

국내저서

경제기획원, 『공정거래백서-새로운 경제질서를 향하여』, 경제기획원, 1984.

권기훈, 『독점규제 · 공정거래법』, 경상대학교 출판부, 2011.

권오승, 『경제법(제12판)』, 법문사, 2015.

석종현, 『일반행정법』, 삼영사, 2005.

신현윤, 『경제법(제6판)』, 법문사, 2014.

이기수 · 유진희, 『경제법(제9판)』, 세창출판사, 2012.

이재형, 『사업자단체와 경쟁정책』, 한국개발연구원, 1999.

국내논문

고형석, 「배달 앱 거래와 소비자보호에 관한 연구」, 『법학연구』 제24권 제1호, 경상대학교 법학연구소, 2016.

고형석, 「전자상거래소비자보호법 제3조 제3항과 제20조 제2항의 관계에 대한 연구」, 『법조』, 법조협회, 2010.2.

고형석, 「전자상거래소비자보호법상 시정조치에 관한 연구」, 『경제법연구』 제15권 2호, 한국경제법학회, 2016.8.

권남훈 · 전성훈, 「기업결합 이후의 특허실시료의 인상을 통한 경쟁제한효과: 마이크로소프트-노키아 동의의결(2015)의 사례 분석」, 『법경제학연구』, 한국법경제학회, 2016.4.

권오승, 「개정 전자상거래소비자보호법의 쟁점별 고찰」, 『기업법연구』, 한국기업법학회, 2013.

권용덕 · 우종필 · 이상윤, 「프랜차이즈 거래의 불공정성에 대한 규제와 불공정거래행위에 관한 연구-공정거래위원회 심결례 분석을 중심으로」, 『한국프랜차이즈경영연구』 제2호, 한국프랜차이즈경영학회, 2011.

권재열, 「독점규제법상 최고재판매가격유지 행위 규제의 개선방안」, 『규제연구』 제14권 제2호, 한국경제연구원, 2005.12.

권창희 · 이상미, 「전시서비스에 대한 참관객 만족도에 관한 연구」, 『한국콘텐츠학회논문지』 제5권 제6호, 한국콘텐츠학회, 2005.12.

김경석, 「중국에서의 가격카르텔 규제강화에 따른 기업의 대응방향에 관한 소고」, 『법학논문집』, 중앙대학교 법학연구원, 2014.

김대호 · 정영수, 「최근 법률개정을 통하여 본 금산분리-금융지주회사법과 은행법 개정을 중심으로」, 『은행법연구』 제2권 제2호, 은행법학회, 2009.11.

김두진, 「공정거래법상 상호출자금지제도 및 출자총액제한제도에 관한 고찰」, 『경쟁법연구』, 한국경제법학회, 2006.11.

김두진, 「공정거래위원회의 결정유형의 개선방안에 관한 고찰」, 『상사판례연구』 제23집

제2권, 한국상사판례학회, 2010.6.

김두진, 「카르텔에 대한 징벌적 배상제도의 도입론」, 『경쟁법연구』, 한국경제법학회, 2014.5.

김선광, 「포탈사업자의 시장지배적 지위에 관한 법적 고찰」, 『법학논총』, 한양대학교 법학연구소, 2007.7.

김의영, 「한국의 기업이익대표체제에 대한 소고-국가와 사업자단체의 관계를 중심으로」, 『시민정치학회보』 제5권, 시민정치학회, 2002.

김진우, 「디지털콘텐츠 거래에서의 담보책임-유럽연합 디지털콘텐츠지침안 및 우리 전자상거래법의 입법방향」, 『연세법학연구』, 연세대학교 법학연구원, 2016.12.

김한종, 「가맹계약에 있어서 가맹점사업자의 보호-가맹사업법상의 정보공개제도를 중심으로」, 『법학논총』 제19집 제1호, 조선대학교 법학연구원, 2012.4.

김홍기, 「개정 금융지주회사법의 주요내용과 관련법제의 개선방향」, 『연세법학연구』, 연세대학교 법학연구원, 2010.6.

류석희 · 소재선, 「가맹계약의 갱신에 관한 「가맹사업법」 제13조의 재검토」, 『재산법연구』 제32권 제2호, 한국재산법학회, 2015.8.

박수영, 「블로그 광고에 대한 규제-경제적 이해관계 미공개의 경우를 중심으로」, 『경쟁법연구』 제32권, 한국경제법학회, 2015.

박은경, 「중국 「개정 소비자보호법」상 징벌적 손해배상에 관한 연구」, 『중국법연구』, 한중법학회, 2015.11.

박정국, 「중국 보험소비자보호법제의 문제점 · 개선방안 및 시사점에 관한 소고」, 『법학논총』 제39권 제3호, 단국대학교 부설 법학연구소, 2015.

박정원 · 김동현, 「금융지주회사법상 자회사 편입 관련 제반사항 검토」, 『Business Finance Law』, 서울대학교 금융법센터, 2015.7.

박주연, 「융합시대 독일의 방송 광고 정책 변화에 관한 연구」, 『커뮤니케이션학연구』 제19권 1호, 한국커뮤니케이션학회, 2011.

박창원 · 김봉석, 「국내 전시주최자로서 업종별 사업자단체의 역할에 대한 비판적 고찰-독일 전시주최자와의 비교를 중심으로」, 『무역전시연구』 제12권 제1호, 한국무역전시학회, 2017.4.

박효근, 「행정지도와 법률유보 및 구제에 관한 이론적 검토」, 『한양법학』, 한양법학회, 2011.

백정웅, 「공정거래법 개정안상 중간지주회사의 도입에 대한 검토-금융지주회사법과 관련하여」, 『상사법연구』 제29권 제3호, 한국상사법학회, 2010.

백정웅, 「금융지주회사법 개정안의 법적 쟁점과 과제」, 『은행법연구』 제1권 제2호, 은행법학회, 2008.11.

서종희, 「B2B 거래에서의 약관규제법의 개정방향」, 『외법논집』 제41권 제3호, 한국외국어대학교 법학연구소, 2017.8.

서희석, 「약관규제와 계약법」, 『외법논집』 제41권 제3호, 한국외국어대학교 법학연구소, 2017.8.

석광현, 「해외직접구매에서 발생하는 분쟁과 소비자의 보호: 국제사법, 중재법과 약관규제법을 중심으로」, 『법학』 제57권 제3호, 서울대학교 법학연구소, 2016.9.

소재선 · 류석희, 「가맹사업법상 가맹금예치제도에 관한 개선방안 소고」, 『외법논집』 제38

권 제2호, 한국외국어대학교 법학연구소, 2014.5.

손봉현, 「인터넷을 통한 바이럴 마케팅에 대한 규제-표시광고법을 중심으로」, 『경제법연구』 제16권 1호, 한국경제법학회, 2017.4.

손영화, 「시장지배적 지위의 남용금지」, 『법학연구』, 인하대학교 법학연구소, 2012.

손지열, 「약관의 계약편입과 명시·설명의무」, 『민법학논총』 제2권(후암 곽윤직교수 고희 기념), 1995.

신보성, 「"금융지주회사법 개정안의 법적 쟁점과 과제"에 대한 토론 자료」, 『은행법연구』 제1권 제2호, 은행법학회, 2008.11.

신영수, 「공정거래위원회에 의한 사전심사청구제도의 현황 및 개선방안」, 『경영법률』, 한국경영법률학회, 2011.

신영수, 「미국 독점금지법상 비수평결합 규제의 동향과 시사점」, 『미국헌법연구』 제25권 제1호, 미국헌법학회, 2014.4.

심미랑, 「지식재산권법과 경쟁법의 조화 방안에 관한 연구」, 『산업재산권』, 한국지식재산학회, 2016.12.

양병찬, 「경쟁제한적 기업결합의 금지-한중일 비교를 통한 규제 국제화와 한계 검토」, 『경제법연구』, 한국경제법학회, 2016.

원용수, 「시장지배적 지위의 남용에 관한 EU독점금지법의 고찰-EU독점금지법 제86조의 응용가능성을 중심으로」, 『사회교육과학연구』, 숙명여자대학교 사회교육과학연구소, 2001.1.

윤상윤, 「중국 가격법의 가격위법행위와 적용사례 연구」, 『한중사회과학연구』 제15권 제3호, 한중사회과학학회, 2017.7.

윤상윤, 「중국 반독점법상 시장지배적 지위 남용행위 규제에 관한 연구」, 『한중사회과학연구』, 한중사회과학학회, 2013.4.

윤상윤, 「중국 반독점법상 카르텔 규제에 관한 고찰」, 『한중사회과학연구』 제10권 제2호, 한중사회과학학회, 2012.

이금노, 「약관규제법상 불공정약관 조항 개정에 관한 연구」, 『법과 정책』 제23집 제1호, 제주대학교 법과정책연구원, 2017.3.

이기종, 「기업결합심사에 있어 관련시장의 획정」, 『상사법연구』, 한국상사법학회, 2012.

이기종, 「디지털 플랫폼 사업자 간의 기업결합 규제-EU의 Facebook/WhatsApp 사건을 중심으로」, 『상사판례연구』, 한국상사판례학회, 2016.3.

이기종, 「사업자단체에 의한 불공정거래행위 및 재판매가격유지행위의 강요-방조행위」, 『경제법연구』 제6권 제1호, 한국경제법학회, 2007.6.

이동원, 「독점규제법상 경제력집중 조항에 대한 법적 평가-연혁적 고찰을 통한 각론적 평가를 중심으로」, 『법학논총』, 단국대학교 법학연구소, 2012.

이병주, 「시장지배적 지위 남용행위」, 『공정경쟁』, 한국공정경쟁협회, 1999.2.

이병준, 「O2O 플랫폼 서비스와 전자상거래소비자 보호법에 의한 소비자 보호」, 『안암법학』, 안암법학회, 2017.1.

이병준, 「한국 전자상거래소비자보호법상 규율대상의 현황과 과제」, 『외법논집』 제39권 제4호, 한국외국어대학교 법학연구소, 2015.11.

이석준, 「미국과 EU의 시장지배적 지위 남용 규제 비교」, 『경쟁저널』, 한국공정경쟁연합회, 2006.10/11.

이승환, 「기업결합에 있어서 이해관계자의 보호-미국의 주회사법과 판례를 중심으로」, 『경제법연구』 제16권 1호, 한국경제법학회, 2017.

이원석, 「약관규제법에 관한 최근 대법원 판례 동향」, 『외법논집』 제41권 제1호, 한국외국어대학교 법학연구소, 2017.2.

이정민, 「카르텔 억제를 위한 리니언시제도의 재검토」, 『법학논총』, 단국대학교 법학연구소, 2014.

이천현, 『독점규제법 위반행위에 대한 형사법적 대응방안』, 한국형사정책연구원, 2003.

이혁, 「개정 가맹사업법상 영업지역 침해금지에 관한 연구」, 『경영법률』, 한국경영법률학회, 2014.

이현규, 「표시광고법상 부당한 표시광고의 합헌적 판단기준-서울고등법원 2010.12.2. 선고 2010누24311 판결」, 『경쟁법연구』, 한국경제법학회, 2011.5.

이호영, 「경제력집중 억제를 위한 경쟁법적 규제의 유용성과 한계」, 『법학논총』, 한양대학교 출판부, 2007.4.

이효석, 「혼합결합의 경쟁제한성 심사기준의 개선방안」, 『경쟁법연구』, 한국경제법학회, 2011.

임영균, 「가맹본부의 재무성과주장에 대한 규제: 핵심쟁점과 개선방향」, 『유통연구』 제20권 제1호, 한국유통학회, 2016년.

정연주, 「공정거래위원회 전속고발권의 헌법적 문제」, 『서울법학』 제25권 제3호, 서울시립대학교 법학연구소, 2017.

정영진, 「시장지배적 지위 남용행위에 대한 유럽 경쟁법과 미국 독점금지법의 접근방법의 차이」, 『경쟁저널』, 한국공정경쟁연합회, 2005.11.

정완, 「공정거래위원회의 전속고발제도에 관한 고찰」, 『외법논집』 제30집, 한국외국어대학교 법학연구소, 2008.5.

정완, 「카르텔에 대한 EU 위원회의 과징금 정책에 관한 고찰」, 『외법논집』, 한국외국어대학교 법학연구소, 2010.5.

정완, 「카르텔에 대한 EU 위원회의 과징금 정책에 관한 고찰」, 『외법논집』, 한국외국어대학교 법학연구소, 2010.5.

정찬모, 「오픈마켓의 불공정행위 분쟁사례를 통해본 공정거래법과 전자상거래소비자보호법 적용상의 쟁점」, 『외법논집』 제41권 제3호, 한국외국어대학교 법학연구소, 2017.8.

정태석, 「GS25 상생협력 사례와 과제-가맹점사업자단체 및 상생지원제도를 중심으로」, 『프랜차이징저널』 제3권 제1호, 한국프랜차이즈학회, 2017.8.

조현덕, 「"금융지주회사법제의 현황과 과제" 주제 발표와 관련하여」, 『은행법연구』 제5권 제1호, 은행법학회, 2012.5.

조현진, 「구글의 시장지배적 지위 남용여부에 대한 법적 연구」, 『법과 정책연구』, 한국법정책학회, 2017.9.

주진열, 「국가개입 수출카르텔 관련 경쟁법과 WTO법의 충돌·조화문제-중국 수출카르텔 관련 미국 반독점법 사건과 WTO 사건의 시사점」, 『법학논집』, 이화여자대학교 법학연구소, 2016.12.

陳志·조동제, 「중국의 소비자권익보호법 개정 배경 및 그 개선에 관한 소고」, 『강원법학』, 강원대학교 비교법학연구소, 2015.2.

최나진, 「개정 전자상거래소비자보호법상의 통신판매중개자의 지위와 책임」, 『외법논집』 제40권 제3호, 한국외국어대학교 법학연구소, 2016.8.

최난설헌, 「국제카르텔 자진신고자 감면제도 집행의 문제점과 개선방향」, 『경쟁법연구』, 한국경제법학회, 2013.

최난설헌, 「기업결합 심사에 있어서 빅데이터의 경쟁법적 의미」, 『외법논집』, 한국외국어대학교 법학연구소, 2017.

최난설헌, 「현행 기업결합 심사제도의 문제점과 개선방안」, 『경제법연구』, 한국경제법학회, 2016.

최병규, 「약관규제법 제12조 의사표시 의제-독일법과의 비교를 중심으로」, 『경제법연구』 제15권 1호, 한국경제법학회, 2016.4.

최병규, 「약관규제법 제15조 적용제한에 대한 연구」, 『경제법연구』 제16권 1호, 한국경제법학회, 2017.

최병규, 「약관규제법 제8조 손해배상액의 예정에 대한 고찰」, 『경제법연구』 제13권 3호, 한국경제법학회, 2014.

최병규, 「약관규제법상 대리인의 책임 가중에 대한 연구」, 『경제법연구』 제15권 3호, 한국경제법학회, 2016.12.

최영홍, 「프랜차이즈의 국제화와 가맹사업법의 문제점」, 『경영법률』, 한국경영법률학회, 2008.

최인혁, 「한국의 전자상거래에서의 소비자 보호법에 관한 연구」, 『전자무역연구』 제5권 제1호, 중앙대학교 한국전자무역연구소, 2007.5.

홍대식, 「공정거래법 집행자로서의 공정거래위원회의 역할과 과제」, 『법학』, 서울대학교 법학연구소, 2011.

홍대식, 「자본거래 관련 부당지원행위의 성립」, 『경쟁법연구』 제17권, 한국경제법학회, 2008.

홍명수, 「독점규제법상 입찰 담합규제와 공정거래위원회의 역할」, 『법학논고』, 경북대학교 법학연구소, 2009.6.

황태희, 「공정거래법상 경제력 집중억제 실효성 확보를 위한 제재수단의 재정립」, 『법학논고』, 경북대학교 법학연구원, 2014.8.

황태희, 「미국 방송통신사업자 기업결합 규제와 시사점」, 『강원법학』, 강원대학교 비교법학연구소, 2017.2.

외국저서

贾西津 · 沈恒超 · 胡文安, 『转型时期的行业协会-角色, 功能与管理体制』, 社会科学文献出版社, 2004.

江伟, 『民事诉讼法』, 高等教育出版社, 2004.

姜明安, 『行政法学与行政诉讼法』, 高等教育出版社, 2007.

江山, 「反垄断法的域外适用制度」, 商标库, 2007年9月21日.

工信部, 「电子商务'十二五'发展规划」, 中國政府网, 2012年3月27日.

郭宗杰, 『行政性垄断之问题与规制』, 法律出版社, 2007.

乔治 · A · 斯蒂娜, 约翰 · F · 斯蒂娜, 『企业, 政府与社会』, 华夏出版社, 2002.

国家经贸委产业政策司编: 『中国行业协会改革与探索』, 中国商业出版社, 1999.

谭岳奇, 『中小企业介入式团队法律服务』, 法律出版社, 2009.

唐绪兵,『中国企业并购规制』, 经济管理出版社, 2006.

罗豪才,『行政法学』, 中国政法大学出版社, 1996.

梁慧星,『民法学论从(第20卷)』, 中国法制出版社, 2001.

梁慧星,『民法解释学』, 中国政法大学出版社, 1995.

梁慧星,『裁判的方法』, 法律出版社, 2003.

李平,「患者消费地位的法理学研究」,『南京师范大学硕士学位论文』, 2007.

李瑞妍,『线上拍卖契约的法律问题研究-以契约的成立及效力为中心』, 辅仁大学法律学研
        究所, 2004.

李昌麒,『经济法-政府干预经济的基本法律形式』, 四川人民出版社, 1995.

马坏德,『行政诉讼制度的发展历程』, 北京大学出版社, 2009.

马俊驹·余延满,『民法原论』, 法律出版社, 2010.

曼惠·奥尔森,『国家的兴衰』, 上海世纪出版集团, 2007.

曼惠·奥尔森,『权力与繁荣』, 上海世纪出版集团, 2014.

曼惠·奥尔森,『集团行动的逻辑』, 上海格致出版社, 2014.

迈克尔·塔格特,『行政法的范围』, 中国人民大学出版社, 2006.

弗里德赫尔穆·胡芬,『行政诉讼法』, 法律出版社, 2003.

史建三,『跨国并购论』, 立信会计出版社, 1999.

史际春,『反垄断法理解与适用』, 中国法制出版社, 2007.

史际春·邓峰,『经济法总论』, 法律出版社, 1998.

谢普,『反垄断法规制行政垄断之评析』, 武汉: 华中师范大学, 2008.

谢次昌,『消费者保护法通论』, 中国法制出版社, 1994.

徐力,『2008年度上海统战优秀调研文选』, 上海人民出版社, 2009.

苏文珍,「金融控股公司加重责任制度研究」,『华中科技大学硕士学位论文』, 2013.

时建中,『反垄断法-法典释评与学理探远』, 人民大学出版社, 2008.

实方謙二,『独占禁止法と现代经济(增補版)』, 成文堂出版社, 1977.

杨紫煊,『经济法』, 北京大学出版社, 1999.

杨紫煊,『经济法』, 北京大学出版社, 2010.

吴康,「行政法之理论与实用」, 中国人民大学出版社, 2005.

翁岳生,『行政法』, 元照出版有限公司, 2006.

翁岳生,『行政法』, 台北: 元照出版有限公司, 2006.

翁岳生,『行政诉讼法逐条释义』, 五南图书出版公司, 2006.

王名扬,『法国行政法』, 中国政法大学出版社, 1988.

王名扬,『英国行政法』, 中国政法大学出版社, 1987.

王保树,『经济法原理』, 北京:社会科学文献出版社, 1999.

王保树,『商事法论集(第3卷)』, 法律出版社, 1999年, 391页.

王先林,『WTO政策与中国反垄断立法』, 北京大学出版社, 2005.

王为农,『企业集中规制的基本法理: 美国日本及欧盟的反垄断法比较研究』, 法律出版社,
        2001.

王晓哗,「我国反垄断行政执法机构多元化的难题」,『中国经济时报』, 2006.

王晓华,「竞争法研究」, 中国法制出版社, 2001.

王晓华,『反垄断法与市场经济』, 法律出版社, 1999.

王晓华,『行政垄断问题的再思考』,中国社会科学院研究生院学报, 2009(4).

袁仁辉,『现行法律漏洞的不当利用与防范全书』,北京:九州出版社, 2001.

魏德士,『法里学』,法律出版社, 2005.

卡尔·拉伦茨,『德国民法通论(上)』,王晓晔·程建英·徐国建·谢坏拭 译, 法律出版社, 2003.

张经,『行业协会商会规范发展资料汇编』,中国工商出版社, 2007.

张小强,『网络经济的反垄断法规制』,法律出版社, 2007.

张守文,『市场经济与新经济法』,北京大学出版社, 1993.

翟鸿样,『行业协会发展理论与实践』,经济科学出版社, 2003.

郑成思·哔虹,「新加坡的《电子商务法》」,『经济参考报』, 2002.

郑玉波,『公司法』,三民书局, 1982.

赵志刚,『公司治理法律问题研究』,中国检察出版社, 2005.

周波,『敢为天下先, 上海改革创新的那个第一』,上海人民出版社, 2009.

朱福惠,『宪法至上-法治之本』,法律出版社, 2000.

曾宪义,『知识产权法』,人民大学出版社, 2007.

陈阳,『检察机关环境公益诉讼原告资格及其限制』,山东人民出版社, 2009(11).

陈卫佐,『德国民法典』,法律出版社, 2006.

陈辉东,『商品房买卖法律问题专论』,法律出版社, 2003.

漆多俊,『经济法基础理论』,武汉大学出版社, 1993.

沈志婷,「医患关系法律性质研究」,『华东政法大学硕士学位论文』, 2006.

William H. Page & John E. Lopatka, "The Microsoft Case Antitrust, High Technology and Consumer welfare", The University of Chicago Press, 2007

Max Schanzenbach, "Network Effects and Antitrust Law: Predation, Affirmative Defenses and the Case of U.S v. Microsoft", *Stan. Tech. L. Rev.*, 2002 - HeinOnline

Commission Notice on Remedies Acceptable Under Council Regulation(EC) No 139/2004 and Under Commission Regulation(EC) No 802/2004(2008).

U.S. Department of Justice, "Antitrust Division Policy Guide To Merger Remedies", *U.S. Department of Justice, Antitrust Division*, 2004

Joseph Farrel, "Fox, or Dangerous Hedgehog? Keyte and Schwartz on the 2010 Horizontal Merger Guidelines", *77 Antitrust L.J. 661*, (2011)

Statement of Federal Trade Commission Concerning Google/Double Click, FTC File No. 071-0170, (Dec. 20, 2007)

Marc H. Folladori, "A Practical Overview of the SEC's Internal Controls and Executive Certification Disclosure Rules", *1711 PLI/Corp 745, 751*, Jan.2009

The Financial Institutions Reform, "Recovery and Enforcement Act of 1989", *Pub. L, No. 101-73 Stat. 183*, 1989

ALI, "Principles of Corporate Governance: Analysis and Recommendations", 1994

City of the Lafayette v. Louisiana Power & Light, 435 US 389, 1989.

Robert W. Emerson, "Franchise Territories: A Community Standard", *45 Wake*

Forest L. Rev. 779, 779(2010)

Robert W. Emerson, "Franchise Encroachment", *47 American Business Law Journal 191*, 204(2010)

외국논문

姜锡麟,「当代同业工会的特征及问题初探-对温州同业商会的研究」,『社会』, 2004(4)

高凛,「行业协会在国际反倾销中的职能论析」,『江南大学学报(人文社会科学版)』, 2005年
    4月

高运峰,「试论运用比较广告应注意的几个问题」,『商业研究』, 2001

高化民,「全行业公私合营高潮评析」,『当代中国史研究』, 1999年第5期

谷亚光,「关于当前我国金融体系改革发展方向的思考」,『中国流通经济』, 2010年第8期

曲振涛 · 周方召 · 周正,「美国公司并购哈尔滨啤酒的启示-过度竞争, 外资并购与企业改制
    的一个案例分析」,『哈尔滨商业大学学报(社会科学版)』, 2007(4)

郭东海,「论公司章程的法律规制」,『法治论丛』, 2004年1月, 第19卷第1期

邱滨泽,「公司章程对公司对外担保之规制」,『商场现代化』, 2015年第11期

金美蓉, 「我国对国际航空运输业价格卡特尔的规制现状及相关政策思考」, 『国际贸易』,
    2011年第4期

谈云,「首例患者依「消费者权益保护法」起诉医院案开审」, 澎湃新闻, 2011.11.01

涂富秀,「论海西中小企业法律服务平台的构建-以行业协会作用为视角」,『科技和产业』,
    2012年7月

窦竹君,「行业协会章程的法律规制」,『石家庄铁道学院学报(社会科学版)』, 2008年12月

杜仲霞,「网络经济下反垄断法滥用市场支配地位的界定」,『安徽农业大学学报(社会科学
    版)』, 2011年5月

邓楠,「论中国经济法学说初期的发展」,『经济师』, 2011年第3期

邓丽娟 · 从红云,「行政垄断的归责原则若干问题研究及体系建构」,『天水行政学院学报』,
    2009年第4期

邓路遥 · 莫初明,「论我国企业滥用市场支配地位的法律责任」,『经济师』, 2010.1

邓雪儿 · 刘智慧,「论名人代言虚假广告应承担的侵权责任」,『贵州社会科学』, 2011年5月

罗先觉,「美国, 欧盟, 韩国, 日本微软案件比较研究」,『河北法学』, 2010年12月

罗义,「论网络购物合同中的格式条款的法律规制」,『法制与社会』, 2009.12

梁慧星,「医疗损害赔偿案件的法律适用问题」, 法帮网, 2011.11.01

卢成龙 · 何志红,「行政垄断的历史成因及其对策」,『长江大学学报(社会科学版)』, 2001年
    版

赖春,「我国市场下网购消费者撤回权分析-基于第三方平台交易模式」,『广西政法管理干部
    学院学报』, 2014年11月

廖丽环,「行政垄断规制路径的考察」,『四川警察学院学报』, 2015年8月

刘文华,「经济法的本质: 协调主义及其经济学基础」,『法学』, 2000(2), 20页

刘元龙,「我国应当健全行政垄断法律责任制度-以《反垄断法》第51条为基点展开的探讨」,
    『当代经济管理』, 2010年10月

刘志刚,「WTO反倾销工作体系中行业协会的作用」,『湖南商学院学报』, 2003(3)

李敏, 「国外反垄断法中的宽免制度比较研究」, 『中南林业科技大学学报(社会科学版)』,

2009年11월

李淑如,「网络拍卖契约成立, 生效与撤消等基本问题之研究」,『月旦民商法杂志』, 2013(6)

李永军,「非财产性损害的契约性救济及其正当性说明-违约责任与侵权责任的二元制体系下的边际案例救济」,『比较法研究』, 2003(6)

李友根,「论汽车销售的消费者法适用」,『苏州大学学报法学版』, 2014年第2期

李静,「我国l对滥用市场支配地位的反垄断法规制探析」,『法制与经济』, 2011年3月

李俊峰,「中国企业合并反垄断审查的展开」,『国际经贸探索』, 2010年9月

李红霞,「浅意加入后行业协会在反倾销诉讼中的作用」,『黑龙江对外经贸』, 2002(7)

林亮春,「我国电子商务法律规制的缺失及立法路径选择」,『天水行政学院学报』, 2014年第5期

林莉红 · 马立群,「作为客观诉讼的行政公益诉讼」,『行政法学研究』, 2011(4)

林文学,「『侵权责任法』医疗损害责任规定若干问题探析」,『法律适用』, 2010(7)

林忠志,「论反行政垄断立法的若干问题」,『绥化学院学报』, 2007年4月

万立明 · 刘湘婷,「加强上海市社团统战工作的思考-以行业协会和同业工会为例」,『上海市社会主义学院学报』, 2013年第1期

文诚公 · 孔咪咪,「论我国《消费者权益保护法》的修改与完善」,『南华大学学报(社会科学版)』, 2013年8月

史建三 · 钱诗宇,「以国际视野看我国经营者集中的实质审查标准」,『中大管理研究』, 2009年第4卷(4)

邢芝凡 · 王月明,「行政垄断的行政法规制问题探究」,『经济与法』, 2014年第7期

谢晓彬,「论外资垄断性并购的实质标准及其审查」,『宁波大学学报(人文科学版)』, 2009年1月

徐茜 · 杨颖 · 许棋,「行业协会促进企业承担社会公益责任法律问题研究」,『法制与经济』, 2013年1月

孙炜,「反垄断法规制的新视点-对行政指导卡特尔的规制」,『南开学报(哲学社会科学版)』, 2011年第3期

孙哲,「利益集团在能源立法中的影响及其规制对策-以能源资产产权公平配置为背景」,『法制博览』, 2015.05

宋亚辉,「论广告管制规范在契约法上的效力」,『华东政法大学学报』, 2011年第3期

辛文 · 仉晓,「试论反垄断执法机构与行业监管机构的权力配置」,『法制与经济』, 2011年4月

跃进 · 赵丽洲,「完善行业协会机制是入世后应对倾销和反倾销的重要措施之一」,『现代管理科学』, 2003(3)

杨洁,「经济法的价值理念」,『法制与社会』, 2015.3(上)

杨宁,「"滥用市场支配地位"的经济法思考-以微软黑屏事件为例」,『山西省政法管理干部学院学报』, 2011年3月

杨青平,「论比较广告」,『新闻爱好者』, 1997(3)

吴太轩 · 叶 明,「追究行业协会限制竞争行为刑事责任的必要性」,『法制与社会』, 2012(02)

吴晓萍 · 张永忠,「医患纠纷适用消费者权益保护法的若干考量」,『海峡法学』, 2011年12月

王 健年4月朱宏文,「"三网融合"与法律变革-兼论我国反垄断法如何应对"三网融合"的挑战」,『法商研究』, 2008(4)

王健,「关于推进我国反垄断私人诉讼的思考」,『法商研究』, 2010(3)

王健,「行政垄断法律责任追究的困境与解决思路」,『法治论丛』, 2010(1)

王宏,「中国经济法学说评价及其应然趋向」,『山东师范大学学报(人文社会科学版)』, 2007
　　年第5期

王利明,「论个人信息权在人格权法中的地位」,『苏州大学学报(社会科学版)』, 2012(6)

王妙微,「论电子商务与传统商务法律的冲突与协调」,『经营管理者』, 2014(4)

王闻媛・李 斌,「论反垄断法框架下我国行业协会垄断行为的规制」,『法商』, 2010年第8期

王玉辉,「欧盟卡特尔案件宽大制度及启示」,『河北法学』, 2010年12月

王红,「公司章程变更法律探析-从动因和规制层面-」,『北京化工大学学报(社会科学版)』,
　　2004年第1期

王晓华,「举足轻重的前提-反垄断法中的相关市场界定」,『国际贸易』, 2004(2)

王鑫,「成都中院终审一购车纠纷案」,『人民法院报』, 2006年6月13日第版

王希,「企业合并的反垄断法界定及控制研究」,『财政监督』, 2009.10

袁曙宏・苏西刚,「论社团罚」,『法学研究』, 2003(4)

魏丽丽,「我国反垄断执法机构的完善」,『南都学坛(人文社会科学学报)』, 2011年5月

应品广,「经营者集中反垄断规制的理由: 一个不确定的立场」,『安徽大学法律评论』, 2009
　　年第2辑

任阳・崔芬丽,「论我国《反垄断法》对行政垄断的法律规制」,『盐城工学院学报(社会科学
　　版)』, 2009年12月

张肯卓・熊 巨 艳,「对行业协会限制价格竞争行为的法律责任设置」,『法制博览』, 2013(08)

张丽娜,「跨国公司知识产权滥用的反垄断规制」,『广西政法管理干部学院学报』, 2011年5
　　月

张先明,「最高人民法院发布第五批指导性案例」,『人民法院报』, 2013年11月23日第3版

张小强・桌光俊,「论网络经济中相关市场及市场支配地位的界定」,『重庆大学学报(社会科
　　学版)』, 2009

蒋瑜,「论滥用市场支配地位的法律规制」,『长春工程学院学报(社会科学版)』, 2010年第11
　　卷第4期

张楚,「美国电子商务法评析」,『法律科学』, 2000(2)

张行,「国有投资控股集团发展中的改革困境与模式探索-以中信集团香港整体上市为例-」,
　　『企业管理』, 2014.07

郑远民・李俊平, 「新加坡电子商务法最新发展及对我国的启示」, 『湖南师范大学学报』,
　　2012(5)

曹康泰,「中华人民共和国反垄断法解读」,『中国法制出版社』, 2007年10月

赵栋,「对企业避免价格卡特尔的研究」,『价格理论与实践』, 2008(3)

赵宇可・朱淑娣, 「美国知识产权的反垄断限制及其对我国的启示」, 『中国工商管理研究』,
　　2008年第9期

钟月辉,「论网购消费者权益保护的立法完善」,『太原城市职业技术学院学报』, 2013第2期

周凤珠,「我国行业协会在应对反倾销中的作用及其自身完善」,『天津商学院学报』, 2003(3)

周宾卿「腾讯强制卸载360或构成滥用市场支配地位」, 新郎网, 2010.11.03

周睿哲,「从汇源案论我国外资并购反垄断规制的缺陷」,『法制与社会』, 2009.7(下)

周凑,「我国反不正当竞争法的缺陷及完善」,『辽宁警专学报』, 2003(5)

朱晓峰,「试论我国反垄断执法机构的不足与完善」,『政治与法律』, 2013年第4期刊

朱晓峰,「试论我国反垄断执法机构的不足与完善」,『政治与法律』, 2013年第4期刊

陈林·朱卫平,「经济国有化与行政垄断制度的发展」,『财经研究』, 2012年3月

陈本寒·刘革,「网络拍卖中后悔权之适用问题研究」,『上海财经大学学报』, 2014年8月

蔡瑜萍,「论我国经营者集中的反垄断审查」,『法制与社会』, 2009.4

崔勤之,「关于公司设立规则的修改建议」,『商事法论集』第5卷, 法律出版社, 2000年版

崔文俊,「行业协会社团处罚的司法救济问题探讨」,『政法学刊』, 2010年2月

崔秀花,「论我国自然垄断行业消费者权益保护问题」,『广西社会科学』, 2009年第2期

邹晶竹·屈健·张贺明,「中美反垄断执法机构设置比较研究」,『法制与社会』, 2012.01(上)

彭丹,「论虚假广告行政责任的立法完善」,『湖南涉外经济学院学报』, 2006年10月

冯杨,「论网上购物消费者权益的法律保护」,『郑州航空工业管理学院(社会科学版)』, 2010年6月

何培育·钟小飞,「论滥用市场支配地位行为的法律规制」,『重庆邮电大学学报』, 2011年3月

何勇海,「汽车难道不是消费品」,『现代快报』, 2006年6月15日

向亮·会绍云,「关于社团统战工作的几点思考」,『重庆社会主义学院学报』, 2004(2)

叶一颖·应品广,「试论经营者集中反垄断豁免的审查因素」,『法制在线』, 2012.4

黄微,「试论比较广告合法性」,『西南科技大学《高教研究》』, 2007年第2期

侯佳敏·王楠,「我国反垄断执法机构规制行政垄断的困境与解决思路」,『法制博览』, 2015年4月

ECONOMIDES N, "The economics of networks", *International Journal of Industrial Organization*, 14(6), 1996.

KATZLM, SHAPIRO C, "Progress and freedom foundation conference competition, convergence and the microsoft monopoly", *Antitrust in software markets*, 1998

OECD, "General distribution OECD/GD(97)44, application of competition policy to high tech markets", www.oecd.org/

Sue Ann Mota, "Hide It or Unbundle It A Comparison of the Antitrust Investigations Against Microsoft in the U.S. and the EU", *University of New Hampshire Law Review, Pierce L. Rev, Vol.3, No 2,* 2005

Jefferson Parish, Hosp Dist No 2, Hyde, 466, U.S Judgement of the European Court of Justice, Case 27/76, United Brands v. Commission, [1978] E.C.R 207 at para: 65 and Judgement of the European Court of Justice, Hoffmann La Roche v. Commission, 85/76, [1979] E.C.R 461 at para.

Joseph E. Harrington Jr, "Corporate Leniency Programs and the Role of the Antitrust Authority in Detecting Collusion.", Johns Hopkins University, Jan 31, 2006.

해외판례

안후이성 고급인민법원(2011) 腕民提字第2호 민사판결서

경시 제5 중급인민법원(2010) 渝5衆法民終字第1501호 민사판결서

허난성 고급인민법원(2009) 豫法民提字第100호 민사판결서

쿤밍시 중급인민법원(2009) 쿤밍4終字第265호 민사판결서

쓰촨성 고급인민법원(2005) 川民再終字第40호 민사판결서

안후이성 쉬엔시 중급인민법원(2010) 宣中民二終字第28호 민사판결서
四川省宜宾市翠屏区人民法院(2006) 翠屏民初字第748号民事判決书
대만 최고법원 2003년도 臺上字 제2694호 민사판결서
Business Electronics Corp. v. Sharp Electronics Corp., 486 U.S 717, 730, 1988
United States v. Crown Zellerbach Corp., 141 F.Supp. 118(N.D.Ⅲ. 1956)
United States v. Microsoft, 253 F.3d 34.70 (D.C.Cir 2001)
Case 41/83 British Telecommunications [1985] 2 CMLR
Case 27/76 United Brands v. Commission [1978] 1 CMLR 429
ECR 207 at para. 249 of the judgement.
Commission notice on humanity from fines and reduction of fines in the cartel
    cases, 1996, OECD/CLP.48

국내판례

서울행정법원 2011.8.26., 선고 2011구합2934 판결
현재 2004.10.28. 자 99헌바91
헌법재판소 1992.2.25. 선고, 90헌미91 결정

관련사이트

http://http://article.chinalawinfo.com/AticleID=51362
中华人民共和国商务部网站, http://www.mofcom.gov.cn/tongjiziliao/
    tongjiziliao.html
http://www.oecd.org/dataoecd/34/24/1920091.pdf.
www.oecd.org/dataoecd/34/241920091.pdf
http://news.chinab.com/itdt/20090317/902984_1.html
http://www.chinavalue.net/Blog/511803.aspx
http://ec.europa.eu/competition/mergers/cases/, 2009년 12월 20일
http://www.ftc.goa/bc/caselist/merger/index.html. 2009년 10월 20일
http://eur-lex.europa.eu/LexUrServ/LexUrServ.da uri=CELEX·52006XC1208
    (04):EN:NOT.
http://ec.europa.eu/competition/cartels/leniency/leniency.html
http://www.jftc.go.jp
http://www.wtolaw.gov.cn/, 2002-08-16.
时建中,「反垄断法」http://finance.sina.com.cn/roll/20070903/11241642559.
    shtml, 2010.04.23.
http://www.gov.cn/gzdt/2012-03/27/content_2100854.htm
http://wenku.daidu.com/view/e4d06845b307e87101f696f7.html
http://www.iolaw.org.cn/showarticle.asp?id=1486
https://wenku.baidu.com/view/d63df04ac850ad02de804198.html

http://blog.sina.com.cn/s/blog_47a136bd0100mrhl.html?tj=1
http://www.oecd.org/competition/abuse/1920091.pdf
www.tmcool.com/news

찾아보기